冯骥才

诗｜文｜书｜画

诗文卷（一）

◎ 冯骥才 著

青岛出版社

用一部书总结自己

如果你一生一直去掏自己的心，拿它写出一篇篇文章一本本书来，最后你以为把自己掏空了，可你会发现——你的一切都跑到你的书里，你的书就是你。

我甲子之年写了一首《笔墨歌》，歌曰：

笔墨伴我一甲子，谁言劳心又劳神。

墨自含情亦含爱，笔乃有骨也有魂。

如烟世事笔下挽，似水时光墨中存。

我书我画我文章，笔墨处处皆我人。

那时，我就想编一部自己的书，不是一般意义的文集，而是通过编这部书梳理和总结自己，用这部书体现自己。但如果那时我动手编了，今天一定后悔，因为我自甲子之后才启动了全国民间文化遗产和古村落的抢救，并口诛笔伐，与反文化的时弊作战，为此写下近百万字的激扬文字。没有这十多年来充满磨砺的人生，就无法完成一个更全面和完整的自己。于是，今天可以编这样一部书了，虽然我仍然没有辍笔，却很想梳理和总结一下自己了。

是不是人到了我现在这个年龄，都特别想看明白自己？

大前年，我七十岁整，是岁我在北京画院举办了一个特立独行的展览，题目叫作《四驾马车》，将我在文学、绘画、文化遗产保护与教育四个领域的所作所为，以成果的方式一并展示出来。同时出版了一部大型图集——《生命经纬》，用一千余张图片，见证我近一生在四个领域所倾尽的心力。然而，我还不满足，还需要以文字为主的书籍方式对自己再做整理与总结。因为，我的第一表达方式是文字。我相信，只有文字才是最深刻的，只有文字可以精确地刻画思想，只有自己的文字才是自己生命的文献。

所以，这部书主要是用自己所写的文字，表达我在文学、文化遗产保护、绘画及教育等各个领域的思考、感受、发现、想象、价值观，以及思想立场；自然还有各种体裁各类文本的文学创作。在绘画方面，由于不能用文字代言，则尚用一卷，让绘画自己说明自己。

几十年里，我一直在几个领域齐头并进。虽然某一时期——数月或数年，我生命的重心看似驻足于某个领域内，然而我却从来没有淡漠了对其他领域的关注与情怀。当一个人具备某一种艺术的素质，就会对于事物的这方面多一份敏感。比如绘画的人对色彩、光线和形象的敏感，比如写作的人对于个性细节、思想与心灵的敏感。他身上好像有这方面信息的接收系统，有意和无意之间都在工作，与写与不写、画或不画无关；笔不在写心在写，笔不在画心在画。只要写作和绘画不是职业，就不会中断。为此，我一直在这几个领域来回穿梭，有时是刻意的，有时是随性的。然而，只有这样才是我自己——充分和真实的自己。

于是，编纂这部书对于自己，就有两种意义：一是梳理，一是总结。所谓梳理，是将自己几个领域千头万绪的工作分开，理出时序与脉络，分清类别。所谓总结，则是在梳理的过程中，对自己的所写所画与所作所为进行再思考。人无法改变昨天，但可以决定明天。我前边还有不短的路，需要走得更清醒更自觉。

依照上边的想法，采用分卷方式来划清我的几个不同的领域。

首先是分作上下两部，上部诗文书画，下部文化保护；前者为个人创作，后者为社会事业。上部三卷，两卷文学作品，一卷书画作品及其理论文字。下部三卷，分别为近二十年在城市文化保护、民间文化抢救和传统村落保护方面的言论、文章、行动，以及大量的田野记录与田野散文。至于我在教育上的所思所为，未设专卷。今年是我的学院建院十周年，我将另行编写一部图文集进行整理和总结。

　　我在自己的几个领域所写的文字数量都很大，本书只能择精摘要，不敢因卷帙浩繁而有劳读者。由于不同领域的工作各有特点，故各卷的分类方式互不相同，具体的构想与方法都写在各卷的分卷《序》中了。

　　尚须说明的是，我一向重视图像的见证价值，甚至认为"珍贵的照片"等同于文献。故而，将我人生、经历、事件、创作等各方面重要的照片，分别系列地插入各卷之中；不是作为插图，而是作为本书一部分不可或缺的内容。

　　我天性是个爱好与涉猎广泛、关切多多的人，这就给我总结自己时带来很大麻烦。我常常羡慕那种单纯的作家或画家，活得简明纯粹，还可以用一生力气去挖一口深井，然而我却偏偏不肯那样活着，否则我不再是我，也没有了这部书。

　　当我把这部书整理出来，我竟说：原来我是这样一个人！

诗 文 书 画

诗文卷 (一)

小说 — 纪实文学

诗文卷

二十世纪六十年代初，我开始在地方报刊发表艺术随笔，"文革"期间因这些报刊废止而中断。一九七五年动手写关于义和拳的长篇小说，一九七八年十二月出版。翌年投入伤痕文学大潮，始入文坛。由是而今，已三十五年了。所写作品体裁可谓多种多样，小说、散文、随笔、口述文学、理论、评论、诗歌、剧本等等，已出版中外版本作品集近二百种。本书所选各类文学作品的字数约为我写作总字数的三分之一。

我文学创作的一个特点是二十世纪八十年代以小说为主，九十年代以散文随笔为主，二十一世纪的前十年主要进行文化批评。我的古体诗多是题画诗，自由体诗只有警句格言式的散文诗。

本书的"诗文书画"凡三卷，其中文学作品两卷：小说和口述文学作品合为一卷，散文、随笔、理论、诗歌作品并作一卷。同一体裁的作品依内容的不同而在目录上有所区分。由于我作品的数量较大，单是散文即三百余篇，随笔四百余篇，本书只能选取精要，即在不同历史阶段和文学时期最具思想和艺术代表性的作品。作家眼里的自己往往不是读者眼里的自己，作品亦然。这里只是一次自我的盘点与甄选。

由于我横跨几个领域，同一体裁的文章往往是为不同领域写的，在这里便会归入不同的部分和卷本里。比如随笔，人生随笔归入文学部分，艺术随笔归入书画部分，田野随笔归入文化保护部分。

诗文卷中散文的篇目排列次序，不按发表时间的先后，但每篇文章的始发时间与出处皆在篇尾标明。诗歌的篇目按写作时间排序。

为使本书具有资料性、全面性和完整性，将各种相关的重要资料作为附录，列入书中。

目 录

附

小说

胡　子

小说《胡子》完成于二○○六年。
发表在《收获》同年第六期。

《胡子》首发之内页。

　　有本时尚杂志说，胡子是男性美最鲜明的标志。还说男人的雄性、刚性、野性都在这黑乎乎糊满了下巴的胡茬子上——这话可不是真理！对于我认识的老蔡来说，胡子可不是什么美，而是他的命运。

　　老蔡从十三岁起唇上就长出软髭。这些早生的黑毛长长短短，稀稀拉拉，东倒西歪，短的像眉毛，长的像腋毛。他正为这些讨厌的东西烦恼时，黑毛开始变硬，渐渐像一根根针那样竖起来。一次和同学扭打着玩，这硬毛竟把同学的手背扎破，多硬的胡子能扎破人的手背？那不成刺猬的刺了吗？因而他得了一个外号，叫"刺猬"。从此再没人敢和他戏耍了。

　　他执意要把这个耻辱性的外号抹去，便偷用父亲的刮脸刀刮去唇上和下巴上的那些硬毛。头一次使刮脸刀，虽然笨手笨脚地划出几条血伤，但刮出来的光溜溜的瓷器一般的下巴叫他快乐无穷。这一下真顶用，"刺猬"的绰号不攻自废。可时过不久，一茬新生的胡子从他嘴唇四周冒出头来，反而变粗一些，也硬一些。他急了，再刮，更糟！原来胡子天生具有反抗性，愈刮愈长，愈刮愈硬。到了高中二年级，已经非得一天一刮不可了。

这时，他不得不在自己的胡子前低下头来，认头人家称他"刺猬"，不和他亲近。他呢？渐渐被别人这种惧怕"刺猬"的心理所异化，主动与别人保持距离。他是不是因此变得落落寡合，并在上大学时选择了远离世人的古生物研究专业，工作后主动到那种整天戴着口罩的实验室工作？

后来，这胡子还成为他和女友之间的障碍。一次看完电影，女友忽然把手中的电影票递给老蔡，说："你用它蹭蹭脸。"

"为什么？"他不明白她的用意，却还是这样做了。当电影票从脸颊上蹭过，发出非常清晰的嚓嚓声。

真是挺可怕。三个小时前他从家里出来时刚刮过脸。难道只是一场电影的工夫，胡子就冒出来了！

还能怪女友不准他凑过脸去吗？这位与他结交的第一位女友送给他一个比刺猬更具威胁的绰号，叫"铁蒺藜"。无疑，这绰号里边包含着一种恐惧。

从此他一天不止一次刮胡子了。一位同事笑他："这应上了那句俏皮话——'一天刮三遍胡子——你不叫我露脸，我不叫你露头！'"

老蔡面对镜子里黑乎乎的自己，真不明白这些坚硬的、顽强的、不可抑制的硬毛是从哪里来的。皮下边？肉里边？到底他身上多了些什么怪诞的元素，使他如此难堪与苦恼。他发现自己进入二十岁之后，胡子变得更加癫狂，不仅更黑更粗更硬更密，而且沿着两腮向上攀升，与鬓角连成一体。不可思议的是，有时面颊上也会蹿出油亮的一根。这别是有人类的"返祖"现象吧。他去看过医生，医生笑道："指甲长得快能治吗？汗毛儿长得多也能治吗？你这不是病！比你胡子多的人我也见过。你父亲胡子是不是也很盛？要是遗传就谁也没办法了。你天生就得这样。"

没办法了。任凭这命中注定、霸气十足的胡子把他第一个女友打跑。虽然女友没说分手的原因是为了胡子，但谁会一辈子天天夜里睡在铁蒺藜旁边？用下巴上的胡子把女朋友吓跑，可谓天下少有，真算得上蝎子巴巴——毒（独）一份了。

从此老蔡变得自卑起来，甚至不敢主动去接近女人。至于他后来的妻子，完全是人家自己主动走进他这一团荆棘的。若说这段姻缘的起始，那可是再普通不过的一件小事——

一次老蔡出差杭州办完事，买了回程的车票在火车站等车。站台上有一个很长的水泥水池，上边一排七八个水龙头，这是为了方便来往的长途旅客洗洗涮涮的。可有的人只顾洗，完事不关龙头，三个龙头正在哗哗流水。过往的人没有一个人当回事儿。老蔡上去把这三个龙头全拧上——这个细节叫坐在车窗边的一个女子瞧见，心中生出敬意。老蔡上车后凑巧坐在这女子的斜对面，谁想这女子就主动和他交谈起来。这女子在杭州上大学，唸中文，喜欢文学的女子都很看重人的心意，而真正的爱慕，往往是从对方身上感触到自己人生理想的准则开始的。还有比关水龙头再小的事吗？但对于这念文科的女子，它就像一束细细的光照亮一个世界。有了这样的来自心灵的因由，胡子就不会是任何障碍了。

如果爱一个人，一定爱这个人的一切，包括缺欠。缺欠甚至可以被美化，比如对老蔡的胡子，妻子称之为"温柔的锉"。

老蔡自己却很小心。刚结婚时，他怕在激情中扎伤妻子，每天睡觉前都把下巴刮得锃亮。一天早晨醒来，睡意未尽的妻子无意间伸过来的手触到他的脸，手马上闪开，好像触到一个硬棕刷，被扎一下。妻子不知道睡了一觉的老蔡的胡子竟会长成这样。

老蔡说："我马上起来刮脸。"

妻子笑道："不，这是你的识别物。如果摸不到胡子就不是你了，换别人了。"妻子逗他。

老蔡有点急。他赌气说："还有一种情况就是我死了，人一死就不会再长胡子了。"

妻子忽然翻身起来，使劲捂住他的嘴，朝他大声叫着："说什么混话呀，快敲木头，敲木头！"

老蔡很惊讶，娴静的妻子怎么会变得这样的气急败坏。

老蔡不是学文的。也许他没想过，爱的本质就是生命的相互依赖。

再往后，老蔡与胡子的关系不但不小，反而更大了。

比方六十年代末被关进牛棚的时候，他最受不了的并不是那些逼供啦、写检查啦、批斗时"坐飞机"以及挨揍啦等等，而是不能刮胡子。从十七岁起，他没有一天不刮胡子，可是牛棚里任何人都不准刮胡子，主要是怕他们用刮脸刀片自杀。饭碗也不用瓷的，怕他们摔碎碗用瓷片割脖子，他们用的饭碗都是搪瓷或铝的。此外也不给他们筷子，担心他们把筷子头磨尖，插进自己身体的要害处。据说一位老专家就用这种自己改制的筷子了结了自己。因此吃饭时发给他们每人一条硬纸片做代用品。

于是，被放纵的胡子便在老蔡的脸上像野草那样疯长起来。五天后像卡斯特罗，十天后就像张飞了。他感到下半张脸发热，捂得难受，好像扣着一个厚厚的棉帽。这时候正是八月天气，他不时要用手巾去擦胡子中间的汗水——好似草里的露水。不久，他感到胡子根儿的地方奇痒，愈搔愈痒，大概生痱子了。

他原以为自己这么硬的胡子，长得太长会像四射的巨针。在他刚被关起来的头几天胡子还真是长得又长又硬，使他想起少年时代那个"刺猬"的绰号。但没料到，胡子过长，反而变软，就像柳枝愈长愈柔，最后垂了下来。可是他的胡子垂下来并不美，因为这胡子没经过修剪和梳理，完全是野生的。一脸乱毛，横竖纠结，在旁人看来像肩膀上扛着一个鸟窠。于是，他的胡子就成了被审讯时的主要话题——成了审讯他的那帮小子耍坏取乐的由头。

一次，一个小子居然问他：

"你怎么不说话，哑巴了？你那堆毛里边有嘴吗？那里边只会尿尿吗？"

他没生气，过后也没拿这句话当回事。如果他拿胡子不当回事，这世上就没什么可以特别较真的事了。

四个月后，他被宣布为"人民内部矛盾，但不平反，帽子拿在人民手中"，可以回家了。

他从单位的牛棚走出来，即刻拐向后街一家小理发店。由于在牛棚里没人看他，他也不怕人看，整天扬着一脸胡子，已经惯了；此刻走在大街上，竟把一女孩子吓得尖叫起来，仿佛见了鬼。待进了理发店，坐下来，对镜子一瞧，俨然一个判官。一时把站在椅子后边的剃头师傅吓了一跳。自己也完全不认得自己了。

剃头师傅问他："怎么剃法？"

他说："全剃去。"

师傅放下椅背，叫他躺好，拿过一块热气腾腾的手巾捂在他下巴上，真是温暖！不一会儿剃头师傅掀去手巾，用胡刷蘸着凉滋滋、冒着气泡的肥皂水涂在他的下巴上，好似清冽的溪水渗入久旱的荒草地。当大大小小的肥皂泡儿纷纷炸破时，每根胡子都感到了愉悦。跟着一刀刮去，便感到一股凉爽的风吹到那块刮去胡子的脸上。一刀刀刮去，一道道清风吹来。他闭上眼，享受着这种奇妙的快感。鼻子闻着肥皂的香气——其实只是一种最廉价的胰子而已；耳听着又薄又快的刀刃扫过面皮时清晰悦耳的声音，还有胖胖的剃头师傅俯下身来喘着暖呼呼的粗气……随后又一块湿漉漉的热毛巾如同光滑的大手在他整个脸上舒舒服服地抹来抹去。最后只听师傅说："好了。"他被推起来的椅背托直了身子。

睁眼一瞧，好似看到一个白瓷水壶摆在镜子中央——他更认不得自己了。

怎么？刚才有胡子的不是自己，此刻没胡子的也不是自己，究竟谁是自己呢？自己在哪儿呢？

他付了钱。口袋里有五六块钱，是两个月前妻子送衣服来时放在口袋里的。他跑到小百货店给妻子买了一瓶雪花膏，又跑到街口买了一小包五香花生，两支刚蘸着玻璃般亮晶晶糖汁的糖葫芦。这都是妻子平日最喜爱的东西。天已经暗下来，他回到家，一手举着糖葫芦，一手敲门，想给妻子一个突然的意外的惊喜。她并不知道他今天被放回来。他们已经四个月没见面，音讯断绝，好似生活在阴阳两极。

里边门一开。妻子看见他立即惊得一叫，声音极大，好像出了什么事。他说："你是不是不认识我了？我是老蔡呀。"

妻子把他拉进屋，关上门，扑在他怀里，哭起来，边说："你变成狗，我也认得你。你怎么不事先告我一声呀！"

老蔡说："我还以为我刮脸，刮得太白太光，你认不出我来呢！"

妻子抬头看他一眼，带着眼泪笑了，说："什么太白太光，你什么时候刮的脸，那些胡子又都出来了。"

他一怔，抬起手背蹭蹭下巴，这么短的时间已经又毛茬茬地冒出一层！但这一次他对胡子的感觉很例外，很美妙。就这层胡茬，使他忽然感到，往日往事，充溢着勃勃生机的生命，还有习惯了的生活，带着一种挺动人的气息又都回来了。

老蔡的病是八十年代开始得的。

先是视力下降，干不成他化验室的工作；后来是一根脑血管不畅，走道打斜，也无法在办公楼里传送文件和里里外外跑跑颠颠；跟着是负面的遗传基因开始发作——血糖高上来了，他父亲就是从这条道儿去天国的；随后是内分泌乱了套，他称自己的体内正在进行"文化大革命"。各大医院都去过了，各大名医也托人引见过了，最终还是躺在了床上。奇怪的是，虽然身体各部分都很弱，唯有胡子依然很旺，黑亮而簇密，生气盈盈。他依旧习惯地早一次晚一次刮两遍。一位朋友说："这表明老蔡生命力强。毛发乃人的精血呀！"

于是，胡子成了老蔡和妻子隐隐约约的一种希望与寄托。这期间经常挂在妻子嘴边的，是她从古诗中改出来的两句：

胡子除不尽，剃刀刮又生。

然而，胡子从来就不听老蔡的，只给他找麻烦。

最早发现胡子发生变异的，不是他自己，而是妻子。

自从他躺到床上，一早一晚刮胡子的事就由妻子来做。自己刮自己的脸，脸蛋和刮刀相互配合，不会刮破脸；别人来刮就难了，常常会刮破。老蔡血糖高，伤口不好愈合，幸好那时市场上出现一种进口的电动刮脸刀，刀头上蒙着一种带网眼儿的铁罩，绝对安全。妻子赶紧买了一个，倒是十分得用。但一天，妻子发现老蔡下巴上有一根胡子怎么也刮不掉，奇怪了，怎么会刮不掉呢？

戴上花镜一看，竟是一根很怪异的胡须，颜色发黄，又细又软，须尖蜷曲。它弯弯曲曲的很难进入网罩上的细眼儿。老蔡的胡子向来都是又黑又硬，怎么冒出这么一根？好似土地贫瘠长出的荒草。妻子只当是偶然。谁料从此，这蜷曲的黄须就一根根甚至攒三聚五地出现。随后，她发现他下巴上的胡须变得稀疏，开始看见白花花的肉皮了。

她心里明白，却不敢吱声。反正老蔡很少照镜子，肯定不知道脸上所发生的变化。一天傍晚，妻子给他刮脸。迟暮的余晖由窗口射入，一缕夕阳正照在他的下巴上。妻子陡然觉得这日渐荒芜的下巴，好似晚秋时节杂草丛生的土岗子那样萧瑟而凄凉。她不觉落下泪来，泪水滴在老蔡的脸上。

老蔡闭着眼，却开口说："从小我就巴望它们长得慢点、慢点，现在终于遂了我的愿。你该高兴才是。"

妻子反而哭出声来。

从老蔡病倒卧床那天开始计算，七年后的一天，一个平平常常的春天的早晨，妻子醒来，习惯地用手去摸老蔡的下巴。手心抚处，奇异般的光滑，像一块卵石。她下意识地感到了什么，又摸一下，感觉更不对，老蔡的胡子呢？

此时此刻她分明听到一个声音，是老蔡的声音，很遥远，那是许久许久以前老蔡说过的一句话：

"人一死就不再长胡子了。"

她猛地翻过身，叫一声老蔡。老蔡极其刻板地仰面躺着，灰白而瘦削的脸一片死寂，没有一根胡子。她第一次看到老蔡不生胡子的脸。原来不生胡子的脸这样难看。

二〇〇六年仲夏日

楼顶上的歌手

—— 一个在极度压抑下浪漫的故事

一

那天早晨，忽有一块极亮的、颤动着的光像发狂的精灵，在我房间里跑来跑去。当这光从我眼前掠过，竟照得我睁不开眼。我发现这块诡奇的光是从后窗外射进来的，推窗一看，原来隔着后胡同，对面屋顶上那间小阁楼正在安装窗子的玻璃。

我也住在阁楼上。不同的是，我的阁楼是顶层上的两间低矮的亭子间；对面的阁楼是立在楼顶之上孤零零、和谁都没关系的一间尖顶小屋。远远看，很像放哨用的岗楼。它看上去很小，而且从来没人居住。它为什么盖在楼顶上，

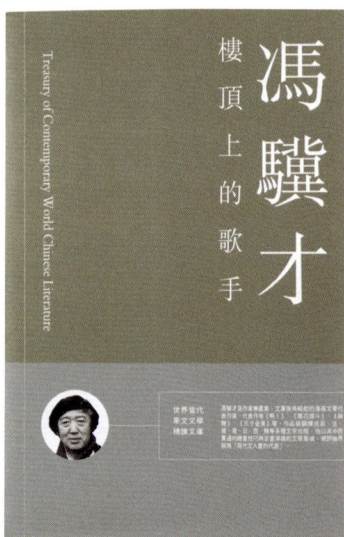

《楼顶上的歌手》（世界当代华文文学精读文库），小说集，二〇〇九年，香港明报月刊出版社出版。

当初是干什么用的，无人能说。这片房子是二十年代英国人"推广租界"时盖的。只记得后胡同里曾经有人养过鸽子，有许多白的、黑的、灰的鸽子便聚到这荒废的屋子里，飞进飞出，鸽子们拿这小空屋当作乐园。现在有人住了吗？是谁搬进来了？

隔了十来天，黄昏时分，忽然一阵歌声如风一样吹进我的后窗。后胡同从来没有歌声，只有矿石收音机劣质的纸喇叭播放着清一色的语录歌和样板戏。那种充满霸气的吼叫和强加意味的曲调被我本能地排斥着。于是此刻，这天籁般的歌声自然就轻易地推开我的心扉了。

没等我去张望是谁唱歌，妻子便说："是那小阁楼新来的人。"

女人对声音总是比男人敏感。

我们隔着窗望去，对面阁楼的地势略高一些，相距又远，无法看到那屋里唱歌的人。这是一个男性的歌声，音调浑厚又深切，虽然声音并不大，但极有穿透力，似乎很轻易地就到了我耳边。这时金红色的夕照正映在那散发着歌声的小屋，神奇般地闪闪烁烁。我分不出这是夕阳还是歌声在发光。

我第一次感受到声音是发光的，有颜色的。

这个人是谁呢？一个职业的歌手吗？他是谁？只一个人吗？从哪搬来的？他也像我们——抄家之后被轰到这贫民窟似的楼群里来的？对于楼顶上这间废弃已久的小破屋，似乎只有被放逐者才会被送到这里。

我相信我的判断。因为我的判断来自他的歌声。一些天过去，我听得出他的歌声如同盛夏的天气时阴时晴。这声音里的阴晴是歌者心中的晦明。我还听得出，他的歌声里透出一种很深的郁闷与无奈。他的歌为什么从来不唱歌词？在那个"革命歌曲"之外一切都被禁唱的时代，他一定是怕这些歌词会给自己找麻烦吧。从中，我已经感知到他属于那个时代的受难者。

也许我和他是社会的同类。也许他随口哼唱出来的歌——那些名歌、情歌、民歌我太熟悉，也太久违了。我为自己庆幸。好像在沙漠的暴晒和难耐之中，忽然天上飘来一块厚厚的雨云，把我遮盖住，时不时还用一些凉滋滋的雨滴浇洒我的心灵。

我这边楼群的后胡同，其实也是他那边楼群的后胡同。后胡同自来人就很少。从我的后窗凭栏俯望，这胡同又窄又细又长又深，好像深不见底的一条峡谷。阳光从来照不进去，雨点或雪花常常落下去，但落下去一半就看不见了；下一半总是黑糊糊的，阴冷潮湿，冒着老箱子底儿那种气味。对面的楼群似乎更老。一色的红砖墙上原先那种亮光光刚性的表层都已经风化、粉化、剥落，大片大片泛着白得刺目的碱花。排水的铅管久已失修，大半烂掉，只有零碎的残管东一段西一段地挂在墙角。一颗凭着风吹而飘来的椿树籽在女儿墙边扎下根，至少活了二十年，树干已有擀面杖粗。它们很像生长在悬崖石壁的树，畸形般的短小，却顽强又苍劲。这些老楼里的人拥挤得不可思议，每间屋子里差不多都住着一家老少三代甚至四代，各种生活的弃物只能堆在屋外。不论是胡同下边的小院，上上下下的楼梯，还是阳台上。到处堆着破缸、碎砖、废炉子、自行车架以及烂油毡。最奇特的景象还是在屋顶上，长长短短的竹竿拉着家家户户收音机细细的天线，好像一张巨大的蜘蛛网笼罩着整片的楼群。然而，这种破败、粗砺而艰辛的风景现在并不那么难看了。因为它和神灵般的歌声融在了一起。

二

一切艺术中，最神奇最伟大的莫过于音乐，莫过于歌。它无形无影，无可触摸，飘忽不定，甚至不如空气——挥挥手掌就能感到。但它却能够以其独有的气质与情感，改变它所充盈的空间里的一切。它轻盈我们轻盈，它沉重我们沉重，它恬淡我们恬淡，它激情鼓荡我们便热血偾张。一个地方只要有音乐，连那里的玻璃杯看上去也有感觉。这些被艺术家神化的声音，能够一下子直接进入我们的心，并轻而易举地把我们带进它的世界，心甘情愿地接受它美的主宰。

那时代，我活得可够劲。整个社会都疯了，我所供职的画院里的人们忽然都视艺术为粪土，都迷上了军装，穿上军装，都把眼睛睁得奇大，好像处处藏着"敌人"。对于我，离开了艺术的生活空洞无物，更何况整个生活充斥着那种与艺术相悖的东西。你躲不开它，又绝对不能拒绝它，还要装着顺从它——甚至热爱它。

不管为了什么，违心地活着都很累。

当我带着一天的倦乏回家，拉下肩上的挎包——此时已无力把挎包放在柜子或椅子上，而是随手往地上一扔，一转身仰面朝天倒在床上，心中期待的是对面楼顶上的歌声飘过来。

尽管他的歌是苦味的，有时很苦，很苍凉，但很动情；他的歌声还有一种很特别的磁性美，使我的心一直走进他的歌声里，一天里积存在浑身骨节和肌缝里的疲惫，便不知不觉烟一般地消散了。不仅如此，他的歌还常常会给我端起的水酒里添上一点滋味，感染得我和家人亲热时多一些爱意与缠绵。最令我惊奇的是，他的歌还像精灵一样钻进我的笔管里。白天在单位不能画画，下班在家便会铺开纸，以笔墨释怀。这时我发现我的笔触与水墨居然明显地多了些苦味，很像他歌里的那种味道。歌声能够改变画意吗？当然不是，其实这种苦味原本也潜在我的心底，只不过被他的歌声唤醒罢了。为此，我非但没有去抵制他对我的影响，反而喜欢在他的歌声中作画。

一天，我被他低沉而阴郁的歌声感动，一种久违的冲动使我急急渴渴在桌案上展纸提笔，以充沛的水墨抹上大片厚厚的阴霾。然而，他浓重的低音并不绝望，时而透出一种祈望，于是我笔下的阴云在相互交错中不觉地透出一块块天光。我情不自禁，还在云隙之间，用极淡的花青点上薄薄的蓝色。这是晴空的颜色。但它又高又远，可望而不可即。这是无限的希冀之所在，一块极其狭小的安放遐想之地，却又朦朦胧胧，远如幻梦。

后来，他的声音转而变得强劲。那种金属般磁性的音质渐渐有力地透露出来。这一瞬，我看见在画面的云天上，飞着几只乌黑的大雁，它们引颈挥翅，逆风而行，吃力地扇动着翅膀。我在画这些顶风挥舞的雁翅时，好像自己的臂膀也在用力，甚至听到这些大雁与强风较劲时肩骨发出的咯吱咯吱声。我忽然想，这苦苦挣扎却执意前行的大雁所表现的不正是一切生命本质中的顽强？

我忽然彻悟到，人的力量主要还是要在自己的身上寻找。别人给你的力量不能持久，从自己身上找到的力量，再贯注到自己身上，才会受用终身。

也许为此，这样题材的画我不止一次地画过。奇妙的是，每次画这些逆风的大雁耳边都会幻觉般地出现那天听到的歌声来。

我个人生活的一段时光是和他的歌声在一起的。

我很幸运。因为那是我生命中极度贫乏的一段日子。

和歌声在一起是奇妙的。它与我似伴相随。

它进入我的生活时，是随意的，自由的，不知不觉的；它走出我的空间时，也随意而自由，像烟一般地飘去。它从不打扰我。他的歌很少完整地从头到尾，似乎随心所欲，想唱就唱。有时一段歌反复地唱，有时只唱一两句就再没声音。他是绝对自我的，完全不管也不知道我的存在。这反而使我很自由，完全不必"应酬"他。人和音乐所进行的是两个心灵奇妙的"对话"。当心灵互不投机时，人与音乐彼此无关；当两个心灵互相碰撞在一起，便一下子相拥在一起了。我和这歌手也如此，有时他的歌与我的心情不一致——我就不去用心倾听它。我与人聊天说话或者独自沉思时，它仅仅是一种远远的背景，就像身后的一幅画。

白天里很少听到他的歌，大多是他下班归来，所以他的歌总是和黄昏的夕照同时进入我的后窗。

由于他不唱歌词，歌中内容多是代以"呵、噢、啦、哎、呜"，类似歌手练习发声，但他在这字音里注入很多情感。这种无歌词的哼唱听起来就更像是音乐。有时他还会唱一些著名的钢琴曲或交响曲的旋律。这些旋律一直刻在我心里。他一唱，我就觉得旧友旧情亲切地回来了。

虽然他的歌不是为我唱的，却不时会与我共鸣。有时我像站在山这边听他在那边"自言自语"，有时却一下子落入他歌的深谷里。这些歌于我，常常勾引回忆，唤发想往，抚慰心灵，诱发爱意。它能使我暂时忘掉身边的苦恼，但当我离开这些歌，回到现实中，我会感到更苦恼更茫然。

渐渐地他的歌已成为我生活的一部分。

如果一天、两天听不见他的歌。我会想他、猜他、为他担心。但是他人长得什么样？我看不清楚。他大多时间待在屋里，偶尔会到屋外——也就是对面楼群的房顶上站一站。或在晾衣绳上晾晒洗过的衣物。我最多只能知道，他中等略高的身材，瘦健，头发似乎较长。眉眼就绝对看不清了。除此之外，我对他一无所知。

但我知道他的心，他的气质与情绪。这全来自于他的歌。

歌声就是歌手本人，因为歌是歌手外化的灵魂。由此说，我已经和他神交了。

一天，天降急雨。因为是北风，我怕雨水溅进屋，关上后窗。忽然一阵歌声混在雨声里，这支歌一听就立即感动了我。它很伤感、无奈，还有些求助的意味。它穿过密密的雨一直来到我后窗前，粘在我的玻璃上。风儿一个劲儿地吹我的窗，好像有人在外边哐哐地推。不知道为什么，我打开窗放它进来。一瞬间，我感觉这歌声仿佛是淋着雨进来的，好像一位顶着雨来串门的老朋友。

三

忽然一天，妻子站在后窗边，手指着楼对面叫我去看。她发现，歌手那边的窗边有个新的人影。鲜黄的衣色，黑色长发，显然是一个女人。这人是歌手的妻子吗？新交的女朋友吗？一年多来，那阁楼上只有歌手孤单一人，从没见过任何别的身影。

他一直很孤独，这是他的歌告诉我的。

但从那天起，我听得出他的歌发生了变化。歌声里边多了些新鲜的东西。有更多的光线与色彩，还有明媚的花朵，柔和的风，慢慢行走在天上的洁白无瑕的云，静谧的月色与奔涌的激流……而这些美好的事物好像实实在在就在眼前。

我妻子说："他在恋爱了。"她微笑着。

我望着妻子含辛的脸庞上柔和的目光。忽然感受到我们的生活和我们自己。脑袋里冒出一幅画来：大风大雪中，幽暗的密林深处，一双小鸟相互紧靠在一起。我马上把心中这个画面画下来，即兴还写了四句诗：

北山有双鸟，

老林风雪时。

日日长依依，

天寒竟不知。

妻子看罢，对我打趣地说："你现在还在恋爱吗？"

我望她一眼。她依然是那种天生而不变的柔和的目光，脸上茹苦含辛的意味却一扫而空。

这之后歌手的歌愈来愈明亮，声音也明显高昂起来。一天黄昏，他居然唱起那支古巴民歌《鸽子》，而且连歌词也唱出来。歌声与夕阳一同把我们后窗遮阳的窗帘照得雪亮，歌中最高亢的含着那种金属质感的磁性的声音混在一束强烈的阳光里，穿过窗帘上一个破洞，雪亮地直射进来。这使我们很激动。在那个文化真空的时代，一时好像天下大变了。

突然后胡同一个男人粗声一吼："谁唱的？派出所来人了！"

歌手和歌好像被铡刀"咔嚓"切断，整个世界没声音了。严酷的现实回到眼前。

我想，那个叫喊的男人，多半嫌歌声太大，打扰了他。但这一吼过后，歌声戛然而止，立即消失，整个世界因突然无声而显得分外地空洞与绝情。

我真的担心歌声由此断绝。但一周之后，对面楼顶上的歌声渐渐出现。开始只是断断续续，小心翼翼，浅尝辄止，居然还夹着一点语录歌的片段。随后，他又像以前那样唱歌——没有歌词。没有歌词就安全，因为住在后胡同里那些人没人懂得他唱的是什么。而由此他的音量始终控制得比较轻。令我奇怪的是，他的歌中那些光线与色彩却变得含糊了，内含犹疑了，甚至还有些缭乱不安。他要向我诉说什么呢？

四

一个月后，歌手的歌无缘无故地中断了。是由于那次唱《鸽子》被人告发，还是出了什么事或是病倒了？

我总在猜。

妻子说："要不你到那楼上瞧瞧去。他一个人，如果真的病倒了呢？"

没想到，我们已经把这个不曾认识、甚至连长相都不知道的人，当作朋友一样关切了。

若要进入他那片楼群，先要走出我这片楼，绕到后边一条窄街上，寻一个楼口进去。

他这楼群是十几排楼房组成的。他在哪一排？我事先观察了地形，估摸好他那楼的位置和距离，但真的走进这片老得掉牙的楼群里，马上转向，纵横迂回了半天，还是扎进了一条死胡同。又费了很大劲，总算找到他这排楼。可是一排楼有许多门，哪个门通向楼顶上歌手那个阁楼？我看见一位矮胖的大娘站在楼前，上前询问。

矮胖大娘显然是街道代表一类人物。叫她大娘时，她一脸肉松松地微笑。待一打听那歌手，她腮帮的肉立即紧绷，小眼睛警惕地直视着我，好像发现了"敌情"。总算我还机灵，扯谎说我是东方红电机厂毛泽东思想宣传队的，想找那人去唱革命歌曲，尽管她将信将疑，还是告诉我应该走哪个门。

这种年深日久的老楼的楼梯，差不多都只剩下一半宽窄的走道，其余地方堆满破烂，全都蒙着厚厚的尘土；楼梯的窗子早都没有玻璃，有的连窗框也没有，不知哪年叫一场大风扯去的；墙壁上的灰皮大块大块地剥落下来，露出砖块；顶子给烟熏得黑糊糊，横七竖八地扯着电线。做饭时分，家家门口的煤球炉子都用拔火罐，辣眼的浓烟灌满楼梯上下。

我从中穿过，直攀楼顶，一扇小门从乳白色的煤烟中透出来。我屈指敲了敲门，里边没声音，手指再用点劲，门儿径自开了，没有上锁，看看门框，也没有锁。

眼前的景象使我惊呆。说老实话，我从没见过如此一贫如洗的房间。七八平方米小屋，家徒四壁。墙上除去几个大小不同、锈红的钉子，什么也没有。用码起的砖块架着的几条木板就是他的床。一个旧书架，上面放着竹壳暖瓶、饭盒、碗盆、梳子、旧鞋、药瓶；只有几本书，都没封皮，我却看得出其中半本旧书是屠格涅夫的《猎人笔记》，因为书中有些写得极美的段落我能背诵。小屋里既无柜子，也没桌椅。墙角放着两个装香烟的纸箱子，大概是放衣服的。我着意看一眼果然是，一只装干净衣服的，一只盛脏衣服的。

我真不解，就这样几乎一无所有的地方，一年多来，竟给了我们那么丰盈、深切、充满美感的抚慰和补偿！

其实，这才正是艺术的神奇与伟大。不管物质怎样贫乏内心怎样压抑，它都能创造出无比丰富的精神和高贵的美来。

我从他的窗子向外张望，对面正是我住的楼房，再往下看，是我的阁楼。换一个位置看自己的家的感觉挺有趣，就像站在镜子前瞧自己。此时，我妻子好像正在窗子里抬头望我。她很想知道我看到了什么吧。我向她打手势，太远，她肯定看不清。我想告诉她，我看到的远远比我想看到的多得多。

十天后，外边忽然又传来他的歌声，他重新"出现"了。我和妻子在惊喜之时，不约而同地屏住呼吸，从他的歌声里询问他的一切。

这次的歌，婉转低徊，郁闷惆怅，宛如晚秋的风景一片凋零。所有树木光秃秃的枝条都无力地低垂着，枝梢俯在地上，并浸在凹处冰冷的积水里。不用再去分辨，我坚信这是失恋者的哀伤。从这歌声里知道，他没有患病，却看到十多天来他身上发生了什么。他的歌最多只是几句，断断续续，似乎每次唱，都是难耐的痛苦的一种释放。失恋中的苦与爱是同步的。从中我听得出昨日的爱在他生命中的位置。

她为什么离开他？不知道。歌声里只有情感没有叙事。

这天傍晚，我的一位画友在我家吃饭。我这位朋友住在老西开那座天主教堂的高墙后边。他最初画水墨，近些年改画油画，画得很抽象。他画中怪异而冷峻的变形缘于心中的变态，他笔下那些畸形的形态彰显着内心的扭曲。

我问他："你不怕这种画会给你找麻烦？"

他说："那些人不像你，他们不懂画。我会对他们说，我的画还没画完，或者说我刚学画，还画不像。"

我笑道："这是绘画的好处。作家不行。作家都是白纸黑字。弄不好一句话就招来大祸。"

妻子在餐桌摆上炒鸡蛋、炸花生、拌黄瓜、猪肉丸子汤，还有一瓶刚从凉水盆里拿出来的啤酒，这便是那时代上好的家宴了。酒到半酣时，后窗外传来那歌手很轻的哼唱。我的画友问我：

"这是谁在唱？"

我便讲了对面楼顶上的那位歌手。从一年多前他搬到对面那阁楼上，一直讲到这些天发生的事。还讲到他的歌和我的感受，以及我对他的造访和他的热恋与失恋。我的画友问我："直到今天，你也不知道他的模样吗？"

"从未见过。长什么样根本不知道，姓甚名谁更无从得知。"我说。

我的画友笑道："有意思。可你却是他的知音。不，应该说你是他这世上唯一的知音。哎，他知道你吗？"

"不！"我说，"他可能根本不知道我的存在。"

我的画友忽然停住不再说话，手中的筷子也停下来，这是因为歌手那边又轻轻唱起来。我的画友听得用心，仿佛也有些投入了。他忽发感慨地说道：

"原来失恋不单苦，也这么美。"

我说："在艺术中，痛苦的东西愈美就愈深切。"

五

我对大地震的亲身体验是，第一下并非左右剧烈摇摆，而是突然向上猛地一弹，所有东西和人都往上猛地一蹦。我妻子对大地震的体验是门框下边才最安全。她当时摔倒在门框下边，地震时屋里屋外砖瓦落如急雨，但凭仗着门框的保护她居然没受到一点伤。

这次全世界都知道的大地震总共摆了四十秒钟。我楼下的邻居后来说，他们听到我从始至终一直在拼命叫喊，我说我不知道。据说这种喊叫是人的一种本能的反应，是在释放心中的恐怖，自己并不知道。但在那地动山摇时，我却听到两声来自后胡同的高声的呼叫。我太熟悉歌手这种带着磁性的声音了，但我怎么也不会想到这是我听到的他最后的声音。

大地震的第二天，我爬上自家的破楼，在坍塌的废墟——成堆的瓦砾里，寻找可用和急用的衣物。地震中，我的屋顶没了，一切全暴露在光天化日之下；房间靠后胡同那面大墙，带着后窗户一起落下去。现在对面的楼群一目了然。我像站在一座山顶，看另一片山，感觉极是奇异。这片上了年纪的老楼早已松松垮垮，再给大地一摇，全像狼牙狗啃过了一样。突然，一个景象闯进我的眼中，令我愕然。对面屋顶那歌手的小屋消失了，成了一堆砖头瓦块，远远看，像一个坟冢。

他呢？被砸了还是侥幸逃生了？

两年后，我的小阁楼修复了，只是把原先厚重的瓦顶改成简易的木顶。但对面歌手那小屋却一直没有重建。待他那堆震垮的瓦砾清除干净后，整片楼顶重新铺过油毡，黑黑的，一马平川，反射着刺目的光，看上去很异样。望着对面这空荡荡的屋顶，常常牵动我的是那歌手的下落，他是否还在人间？

我又到他那片楼里去了一趟。此时"文革"已然结束，再去打听那位歌手不必提心吊胆。奇怪的是，那楼里的邻居竟连他叫什么也说不清楚。只知道他在地震中受了伤，被人抬走了。但他被谁抬走的，抬到哪去了，没人知道。

那时代，人对人知道的这么少。

六

三年后一天晚上，我到不远的"三角地"那边的地震棚去看一个朋友，聊天聊得太长，回来已经挺晚。街上很黑，也很静。秋叶清新的气息呼吸起来很舒畅。走着走着，后边传来一阵歌声，像风一般吹到我的背上。我立即被热哄哄地感动起来。这歌是那时候传唱最广的《祝酒歌》。欢悦里边含着很深的苦涩和伤感，这是那个时代特有的情感。然而我不只是为这支歌而感动。更让我惊喜的是，我发觉——哎呀，不正是那失踪已久又期待已久的歌手的声音吗？真的会是他吗？

我扭过头，只见唱歌那人骑着车，从街心远处一路而来，歌声随之愈来愈近。

可是在这短暂的时间里，我又不能立即确定这就是那歌手的声音。因为我听过他的歌是没有歌词的，现在却唱着歌词。这声音听起来就有点似是而非了。就在犹疑之间，唱歌的人骑车从我身边擦肩而过。这一瞬，我看清楚了他，一个中年男人，头发向后飘着，瘦削的脸上线条清晰，眉毛很深，他唱得很动情，神情完全投入到歌里边去了。可是我从来没见过他呀。反倒是愈看清楚他，愈不能断定了。眼看他已经跑到我前面十几米远，马上就要走掉，我心一急，一举手，待要招呼住他，却忽然控制住自己。如果他不是那歌手，不是会很尴尬，而且更失落吗？世上的事，有时模糊比弄清楚更好。希望不总是在模糊中么？于是我伫立街心，目光穿过黑夜，跟着他的身影与歌声一同远去，直到消失在深邃的夜色里，我却还在下意识和茫然地举着一只空手。

二〇〇七年八月二十二日　初稿京西

二〇〇七年十一月三日　二稿津门

二〇〇七年十一月十三日　定稿

高女人和她的矮丈夫

一

你家院里有棵小树，树干光溜溜，早瞧惯了，可是有一天它忽然变得七扭八弯，愈看愈别扭。但日子一久，你就看顺眼了，仿佛它本来就应该是这样子。如果某一天，它忽然重新变直，你又会觉得说不出多么不舒服。它单调、乏味、简易，像根棍子！其实，它不过恢复了最初的模样，你何以又别扭起来？

这是习惯吗？嘿，你可别小看"习惯"！世界万事万物中，它无所不在。别看它不是必须恪守的法定规条，惹上它照旧叫你麻烦和倒霉。不过，你也别埋怨给它死死捆着，有时你也会不知不觉地遵从它的规范。比如说，你敢在上级面前喧宾夺主地大声大气地说话吗？你能在老者面前放肆地发表自己的主见吗？在合影时，你能叫名人站在一旁，你却大模大样站在中间放开笑颜？不能，当然不能。甭说这些，你娶老婆，敢娶一个比你年长十岁，比你块头大，或者比你高一头的吗？你先别拿空话饯火，眼前就有这么一对——

二

她比他高十七厘米。

她身高一米七五，在女人们中间算作鹤立鸡群了；她丈夫只有一米五八，上大学时绰号"武大郎"。他和她的耳垂儿一般齐，看上去却好像差两头！

再说他俩的模样：这女人长得又干、又瘦、又扁，脸盘像没上漆的乒乓

《高女人和她的矮丈夫》，中短篇小说集
一九八四年，上海文艺出版社出版。

Рисунок А. ОСТРОМЕНЦКОГО

一九八三年二月二十五日苏联《文学报》刊载《高
女人和她的矮丈夫》（李福清译）时的插图，
А.ОСТРОМЕНЦКОГО 作。

球拍儿。五官还算勉强看得过去，却又小又平，好似浅浮雕，胸脯毫不隆起，腰板细长僵直，臀部瘪下去，活像一块硬挺挺的搓板。她的丈夫却像一根短粗的橡皮辊儿；饱满，轴实，发亮；身上的一切——小腿啦，脚背啦，嘴巴啦，鼻头啦，手指肚儿啦，好像都是些溜圆而有弹性的小肉球。他的皮肤柔细光滑，有如质地优良的薄皮子。过剩的油脂就在这皮肤下闪出光亮，充分的血液就从这皮肤里透出鲜美微红的血色。他的眼睛简直像一对电压充足的小灯泡；他妻子的眼睛可就像一对乌乌涂涂的玻璃球儿了。两人在一起，没有谐调，只有对比。可是他俩还好像拴在一起，整天形影不离。

有一次，他们邻居一家吃团圆饭时，这家的老爷子酒喝多了，乘兴把桌上的一个细长的空酒瓶和一罐矮墩墩的猪肉罐头摆在一起，问全家人："你们猜这像嘛？"他不等别人猜破就公布谜底，"就是楼下那高女人和她的矮爷儿们！"

全家人哄然大笑，一直笑到饭后闲谈时。

他俩究竟是怎么凑成一对的？

这早就是团结大楼几十户住家所关注的问题了。自从他俩结婚时搬进这大楼，楼里的老住户无不抛以好奇莫解的目光。不过，有人爱把问号留在肚子里，有人忍不住要说出来罢了。多嘴多舌的人便议论纷纷。尤其是下雨天气，他俩出门，总是那高女人打伞。如果有什么东西掉在地上，矮男人去拾便是最方便了。大楼里一些闲得没事儿的婆娘们，看到这可笑的情景，就在一旁指指画画。难禁的笑声，憋在喉咙里咕咕作响。大人的无聊最能纵使孩子们的恶作剧。有些孩子一见到他俩就哄笑，叫喊着："扁担长，板凳宽……"他俩闻如未闻，对孩子们的哄闹从不发火，也不答理。可能为此，也就与大楼里的人们一直保持着相当冷淡的关系。少数不爱管闲事的人，上下班碰到他们时，最多也只是点点头，打一下招呼而已。这便使那些真正对他俩感兴趣的人们，很难再多知道一些什么。比如，他俩的关系如何？为什么结合一起？谁将就谁？没有正式答案，只有靠瞎猜了。

　　这是座旧式的公寓大楼，房间的间量很大，向阳而明亮，走道又宽又黑。楼外是个很大的院子，院门口有间小门房。门房里也住了一户，户主是个裁缝。裁缝为人老实，裁缝的老婆却是个精力充裕、走家串户、爱好说长道短的女人，最喜欢刺探别人家里的私事和隐秘。这大楼里家家的夫妻关系、姑嫂纠纷、做事勤懒、工资多少，她都一清二楚。凡她没弄清楚的事情，就要千方百计地打听到；这种求知欲能使愚顽成才。她这方面的本领更是超乎常人，甫说察言观色，能窥见人们藏在心里的念头；单靠嗅觉，就能知道谁家常吃肉，由此推算出这家收入状况。不知为什么，六十年代以来，处处居民住地，都有这样一类人被吸收为"街道积极分子"，使得他们对别人的干涉欲望合法化，能力和兴趣也得到发挥。看来，造物者真的不会荒废每一个人才的。

　　尽管裁缝老婆能耐，她却无法获知这对天天从眼前走来走去的极不相称的怪夫妻结合的缘由。这使她很苦恼，好像她的才干遇到了有力的挑战。但她凭着经验，苦苦琢磨，终于想出一条最能说服人的道理：夫妻俩中，必定一方有某种生理缺陷。否则谁也不会找一个比自己身高逆差一头的对象。她的根据很可靠：这对夫妻结婚三年还没有孩子呢！于是团结大楼的人都相信裁缝老婆这一聪明的判断。

事实向来不给任何人留情面，它打败了裁缝老婆！高女人怀孕了。人们的眼睛不断地瞥向高女人渐渐凸出来的肚子。这肚子由于离地面较高而十分明显。不管人们惊奇也好，质疑也好，困惑也好，高女人的孩子呱呱坠地了。每逢大太阳或下雨天气，两口子出门，高女人抱着孩子，打伞的事就落到矮男人身上。人们看他迈着滚圆的小腿、半举着伞儿、紧紧跟在后面滑稽的样子，对他俩居然成为夫妻，居然这样形影不离，好奇心仍然不减当初。各种听起来有理的说法依旧都有，但从这对夫妻身上却得不到印证。这些说法就像没处着落的鸟儿，啪啪地满天飞。裁缝老婆说："这两人准有见不得人的事。要不他们怎么不肯接近别人？身上有脓早晚得冒出来，走着瞧吧！"果然一天晚上，裁缝老婆听见了高女人家里发出打碎东西的声音。她赶忙以收大院扫地费为借口，去敲高女人家的门。她料定长久潜藏在这对夫妻间的隐患终于爆发了，她要亲眼看见这对夫妻怎样反目，捕捉到最生动的细节。门开了，高女人笑吟吟迎上来，矮丈夫在屋里也是笑容满面，地上一只打得粉碎的碟子——裁缝老婆只看到这些。她匆匆收了扫地费出来后，半天也想不明白这对夫妻之间到底发生了什么事。打碎碟子，没有吵架，反而像有什么开心事一般快活。怪事！

　　后来，裁缝老婆做了团结大院的街道居民代表。她在协助户籍警察挨家查对户口时，终于找到了多年来经常叫她费心的问题答案，一个确凿可信、无法推翻的答案。原来这高女人和她的矮丈夫，都在化学工业研究所工作。矮男人是研究所总工程师，工资达一百八十元之多！高女人只是一名普普通通的化验员，收入不足六十元，而且出生在一个辛苦而赚钱又少的邮递员家庭。不然她怎么会嫁给一个比自己矮一头的男人？为了地位，为了钱，为了过好日子，对！她立即把这珍贵情报，告诉给团结大楼里闲得难受的婆娘们。人们总是按照自己的思维方式去解释世界，尽力把一切事物都和自己的理解力拉平。于是，裁缝老婆的话被大家确信无疑。多年来留在人们心里的谜，一下子被打开了。大家恍然大悟：原来这矮男人是个先天不足的富翁，高女人是个见钱眼开、命里有福的穷娘儿们。当人们谈到这个模样像匹大洋马、却偏偏命好的高女人时，语调中往往带一股气。尤其是裁缝老婆。

三

人命运的好坏不能看一时，可得走着瞧。

一九六六年，团结大楼就像缩小了的世界，灾难降世，各有祸福，楼里的所有居民都到了"转运"时机。生活处处都是巨变和急变。矮男人是总工程师，迎头遭到横祸，家被抄，家具被搬得一空，人挨过斗，关进牛棚。祸事并不因此了结，有人说他多年来，白天在研究所工作，晚上回家把研究成果偷偷写成书，打算逃出国，投奔一个有钱的远亲，把国家科技情报献给外国资本家——这个荒诞不经的说法居然有很多人信以为真。那时，世道狂乱，人人失去常态，宁肯无知，宁愿心狠，还有许多出奇的妄想，恨不得从身旁发现出希特勒。研究所的人们便死死缠住总工程师不放，吓他，揍他，施加各种压力，同时还逼迫高女人交出那部谁也没见过的书稿，但没效果。有人出主意，把他俩弄到团结大楼的院里开一次批斗大会；谁都怕在亲友熟人面前丢丑，这也是一种压力。当各种压力都使过而无效时，这种做法，不妨试试，说不定能发生作用。

那天，团结大楼有史以来这样热闹——

下午研究所就来了一群人，在当院两棵树中间用粗麻绳扎了一道横标，写着那矮子的姓名，上边打个叉；院内外贴满口气咄咄逼人的大小标语，并在院墙上用十八张纸公布了这矮子的"罪状"。会议计划在晚饭后召开。研究所还派来一位电工，在当院拉了电线，装上四个五百烛光的大灯泡。此时的裁缝老婆已经由街道代表升任为治保主任，很有些权势，志得意满，人也胖多了。这天可把她忙得够呛，她带领楼里几个婆娘，忙里忙外，帮着刷标语，又给研究所的革命者们斟茶倒水，装灯用电还是从她家拉出来的线呢！真像她家办喜事一样！

晚饭后，大楼里的居民都给裁缝老婆召集到院里来了。四盏大灯亮起来，把大院照得像夜间球场一般雪亮。许许多多人影，好似放大了数十倍，投射在楼墙上。这人影都是肃然不动的，连孩子们也不敢随便活动。裁缝老婆带着一些人，左臂上也套上红袖章。这袖章在当时是最威风的了。她们守在门

《高女人和她的矮丈夫》改编的动画片，导演胡依红，一九八九年，上海美术电影制片厂制作。

口，不准外人进来。不一会儿，化工研究所一大群人，也戴袖章，押着高女人和她的矮丈夫，一路呼着口号，浩浩荡荡地来了。矮男人胸前挂一块牌子，高女人没挂。他俩一直给押到台前，并排低头站好。裁缝老婆跑上来说："这家伙太矮了，后边的革命群众瞧不见。我给他想点办法！"说着，带着一股冲动劲儿扭着肩上两块肉，从家里抱来一个肥皂箱子，倒扣过来，叫矮男人站上去。这样一来，他才与自己的老婆一般高，但此时此刻，很少有人对这对大难临头的夫妻不成比例的身高发生兴趣了。

大会依照流行的程式召开。宣布开会，呼口号，随后是进入了角色的批判者们慷慨激昂的发言，又是呼口号。压力使足，开始要从高女人嘴里逼供了。于是，人们围绕着那本"书稿"，唇枪舌剑地向高女人发动进攻。你问，我问，他问；尖声叫，粗声吼，哑声喊；大声喝，厉声逼，紧声追……高女人却只是摇头，真诚恳切地摇头。但真诚最廉价，相信真诚就意味着否定这世界上的一切。

无论是脾气暴躁的汉子们跳上去，挥动拳头威胁她，还是一些颇有攻心计的人，想出几句巧妙而带圈套的话问她，都给她这恳切又断然地摇头拒绝了。这样下去，批判会就会没结果，没成绩，甚至无法收场。研究所的人有些为难，他们担心这个会开得虎头蛇尾：乘兴而来，败兴而归。

裁缝老婆站在一旁听了半天，愈听愈没劲。她大字不识，既对什么"书稿"毫无兴趣，又觉得研究所这帮人说话不解气。她忽地跑到台前，抬起戴红袖章的左胳膊，指着高女人气冲冲地问：

"你说，你为什么要嫁给他？"

这句突如其来的问话使研究所的人一怔。不知道这位治保主任的问话与他们所关心的事有什么奇妙的联系。

高女人也怔住了。她也不知道裁缝老婆为什么提出这个问题。这问题不是这个世界所关心的。她抬起几个月来被折磨得如同一张皱巴巴的枯叶的瘦脸，脸上满是诧异神情。

"好啊！你不敢回答，我替你说吧！你是不是图这家伙有钱，才嫁给他的？没钱，谁要这么个矮子！"裁缝老婆大声说。声调中有几分得意，似乎她才是最知道这高女人根底的。

高女人没有点头，也没摇头。她好像忽然明白了裁缝老婆的一切，眼里闪出一股傲岸、嘲讽、倔犟的光芒。

"好，好，你不服气！这家伙现在完蛋了，看你还靠得上不！你心里是怎么回事，我知道！"裁缝老婆一拍胸脯，手一挥，还有几个婆娘在旁边助威，她真是得意到达极点。

研究所的人听得稀里糊涂。这种弄不明白的事，就索性糊涂下去更好。别看这些婆娘们离题千里地胡来，反而使会场一下子热闹起来。没有这种气氛，批判会怎好收场？于是研究所的人也不阻拦，任使婆娘们上阵发威。只听这些婆娘们叫着：

"他总共给你多少钱？他给你买过什么好东西？说！"

"你一月二百块钱不嫌够，还想出国，美的你！"

"邓拓是不是你们的后台？"

"有一天你往北京打电话，给谁打的，是不是给'三家村'打的？"

会开得成功与否，全看气氛如何。研究所主持批判会的人，看准时机，趁会场热闹，带领人们高声呼喊了一连串口号，然后赶紧收场散会。跟着，研究所的人又在高女人家搜查一遍，撬开地板，掀掉墙皮，一无所获，最后押着矮男人走了，只留下高女人。

高女人一直待在屋里，入夜时竟然独自出去了。她没想到，大楼门房的裁缝家虽然闭了灯，裁缝老婆却一直守在窗口盯着她的动静。见她出去，就紧紧尾随在后边，出了院门，向西走了两个路口，只见高女人穿过街在一家门前停住，轻轻敲几下门板。裁缝老婆躲在街这面的电线杆后面，屏住气，瞪大眼，好像等着捕捉出洞的兔儿。她要捉人，自己反而比要捉的人更紧张。

咔嚓一声，那门开了。一位老婆婆送出个小孩。只听那老婆婆说：

"完事了？"

没听见高女人说什么。

又是老婆婆的声音：

"孩子吃饱了，已经睡了一觉。快回去吧！"

裁缝老婆忽然想起，这老婆婆家原是高女人的托儿户，满心的兴致陡然消失。这时高女人转过身，领着孩子往回走，一路无话，只有娘俩的脚步声。裁缝老婆躲在电线杆后面没敢动，待她们走出一段距离，才独自快快地回家了。

第二天一早，高女人领着孩子走出大楼时眼圈明显地发红，大楼里没人敢和她说话，却都看见了她红肿的眼皮。特别是昨晚参加过批斗会的人们，心里微微有种异样的、亏心似的感觉，扭过脸，躲开她的目光。

四

矮男人自批判会那天被押走后，一直没放回来。此后据消息灵通的裁缝老婆说，矮男人又出了什么现行问题，进了监狱。高女人成了在押囚犯的老婆，落到了生活的最底层，自然不配住在团结大楼内那种宽敞的房间，被强迫和裁缝老婆家调换了住房。她搬到离楼十几米远孤零零的小屋去住。这倒也不错，省得经常和楼里的住户打头碰面，互相不敢答理，都挺尴尬。但整座楼的人们都能透过窗子，看见那孤单的小屋和她孤单单的身影。不知她把孩子送到哪里去了，只是偶尔才接回家住几天。她默默过着寂寞又沉重的日子，三十多岁的人，从容貌看上去很难说她还年轻。裁缝老婆下了断语：

"我看这娘儿们最多再等上一年。那矮子再不出来，她就得改嫁。要是我啊——现在就离婚改嫁，等那矮子干嘛，就是放出来，人不是人，钱也没了！"

过了一年，矮男人还是没放出来，高女人依旧不声不响地生活，上班下班，走进走出，点着炉子，就提一个挺大的黄色的破草篮去买菜。一年三百六十五天，天天如此……但有一天，矮男人重新出现了。这是秋后时节，他穿得单薄，剃了短平头，人大变了样子，浑身好似小了一圈儿，皮肤也褪去了光泽和血色。他回来径直奔楼里自家的门，却被新户主、老实巴交的裁缝送到门房前。高女人蹲在门口劈木柴，一听到他的招呼，唰地站起身，直愣愣看着他。两年未见的夫妻，都给对方的明显变化惊呆了。一个枯槁，一个憔悴；一个显得更高，一个显得更矮。两人互相看了一忽儿，赶紧掉过头去，高女人扭身跑进屋去，半天没出来，他便蹲在地上拾起斧头劈木柴，直把两大筐木块都劈成细木条。仿佛他俩再面对片刻就要爆发出什么强烈而受不了的事情来。此后，他俩又是形影不离地一起上班，一起下班回家，一切如旧。大楼里的人们从他俩身上找不出任何异样，兴趣也就渐渐减少。无论有没有他俩，都与别人无关。

一天早上，高女人出了什么事。只见矮男人惊慌失措从家里跑出去。不会儿，来了一辆救护车把高女人拉走。一连好些天，那门房总是没人，夜间也黑着灯。二十多天后，矮男人和一个陌生人抬一副担架回来，高女人躺在担架上，走进小门房。从此高女人便没有出屋。矮男人照例上班，傍晚回来总是急急忙忙生上炉子，就提着草篮去买菜。这草篮就是一两年前高女人天天使用的那个，如今提在他手里便显得太大，底儿快蹭地了。

转年天气回暖时，高女人出屋了。她久久没见阳光的脸，白得像刷了一层粉那样难看。刚刚立起的身子左倒右歪。她右手挂一根竹棍，左胳膊弯在胸前，左腿僵直，迈步困难，一看即知，她的病是脑血栓。从这天起，矮男人每天清早和傍晚都搀扶着高女人在当院遛两圈。他俩走得艰难缓慢。矮男人两只手用力端着老婆打弯的胳膊。他太矮了，抬她的手臂时，必须向上耸起自己的双肩。他很吃力，但他却掬出笑容，为了给妻子以鼓励。高女人抬不起左脚，他就用一根麻绳，套在高女人的左脚上，绳子的另一端拿在手里。高女人每要抬起左脚，他就使劲向上一提绳子。这情景奇异，可怜，又颇为壮观，使团结大楼的人们看了，不由得受到感动。这些人再与他俩打头碰面时，情不自禁地向他俩主动而友善地点头了……

五

高女人没有更多的福气，在矮小而挚爱她的丈夫身边久留。死神和生活一样无情。生活打垮了她，死神拖走了她。现在只留下矮男人了。

偏偏在高女人离去后，幸运才重新来吻矮男人的脑门。他被落实了政策，抄走的东西发还给他了，扣掉的工资补发给他了。只剩下被裁缝老婆占去的房子还没调换回来。团结大楼里又有人眼盯着他，等着瞧他生活中的新闻。据说研究所不少人都来帮助他续弦，他都谢绝了。裁缝老婆说：

"他想要什么样的，我知道。你们瞧我的！"

裁缝老婆度过了她的极盛时代，如今变得谦和多了。权力从身上摘去，笑容就得挂在脸上。她怀里揣一张漂亮又年轻的女人照片，去到门房找矮男人。照片上这女人是她的亲侄女。

她坐在矮男人家里，一边四下打量屋里的家具物件，一边向这矮小的阔佬提亲。她笑容满面，正说得来劲，忽然发现矮男人一声不吭，脸色铁青，在他背后挂着当年与高女人的结婚照片，裁缝老婆没敢掏出侄女的照片，就自动告退了。

几年过去，至今矮男人还是单身寡居，只在周日，从外边把孩子接回来，与他为伴。大楼里的人们看着他矮墩墩而孤寂的身影，想到他十多年来一桩桩事，渐渐好像悟到他坚持这种独身生活的缘故……逢到下雨天气，矮男人打伞去上班时，可能由于习惯，仍旧半举着伞。这时，人们有种奇妙的感觉，觉得那伞下好像有长长一大块空间，空空的，世界上任什么东西也填补不上。

一九八二年二月十六日　天津

抬头老婆低头汉

一

这世上的事说复杂就复杂，说简单就简单。要说复杂，有一堆现成的词儿摆在这儿，比方千形万态、千奇百怪、千头万绪、千变万化等等等等，它们还互不相干地混成一团，复不复杂？要说简单——那得听咱老祖宗的。咱老祖宗真够能耐，总共不过拿出两个字，就把世上的事掰扯得清清楚楚明明白白。这俩字是：阴阳。

老祖宗说，日为阳，月为阴，天为阳，地为阴，火为阳，水为阴，男为阳，女为阴，对不对？大白天，日头使足力气晒着，热热乎乎，阳气十足，正好捋起袖子干活；深夜里，月光没有什么劲儿，又凉又冷，阴气袭人，只能盖上被子睡觉。日，自然是阳；月，自然是阴。至于天与地、水与火、男与女，更是阴阳分明，各有各的特性。何谓特性？阳者刚，阴者柔。然而单是阳，太刚太硬不行；单是阴，太柔太弱也不行。阴阳就得搭配一起，还要各尽其能，各司其职。比方男女结为夫妻，向例都是男主外，女主内；男人养家，女人持家；男人搬重，女人弄轻……每每有陌生人敲门，一准是男人起身迎上去开门问话，哪有把老婆推在前头的？男人的天职就是保护女人，不能反过来。无论古今中外全是这样。这叫作天经地义。

可是，世上的事也有隔路的、另类的、阴阳颠倒的、女为阳男为阴的，北方人对这种夫妻有个十分形象的俗称，叫作抬头老婆低头汉。

二

这对夫妻家住在平安街八号一楼那里外间房。两人同岁，都是四十五。

先说抬头老婆。姓于，在街办的一家袜子厂当办公室主任。但从来没人叫她于主任，不论袜子厂上上下下还是家门口的邻居都喊她于姐。这么叫惯了，叫久了，连管界的户籍警也说不出她的名字来。

于姐精明强干。鼓鼓一对球眼，像总开着的一对小灯亮闪闪。她身上的一切都和这精明外露的眼睛相配。四十开外的人，没一根白发，满头又黑又亮齐刷刷。嘴唇薄，话说得干脆利索；手瘦硬，干活正得用；两条直腿走路快，骑车也快，上下车骗腿时动作像个骑兵。别小看了这个连初中也没毕业的女人家，论干活她才是袜子厂的一把手。凭着她勤快能干，办法多，又不惜力气，硬叫这小厂子一百来号人有吃有喝有钱看病一直捱到今天。

再说低头汉，姓龚。他可不如他老婆，不单名字——连他的"姓"也没人知道。所有熟人，包括他老婆都叫他老闷儿。

他人闷，模样也闷，好像在罐里盒里箱子里捂久了，抽抽巴巴，乌里乌涂。黑脸的人本来就看不清楚，一双小眼再藏在反光的镜片后边，很难看出他的心思。他从不张嘴大笑，不知他的嘴是大是小。虽然没听说他有什么病，但身子软绵绵，站直了也是歪的。多少年来，他一直像个小学生那样斜挎着一个长背带的黑色的人造革公文包上下班。他在大沽路那边的百货公司做会计。有人说他这样挎包是因为包里边装的全是账本，提在手里不保险，会丢，会被抢，套在身上才牢靠。他走路很慢，不会骑车，每天走路要用很多时间，他为什么不学骑车呢？不爱说话的人的道理是无法知道的。

他的脚步极轻，没有声音。这脚步就像他本人，从不打扰别人，碰上邻坊最多抿嘴一笑，不像她老婆兴冲冲的步伐像咚咚敲鼓。老婆喜欢和人搭讪，喜欢主动说话，不在乎对方是不是生人，也不在乎别人什么想法，求人帮忙时也一样，就像工厂派活时，一下子就交到人家手里。可是老闷儿不行，逢到必须开口求人帮忙时，嘴上就像贴了胶带。于是家里所有要和外边打交道的事就全落在老婆身上。

老婆在门外边，他在门后边；老婆与人谈判，他站在一边旁观，也决不插嘴。可户主是他老闷儿呀。

其实不只是家外边的事，家里边的事也都摊在老婆身上。

老婆急性子，老闷儿慢性子；性急的人遇事主动抢着干。老婆能干，他不会干；能干的人遇事不放心交给别人干。这就是为什么世上的事总是往急性子和能干的人身上跑的缘故。

久而久之，这个家庭形成的分工别有风趣：老婆做饭，老闷儿洗碗；老婆登梯爬高换灯泡换保险丝，老闷儿扶梯子；老婆搬蜂窝煤，老闷儿扫煤渣，老婆还总嫌他扫不干净一把将扫帚夺过去重扫。这个家里给老闷儿只留下一件正事，就是给不识数的儿子补习数学。所以，老婆常常会对人说，我在家是两个人的"妈"。在这个老婆万能的家庭里，老闷儿常常找不到自己。从属者的位置是可悲的。这是不是老闷儿总那么闷闷不乐的根由？

于是平安街上的人家，常常可以看到这对抬头老婆低头汉儿近滑稽的形象——

于姐习惯地扬着脸儿、挺着胸脯走在前边。一个在家里威风惯了的女子会不知不觉地男性化。她闪闪发光的眼睛左顾右盼，与熟人热情和大声地打招呼。老闷儿则像一个灰色的影子不声不响紧紧跟在后边。老婆不时回过头来叫一声："你怎么也不帮我提提这篮子，多重！"

这一瞬，老闷儿恨不得有个地沟眼没盖盖儿，自己一下掉进去。

改变这种局面是一天夜里。老婆突然大喊大叫把老闷儿惊醒。老闷儿使劲睁开睡眼才明白，一只大蝙蝠钻进屋来，受惊蝙蝠找不到逃路，便在屋里像轰炸机那样呼呼乱飞，飞不好就会撞在头上。

老婆胆子虽大，但她怕一切活物。从狗、猫、老鼠到壁虎、蟑螂、屎壳郎全怕。更怕这种嗞嗞尖叫、乱飞乱撞的蝙蝠。儿子叫道："老师说，叫蝙蝠咬着就得狂犬症！"吓得老婆用被子蒙头，一手拉着儿子，光脚跳下床，拉开门夺路跑到外屋。动作慢半拍的老闷儿跟在后边也要逃出去。被老婆使劲一推，随手把门拉上，将老闷儿关在里边。只听老婆在外屋叫着："该死，你一个大男人也怕蝙蝠，不打死它你别出来！"

老闷儿正趴在地上打哆嗦，老婆的话像根针戳在他的脊梁骨上。他忽然浑身发热，脸颊发烧，扭身抓过立在门后的长杆扫帚，一声喊打，便大战起蝙蝠来。他一边挥舞扫帚，一边呀呀呀地喊着。这叫喊其实是一种恐惧，也为了驱赶心中的恐惧。

然而，于姐在门外看呆了。她隔着门上的花玻璃看见丈夫抡动扫帚的身影，动作虽然有些僵硬，但从未有过如此的英勇。伴随着丈夫的英姿，那一闪一闪的东西就是发狂的蝙蝠的影子。只听几声哗哗啦啦瓷器碎裂的声音，跟着像是什么重东西摔在地上，随即没了声音。于姐怕老闷儿出什么事，正疑惑着，突然屋里暴发一阵大叫："我打死它啦，我胜啦，我胜啦！"

老婆和儿子推门进去，只见满地的碎壶、碎碗、糖块、闲书、破玻璃，老闷儿趴在中间，手里的扫帚杆直捅墙根。一只可怕的黑糊糊的非鼠非鸟的家伙被扫帚杆死死顶住，直顶得蝙蝠的肚肠带着鲜血从长满尖牙的嘴里冒出来。

老婆说："老闷儿，你还真把它弄死了。"伸手把他拉起来。

儿子兴奋极了，说："我爸真棒，我爸是巨无霸！"

老闷儿一身是土，满头是汗，眼镜不知掉在哪儿了；抖动的手还在紧握着扫帚杆。过度的紧张和兴奋，使他的表情十分怪异。他对老婆说：

"我行——"

然后，直盯着老婆，似是等待她的裁决。

老婆第一次听到他用"我行"这两个字表白自己，心里一酸，流下泪来。对他哽咽地说：

"是、是，你行，真的行！"

三

进入二十一世纪的第一个月，老闷儿流年不利，下岗了。一辈子头一遭没事干，或者说干了一辈子的事忽然没了，人也就空了。

这并不奇怪。公司亏损，无力强撑，便卖给私企老板，老板精兵减员，选人择优汰劣，这都是在理的。但老板只讲效益，不讲人情，人裁得极狠，下去一半，老闷儿自然在这一刀切下的一堆一块里边。

老闷儿和他老婆慌了神，着实忙了一阵，托人找事，看报找事，到人才中心找事，在大街上贴条找事；用会计的单位倒是有，但那种像模像样的企业一见老闷儿就微笑着说拜拜。小店小铺小买卖倒也用人，可就是另一层天地另一番人间景象了。经老婆的袜子厂一位同事介绍，有三家店铺都想用人，铺子不大，财务上的事都不多，想合用一个会计，月薪不算低。说要老闷儿和他们"会会"。老婆怕老闷儿不会说话，好事弄坏，便和他同去。这两口一前一后走进人家的店铺，很像家长领着一个老实的孩子来串门。

待和这三家的小老板一一见过谈过，才知道在这种店铺里，会计这行当原来只是一台数字的造假机器。前两家的小老板说得直截了当，不管他用偷税漏税加大成本还是开花账造假账等等什么花活，只要保证账面上月月"收支平衡"就行。小老板对老闷儿呲着黄牙笑道：

"您是见过世面的老手，这种事对于您还不是小菜一碟？"

这话叫老闷儿冒一头冷汗。

第三家是一家国营的贸易公司下边的实体。老板的左眼是个斜眼，眼神挺怪，话却说得更明白："我们这买卖就是为领导服务。领导的招待费礼品费出国费用全要揉到账里。"他用食指戳戳账本，"你的工作是在这里边挖口井。"

老板的话是对老闷儿说的，眼睛却像瞅着于姐。老闷儿听不懂他的意思，没等他问，于姐便问：

"什么井？您说白了吧。"

老板一笑，目光一扫他俩，一时弄不清他的眼睛对着谁，只听他说：

"你们怎么连这话也听不懂？小金库嘛！井里不管怎么掏，总得有水呀！"

这话叫于姐也冒出冷汗。走出门来，于姐对老闷儿说："咱要干这个，等于把自己往牢里送！"

打这天，于姐不再忙着给老闷儿找事，老闷儿便赋闲在家了。

在旁人眼里，老闷儿坐着吃，享清福。整天没事，有人管饭，多美！但世上的美事浮在表面，谁都能看见；人间的苦楚全藏在心里，唯有自知。为了表示自己的存在价值，老闷儿把接送儿子上下学、采买东西、洗碗烧饭、收拾屋子全揽在自己身上。一天两次用湿布把桌椅板凳擦得锃亮。

可是老婆并不满意他做的事，干惯了活的人的手闲不住，随手会把不干净不舒服的地方再收拾收拾。这在老闷儿看来，都是表示对他价值的否定。

老闷儿便悄悄地通过他有限的熟人，为他介绍工作。邻居万大哥也是下岗人员，靠卖五香花生仁度日。五香花生仁是他自己炒的，又脆又酥又香，卖得相当不错，有时还能挣到些烟钱酒钱零花钱。

万大哥对他说："哪有老爷们吃老娘们的，这不坐等着别人说闲话？跟我卖花生去！喂不饱自己的肚子，起码也能堵住别人的嘴。"

老闷儿跟着万大哥来到不远的大超市那条街上，按照万大哥的安排，两人一个在街东口，一个在街西口。可是老闷儿总怕碰见熟人，不敢抬头，抬起头又吆喝不出口。不像卖东西，倒像站在街头等人的。直等到天色偏暗，万大哥笑嘻嘻叼根烟，手里甩着个空口袋过来了。老闷儿这口袋的花生仁却一粒不少。

就这一次，万大哥决定把自己的义气劲儿收回了。

一天，老闷儿上街买菜。一个黄毛小子叫他，说一会话才知道是七八年前到他们百货公司会计科实习过的学生，只记得姓贾，名字忘了。小贾听说老闷儿下岗陷入困境，很表同情，毅然要为老闷儿排忧解纷。他说，卖东西最来钱的是卖盗版光盘。卖光盘这事略有风险，但对老闷儿最合适，不但无须吆喝也根本不能吆喝，一吆喝不就等于招呼"扫黄打非"那帮人来抓自己吗？只要悄悄往商店门口台阶上一坐，拿三五张光盘放在脚边，就有人买，卖一张赚两块。其余光盘揣在书包里，背在身上。万一看到有人来查光盘，拾起地上的那几张就走，如果查光盘的人来得太急，拔腿便跑，地上的光盘不要了，几张光盘也不值几个钱。

不等老闷儿犹豫，小贾就领着老闷儿到不远一家商店门口，亲眼看见一个人半小时就卖掉五六张光盘，十多元钱的票子已经装进口袋。

身在绝境中的老闷儿决心冒险一搏。晚上就向老婆伸手借钱。家里的钱从来都在老婆的手里攥着。老婆听说他要干这种事，差点笑出声来。可是老闷儿今儿一反常态，老婆反对他坚持，老婆吓他他不怕，看上去又有点当年大战蝙蝠的气概。老婆带着一点风险意识，给了他三百块本钱。转天一早老闷儿就在菜市场等来小贾。小贾答应帮他去进货，还帮他挑货选货。他把钱掏出来，留下一百，其余二百交给小贾，一个小时后，小贾就提来满满一塑料兜花花绿绿的光盘。对他说：

"您运气真够壮。正赶上一批最新的美国大片，还有希区柯克的悬念片呢！都是刚到的货。保您半天全出手！"

老闷儿把光盘悉数塞满那个当年装账本的黑公文包，斜垮肩上。自个儿跑到就近的一家商店门口坐在台阶上。伸手从包里掏出五张光盘，亮闪闪放在脚前边。没等他把光盘摆好，几只又黑又硬的大皮鞋出现在视线里——查光盘的把他抓个正着。他想解释，想争辩，想求饶，却全说不出口来。人家已经把他所有光盘连同那公文包全部没收。只说了一句："看样子你还不是老手。你说吧，是认罚，还是跟我们走？"说话这声音，在老闷儿听来像老虎叫。

他的腿直打哆嗦，走也走不动了。只好把身上剩下的一百块钱掏出来，人家接过罚款，把他训斥一番，警告他"下不为例"，便放了他。他竟然没找人家要罚单，剩下的只有空空的两手和一个吓破了的胆。

当晚，老婆气得大脸盘涨得像个红气球，半天说不出话来。待了一会儿，她眼皮忽然一动，目光闪闪地问道：

"没罚单怎么知道他们是扫黄打非的？他们穿制服了吗？别是冒牌的吧？"

老闷儿怔着，发傻。他当时头昏脑涨，根本没注意人家穿什么，只记得那几只又黑又硬的大皮鞋。

老婆突然大叫："我明白了。这两个人和你那个小贾是一伙的！他们拴好套，你钻进去了。老闷儿呀——"这回老婆气得没喊没骂，反倒咯咯笑起来，而且笑得停不住也忍不住。

老闷儿像挨了一棒。这一棒很厉害，把他彻底打垮。

世上有些事，不如不明白好。

四

小半年后的一天晚饭后，于姐的弟弟于老二引一个胖子到他们家来。

胖子姓曹，人挺白，谢顶，凸起的秃脑壳油光贼亮，像浇了一勺油。这人过去和于老二同事，在单位里伙房的灶上掌勺，手艺不错，能把大锅菜做出小灶小炒的味儿来。近来厂子挺不住，刚刚下岗。于老二想到姐夫老闷儿在家闲着，而姐夫家在不远的洋货街上还空着一间小破屋，不如介绍他们合伙干个露天的"马路餐馆"，屋里砌个灶做饭，屋外摆几套桌椅板凳，下雨时扯块苫布，就是个舒舒服服的小饭摊了。于老二还说，洋货街上的人多，买东西卖东西的人累了饿了，谁不想吃顿便宜又好吃的东西？

"你给人家吃什么？"于姐问曹胖子。

曹胖子满脸满身是肉，肚子像扣个小盆。一看就是常在灶上偷吃的吃出来的。他神秘兮兮地说出三个讨人喜欢的字来：

"欢喜锅。"

"从来没听过这菜名。"于姐说，脸上露出颇感兴趣的样子。

于老二插话说，听说过去南方有个地方乞丐挺多，讨来的饭菜都是人家剩的，没有吃头儿，只能填肚子。可这帮乞丐里有个能人，出一个主意，叫众乞丐把讨来的饭菜倒在一个锅里煮。别看这些东西烂糟糟，可有鱼尾有虾头有肉皮有鸡翅膀有鸭脖子，一煮奇香，好吃还解馋，从此众乞丐迷上这菜食，还给它起个好听的名字，叫"欢喜锅"。

"瞎说八道！我听怎么有点像'佛跳墙'呢，是你编出来的吧。"于姐笑道。

曹胖子接过话说："还不都是种说法。那'李鸿章杂碎'呢，不也是把各种荤的、腥的、鲜的全放在一锅里烩？要紧的是得把里边特别的味道煮出来。"

"这些东西放在一块煮说不定挺香的，就像什锦火锅。再说鸡脖子鱼头猪肉皮都是下脚料，不用多少钱，成本很低。"于姐说。

"您算说对了！"曹胖子说，"其实这锅子就是'穷人美'，专给干活的人解馋的，连汤带菜热乎乎一锅，再来两个炉干烧饼，准能吃饱。"

"怎么卖法？"于姐往下问。

"我先用大锅煮，再放在小砂锅里炖。灶台上掏一排排火眼，每个火眼放上一个沙锅，使小火慢慢炖，时候愈长，东西愈烂，味愈浓。客人一落座，立马能端上来，等也不用等。一人吃的是小号沙锅，八块；两人吃，中号，十二块；三人吃，大号，十五块。添汤不要钱，烧饼单算。"曹胖子说。看来他胸有成竹。

这话把于姐说得心花怒放。凭她的眼光，看得出这欢喜锅有市场，有干头。合伙的事当即就拍板了。往细处合计，也都是你说我点头，我说你点头。于姐和曹胖子全是个痛快人，不费多时就谈成了。小饭店定位为露天的马路餐馆。单卖一样欢喜锅，一天只是晚上一顿，打下午六点至夜里十一点。两家入伙的原则是各尽所有，各尽所能。老闷儿家出房子和桌椅板凳，曹胖子手里有成套的灶上的家伙。两家各拿出现金五千，置办必不可少的各类杂物。人力方面，各出一人——老闷儿和曹胖子。曹胖子负责灶上的事，老闷儿担当端菜送饭，收款记账。谈到这里，老闷儿面露难色，于老二一眼瞧见了。他知道，姐夫是会计，不怵记账，肯定是怕那些生头生脸的客人不好对付。因说：

"姐夫，反正你们这马路餐馆只是晚上一顿，晚上只要我没事就来帮你忙乎。"

于姐斜睨了老闷儿一眼，心里恨丈夫怂、怕事，但还是把事接过来说道：

"我晚上把儿子安顿好也过来。"

老闷儿马上释然地笑了。老婆在身边，天下自安然。

曹胖子却将这一幕记在心里。这时，于姐提出一个具体的分工，把餐厅买菜的事也交给老闷儿。曹胖子一怔。不想老闷儿马上答应下来："买菜的事，我行。"

老闷儿因为刚刚看出老婆不高兴，是想表现一下，却不知于姐另有防人之心。曹胖子老经世道，心里明明白白。他懂得，眼前的事该怎么办，今后的事该怎么办，因说道："那好，我只管一心把欢喜锅做成——人人的喜欢锅！"说完哈哈大笑，浑身的肉都像肉球那样上下乱窜。

在分红上，于姐的表态爽快又大方，主动说十天一分红，一家一半。这种分法，曹胖子原本连想都不敢想，连房子带家具都是人家的呢！可是曹胖子反应很快，赶紧说了一句："我这不是占便宜了吗？"便把于姐这分法凿实了。随后，他们给这将要问世的小饭铺起了一个好听好记又吉利的名字：欢喜餐厅。

于姐这人真是给点阳光就灿烂，给个舞台就光彩，而且说干就干！打第二天，一边到银行取钱和凑钱，一边找人刷浆收拾屋子，办工商税务证，打点洋货街的执法人员，购置盘灶用的红砖、白灰、沙子、麻精子、炉条、煤铲、烟囱，还有灯泡、电门、蜡烛、面缸、菜筐、砂锅、竹筷子、油盐酱醋、记账本、手巾、蝇拍、水桶、水壶、暖壶、冲水用的胶皮管子、扫马路的竹扫帚和插销门锁等等。但是，能将就的、家里有的、可买可不买的，于姐一律不买。桌椅板凳都是袜子厂扩建职工食堂时替换下来的，一直堆在仓库里，她打个借条从厂里借出七八套，连厨房切菜用的条案也弄来一张，并亲手把这些东西用推车从厂里推到洋货街。她干这些活时，老闷儿跟在后边，多半时候插不上手，跟着来跟着去，像个监工的。

于姐还请厂里的那位好书法的副厂长，给她写个牌匾，又花钱请人使油漆描到一块横板子上，待挂起来，有人说字写错了。把餐厅的"厅"上边多写了一点，成了"庁"字。这怎么办？曹胖子不认字，他摆摆肉蛋似的手说，多一点总比少一点强，凑合吧。偏有个退休的小学教师很较真，他说繁体的"廳"字上边倒有个点，简体的"厅"字绝没点，没这个字，怎么认？怎么办？于姐忽然灵机一动，拿起油漆刷子踩凳子上去。挥腕一抹，将上边多出来那一点抹到下边的一横里边。虽说改过的这一横变得太粗太楞，但错字改过来了，围看的人都叫好。老闷儿也很高兴，不觉说：

"她还真行。"

站在一旁的曹胖子说：

"你要有你老婆的一半就行了。"

老闷儿不知怎样应对。于姐听到这话，狠狠瞪曹胖子一眼。对于老闷儿，她不高兴时自己怎么说甚至怎么骂都行，可别人说老闷儿半个不字她都不干。这一眼瞪过去之后，还有一种隐隐的担忧在她心里滋生出来。这时，一阵噼噼啪啪的声音打断她的思索。两挂庆祝买卖开张的小钢鞭冒着烟儿起劲地响起来。洋货街不少小贩都来站脚助威，以示祝贺。

不出所料，欢喜锅一炮打响。

人嘴才是最好的媒体。十天过去，欢喜锅的名字已经响遍洋货街，跟着又蹿出洋货街，像风一样刮向远近各处。天天都有人来寻欢喜锅，一头钻进这勾人馋虫的又浓又鲜的香味中。自然，也有些小饭铺的老板厨师扮作食客来偷艺，但曹胖子锅子里边这股极特别的味道，谁也琢磨不透。

老闷儿头一次掉进这么大的阵势里，各种脾气各种心眼各种神头鬼脸，好比他十多年前五一节单位组织逛北京香山时，在碧霞寺见到的五百罗汉。他平时甫说脑袋，连眼皮都很少抬着，现在怎么能照看这么多来来往往的人？两眼全花了，心一急就情不自禁地喊：

"老曹。"

曹胖子忙得前胸后背满是汗珠，光着膀子，大背心像水里捞出来似的湿淋淋贴在身上。灶上一大片砂锅中冒出来的热气，把他熏得两眼都睁不开。这当儿，再听老闷儿一声声叫他，又急又气回应一嗓子：

"老子在锅里煮呢，要叫就叫你老婆去吧。"

外边吃饭的人全乐了。

人和人之间，强与弱之间，都是在相互的进退中寻找自己的尺度。本来曹胖子对他还是客客气气的，可是冒冒失失噎了他一句，他不回嘴，就招来了一句更不客气的。渐渐的，说闲话时拿他找乐，干活憋手时拿他撒气，特别是曹胖子一个心眼想把买菜的权利拿过去，老闷儿偏偏不给——他并不是为了防备曹胖子，而是多年干会计的规矩。曹胖子就暗暗恨上了他。开始时，拿话呛他、损他、撞他，然后是指桑骂槐说粗话；曹胖子也奇怪，这个窝囊废怎么连底线也没有。这便一天天得寸进尺，直到面对面骂他，以至想骂就骂，骂到起劲时捽捽打打，并对老闷儿推推搡搡起来。老闷儿依旧一声不吭，最多是伸着两条无力的瘦胳膊挡着曹胖子的来势汹汹的肉手，一边说："唉唉，别，别这样。"他懦弱，他胆怯，不敢也不会对骂对打；当然也是怕闹起来，老婆知道了，火了，砸了刚干起来的买卖。

每次曹胖子对老闷儿闹大了，都担心老闷儿回去向于姐告状。可是转天于姐来了，见面和他热情地打招呼，有说有笑，什么事儿没有，看来老闷儿回去任嘛没说。这就促使曹胖子的胆子愈来愈大，误以为这两口子不一码事呢。

洋货街上的人都是人精，不干自己的事躲在一边，没人把老闷儿受欺侮告诉于姐，相反倒是疑惑于姐有心于这个做一手好饭菜并且一直打着光棍的胖厨子。有了疑心就一定留心察看。连她对曹胖子的笑容和打招呼的手势也品来品去。终于一天看出眉目来了。这天收摊后，歇了工的老闷儿夫妇和曹胖子坐在一起，也弄了一个欢喜锅吃。不止一人看到于姐不坐在老闷儿一边，反倒坐在曹胖子一边。吃吃喝喝说说笑笑之间，曹胖子竟把一条滚圆的胳膊搭在于姐的椅背上，远看就像搂着老闷儿的老婆一样。可老闷儿叫人当面扣上绿帽子也不冒火，还在一边闷头吃。

人们暗地里嘻嘻哈哈议论开了。一个说：看样子不是曹胖子欺侮他，是他老婆也拿他不当人，当王八。

另一个说，八成是这小子不行。干那活儿的时候，这小子一准在下边。

前一个说，等着瞧好戏吧，不定哪天收了摊，这女人把他支回家，厨房的门就该在里边销上了。

后一个说，那"欢喜锅"不变成了"欢喜佛"？

打这天，人们私下便把欢喜锅叫成"欢喜佛"，而且一说就乐，再说还乐，越说越乐。

可是世上的事多半非人所料。一天收摊后，老闷儿动手收拾桌椅板凳，曹胖子站在一边喝酒，他嫌老闷儿慢，发起火来。老闷儿愈不出声他的火反而愈大。到后来竟然带着酒劲竟给老闷儿迎面一拳。老闷儿不经打，像个破筐飞出去，摔在桌子上，桌面一斜，反放在上边的几个板凳，劈头盖脸全砸在老闷儿身上。立时头上的血往下流。曹胖子醉烘烘，浑不当事。看着老闷儿爬起来回家，还在举着瓶子喝。

不会儿，于姐突然出现，二话没说，操起一根木棍抡起来扑上来就打。曹胖子已经醉得不省人事，却知道双手抱着头，蜷卧在地，像个大肉球，任凭于姐一阵疯打，洋货街上没人去劝阻，反倒要看看这里边是真是假谁真谁假。于姐一直打累了，才停下来，呼呼直喘，只听她使劲喊了一嗓子："别以为我家没人！"

这话倒是像个男人说的。

打这天起，欢喜餐厅关门十天。第十一天的中午曹胖子来卸了门板，收拾厨房，从里边往外折腾炉灰炉渣，不会儿黑黑的烟就从小屋顶上的烟囱眼儿里冒出来，看样子欢喜餐厅要重新开业。

下午时分，于姐就带着老闷儿来了。于姐扬着头满面红光走在前边，老闷儿提着两筐肉菜跟在后边——抬头老婆低头汉也来了。

洋货街的小贩们都把眼珠移到眼角，冷眼察看。不想这三人照旧有说有笑，奇了，好像十天前的事是一个没影儿的传说。

五

一个卖袜子的程嫂听说，于姐已经在袜子厂停薪留职，来干欢喜锅了。她放着袜子厂的办公室主任不做，跑到街头风吹日晒，干这种狗食摊，为嘛？为了给她的宝贝老公撑腰，还是索性天天"欢喜佛"了？如果是后者，那天那场仗的真情就变成——曹胖子打老闷儿是给于姐看，于姐打曹胖子是给大伙看。这出戏有多带劲，里边可咀嚼的东西多着呢！

可是，于姐的为人打乱了人们的看法。她逢人都会热乎乎地打招呼，笑嘻嘻说话，有忙就帮，大小事都管，看见人家自行车放歪了也主动去摆好。最难得的是这人说话办事没假，一副热肠子是她天生的，很快于姐就成了洋货街上受欢迎的人物。这种人干饭馆人气必然旺，人愈多她愈有劲，那双天生干活的手从来没停过；从地面到桌面，从砂锅到竹筷，不管嘛时候都像刚刚洗过刷过擦过扫过一样，桌椅板凳叫她用碱水刷得露出又白又亮的木筋。而且老闷儿在外边听她指挥，曹胖子在厨房听她招呼，里里外外浑然一体。自打于姐来到这里，再不见曹胖子对老闷儿发火动气，骂骂咧咧。老闷儿那张黑黑的脸上竟然可以清晰地看到笑意。

她来了三个月，马路餐桌已经增加到十张，但还是有人找不到座位，把砂锅端到侧边那堵矮墙上吃；四个月过去，于姐给曹胖子雇个帮厨；半年过后，曹胖子买了辆二手九成新的春兰虎摩托，于姐和老闷儿各买一个小灵通。到了年底，于姐和曹胖子就合计把不远一连三间底层的房子租下来。那房子原是个药铺，挺火，后来几个穿制服的药检人员进去一查，一多半是假药，这就把人带走，里边的东西也掏净了。房子一直空着没用，房主就是楼上的住户。

于姐对曹胖子说："我已经和房主拉上关系了。前天还给他们送去一个欢喜锅呢。拿下这房子保证没问题。"

日子一天天阳光多起来，闪闪发亮，使人神往；但日子后边的阴气也愈聚愈浓，只不过这仨人都不知觉罢了。

六

天冷时候，露天餐馆变得冷清。这一带有不少大杨树，到了这节气焦黄的落叶到处乱飘，刚扫去一片又落下一片，有时还飘到客人的砂锅里，于姐打算请人用杉篙和塑料编织布支个大棚，有个棚子还能避风。不远一家卖衣服的小贩说，他们也想这么干，要不衣服摊上也都是干叶子，不像样。他们说西郊区董家台子一家建材店就卖这种杉篙，又直又挺，价钱比毛竹竿子还低。他们已经订了十根，今晚去车拉。于姐叫老闷儿晚上跟车去一趟，问问买五十根能打多少折。傍晚时车来了，是辆带槽的东风120，又老又破。马达一响，车子乱响；马达停了，车子还响。

卖衣服的小贩叫老闷儿坐在车楼子里，自己披块毯子要到车槽上去，老闷儿不肯。老闷儿决不会去占好地方，他争着爬上了车槽。老闷儿走时，于姐在家里给孩子做饭。于姐来时，听说老闷儿跟车走了，心里一动，也不知哪里不对劲儿。是不是没必要叫老闷儿去？老闷儿即使去也没多大用处，他根本不会讨价还价，那么自己为什么叫老闷儿去呢？一时说不清楚是担心是后悔还是犯嘀咕，后脊梁止不住一阵阵发凉发瘆，打激凌子。她只当是自己有点风寒感冒。

这天挺冷挺黑，收摊后远远近近的灯显得异样的亮，白得刺眼。于姐、曹胖子和那个帮厨正在把最后几个砂锅洗干净，嘴里唸叨着老闷儿该回来了，忽然天大的祸事临到头上。洋货街一家卖箱包的小贩上气不接下气地跑来报信，说老闷儿他们的车在通往西郊的立交桥上和一辆迎面开来的长途大巴迎头撞上，并一起栽到桥下！

于姐立时站不住了，瘫下来。曹胖子赶紧叫来一辆出租车，把她拉到车里。赶到出事的地方，两辆汽车硬撞成一堆烂铁，分不出哪是哪辆车。场面之惨烈就没法细说了，血淋淋的和屠宰场一样，横七竖八的根本认不出人。曹胖子灵机一动，用手机拨通老闷儿小灵通的号码，居然不远处的一堆黑糊糊的血肉里响起铃声。于姐拔腿奔去，曹胖子一把拉住，说嘛也不叫于姐去看，又劝又喊又拦又拽，用了九牛二虎的力气，又找人帮忙才强把她拉回来。看着她这披头散发、直蒙瞪眼的样子，怕她吓着孩子，将她先弄到洋货街上。谁料她一看到欢喜餐厅的牌子，发疯一样冲进去把所有砂锅全扔出来，摔得粉粉碎。她嘶哑地叫着：

"是我毁了老闷儿呀，是我毁了你呀！"

她的喊叫撕心裂肺，贯满了深夜里漆黑空洞的整条洋货街。

曹胖子忽然跑到厨房把炖肉的大铁锅也端出来，"叭"地摔成八瓣。

欢喜餐厅的门板又紧紧关上。照洋货街上的人的看法，于姐一定会带着儿子嫁给光棍曹胖子，和他一起把这人气十足的饭馆重新开张干起来。但是，事违人愿，一个月后，于姐人没露面，却叫曹胖子来把那块牌匾摘下来扔了，剩下的炊具什物全给了曹胖子。

又过些日子来了一高一矮两个生脸的人，把小屋的门打开，门口挂几个自行车的瓦圈和轮胎，榔头改锥活扳子扔了一地，变成修车铺了。矮个子的修车匠说这房子花两万块钱买的。这才知道香喷喷的欢喜锅和那个勤快又热情的女人不会再出现了。

有人说，她没嫁给曹胖子，是因为曹胖子有老婆，人家还有个十三岁的闺女呢；也有人说，欢喜锅搬到大胡同那边去了，为了离开这块伤心之地，也为了避人耳目。

真正能见证于姐实情的还是平安街的老街坊们。于姐又回到袜子厂。据说不是她硬要回去的，而是厂里的人有人情，拉她回厂。她回厂后不再做那办公室主任，改做统计。倒不是因为办公室主任的位置已经有人，而是她不愿意像从前那样整天跑来跑去，抛头露面。

此事过去，她变了一个人。平安街的老街坊们惊奇地看到，从眼前走过的于姐不再像从前那样抬着下巴，目光四射，不时和熟人大声地打招呼。她垂下头来，手领着儿子默默而行。人们说，她这样反倒更有些女人味儿。

开始都以为她死了丈夫，打击太重，一时缓不过劲儿来。后来竟发现，先前那股子阳刚气已经从她身上褪去。难道她那种昂首挺胸的样子并非与生俱来？难道是老闷儿的懦弱与衰萎，才迫使她雄赳赳地站到前台来？

这些话问得好，却无人能答；若问她本人，则更难说清。人最说不好的，其实就是自己。

二〇〇六年一月二十九日晚十一时

雕花烟斗

一、老花农

他被这大盆光灿灿的凤尾菊迷住了。

这菊花从一人多高的花架上喷涌而出，闪着一片辉煌夺目的亮点点儿，一直泻到地上，活像一扇艳丽动人的凤尾，一条给舞台的灯光照得熠熠发光的长裙，一道瀑布——一道静止、无声、散着浓香的瀑布，而且无拘无束，仿佛女孩子们洗过的头发，随随便便披散下来。那些缀满花朵的修长的枝条纷乱地穿插垂落，带着一种山林气息和野味儿。在花的世界里，唯有凤尾菊才有这样奇特的境界。他顶喜欢这种花了。

大自然的美使他拜倒和神往。不知不觉间他一只手习惯地、下意识地从衣兜里掏出一个挺大的核桃木雕花烟斗，插在嘴角，点上火，才抽了几口，突然意识到花房里不准吸烟，他慌忙想找个地方磕灭烟火，一边四下窥探，看看是否被看花房的人瞧见了。

花房里静悄悄，幸好没有旁人，他暗自庆幸。可就在这时，忽见身旁几片肥大浓绿的美人蕉叶子中间，有一张黑黑的老汉的脸直对着他。这张脸长得相当古怪，竟使他吓了一跳。显然这是看花房的人，不知什么时候站在这里的，而且没出一声，好像一直躲在叶子后边监视着他，一双灰色的小眼睛牢牢盯着他嘴上的烟斗。烟斗正冒着烟儿。他刚要上前承认和解释自己的过错，那老汉却出乎他的意料，对他招招手，和气地说：

"没关系，到这边来抽吧！"

《雕花烟斗》，短篇小说，曾获一九七九年全国优秀小说奖。

《雕花烟斗》发表于大型文学期刊《当代》创刊后的第二期。

他怔了一下，不觉从眼前几片蕉叶下钻过去。老汉转过身引着他走了几步，停住；这里便是花房的一角。

这儿，靠墙是条砖砌的土炕，上边的铺盖卷成卷儿，炕上只铺一张苇席；炕旁放着一堆短把儿的尖头锄、长柄剪子、喷水壶、水桶、麻绳和细竹棍之类；炕前潮湿的黄土地扫得干干净净。中间摆一个矮腿的方木桌，只有一尺多高，像炕桌；隔桌相对放两把小椅子——实际上是凳子，不过有个小靠背，像幼儿园孩子们用的那种小椅子。桌椅没有涂漆，光光的木腿从地上吸了水分，都有半截的湿痕。桌面上摊开一张旧报纸，晾着几片焦黄的烟叶子……看来，这看花房的老汉，还是个收拾花的老花农呢！以前他来过这里几次，印象中似乎有这么个人，但从未注意过。

"您自管抽吧，这儿透气。"

老花农指指床上边一扇打开的小玻璃窗说，并请他坐下，斟了一碗热水，居然还恭恭敬敬放在他面前。使他这个犯了错的人非常不安，也更加不明白老汉为什么如此对待他。

随后，老花农坐在他对面，打腰里拿出一杆小烟袋和一个圆圆的磨得锃亮的洋铁烟盒，打开烟盒盖儿，动手装烟叶。但这双手痉挛似的抖着，装了一阵子才装满。点上火抽起来，也不说话，却不住地对他露出笑容，还总去瞟他叼在嘴上的烟斗。他从老花农古怪的脸上，很难看出是何意思。是善意地讥笑他刚才的过失，还是对他表示好感呢？自己能引起别人什么好感来？他百思莫解，老花农却开了口：

"唐先生，您还画画不？"

他怔住了。"您怎么知道我姓唐？还知道我画画？"他问。

"啥？"老花农侧过右耳朵。

他大点声音又说一遍。

老花农两颊上的皱纹全都对称地弯成半圆形的曲线，笑眯眯地说：

"先前，您带学生到这儿来画过花儿，咋不知道。您模样又没变……"

唐先生想了想，才想起这是六十年代中期"文化大革命"的狂潮到来之前的事。由于这儿的花开得特别好，他曾带学生们来上写生课，而且是在他喜欢的这凤尾菊盛开的时节。事隔六七年，老花农居然还记得。尤其近几年的骤变，过去的事对于他犹如隔世的事，去之遥远。像他这样的一个红极一时的大画家，好比高高悬挂的闪烁辉煌的大吊灯，如今被一棒打落下来，摔得粉粉碎。那些五光十色、光彩照人的玻璃片片，被人踩在脚下，无人顾惜。他落魄了，被人遗忘了，无人问津了。原先整天门庭若市，现在却"门前冷落鞍马稀"；那些终日缠在他身旁的名流、贵客、记者、编辑、门生、慕名而来的崇拜者，以及附庸风雅的无聊客，一概都不见了。他就是一张盖了戳的邮票，没有用处。而当下，居然被这老汉收集在记忆的册子里。他心里不禁泛起一阵酸楚和温暖的感动的微波。"您居然还记得我，好记性呀！可我，我现在……不常画了。"他因感慨万端，声调低沉下来。

"啥？"老花农又是那样偏过右耳朵。

"不常画了。"

"明白，明白。"老花农像个知心的人那样，深有所感似的、会意地点了点头。跟着加重语气说："不过，还是该画，该画。您画得美，美呀……"

"我？可您并没见过我的画呀！"他想自己在这儿给学生们上写生课时，并没动手画过。一刹那，他觉得老花农在对自己客套，拉近乎。

"不！"老花农说，"您的画印出过画片，俺见过，画得美呀！"

老花农赞美的语气是由衷的，好像回味吃过的一条特别美味的鱼似的。看来，这老汉不只是在花房认识自己的，还注意过自己的作品，耳闻过自己的声名。难道在这奇花异卉中间，在这五彩缤纷的花的天地里，隐藏着一个知音吗？好似深山幽谷之间的钟子期？他惊异地望着对方。当他的目光在老花农古怪的脸上转了两转，这些离奇的猜想便都飞跑了——

　　谁能从这老花农身上、脸上和奇形怪状的五官中间找到聪慧、美的知识的影子呢？瞧，他穿一身皱巴巴的黑裤褂，沾满污痕，膝头和领口的部分磨得油亮；像老农民那样打着裹腿，脚上套一双棉鞋篓子；面色黧黑，背光的暗部简直黑如锅底，这颜色和衣服混成一色；满脸深深的皱纹和衣服的皱褶连成一气。他身子矮墩墩，微微驼背；罗圈腿，明显地向里弯曲。坐在那里，抱成一团，看上去像一个汉代的大黑陶炉，也只有汉代人才有那种奇特的想象，把器物塑造得如此怪异——他的脑门向外凸成一个球儿；球儿下边，便是两条猿人一般隆起的眉骨，眉毛稀少；眼睛小，眼圈发红，眸子发灰，有种上年纪人褪尽光泽而黯淡的眼神。下半张脸差不多给乱杂杂的短髭全盖上了。那双扇风耳，像假的，或者像唯恐听不清声音而极力挖开。尤其总偏过来的右耳朵，似乎更大一些……就这样一个老汉，给人一种不舒展、执拗和容易固守偏见的感觉，好似一个老山民，一辈子很少出山沟，不开通，没文化，恐怕连自己的名字都不会写；而且岁数大了，耳朵又背，行动迟缓而不灵便。他往烟袋里塞满烟叶子，一半掉落在外，也不去拾。掉多了，就垂下一只又黑又厚又粗糙的手，连地上的土渣一齐捏起来，按在烟锅里，并不在意。老年的邋遢使他显得有些愚笨。由于语言少，他夸耀唐先生的画时，除了"美，美呀！"之外，好像再没有其他词语了。唐先生很少听人用"美"这个字眼儿来称赞画。这个字眼儿本身就含着很深的内容，尤其是现在给这样一个黑老汉的嘴里说出来，就显得很特别，不和谐，不可思议。这个"美，美呀！"究竟是指什么而言，是何内容，难道是对自己的艺术发自内心的一种感受？唐先生心想，或许这老汉听人说过自己的大名，偶然还见过自己大作的印刷品，碰巧发生了一时兴趣，但仅仅是一种直觉的喜爱，与对艺术的理解无关。这种喜爱即便有理由，也是出于无知和对艺术幼稚的曲解。仿佛我们听鸟叫，觉得婉转动听，但完全不懂鸟儿们说些什么；两只鸟儿对叫，可能在相互生气谩骂，我们却以为它们在亲昵地召唤或对歌……

他俩坐了一阵子。老花农似乎无话可说，默默抽着烟。老花农烟抽得厉害，铜烟嘴一直没离开嘴唇。唐先生呢？也没有更多的话可说。不过，他不再像刚才那样——由于自己犯了花房的规矩而不安和发窘了。心里舒坦，滋滋有味儿地抽着自己的烟斗。可是他发现老花农仍在不时瞅他嘴上的烟斗。他不明其故。"您来尝尝我的烟斗丝吗？"他问。

"不！"老花农笑眯眯地说。他笑得又和善又难看。"俺是瞧您的烟斗挺特别……"

他的烟斗比一般的大。上边雕着一只肥胖的猫头鹰，栖息在一段粗粗的秃枝上，整个图形是浮雕的，凸出表面；背后是一个线刻的圆圆的大月亮，实际上只是一个大圆圈，却十分洗练，和浮雕的部分形成对比，画面显得十分别致和新颖。他把烟斗磕灭火，递给老花农。

"这烟斗是我自己刻的。"他说。

老花农接过烟斗，双手摆弄着，目不转睛地瞧着。然后扬起脸对唐先生赞不绝口："美，美，美呀！"那双灰色的小眼睛竟流露出真切的钦慕之情，使他见了，深受感动。这烟斗是他得意的精神产儿呵！但他跟着又坚信，烟斗上那些奇妙的变形和线条的趣味，绝不在老花农的理解之中。此时，他脑袋里还闪过一种对老花农并非善意的猜疑。他疑心老花农对他如此敬重，如此赞美，是看上了他的烟斗，想要这烟斗。他瞅着老花农对这烟斗爱不释手的样子，便说：

"您要是喜欢这烟斗，就送给您吧！"

不料，老花农听了一怔，脸上的表情变得郑重又严肃，赶忙把烟斗双手捧过来，说：

"不，不，俺要不得，要不得！"

"您拿去玩吧！我家里还有哪！"

"您有是您的。俺不能要！"

老花农一个劲儿地固执地摇脑袋，坚决不肯要。他客气再三，老花农竟有些急了，脸色很难看，黑黑的下巴直打颤，好像被人家误以为自己贪爱他人之物，自尊心受不了似的。老花农激动得站起身，把烟斗用力塞回到唐先生的手掌里。唐先生只得作罢，将烟斗装上烟斗丝，重新插在嘴角，点上火。

这样，唐先生对陌生的怪模怪样的老花农的认识便进了一步。除了感到他个性十分固执之外，还感到他很质朴和诚实。对自己的敬重是实心实意的，没有任何利欲的杂质。尽管他依然确信老花农对艺术一窍不通，仅仅出自一种外行的欣赏方式，与自己毫无共同语言。但由于自己长时间受尽歧视，饱尝冷淡和受排斥的苦滋味，在这里所得到的敬重对于他便是十分珍贵的了。尤其这一片单纯、温厚、自然而然的人情，好比野火烧过的荒原上的花儿、寒飙吹过的绿叶那样难得。

从此以后，尽管这花房离他家不算太近，他却常来坐坐，特别是在凤尾菊盛开的时刻。他来，看过花，便和老花农相对而坐。两碗冒着热气儿的开水，两个冒着白烟儿的烟锅。周围是艳丽缤纷的花的海洋，静静地吐着芬芳。没有一丝风儿，但可以一阵阵闻到牡丹的浓香，一会儿又有一股兰花的幽馨暗暗飘来。两人的话很少，常常默默地坐到薄暮。窗子还挺亮，花房内已经晦暗，到处是模模糊糊的色块，对面只能见到一个朦胧的人影。这时，老花农完全变成一尊大黑陶炉子。只有在一闪一闪的烟火里，才隐隐闪现出那副古怪的面孔。

从偶然、不多的几句话里，他得知老花农姓范，唐山北边的丰润县人，上几代都是花农；从三十多岁他就来到这属于郊区公社的小花房工作，为市区各机关的会场增添色彩，给许许多多家庭点缀生活的美。他老伴早已病故，有个儿子，在附近的农场修水渠。这间充满阳光、花气和潮湿的泥土气味的小花房便是他的家。除此，再不知道旁的，似乎老花农再没有什么可以告诉他的了。两人默默对坐，并不因为无话可说而觉得尴尬，相反，却互相感受到一种满足。至于老花农以什么为满足，他很难知道。但他从老花农凝视着他和他嘴上的烟斗的含笑的目光里，已经明确地感觉到了——老花农难道真的懂得他的艺术，只是不善于表达？不，不！这雕花的烟斗，目前在他生活中、在他精神的天地里的位置，旁人是很难想象得到的。

二、画家

一些巴黎的穷画家，曾经由于买不起画布和颜料，或者被饥肠饿肚折磨得坐卧不宁，就去给酒吧间的墙上画金月亮，换取一点甜酒、酸黄瓜、面包和亚麻布，跑到家，趁肚子里的食物没消化完，赶紧把心中渴望表达出来的美丽的形象涂在画布上。

我们的唐先生则不然。现在，所有的画家都靠边站，又没有课教，待在家无事可做。他每月十五日可以到画院的财务室领到足够的薪金。天天把肚子塞得鼓鼓的，像实心球；精力有余，时间多得打发不出去。画瘾时时像痒痒虫弄得他浑身难受，但他不敢去摸一摸笔杆。

这是当时我们的文学艺术家们共同的苦恼。文坛上拉满带电的铁丝网，画苑里遍处布雷；笔杆好像炸弹里的撞针，摆弄不好，就会引来杀身之祸。

时间久了，锡管中黏稠的颜色硬结成粉块，好似昆虫学家标本盒里的死蚂蚱；画布被尘埃抹了厚厚的一层；笔筒中长长短短的画笔中间结上了亮闪闪的蛛丝……

他整天无所事事，又很少像从前那样有客来访，无聊得很。他怀念往事，怀念失去的一切，包括那飞黄腾达的岁月里种种出风头和得意的事情。那时，不用他去找，好事会自己跑上门来，还是请求他接受。如今却只有寂寞陪伴着他。但他总不能浸在回忆里，要摆脱。他曾同别人学过钓鱼、下棋、打牌，借以消磨时光；他却发现自己缺乏耐性、计算、推理和抽象认识的能力极差，无论怎样努力也养不成这些嗜好。他还学过一阵木工。虽然他五十余岁，身子蛮壮，结实的肌骨里还蕴藏着不少力量，拉得了大锯，推得动大刨子。前几年的大风暴里，他的家具被抄去不少，自己动手做些应用的家具，倒还不错。经过努力，他的木工活学到能粗粗制成一张桌子或一只碗橱的程度，但没有一件家具能够最后完成，总是设计得好，做得差不多就没兴致了。草草装配上，刷一道漆色；往往是这里剩下一个抽屉把儿没安，那里还有一扇玻璃柜门没有装上去，就扔在一边，像一件件半成品，无精打采地站在屋子四边……他不能画画，就如同一个失恋的人，一时做什么事都打不起精神来。

一次，他闲坐着，嘴上叼一只大烟斗。无意间，目光碰到又圆又光滑、深红色的烟斗上。他忽然觉得上边深色的木纹，隐隐像一双敦煌壁画中的飞天人物，他灵机一动，找到一把木刻刀，依形雕刻出来，再用金漆复勾一遍，竟收到了意想之外的效果。这飞天，衣袂飞举，裙带飘然旋转，宛如在无极的太空中款款翱翔，并给阳光照得辉煌耀目。真有在莫高窟里翘首仰望时所得的美妙的感觉。那些刀刻的线条还含着一种他从未感受过的浓厚又独特的趣味。如此一来，一只普普通通的烟斗便变成一件绝妙的艺术品。一下子，他就像在难堪的囚居中找到一个新天地，在焦渴的荒漠中发现一汪清泉；像孩子突然拾到一个可以大大发挥一下想象的木头轮子似的，兴致勃勃、欣喜若狂地摆弄起这玩意儿来。

他钻到床底下，从一只破篮子里翻出好几个旧烟斗，几天内全刻了出来。有的刻上一大群扬帆的船；有的雕出一只啁啾不已、活灵活现、毛茸茸的小雏雀；有的仅仅划几条春风吹动的水纹，几颗淡淡的星；有的则仿照汉画中带篷子的战车，线条也逼真地摹拟出汉画拓片上那种浑古苍拙的味道。现成的烟斗刻完了，他就找来一些硬木头、干树根、牛角料，自制烟斗。雕刻的技术愈来愈精，从线刻到浮雕、高浮雕，有的还在表层打孔和镂空。再加上煮色、磨光、烫蜡和涂漆，精美无比。它和一般匠人们雕刻的烟斗迥然不同。匠人们靠熟练得近似油滑的技术，式样千篇一律，图形也都有规定的程式，严格地讲那仅仅算是玩意儿，不是艺术品。而唐先生的烟斗，造型、图纹、形象、制法，乃至风格，无一雷同。他把每只烟斗都当作一件创作，倾尽心血，刻意经营。在每一个两三公分高的圆柱体上，都追求一种情趣，一种境界……他把雕好的烟斗摆满一个玻璃书柜——里边的书早被抄去，原是空的——这简直是一柜琳琅满目、绝美的艺术珍品。在这里，可以见到世纪前青铜器上怪异的人形，彩陶文化所特有的酣畅而单纯的花纹，罗马建筑，蒙娜丽莎，日本浮世绘中的武士，北魏佛像，昭陵六骏，凯旋门，武梁祠石刻，韩干的马，韩滉的牛，郑板桥的竹子，埃及的狮身人面像，华特·迪士尼的卡通人物。这些图形都保持原来的艺术风格和趣味，不因模仿而失真。有的原是宏幅巨制，缩小千分之一刻在烟斗上，毫不丢掉原作的风神、气势和丰富感。还有些用怪模怪样的老树根雕成的烟斗，随形刻成嶙峋的山石，古鼎或兽头，海浪或飞云。文明世界的宝藏，人世间的万千景象，都是他摄取的题材。他的变形大胆而新奇。为了传神，常常舍弃把握得很准确的物象的轮廓；他在艺术上向来反对单纯地记录视网膜上的影像；在调色板上，他主张融进内心感受的调子。此时，他把这一切艺术理想都实现了。

他如同真正从事创作时那样，有时一干就是一整天。半夜里，有了想法也按捺不住跳下床来，操起雕刻刀。得意之时，还要把老伴推醒共同欣赏。老伴与他三十年前同毕业于一座艺术院校，有一样的理想和差距不大的才华。结婚后，老伴为了他，把个人的抱负收拾起来，或者说是全部地加入到他的理想中。瘦削单薄的肩膀挑起生活的重担，却以他的成功为欢乐。默默与他一起分享荣誉的快感和事业上的收获。当有人宣布他的前程已经被毁灭时，老伴表面上比他不在乎，心里反比他更沉重、更灰心失望。现在，老伴见他从多年的苦闷里找到一种精神的寄托，心中深感安慰。不管怎样，在旁人眼里烟斗是个玩物，不被留意。画画的，不去画画，还有什么麻烦？有时，老伴见他居然从这么一个小东西上获得如此之多的快乐，还忍不住偷偷掉泪呢！

想想看，这一切老花农哪里懂得。如果说老花农是他的知音，恐怕是自寻安慰吧！然而，艺术家需要的不是家庭承认，而是社会承认。也许由于唐先生的周围万籁俱寂，无人赏识，无人喝彩，无人答理他，太寂寞了；老花农这里发出的一个孤孤单单的苍哑的回声，多多少少使他得到一点充实。

三、时来运转

秋风一吹，大自然单调的绿色顷刻变得黄紫斑驳。又是一番姿色，又是赏菊的好时节。可是唐先生却没有到那离家较远的小花房去。他已经半年多没去了。

半年前，他被落实了政策，名画家的桂冠重新戴在头上。家里的客人渐渐多起来。好像堪堪枯谢的枝头又绽开花蕾，引来一群群蜜蜂、蝴蝶、小虫。编辑们来要稿，记者来采访，名流们穿梭不已。前几年销声匿迹的门生，又来登门求教。求画的人更是接踵不绝。他整天迎进送出，开门关门，忙得不亦乐乎。有时一群群闯进来，坐满一屋子，闹得他的画室像刚刚开业的小饭铺。

他给这些人缠着，什么也干不了。还有些人纯粹来泡时间，一坐就是半天。要不是他们自己坐得厌烦了，还不肯走呢！他对这些不知趣的人，尤其没有办法。有时他不说话，想把来访者冷淡走，偏偏这种人不善察言观色。甚至有人还对他说："你的客人太多了，把你的时间都占去了，还怎么画画？你不能不答理他们吗？"说话的人往往把自己除外，弄得他啼笑皆非。

然而，他被这么多人捧在中间，像众星捧月似的，毕竟很高兴。这是自己地位、名望、荣誉和价值的见证。前些年失掉的荣誉，像一只跑掉的鸟儿，又带着一连串响亮的鸣叫飞回来了。整天，喜悦如同一对小漩涡旋在他嘴角上，连睡觉时也停在他嘴角上缓缓转动。因此，人来人往，又使他得意、满足、引以为荣。此时，他忙得早把那无足轻重的老花农淡忘了。

烟斗呢？却非刻不可。因为来访者搞不到他的画，都设法要一只烟斗去。大凡这些要烟斗的人，其中没有几个真正懂得他寄寓在这小东西上奇妙的语言，也并非喜欢得不得了(尽管装得珍爱如狂)，不过因为这是大名鼎鼎的"唐先生"刻的烟斗而已。好比有人向大作家要书，拿回去可能翻也不翻，要的是作家在扉页上的亲笔签名——但他必须应付这种事。几个月里，他摆在玻璃书柜里的烟斗被人们要去大半。他还要抽时间不断地雕出一些新的来，刻得却不那么尽心了，草草了事，人家照样抢着要。除非对方是艺术内行或什么大人物，他在构思用意和刻法上才着意和讲究一些。

他可以画画了，反而画不成，没时间。一时他的烟斗倒比他的画更出名。他快成烟斗艺术大师了。

一天，打一早就是高朋满座。一个矮胖胖，是位通晓些绘画常识的名作家；另两个身材一般高，都戴圆眼镜，若不是一个长脸盘，一个小脸盘，简直是一对儿。这两个是出版社比较有些资格的编辑，来催稿件；还有一位瘦高、长腿、像只鹳鸟的大个子，是位画家。大家当着他的面讨论他的绘画风格，自然都是赞美之词。那位长腿画家曾是唐先生的画友，多年来也曾登门，近来又成了座上客。此刻竟以唐先生的贴己和知音的口气说话。

唐先生虽然听得挺舒服，但他要画画，并不希望这些人总坐着不走。昨晚他勾了一张草图，本想今天完成，但客人们一早就鱼贯而入，他又不好谢客，只得坐陪。此时，大家已经抽掉一包带过滤嘴的香烟了，浓烟满室，都还没有告辞的意思。正在无可奈何之际，外边又有人敲门。他心里厌烦地说："又来一个，今天算报销掉了！"便去开门。

打开门，不觉双目一亮。面前一大盆光彩照人的凤尾菊。一个人抱着这盆花，面部被花遮住。他怔了，是谁给自己送花来了呢？这么漂亮的花！

"谁？快请进！"

来人没吭声，慢吞吞走进来，把花儿放在地上。待来人直起腰一看，原来是半年多未见的老花农。是他把自己喜爱的花儿送到家里来了。

"唷，老范，是您呀！您怎么来的？抱来的吗？"

矮墩墩的老花农笑眯眯地站在他面前，前襟沾着土，他抱了这盆花走了很长的路，累了，额上沁出亮闪闪的汗珠，微微直喘，说不出话，只频频点头。

客人们都起身过来，围着地上这盆凤尾菊欣赏起来，兼有为主人助兴的意思。

唐先生请老花农坐下歇歇。老花农扭身本想就近坐在一张带扶手的沙发椅上，但他迟疑一下没坐，似乎嫌自己一身衣服太脏。他见墙角的书柜前有个小木凳，就过去蹲下去坐在木凳上。唐先生没跟他客气，让座位。倒了一杯热水给他，问道：

"怎么样，忙吗？"

"啥？"老花农还是那样偏过右耳朵。

"我问您忙吗？"唐先生放大音量又问一遍。

"噢，没啥忙的。半年没见您了。您不是爱凤尾菊吗？您要是再不来，花就开败了。今儿俺歇班，给您抱一盆来，您就在家瞧吧！"

老花农说着，打腰里掏出小烟袋和那个圆圆的洋铁烟盒，打开盖儿放在地上，装上烟叶末子，点了火抽起来。

客人们看过花，重新落座。唐先生也坐回到自己的一张大靠背的皮软椅上去，接着谈天。大家谁也没有把这个送花来的、蹲坐在一边的黑老汉当做一回事。也没人和他说话，问他什么。唐先生也没和他搭腔，任他一旁抽烟、喝水，只是间或朝他无声地笑一笑，点一下头。老花农丝毫没有怨怪这些人不理他。他津津有味地听着这些人海阔天空地谈天。为了听清这些人的话，他把那右耳朵偏过来，时而皱起满脸皱纹，仿佛感到费解；时而又舒展面容，似乎领略到这些人话中的奥妙。他不声不响地坐在一旁，黑黑的脸上露出满足的神情，好像在享受着什么，如同当年在小花房里，与唐先生相对而坐、默默抽着烟时所表现出的那种满足。

后来他发现了身后陈列烟斗的玻璃柜，便站起身，面对柜子，见到这么多雕着花、千奇百怪的烟斗，他看呆了。而且距离柜门的玻璃面那么近，好像要挤进柜里去。嘴里呼出的热气把柜门弄污了，不断用手去抹。还禁不住发出一声声——对于他是唯一的、很特别的——赞叹声："美，美，美呀……"

屋内的几位客人听到这声音，不以为然，并觉得这个傻里傻气、怪模怪样的黑老汉挺可笑。这使得唐先生感觉自己认识这么一位无知的缺心眼的怪老头很难为情。因此，没敢和老花农说话，生怕引他说出更无知可笑的话来，栽自己的面子。他尽力说些话扯开贵客们对老花农的注意，心里却巴望老花农快快告辞回去。

没人搭理老花农。待了会儿，老花农向唐先生告辞要回去了。唐先生一边和他客气着，一边送他到了大门外。

"耽误你们谈话了。"老花农歉意又发窘地说。

"哪的话！您给我送花来，跑了这么远的路。"他说着客套话。

"您怎么一直没来呢？今年的凤尾菊开得盆盆好。您很忙吧！"

唐先生听了，马上想到如果自己说"不忙"，说不定这老花农没事就要来，便说："何止忙呢，忙得不可开交呀！这些人整天没事，到这儿来泡时间，弄得我一点时间也没有。他们还找我要画，我哪来的时间画？！半年来，我一共才画了四张画，多半还是夜里画的。照这么下去，我非得跑到深山里躲躲去不可，否则什么也干不成！"他一边显得很烦恼，一边还透出两分得意的神色。

"呀！不画哪成！该画、该画……"老花农好像比唐先生更为忧虑。沉了片刻，他诚恳又认真地说："要不，您到我的花房画去吧！"

"不，不……我，我离不开这儿。有时，有人找我，也确实是有事。您甭为我操心了，我自己慢慢再想些别的办法。"

老花农听罢，怔了怔，便说："那我走了。您这儿还有客人哪！"随即转身慢吞吞地走去。

此后，老花农又来送过两次花，却没有露面，连门也没敲，而是悄悄把花儿放在门口，悄悄去了。这两次都是唐先生送客出来，发现了花，摆在门旁边。他便知是老花农送来的。他领会到老花农的用心，心里也受了感动。本想去看看老花农，但川流不息的来客，以及更重要的事情把这些念头冲跑了。

有一次，他送走几位来客，正打开窗子放放屋里的烟。忽听门外"咚"的一声，好像有人把一件沉重的东西放在地上。他忙走到门前，拉开门，只见门外台阶上又放了一盆美丽的花。一个矮墩墩、穿一身黑裤褂的老汉的背影，正离开这里走去。一看那微微驼背，慢吞吞迈着弧形步子的罗圈腿，立即认出是老花农。他招呼一声："老范！"便赶上去。

他请老花农屋里坐，老花农说什么也不肯，摇着手说："不，不，别耽误您的时间。"

"屋里没人。您坐坐，喘一喘再走。"

"不，您正好可以画画。俺不累，溜溜达达就回去了。"

"往后您别再跑这么远的路了。这一盆花得十多斤重。我要是看花，到花房去看好了。"唐先生说。

"您哪里有空呢？"老花农说。他牢牢记着上次唐先生埋怨没有时间工作的话，才一次次把花儿送来。

"可是……您送花，也不要我付钱，怎么成呢？哪能叫您白送。"

老花农摇着一双又厚又黑、短粗的手，说：

"没啥，没啥。俺就一个儿子，他做事，不要我的钱。我的钱用不了，没嗜好，也没处花，连烟叶子也是自己种的……您干啥要提钱呢！"

"可我怎么谢谢您呢？"

"啥？"

"我说，我总得谢谢您。"

老花农听了，在他黑黑发亮的铁球一般的鼓脑门下，两只无神的灰色的小眼睛直怔怔地盯着唐先生。

"您真的要谢谢俺？"

"是呵……"

"那……"老花农变得犹豫不决，然后他像下了决心那样地说，"您就送俺一只您刻的烟斗吧！"这时，他的表情既是一种诚恳的请求，也好像因为开口找人家要东西而不好意思，甚至挺窘。

"噢？行，没问题，我给您去拿一只去！"

唐先生说着，转身走进屋。一边想，这老范的性格真够怪的。自己刚和他认识那次，曾经要送给他一只烟斗，他怎么不要呢？

唐先生打开玻璃柜门，里边的烟斗不多了，最上边的一格仅仅还有五只。其中两只是他的杰作，一直没肯给人。另外三只是新近雕的，也属精品，但都有主了。这是一位诗人，一位市艺术处处长，一位电影大导演请他雕的。这几只烟斗完全可以摆在博物馆的陈列柜里。他没动这些，而从下边一层内一堆属于一般水平的烟斗中，选择一只刻工比较简单的，刻的是五朵牡丹花。还是他刚刚开始刻烟斗时的作品，艺术上还不太纯熟。但他以为，这对于不懂艺术的老花农来说，足可以了。便拿着这只烟斗，在手心里揉擦干净，走出去，给老花农。

老花农一见这烟斗，眼睛像一对灰色的小灯泡亮了起来。唐先生没注意到，这双小眼睛居然有这样的神采。

"您……"老花农欢喜得声音都震颤了，"您真的把这么好的烟斗送给俺吗？"

唐先生见老花农如此喜爱，心里也挺满意。这么一来，总算还了所欠对方送花的情。"是呵，您拿去吧！"说着，把烟斗递给老花农。

老花农双手郑重地接过烟斗。激动得吭吭巴巴地说：

"谢谢您，唐先生，真谢谢您，俺回去了……"

他的目光一直没离开双手捧着的烟斗，走去了。

四、寂寞中的叩门声

唐先生坐在那张高背的皮椅子上，抽着烟斗。他显得疲惫不堪，软弱无力，身子坐得那么低，好像要陷进椅子里似的。那样子，仿佛一连干了三天三夜的重活，撑不住了，瘫在了这儿。

他的眸子黯淡无神，嘴角上那一对喜悦的漩涡不见了。天才入秋，他就套上两件厚毛衣，当下还像怕冷似的缩着脖子。屋里静得很，家具上蒙了一层薄薄的尘土，显然好几天没有擦抹过，没有客人来。

他的一幅画被莫名其妙地定为黑画——还是那个曾请他刻烟斗的艺术处处长定的。那位处长本来挺喜欢他的画，但为了迎合上边某种荒谬的理论，为了自己在权力的台阶上再登一级，亲手搞掉他。一下子，他又失去了一切。在受到一连串批判斗争之后，被撇在一边，听候处理。于是，他再一次落魄了，无人理睬了，每天从大门进出的又只剩下他和老伴两个。喧闹的人声从屋内消失，好似午夜后关了门的小饭铺，静得出奇。而玻璃书柜的第一层上，还摆着几只名人和要人请他雕刻的烟斗。这几只烟斗刻得精美极了，却放在那里，没人来取。他重新领略到歧视和冷漠的滋味；至于寂寞，他反而觉得挺舒服，挺难得，和这一次反复之前的感受大不一样。生活的变化使他获得多少积极和消极的处世哲理。反正他再不把那重新被夺去的荣誉、那众星捧月般虚幻的荣华，当作生活中失落的最宝贵的东西了。

这时，他听到有人轻轻叩门。已经许久没听过这声音了。他撂下烟斗，趿拉着鞋去开门。

打开门，不禁惊奇地扬起眉毛。原来一个人抱着一盆特大的金光灿烂的凤尾菊正堵在门口。因花枝太长，抱花盆的人努力耸着肩，把花盆抱得高高的，遮住他的脸，但枝梢还是一直拖到地上。

呵，是老花农——老范！不用说，肯定是他来了。他总是在这种时候出现；而在自己春风得意之时，他却悄悄避开了。并且总是不声不响地用一片真心诚意对待自己。唐先生感到一阵浓郁的花香，混着一股醇厚的人情扑在身上，心中有种说不出的乱糟糟的感触。嘴里忙乱地说：

"老范，老范，快请进，请进……好，好，就放在地上吧！这花儿开得多好！好大的一盆，重极了吧！"

来人把花儿放在地上，直起腰。他看了不由得一怔，来人竟不是老范。他不认得。是一个中等个子的青年人，穿件黑布夹袄，装束和气质都像个农民。手挺大，宽下巴，一双吊着的小眼睛，皮肤黑而粗糙；鞋帮上沾着黄土。

"你？"

"俺是您认得的那老范的儿子。"

唐先生听了，忽觉得他脸上某些地方确实挺像老范。忙请他坐，并给他斟了杯热茶。"你爹还好吧！这两天，我还正想去看他呢！"唐先生这话真切不假，毫无客套的意思。

不料这青年说："俺爹今年夏天叫雨淋着，得了肺炎，过世了。"他的声音低沉。但好像事情已过了多日，没有显得强烈的悲痛与难过。

"什么？他？！"唐先生怔住了。

"俺爹病在炕上时，总对俺念叨说，唐先生最爱瞧凤尾菊。这盆是他特意给您栽的。他嘱咐俺说，开花时，他要是不在了，叫俺无论如何也得把花儿给您送来。"

唐先生听呆了。他想不到生活中还有这样的事。一个对于他无足轻重的人，竟是真正尊重他，真心相待于他的人……他心里一阵凄然，不知该说些什么话。他下意识地习惯地从茶几上拿起烟斗，可是划火柴时，手抖颤着，怎么也划不着。那青年一见到烟斗，忽然像想起什么似的说：

"唐先生，您知道，俺爹爹多喜欢您刻的烟斗吗？您曾经送给过他一只烟斗吧！他临终时对俺说：'你记着，俺走的时候，身上的衣服穿得像样不像样都不要紧，千万别忘了把唐先生那只烟斗给俺插在嘴角上。'"

"什么？"唐先生惊愕地问。他好像没听清这句话，其实他都听见了。

那青年又说一遍。他的脑袋嗡嗡响，却一个字儿也没听见。

直到现在，唐先生的耳边还常常响着那傻里傻气的"美，美呀！"苍哑的赞叹声。于是，一个难解的问题便纠缠着他：这个曾用一双粗糙的手培植了那么多千姿万态的奇花异卉的老花农，难道对于美竟是无知的吗？那死去的黑老汉在他的想象中，再不是怪模怪样的了，而化做一个极美的灵魂，投照在他心上，永远也抹不去。每每在此时，他还感到心上像压了一块沉重的大石板似的，怀着深深的内疚。他后悔，当初老花农向他要烟斗时，他没有把雕刻得最精美的一只拿出来，送给他……

一九七九年二月

雪夜来客

"听，有人敲门。"我说。

"这时候哪会有人来，是风吹得门响。"妻子在灯下做针线活，连头也没抬。

我细听，外边阵阵寒风呼呼穿过小院，只有风儿把雪粒抛打在窗玻璃上的沙沙声，掀动蒙盖煤筐的冻硬的塑料布的哗哗啦啦声，再有便是屋顶上那几株老槐树枝丫穿插的树冠，在高高的空间摇曳时发出的嘎嘎欲折的摩擦声了……谁会来呢？在这个人们很少往来的岁月里，又是暴风雪之夜，我这两间低矮的小屋，快给四外渐渐加厚的冰冷的积雪埋没了。此刻，几乎绝对只有我和妻子默默相对，厮守着那烧红的小火炉和炉上噝噝叫的热水壶。台灯洁净的光，一闪闪照亮她手里的针和我徐徐吐出的烟雾。也许我们心里想的完全一样就没话可说，也许故意互不打扰，好任凭想象来陪伴各自寂寞的心。我常常巴望着有只迷路的小猫来挠门，然而飘进门缝的只有雪花，一挨地就消失不见了……

咚！咚！咚！

"不——"我要说确实有人敲门。

妻子已撂下活计，到院里去开门。我跟出去。在那个充满意外的年代，我担心意外。

大门打开。外边白茫茫的雪地里站着一个挺宽的黑糊糊的身影。谁？

"你是谁？"我问。

那人不答，竟推开我，直走进屋去。我和妻子把门关上，走进屋，好奇地看着这个莫名其妙的不速之客。他给皮帽、口罩、围巾、破旧的棉衣包裹得严严实实。我刚要再问，来客用粗拉拉的男人浊重的声音说：

"怎么？你不认识，还是不想认识？"

一听这声音，我来不及说，甚至来不及多想一下，就张开双臂，同他紧紧拥抱在一起。哟哟，我的老朋友！

我的下巴在他的肩膀上颤抖着：

"你……怎么会……你给放出来了？"

他没答话。我松开臂膀，望着他。他摘下口罩后的脸颊水渍斑斑，不知是外边沾上的雪花融化了，还是冲动的热泪。只见他嘴角痉挛似的抽动，眼里射出一种强烈的情绪。看来，这个粗豪爽直、一向心里搁不住话的人，一准要把他的事全倒出来了。谁料到，他忽然停顿一下，竟把这情绪收敛住，手一摆：

"先给我弄点吃的，我好冷，好饿！"

"呵——好！"我和妻子真是异口同声，同时说出这个"好"字。

我点支烟给他。跟着我们就忙开了——

家里只有晚饭剩下的两个馍馍和一点白菜丝儿，赶紧热好端上来。妻子从床下的纸盒里翻出那个久存而没舍得吃掉的一听沙丁鱼罐头，打开放在桌上。我拉开所有抽屉柜门，恨不得找出山珍海味来，但被抄过的家像战后一样艰难！经过一番紧张的搜索，只找到一个松花蛋，一点木耳的碎屑，一束发黄并变脆的粉丝，再有便是从一个瓶底"磕"下来的几颗黏糊糊的小虾干了。这却得到妻子很少给予的表扬。她眉开眼笑地朝着我："你真行，这能做一碗汤！"随后她像忽然想到一件宝贝似的对我说：

"你拿双干净筷子夹点泡菜来。上边是新添上的，还生。坛底儿有不少呢！"

待我把冒着酸味和凉气的泡菜端上来时，桌上总算有汤有菜，有凉有热了。

"凑合吃吧！太晚了，没处买去了。"我对老朋友说。

"汤里再有一个鸡蛋就好了。"妻子含着歉意说。

他已经脱去棉外衣，一件不蓝不灰、领口磨毛、袖口奢拉线穗儿的破绒衣，紧紧裹着他结实的身子，被屋里的热气暖和过来的脸微微泛出好看的血色。

自绘小说《雪夜来客》中的水墨插图。

他把烟掐灭，搓着粗糙的大手。眼瞪着这凑合起来的五颜六色的饭菜，真诚地露出惊喜，甚至有点陶醉的神情："这，这简直是一桌宴席呀！"然后咽一口口水，说，"不客气了！"就急不可待地抓起碗筷，狼吞虎咽起来。他像饿了许多天，东西到嘴里来不及尝一尝、嚼一嚼，就吞下去。却一个劲儿、无限满足、呜噜呜噜地说："好极了，真是好极了，真香！"

这仅仅是最普通、最简单，以至有点寒酸的家常饭呀，看来他已经许久没吃到这温暖的人间饭食了。

女人最敏感。妻子问他：

"你刚刚给放出来，还没回家吧！"

我抢过话说："听说你爱人曾经……"我急着要把自己知道的情况说出来。

他听了，脸一偏，目光灼灼直对我。我的话立即给他这奇怪却异常冷峻的目光止住了，嘴巴半张着。怎么？我不明白。

妻子给我一个眼色，同时把话岔开：

"年前，我在百货大楼前还看见嫂子呢！"

谁知老朋友听了，毫无所动。他带着苦笑和凄情摇了摇头，声调降到最低：

"不，你不会看见她了……"

怎么？他爱人死了，还是同他离婚而远走高飞了？反正他的家庭已经破碎，剩下孤单单的自己，那么他从哪儿来，到哪儿去？

一时，我和妻子不知该说什么，茫然无措地望着他，仿佛等待他把自己那非同寻常的遭遇说出来。

他该说了！若在以前，他早就说了——

我等待着……然而，当他的目光一碰到冒着热气儿的饭呀菜呀，忽然又把厚厚的大手一摆，好像把聚拢在面上的愁云拨开，脸颊和眸子顿时变得清亮，声调也升高起来：

"哎，有酒吗？来一杯！"

"酒？"我和妻子好像都没反应过来。

"对！酒！这么好的菜哪能没酒？"他说。脸上露出一种并非自然的笑容。但这笑容分明克制住刚才那浸透着痛楚的愁容了。

"噢……有，不过只有做菜用的绍兴酒。"妻子说，"咱北方人可喝不惯这种酒。"

"管它呢！是酒就行！来，喝！"他说。话里有种大口痛饮、一醉方休的渴望。

"那好。"妻子拿来酒，"要不要温一下？"

"不不，这就蛮好！"他说着伸手就拿酒。

还是妻子给他斟满。他端起酒叫道：

"为什么叫我独饮？快两年没见了，还能活着坐在一起，多不易！来来来，一起来！"

真应该喝一杯！我和妻子有点激动，各自斟了一杯。当这漾着金色液体的酒杯一拿起来，我感觉，我们三人心中都涌起一种患难中老友相逢热烘烘、说不出是甜是苦的情感。碰杯前的刹那，我止不住说：

"祝你什么呢？一切都还不知道……"

他这张宽大的脸"腾"地变红，忽闪闪的眸子像在燃烧，看来他要依从自己的性格，倾吐真情了。然而当他看到我这被洗劫过而异常清贫的小屋，四壁凄凉，他把厚厚的嘴唇闭上，只见他喉结一动一动，好像在把将要冲出喉咙的东西强咽下去。他摆了摆手，用一种在他的个性中少见的深沉的柔情，瞅了瞅我和妻子，声音竟然那么多愁善感：

"不说那些，好吧！今儿，这里，我，你们，这一切就足够了。还有什么比这一切更好？就为眼前这一切干杯吧！"

一下子，我理解了他此时的心情。我妻子——女人总是更能体会别人的心——默默朝他点头表示同意。

我们把酒朝他举过去，好像两颗心，"当"地碰响了他那微微却强烈地抖动的杯子。

我们各饮一大口。

酒不是水，它不能把心中燃起的情感熄灭，相反会加倍地激起来。

瞧他——抓起身边的帽子戴上头又扔下，忙乱的手把外边的绒衣直到里边衬衫的扣子全解开了。他的眉毛不安地跳动着，目光忽而侧视凝思，忽而咄咄逼人地直对着我；心中的苦楚给这辛辣的液体一激，仿佛再也遏止不住而要急雨般倾泻出来……

我和妻子赶忙劝他吃菜、饮酒，不给他说话的机会。只要他张开嘴，不等他说，就忙抓起酒杯堵上去。

我们又像在水里拦截一条来回奔跑的鱼，手忙脚乱，却又做得不约而同。

他，忽然用心地瞧我们一眼。这眼肯定对我们的意图心领神会了。他便安静下来，表情变得松弛平和，只是吃呀、饮呀，连连重复一个"好"字……随后就乐陶陶地摇头晃脑。我知道他的酒量，他没醉，而是尽享着阔别已久的人间气息，尽享着洋溢在我们中间纤尘皆无的透明的挚诚……不用说，我们从生活的虚伪和冷酷的荆棘中穿过，当然懂得什么是最宝贵的。生活是不会亏待人的。它往往在苦涩难当的时候，叫你尝到最甜的蜜。这时，我们已经互相理解，完全默契了。我给他点上烟。抽着烟，我们相对不语，只是默然微笑着。隔着徐徐的发蓝的烟雾，对方可亲的笑容或隐或现。是呵，现在似乎只有微笑才能保住这甜蜜的情景。由于这微笑是给予对方的，才放进去那么多关切、痛惜、抚慰和鼓励，才笑得这么倾心、这么充实、这么痴醉，一直微笑得眼眦里颤动着发涩的泪水来。

如果任何美好的事物都是有限的，我们今天的相见就应该到此为止。恰恰这时，老朋友拿起帽子扣在头上，起身告辞了。呵，我们可是真正懂得怎样爱惜生活了！

外边依旧大风大雪，冰天冻地。

在冷风呼啸的大门口分手的一瞬，他见我嘴唇一动，忙伸手打个手势止住我。我朝他点头，也算作告别吧！他便带着一种真正的满足，拉高衣领，穿过冰风冷雪去了。

他至走什么也没说。

那天，我和妻子不知在寒风里站了多久。

大风雪很快盖住他的脚印。一片白茫茫，好像他根本没来过。这却是他，留给我的一块最充实的空白……

一九八四年二月

老夫老妻

"为我们唱一支暮年的歌儿吧！"

他俩又吵架了。年近七十的老夫老妻，相依为命地共同生活了四十多年，也吵吵打打地一起度过了四十多年。一辈子里，大大小小的架，谁也记不得打了多少次。但是不管打得如何热闹，最多不过两个小时就能恢复和好，好得像从没吵过架一样。他俩仿佛两杯水倒在一起，怎么也分不开。吵架就像在这水面上划道儿，无论划得多深，转眼连条痕迹也不会留下。

可是今天的架打得空前厉害，起因却很平常——就像大多数夫妻日常吵架那样，往往是从不值一提的小事上开始的——不过是老婆儿把晚饭烧好了，老头儿还趴在桌上通烟嘴，弄得纸块呀，碎布条呀，粘着烟油子的纸捻子呀，满桌子都是。老婆儿催他收拾桌子，老头儿偏偏不肯动儿。老婆儿便像一般老太太们那样叨叨起来。老婆儿们的唠唠叨叨是通向老头儿们肝脏里的导火线，不会儿就把老头儿的肝火引着了。两人互相顶嘴，翻起对方多年来一系列过失的老账，话愈说愈狠。老婆儿气得上来一把夺去烟嘴塞在自己的衣兜里，惹得老头儿一怒之下，把烟盒扔在地上，还嫌不解气，手一撩，又将烟灰缸子打落地上。老婆儿则更不肯罢休，用那嘶哑、干巴巴的声音说：

"你摔呀！把茶壶也摔了才算有本事呢！"

老头儿听了，竟像海豚那样从座椅上直蹿起来，还真的抓起桌上沏满热茶的大瓷壶，用力"叭"地摔在地上，老婆儿吓得一声尖叫，看着满地碎瓷片和溅在四处的水渍，直气得她那年老而松垂下来的两颊的肉猛烈抖颤起来，冲着老头大叫：

"离婚！马上离婚！"

这是他俩还都年轻时，每次吵架吵到高潮，她必喊出来的一句话。这句话头几次曾把对方的火气压下去，后来由于总不兑现便失效了；但她还是这么喊，不知是一时为了表示自己盛怒已极，还是迷信这句话最具有威胁性。六十岁以后她就不知不觉地不再喊这句话了。今天又喊出来，可见她已到了怒不可遏的地步。

同样的怒火也在老头儿的心里撞着，就像被斗牛士手中的红布刺激得发狂的牛，在看池里胡闯乱撞。只见他嘴里一边像火车喷气那样不断发出嘻嘻的声音，一边急速而无目的地在屋子中间转着圈。转了两圈，站住，转过身又反方向地转了两圈，然后冲到门口，猛拉开门跑出去，还使劲"叭"的一声带上门。好似从此一去就再不回来。

老婆儿火气未消，站在原处，面对空空的屋子，还在不住地出声骂他。骂了一阵子，她累了，歪在床上，一种伤心和委屈爬上心头。她想，要不是自己年轻时候得了肠结核那场病，她会有孩子的。有了孩子，她可以同孩子住去，何必跟这愈老愈执拗、愈急躁、愈混账的老东西生气？可是现在只得整天和他在一起，待见他，给他做饭，连饭碗、茶水、烟缸都要送到他跟前，还得看着他对自己耍脾气……她想得心里酸不溜秋，几滴老泪从布满一圈细皱的眼眶里溢出来。

过了很长时间，墙上的挂钟当当响起来，已经八点钟了。他们这场架正好打过了两个小时。不知为什么，他们每次打架过后两小时，心情就非常准时地发生变化，好像大自然的节气一进 "七九"，封冻河面的冰片就要化开那样。刚刚掀起大波大澜的心情渐渐平息下来，变成浅浅的水纹一般。她耳边又响起刚才打架时自己朝老头儿喊的话："离婚！马上离婚！"她忽然觉得这话又荒唐又可笑。哪有快七十的老夫老妻还打离婚的？她不禁"扑哧"一下笑出声来。这一笑，她心里一点皱褶也没了，连一点点怒意、埋怨和委屈的心情也都没了。她开始感到屋里空荡荡的，还有一种如同激战过后的战地那样出奇的安静，静得叫人别扭、空虚、没着没落的。于是，悔意便悄悄浸进她的心中。她想，俩人一辈子什么危险急难的事都经受过来了，像刚才那么点儿小事还值得吵闹么？——她每次吵过架冷静下来时都要想到这句话。可是……老头儿总该回来了；他们以前吵架，他也跑出去过，但总是一个小时左右就悄悄回来了。但现在已经两个小时仍没回来。他又没吃晚饭，会跑到哪儿去呢？外边正下大雪，老头儿没戴帽子、没围围巾就跑了，外边地又滑，瞧他临出门时气冲冲的样子，别不留神滑倒摔坏吧？想到这儿，她竟在屋里待不住了，用手背揉揉泪水干后皱巴巴的眼皮，起身穿上外衣，从门后的挂衣钩儿上摘下老头儿的围巾、棉帽，走出房子去了。

雪下得正紧，积雪没过脚面。她左右看看，便向东边走去。因为每天早上他俩散步就先向东走，绕一圈儿，再从西边慢慢走回家。

夜色并不太暗，雪是夜的对比色，好像有人用一支大笔蘸足了白颜色把所有树枝都复勾一遍，使婆娑的树影在夜幕上白绒绒、远远近近、重重叠叠地显现出来。雪还使路面变厚了，变软了，变美了；在路灯的辉映下，繁密的大片大片的雪花纷纷而落，晶晶莹莹地闪着光，悄无声息地加浓它对世间万物的渲染。它还有种潮湿而又清冽的气息，有种踏上去清晰悦耳的咯吱咯吱声；特别是当湿雪蹭过脸颊时，别有一种又痒、又凉、又舒服的感觉。于是这普普通通、早已看惯了的世界，顷刻变得雄浑、静穆、高洁，充满活鲜鲜的生气了。

她一看这雪景，突然想到她和老头儿的一件遥远的往事。

五十年前，她和他都是不到二十岁的欢蹦乱跳的青年，在同一个大学读书。老头儿那时可是个有魅力、精力又充沛的小伙子，喜欢打排球、唱歌、演戏，在学生中属于"新派"，思想很激进。她不知是因为喜欢他、接近他，自己的思想也变得激进起来，还是由于他俩的思想常常发生共鸣才接近他、喜欢他的。他们在一个学生剧团。她的舞跳得十分出众。每次排戏回家晚些，他都顺路送她回家。他俩一向说得来，渐渐却感到在大庭广众中间有说有笑，在两人回家的路上反而没话可说了。两人默默地走，路显得分外长，只有脚步声，那是一种甜蜜的尴尬呀！

她记得那天也是下着大雪，两人踩着雪走，也是晚上八点来钟，她从多少天对他的种种感觉中，已经又担心又期待地预感到他这天要表示些什么了。在沿着河边的那段宁静的路上，他突然仿佛抑制不住地把她拉到怀里去。她猛地推开他，气得大把大把抓起地上的雪朝他扔去。他呢？竟然像傻子一样一动不动，任她用雪打在身上，直打得他浑身上下像一个雪人。她打着打着，忽然停住了，呆呆看了他片刻，忽然扑向他身上。她感到，他有种火烫般的激情透过身上厚厚的雪传到她身上。他们的恋爱就这样开始了。——从一场奇特的战斗开始的。

多少年来，这桩事就像一张画儿那样，分外清楚而又分外美丽地收存在她心底。每逢下雪天，她就不免想起这桩醉心的往事。年轻时，她几乎一见到雪就想到这事；中年之后，她只是偶然想到，并对他提起，他听了都要会意地一笑，随即两人都沉默片刻，好像都在重温旧梦。自从他们步入风烛残年，即使下雪天气也很少再想起这桩事。是不是一生中经历的事太多了，积累起来就过于沉重，把这桩事压在底下拿不出来了？但为什么今天它却一下子又跑到眼前，分外新鲜而又有力地来撞她的心……

现在她老了，与那个时代相隔半个世纪了。时光虽然依旧带着他们往前走，却也把他们的精力消耗得快要枯竭了。她那一双曾经蹦蹦跳跳、多么有劲的腿，如今僵硬而无力；常年的风湿病使她的膝头总往前屈着，雨雪天气里就隐隐发疼；此刻在雪地里，每一步踩下去都是颤巍巍的，每一步抬起来都费力难拔。一不小心，她滑倒了，多亏地上是又厚又软的雪。她把手插进雪里，撑住地面，艰难地爬起来，就在这一瞬间，她又想起另一桩往事——

啊！那时他俩刚刚结婚，一天晚上去平安影院看卓别林的《摩登时代》。他们走进影院时，天空阴沉沉的。散场出来时一片皆白，雪还下着。那时他们正陶醉在新婚的快乐里，内心的幸福使他们把贫穷的日子过得充满诗意。瞧那风里飞舞的雪花，也好像在给他们助兴；满地的白雪如同他们的心境那样纯净明快。他们走着走着，又说又笑，跟着高兴地跑起来。但她脚下一滑，跌在雪地里。他跑过来伸给她一只手，要拉她起来。她却一打他的手：

"去，谁要你来拉！"

她的性格和他一样，有股倔劲儿。

她一跃就站了起来。那时是多么轻快啊，像小鹿一般，而现在她又是多么艰难呀，像衰弱的老马一般。她多么希望身边有一只手，希望老头儿在她身边！虽然老头儿也老而无力了，一只手拉不动她，要用一双手才能把她拉起来。那也好！总比孤孤单单一个人好。她想到楼上邻居李老头，"文化大革命"初期老伴被折腾死了。尽管有个女儿，婚后还同他住在一起，但平时女儿、女婿都上班，家里只剩李老头一人；星期天女儿、女婿带着孩子出去玩，家里依旧剩李老头一人。——年轻人和老年人总是有距离的。年轻人应该和年轻人在一起玩，老人得有老人为伴。

　　真幸运呢！她这么老，还有个老伴。四十多年如同形影，紧紧相随。尽管老头儿爱急躁，又固执，不大讲卫生，心也不细，等等，却不失为一个正派人，一辈子没做过一件亏心的、损人利己的、不光彩的事。在那道德沦丧的岁月里，他也没丢弃过自己奉行的做人的原则。他迷恋自己的电气传动专业，不大顾及家里的事。如今年老退休，还不时跑到原先那研究所去问问、看看、说说，好像那里有什么事与他永远也无法了结。她还喜欢老头儿的性格，真正的男子气派，一副直肠子，不懂得与人记仇记恨；粗心不是缺陷，粗线条才使他更富有男子气……她愈想，老头儿似乎就愈可爱了。两小时前能够一样样指出来、几乎无法忍受的老头儿的可恨之处，也不知都跑到哪儿去了。此刻她只担心老头儿雪夜外出，会遇到什么事情。她找不着老头儿，这担心就渐渐加重。如果她的生活里真丢了老头儿，会变成什么样子？多少年来，尽管老头儿夜里如雷一般的鼾声常常把她吵醒，但只要老头儿出差外地，身边没有鼾声，她反而睡不着觉，仿佛世界空了一大半……想到这里，她就有一种马上把老头儿找到身边的急渴的心情。

　　她在雪地里走了一个多小时，大概快有十点钟了，街上没什么人了，老头儿仍不见，雪却稀稀落落下小了。她两脚在雪里冻得生疼，膝头更疼，步子都迈不动了，只有先回去了，看看老头儿是否已经回家了。

　　她往家里走。快到家时，她远远看见自己家的灯亮着，灯光射出，有两块橘黄色窗形的光投落在屋外的雪地上。她心里怦地一跳：

　　"是不是老头儿回来了？"

她又想，是她刚才临出家门时慌慌张张忘记关灯了，还是老头儿回家后打开的灯？

走到家门口，她发现有一串清晰的脚印从西边而来，一直拐向她楼前的台阶。这是老头儿的吧？跟着她又疑惑这是楼上邻居的脚印。

她走到这脚印前弯下腰仔细地看，这脚印不大不小，留在踏得深深的雪窝里。她却怎么也辨认不出是否老头儿的脚印。

"天呀！"她想，"我真糊涂，跟他生活一辈子，怎么连他的脚印都认不出来呢？"

她摇摇头，走上台阶打开楼门。当将要推开屋门时，心里默默地念叨着："愿我的老头儿就在屋里！"这心情只有在他们五十年前约会时才有过。初春时曾经撩拨人心的劲儿，深秋里竟又感受到了。

屋门推开了，啊！老头儿正坐在桌前抽烟。地上的瓷片都扫净了。炉火显然给老头儿捅过，呼呼烧得正旺。顿时有股甜美而温暖的气息，把她冻得发僵的身子一下子紧紧地攫住。她还看见，桌上放着两杯茶，一杯放在老头儿跟前，一杯放在桌子另一边，自然是斟给她的……老头儿见她进来，抬起眼看她一下，跟着又温顺地垂下眼皮。在这眼皮一抬一垂之间，闪出一种羞涩的、发窘、歉意的目光。每次他俩闹过一场之后，老头儿眼里都会流露出这目光。在夫妻之间，打过架又言归于好，来得分外快活的时刻里，这目光给她一种说不出的慰安。

她站着，好像忽然想到什么，伸手从衣兜里摸出刚才夺走的烟嘴，走过去，放在老头儿跟前。一时她鼻子一酸，想掉泪，但她给自己的倔劲儿抑制住了。什么话也没说，赶紧去给空着肚子的老头儿热菜热饭，还煎上两个鸡蛋……

一九八一年六月十七日

啊！

只要这些有碍社会进步和毒化生活的现象，还没有被深刻地加以认识、从中吸取教训、彻底净除与杜绝，还存在着再生的条件，那么，与本篇小说同一性质的作品就不会是无用的；也是不可避免的。

——作者

一

早春的天空分外美丽。那淡蓝色的无限开阔的空间，全给灿烂明亮的日光占有了。鸟雀们拼命向云天钻飞，去迎接从遥远的地方随同大雁一同来临的春天。

它的气息往往裹在融雪的气息里。

它第一个脚步，是踏在寒气犹存的人间和大地上的。然而它以宇宙间浑然充沛的生命的元气，使冰封的大河嘎嘎碎裂，使冻结的土壤松解复苏，使僵缩的万物舒展、变柔、生机勃发，使每一颗美好的心都充满幻想和希望。

春天，不仅带来希冀、新生、美、向上的力、大自然的繁忙、五彩缤纷的新天地，还要与亲切真诚的吐露、劳动者手上的厚茧、描绘未来的图纸、为真理而斗争的硝烟、柔情的眼波、迷人的夜曲，纺织成甜蜜、幸福、诗意、闪闪发光的生活。

它从来不辜负人们。它恪守时节，还慷慨无私地把它的一切财富贡献给人们。

多好的春天呵！

然而，这一切，对于现在坐在历史研究所当院的一百多人来说，却是无关和多余的。没有一个人有心抬起头，去感受一下早春的天空。

这里又要揪人了！

二

有两个迹象说明今天召开的全所大会有种非同寻常的急迫感和严重性。

一个是，所里的五名长期病号和十一名退休人员全到会了。他们接到的开会通知上注有"不准请假"的字样，谁也不敢推辞或借故不来，现在在会场后边东倒西歪地坐了一排。

另一个是，还有两名外出到西安半坡博物馆考察文物的人员，在昨天上午收到所里打去的加急电报，星夜驰归，此刻就坐在人群中间。

当矮个子、黑皮肤、呆板又平庸的所革委会的郝主任，双手端起一份上级下达的要立即开展运动的文件，像念天书一般，吭吭哈哈、结结巴巴、夹杂着许多错别字地念过之后，刚刚从市里开过紧急政工会议的政工干部贾大真赶回来了，他瘦瘦高高，戴一顶时髦的象征革命化的绿军帽，站在台上。他那瘦骨嶙峋的脸上有种可怕的严肃劲儿。他用着发狠的口气和那个时代流行的发狠的词句，讲了一番话。这番话是这样结束的：

"虽然我们搞过许多次运动，但并不彻底。我们这个单位知识分子成堆，阶级成分复杂，藏龙卧虎，混杂着大大小小、为数不少的一批坏人。有历史的，也有现行的；有的公开，也有的隐蔽。我们不能掉以轻心，垫高枕头睡大觉。对敌人姑息，就是对革命犯罪。不少人在运动中不是跳出来表演了吗？现在该是和他们算总账的时候了！对于那些隐蔽得很深的家伙们，就是掘地三尺，也要把他们挖出来！

"这次运动的特点是来势猛、决心大、搞得细。一方面，发动强大的政治攻势，对阶级敌人展开全面进攻。另一方面，对所有有问题、有嫌疑的人，要进行一次彻底的清理；对历史有污点的人，也要重新调查、重新鉴定、重

《啊！》，中篇小说，一九八〇年，百花文艺出版社出版。

作结论。我们下了决心，决不漏掉一个敌人！而且，这次运动还将在社会上广泛展开，撒下天罗地网，将一切敌人一网打尽。上级领导讲了，'该杀的就杀，该关的就关，该管的就管！'我们要立即行动起来，迎接这场大揭发、大检举、大批判、大斗争的阶级斗争的新高潮！"

显然，一阵凶猛的狂潮马上就要卷进生活中来。一切随即就要发生变化——生活内容，人，人的想法，人与人的关系，相互的感觉；还有空气。空气仿佛不再是流动的了，凝结了，并且骤然间充满了火药味道。

三

散会后，地方史组三个都戴眼镜的研究员回到他们的工作室，组长赵昌被留下听候所领导对运动的安排部署。这三个人前前后后进了屋，谁也没吭声，各就各位，像往常那样从桌上或抽屉里拿一本书看；天知道他们在看些什么。

本组年纪最大的老研究员秦泉的脸色非常难看。此人很瘦：面皮如同旧皮包那样黯淡，高颧骨像皮包里塞着的什么硬东西支楞出来，正好把一副普普通通的白光眼镜架住。他是个仔细、寡言、稳重的人。胳膊上总套着一对褐色的粗布套袖，和他每天上下班提着的书包用的是同一块布料。看上去，很像个细致又严谨的银行老职员。长期的案头工作使他驼了背。整天虾一样弓腰坐着，面前一杯热水和一本书，右手拿钢笔，左手夹一支烟卷；长长的脑袋被嘴里吐着的烟纠缠着，宛如云岚缭绕的山头；有时烟缕钻进他花花的头发丝里，半天散不净。这便是他给人印象最深的形象。他一天不停地喝水和上厕所，咽水的声音分外响；平日为了不打扰室内研究工作所必要的安静，他喝水时总是尽力抑制自己的毛病，把一口水分做几次，小心翼翼地咽下去。今天他似乎忘了。一边咽水，喉咙里一边咕噔咕噔地响，像是咽一个个小铁球。

他是五十年代出名的右派，而后摘掉帽子，但仍是所里唯一的身上打过"右"字号戳儿的人物。那种戳儿打上了，就留下深深的印记，想抹也抹不掉，每逢运动一来，都照例被作为反面人物中的一种典型，拿出来当作进攻的靶子。他属于那种人们常说的"老运动员"。虽然饱经沧桑，眼见过各种惊心动魄的大场面，但眼下仍不免心情烦躁。因为他很清楚马上又临到头上的日子是什么样的。

另一个白胖胖，却坐在一边呆呆发怔。他叫张鼎臣。才过了五十岁生日，圆头圆脑，皮肤细腻而光亮，戴一副做工挺细的钢丝边眼镜，装束整整齐齐，衣料也不差；平时爱吃点细食，不吸烟；牙齿刷得像瓷制的那样洁白，并且总在笑嘻嘻的唇缝中间闪露出来。他的古文颇好，对清史很有些研究；只是脸上总挂着些笑意，说话爱迎合人，带点商人气味，引人反感。

他是老燕京大学的学生，毕业后由于生计的关系，自己经营过一家小书铺。书架上总放着七八百册书，一边看，一边卖，积攒下知识和钱财。后来经本家叔叔再三劝说，在那个堂叔开的小贸易行里入了一份数目不大的股金。小贸易行经办不力，几乎关门。由于碍于叔侄情面，不好抽出股份，只当做买卖亏掉了。一九五六年公私合营时，这奄奄一息的小贸易行被合进去，他反落得一份微薄的股息。这份股息致使他在"文化大革命"初期被当作资本家挨斗游街。他的成分至今尚未得到最后确定。如同没有系缆的小船，在这将到来的风浪中，不知会遇到什么情况。

这三个人中间，唯有戴黄色圆边近视眼镜的吴仲义是个幸运儿。

他的历史如同一张白纸。平时的言行又相当谨慎，无懈可击。为人软弱平和，不肯多事。前一度，所里的人分作两派，斗得你死我活，他在一旁逍遥自在，但按时上下班。在班上虽无事可做，也绝不违犯所里订立过的那些规章制度。两派都争取过他，他却一笑了之。幸亏他素来是个胆小无能的人，无论哪派把他拉过去，最多只是增加一个人数。因此，两派都不再去理他。他是个多余的人。

然而，在一场场运动中间的间歇，也就是抓业务的时期里，他却是所里目光集中的一个人物。他年纪不大，三十多岁，学识相当扎实，工作认真肯干，研究上经常出成果。他是专门研究地方农民运动史的。这一内容始终受重视，他因此也受重视。他的成绩是领导和上级治所有方的力证。谁都认为，这是他在所里平时受优待、运动中受保护的资本……因此运动一来，他就被那些有污点而惴惴不安的人钦慕、眼馋，甚至有些妒嫉呢！好似山洪冲下来，人家站在平地上担惊受怕，他却在石壁下、高地上，碰不着，扫不上，得天独厚，平平安安。

可是，谁知道那是怎样的时候呢？天大的功劳也无济于事，一点点过错就会招来灾祸；它逼得你去搜寻自己的过失，并设法保护自己；本来可以相安无事的人，在那种凶险的情势下，也会无端地心惊肉跳，疑神疑鬼……

快下班时，组长赵昌推门进来，用一种与他平时惯常的温和略显不同的比较严肃的态度说："革委会决定，从明天起开始整天搞运动，一切业务暂停。事假一律不准；医生开的假条必须革委会签字盖章方可有效。由明天算起的头一周，是大揭发大检举活动。每人回家都不准停止大脑的思维，去回忆平日哪些人有哪些错误言行，以及可疑的现象和线索，做好互相检举揭发的准备。"

赵昌的话说完。大家收拾东西离开房间的时候，不像往常那样互相打个招呼，说一半句笑话。脸上都没什么表情，谁也不理谁，各自走掉，似乎都有了戒心。

四

吴仲义在回家的路上，心里说不出是种什么滋味。总之，他感到堵心、不舒畅、麻烦，研究工作中一切正在大有进展的线索都要中断，去应付那些没完没了的大会小会、揭发批判，此外还隐隐有些莫名的不安。可是他又想，自己一向循规蹈矩，没出过半点差错，总比秦泉和张鼎臣幸运和幸福。在那种时候，平安是多大的福气呀！

"管它呢，没我的事！晚上在家可以照旧搞我的研究。明天下班，把放在单位里那些书和论文都带回来就是了！"

想到这儿，他感到一阵轻松，推开门，穿过黑魆魆的过堂，登上楼梯。他自己的房间在二楼。这时，住在楼下的邻居杨大妈——一位胖胖、笨拙而热心和气的山东人——听见他的声音，走出屋来召唤他：

"吴同志，您的信。给您！"

"信？噢，我哥哥来的，谢谢您。"他半鞠躬半点头，笑吟吟地接过信来。

"是封挂号信。邮递员说，他每天送两次信，都赶在您在班上。我就代您盖个戳儿。怕有急事耽误了……"杨大妈说。

"可能是我侄子的照片。谢谢，真麻烦您呢！"他说着，捏着这封信走进自己的房间，拆开一看，并无照片，只有两张写满字的信纸。心想，什么事要用挂号？哥哥从来没这样做过，想必有特别的缘由……可是当他那双灰色的小眼睛看到信上的第一句话："我必须告诉你一件事，你别害怕！"眼睛立刻惊得发亮，如同一对突然增大电压的小电珠。等他惊慌的目光从信中一行行字上蹦蹦跳跳地跑过，真像挨了重重的当头一棒！忽然他发现门是开着的。黑乎乎的门外有个白晃晃的东西，仿佛是人脸。他赶忙跑到门口看看，屋外没人。他又急急忙忙走进来把门关上，销死，上了锁。站在屋中间，把信从头再看一遍，他感到一场灾难像块大陨石，从无边无际的天上，直直照准他的脑袋飞来了。一下子，好像突如其来发生一场大地震，屋顶、地板，连同他自己都一起坠落下去一样。他还站在屋子中间，却感觉不到自己。

五

他清清楚楚记得那件事。那是他一生的转折点。

十多年前，他正在本地大学的历史系读书，他是毕业班，随着一位助教和两个同学到较远的郊县收集近百年中一次农民起义的素材，好补充他毕业论文的内容。在平静的绿色的乡野间，他们得知学校里正开展热火朝天的鸣放活动，各种不同观点进行着炽烈的辩论。跟着他们接到学校的通知，叫他们尽速回校参加鸣放。他们的工作很紧张，一时撂不下，直到学校连来了四封信催促他们，才不得不草草结束手头的工作，返回城市。

下火车的当天，天色已晚，他们先都各自回家看看。

那时，他爸爸早殁了，妈妈还在世，哥哥刚刚结婚一年，家里的气氛挺活跃。哥哥是个易于激动而非常活跃的青年：长着大个子，脸色通红，头发乌黑，明亮的眼睛富于表情，爱说话和表现自己；说话时声音响亮，两只手还伴随着比比画画，总像在演讲。他在一座化工学院上学时就入了党，毕业后由于各方面表现都很突出，被留校教学。但他似乎不该整天去同黑板、粉笔、试管与烧瓶打交道，而应当做演员才更为适宜。他喜欢打冰球、游泳、唱歌，尤其爱演话剧。他在校时曾是学生剧团的团长，自己还能编些颇有风趣和特色的小剧目，很有点才气。后来做了教师，依然是学生剧团的名誉团长和一名特邀演员。化工学院在每次大学生文艺会演中名列前茅，都有他不小的功劳。吴仲义的嫂子名叫韩琪，是本市专业话剧团一名出色的演员，在《钗头凤》《日出》和《雷雨》中都担任主角。她下妆似乎比在台上还美丽。俊俏的脸儿，细嫩的小手，身材娇小玲珑却骨肉均匀，带着大演员雍容大方的气度，性情中含有一种深厚的温柔，说话的声音好听而动人。她是在观摩一次业余演出时认识哥哥的。当时她坐在台下，被台上这位业余演员的才气感动得掉下眼泪。这滴亮闪闪、透明的泪珠便是一颗纯洁无瑕的爱情的种子；这种子真的出芽、长叶、放花、结了甜甜的果实。

这时期的吴仲义，性格上虽比哥哥脆弱些，但一样热情纯朴。好比一株粗壮的橡树和一棵修长的白桦，在生机洋溢的春天里都长满鹅黄嫩绿、生气盈盈的叶子。更由于他年轻，还是个唇上只有几根软髭的大学生，没离开过妈妈的身旁，未来对于他还是一张被想象得无比瑰丽与绚烂的图画。随时随地容易激动和受感动；对一切事物都好奇、敏感、喜欢发问，相信自己独立思考得出的结论，也相信别人与自己一样坦白，心里的话只有吐尽了才痛快，并以对人诚实而引为自豪……再有，那个时代，人们和整个社会生活，都高抬着昂然向上的步伐呵！

他的妈妈呢？大概中国人差不多都有那样一个好妈妈：贤淑、善良、勤劳，她以孩子们的诚实、正直和幸福为自己的幸福。她只盼着吴仲义将来也有一个像他嫂嫂那样的好媳妇。

吴仲义回到这样一个家庭中来。哥哥为他举办了一个小小而丰盛的家庭欢迎会。大家快乐的笑声在嫂嫂精心烹制的香喷喷的饭菜上飘荡。全家快活地交谈，自然也谈到了当时社会上的鸣放。吴仲义对这些知道得很少，哥哥那张因喝些酒而愈发红了的脸对着他，兴冲冲地说：

"吃过饭，我带你去一个地方。到了那儿，不用我说，你就全知道了。"

当晚，哥哥领他去到那个地方。

那儿是哥哥常去的地方，是哥哥的一个很要好的小学同学陈乃智的家。经常到那儿去的还有龚云、泰山、何玉霞几个人。大家都是好朋友，共同喜好文学、艺术、哲学，都爱读书。大家在这里组织了一个"读书会"，为了可以定期把自己一段时间里读书的心得发表出来，相互启发。这几个青年朋友在气质上有许多相似之处，比如，性格开放，血气方刚，抒发己见时都带着潮水一般涌动的激情。有时因分歧还会争得红了脸颊、脖子和耳朵。不过这绝伤害不了彼此之间的情感与友爱。

这当儿，哥儿俩还没进门，就听见里面一片慷慨激昂的说话声。他俩拉开门，里边的声音大得很呢！哥哥那几个朋友除去泰山，其余都在。大家激动地讨论什么，个个涨红了脸，眼睛闪闪发光，争先恐后的说话声混在一起。显然他们是给社会上从来没有过的滚沸的民主热潮卷进去了。

屋里的人见他俩进来，都非常高兴。何玉霞，一个脸蛋漂亮、活泼快乐的艺术学院的女学生，眼疾口快地叫起来："欢迎、欢迎！大演员和历史学家全到了！"并用她一双雪白光洁的小手鼓起掌来，脑袋兴奋地摇动着，两条黑亮亮的短辫在双肩上甩来甩去。陈乃智站起来摆出一个姿势——他微微抬起略显肥大的头，伸出两条稍短的胳臂，用他经常上台朗诵诗歌的嘹亮有力的声音，念出他新近写出的一句诗来：

"朋友们，为了生活更美好，和我们一起唱吧！"

于是，哥俩参加进来，年轻人继续他们炽烈的讨论。龚云认为："官僚主义若不加制止，将会导致国家机器生锈，僵滞，失去效力，最后坏死。"他说得很冲动。说话时，由于脑袋震动，总有一绺头发滑到前额来；他一边说，一边不断地急躁地把这绺挡脸的头发推上去。

何玉霞所感兴趣的是文学艺术的问题。她喋喋不休，翻来覆去地议论，却怎么也不能把内心一个尚未形成的结论完完整整又非常明确地表达出来。她急得直叫。

哥哥笑着说：

"你不过认为，文学艺术家要表现自己对生活的真正感受，以及自己独立思考得出的结论。不能只做当时政策的宣传喇叭，否则文学艺术就会给糟蹋得不伦不类。是这个意思吗？小何。"

何玉霞听了，感觉好像自己在爬高，费了九牛二虎之力却怎么也爬不上去，哥哥托一把，就把她轻轻举了上去似的。她叫起来："对，对，对，你真伟大！要不你一来，我立刻欢迎你呢？！"她在沙发上高兴地往上一蹦，身子在厚厚的沙发垫上弹了两弹。她对大家说："我就是大吴替我说的这个意思。大家说，我这个观点对不对？可是我们学院有不少人同我辩论，说我反对文艺为政治服务。真可气！现在不少文艺单位的领导，根本不懂文艺，甚至不喜欢文艺，却瞎指挥。我们学院的一个副书记是色盲。五彩缤纷的画在他眼里成了黑白画，他还天天指东指西，喜欢别人听他的。凡是他提过意见的画，都得按照他的意思改。这怎么成？明天，我还要和他们辩辩去！哎，大吴，你明儿到我们学院来看看好吗？"

陈乃智急说：

"咱们可不能叫历史学家沉默。大吴不见得比小吴高明。研究历史的，看问题比咱们深透得多。"

吴仲义忙举起两条胳膊摇了摇，腼腆地笑着，不肯开口。其实他给他们的热情鼓动着，心里的话像加了热，在里边蹦蹦跳跳，按捺不住，眼看就要从唇缝里蹿出来一样。哥哥在一旁说：

"他刚刚从外边回来，学校里的鸣放一天也没参加，一时还摸不清是怎么回事呢！"

"不！"陈乃智拦住哥哥，转过头又摆出一个朗诵的姿态，神气活现地念出几句诗——大概也是他的新作吧，"你，国家的主人还是奴仆？这样羞羞答答，不敢做又不敢说？主人要拿出主人的气度，还要尽一尽主人之责；那么你就不应该沉默！该说的就要张开嘴说！说！"他念完最后一个字，固定了一个姿态，一手向前伸，身体的重心随之前倾，好像普希金的雕像。灯光把这影子投在墙上，倒很好看。

这番有趣的表演逗得大家大笑不止。何玉霞说：

"陈乃智今天算出风头了，每次上台朗诵，观众反应都没这么热烈过！"

大家笑声暂歇，刚一请吴仲义发表见解，吴仲义就迫不及待地说出自己对国家体制的看法。他认为国家体制还没有一整套科学、严谨和健全的体制；中间有许多弊病，还有不少封建色彩的东西。这样就会滋生种种不合理、不平等的现象，形成时弊，扼杀民主。那样，国家的权力分到一些人手中就会成为个人权势，阶级专政有可能变为个人独裁……他记得，那天晚上，他引用了许许多多中外历史上的实例，把他的论点证实得精确、有说服力和无可辩驳。他还随手拈来众多的生活现象来说明，他所阐述的这个问题的重要性和迫切性，屋中的人——包括他的哥哥——都对这个年轻的大学生意想不到的思想的敏锐、深度和惊人之见折服了。吴仲义看着在灯光中的阴影里，一双双亮晶晶的眼睛，朝他闪耀着钦慕与惊羡的光彩。听着自己在激荡的声调中源源而出的成本大套、条理明晰的道理，心中真是感动极了。特别是何玉霞那美丽而专注的目光，使他还得到一种隐隐的快感。他想不到自己说得这样好。说话有时也靠灵感；往往在激情中，没有准备的话反而会说得出乎意料的好。这是日常深思熟虑而一时迸发出的火花。他边说边兴奋地想，明天到学校的争鸣会上也要这样演说一番，好叫更多的人听到他的道理，也感受一下更多张脸上心悦诚服的反应……

第二天，他到了学校。学校里像开了锅一般热闹。小礼堂内有许多人在演讲和辩论。走廊和操场上贴满了大字报，还扯了许多根大麻绳，把一些大字报像洗衣房晾晒床单那样，挂了一串串。穿过时，要把这些大字报掀得哗哗响。这些用字和话表达出来的各种各样的观点，在短时间里，只用一双眼和一对耳朵是应接不暇的。这情景使人激动。

这时，他班上的同学们正在教室内展开辩论。三十多张墨绿色漆面的小桌在教室中间拼成一张方形的大案子。四边围了一圈椅子，坐满了同班同学。大家在争论"外行能不能领导内行"的问题。吴仲义坐在同学们中间，预备把昨晚那一席精彩的话发表出来，但执着两种不同观点的同学吵着、辩着，混成一团。他一时插不进嘴，也容不得他说。他心急却找不到时机。一边又想到自己将要吐出惊人的见解，心里紧张又激动，像有个小鼓敲得嘭嘭响。但他一直没找到机会。几次寻到一点缝隙，刚要开口，就给一声："我说！"压了过去。还有一次，他好容易找到一个机会，站起身，未等他说出一个字儿，便被身边一个同学按了一下肩膀，把他按得坐了下来。"你忙什么？你刚回来，听听再说！"跟着这同学大声陈述自己对"外行与内行"问题的论断。

这同学把领导分作三类，即：内行，外行，半内行。他认为在业务上内行的领导，具备把工作做好的一个重要条件，理所当然应该站在领导岗位上；半内行的领导应当边工作，边进修；外行领导可以调到适当的工作岗位上去，照旧可以做领导工作。因为他对这个行业不内行，不见得对于别的工作也不内行。但专业性很强的单位的领导必须是内行，否则就要人为地制造麻烦，甚至坏事……

这个观点立即引起辩论，也遭到反对。学生会主席带头斥责他是在变相地反对党领导一切。于是会场大哗。一直吵到晚饭时间都过了，才不得不散会。

吴仲义没得到机会发言，心中怅然若失。他晚间躺在床上，又反复打了几遍腹稿，下决心明天非说不可，否则就用二十张大纸写一篇洋洋大观的文章，贴在当院最醒目的地方。

但转天风云骤变，抓右派的运动突然开始。一大批昨天还是神气飞扬、头脑发热的论坛上的佼佼者，被划定为右派，推上审判台；讲理和辩论的方式被取消了，五彩缤纷的论说变成清一色讨伐者的口号。如同一场仗结束了，只有持枪的士兵和缴了械的俘虏。

哥哥、陈乃智、龚云、何玉霞，由于昨天都把前天晚上那些激情与话语带到了各自的单位，公开发表，一律被定为右派。哥哥被开除党籍，陈乃智和何玉霞被剥夺了共青团员的光荣称号。昨天，陈乃智在单位当众阐述了吴仲义关于国家体制的那些观点。可能由于他多年来写的诗很少赢得别人的赞赏，他太想震惊和感动他的听众了，他声明这些见解是自己独立思考的果实。虚荣心害了他，使他的罪证无法推脱。他却挺义气，重压之下，没有暴露出这些思想的出处。哥哥、龚云、何玉霞他们，谁与谁也没再见面，但谁也没提到他们之间的"读书会"和那晚在真挚的情感和思想的篝火前的聚会。因此吴仲义幸免了。

此后，这些人都给放逐到天南地北，看不见了。哥哥被送到挨近北部边疆的一座劳改场，伐木采石。年老的妈妈在沉重而意外的打击下，积郁成疾，病死了。此后两年，哥哥由于为了老婆孩子的前途，在劳动时付出惊人的辛劳，并在一次扑救森林大火时，烧坏了半张脸，才被摘去了右派帽子，由劳改场留用，成为囚犯中间的一名有公民权的人。嫂嫂便带着两个孩子去找哥哥，宽慰那被抛到寒冷的边陲的一颗孤独的心……

吴仲义还清楚地记得，他送嫂嫂和侄儿们上车那天的情景。嫂嫂穿一件挺旧的蓝布制服外衣，头发挽在后边，用一条带白点儿的蓝手绢扎起来，表情阴郁。自从哥哥出事以来，她受到株连，不再做演员，被调到化妆室去给一些演技上远远低于她的演员勾眉画脸，受尽歧视和冷淡，很快就失去了美丽动人的容颜，额头与眼角添了许多浅细的皱痕。一度，丈夫没收入、婆婆有病、孩子还小，吴家的生活担子全落在她的肩头。一切苦楚她都隐忍在心。婆婆死后，她还得照顾生活能力很差的小叔子吴仲义。吴仲义从这个年纪稍长几岁的嫂嫂的身上，常常感受到一种类似于母爱的温厚的感情，但他从没见嫂嫂脸颊上淌过一滴软弱的泪珠。

月台上。嫂嫂站在他面前，一句话没有，脸色很难看。而且一直咬着嘴唇，下巴微微地抖个不停。吴仲义想安慰她两句，她却打个手势不叫他说，似乎心里的话一说，就像打破盛满苦水的坛子，一发而不可收拾。这样，直站到开车的铃声响了，火车鸣笛了，嫂嫂才扭身上了车。这时，吴仲义听到一个轻微而颤抖的声音：

"别忘了，新拆洗好的棉背心在五斗柜里。"

车轮启动了。两个侄儿在车窗口露出因离别而痛哭的小脸，那小脸儿弄得人心酸，但不见嫂嫂探出头来和他告别。他追着火车，赶上几步，从两个侄儿泪水斑斑的娇嫩的小脸中间，看见嫂嫂坐在后边，背朝窗外，双手捂着脸，听不见哭声，只见那块带白点的蓝手绢剧烈地抖颤着。这是吴仲义唯一见到的嫂嫂表露出痛苦的形象，却把她多年来不肯表现在外的内心深处的东西都告诉吴仲义了……

一失足会有怎样的结果？

他害怕曾经的那些事。距离灭顶之灾，仅仅差半步。大灾难之中总有幸存者，那就是他。那天在班里的辩论会上，他多么想说话，不知谁帮了他的忙，不给他一点说话的空隙。那些话一旦说出来会招致什么后果，他已经从陈乃智身上看到了。如果他当时说出其中的一句——哪怕是一句，今天也就和哥哥的处境没有两样了。他记得，那天他急急巴巴地从座位站起来，口中的话眼看要变作声音时，一个同学按住他，讲了关于把领导的业务情况分为三种类型的话。这个同学成了他的替死鬼。在一次斗争会上被宣布逮捕，铐走了，不知去处。

生活的重锤没有把他击得粉碎，却叫他变了形。一下子，他变成另一个人：怕事，拘谨，不爱说话，不轻信于人，难得对人说两句知己话，很少发表对人和对生活的看法，不出风头……久而久之，有意识的会变成无意识的，就如同一个人长期不说话便会变成半个哑巴。他渐渐成了一个缺少主见、过于脆弱的人，没有风趣，甚至缺乏生气。好比一个青青的果子，未待成熟却遇到一阵肃杀而猛烈的狂飙，过早地就衰退了。连外貌也是如此。瘦瘦的身子，皱皱巴巴，像一个干面团那样不舒展。细细的脖子支撑一个小脑袋，有点谢顶；

一副白光眼镜则是他身上唯一的闪光之物。好像一只拔了毛的麻雀，带点可怜巴巴的样子，尤其当他坐在本组同事大块头的赵昌身旁，更是这样。

他在大学毕业后，由于哥哥问题的牵累，给分配到一所中学做历史教师。后来，历史研究所缺乏一名对近代地方农民起义问题有水平的研究员，哥哥又摘了帽子，他才被调到所里来，很快就成了所里人所共知的一名老实怕事的人。

多年来，他一直过着独身生活。一些好事的同事给他介绍女友。姑娘们喜欢老实的男人，却不喜欢没有主见和朝气、过于软弱的男性。他与一个个姑娘见过面，很快就被对方推辞掉。前不久，经人介绍才算交上一个朋友，在市图书馆做管理员，是个三十五六岁的老姑娘，模样平平常常，但爱看书，为人老实得近乎有些古板。他头一遭和一个姑娘见过十几次面儿居然没告吹！而且那姑娘竟对他有些好感。同事们给他出主意，想办法，想促成他的好事。劝他改改性格，他只是唏唏地笑。他改不了，也不想改。因为他顺从生活逻辑而得出的生活哲学，确实保证了他相安无事。在近几年"大革命"的狂潮中，所里不少人出来闹事，揪领导，成立战斗队，互相角逐、抄家、武斗，没有一个落得好的终结。揪人的自己被揪，抄家的自己反被抄了家，个个自食其果。他呢？在空前混乱时期，他在所里找一间空屋子，天天躲在那里，从唯一未被查封的经典著作里摘录有关近代史料各种问题论述的名言。他做对了！人们之间整来整去，谁也整不到他头上。一些人挨了整，冷静下来，才后悔当初不像这个没勇气、没出息的人那样去做。

但哥哥今天来信告诉他，他并非一个幸运的人。

各地都开始搞运动了，不知哥哥从哪里听说，陈乃智因为一句什么话被人揭发，成为重点审查对象。问题要重新折腾一番。哥哥怕陈乃智经受不住高压，把当初给他定罪的那些话的来由招认出来。那样祸事就要飞到吴仲义头上！

哥哥在信中说，当年陈乃智凭一股义气和对友情的信念，没有供出吴仲义。但事过十多年了，大家都不相见，友情淡薄了，人也变了，谁知他会怎么做？据说龚云划定右派后，他爱人一直跟着他，不曾动摇。然而去年，却在平静而难熬的日子里，在永无出头之日的绝望中，在无止无休的泥泞的道路上，走不下去了，对龚云提出离婚，两人分开了……陈乃智心中还有当年那团火吗？吴仲义心里的火早被扑灭，他不相信遭遇悲惨得难以想象的陈乃智仍像当年一样。……

五十年代飞去的祸事，好似澳洲土著人扔出的打水鸟用的"飞去来器"，转了大大的十多年的一圈，如今又闪闪夺目地朝他的面门飞回来了。

六

初晓微许的淡白的天光，把封闭在窗前的漆黑的夜幕驱走。屋中的家具物件从模模糊糊的影子中渐渐显现出形象。早春的夜分外寒冷，透入肌骨。炉火在头半夜就灭掉了，余温只在炉膛内；楼板下传上来的杨大妈的鼾声，好像鼓风机，给他做了一夜的伴。这鼾声在天亮前的甜睡中，正是最响的时候。

他整整一夜坐在桌前，给哥哥写信。一边写，一边把将要临头的祸事想得千奇百怪。一个个不断地冒出来的估计、揣测、念头，使他否定掉一封封刚刚写好的信。一会儿，他觉得非把心里的话给哥哥写得明明白白不可；一会儿，又担心这封信落到别人手中惹祸，便改换成隐语。一会儿，他告诉哥哥，如果陈乃智真的把他供出来，他就不承认，他要求哥哥替他证明那些话他没说过；一会儿，他又认为这个办法不牢靠，因为那天在场的还有龚云和何玉霞，这两人之间如有一个人做了旁证，他也推辞不掉。

这样，他弄了满桌废掉的信纸团儿。

他找不到一个大一些的网眼儿可以钻出去。一时只恨自己十多年前多了那几句嘴！他灰心丧气地告诉哥哥："我只有听天由命了！"然后，他给嫂子写了这样几句话：

"嫂嫂！听哥哥说，你为我已经急得两天没睡好觉。我和哥哥都对不起你。我真是恨死自己了。但是，说实在的，我和哥哥并不是真的坏蛋。没有党和新中国，我俩恐怕根本上不了大学。我爹就是在旧社会的底层受累受病才死的，我们怎么能仇恨党和新社会？也许那些话当初不该说，叫坏人利用了？那只能怪我们太年轻幼稚，过于浮嫩了吧！此外，你也先别太着急，'陈'并不见得把我说出来，那样做也丝毫不能减轻他的罪过，相反还得加上一个当初包庇了我的罪责。我求你放放宽心！多年来，你把我当作亲弟弟一样。想到你为我着急、操心、担惊受怕，我反而更不是滋味……"

写到这儿，几滴泪珠从他的镜片后面淌过脸颊，滴滴答答落在信纸上。

嫂嫂待他真比亲姐姐还要亲。嫂嫂的生活难得很，每次回来探望娘家亲戚，总要设法带来大包小包的东北特产，什么豆子啦、木耳啦、松蘑啦……而且还要抽出三整天时间，帮他把平日里杂乱不堪的房间做一次大扫除，一切规整得有条有理，还要把他的被褥拆洗得干干净净，破衣破袜全补缀好才回去。想到嫂嫂，他此刻更感到身边没有亲人多么孤单，有苦无告，无依无靠，无人与他分忧，帮他排解心中的恐惧和不安。事情明摆着，祸事一来，一切完蛋——事业、工作，还有那个新交的女友。前天他曾满怀着幸福的希望向那老姑娘提出做正式朋友，那老姑娘答应今天晚上回答他呢……

六点四十分时，他站起身把桌上的废纸收拾在一起，连同哥哥的来信塞进炉子里烧掉。在心慌意乱中，将要寄给哥哥的那封信抹上许多糨糊，贴上邮票。然后开始漱洗，吃早点，准备去上班。脑袋里，那些摆脱不开的恐怖感、胡猜乱想和一夜的焦虑所造成的麻木和僵滞的感觉混混沌沌搅成一团。他糊里糊涂地端着脸盆在屋里转来转去，一忽儿放在桌上，一忽儿又放回脸盆架上；并且竟用干手巾去擦肥皂，将漱口缸里的热水当茶水喝，一块馒头只吃了几口就莫名其妙地放在衣袋里。随后他把随身要带的东西塞进口袋去上班。他站在走廊上时还按了按硬邦邦的上衣小口袋，怕忘记带那封信。

他上了街，到了第二个路口，便直朝着立在道旁的一个深绿色圆柱形的邮筒走去。在距离邮筒只差三步远的地方，他前后左右地看看有没有人注意他。这条道很窄，离大街又远，即便上下班时人也很少。他只瞧见一个穿绿色军服式的上衣、胸前别着很大一枚像章的小男孩，在他走过来的不远的地方玩耍。迎面三十多米远的地方，有个老妈妈手里提一个大菜篮子慢慢走来，眼睛没瞧他。再有，就是几个上班的人骑车匆匆而过。在马路中央，几只鸡互相追逐着，来来回回地跑；一只大白公鸡叼着虫子似的东西晃晃悠悠地很

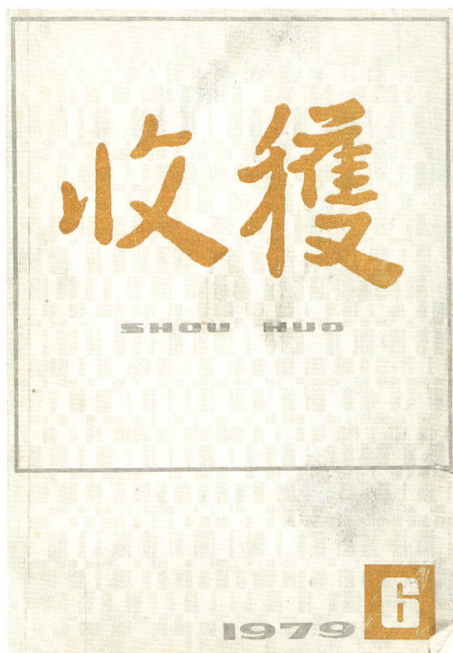

神气地跑在前面，一边咕咕叫……他放心地从上衣小口袋取出那东西，塞向邮筒。当那件东西快要投进邮筒的插口时，他的手陡然停住，他发现将投入邮筒内的是一个红色的小硬本，原来是他的工作证，险些扔了进去。真若扔进去，怎么向邮局的工作人员解释呢？他微微出点冷汗，伸手再去掏信，可是上衣口袋里什么也没有了。他不禁诧异地一怔，两只手几乎同时紧紧抓住上衣的两个大口袋，但抓在他手里的仅仅是两片软软的口袋布。随后他搜遍全身，所有口袋都翻过来了，里面的纸条、粮票、硬币、钥匙全都掉在地上，叮叮当当地响。还有刚才揣在口袋里的那块啃了几口的馒头，滚到马路上去。但那封信没了！不翼而飞了！

他从整个内脏里发出一声惊叫："哎哟！"然后一动不动地呆住了。上衣小口袋像狗舌头似的耷拉在外，几枚铝质的硬币在足旁闪亮，如果他的眼睛再睁大些，那对灰色的小眼珠恐怕就要掉出来了；半张着的嘴，好似一个半圆形的小洞。

迎面而来的那个提菜篮的老妈妈已走到他跟前，瞧见他这副怪模样，停住脚步，盯着他的脸看了好一会儿，他也不曾发觉。

七

从七点十五分到七点四十五分，他在由家门口到邮筒这段路上来回跑了两趟，也没有找到丢失的信。他还在楼里的楼梯和走廊上仔细找过，惊动了楼下的邻居杨大妈。

"吴同志，您在找什么？"

"一封信。信！您瞧见了吗？"

"信？怎么没瞧见？！"

"在哪儿？"他惊喜得心儿在胸腔里直蹦。

"您昨儿下班时，我不交给您了吗？您弄丢了吗？"杨大妈问。

"噢……"他的心又扑腾一下沉落下来，嗫嚅着说："不是那封。是另一封不见了！"

他沮丧地回到自己屋中。屋里没有那封信。桌上只有小半本信笺，墨水瓶开着盖儿。一点点淡淡的丝一样的烟缕，从没有盖严的炉盖旁边的缝隙处钻出来。这是他早晨烧那些废信纸的残烟。恍惚间，他突然想到，是不是早晨烧废信纸时，把那封信也糊里糊涂地烧掉了？跟着他又否定了这种乐观的假设。他清楚地记得，临上班时是把那封信怎样从桌上拿起来放进上衣口袋里的，而且他站在走廊上，还用手按过口袋，当时摸到信的感觉直到现在还保留在手指头上。没有疑问，信丢了，叫人拾去了。可能被谁拾去了呢？于是他想到那个蹲在道边玩耍的穿绿裤子的小男孩儿。

"多半是他！那时路上没别人。"

他认准是那小男孩，就跑出去，找到刚才那小孩玩耍的地方，却不见那孩子。他想那孩子可能就住在附近哪一个门里，于是他站在道边的树旁等候着。他看看表，八点钟了，已是上班时刻，昨天赵昌通知今天任何人不准请假或迟到。但那一切都不如眼前的事情更重要。他大约站了十多分钟，还算幸运，忽从身旁一扇门里走出一个斜背着绿书包的小男孩。他从这小男孩胸前别着的一枚特大的像章，立即辨认出就是刚才那孩子，他一步跨上去，就像一个藏在树后拦路抢劫的匪徒，一把抓住小男孩的胳膊。

"你说，你看见那封信了吗？"

小男孩吃惊地看着他白晃晃、由于过分紧张和冲动而显得怪可怕的一张脸。突然哇地一声哭了。

"别哭，我的信在哪儿？"他扯着小男孩的胳膊说。

这时，隔壁的院子里传出女人的叫声："小庆、小庆，怎么啦？"跟着跑出一个矮身材、黄脸儿的女人，腰上系一条蓝条格的小围裙，两只手水淋淋的，看样子是小男孩的妈妈。这女人见有人抓她的孩子，便生气地冲着吴仲义问：

"你这是干什么？"

小男孩见到妈妈，索性放声大哭起来。吴仲义放开小男孩，发窘地解释道：

"我，我丢了一封信。刚才这孩子在这儿玩，我问他看见没有……"

小男孩哭着说："他抓我，抓得好疼……"他对妈妈还有点撒娇。

女人不满意地对吴仲义说："你问他好了，干什么抓他？他又没惹你！"然后转过头问小男孩："小庆，你瞧见他的信了吗？"

"没有。我什么也没瞧见。他抓我……"

小男孩只是委委屈屈地哭着。没瞧见他的信。吴仲义只好道歉说："那对不住了，对不住了！"随即匆匆忙忙转过身走了。样子显得很狼狈。耳朵还听着身后孩子的哭声和那女人一边劝孩子，一边怒骂他的话：

"丢一封信算什么？值得这样？这么凶，欺侮一个小孩子，真没见过！我看你离倒霉不远了！"

他听着，跟着这声音从耳边消失，脑袋嗡一声响起来。他意识到，那封信叫不知名姓的路人拾去了。要命的是，他为了不叫哥哥那里的人知道是一封私信，而用了印有单位名称的公事信封。信封上又没署上他的姓名地址。拾到信的人肯定很快地就会把信送到他的单位。这等于他把自己送入虎口。

八

"坦白从宽！抗拒从严！"

吴仲义一进单位大门，就见迎面墙壁上贴着这样一条大标语。每个字都有一人多高；标语纸上有刚刚刷过糨糊的湿痕，字迹还汪着黑亮亮、未干的墨汁。白纸黑字，赫然入目，好像是针对他写的。

　　今天单位里分外静，气氛异常。院子里没人，走廊上也没人，各个房间的门都关着。他推开自己工作室的门，里面静无一人；阳光从四扇宽大的窗子照进来，使几张办公桌上的大玻璃板反射出耀眼的光芒。机关单位已过了熄火的日子。早晨没有炉火和暖气的空屋子，浮着一些寒气。他见自己的桌上有一个小字条，上边写着——

　　仲义：

　　从今天起，咱组与近代史组合并一起搞运动，人都到那边去了。你见条也快去吧！

　　　　　　　　　　　　　　　　　　　　　　　　　　　赵昌匆匆

　　他赶紧到近代史组。这间房子比他的工作室大一倍。但见他同组的秦泉和张鼎臣与近代史组男男女女四五个人混在一处，张鼎臣换了一件破旧而洗得发白的蓝布褂。不知是何原因，每次运动一来，他立刻换上这件衣服。人家都称他这件破褂子叫"运动衣"。此时，大家忙着写什么。屋内只有五张桌子，人多了一倍，显得拥挤，却没有声音，各干各的。大家见他进来都没打招呼，只有秦泉偏过半张瘦长而黯淡的脸，对他点了点下巴，也未出声。

　　人与人的关系，在一夜之间变得不可思议了。平日的友情变得不可靠了。友情好似一种水分，被蒸发掉了，只剩下干巴巴的利害关系，而且毫无掩饰地突现在外。

　　吴仲义见老秦正在用他擅长的楷体字写大字报。标题字有拳头大小，叫作"欢迎对我狠揭狠批"。下边的字和火柴盒一般大，写得工工整整，行距整齐。以往运动乍到，他都写这么一份，但丝毫拦不住对他批判斗争的凶猛扑来的浪潮。其他人手里都拿着一种十六开表格似的纸张。有的在埋头填写什么；有的笔尖对着纸面呆呆发愣，也有的见他进来，用手把写在纸上的字挡住。

他不去看，因为此时此刻总去注意别人写什么的人，就像自己心里有鬼似的。

门轴"咔嚓"一响，走进一个瘦高个儿，中年人，戴一副黑色窄边方框的眼镜，镀金的钢笔卡子在平整整的制服上熠熠闪亮。在大学校、研究单位和机关里都有这样的文职干部。一看即知是个能干、谨严和在各方面都富有经验的人；虽然他略显严肃和矜持，却因为人正派、办事规矩，在群众中很有些威信。他叫崔景春，是近代史组组长。他平时与所有人都保持一定距离，人缘好却谁也接近不得。而且在任何时候都是如此。别人对他更深一层的内心的东西很不容易得知。

"你来迟了。怎么，你不舒服吗？"崔景春发现吴仲义脸色有点异常，故问。

"不，不，我挺好……"吴仲义忙说。可是他跟着又说，"我有点头晕。可能昨晚中点煤气……不过现在好了。"

他平时不说瞎话。此时一说，再加上心跳，有些前言不搭后语。崔景春马上意识到对方表现异常的原因不是生理上的，而是心理上的。吴仲义在每次运动中都无此表现，这是为什么呢？崔景春心里浮现出一个小小的浅浅的问号。此种时刻，人们都变得极其敏感。连最麻木的人，神经都通了电，感觉的触角探在外边。崔景春把这个问号记在心里，表面不动声色地说："从今天起，你们地方史组与我们组合并一起活动。所里成立了运动工作组；政工组老贾是组长。你们组的组长赵昌调到工作组去工作。咱们这个大组的运动暂时由我负责。这个——给你。"他说着，回手从桌上拿了一叠纸递给吴仲义，"你写好，都交给我！"然后转过身来对秦泉用一种完全公事化、一本正经的腔调说："老秦，你随我到工作组去一趟。他们找你。"

"好！"秦泉答应一声。显然，工作组找他没有好事。但他比较老练，并不惊慌，从容地把手中墨笔套上竹管的笔套，又把没有写好的大字报折成三折，用墨盒压好，然后拿起桌上的茶杯，将不多的一点热水"咕噔"咽下去，声音分外响，好像吞下一块鹅卵石。他撂下杯子就随崔景春走出去了。

这种气氛对吴仲义来说，形成一种压力。他坐在秦泉走后的空座位上，看着崔景春交给他的那几张纸，原来是两种油印的表格。一种是"检举揭发信"，上边印着"检举人"、"被检举人"和"检举有功，包庇有罪"的字样；

另一种是"坦白自首书",印着"坦白自首人"和"坦白从宽,抗拒从严"的字样。尤其是这空白的"坦白自首书"对他有种逼迫感。

他一双眼盯着窗外的一株柳树。返青的枝条在微风里轻轻摇着它淡绿色的生机,却没有给他任何动心的感受。他脑子里像马达那样飞快旋转着。他把那封遗失的信所能引起的后果想象得毛骨悚然,就像一个胆小的孩子,坐在那里,想出许多可怕的情节吓唬自己。这时,他的虚构能力抵得上大仲马。可是他忽又想到,刚才找信时,家里书桌最下边的抽屉底下的空处没有找过。往往抽屉里的东西太满,一拉抽屉,放在上边的东西最容易从后边掉下去。早晨他慌慌张张收拾桌上的东西时,很有可能把那封信塞进抽屉里去,再一拉抽屉就掉下去了。他便将早晨那封信带在身上的印象,归于人紧张时常有的错觉。他恨不得马上跑回家把书桌翻过来看看。他坐不住,甚至想装急病好回家一趟。

他使自己轻松了五分钟的光景,很快又觉得这些想法都是不牢靠的自寻安慰的假设。于是,他早晨站在自己家中的走廊上用手按了按上衣口袋内那封信的感觉,又执拗、清晰、不可否定地出现在手指上。信明明丢掉了。只有盼望拾到信的人好心肠,把信替他丢进邮筒里。但如果是另一种人呢?拆开看了,发现了他的秘密,拿这封信立功和牟取政治资本,那么他的一切就都不可挽回了。这时,他眼前出现一个可怕的画面,工作组长贾大真从一个告密者手中接过信,现在正拆开看呢⋯⋯

这当儿,有人叩门。他心里一惊。屋内一个同事说:

"进来!"

门被推开一条缝,伸进一张陌生的又宽又长的脸,吊梢小眼,扁扁的大嘴,像一张河马的脸,用一口四川腔问:

"这是办公室吗?我有事。"

"这儿搞运动。你有事到后楼二楼革委会。要是外调就到后楼的三楼。工作组在那儿!"那同事淡淡地说。此时人人都不爱管闲事。

吴仲义的座位正对着门。他忽然发现这张河马样的大脸下边,隐约可见一只手捏着一个白色的东西。他的心顿时提到喉咙处。是不是送信的人来了?

那人已把门带上，走去了。

吴仲义猛地站起身。"哐啷"一声差点儿把椅子碰翻，他过去抓开门，跑上走廊。这一连串的动作十分迅疾，仿佛救火去似的。使同屋的人都莫名其妙。他在走廊尽头的小门口追上那人。

"你找谁？"

"找你们所里的领导。"

"你，你手里拿的是不是信？"

"是信。"

"是不是在路上捡到的。"他急渴渴地问。

"捡到的？"那人一双吊梢的眼睛几乎立了起来，惊奇地打量着这个举动、言语和表情都像是有些失常的人，含着愠怒反问道："怎么是捡的呢？我是重庆博物馆来联系业务的。这是我单位开的介绍信，难道是假的？看，这是公章。我身上还带着工作证。"那人板着大脸，打开手里的那个白色的东西，果然是封介绍信。上边还盖着圆形的红色的单位图章呢！

吴仲义松了一口气，但这误会的确闹得人家挺不合适。他给一种尴尬的表情扯得嘴角直扭动，只好向人家道歉，却无法解释明白。

那人嘟囔一句什么"岂有此理"之类的话，脸上带着明显的不满走了。吴仲义转身往回走，只见赵昌迎面走来。赵昌胖胖的脸上带着笑，走到他跟前就说：

"老弟，听说你在写检举信。写好了可得给我看看哟！"

"什么？检举？检举什么？"他给赵昌的话弄得糊里糊涂。不明白赵昌为什么对他说这样的话。

"检举我呀！瞧你，干什么眼瞪得这么吓人。我跟你开玩笑呢！再说，你写了检举信也不会交给我。你得交给崔景春，不过最后还得到我手里。……哎，老弟，你可别拿我的笑话当真。咱俩互相心里最有底儿。谁也没问题，对吧？！"说着，赵昌亲热地拍了吴仲义一巴掌说："有事找我，我在后楼三楼的工作组里。哎，早晨你怎么迟到了呢？我没见到你，在你办公桌上留张条，瞧见了吧！"然后不等吴仲义说什么就走了。

吴仲义站在这里，浑身感到一阵莫名的舒服。既然赵昌对他这样亲热，不是等于告诉他工作组还没有见到那封信吗？在事情没有落得最坏的结局之前，一切都是大有希望的。此刻，他不愿意去想刚刚发生的那件事——不愿意再想那封信了。他要像淋热水澡一样，长久地沉浸在刚刚赵昌对他的这种亲热里，永远不清醒地面对现实。他与赵昌是要好的朋友，赵昌的又软又胖的手常常亲热地拍一下他瘦削的肩头，但他从来没感到现在赵昌拍他一下有这样珍贵。

可是，赵昌刚对自己说的那些话又是什么意思呢？

恐怕他此生此世都不会明白。

九

心与心，有时能像雨滴水珠那样一碰就融成一个；有时却像星球之间距离那样遥远。从这个星球向那个星球上遥望，那里云包雾裹，玄奥莫测，是一个很难解开的谜团……

谁能知道，赵昌在没有发现吴仲义的秘密之前，竟是害怕吴仲义的？

他原是公用局业务科的一个办事员。喜欢地方的风物、历史、遗迹、习俗和掌故。业余有点时间就去访问遗老，搜奇寻异，并注意收集有关地方史方面的零零星星的材料，绝版小书，以及有价值的能对某一史实或事件作为佐证的物件，如本地名人的书信、农民运动中散发过的揭帖、民间年画、城砖庙瓦、大量的旧照片等等。往往一个专家开头的一步并没有什么宏伟的目标，全凭着浓厚的兴趣；而且学识渊博的学者不见得就是专家，对于专家来说"精"比"博"更为重要。赵昌对地方风物的兴趣，并没有停止在单纯的爱好或收藏家那样的嗜好上。他还致力于研究与发掘，并常在报刊上发表些小文章，来公布他的研究成果。地方史的研究一直是冷门。一般历史学家因其内容褊狭而不屑去做；而他们一旦需要这方面的史料或知识，还得求教赵昌这样的地方通。渐渐他就成了一名业余专家，有些小名气。五八年后，所里为了加强地方史研究而专门成立了一个组，就把他调进来；前后调入的还有张鼎臣。

秦泉是所里的元老之一，五七年划为右派，摘掉帽子后也调到这个组工作。最后一个是吴仲义。

吴仲义进所不久就与赵昌成为相好。

人之间，好比锁和钥匙，只要合适，一拨就开。赵昌性情随和，没有是非，很好相处。他热衷于自己的工作，对别人很少有意见，这些都和吴仲义合得来。

他外表胖胖的，肌肉松软，全身的轮廓和线条都是圆的，和他的性格、说的话一样，没有一点棱角；弯弯的小眼睛总带着和蔼和亲切的笑。将近五十岁的人，在逆光中脸上还有一层软软发亮和绒样的汗毛。他给人的全部感觉，颇像只温顺的猫儿。有人认为他圆滑，有人认为他平和，不过他从不招惹人、干涉人，工作热情又高，怎能说他不好？

在吴仲义没调进来时，地方史组的三个人归属近代史组，由崔景春代管。业务上由赵昌负责，但没有明确职务，吴仲义调入后，地方史组就从近代史组分出来，独立了。所里委派吴仲义做"临时组长"。因为吴仲义大学毕业，又是个老团员；赵昌和张鼎臣、秦泉三人都是白丁，没有一点政治头衔，之所以叫吴仲义做"临时组长"，根由还在于哥哥的污点，不过一时没有更适当的组长人选罢了。

赵昌对这个新人来做组长，从未表露出一点妒嫉。反而，他很钦佩吴仲义扎实的学识、埋头钻研的毅力、对工作的热诚，以及录音带一般非凡的记忆力。他本人的知识带点"业余"色彩，庞杂而不够严谨，缺乏系统性和理论性，因此他总是谦恭又实心实意地向吴仲义请教。

吴仲义的能力只表现在专业研究方面，生活上是个糊涂虫，一点也不会料理和照顾自己。他对历史上的朝代年号倒背如流，生活上却丢三忘四，饮食起居和房间的一切都七颠八倒。一个人的精神总在另一个天地里，必然常常忘记身边的生活。他那些雨伞、钢笔、手绢、围巾和口罩，不知丢了多少次，买了多少次。由于常丢门钥匙，门锁一撬再撬，连门框都撬得满是洞眼和硬伤。

他一个人，工资够用，但过得挺拮据。衣服又脏又破，弄得人家总认为他装穷，他却很少舒舒服服吃过一顿饭。赵昌在这方面比他强得多，便主动帮助和照顾他：每年入冬，他家里的炉子烟囱都是赵昌替他装上的；吴仲义在人事上特别无能，每逢遇到一些不好处理的事，都是赵昌帮他想办法，排难解纷，处理得稳妥又无后患。渐渐地，他对赵昌的信任中产生一种依赖性，事事都和赵昌商量。当他含着感激温情的目光望着赵昌那张可亲的胖脸时，赵昌便笑道：

"等你娶了老婆，就用不着朋友了！"

他摇头。他多年来谨小慎微，没有朋友。但在同赵昌的长期交往中，认定了这个人是诚实可靠的。他想："我就要这个朋友啦！"他不相信这样好的朋友会有疏远的一天。

六十年代的"大革命"来了。不仅改变了有形的一切，也改变了无形的一切。诸如人的思想、习惯、道德、信念，以及人和人之间固有的关系。运动初期，人们炮轰各层领导时，赵昌居然给他贴了一张大字报。说他"身为组长，在组内搞业务挂帅、业务第一、白专道路"云云，还举了一些例子。这事出乎吴仲义的意料，他想不明白赵昌这样做究竟为了什么？而且，这是所里第一张点了他的名字的大字报。这么一带头，又有张鼎臣和明史组的两个人朝他轰了几炮。他曾为此害怕、担心、失眠。幸好他平时谨慎，没有更多把柄叫人抓住，供人发挥。闹了一小阵子就很快过去了。过后，他对此事并不在意。他是个与世无争、不会报复的人，没有强烈的爱和恨，也不会记仇。但赵昌的行为确确实实成了他俩之间一层隔膜。关系慢慢疏淡了。

此后，两派打起来。赵昌参加了贾大真为首的一派，是一个中坚分子。据对立一派说赵昌是他那派的谋士，曾被捉起来捆进麻袋里挨过一顿毒打。吴仲义身在局外，冷眼旁观，他不理解赵昌哪来如此狂热的情绪。赵昌还找过他，拉他加入那派组织。他婉言谢绝，头一次没有按照赵昌的主意去做。两人的关系更加淡漠。很长一段时间里，赵昌没去过他家。

后来，两派联合了，工作恢复了。赵昌的一派是战胜者，在新搭成的领导班子里占优势。所里的所有职权差不多都给这一派把持住。贾大真做了政工组长。赵昌被任命为地方史组的组长。原组长吴仲义虽没有公开免职，实际上被稀里糊涂地废黜了。有人对吴仲义说，赵昌早就想谋取他组长的职务。他不相信，也不以为然。只要自己平安无事，怎么办都行。他叫这两年人与人之间残酷无情的搏斗吓坏了，恨不得藏到什么地方去才好。因此他一点也不妒恨赵昌，正像当年他做临时组长时，赵昌也不嫉妒他一样。

赵昌被任命为组长的当天晚上，忽来叩吴仲义家中的门。他长时间没来，但这次来仍像往常一样，神态自若，胖脸上依旧闪着亲切的笑意，进门就朝吴仲义的肩头热热乎乎地拍了一巴掌，笑吟吟地说：

"咱哥俩两年多没坐在一起喝喝了。都怪我瞎忙。从今儿起又该常来了！"

这三两句话，把两年来没有明朗化的不愉快的几页全翻过去了，好似他们之间从来没发生过什么。这自然很好。赵昌带来小半瓶白酒，几包油烘烘的酱菜，于是两人收拾一下桌面上的杂物，摆上菜，斟好酒，面对面坐下端起酒盅"当"地一碰，关系仿佛又回到他俩亲密无间的那个时期。吴仲义反而有些尴尬，竟好像他俩疏淡一阵子的责任都在自己身上似的。

吴仲义不会喝酒，半盅下肚就昏昏沉沉。不一会儿再挪动一下自己的脚，就像挪动别人的脚一样。对面赵昌的脸变得不清晰了。在灯光里，像一个活动着鼻子眼睛嘴巴的毛茸茸的白色大球儿。他笑嘻嘻看着虚幻中赵昌的脸，不说话，他属于那种喝多了酒不爱说话的人。

赵昌的酒量略大，但喝多了，也有些醉意，耳鸣脸热，头脑发胀。他的表情恰恰与吴仲义相反，酒劲上来之后，哇里哇啦说个不停。他觉得对方的脑袋一个劲儿地东摇西晃，但不知是吴仲义摇晃，还是自己摇晃。

酒常常会打昏心扉的卫士，把里边真实的货色放出来。赵昌感到心里像烧开水那样滚沸、控制不住了，日常的约束力消失了，他有种放纵的欲望，想哭、想喊，止不住要将心里的话全都泼洒出来。他把嘴里一块啃得差不多的鸡脖子"噗"地吐在桌上，咧开嘴说：

"老弟，我当初给你贴过大字报，现在又当了组长，顶了你，你对我有看法吧！"

"没有！没有！"酒意醺醺的吴仲义摇着双手说。

"不！你对我不诚实。这可不够朋友！我赵昌不愿意当这个组长，七品小官儿，只有受累、得罪人，没什么好处，他们非叫我当不可。我实话告诉你，他们因为你哥哥曾是右派，不肯用你！你不当这个组长并不是坏事。你还看不明白，今后像你这样家庭有问题的，别想再受重视，只有老实躲在一边干活吃饭。至于我运动初期给你贴大字报，我——"赵昌忽把酒盅往桌上一扔，涨红的胖脸非常冲动，一双小眼居然包满泪水，给灯光映得亮晶晶的，颤颤巍巍的，仿佛就要掉落下来。他面对吴仲义，嘴唇哆嗦地说："我承认，我有私心，对不住你！我对你实话实说，当时我听了一个谎信儿说，你家里有问题，你又一向只钻业务，郝主任他……我都告诉你吧！那时他怕群众轰他，想把矛头转向下边。据说领导正布置收集你的材料，要整整你。我平时跟你的关系无人不知，怕被你牵连上，就给你来张大字报——这就是事情的来龙去脉。我把它全掏给你了！你要是因为这些恨我就恨吧！你恨得有理由，我心甘情愿叫你恨！"

吴仲义给酒精刺激得浑身发烧。他听了这些话又吃惊又害怕，同时又受不了别人向自己道歉、谢罪、讨饶、请求宽恕。竟如同受宠若惊那样，眼边晶晶莹莹闪烁着激动的泪花。他一手抓起面前的酒盅，举起来，带着少有的热烈劲儿说：

"过去的事，叫它过去吧！我……我们干一杯！"

赵昌听了，冲动中胡乱抓起酒盅，斟上酒，两人一饮而尽。酒醉的程度各自升了一级，心中的门儿彻底敞开。

赵昌掉着泪说：

"老弟，你这样宽宏大量，我不知道该怎么说才好。你相信我吧！今后我赵昌保证对得起你，你只要别把我当成那种踩着人家的肩膀往上爬的人就成！我再告诉你……这两年我算把什么事都看透了。运动开始时我还挺冲动，干呀、斗呀，死命地打呀，互相跟仇人一样。现在想起来挺可笑，自己这么大人，怎么跟孩子打群架一样，着了魔啦，整天不回家，白天晚上在总部里干，谁劝也不听。从小斯斯文文，没打过架，长大可好，脑袋叫人打得和大冬瓜似的……现在两派又联合了，握手言和。细想起来，谁又跟谁有仇？今天你整我，明天我整你，整来整去没一个好的，谁又落得好处？咱们纯粹是些棋子儿。人家把咱往棋盘上一摆，咱就打。用不着了，往盒里一收。愈想愈没劲！"

此时，在吴仲义的眼里，赵昌的面孔已经模糊一团，说的话也听不太清。

但他几乎凭着一种本能，一种在任何情况下都不会放松的警觉，感到赵昌的话里仿佛有种犯忌的危险的因素。他一边摇头——摇头的幅度很大；一边像咬着舌尖儿，吐字不清地说：

"你得注意，不要乱说。否则会使你一辈子爬不起来……"

赵昌叫酒精淹没的脑袋里还残留着一小块清醒的陆地。他听了吴仲义的话，不知为什么，竟像过了电一样，浑身一惊，纠缠着他的酒性顿时消失殆尽。他睁圆的一对发红的小眼，直视着坐在对面的吴仲义。吴仲义还在摇头，连肩膀都跟着左右摇摆，好像在风浪中颠簸的船，嘴里还在含糊不清地说：

"不好，不好。你这些话反，反……"

"反动吗？我，我刚才说了什么？"赵昌问。

吴仲义忽然摇摆得失去了重心，向左边一歪，靠在椅背上。多亏椅子上的扶手拦住他，险些栽倒。他彻底被酒击败，无论赵昌怎样问他，他也回答不了了。

赵昌扶他上床去睡，自己怏怏回家。一路上，他后悔自己酒后失言。他恨酒，更恨自己。但此后他与吴仲义在一起时，吴仲义从没提到那次酒中的谈话。他也不提，不解释。如果那天吴仲义醉醺醺的，根本没听清那些话，他一提反而等于把一条模糊的线条描得清晰和突出了。再说，在平时这些话并不太可怕，尤其像吴仲义这样一个不爱惹事的人，与他的关系又不错，不会主动去揭发和告密。现在在运动中就不同了。这些话会使他身败名裂。而且，自己的短处在人家手中就不能不防，不管是谁。因此他必须随时留神吴仲义的举动，悄悄地筑起一道无形的警戒线。

吴仲义哪里会知道赵昌这些想法呢？他现在自顾不暇。更何况他那天被酒冲昏了脑袋，过后就把赵昌的话忘得干干净净。

十

当晚，吴仲义站在河边。从河面吹来的柔和的微风，扑在他的脸上。在晚风的凉意里，含着一种清新有力、撩动人心的早春的气息。月光在宽展的河心给波浪摇成一片细碎和闪闪烁烁的银蓝色的光点。这美丽而发光的河映衬着他，河边的栏杆和一些小树，成为黑色的如画一般的剪影。高高的柏树在远远近近沙沙作响，帮助躲藏在暗影中的一对对情人掩盖避人的私语……这时，在岸边月色明亮的地方，走过来一个瘦弱的姑娘，缓缓地，带点羞涩的劲儿，生活把这珍贵和美好的东西给他送来。这样迷人的月夜，犹如给姗姗走来的姑娘伴奏着一曲甜美的琴音。

但这一切与他都似乎无关了。

下班后，他赶紧跑回家，心里怀着希望，把书桌的抽屉一个个拉下来，直到露出抽屉下边那块黑暗的空间，他去掏，但只掏出来一张旧照片，一个小笔记本的塑料皮，几个书钉和两页没用的论文草稿，依然没有那封信。最后一个转危为安的可能也失去了。他带着空茫、绝望和乱糟糟的心情，依照上次与那姑娘的约会来到这里。

几天前，他有一个甜蜜的计划。他要和这姑娘结婚，成立家庭。前两年他还抱着一点独身主义的想法，自从去年年底认识了这个姑娘，他的想法就完全改变了。这个姑娘懂事、内向、规矩而不精明，生活能力并不强，比不得嫂嫂，但老实又诚实，稳稳当当，他却偏巧喜欢这种姑娘，可能是怕在一个爽利能干的姑娘身旁会成为受气包儿。他盼望未来的生活能出现这样的画面：在炉火融融的小屋里，点一盏台灯，自己伏案研究一项未完成的课题，身边满是书。那姑娘带着妻子的贤淑的微笑，把一杯刚沏好的热茶放在他的面前——他想得就是这样简单。他希望有一个理解他的人，心甘情愿地挑起生活的担子，使他能把全部精力倾注在自己热爱的事业上。他也盼望感受一下家庭的温暖、夫妻的恩爱，盼望有个逗人的孩子，使他这过于清静和寂寞的房间生气盎然起来。这样，远在天边的兄嫂也会放心和高兴。但是如果那封信找不到，这一切便要搁浅在幻想中、永远不会成为现实。

这姑娘名叫李玉敏。现在站到了他的面前，抬起一双大而长、并不年轻的眼睛，却闪着年轻人初恋时那种颤动的目光。这种目光在任何一双眼睛里也会相当动人。跟着李玉敏垂下眼皮。她的心"怦怦"地跳。另一颗心却是麻木的。

两人都在沉默，但不是一种沉默。

李玉敏不敢再抬起眼看他。幸亏没有看他，否则吴仲义脸上痴呆呆、毫无感触的表情，准会使姑娘生疑。

他俩走了几步，靠在栏杆上。两人心中是两种全然不同的境界。

李玉敏从口袋掏出一件东西悄悄给他，没说话。

"什么？"吴仲义问。

"信。"李玉敏轻声说。

"信？"他给"信"这个字搞得一惊。一瞬间，他脑袋里非常混乱，竟然想自己丢掉的那封信怎么到了她这里，"谁的？我的吗？快给我！"

上次他们见面，吴仲义提出要同她做正式朋友，她答应回去考虑。这封信正是要告诉吴仲义——她接受了他的要求。而且这也是老姑娘第一次向一个男人表露真情。此刻见吴仲义向她要信的神气如此冲动，误以为是对方进发出来的热烈的激情。她又欢喜又羞涩。羞答答把信塞在他的手中，扭过头眼望着河面上炫目的月光。悄言道：

"你要我回答的话，都写在这里边。"

"什么？不是，不是……噢，是你的信！"

吴仲义好像从梦中清醒过来。原来不是他迫切要找到的那封信！小小的一阵空欢喜，连声音都透出失望。

"怎么？"

"噢，没什么，没什么，那好，那好。"他说。把这信揣进口袋，好像揣一条手绢。

李玉敏给他的表现弄得又诧异又气愤。恋爱时的姑娘是敏感的。自尊心像玻璃器皿那样碰不得。此时受了莫名其妙的挫伤，脸上幸福的光彩顿时消失，松弛的皮肤垂下来，在夜的暗影里显出老姑娘本来的容貌。

李玉敏离开栏杆向前走。吴仲义也离开栏杆，下意识地跟着她。

吴仲义一点也没感觉到对方的变化。他的心情坏得很，脑袋里充满了那件惴惴不安的事，一句话没有，走在身边的李玉敏好似一个陌生的路人。他伴随她不知不觉走到一个路口，忽听李玉敏说：

"你把那东西给我！"

"什么？"

"信！刚刚给你的那封信！"

吴仲义从口袋里掏出信来。未等明白李玉敏的意图，就被对方一把拿过去。

"我回去了！"李玉敏说。

"我送你！"

"不用！"她的口气坚决，又非常冷淡，并意味着对方再来要求也会遭到拒绝。

这时，吴仲义才意识到自己刚才的举动使李玉敏发生了误解。他见李玉敏气哼哼的，担心把李玉敏惹翻。忙说：

"我，我今儿不太舒服，你千万别介意。这信留给我行吗？"

站在路灯下的李玉敏，脸上现出一丝很难看的冷笑，她冷冰冰地说："不用了，我看得出你改变了想法，并不真想看这封信！"说完，把那信往衣兜里一揣，转身就走了。

他呆立着，眼瞅着她走出十多步而不知所措，最后才勉强地叫道：

"我明后天去看你！"

她没理他。走去的步子很急，很快地消失了。

吴仲义往回走，心情烦乱而沮丧。他想：信、信、信！介绍信、情书，都是信。世界上每天来来往往有成千上万的信，无穷无尽的信，就是没有他要的那封信！他恍惚觉得那封丢失的信将带来的祸事已经露出头儿来，只有乖乖地等候它到来。

十一

运动开展的头一天里，全所只收上来十多份检举信。其中一份材料，揭发了办公室的一个姓陈的老办事员在早晨上班前"请示"的仪式中，两次拿倒了语录本——只有这份材料还有些文章可做。其余大多是鸡毛蒜皮。于是工作组下一道命令，自今日每人每天必须交一份以上的检举揭发信，否则下

Feng Jicai

Ach!

Ein Kurzroman

Aus dem Chinesischen übertragen
von Dorothea Wippermann und
mit einem Nachwort von Helmut Martin

自绘构想中的《啊！》的封面和主人公吴仲义的形象。

班不准走。

今天屋里显得松快一些。近代史组一个叫朱兰的女同志又被调到工作组去搞外调。秦泉不见了。据说所里成立一个监改组，已经把秦泉这样几个老牌的有问题的人收进去，做检查交代，晚上不准回家。秦泉那张叠成三折的《欢迎对我狠揭狠批》的大字报还在桌上，压着墨盒，好像遗物。

吴仲义坐在那里，仿佛在等候工作组派人来召唤他，告诉他那封信已被拾到的人送来。于是他就乖乖地全盘承认，挨一顿狠斗，被揪到监改组去和秦泉做伴。

他瞧着摆在面前的检举揭发信，不好不写，又没什么可写，真正体会到"如坐针毡"是什么滋味。尖尖的屁股坐累了，在椅面上挪来挪去。不单是他，别人也是这样。

时间，就这样从每个人身上匆匆又空空地艰难地虚度过去。

崔景春走进来。屋里的人都眼盯着自己手里的揭发信，装作思考的样子。这时张鼎臣站起来，手拿着两张纸凑上前，交给了崔景春。样子卑恭，并小声嘶嘶着说：

　　"这是我一份申请材料，要求领导每月在我的工资里扣去十块钱，补还我十年中所支取的定息。这是剥削的钱，不该拿，我主动交回……还有这份，揭发我叔叔。解放前我叔叔开米铺时，曾往米里边搀过不少白砂子，欺骗劳动人民。详细情况都写在这上边了。"

　　崔景春听了，脸上毫无表情，问道：

　　"你叔叔现在哪儿？"

　　"死了。五九年死的。"

　　"死了你也要揭发？"崔景春说着，严肃而平板板的脸上露出一点鄙夷的神气，随后拿着这两张纸走了。

　　张鼎臣回到座位上，两眼直怔怔，嚼味着崔景春这两句话的意思。

　　吴仲义想在自己手中的检举信上写点什么好交差，但他脑袋里依然没有一块可以用来回忆和思考的地方了。混混沌沌地盈满了有关那封丢失了的信的种种想法。笔下无意识地在检举信上写了一个"信"字，跟着他心一惊，觉得这个不祥的字会泄露他全部秘密似的。他赶忙在"信"字上涂了一个严严实实的大黑疙瘩。这当儿，赵昌走进来。

　　他赶紧把这张检举信折起来，用一只手紧紧按着，好似按着一个活蚂蚱。赵昌一屁股坐在他旁边的椅子上，笑呵呵地问：

　　"写的什么，能给我看看吗？"

　　吴仲义连忙说没写什么，攥在手里，不肯给赵昌看。他神色有点紧张和慌乱，使处于戒备状态的赵昌误以为吴仲义所写的什么与自己有关，由于险些被自己撞见而发慌。但赵昌表面上装得很自然，拍了拍吴仲义的肩膀，脸上还带着笑说："你可得实事求是，瞎写会给自己找麻烦。你写吧，我走了！"说完一抬屁股就走出去。

　　赵昌走出门，在走廊上站了一会儿。掏出一支烟点上，连吸了几口。嘴里吐出的烟团，如同他此时脑袋里旋转着的疑团，绕来绕去。他把刚刚吴仲义反常的神态猜了又猜，各种可能一个个排除，最后仍做不出确切的判断。他非常疑心吴仲义在打自己的算盘——多半就是自己所担心的，即揭发自己那次酒后之言，以此来把自己从"组长"的职位上推下去……想到这儿，他将一团烟留在走廊中间慢慢消散，急忙返回自己的房间去思谋对策。

十二

两天里，吴仲义和赵昌在互相猜测、疑心和害怕。

赵昌无论在什么地方，只要碰到吴仲义就故意板着面孔，冷淡对方；眼睛也不瞧着对方，只微微一点头就走过去。他想以此给吴仲义造成心理压力，使吴仲义清楚地感到自己已然察觉到他的动机。同时，赵昌每天下班前的一个小时，都坐在工作组的房间里不动，等候崔景春交上来近代史组的检举信，查看一下有无吴仲义揭发他的材料。

赵昌的态度使吴仲义忧虑不安。他误以为拾到信的人已经把信交到工作组，赵昌也已经获知自己的问题。因为他俩平日接近，赵昌怕牵连自己才故意冷淡和疏远他，正像运动初期赵昌给他贴大字报时的动机和想法一样。

他把赵昌对他的态度，当作自己的事是否败露的晴雨表。这就糟了！因为赵昌也正把他的态度当成某种反应器。

他很紧张。遇见赵昌就更不自然。一双惊慌和不安的灰色的小眼珠在眼镜片后边滴溜乱转，如同一对滚动着的小玻璃球儿，躲躲闪闪，竟没有勇气正视赵昌。更使赵昌认为：

"好小子，你怕我，看来你已经朝我赵昌下手了！"

赵昌还想到，之所以没见到吴仲义揭发自己的材料，多半由于崔景春见那材料关系到自己，收在一旁，没给自己看。或许背着他悄悄交给工作组组长贾大真了。于是他开始对贾大真和崔景春察言观色，留神有什么异样而微妙的变化。虽然他比吴仲义老练，沉得住气，掩饰内心情绪的本领略胜一筹。但心中也非常苦恼，烦乱，担惊受怕；此刻的心理活动与吴仲义无甚两样。因而他把吴仲义恨得咬牙切齿，恨不得吴仲义得急病，在上下班路上遇到车祸，或突然出现什么问题叫自己抓住，将他狠狠置于死地，好回不过嘴来咬自己。

十三

贾大真是所里一位铁腕人物。虽然仅仅是一名政工组长，二十一级的人事干部，天天骑一辆锈得发红的杂牌自行车上班，每顿饭只能买一碟中下等的小菜，得了病也不例外地东跑西跑求人买好药。但在那个人事驾驭一切事情之上的非常时期，却拥有极大权力。许多人在命运的十字道口上，全听从他的信号灯。可是别人在他手中，有如钱在高布赛克的手中，一个也不轻易放过。

一连串整垮、整倒、整服别人，构成他生活的主要内容、工作的主要成绩。他是那个时期生活的主角和强者——当然是另一种主角和强者。把握着人与人关系绝对的主动权。同他打交道，便意味着自己招灾惹祸，沾上了不好的兆头；他带着一种威胁性，没有人愿意同他接近。他却自鸣得意，说自己是"浓缩的杀虫剂"，由于到处喷洒，连益虫也怕它。

他敏感、锐利、精明、机警。能从别人的眼神、脸色、口气以及某一个微小的动作，隔着皮肉窥见人心，还能想方设法迫使人把藏在心里的东西掏出来。每逢此时，他就显得老练而自信。好像一个捉蟋蟀的能手，能将躲在砖缝里的蟋蟀逗弄出来那样心灵手巧，手段多得出奇。非正常的生活造就了这样一批人，这批人又反转过来把生活搞得更加反常。在那个不尚实干的年月里，干这种行当的人渐渐多了，几乎形成一种职业，一个整人的阶层。人家天天用卡尺去挑检残品，他们却拿着一把苛刻得近似于荒谬的绳尺去检查人们的言行；人家用知识、经验、感情、血汗，以及心中的金银绯紫写成文章，他们却在写文章的人身上做文章。把活泼快乐的生活气氛，搞得窒息、僵滞和可怕。这些人还有共同的职业病：在平静的生活中就显得分外寂寞，闲散无聊，无所作为；当生活翻起浪头，他们立刻像抽一口大烟那样振作起来，兴致勃勃，聪明十足。又好似夜幕一降，夜虫夜鸟就都欢动起来。此时此刻的贾大真正是这样，如同一个刚上场的运动员那样神采奕奕，浑身都憋足了劲儿。

特殊职业还给了他一副颇有特色的容貌：四十多岁，用脑过度，过早秃了顶。在瘦高的身子上头，这脑袋显得小了些。他也像一般脑力劳动者那样，长期辛苦，耗尽身上的血肉，各处骨骼的形状都凸现在外；面皮褪尽血色，黄黄的，像旧报纸的颜色。只留下一双精气外露、四处打量的眼睛，镶在干瘪瘪的眼眶里。目光挑剔、冷冰冰、不祥、咄咄逼人。而且总是不客气地盯着别人的脸；连心地最坦白的人，也不愿意碰到这种目光。

早上，张鼎臣写了一份矛头针对自己的大字报，名曰《狠批我的剥削罪行之一》。吴仲义主动帮他到院子里去张贴。

吴仲义这样做，一来由于在屋里心惊肉跳坐不住，二来他想到院中看看有什么关于自己的迹象。他还有种天真的想法——幻想到院子里，可以碰到拾信的人把信送来，他好上去截住。

院墙上贴满大字报。有表态式的决心书、保证书、批判文章，也有揭发运动中两派斗争内幕的。充满纷繁复杂、纠缠绞结、说不清道不明的派性内容。有攻击，有反击，也有反戈一击；或明或暗，或隐或露，或曲折隐晦，或直截了当；在这里，人和人的矛盾公开了，激化了，加深了。由于公开而激化和加深了。

吴仲义和张鼎臣在这些大字报中间找到一块空当，刷上糨糊，把张鼎臣那张骂自己的大字报贴上去。贴好后，张鼎臣嫌自己的大字报贴得不够端正，他举着两只细白的手进行校正。吴仲义站在一旁，手提糨糊桶，给张鼎臣看斜正。这当儿，吴仲义觉得身边好像有个人。他扭头，正与两道冷峻而逼人的目光相碰。原来是贾大真！他倒背着手，两眼不动地直盯着自己看，仿佛把自己心里的一切都看得透彻和雪亮。他不禁一慌，"啪"地一响，手里的糨糊桶掉下来，糨糊洒了一地。

贾大真见了，微微一笑，笑得不可捉摸，好似带点嘲讽的意味。

吴仲义直怔怔呆了几秒钟，才忙蹲下来，一双控制不住的颤抖的手在地上收拾着又粘又滑的糨糊，一边抬起头强装笑容地说："桶把儿太滑，我……"他努力掩饰自己的失常。

贾大真什么话也没说，转身走了。他不需多问，已经意外地得到一个极大的收获。他回到工作组，只赵昌一个人在房中整理各个组交上来的揭发材料。

他坐下来，掏出烟点上火，抽了一阵子，头也不扭，出声说：

"老赵，你认为吴仲义这人怎么样？"

赵昌一惊。他立即敏感到吴仲义和贾大真可能接触过了。是不是贾大真已经掌握了自己的问题，现在来试探自己？他感到手脚发麻，心中充满恐怖感，脸上也明显地表露出来。如果这时贾大真与他面对面，肯定又给贾大真意外发现一个有问题的人，而使贾大真有机会大显身手，建树功绩。但是贾大真没有这么多好运气。运气像个没头没脑的飞行物，一头栽到赵昌的怀里。他瞬间的流露没给贾大真瞧见，便赶快垂下眼皮，翻着手中的材料，边看边说：

"这个人……很难说。"

"怎么，你不是同他很好吗？"贾大真扭过脸来问道。

"好？"赵昌淡淡哼了一声，"他和谁都那个样子。"

"你不是挺照顾他吗？"

"我俩在一个组里，又搞同一项工作，总比较近些……"

"每年入冬时，他家的炉子不是你给安上的？前两个月，他哥哥病了，你还借过他二十块钱。是不是？"贾大真目不转睛地瞧着赵昌说。

赵昌见他对自己同吴仲义的关系了解如此详细而略感惊异。贾大真一向对人与人的关系感兴趣，全所人之间错综复杂的关系他都了如指掌。而且还把握着大多数人的业余活动。赵昌与贾大真在运动初期虽属于一派，贾大真对他还挺重用(譬如调他来工作组)，但赵昌很清楚，只不过自己没有什么短处抓在贾大真手里。如果有问题叫贾大真抓住，就是贾大真的至爱亲朋也不会被轻易放过。此时，赵昌不明白贾大真同他谈这些话为了什么，只觉得没有好事，便推说：

"是啊，他找我借钱，我怎好不借。那只是一般往来。"

"吴仲义这人的思想深处你了解吗？"贾大真又问。

赵昌从这句问话听出来，贾大真所要了解的事与自己没有什么直接关系。心里便稍稍轻松一些，问题回答得也比较自如了："您要问这个，我可以告诉您，我虽与他表面上不错，实际对他并不很了解。我俩在一起时，只谈些工作或生活上的事，他的想法和私事从不对我讲。有时他长吁短叹，我问他，他不肯说。弄长了，他再这样唉声叹气，我连问也不问了。"赵昌一方面想把贾大真的兴趣吸引到吴仲义身上，一方面有意说明自己与吴仲义从来不说知心话，好为否定一旦吴仲义揭发他那些酒后之言做铺垫。他防守得十分严密，如同一道无形的马其诺防线。

"他家的收音机有短波吗？"贾大真转了话题，问道。

"没有吧！恐怕连收音机也没有。"赵昌说。他虽然不明白贾大真问话的用意。但已明确地觉得这些问话的矛头不是针对自己。

"他写日记吗？"贾大真又问。

"那就不知道了。要是有也不会给我看呀！怎么，他怎么了？"赵昌开始反问。他懂得光回答别人的话，会使自己处于被动地位，对人发问才会变得主动起来。

贾大真忽然站起来，以一种非常有把握的肯定的语气对赵昌说：

"他有问题！"

当赵昌听到了贾大真说这句话，他兴奋得眼睛都亮了。这看上去是对准自己的枪口，原来是对准别人的。如果他现在一个人在屋里，会喊出一声："谢天谢地！"可是他还是不清楚贾大真怎么会从吴仲义这样一个胆小怕事、循规蹈矩的人身上发现问题。他不禁问："他能有什么问题？"

贾大真瞟了他一眼，并没把刚才自己偶然间的发现告诉赵昌。他在屋子中间来来回回踱着步，考虑着，一边抽烟。最后他走到桌边，把烟头按死在一个玻璃烟缸里，扭过脸面对赵昌说：

"你先别管他有什么问题，但我肯定他有。我……打算叫人去进一步观察他一下，看看他有什么反常的表现。如有，随时告诉我。我叫你去，是因为你平时同他关系较近。你接近他，不会惹他起疑。不过，无论你发现了什么也不能惊动他。你能不能做到？"

赵昌听了很快活。从贾大真给他这件任务来看，大概吴仲义尚未把自己的问题揭发出来。他心想，不管吴仲义有无问题，或有什么样的问题，他都可以借此将吴仲义控制在自己手中。如果能把一张于自己的安危祸福有直接关系的嘴巴，捏在自己的食指和拇指中间，他就有利和主动了。他便说：

"我可以做到。不过请您和崔景春打个招呼。否则我总去接近吴仲义，崔景春会感到莫名其妙。再说崔景春这个人脾气古怪。"

"什么古怪？！右倾保守！他一贯如此。对搞阶级斗争总有些抵触情绪。这些你都别管了，自明天起，你以工作组的名义下到近代史组去参加运动。好不好？"

"那好！好极了！"赵昌产生一种整人的欲望。

十四

赵昌坐在近代史组的七八个人中间，表面上不动声色，暗中留神察看，果然发现吴仲义有些异常。吴仲义的脸像墙皮一样灰白，镜片后边的目光躲躲闪闪，只要别人一瞧他，他立刻垂下眼皮，躲开别人的视线。赵昌特意地试了几次，结果都是一样。他显得没有兴致，带一种愁容和病容。有时眼盯着窗外或墙角什么地方，能一连怔上半个小时。这时他脸上会一阵阵泛出一种惧怕与愁惨的神情。当人招呼他一声，或有什么突然的响动，他就像麻雀听到什么声音那样浑身微微地惊栗般地一颤。动作失常，时时出错，那是一个人心不在焉时的表现。吴仲义平时衣衫不整，不修边幅，大家对他这样子习以为常。可是赵昌有心仔细察看，就从中看出毛病；他面皮发污，眼角带着干结了的眼屎，脖子黑黑的，大约有四五天没好好洗脸了。也有几天梳子不曾光临到他的头上，头发乱蓬蓬的好似一窝秋草。而且居然瘦了许多。颧骨在塌陷的脸颊上像退潮后的礁石那样突出来，眼圈隐隐发黑……

"他失眠了？"赵昌想，"究竟怎么回事，难道真有什么问题吗？"

他瞧着吴仲义可怜巴巴的样子，心里生出怜悯的感情；他与吴仲义相处十来年，在这个老实、厚道、谦让的人身上，无论如何也找不到憎恨的根由。他甚至有个想法——想和吴仲义个别交谈一次，弄明究竟，帮他一把儿。可是转念一想，这样做是不可以的。如果吴仲义真有严重问题，自己就要陷进去受牵累；再说，他还不能排除吴仲义揭发他的可能。愈是吴仲义自己有问题，愈有可能为了减轻一点自己的问题而来揭发他。从事研究工作的人都把握着一种思维方法：当各种迹象都存在时，需要做的是进一步研究这些现象再做结论；当把无可辩驳的论据全部拿在手中时，由此而做出的判断才是可靠的。

中午饭前，崔景春忽把吴仲义叫出去谈话。等他俩走出去三分钟后，赵昌也走出屋子，在走廊上转了两圈，发现崔景春和吴仲义在地方史组那间空屋子里谈话。他在门外略停了停，里面的谈话声很小，听不清楚。

午饭时候，赵昌在食堂乱哄哄的人群中，透过雾一般飘动的饭菜的热气看见崔景春独自一人坐在一张桌前吃饭。他端着自己的饭盒走过去，坐在崔景春身旁，吃了几口，便悄声问：

"你刚才找吴仲义干什么？"

崔景春抬起脸，看了赵昌一眼，平淡地说：

"没什么，随便扯扯。"

"他说些什么？"

崔景春又瞥了赵昌一眼，依旧平淡地说："没说什么。"看样子，他根本不想把他们谈话的内容告诉给赵昌。

赵昌想，这不肯告诉自己的话是否与自己有关？那种怀疑吴仲义有害自己的想法重新又加强了。他心里再没有对吴仲义任何怜悯，只想把吴仲义快快搞垮，才能确保自己的安全。他草草吃过饭，回到工作组就把自己上午在近代史组那些宝贵的发现，加些渲染，告诉给贾大真。贾大真点着尖尖的下巴，高兴又得意地笑了笑，似乎满意赵昌的收获，又满意自己昨天在吴仲义身上敏锐的觉察和神算。他说：

"我回头叫崔景春给他点压力。"

"我看崔景春未必能做到。"赵昌说。跟着把午饭前崔景春与吴仲义在地方史组空屋内秘不示人的谈话情况告诉了贾大真。然后说："您昨天说得很对，崔景春对于搞运动是不大积极，我看近代史组的气氛很不紧张。崔景春对我到他们组也好像不怎么乐意。"

贾大真由于生气，脸板得挺难看。他冷笑两声说：

"那我亲自给他点压力！明天我设计了一个别致的大会，领导已经同意了。你等着瞧吧！水底下的鱼保准一个个自动地往外蹿！"

十五

　　今天，历史研究所当院的气氛有如刑场。

　　全所人员一排排坐在地上。后楼正门前水泥砌的高台便是临时会场的主席台。这种主席台不做任何装饰和美化。在这里，美是多余的东西。有如炮台，只考虑火力和杀伤力。

　　主席台上摆着一个黄木桌，没有铺桌布，只蠹着一个单筒的麦克风。麦克风的话筒包着红布，远看像一个倒立的鼓槌。靠门一排四五张木头椅子，坐着所里的几位领导，一律板着面孔，拒温情、笑容、亲切与善意于千里之外，仿佛这些眼前要做的事都是有害的。必须立目横眉、冷酷无情才合乎这种场合正面人物的特定表情。

　　有时，生活逼着人有意识或无意识地去演戏。一本正经地出丑，或是引人发笑地正经。你认为你是导演，摆弄别人，而你实际也不过是一个扮演导演的演员。那不怨别人，因为你有凌驾众人头上和飞黄腾达的痴想。

　　贾大真头戴一顶绿军帽，神气活现地走上台。他在黄木桌后直条条地站了三分钟。全场肃寂无声，等他说话。他忽然"啪！"地一拍桌面。所有人都一惊，听他用严厉的声音一叫：

　　"把顽固坚持反动立场的右派分子、历史反革命分子秦泉等四人带上来！"

　　应声从后楼的拐角处，一双双左臂上套着印有"值勤"二字红袖章、穿军裤的本所民兵，反扭着秦泉等人的胳膊出现了。这是事先安排好的。同时，站在台前一角的一男一女两个口号员带领全场人呼口号。一片白花花、圆形的小拳头，随着口号声整齐地起落，会场顿时紧张起来。

　　吴仲义坐在人群中间，想到自己再有几天很有可能这样被架上台来，浑身不禁冒出冷汗；赵昌就坐在他左旁，眼珠时时移到右眼角察看他的神情。

　　秦泉等人被押到台前，低头站定。大会开始批判。几个运动骨干在头天下班前接到批判发言任务，连夜赶出批判稿，现在依次上台，声色俱厉地把秦泉等人轮番骂一通。随后在一片口号声中，那一双双民兵又把秦泉等人架下去。贾大真再次出现在台上。他的确有点导演才能，很会利用会场气氛。

他把刚刚这一场作为序幕，将会场搞得极其紧张，现在该来表演他别出心裁的一出正戏了。他双手撑着桌边，开始说：

"刚刚批斗了秦泉等四个坏蛋。但我们这次运动的重点还不是他们，而是深挖暗藏的、特别是隐藏得很深的敌人。运动搞了将近一周。我们一开始就发了两种表格。一是检举揭发信，一是坦白自首书。我们可以向大家公开真实情况——因为我们的工作是正大光明的，没什么可以保密的。现在的情况是：检举揭发很多，坦白自首很少。我们以收到的大批检举信（包括外单位转来的检举信）为线索，初步进行一些内查外调，收获不小，成效很大。充分证实我们单位确实隐藏一批新老反革命。现在就坐在大家中间！"

贾大真说这些话不用事先准备，张嘴就来，又有气氛，又有效果。此刻，会场鸦雀无声。吴仲义觉得他句句话都是针对自己说的。他感到耳朵嗡嗡响，响声中又透进贾大真的话：

"这些天我们三令五申要这些人主动坦白，走'从宽'的道路。但事与愿违。这些人中，有的抱着侥幸心理，总以为我们诈唬他们，因此想蒙混过关；也有的拒不坦白交代，负隅顽抗，企图硬顶过去。迫使我们采取行动。时间紧迫，我们不能一等再等，一让再让。今天我们要在这里揪出几个示众！"

吴仲义听了，顿时如一个静止的木雕人。只剩下一双眨动着眼皮的眼睛，但眼球也是凝滞不动的，直勾勾地盯着台上的贾大真。他身旁的赵昌心里也很不安稳。虽然事先贾大真把他安排在吴仲义身旁，进行监视。从贾大真对他的信任，看不出对自己有何异样。但听了贾大真的话，他心中却也敲起小鼓来。这种时候，人人自危，吉凶变幻莫测，他焉知贾大真给他的不是一种假象？贾大真这种人是不可理解的……在春日融融的太阳地里，他鼓鼓的额角沁出一些细小的汗珠，却不知是热汗，还是冷汗。耳听贾大真大声说道："为了给这些人最后一次'坦白自首'的机会，我等五分钟。五分钟内不站起来主动坦白，我们就揪！这里边的政策界限可分得很清。主动坦白的，将来处理从宽；揪出来的，将来处理从严。好——"贾大真抬起手腕看看表，像运动场上的裁判员那样叫一声："开始！"

好比临刑前的五分钟，无声的会场充满一种恐怖，贾大真叫着：

"还有四分钟，三分钟，两分钟，一分半钟，半分钟，五秒钟——"

吴仲义不觉闭上眼睛，似乎等待对准他胸膛的枪响。

"啪！"贾大真一拍桌子，大声叫道："把历史反革命分子王乾隆揪上来！"

这时，两个站在会场外戴红袖章的民兵，带着凶猛的气势奔进会场左边的人群中，把一个头发花白的瘦小的人抓起来，架到台前去。口号员拿着事先开列好的口号单，带领全场呼起口号来。吴仲义一瞧，原来是明史组的老研究员王乾隆。不由得暗吃一惊，想不到这个老成持重、体弱多病、学究气味很浓的老研究员是历史反革命。

待王乾隆在台前低头站好，贾大真那一双在绿帽檐下炯炯发光的眼睛，从整个会场上扫过。最后停在吴仲义这边。他伸手一指，正指向吴仲义这儿；另一只手"啪！"一拍桌子。吴仲义连心跳仿佛都停住了。却听贾大真这样叫道：

"把反动组织的坏头头、现行反革命分子王继红揪上来！"

原来中弹的是王继红，他正坐在吴仲义身后。

立即有两个民兵跑过来，从吴仲义身后把王继红像抓小鸡那样揪起来，架到台前，挨着王乾隆并排站立。随后，贾大真的目光如同一道探照灯的灯光，慢慢地由台下一张脸移到另一张脸上。紧接着"啪！"地一响，又是一声吆喝，又揪上去一个，并伴随一阵口号呼喊。他此刻真是神气，威不可当，好像端着一架机关枪，面对着一群手无寸铁的人，想怎么打就怎么打。

当他再要一拍桌面时，会场中间突然站起一个圆头圆脑、戴眼镜的人，原来是张鼎臣。他说："我有问题。六六年抄我家时，我只把存款交出来，还有一对金镯子和一枚翠扳指，被我藏在煤堆里了。另外我还偷偷对我老婆骂过抄我家的革命群众是土匪。"他的声音抖颤得厉害，说话声连底气都没了，显然吓得够戗。

贾大真略略停顿一下，随即说："好，你主动坦白，我们欢迎！你自己走出来吧！站到这一边来。喂，大家看见了吗？政策分得多么清楚，表现不同，对待不同。但我肯定台下大家中间还有人有问题，还有反革命。再不站起来坦白，我们还要揪！"他说着，目光又在人群中间慢慢移动。

吴仲义已经吓得受不住了。但他还是下不了决心站起来自首。他没有勇气，担心后果，并存有侥幸。他身旁的赵昌也是头次经历这样凶烈的场面。眼看着一个个坐得好好的人，突然被点名，揪上去，成了台前那副完蛋的样子，实在可怕。他心里有件不放心和没摸清楚的事，当然也怕贾大真突如其来地喝唤他的名字。这时，他脑袋里竟闪过一个奇特的念头，想悄悄问问吴仲义是否揭发过自己。如果揭发了，他就干脆站起来认罪。但他究竟沉得住气，理智和经验渐渐压住了一时的慌乱。他努力使自己服从一种决心：情愿叫人揪出来，从严发落，也不轻易地葬送在自己的胆怯和贾大真有虚有实的诈术上。

他额角上的汗珠多了，汇聚成大滴，流淌下来。他没带手绢，便把手伸到吴仲义胸前，想借手绢用用。未等他对吴仲义说出借手绢用，忽听贾大真又是用力一拍桌面。他一惊。

吴仲义也一惊！紧张中，吴仲义下意识地一手抓住伸到他胸前的赵昌的手腕。他的手冰凉，抖得厉害，满是粘粘的冷汗。赵昌全感到了，并再也不犹豫地确认吴仲义心中有件可怕的非同寻常的秘密。

贾大真又揪上去一个，是个管资料的青年。因为说过一句错话被人揭发了。赵昌知道这个情况，他从交上来的检举信里看见过这份材料。

吴仲义见不是自己，心中稍安。但他没想到，自己惊慌失措的举动，已经把自己排在刚揪出来的这个青年的身后了。散会之后，赵昌立即把吴仲义会上的反应汇报给贾大真。贾大真马上做出决定，要利用今天大会给吴仲义的强大的心理压力，非把吴仲义内中的秘密彻底挖出来不可！

十六

一刻钟后，贾大真与赵昌来到近代史组。他俩进门来的神气，好像拿着一个逮捕证抓人来似的。吴仲义感觉是朝自己来的。他只看了贾大真一眼就再不敢看了。

崔景春问：

"有事吗？"

贾大真给他一个不满意和厌恶的眼神，说："来说几句话！"随后打个手势说："大家坐，坐。"

大家坐下。人人的心都怦怦地跳。吴仲义坐到近代史组老穆的身后。老穆肩宽胸阔，躲在他身后，似乎有点安全感。

贾大真问：

"刚才的会大家都去了吗？"

没人敢言语。贾大真扭头看看崔景春，表示这句话是问崔景春的。崔景春平淡地说：

"谁能不去？"

贾大真听得出崔景春话中有种明显而强烈的抵触情绪。此时的贾大真心傲气盛，是惹不得的，立即就要发火。但他知道崔景春此人并不吃硬，而且他对于没有把柄在自己手中的人就不得不客气一些。他控制住自己，让没说出的发火的话变成一种低沉而可怕的声音，在喉咙里转动了两下，沉了会儿，面向大家开口说话——由于心里边憋着怒气，说出来的话更加强硬、厉害与凶狠：

"我们来，目的明确。你们组还隐藏着坏人。这个人问题的轻重程度，这里暂且不谈。我要说的主要是这个人很不老实，还在活动，察言观色，猜测我们是否掌握他的情况。我不客气说，罪证就在我手中。"

吴仲义心想：完了！只等贾大真呼叫他的名字。他的两只手不住地摸着膝头，汗水把膝头都蹭湿了。这个细节也没逃出贾大真的有捕捉力的眼睛。贾大真嘿嘿冷笑几声说："刚才，我本想在会上把他揪出来。但我想了想，再给他一点机会，让他自己坦白。可是我得对这个人把话说明白——政策已经放到了最宽的程度。再宽就是右倾了！（这句话是针对崔景春说的）无产阶级专政是不可欺的。我再给你两个小时的时间。你要再不来坦白交代，下午就再开个大会专门揪你一个！好了，不再说了。"说到这儿，贾大真用眼角扫了扫低头坐在老穆身后的吴仲义，又补充两句话："为了打消你的侥幸心理，促使你主动坦白，我再点一点你——你就是平时装得挺老实的家伙！"说完，就招呼赵昌一同离去。

吴仲义觉得屋中的人都眼瞅着他。他头也不敢抬，感到天旋地转，眼前发黑。他一只手扶住身旁的桌边，像酒醉的人，利用残留的一点点清醒的意志，尽力防止自己栽倒。

这时贾大真走在走廊上，边对赵昌说：

"回去等着吧，他不会儿自己就会来。"

后边门一响，崔景春跑出近代史组，追了上来。

"老贾！"

"什么事？"贾大真停住，回过头来问。

崔景春很冲动。他说：

"我不同意你这样搞法。你这是制造白色恐怖，不符合党的政策！"

贾大真两条细长的眉毛向上一挑，反问他："你替谁说话？你不知道这是搞阶级斗争？你有反感吗？"口气很凶。

"搞阶级斗争也不能用欺诈和恐吓手段搞得人人自危！"

"我看你的感情有点问题。老崔同志！你想想，你说的是些什么话？对谁有利？什么人人自危？谁有问题谁害怕！搞运动不搞问题搞什么？奇怪！这么多年了，搞了这么多次运动，你竟然连这点阶级斗争的常识都没有。"

崔景春素来是个沉稳的人，头一次表现得和自己的形象如此不调合：他听了贾大真的话，气得下巴直抖动，两只手颤抖不止。眼镜片在走廊尽头一扇小门射进来的光线中闪动着。他站了足足十秒钟，突然转身大步走去。一边说：

"我去找领导。你这是'左倾'！极左！"

赵昌说："老崔，你等等，等等呀！"他要上前拦住崔景春。

贾大真抓住赵昌的胳膊说：

"叫他去，别理他！领导不会支持他。搞运动时，哪个领导敢拦着不叫搞？他去也白去。等我把吴仲义揪出来，再和他计较！"

十七

中午十一时，吴仲义带着一颗绝望和破碎的心，踩着后楼高高的、用锯末扫得干干净净的水泥楼梯，一步步往上走，直走上三楼。

三楼静得很。一条宽宽的走廊上，一排同样的小门，六七间房屋都在朝南一边。这里平时没人办公，房门都上着锁，里面堆放着珍贵的绝版与善本书、旧报刊、破损的书架和桌椅、节日用的灯笼、彩旗与画像、收集上来的大件古物以及乱七八糟、积满尘土的旧杂物。其中有两个房间曾是家在外地的单身职工宿舍，后来这几个职工或是结婚，或是设法调回家乡，早在"文化大革命"前房间就空下了。里边只有几张空床、脸盆架和单身汉们扔下的破鞋袜；屋子中间还扯着磨得发亮了的晾手巾用的弯弯曲曲的铁丝……所里的人很少到这儿来，除非逢到酷热难熬的伏日，一些离家路远的人才爬上楼来，在走廊的地上铺张报纸躺下睡午觉。这儿又清静又阴凉。把走廊两头的窗子一开，还有点穿堂风呢！真是个歇晌的好地方。故此所里的一些人称这儿为"北戴河"……

几天前，紧靠走廊西端的一间小屋腾空了。搬进来一个上了两道锁的大档案柜和四张书桌，几把椅子，作为工作组的办公室。这三楼就变成另一种气氛。

两个小时之间，吴仲义经过最激烈的思想斗争之后，彻底地垮了，不再怀疑那封丢失的信已然落到贾大真的手中，任何自寻慰藉的假设都被自己推翻，也不再存有侥幸逃脱的念头。刚刚贾大真那些凶厉的话把他最后一点妄盼平安的幻想也吞没了。他自首来了。

当他站在办公室紧闭的门前，不知为什么又变得犹豫不决，两次举起冰凉的手都没有叩门。

屋里坐着两个人——贾大真和赵昌，在等候他。好像把炸药扔进水里，爆炸声过后，只等着他这条鱼儿挺着淡黄色肚皮浮上来。

贾大真听见了门外轻微的响动，镶在干瘪瘪的眼眶里的眼睛顿时亮起来。他等了半分钟，不见动静，猜到门外的人在送死之前下不了最后的决心。他便故意对赵昌大声说：

"他再不来坦白，下午就开会。"

赵昌不明白贾大真为何这样大声说话。这当儿，门板上响了几声叩门声。

"进来！"贾大真马上叫了一声。好似见了鱼漂儿跳动，立即提竿。

门把儿转动，门开了。吴仲义走进来，面色惨白地站在贾大真桌前。赵昌这才领略到贾大真刚刚大声说那句话的用意。不禁对这位工作组组长的机警和精明略略吃惊。贾大真板着脸问吴仲义：

"你来干什么？"

"我，我……"吴仲义自己也不知为什么，要坦白的话到了嘴边忽然消失了。"我来汇报思想。"

"噢？"贾大真瞧了他一眼，"你说吧！"

"我，我思想里有问题。"他说，一边搓着手。

"什么问题？"

"现在没问题。以前，以前我上大学时，我当时年轻幼稚。比如，我对国家的体制……我认为咱们的体制不够健全……我还……"吴仲义吭吭哧哧地说。由于他没准备这样说，愈说就愈说不下去。

经验丰富的贾大真单凭直觉就看出吴仲义身上有种不甘于毁灭的本能在挣扎着。他忽然打了一个不耐烦的手势制止住吴仲义的话，把脸拉下来，装得很生气那样严厉地说："你，你想干什么？你来试探我们吗？告诉你，你的问题我们早就掌握了。我刚才在你们组里说的那些话，就是指你说的。你直到现在还耍花招，居然敢到工作组摸底儿来！我看你非走从严的绝路不可了！你平时装得软弱无能，老老实实，其实反动的脑袋比花岗岩还要硬！你这些话我不听，你要说就对赵昌说吧！"说着气呼呼地站起身向门外走。临出门前，他在吴仲义背后，从吴仲义瘦削的肩上递给赵昌一个眼色，意思叫赵昌从旁给吴仲义再加些压力。

十八

屋里只剩下吴仲义和赵昌这两个多年的好友了。

赵昌和气地摆了摆胖胖的手叫他坐下。就像他俩平时在一起时那样。吴仲义如同冻僵的人，一股暖气扑在他身上会使他受不住。他一坐下来就哭了。抽抽噎噎地说：

"老赵，我不想活了！"

赵昌隐隐感到一阵内疚。

现在，从各种现象上可以证实，吴仲义并没有揭发他。原先以为吴仲义由于揭发他而表现出来的那些反常现象，现在看来，其实都是吴仲义本人有问题内心恐惧的反映。他误解了这些现象，错下狠心，暗中动用手段，才把吴仲义逼到这般可怜的地步。可以预料，吴仲义一旦招认出什么来，哪怕一句什么犯忌的话，也立即会横遭一场打击，弄得身败名裂，什么都完了。他看着吴仲义瘦瘦的手指把泪迹斑斑、不甚干净的面颊抓得花花的。想到多年来，吴仲义对他的善意、无私、帮助和宽容，他甚至觉得自己缺德。但事已如此，不可能再挽回了。他方要安慰吴仲义几句，忽然警觉到贾大真可能站在门外窃听，他便把这才刚露出头儿来的同情心收敛起来。对吴仲义说：

"你别胡说，什么死了活了的。你想到哪儿去了。有问题坦白了，我保准你没事。"

吴仲义孤单无靠，把平日要好的朋友赵昌，当作唯一可以依赖的人，他哀求着说：

"老赵，你能不能告诉我，老贾是不是已经知道我什么了？"

赵昌略犹豫一下。他看了看关着的门板，眼珠警惕地一动，说："告诉你实话吧！你的事老贾全掌握了。你主动坦白，将来不是可以落得一个从宽处理吗？"他说这些话时，故意提高了音量，为了给可能站在门外的贾大真听见。

好朋友的一句话，等于把流连在井边的吴仲义彻底推下去。吴仲义却把这些话当作溺水时伸来的救命的一只手。他眼里涌出感激的热泪，速度很快地流过面颊，滴在地上。他对赵昌说：

"我听你的。我都坦白了吧！"

吴仲义刚说完这句话，门就开了。贾大真手指夹着烟卷走进来，还带着聚在门口外的一团浓烟。显然他刚才走出去后一直站在门外窃听。赵昌暗自庆幸自己刚才留个心眼儿，没对吴仲义动真感情。同时又有点后怕。他便像是替吴仲义说情那样对贾大真说：

"吴仲义想通了。他主动交代。"

吴仲义站起身，贾大真摆摆手叫他坐下。他自己坐到书桌前，把烟叼在嘴角上，烟头冒出来的烟熏得他皱着眉眼。他双手拉开抽屉，取出一份厚厚的卷宗翻着看，也不瞅着吴仲义，只说一声：

"说吧！赵昌，你记录！"

吴仲义掉着眼泪说：

"老贾，我在所里一直努力工作呵！"

贾大真摆摆手，冷冰冰地说：

"现在别提这个。有问题谈问题。"

于是吴仲义一下狠心，好像跳崖那样不顾一切地把心里的事倾泻出来。赵昌在一旁拿一支圆珠笔飞快地记录着，笔尖磨着纸面吱吱地响，一边听得不时露出吃惊的表情。贾大真一只手夹着烟卷不住地吸，另一只手来来回回翻着卷宗看，并不把吴仲义的话当作什么新鲜事，似乎这一切他早就了如指掌。每当吴仲义在交代中间略有迟疑之处，他脸上就现出一种讥笑，迫使吴仲义为了争取贾大真的信任而把心中的事竭力往外掏。他交代了十多年前在陈乃智家里的那次谈话。只在涉及哥哥的方面做些保留。最后他谈到那封丢失的信。

"那封信怎么也找不着了，真的！"吴仲义说。

贾大真翻动卷宗的手突然停住，瞟了吴仲义一眼。赵昌要说话，却被贾大真拦住：

"叫他说！"

"我当时带出来，放在上衣口袋里。但到了邮筒前就不见了，我肯定是掉在路上了。"

贾大真吸了几口烟，似在思考，然后直瞅着吴仲义问：

"你是不是认为有人拾到那封信后，送到我这儿来了。"

"嗯，因为我用的是公用信封。人家拾到了，肯定会送到单位来。"吴仲义说。

贾大真忽把手里的卷宗一合，表情变得挺神气说："你算猜对了！就在我这儿。但不只是一封信，还有外单位——也就是那个姓陈的单位转来的揭发你的材料！都在这卷宗里。"他拍了拍厚厚一卷材料说："怎么样，想看看你丢失的那封信吗？"这句话等于问吴仲义是否怀疑他。

吴仲义怯懦地摇了摇头。

坐在一旁做记录的赵昌听到这儿，便认为吴仲义的前程已经断送。未来变成一片荒沙。自己应当考虑一下，怎样和这个要好的、出了事的人之间挖一条宽宽的沟堑。

时间过得真快，下班的铃声响了。吴仲义说得口焦舌干，要了一杯水喝。贾大真把手里的卷宗锁进抽屉。脸上带着一种得到什么宝贝那样满意又得意的神情。站起来说：

"你初步有了一些较好的表现。虽然你是在我们的压力下坦白的，但我们还是承认你是主动坦白的。不过，你今天上午只坦白了全部问题的一小部分，距离我们掌握的材料还很远。现在，你先把刚刚交代的一些问题写成材料。不要写思想认识，只写事实；把你和你哥哥、陈乃智等人的问题分开写；一条，两条，三条，时间，地点，谁在场，谁说了什么有问题的话，都要写得清清楚楚。还有，你把丢了的那封信重写一遍，我要以此考验你是否真老实。好了！你去到地方史组那间空屋子里去写，午饭有人给你送去！"

一叠白纸摆在吴仲义面前。

他感到，这是一叠要吃掉他的白纸。

十九

贾大真用一种很平淡的态度看着吴仲义按照记忆复制的那封丢掉了的信

《啊！》中的两幅插图，作者王智远。

件。贾大真的态度好像说明他早看过了数十遍，因为原稿在他手中。但他的眼睛偶尔却闪出别人察觉不到的一道光亮，那完全是内心流露出来的新鲜的感受。随后他把这封复制的信摞在桌上，问吴仲义：

"你认为你老实吗？"

"老实。我不敢隐瞒信上的任何一句话。因为您那里有底儿，可以核对。"

贾大真满意地点点头。拿起信，连同吴仲义交代的十多页材料一起收入抽屉内，好像猎人把新猎取的兔子放在他背囊里那样喜悦。

二十

下午，工作组开会。吴仲义仍被指定在地方史组的空屋子里继续写交代材料。

他独自一人在屋里，坐在自己平日办公的座位上。屋内安静极了，仿佛又回到他以往工作时那种宁静的气氛中。午间的阳光暖融融照着他的脸，书桌前放着一堆堆书，书页中间夹着注了字的纸条；这里边还有他一个很有价值而尚未完成的研究课题。但这一切都属于别人的了。等待他的只有怒吼、审讯、没完没了的检查和一种失去尊严和自由的非人的生活。

这时他想起了李玉敏。前几天，他与李玉敏发生那次误会之后，两人一直没见过面，他却已经预感到事情的结局。有两次，他想去找李玉敏，把自己的情况用曲折隐晦的方式告诉她，或者编造一个什么理由，回绝了她。可是他没有勇气去说。仿佛他还不甘于一下子打碎生活中这件难得而美好的东西。现在该说了！因为，过去的生活像一株树，上边的花朵、绿叶、结成的果实和刚绽出的嫩芽都已经毁掉了。

四点钟左右，他隔窗看见前院里有五六个人在张贴标语和大字报。突然他睁大眼，标语上一串大字"坚决揪出漏网右派、现行反革命分子吴仲义"跳入眼帘，他脑袋"嗡"地一响，顿觉得腿脚瘫软站立不住；胳膊、脑袋、手脚仿佛不是自己的了。这本是意料中的事，但一发生，他反而像意外受到一击那样。

过了半个小时，院里的大字报几乎全都换成针对他的了。人也愈来愈多。

他又想到李玉敏，应当马上结束这件已经没有生命的事情了。他想了想，跑到门口看了看，走廊上没有人。他飞快地跑回来，做了十多年来最大胆的一件事。他抓起电话，拨了图书馆的电话号码，很快就有人接，恰巧是李玉敏。他真不明白，怎么倒霉的事进行得如此顺利。

"我是吴仲义。"

"干什么？"耳机里传来的李玉敏的声音，很冷淡，显然还在生上次误会的气。

吴仲义没必要做什么解释了。他说：

"你下班后到我单位门口来一趟，我等你，你一定来，有件非常重要的事告诉你！非常重要！你必须来！"

他从来没对人用过这样命令式的口气说话，并不等对方说什么就放下电话耳机。他怕有人来。当他把耳机从耳旁放回到电话机上去的过程中，还听到耳机里响着那老姑娘的声音：

"怎么回事？哎——"

半小时后下班了。他站在窗前，多半张脸藏在窗帘后边，只露一只眼睛窥视窗外。下班的人们往外走。有的推自行车。一些人停在院里观看刚刚贴出的写着他名字的大字报。他感到这些人都很吃惊。

这时，他忽见当院的大门口站着一个姑娘，头上包一条淡紫色的尼龙纱巾，手提着小小的漆黑发亮的皮包。正是李玉敏。她迎着下班往外走的人，左右摇着脑袋躲闪阻碍她视线的人往里张望。

吴仲义又有种后悔的感觉袭上心头。似乎他不该叫她知道这一切，这会在她的心中消灭自己。跟着他清楚看到她的嘴和一双眼都吃惊地张得圆圆的，直条条像根棍子一样立着不动——显然她发现了满院讨伐吴仲义的大字报。这时，走过她身边的人都好奇地打量她。随后，她转过身低着头急急走去。黑色的小皮包在她手中急促地一甩一甩。

吴仲义直看着她的身影消失。

他熄灭了自己生活中最后一盏灯。

几天前他有个天真而离奇的幻想。盼望生活中出现的这一切只是一场噩梦。一旦梦醒，可怕的梦境就立即烟消雾散。但现实踏破了他的幻想。如果说他还残留一点点什么幻想的话，那只是盼望紧接着就要来到的一场猛烈的摧残和打击来得慢一些。

不会儿，一个留平头、小眼睛、剽悍健壮的中年人闯进来。他是所里的仓库保管员兼后勤人员。名叫陈刚全，光棍一个。缺点心眼儿，脾气特大，性情粗野，爱打架，不过平时对过于懦弱的吴仲义还算客气。两派武斗时，他是贾大真和赵昌一派的敢死队队长，绰号叫"拼命陈郎"。现在代管监改组。非同寻常的职位使他不自觉地摆出一副相应的凶狠无情的面孔。此刻他当厉害地对吴仲义说：

"老贾说，从今儿起不准你回家了。把你交给我了。快跟我走吧！"

吴仲义现在是无条件地听任人家摆布的了。五分钟后他坐在了秦泉的身旁。

二十一

这下子他安心了。

前一段时间，好像一只在疾风的漩涡中的鸟儿，跌跌撞撞，奋力挣扎；现在落到平地上。再不会更坏了，到底儿了，不必再担惊受怕了。

他真的不如一条狗。每天在监改组里，随人叫出去，轰回来。顺从人家摆弄、支配和辱骂。不准反问、反驳和辩解，更不准动肝火。如果一时使点性子，只能招致更严厉的教训，自讨苦吃。尤其是看管他们的陈刚全。身上过剩的精力无处发泄，把折磨人当作消遣。一次吴仲义无意间触犯了他，他一拳打在吴仲义手上。左手无名指被打得骨节错位，消肿后歪向一边。这教训足叫吴仲义一辈子牢记不忘。像吴仲义这种被揪出来的人，个性是应当打磨下去的棱角，而且必须把面子扔在一边，视尊严如粪土；对各种粗暴的、强加头上的言辞，一味点头，装出心悦诚服地接受——这便是过好这种生活的法则。张鼎臣在监改期间就一点苦头也没吃过。

照吴仲义的性格来说，本来也不该吃什么苦头，但他吃的苦还不小呢！大都为了他曾一度顽强地保护哥哥，尽量不使自己的问题牵累到哥哥身上。但这样做又谈何容易。一来，事情之间本来有着内在的联系，互相牵连，分不开。比如人家从他那封丢失的信的内容，必然要追问到哥哥来信的内容，他不说不成。二来，他愈不说，贾大真使的办法就愈多、愈狠、愈出奇。贾大真的攻心术无坚不克，又有棍棒辅助，便把他从一个个据守的阵地逼得狼狈不堪地退让出来。直把哥哥与陈乃智他们当年的"读书会"、以及那天晚上在陈乃智家里哥哥所说的话统统揭发出来……

此后两个来月他比较清闲了。除去所里开大会，把他和秦泉等人弄去批斗，平时很少再被提审。大概工作组派人到他哥哥和陈乃智那里调查核实去了。这期间，看不见赵昌了。大约又过了一些时候，他在院子里扫地时瞧见了赵昌。赵昌的脸瘦了些，晒得挺黑，像一个圆圆的陶罐。赵昌回来没几天，他又受到一阵暴风雨般猛烈地袭击。连日被提去质询审问，有时拖到后半夜。为了给他增加压力还配合了大会批斗，弄得他精疲力竭。贾大真拿出大批材料，都是当年"读书会"的人对他的揭发——他揭发了人家，引来人家的反揭发。每一份揭发材料都在五六页以上。陈乃智揭发他那天晚上有关国家体制的议论的材料，竟达十四页之多。显然这里边包括了一些由于他的出卖而激起对方在报复心理上发挥的内容。还有些话因隔得岁月太久，记不得了，最后只能在一份份材料上签了名，按了手印，承认了事。

原先，他被迫揭发了哥哥之后，心里边曾拥满深深的内疚和悔恨。他想到，他的出卖会使兄嫂重新蒙受苦难时，甚至想到了自杀。他活在世上，感到耻辱。兄嫂与他关系肯定从此断绝，他认为自己已经成了一个自私又卑怯的小丑，只不过还没有勇气和决心结束自己的生命就是了……而现在，贾大真说，哥哥也写了大量揭发他的材料，他反而引以为安慰。虽然他从贾大真讯问他的话里，听不出有多少哥哥揭发他的内容，他却极力想哥哥这样做了，仿佛这样一来，就可以抵消他出卖手足、不可饶恕的罪过。哥哥嫂嫂现在究竟怎样了呢？

二十二

入秋时，所里的运动出现一个新高潮。一连又揪出许多人。同时院子内的大字报又闹着"反右倾"，要"踢开绊脚石"，不知要搞谁。秦泉悄悄俯在吴仲义耳边说："反右倾"的矛头对准的是近代史组的崔景春，原因之一是崔景春曾在吴仲义的问题上手软，抵触运动，保护坏人。秦泉是在锅炉房听两个去打热水的人说的。那两人话里边含着对这种搞法深深的不满，但也只是私下交换一下而已。没有几天，有一张新贴出来的大字报就点了崔景春的姓名。刚要大闹一阵，突然又卷起另一个惊人的浪头——一位名叫顾远的革委会副主任被揪出来了，据说这位副主任是贾大真对立一派的"黑后台"。顾远被揪出来后，立即给关进监改组，与秦泉、吴仲义他们为伍。这样一来，有关崔景春的风波就被压了过去。

监改组的人日渐增多。扩充一个房间很快又显拥挤。这里与外边俨然是两个天地。但这里的天地似乎要把外边的天地吞并进来。

新揪出的人代替了吴仲义这种再搞也没多大滋味的"老明星"了。他就像商店货架上的陈货，不轻易被人去动，活动比较自由些。每次上厕所也不必都要向陈刚全请示一下。但还不准回家。一次，他着了凉，肚子泻得厉害，工作组居然给他一个小时的时间，允许他去保健站就医。

他去看了病，拿些药，独自往回走。其时已是晚秋天气。被秋风吹干的老槐树叶子，打了卷儿，从枝条上轻轻脱落下来，洒满了地，踩上去沙沙地响。瓦蓝色、分外深远的天空，飘着雪白、耀眼、像鼓风的白帆似的雪团。这和黄紫斑驳的秋树，配成绚烂辉煌的秋天的图画。秋天的大自然有种放松、苏解和自由自在的意味，与夏天里竞争、膨胀、紧绷绷的状况不同了，连太阳也失去了伏天时那种灼灼逼人的光芒，变得温和了，懒洋洋晒在脸上，分外舒服。

吴仲义被囚禁半年多了，没出来过。此刻在大街上一走，强烈地感到生活的甜蜜和自由的宝贵。不知为什么，他忽然想到自己的家，那间离去甚久、乱七八糟、布满尘土的房间。像南飞的小燕想念它旧日的泥巢，他真想回家看看，但他不敢。虽然从这里离家只有三四个路口，却仿佛隔着烟波浩渺的太平洋，隔着一个无法翻越的大山。他想，如果自己的家是一座四五层的高楼多好，他至少可以在这儿看到自己家的楼尖。

他走着走着，突然觉得面前站着一个人。他停住了。先看到一双脚——瘦小的脚套着一双黑色的旧布鞋，边儿磨毛，尖头打了一对圆圆的黑皮补丁。他从这双脚一点点往上看。当他看到一张干瘦、黑黄、憔悴的女人的脸时，禁不住吃惊地叫出声来：

"嫂嫂！"

正是嫂嫂。穿一件发白的蓝布旧夹袄，头发凌乱地挽在颈后。多熟悉的一双眼睛！却没有一点点往日常见的那种温柔和怜爱的目光，正瞪得圆圆的，挺可怕，怒冲冲地直视自己。他自然知道嫂嫂为什么这样看着他。

"嫂嫂，你回来探亲吗？哥哥怎样了？"他显得不知所措。

嫂嫂没有回答他，还是那样一动不动地直盯着他。他发现嫂嫂紧闭的嘴巴、瘦弱的肩膀和整个身体都在剧烈地抖颤。她在克制着内心的激愤和冲动。

忽然她两眼射出仇恨的光芒，挥起手用力地"啪！啪！"打了吴仲义左右两个非常响亮的耳光。

他脸上顿时有种火辣辣的感觉，耳朵嗡嗡响，眼前一阵发黑。他站了好一会儿。等他清醒过来，却不见嫂嫂了。他扭头再一看，嫂嫂已经走远，在寂静无人、阳光明亮的街心渐渐消失。

他直怔怔站着。偶然瞅见离他两三米远的地上有件蓝颜色的东西，多半是嫂嫂遗落的。他过去拾起一看，认出来是嫂嫂的手绢。他永远不会遗忘——十多年前，他送嫂嫂去找哥哥时，在车站的月台上，穿过扒在车窗口的两个侄儿泪水斑斑的小脸儿，看到的就是这块手绢。蓝色的，带白点儿，如今褪了色，变成极淡的蓝色，磨得很薄，中间还有两个挺大的破洞。他拿着这块手绢，想起了嫂嫂多年茹苦含辛的生活，还想起了嫂嫂曾经如何疼爱与关切他……但他从刚刚嫂嫂的愤怒中，完全能猜到由于自己的出卖使兄嫂一家陷入了怎样悲惨的灾难深渊里。哥哥毁掉半张脸才从深渊中爬上来，但又给自己埋葬下去……

这时，他看见身旁两座砖房中间，有一条一人多宽的小夹道。是条死道，哪儿也不通，长满野草，还有些乱砖头。他跑进去，脸朝里，抡起两只手朝自己的脸左右开弓地打起来。"啪！啪！啪！啪！"一边打，一边流着泪，一边骂自己：

"禽兽、禽兽，你为什么不死！"

直到过路的一个小女孩，听到响声，好奇地探进头来张望。他才住手，低头走出来。

当夜，他睡不着觉，脸颊肿得高高的。他想去找嫂嫂解释，并问问哥哥现在的情况到底如何。他想对嫂嫂说明这一切不能完全怨他，只因为丢失了一封信。为了这封信，他已经失去了一切。

二十三

贾大真又站在台上了。但今天他那张在绿帽檐下的瘦长的脸，变得和气些、舒展些，一反常态。会场的气氛也变得平和与轻松了，带点严冬过去松解的气息。吴仲义站在台前，没有人架弄着他。胸前也不挂牌子，只略略低着头。

整整半年的电闪雷鸣、风横雨狂的日子过去了。该落实政策了。

截止上个月底，历史研究所上报的揪出人的名单总共三十七名。这是这个单位一百人，用了将近两千个工作时所取得的成果，也是贾大真一类人的显著功勋。

现在不同了。口号也变了。变成"可杀可不杀的，不杀；可关可不关的，不关；可管可不管的，不管"了。把这些人落实和还原成了该做的事，做得愈快、愈宽大，反成了愈明显、愈出色的工作成绩。当初从贾大真的手指头缝里那不准许漏掉的，现在却抬起胳膊宽宏大量地放行。像贾大真这些人，在把所有凶狠的话都说尽了之后，该在字典上搜寻带点人情的字眼儿了。

今天要解脱吴仲义了。他是宽大处理的第一个典型。

依照例行的程序，先由三两个人上台对吴仲义进行最后一次批判。随后贾大真就站在台上，拿一张纸照本宣读：

"吴仲义，男，现年三十七岁，城市贫民出身。从小受旧社会影响，资产阶级思想严重。五七年反右期间，参加过其兄吴仲仁等人的反动组织'读书会'的一次活动，散布过右派言论。性质严重。而后一直未向组织交代。这次运动开展以来，吴仲义与其兄吴仲仁秘密串联，企图继续隐瞒其问题，抗拒运动。但在我强大的无产阶级专政的威力下，在政策的感召下，吴仲义能主动坦白自首，经过反复调查核实，交代问题基本属实，并在监改劳动中，有积极表现。为了严肃地不折不扣地执行党的政策，本着治病救人的精神，根据吴仲义的表现，革委会决定，经上级领导审查同意，定为——吴仲义犯有严重错误，不做任何刑事处分。属于人民内部矛盾。从即日起，恢复原工作、原工资。希望吴仲义同志回到原工作岗位上努力学习马列主义、毛泽东思想，发奋工作，在实践中改造自己，重新做人。"

吴仲义听到这里，顿时惊呆了。他不觉抬起头来，呆怔怔看着全场人的脸。许多脸上现出为他高兴的笑容。他扭头看贾大真。贾大真脸上也挂着比"月全食"还少见的笑颜。他从这些笑脸上确信：不是梦，而是逼真的现实。

生活一下子又把夺去的一切重新归还给他了！这时，所革委会郝主任走上前，给他胸前别上一枚镀铜的像章，赠给他一套《毛泽东选集》。居然还同他握握手。他心里猛地热浪一翻，突然伸起胳膊，放声呼喊口号："无产阶级'文化大革命'万岁！"他整个身子跟着口号声向上一蹿，两只脚好像离开了地面似的，满脸都是激动的泪水。

贾大真对他说：

"老吴，你的错误还是有的，必须要记住教训。还要正确地理解运动。当初揪你是正确的，现在解放你也是正确的。你要感谢组织对你的挽救！"

他掉着泪，频频点头，诚心诚意地相信贾大真对他说的话是真理。

他走下台。意外的幸福来得太猛烈了，使他的步履蹒跚，心中溢满忘乎所以的喜悦。赵昌一直站在台边，代表地方史组接他回组。此时笑眯眯地迎上来，伸出他那胖胖的温软的手把吴仲义一双颤抖不止的手紧紧握住。

散会了。他和赵昌一同走出会场。一路上人们给了他许多无声的、好意的、表示祝贺的微笑。监改组的陈刚全走上来。刚刚陈刚全还准备开完会，用严厉的态度把他带回监改组，现在却换了一张笑脸，说：

"老吴，你可别记仇啊！咱都是为了革命呀！"

他惶惑地笑着，摇着头。他向来不嫉恨别人，只求人家宽恕他。

在前楼的走廊里，他还碰见了崔景春。这个瘦高的组长依旧那么严肃、矜持，不冷不热。吴仲义站住了，想到自己被揪出之前在地方史组的空屋子里，他俩交谈时，崔景春曾给过自己那么多由衷宽慰和劝导，而自己由于各种顾虑，并没向崔景春坦白地说出自己过去的那些事。而后，在自己挨整时，崔景春仍然没对自己说过一句过激的话，没对自己使过任何压力。

这便成了所里一度闹着要反他"右倾"的根由之一。现在，他面对崔景春，心里隐隐怀着一些歉意似的，真不知该说些什么才好。崔景春透过那窄边黑色方框的眼镜，瞅了瞅他身旁的赵昌，只对他简简单单而又深沉地说了一句："记住教训吧！"就匆匆走去。

吴仲义永远也不会知道，在对待自己的问题上，以及给自己的问题下结论和定性时，崔景春和贾大真怎样激动地辩论过。

赵昌把吴仲义领进地方史组。两人站在吴仲义旧日的办公桌前，赵昌一只手抓起吴仲义的右手，另一只手把一件冰凉和坚硬的小东西放在吴仲义手里。吴仲义一看，亮闪闪的，原来是自己书桌的钥匙。这把钥匙在他被揪出的当天就奉命交出来了。他现在归还给他，意味着把他心爱的工作也交还给他了。赵昌掬着往日那种温和的笑容，对他说：

"我没叫你吃亏吧！"

吴仲义想起他坦白自首那天，在工作组的办公室里赵昌对他说过这句话。他相信，赵昌在至关紧要的当口，帮助了他，把贾大真掌握他问题（包括那封信）的内情透露给他，使他不等人家来揪就抢先一步，主动做了坦白交代。多亏好友的指点，才使他今天能够获得从宽发落的好结果！于是他那哭红了的眼眶里，重新又闪出泪花，说不出话，心里塞满一团滚动着的感激的情感。

二十四

他回家了，终于获释回家了。好像一只放出笼来的鸟儿，没有一点牵缠和负赘，浑身轻飘飘。如果两条胳膊一举，简直就要腾空飞起来了……

他在路上，把身上不多的钱花尽，买了一瓶啤酒，一点菜，几块糖，打算回到家中，为自己好好庆贺一番。他还没有喝酒，却像醉八仙一样，身子的重心把握不住，走起来摇摇晃晃。天气已入三九，正是严寒酷烈的时节，他没戴帽子，但脸颊却是火烫烫的。

到了阔别半年多的家，走进黑糊糊的楼里，看见邻居杨大妈正在过道铲煤球。杨大妈的小孙子在一旁，用一把挖土的小铲子，帮忙又帮乱。杨大妈看见了吴仲义，惊讶地叫起来：

"呀！吴同志，怎么回来了？"

"是啊！"他喜滋滋地回答。

"您，不是……"杨大妈欲言又止。显然她知道吴仲义出过事，却不知吴仲义现在是什么情况，话不好说。她拿着铲子站在那里，表情挺尴尬。

吴仲义一时也不知怎么说才好。

杨大妈不大自然地笑了笑说："您先上去生上炉子暖和暖和吧！"应付了一句，就赶紧拉着小孙子，摆动着胖胖而不大灵便的身子，慌慌失失地走进屋去。好像他是个刚从传染病院跑出的病人似的。

吴仲义并不介意。心想一会儿下楼来，向她说清楚就是了。

他打开门，进了屋。小房间有股浓重的又潮又闷的气味，房中一切如旧，只是看上去有些陌生。屋中乱杂杂的东西，什么床啦，书桌啦，椅子啦，杯子啦，好像在他闯进来时惊呆了。当明白是主人返回来时，仿佛带着一股冲动的劲儿朝他亲切地扑来。他也朝这些无生命的生活伙伴扑去。但这些伙伴太脏了，给尘土涂成一种颜色。他在屋里转了转，不知先打扫哪里为好；他努力使自己平静下来，最后确定先生炉子。幸好他是在炉子没拆之前的春天里被囚禁起来的，现在正好使用，马上就可以使房间暖和起来。

他的手一触到炉膛里的纸灰，心情就发生了变化。这是他那天清晨烧掉那些废信纸的余烬。

他由此想到兄嫂，心里边不是滋味。他决定晚间到嫂嫂的娘家去一趟，打听兄嫂目前的境况。但他怎么向兄嫂解释清楚这一切呢？反正他再不敢写信了。

他生着炉火，手挺脏。他要洗手时，发现脸盆里的剩水冻成一块结结实实的冰块。自从他丢了那封信而魂飞魄散的几天里，他很少洗脸，最多只是用毛巾下意识地蘸蘸脸盆里的水，抹一抹脸。几天没换水，因此这块脸盆形状的冰块是深灰色和不透明的。

他端起脸盆，翻过来，想在炉台上磕掉里边的冰块。突然，一件东西跳入眼帘。脸盆底儿沾着一封信！他非常奇怪，撂下盆，从盆底儿上揭下这封信一看，不由得惊异得扬起眉骨，险些使眼镜从脸上脱落下来！这竟然就是他曾经丢掉了的、几乎要了他的命的那封信！上边的邮票贴得好好的，信口粘得牢牢，原来他当初写好这封信后，胡乱地在信封背面抹上糨糊，贴上邮票，封了信口。洗脸时，他曾把脸盆放在桌上过，脸盆底儿有水，加上信封上没抹干净的糨糊，就粘在盆底儿上了。谁能想到丢失的信竟然粘在这地方？

"啊！"他一声惊叫。

他整个身形就像"啊"字后边的惊叹号，呆住了。在他把这一切明白过来之前，足足立了半个小时。

二十五

现在又回到春天里了。

春天来了！不单是大自然的春天，也是生活的春天！你看，到处冰消雪融，万物苏生。绚烂的春天的色彩，已经耀眼地出现在人们的生活中。

当你的鼻孔对着一朵鲜艳的小花，手里拈着一片嫩绿闪光、汁液欲滴的新叶；当你站在山谷间，放眼遥望返青的群山，那漾开冰层后的雪水，满山遍野地淙淙流淌；当你漫步街头，仰望一幢幢还没有拆掉脚手架的新楼群在春日的霞光中矗立起来；当你夜间凭窗，耳听着天上大雁的鸣声与人间大地演奏的美的旋律合成一曲……谁总想回味那寒彻肌骨的严冬？谁总想去盯着那结了痂的疤痕？

然而，没弄清根由的灾难，仍是埋伏在道路前边的陷阱。虽然它过去了，却有可能再来。为了前程更平坦、更笔直，为了不重蹈痛苦的旧辙，需要努力去做，更需要认真深思……

为了将来，永远牢记过去。

一九七九年九月　天津

感谢生活

　　火车已经开过三站，这包厢的其他铺位依然空着，多半没人来，那可真要谢天谢地了！长途旅程中，没熟伴，就最好也没生伴，一个人自由自在。特别这些年，可能由于人与人关系变得太可怕，处处藏危伏险，一不留神就陷落下去，我便总喜欢自己陪着自己，在淡漠中寻求宁静。只有在没人的地方才自由么？在没人的地方活着还有什么意思呢？

　　几小时前天就黑了，可是猛然外边射进的强光照得眼睛发花，不等弄清是对面来车还是到达什么站头时，车身"咣当"一晃停了，直把杯中的水晃出一半。那时司机就这么停车，总像憋着多大的火气拿旅客撒。不知哪个包厢的孩子被吓醒，哇地哭起来。我把脸贴着冰冷的窗玻璃往外看，原来是辽河平原上的郭家店车站。但在那一条条涂满口号的水泥桩子中间，看不见几条人影；寒风把刮落的大字报团成一个大纸球似的，在月台上缓缓滚过。很快鸣笛和关车门的声音过后，再"咣当"一下就动起来。看来今儿一夜这包厢属于我自己了。我躺下来，闭掉顶灯，扭开床头的小壁灯，在半明半暗的光线里，松弛思维，放纵想象，打算任意享受一下孤独才有的安宁。忽然"哗啦"一声包厢门拉开。糟糕，来人了！

　　我忙起身开灯，没见人进来，却先拱进一个笨重的大牛皮纸箱。纸箱撂下，现出一个中年男人。我刚想和他打招呼，可他喘着粗气，脱下带着寒气的棉大衣往铺上一扔，回身又提进个破旅行包，拉锁坏了，中间用麻绳捆扎起来；还有一个绿帆布面的脏得发黑、边儿磨毛的大画夹。他把东西往里一放，赶紧回身把包厢门拉上，动作紧张得好像是个没票混上车的。他进来后没搭理我，

《感谢生活》有多种版本，这是一九九五年江苏文艺出版社出版的一种。

中篇小说《感谢生活》，一九八五年发表于《中国作家》创刊号上。曾获中篇小说选刊奖，瑞士蓝眼镜蛇奖，法国女巫奖和法国青年读物奖等。

而是扬着脸为他的大纸箱找地方放好。待他坐下来，我问他："外边很冷吧！"谁知他好像没听见似的，又起身四下看看，再把那大纸箱挪到门上边的空格里去。我见他举那纸箱挺吃力，刚要问他是否需要帮忙，他一用劲，正对着我脸的屁股，"噗"地放了一个又粗又响的屁。我从来没见过这样不通人情、不懂礼貌的人！而且他放好纸箱之后，也没向我道歉，只用他死鱼一样淡灰色的眼睛瞅我一眼。瞅我时，眼睛一觑，好像看什么费眼的东西，真叫人讨厌极了！我预感一次不愉快的旅行就此开始了。

　　我决定不再搭理这家伙，头靠一边，假装打瞌睡。但这家伙一会儿也不闲着，总出声音。先是"嚓"地划着火柴抽烟，吐烟的声音好像吹气，然后听见他总在自言自语念叨着，什么"车速太慢"，"暖暖手吧"，"黑夜、黑夜、黑夜……"我想大概这家伙精神上有点毛病。后来这家伙就折腾开了，坐不会儿就站起来，总去把那纸箱弄得咯吱咯吱响，我把眼微微觑开一条缝，只见这家伙正踮着脚把棉大衣盖到纸箱上去，完事还没坐下，又去拉开棉大衣，让一个箱角露出来，原来这箱角上有一个撕开的洞。这引起我的好奇。纸箱装着什么东西怕冷又需要空气？显然是活物。起初我以为是偷运的鸡呀猫呀鸭呀之类的东西，但为什么没有叫声？即使不会叫的兔子，也会有响动。这时，更稀奇的事出现了。这家伙回头看看，以为我睡了，便轻轻登着铺边上去，把嘴对着箱角的小洞，居然小声说起话来：

"憋坏了吧！忍一忍，天亮就到了！"

啊呀！这是人贩子吧！但两尺多长的纸箱绝对装不下一个人，多半是小孩吧。可他背着画夹子干嘛？伪装画画好遮人耳目吗？我等他坐下来，仔细瞧一瞧他。幸好我在阴影里，觑着眼看不出是醒是睡。却见这家伙头发像一团冬天蓬乱的干草。平板板的脸上蹭上一块块灰，好像刚从什么地方钻出来的。瘦瘦的手上净是伤疤。格斗留下的疤痕？再瞧，他从旧制服、破绒衣，直到里边的烂领子的衬衫，领扣儿全没扣。胸前一个扣子还扣错了眼儿。这副狼狈相，活像一个越狱出逃的犯人。可是细心打量一下，他浑身上下沾满颜色，新的痕迹压在旧的痕迹上边。还有种散漫的、不经意的、脱俗似的气息，不知从他身上还是脸上散发出来。他那天生的红眼边，给人一种忧郁感。一个落魄的穷画家吗？怎么坐得起软卧？这又和那神秘的纸箱怎样连到一起？我脑袋里对这一切无法形成明确的判断。好奇心和一种莫名的不安，使我忍不住问他：

"那箱里是什么？"

他差点蹦起来。"你吓我一跳！你没睡着？"他惊慌失色，显然那纸箱里装着非常之物。

等他像刚才那样着意瞅我一眼后，便说：

"你先回答我一个问题，咱再往下说。"

他反而来问我。不等我开口，他进而把问题提得十分具体：

"您是作家？嗯，我没说错吧！"

"我？"我不知该怎么回答。那时，"作家"这两个字是一种光荣还是罪过？我苦笑一下说："……以前写过东西。"

"好了！其实我第一眼就认出您来。"他顿时松弛下来，脸上的惊慌像水纹一样忽然没了，身子往后一仰说，"您不会认识我，我是您的读者。以前在报刊上常见到您的照片。连批判您的文章也读过，当然是揪着心读的……"

这几句话，似乎使我们在相互了解之前就沟通了。我觉得，我对他那些猜疑也变得毫无根据。

"你……"我想问什么。

他从衣兜摸出一盒揉成卷儿的破烟盒，从中掏出一根只剩下半截却没舍得扔掉的烟卷，点着狠狠抽两口，再用力吐出来，然后隔着面前浓浓的烟团对我说："我给您讲个故事吧！"他见我有些诧异，就用手指指上边说："您不是要知道那箱子吗？还有我，都在这故事里。我这个故事没对任何人讲过，但我愿意讲给您听……"

我从他的目光中感受到一种信赖。人民的信赖是作家最大的幸福。如果你是个严肃的作家，便会常常碰到这种令你深深感动的情景：一个陌生人，怀着虔诚，把久闭的心扉突然朝你敞开。似乎只有你才肯用心，并能够体会那中间的一切。那么，你获取的绝不止于这秘密了。

这时，他已然扭头，把那淡灰色的眼睛对着漆黑一片、冰天雪地的窗外，望了一会儿，再扭过来时，便好像换了一双眼睛：炽热，逼人，烁烁发光，仿佛有种压抑不住的东西要从这眼里炸开。烟头带着火，就在他食指和拇指中间碾灭。"是这样——"他的故事开始了。这几年，风云变幻，天旋地转，以至无论怎样古怪奇特的事听起来也不动声色，谁知道世上还有这样一个难以想象又撞击人心的故事……

他答应我可以写出来。为了他的安全，我一直靠记忆把它保存心中，只有在今天才能如实地写在纸上。

一

他妈的！您别怪我开口就这么一句。我一想到过去的事，不知怎么，这三个字儿自己就蹦出来了。

那是六十年代初！我在北京美术学院毕业。我是学油画专业的，不是吹牛，我是那一届公认的尖子。我认准自己一定被分配到美术馆、美术出版社或艺术研究所那些专业部门。那些部门也在争我。和我最相好的一个女同学打听到，我可能被留校当助教。我那时真是兴致勃勃，恨不得一头扎进社会里干一气。"拿着画笔向生活和未来报到！"我整天喜笑颜开地这么说。可是"报到通知单"

到手一看，我傻了。上面写着报到单位：迁西县第二陶瓷厂——一个开玩笑也扯不到的地方。开始我以为搞错了。当我看见"报到人"一栏清清楚楚写着——华夏雨——是我的名字，我感到这单子黑了。我的向往、抱负、前途、计划，连同我挚爱的她，全都涂在这黑纸上了。直到我在北京站等候开往迁西的火车时，还像做梦一样，不相信这变化。为什么？这怎么可能？出什么事了吗？

当时，我怀疑这种"草菅人命"式的分配是系主任捣鬼。因为我和他的艺术观点截然相反，简单地说，他把艺术看作学问，我把艺术当作生命。我们常常弄得很僵，偏偏多数同学都站在我这边，深深伤了他的自尊心……他怎么肯留我？嘿，其实这完全冤枉了他。我倒霉的根由与他毫不相干。他妈的，叫谁也绝想不到……待会儿我再说这段吧！

命运开始折腾起我来了！让我充军到这么个鬼地方，下车也没人接，只好自己扛着行李走，越走心里越冒火，几次想掉头不去了。

可我站在陶瓷厂门口往里一看，乖乖，事情就变了。我一下子把行李扔在地上，眼前的情景将我震住。瞧瞧！大片开阔地上摆着成千上万正要装窑的泥坯，海碗、大缸、瓶子、坛子、罐子，没烧过的泥坯有股子野味的、生性的、原始的美，粗糙、圆厚、紫的、白的。干活的窑工们都光着膀子，坚韧的脊背晒得又黑又亮。背景的大土窑，好像平涂上去的砖红色和土黄色。我从来没见过这种单纯又辉煌、雄性加烈性的颜色！生活中的颜色永远充满生气！太新鲜、太独特了！我几乎什么也没想就爱上这地方了，兴冲冲进厂报到。

厂党委书记叫罗铁牛，给我感觉像个小商贩，又矮又有点歪的身子，像个压瘪的鞋盒。他对我的态度很微妙，客气后边好像藏着什么。他领着我在窑上和车间里转转看看。工人们对我也不理不睬，个别年轻人好奇地瞥我一眼，赶紧低头干活，年岁大的干脆头也不抬。我以为闭塞地方的人对外来的大学生都有种畏惧心理。我朝他们友善又亲切地微笑。其实我又猜错了！他们对别人并不是这样。

您要是没干过陶瓷，绝想不到，那是一个怎样奇妙的世界！一个平平常常的日用瓷碗，要经过几十道工序，更甭说瓶儿罐儿的了！处处都有讲究，都含着艰辛，都藏着神秘。铸浆的小姑娘，一个月要用木桶把一万三千斤瓷浆灌到模子里去。这些车间下边都有大地灶，把屋里烤得像蒸笼，为的使泥坯快干。三伏天，热得那些没结婚的小姑娘也脱光膀子，顾不得别的了。有人说"每一件瓷器都有陶瓷工人的汗水"，那种说法太空洞。应该说世界上无论多精美的瓷器都是从这里出去的！

　　我在拉坯车间看到一个高大壮实的老汉在做瓶子。他把一摊软泥放在台子上，脚蹬轴碌，双手一提，没见他手指怎么动，一个式样古朴、神气活现的大瓶胎就出来了。这地方的瓷器与景德镇的不同，不求匀整精细，看上去笨重，可有股拙劲，一股雄风，尤其这老汉拉的瓶子，个个赛活的，有神气，有姿态，好像安上眼就会说话！我被他的手艺感动了，情不自禁问他：

　　"老师傅，您这是怎么做的？"

　　他对我这句实际上是赞美的话并不高兴，偏过半张大肉脸，生硬地说：

　　"使手做的！"

　　这句话像把一团泥塞在我心口上，真憋气！我心想一辈子也不再搭理这老家伙。您别以为我真会这样，我天生不会记恨人，过去就忘了。

　　罗书记叫来一个细高、文气的青年，他皮肤像绸子一样光滑，见面就笑眯眯。他叫罗家驹，彩画组长，以后我归他领导了。我很高兴，因为他是我遇到的第一个热情的人。他领我去后院看"宿舍"，争着抢着帮我扛行李，他说早就听说我要来，一直盼着，还要拜我为师。话里没虚假，我在美院时，也常在业余作者那里感受到这种殷切的敬意。后来我才知道，罗家驹在厂里非同寻常，他既是罗书记的表侄，又是头号秀才，人极聪明，十几岁就进厂，对各种洋彩和花釉熟悉得赛过一个老娘儿们使唤油盐酱醋，还能画素描、国画、水彩，写草书和隶书，全靠自学，在这县城，有这两下子，就算半个圣人。虽然照我看，他这些不是凭天赋而是靠精明达到的……

　　罗家驹指着一间破屋说：

　　"您别怨怪，厂里都是当地人，没宿舍。这还是几年前，会计的亲戚打秦皇岛来找活干，也是个画画的，没地方住，就住在这儿。原是里外间，那

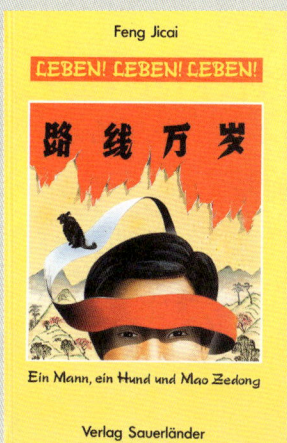

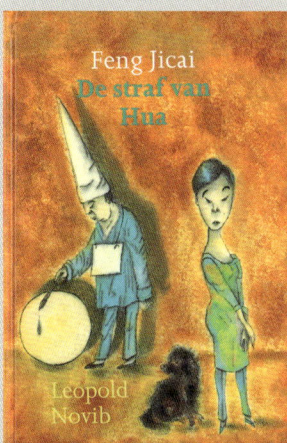

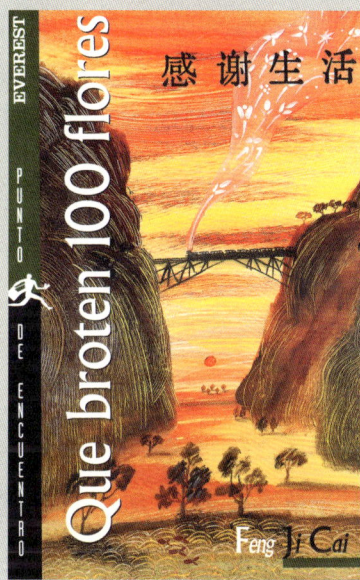

《感谢生活》的多种外国语言译本。

人走后就堆乱七八糟东西了。听说您来，只能先腾出外间应应急，等有地方再把里间也腾出来……"

我打量一下这屋子，真不能算是住人的。总共也就三四步见方，大小且不说，它倒像没入窑烧制过的泥坯。地是黄土地，墙上刷过一道大白也差不多掉净了。屋顶没扎糊，露着草笆和带树皮的黝黑的椽子。里外屋中间没门，用木板隔开，一种阴冷加上积尘的"仓库味儿"从木板缝透出来。简简单单几件家具，窗台上还有一层没除净的青草的根茬……怎么，您以为我很恼火吗？不，我这人倒不在乎这些。如果一座宫殿和一座森林，由我来挑，我必定选择森林。因为大自然会给我无穷无尽的感受，我把它们都能变作艺术。特别是我那后窗户，外边是开阔的河滩和无声的荒野，它和我屋里无雕饰的一切，融成一种单纯又自然的美，一种诗的气息。多棒！

想想看，那时我只有二十多岁，从学院走出却没有从艺术走出来的人，对周围的一切都充满艺术的敏感。一切事物，有生命或无生命的，好像都在发光、喘息、出声。连阳光、风，摇动的树影，恬静、微细、亮晶晶的浮尘，也是有感情的。您觉得吗？黑夜比白天色彩更丰富，更有感情。我感觉，自己所有神经末梢都露在皮肤外边，常常被自己这些感受激动得不得安宁。天啊，那是一种怎样的自我感动。感动才是真正的幸福！我喜欢厂里的人们，不完全因为他们干活时的场面具有画面感，我更喜欢他们狭隘又实在的性情。这性情使他们每一张面孔都大有画头。我时常对他们表现出一种难禁的冲动来。

但渐渐我感到，他们对我不是这样。除去罗家驹，很少有人同我说话，我要给他们画像，没一个同意。本来乡间的人是高兴别人给他画像的。可他们为什么总避着我？

一天早晨，我正在水龙头前弯腰刷牙，厂里的司机崔大脚突然抓着我的肩头，粗声大气、挺认真地问我：

"你这家伙是不是反革命？"

我给他问得蒙头转向，等我抓起水杯，漱去嘴里的牙膏沫子，他已经摇着两尺多宽的肩膀走了。

崔大脚有点缺心眼儿，但这话不像是瞎说的。我忍不住追上去问，他瞪着眼冲我挺横："你别装蒜，厂里没人不知道，你是到我们这儿改造来的！"看他这架势，真把我当作十恶不赦的罪犯。

我听了这话，联想到那张黑色的报到单，罗书记的假客气，一张张躲避我的脸，原来事出有因。我没有犯过任何错误呀！可是，一九五七年后，生活中又多了一层，就是告密。我私下对谁说过什么犯歹的话没有？天啊，谁知道自己都说过什么话。不管怎么，我感到，暗中有种东西紧跟着我，左右着我，威胁着我。心里常常产生一种恐怖感。

显然受了这东西的影响，我对周围人的感觉全变了，人家冷淡我，我就和这东西联系起来。我不愿意与别人接触，真像自己做过什么坏事，这感觉太别扭了。我渐渐对周围的一切缺少那种艺术敏感。生活好像褪色了。白天干活，下班一人闷闷呆在屋里，什么也不想干，画笔干得像锥子了。偶尔又想："我不能不画！"这样画出来的东西，没神，没魂，没气……什么也没有，完事连看也不想再看一眼。

那时我唯一的消遣和寄托，是我那后窗户。我把枕头用书垫得高高的，目光正好从这窗框穿出去。世界上任何一个窗框都是一幅画框，画框里的东西是活的。我这画框里是条灰暗、古老、沉缓的河，一直能看到它虚入天边的端头。这河床过浅，从来没有一只船，远去的或来近的。河岸是干涸的泥滩，被太阳晒得结成硬皮，龟裂成很深的沟纹；只有几处裸露出一些满是裂缝的嶙峋的石头，略略有些峥嵘。所有的草都是先天不足，没绿就枯黄了；河岸从堤坡向两边延伸，渐渐软化，烟一样散开，成为一片苍凉的、泛着碱花的茫茫荒原。这荒原的一边消失在雾气里，晴天赤日时，也看不见际涯；另一边在二十多里远的地方，给一条黑压压的林带截住。这林带是条神秘的墙。鸟从那上边飞来，带来一阵撒野的狂风暴雨，乌云从那边飞走，就洒下一片玻璃般晶亮的阳光，地上的一切都睁开眼了。鸟儿从那上边飞来时，就给这窗框里寥廓荒寂的景色带来一点声音，一点活气，一点自由自在的联想，一点悠然自得的心绪，一点点安慰；鸟儿从那林带上远去了，我的心也被带走了，带走了。

谁来跟我做伴，谁愿意走到我这灰色的生活中来？

二

来厂后一个来月吧，那是个公休天。我死睡个懒觉，起来推开门，一个意想不到的、奇特的形象跳到我眼里，吓我一跳，一只狗，黑狗！它给我的感觉，挺凶，挺壮，通身黑毛，以致看不清面孔。脑袋两边各垂一片挺大的耳朵。半张的嘴耷拉出粉红色柔软的舌头，随着呼呼喘息，滑溜溜颤动着。凶猛的狗才这么喘气。它不吼不叫，像一个很有身份的武士，威严，老练，一动不动蹲在那里，雄赳赳张开胸脯上绒样的长毛。我要出去打热水，提着暖瓶几次迈出门槛，都给它严厉的目光逼回来。我们这样相持十分钟，它根本不打算退让。我便试图绕开它走。根据我小时在乡下的经验，对狗，你愈不理它，它愈不招你。但这狗分明是专找我来的。我出门，它不动，我往旁边走两步，它立刻起身，不慌不忙走到我前面两步远的地方一蹲；我想从另一边走出去，它又这样把我拦住，说什么也不叫我出去。我被困住了，手提空水瓶，不知所措地看着这狗，不知它要干什么。忽然前边传来一阵开心的笑，原来缺心眼儿的崔大脚倚着车库的砖墙，看我的笑话。我被激恼了，撂下暖瓶，朝这狗叫道："你盯着我干吗？我打你了！"回身操起门边的长杆扫帚。这时听到一个苍哑的喊声：

"别动手！"

罗长贵——就是头天到厂，给我钉子吃的那个拉坯老汉，从一边走来。他朝这狗呵斥一声：

"滚开，黑儿！"

狗只往后挪了一尺。我把罗长贵让进屋，这老汉头次来串门，我想给他沏茶斟水，但是……我尴尬地指指空暖瓶，又指指守在门外的狗。罗长贵笑着说：

"甭怕它。这是条野狗，不常来，说不定一会儿自个就走了。"

"看样子倒不像野狗。"我说。

"噢，你蛮有眼力，怎么看出来的？"

"凭感觉。"我说。这三个字儿可是艺术学院的学生们总挂在嘴边的。

罗长贵皱皱眉。

"怎么？"我问。

"没什么。它确实是条家狗。原先给二道街一个油匠养着。那时一身毛好亮，油匠说他给这畜生刷了一道油。前两年度荒，粮食紧，这畜生太能吃，实在喂不起，就下狠心送到一家木材厂。谁知送去后，油匠回到家，这畜生反比他回来得早。二次下狠心，又把它远远送到城外的砖厂去，拿条链子把它拴在升降机的架子上，怕它再跑。可是一天夜里下大雨，这畜生居然又回来了，浑身淋得净湿，脖子还挂着半挂链子，后脖梗子上都是血，硬把链子挣断了呗！这次它回来，一头扎到铺底下，怎么叫也不出来，给东西也不吃，好像知道为嘛把它送走的。直到饿得快断气，才肯吃东西，却从不多吃，饿极了到外边找食吃，决不在家偷嘴，你说这畜生灵不灵？"

"它怎么成了野狗？"这狗的命运像磁石一样，有力地吸住我。

"那是去年，油匠一家迁到唐山。人家大城市不兴养狗，油匠就拿酒把它灌醉，甩下它走了。它醒来没了家，成了野狗，成天乱跑，经常入户偷吃的。它常到咱厂里来，食堂后边不是总扔着剩骨头剩菜吗？开头崔大脚往外轰它，后来它咬住一个偷瓶子的贼，算有点功，大伙儿也就不轰它，要来就来，要走就走。"

"怎么没人养它？"

"先前咱罗书记倒想养它，它不跟。大概那油匠待它太无情，它不信人了！"罗长贵意味深长地笑一笑。年岁大的人，笑里边总沉淀着某种东西。"再说家畜一野，很难改回来，挺好的一条狗，完了……"

"它叫什么？"我问。

"黑儿！还是油匠给它起的名字。"罗长贵说。

我瞥一眼黑儿——这条命运坎坷、性情奇特的狗。我对它的感觉全变了。这毛茸茸动物身上，包藏着多少令人感慨的人生内容！这哪里是一条狗的遭遇，多么像一个人的遭遇！

"黑儿，过来！"我朝它叫，已经丝毫不怕它。我的声音那么亲切，像是对一个人。

我敢说，这狗绝对是非同寻常的、通人性的。它一听我的声音，浑身一抖站起来，原地颠颠儿转两圈，又蹲下来。这时它不再带着那股凶厉的劲儿了。

"甭搭理它了。人家都说你的画不错，我今儿是来看画的。"罗长贵对我说。

我知道他的来意后，真有点惶惑不安，甚至还有点受宠若惊呢！

您很难想象，陶瓷这行保守得多厉害！为了手艺秘不外传，我们厂一百多人差不多都姓罗，外姓人很难呆住。除非像崔大脚这种缺心眼儿又不沾陶瓷，不受排挤。厂里的高人只有罗长贵和罗家驹。罗家驹那种精细的画瓶，我没兴趣。罗长贵的绝活是拉坯和使花釉，都使我着迷。尤其花釉，使上去一个样，烧出来一个样，颜色像进入幻境，不可捉摸！什么味道、意境、感觉都可能出来。有时抹一条鱼，点一些浮萍，窑里的温度过高，出窑后，那鱼瞎了，变成一条船影，浮萍变成一片繁密的大雪花。我在古画中也没见过这样高深玄妙的境界！

我想跟罗长贵学艺，不愿在彩画车间天天勾蓝碗边，我担心罗家驹不高兴，谁知他笑眯眯答应了。我到罗长贵的车间来，头天就给我一个下马威。他叫我把一个刚拉好的三尺多高的大瓶胎抱到一边。我为了表示认师的诚意，上去卖力气一抱，"噗"，大瓶像大蛋壳瘪了，摊在台子上，我失去重心，栽在上边，满身沾得都是泥！车间四处发出笑声，真狼狈！老汉不声不响把台子上的泥很快团起来，转眼又拉出一个大瓶，大小形状，和我抱碎那个一模一样。然后他两手捧着两边，一下子，把这几十斤重的大泥瓶神话般拿起来，走两步放在我身边，什么话没说就走了，叫我和这泥瓶并排傻站着。

我可憷透他了。生怕他看不懂油画，以后更瞧不起我。便把在学院上国画课临摹的宋元山水花鸟画都翻出来给他看。奇怪的是，他更注意那些讲究色彩、变形较大、主观色彩更浓的油画。他开始用一种猜谜般的神气看，一直看得脸上的皮肤渐渐变软。忽然他"啪啪"拍两下画布，他每次烧出一个好瓶子，也这么得意地拍两下。

这时，我忽然发现门口那狗没了，再一瞧并没走，它在门口，身子躲在墙外，露半张脸朝屋里怯生生张望。好像一个孩子！这情景惹起我一阵怜惜的、亲切的、温柔的情绪。叫它也不进来，我要去抱它。

罗长贵拦住我说："它整天在外野，脏极了。"跟着他皱皱眉说，"奇怪，它是不愿靠近人的。多半你这儿有油色味，和油匠家的味儿差不多……"

是挺奇怪，打这天起，黑儿就常来了。我猜不透它为什么来找我。尤其公休天准来——它居然能记住日子！我在屋里做事，扭头只见它在门口探进来半张脸。显然它想跟我亲近。可是我无论怎么招呼它，拿吃的引它，它也不进来。我愈加劲，它愈不肯进门，只是阳光把它发蓝的影子投进来。看来我们之间还没建立信赖。有这么一句话：不幸者不敢相信人。难道狗也这样？

我想个办法。它来，我就像见到老朋友那样朝它点点头，然后支起架子画画，不瞧它，以免它起疑。有一次，我连续画了一小时没动弹，也不再瞧它，但我确信它就在门口。我坚持画下去，直画到两个半小时，忽从眼角看见它蓬松的影子一点点挨近我。我的心突突地跳，生怕手里的笔滑落下来惊跑它。跟着感到一个毛茸茸、有分量的东西倚在我腿上。天啊，我们紧挨着。我强按着心头的激动，画、画、画，直画到阳光从门前移走。我累了，从来画画没这么累过。低头一看，它靠着我的腿甜甜地睡着了。当然，这甜甜的，也是我心中的一种感觉。

从此，我有了一个伴儿。

但它毕竟不是家狗了。不肯总待在我这儿，有时一去十天半个月，不知去什么地方，干什么。它每次都到了十分想念我时才来。您别以为这是我多情，它一来就用脑袋亲热地拱我的腿，咬我的裤脚，舔我的手。白天跟我玩，晚上就睡在我脚边。外边有点动静，它就警惕地出去转两圈，或者干脆一夜守在门外。黑儿是条极聪明的狗，教它什么会什么。我教它开门，只几次，它自个儿就会按门把，进出自如。我叫它"抬左手"，它就把左爪子给我；我叫它"抬右手"，它就把右爪子抬起来。它从来不找我要吃的。当然，只要食堂卖排骨、烧蹄子、酱杂碎，我总买一份留给它。它找我绝不是为了吃，绝不是！我抚摸着它的头问：

"你干什么总来找我？"

它直怔怔看着我，不出声。好像对我说，你完全应该知道。

三

命中注定，我还要有一个更热烈、更亲密的伴儿。这伴儿一出现，黑儿马上退到次要位置。她叫罗俊俊。我们一下子就相爱，一下子就结婚，事情快得像闪电，而且像闪电刷地照亮整个天地，连最浓厚、最阴郁的云层也照透。

那是个黄昏。罗家驹忽然带来一个姑娘。说是县城第一中学的美术教师，慕名拜访我。

她给我头一个感觉是块朦胧的暖色。这感觉挺奇妙。尽管她细溜溜的长腿，又尖又圆肉感的小下巴，又宽又鼓的脑门，我都看到了。但她给我最新鲜、最独特的感觉，是她全身没有一条线是清晰的。轮廓也模糊，好像从背景上都抠不下来。她能融在任何背景上，周围的颜色、光线，以至空气，顿时都随着她变成一幅美妙的画……

记得那天，我手忙脚乱拿画给她看，说了许多话，这些话我一句也不记得了。我只感到自己的嘴很小，很多想法吐不出来，那些想法就像蜜蜂在蜂箱里嗡嗡乱转。她几乎什么也没说。一种春天化雪时溪水纯净的光，在她那双毛茸茸的眼睛里闪烁出来。她的睫毛又长又软又乱，看上去毛茸茸。她走后，我就用朱红、熟赭、土黄和群青，调出一种特殊的暖色抹在灰暗的墙上。这颜色就是她，如梦如幻地融在墙壁上。我整整一夜看着这块颜色发怔。

那天，罗家驹虽然坐在一边，我好像忘记了他的存在。此后，罗俊俊不叫罗家驹陪着，她自己来，带画给我看。据说她自小生活在青岛，父亲遗弃了她和母亲，母亲死后，青岛没有亲戚，她就到这儿随姑姑过活。她曾经在青岛工艺美术学校上过两年学，但从她的画看不出一点专业的东西，几乎没有基本功，甚至还带着女孩子瞎涂瞎画的成分。但她的感受很好。她把这些稚嫩的画面里蕴藉的意图解释出来时，极棒，极妙！她不缺乏细胞。我最不愿意跟那些只有技巧却没有艺术感受力的人说话，你把嘴说碎了，他依旧大眼瞪着你发傻；对罗俊俊，你只要把心里那些感觉，不管多微妙，不管多么不可捉摸，稍一说，她就能完全意会到了。后来我知道，她像许多充满幻想的姑娘一样，狂热地喜欢诗，喜欢文学，尤其是屠格涅夫的小说。她时而觉得自己像丽达，时而又觉得像阿霞。她带着这种自我感觉，走在县城大街上不是挺可笑吗？她这些气质是在诗情画意的青岛，在海鸥和小别墅中间，在她原先那个工程师的家族里培养出来的。我居然能在这个闭塞的像个密封罐儿的小县城，碰到这样一个姑娘，简直是奇迹了！

我觉得是命运先把她安排到这儿，又把我安排在这儿，再叫我俩碰到一起。

我给她改画时，她拿一个矮板凳坐在我身边，她的目光渐渐由画面移到我脸上。那双毛茸茸的眼睛发呆地瞅着我，惊讶，崇拜，激动，迷惘，好像睁眼做梦……很快——至多五六次之后，她与我熟了，性格中更迷人的另一层表现出来了。她给我唱歌，背诗，还跳舞，我坐着，看她像小孩撒欢似的，率真地、开心地连唱带跳。我的心像春天的原野一下子全绿了。

她喜欢创造一种小说里那样的气氛，来感动自己，她还要把我也拉进去，一起去创造和享受这种气氛。她爱靠着我的肩膀，喃喃地自言自语地说一些充满艺术想象的幻想；她还爱穿一件新做的小花褂，乘我不在屋时溜进来，找一个光线迷离的角落站好，等我进门，忽然像发现一幅画那样发现她。艺术比生活美。但如果生活像艺术那样，我宁肯不要艺术了！她使我重新感到生活的魅力。世界重新变得五彩缤纷，万物浓缩为各种颜色的原汁，活喷喷流泻在我的调色板上。我的笔杆也热起来。一阵阵盲目的绘画冲动，使我半夜从床上跳下来，支起画架。但这一切来得太猛烈，我还缺乏艺术所必要的那些理性，拿着笔根本不知要画什么。一天晚上，她待得挺晚，天下大雨。我说：

"我送你回去。"

她的眼睛直视着我说："你轰我？"我一看她的眼睛，赶紧躲开。她目光烫人！那是多么伟大的画家也画不出来的一双眼睛。这眼睛在燃烧。

"你为什么不看着我？"她的声音微弱却强烈地抖颤着。似乎她怕什么，又分明要勇敢地去攻取她所胆怯的东西。

"天太晚了，我怕人说你……"

她忽然一把抓住我的手腕，猛拉开门，把我硬扯到当院。在哗哗大雨声中，她叫着："叫他们来看吧！我们爱怎样就怎样！"跟着仰起脸，把滚烫的、抖动的嘴唇，使劲按在我嘴唇上，怎么也不松开。任雨水从我俩紧紧吻在一起的嘴唇上浇下。凉雨浇着发烧的嘴唇，那感觉，真是奇特又强烈！

我用了很大力气才把她拉进屋。她已满身浇透，湿发贴在水淋淋的脑门上，目光依旧火辣辣看着我，她不甘心进屋来！我再受不了这年轻女人主动、狂热、勇敢的进攻。蕴藏全身所有细胞和血管中的一种欲望，全都鼓胀起来，完全失去自制力，胆子突然增加一百倍。当我把她拥抱在床上，她用那双柔软的小手捂住脸。她把一切都交给我了……

我可不是个荒唐人。在学院，我和那个相好的女同学在一起，规矩得像呆子，最多轻轻挨一下脸，就像触过电一样赶紧躲开。不知为什么这一下子就"出境"了。

第二天，我们开始办结婚手续。表面看没人反对，但办得那么别扭。不是找不到开证明的人，就是公章锁在抽屉里拿不出来。罗俊俊一连三天没来。头天没来，我等着，转天没来，我就不安起来，第三天我打算去找她。但我们的事情发生得这么快，还没见过她姑父和姑姑。听说她姑父在县供销社卖文具，人很倔。她碰到什么麻烦了？岁数差得大点？

晚上她来了，依旧有说有笑，却不提办手续的事。我发觉她的快乐有点造作，眼圈浅浅发红。我问她出了什么事。一朵愁云罩在她那美丽的小脸上。她说：

"我只问你一句，你曾经犯过错误？"

"没有，绝对没有呀！怎么回事？"我觉得这话并不能松开她的眉心，便问："你不信我的话？"

她把头靠在我肩上：

"原谅我，不该这么问你。我相信你是好人，我不会离开你的！"

这话使我惊讶。她为什么这样说？

我这人真是糊涂透顶。两个无形的艺术感觉容易连在一起，为什么偏偏不能把她这句话与崔大脚问我的那句话联系起来。

这样，她一连十天没来。这十天，每一天好像有八十个小时。一天比一天时间更长。我有种被抛弃的预感。世界空无所有了。

第十一天，她的声音却忽然从后窗外传来，只见她站在窗框中间那一片开阔的野草地上，朝我招手，鲜黄的小褂在阳光下闪烁。我跑去，她用手指着叫我快看。绿草上有一片刚摘下来的矢车菊的花朵，铺成一尺见方的正方形。她打手势示意叫我拨开这些花，表情快活又神秘。我轻轻拨开这些黄澄澄的花朵，下面一张纸。哈！原来是她从学校开出来的结婚证明信！我举着这张油印的、难得的、香喷喷的证明信，一下子跪在草地上——是啊，我给这女人可爱的个性感染得要发狂了。她斜卧在草地上，对我说：

"如果我死了，你就这么埋我。这野花和我一个颜色。你必须用它盖在我坟墓上边……"

我用手捂她的嘴。

她掰开我的手，认真地说："没那么便宜。埋完我，你必须自杀！"说到这里，她莫名其妙掉了泪，劝她也不顶事，随后她自己笑了，从我手中夺过那证明信，围着我又唱又跳，像只小羊，还一个劲儿叫着："我们胜利了！"那毛茸茸的睫毛上挂着泪珠，像青草上细小的露珠。"胜利了，你还不庆祝？"

我点头，笑，但不知这"胜利"对谁而言。

我俩的婚事几乎整个县城都知道。这时我才知道，俊俊为了嫁给我，同她姑父闹翻了，也深深伤透她姑姑的心。姑姑没孩子，待她就像亲闺女；但俊俊这一切全不要了。这使我加倍爱她。听说，俊俊的姑父反对我们婚事跟罗家驹有关。这是为什么？如果说当初我在彩画车间时，与罗家驹有一点潜在的紧张，可我去了罗长贵那组，我俩的关系没丝毫冲突。我忽然想到俊俊第一次来我家，是他带来的。难道他们……我渐渐悟到这里边的原因。

我把毯子盖在我和俊俊头上，说：

"这里边只有咱俩，屋里的桌子椅子也听不到咱们说话。告诉我，罗家驹喜欢你吗？说实话，欺骗是有罪的。"

没有她的声音，只有她肉体散发出的特殊的温馨的气息。她没否认。

"你喜欢过他吗？"我又问，"更得说真的。"

她停了一会儿，没回答我，却说："我只爱你，爱你！从现在到永远永远……"她说得很急促，不等我再说什么，猛地搂住我，用她的小嘴使劲把我的嘴堵上，很久很久没有松开。在黑糊糊、什么也看不见的毯子里面，她没有错吻我的脸颊或下巴，而是一下子吻在我嘴上。她的一切感觉都是这么奇妙和准确。

这样，我觉得，我和罗家驹的关系就无形地紧张起来了。但罗家驹总那样眯眯笑，连眼珠都很难看见，更不知道他的心思。他碰到我还打趣地说："你结婚时，我可去闹新房呀！"他这么宽宏大量？我真有点被感动了。

我现在要尽一切力量，让我一生中最幸福的一天，过得幸福。我请求罗长贵允许我按照自己的喜好烧几个盘子。罗长贵很开面，答应了。这对我可是格外优待，厂里的陶瓷一向只能照规矩做。我以长时间对花釉的性质、性能、效果的观察，试画了八个盘子。先用装饰变形方法画一个"猴骑牛"。俊俊属猴，我属牛，我想拿这画盘逗俊俊，叫她看，她是怎么跟我调皮捣蛋的。其他七个碟子，我干脆把几种花釉倒在一起，凭感觉用竹片勾出一些图案或半抽象的图形，有个盘子索性搅成一个旋涡。我不叫这旋涡中心在盘子正中，给它一种不稳定的动感。我把这些盘子装进窑时，不知会烧出什么样子。

您知道，瓷窑是一个巨大的魔术箱。瓷器装进去就得由它再创造。几百度到千度以上的高温，一烧几十小时，甚至几天。开窑拿出来，乖乖！出奇的成功，悲惨的失败，绝世的精品，成批的废物都会出现的！有的惊叫，有的狂喜，有的掉泪。一件瓷器一条命，谁知谁是什么命。多高的能耐也得随着命。过去开窑那天老瓷工们都得烧香求菩萨的！

我这八个画盘开窑正是结婚那天。人都说这喜气冲到盘子上去了。一掀开那热烘烘的匣钵，傻了！天底下还有这种奇迹！原来世界最辉煌的艺术创造中心就是这黄土红砖的大窑！你放进一个梨核，它也能给你炼出一件绝顶高贵的艺术品！

那"猴骑牛"盘子，就像涂了厚厚一层油，光滑透亮。原先设想的白猴，竟变成金黄色，正好是俊俊那小褂的鲜黄色，釉彩向四边散开，天然形成绒毛的感觉，一只灿烂的金丝猴！事先打算烧成深黄色的大牛，从窑里出来变成花牛，上边因氧化不匀，白底子上出现几块黑斑，形状和部位都恰到好处，尽心画也画不出来。多漂亮的大花牛！衬底的釉色烧成一种幽深的蓝色，亮堂堂托出猴和牛。尤其这小金丝猴正给大花牛戴花，花儿颜色极淡，极柔，极娇嫩……就像一朵摆上去的鲜花。我哪里会想象出这样绝无仅有的艺术效果。其他那几个画盘，也个个令人叫绝。尤其那搅成旋涡图案的画盘，几种釉彩变成上百种，简直是色彩的大旋涡。你盯着它，就觉得自己往世界的深处走去。沉雄又壮丽，我无法描述出那种不曾见过的境界。这简直叫我美得发狂了！

华夏雨！华夏雨！我对自己暗暗叫着，你不是一直寻求能够把自己所有创造力都投放进去的一种富于张力的工作吗？你不是认为只有充满偶然艺术效果的地方，才能把艺术从黄金律那些最坚实的铁链中解放出来吗？你不是认为只有真正的前所未有的艺术独创才能打败历史上那些闪光的巨匠？你不是认为绘画工具是对绘画本身的最大束缚？今天你竟一下子把这些都解决了！

你发现了一个世界。这个世界如此广阔。

"整个世界展现在我们面前，期待着我们去创造，而不是重复。"

我心中响起这句话。毕加索的话。我面对这几个画盘，半个小时说不出话来。

罗长贵走来，他一见这画盘就怔了，一句话没说，拿起那个彩色旋涡的盘子，转身走了。晚上我结婚，他换一身干净衣服，手托着一个布包包，打开布，又揭开几层旧毛头纸，递给我一件瓷器。素白的荷叶洗子！一看就神韵非凡。荷叶一边上卷，另一边向下弯，仿佛摇曳翻卷的一瞬，那风吹叶动的感觉生动至极！它通用白釉，只在上面画几道洗练的叶筋。釉质细得像玉，翻过来一看却是缸底，粗粗拉拉，还有疙瘩。粗细对比，粗犷又秀雅，飘洒又沉静，那可是在博物馆也见不到的。这是罗长贵多半辈子烧出的几件珍品之一。

他瞧着我的眼睛，似乎瞧我识不识货。

桌上有许多瓷器，这儿喜事送礼都讲送瓷。俊俊的陪嫁，压阵的也是一对祖传的青花穿带瓶。

我将罗长贵的荷叶洗子往桌上一摆。所有瓷器都黯然失色，唯有这洗子卓然不群，带着风韵和意境。可真叫绝啦！

我的兴奋使罗长贵感到了。他说："送你留着玩吧！"那一晚他都挺高兴。

厂里的工人们待我还好，他们把里间屋也腾出来。别看墙破，我把画挂满四壁，风影，花卉，静物……我的新房拥有整个天地。

罗书记今天没来，他说要去县里开会，这像是一种推辞。俊俊的姑父姑姑几次去请也都没请来，这是我们婚事中最不快活的事。罗家驹带来一个姑娘，县委办公室主任曹加喜的二闺女，长得不错，罗家驹显得挺神气。这样，对我们两人反而是种平衡，互相都自然得多了。可是，俊俊兴高采烈地把我那几个画盘当众摆出来，罗家驹惊呆了。特别是崔大脚借着酒劲，叫着："嘿！咱整个瓷区也没见过这种绝活！"罗长贵没吭声，也没不高兴。罗家驹的脸好像涂了一遍胶，紧紧绷绷，故意不瞅画盘，似乎没当回事。当大家逗俊俊，不注意他时，他忍不住瞅画盘一眼。我很经心我们的关系，所以留意他。他来时提着一个鼓鼓囊囊的袋子，看意思他想送我一件瓷器，这一来他没拿出来，又提回去了。直到走时，他脸皮也没松开，反正他心里不痛快走的。

别人不高兴你有能耐，那是最不好办的事。

好在那天我太幸福，什么阴影都不会遮住我的心。我得到俊俊，还有画盘，这两样都像无边无际的大画布，心中所有美好的东西都可以恣意涂在上边。天啊，我赢得的是什么呀！不是全部生活和整个世界吗？我相信，那天晚上我绝对算得上世界最幸福的人。

一个司机曾对我说，开车在道上有时怪得很，碰上一个红灯跟着就一串红灯，想快也不行，那才霉气呢！可有时，处处全是绿灯，畅行无阻，四通八达。那么在人生的道路上，我现在碰上的都是绿灯。

这天闹得很晚，送走客人，俊俊刚要去插门，门把儿忽然一动，开开一条缝，一个黑乎乎的东西进来。俊俊吓得大叫，扑在我怀里。我一看，哟，是黑儿来了！也赶来给我祝贺婚礼吗？我告诉俊俊别怕，这是我的朋友，并告诉她我和这狗结识的经过，然后说：

"它在我最寂寞的时候，自动来和我做伴的。现在有了你，虽然能填满我的一切，但总不能扔掉老朋友吧！"

俊俊给我逗笑了。她光滑的胳膊勾着我的脖子说：

"我只要你，别的我都不管！"

我就对黑儿说：

"怎么样，听见没有，我这个老婆够意思吧！过去这儿是咱俩的家，从今起是咱三个的家。我和她住里屋，你住外屋，行吗？"

黑儿进来时还有点怯生。它听我说话，不甚明白地瞅着我，然后走上来用那黑糊糊的鼻子闻一闻俊俊，高兴地摇起尾巴来。显然，它同意照我说的做。我便在外屋一角铺块画画用的旧毡头。它立即趴上去，服服帖帖、安安静静地睡了。从此，它只要来就睡在外屋，我依然像以前那样待它。公休天，我画画，俊俊忙着家务，黑儿还能帮着把扫帚、蝇拍、铁壶和炉盖叼来叼去。多圆满的生活啊！但我时时有种隐约的不安。不知这是幸福的人都会产生的那种无名的忧虑，还真是什么不幸的预感。

您是作家，对预感这玩意儿肯定有高深的见解。随您怎样解释，您也得承认，它常常能够灵验的。

四

我们那小县城的政治色彩一向很淡薄。相当一些人连中央的领导人的姓名都说不清楚，只知道北京在"南边"，对首都的印象就同普通八分邮票上的图案差不离儿：天安门和那根缠龙的柱子。六六年七月份忽然大街上使劲敲锣，人们以为出了什么大急事，跑出来一打听，说是"十六条"下来了。很少有人知道"十六条"是怎么回事。敲锣的人就说，都得排好队走一圈。大家就乱乱哄哄在城里走一圈。随后厂里开了会，墙上刷几条大标语，以为闹腾一阵就过去了。我吗？历次运动都不沾边儿。我只对色彩、生活和美有兴趣；对这些你死我活的事，向来是局外人。谁知这一次大大地特殊了。

那天，我正在窑前，等一批新试验的画盘出窑。自打我结婚那天搞出八个盘子，罗长贵就放手叫我干画盘了。一个和我不错的小伙子，悄悄趴在肩上说几句，我不信，只当他吓唬我，找个乐儿。谁知到前院一看，聚着一些人，还有几个年轻人在贴大字报。他们见我来纷纷避开。这里的人不习惯搞运动，连那几个贴大字报的年轻人，也不叫我认出他们是谁，赶紧掉头走了。

我感到空气有些发紧。一条大标语跳进眼中："挖出漏网大右派华夏雨！"再一看，没错，还是华夏雨！我蒙了。哪的事儿？右派不右派与我什么相干！反右时我像海边远远一个小石子，浪花也没溅到我身上。我想仔细瞧瞧大字报上写的什么，是不是搞错了。但我两眼的焦点并不到一起来。只看见东一个、西一个吓人的字眼。我强使自己镇静些，但在大字报上看不到什么事实。我赶紧去找罗家驹。他在一周前被县委宣布为我厂的"文革主任"。厂里大小会都由他召集和讲话。罗书记像瓷罐摆一边。那时叫"靠边站"吧！

罗家驹不在车间画瓶子，他搬到一间平房办公。来不及挂牌子，只用黄纸写上"文革办公室"几个字贴在门上。我一推门，里边七八个人挤在两三张桌子旁，好像在写大字报，翻材料。他们见我一怔，有人马上掉过屁股挡住我的视线，不叫我看见他们在做什么。罗家驹迎面走来，用平板一样的胸脯把我顶到屋外边，随手带上门。我问他院里的大字报是怎么回事，他干巴巴的声音像摩擦瓷片：

"你自己的事干嘛问我？"

他不像平常那么笑眯眯，我头一次看见他的眼珠，非常小，灰蓝色，但比黑眼珠还亮，目光前边好像带一根刺，直扎向你心里去。

我的心完全乱了。只想回到房间静一静，走道两旁又贴出不少大字报，糨糊湿漉漉的痕迹还浸透过纸面来，墨汁汪着亮光，还有种廉价的臭墨味儿。每张大字报上都有我的名字。我从来没害怕过自己的名字。它们好像枪弹，四面八方朝我射来。

我突然想起，前几天罗家驹的态度就有些异样。他总躲着我。其实，一个人想害你，他反倒怕你。他在有意和我疏远。我又想起，大前天中午下棋时，几个小伙子起哄要我和他比比高低。下棋时他不跟我说话，却借着棋步反反复复地说一句话："你该死啦，就怪不得我了！"这句双关语表示他要下狠心吗？为什么当时我没多想一想？话又说回来，我毫无问题，怎么可能对这种话敏感呢？

我走着想着，忽然撞在一个人身上，好像撞在一堵墙上。是崔大脚！他直眉瞪眼冲我叫："我说你是反革命吧，你还装傻，人家罗家驹从来不骗人。

等着瞧，我非革你命不可！"说完一脚把一棵小杨树踢得哗哗直抖。我一直觉得这愚鲁的人身上有股野性，好像要往外发泄了。

我不知这横祸由何而来，也不知将会怎样，但觉得自己有种任人宰割的滋味。

晚上，俊俊站在我面前，脸色煞白，我俩很长时间谁也没跟谁说话。那时，时间仿佛没有长短了。忽然她问我：

"你为什么骗我？"

这又像责怪，又像质问。

我受不了自己倾心相爱的人这么问话。"骗"字是个多么可怕的字。我怎么能骗她。爱，不就是把自己全部交给对方了？

"我没骗你！我自己也不知道怎么回事。反右根本没我的事。我的话全是真的，相信我吧，俊俊！"我每一个字都认认真真地说，就像我画画时每一笔那样。我还告诉她，"我担心有人害我，我想不出这会是谁。我有点怕，是的，俊俊，我很怕！"我好像听见我的心在哆嗦，突然变得很软弱，流下泪来。

她把头靠在我肩上，抬起毛茸茸的眼含着微笑说："无论你怎样，我都跟着你。你挨斗，我就站在你身边；你入大牢，我就天天给你送饭；你被枪毙埋起来……我瞎说呀！我就挖个坑，找到你，躺在你旁边。只要你不把我扔出来就行……"这柔情，这真挚和忠诚，抚慰着我撞疼的心。我像四面受敌时，忽然背靠在一面墙上。这面墙牢牢在背后托护着我。"我给你唱支歌好吗……"她便轻声哼哼起一支曲调。

我的心陡然松开了。话也轻松一些。

"我不怕了。你更不能怕，咱们的小宝宝还在你肚子里呢！为了他，我们也得坚强些。"

确切地说，我这是给自己打气。

她朝我笑着频频点头，口中仍哼着那支歌。她用歌声驱逐我心中的烦恼与忧虑，给我安慰和温暖……我没听过歌声可以包含那么多内容，听着听着，我感觉这歌声有点苦，有点伤感和凄凉，隐隐像在悄悄啜泣。我忽然难过起来，内疚起来，心想叫这么一个好女人跟着自己担惊受怕，真不该！我胡思乱想起来。想到我被弄到遥远的北大荒劳改，她自己就在这小屋里孤独过活，在昏黄的灯光里，哼着这支歌等着我；或者若干年后，领着我们的小宝宝踩着漫长泥泞的、混着雪水的路，找我去了。一路反反复复哼着这歌。我在守林人住的小木屋里听到这歌声，跑出来，把她，把孩子，都抱起来，她毛茸茸的睫毛上凝挂着细小的冰珠，我的好女人！

歌声没了，幻想散了，她靠着我睡着了。我们一直没开灯，屋里漆黑，月亮从后窗户照进来，清冷的月光投照在她熟睡的脸上，光滑可爱的脸蛋那么苍白，嘴角还挂着一点点笑。我忽然想到我们都没吃东西，却不敢扰醒她。她睡得好香，把全身重量都压在我的半边身上，以致我感到我们未出世的小宝宝在她肚里偶尔一动一动，惹起我一种将要做父亲的幸福。感受到这种幸福，我彻底松弛开，感到了困倦，迷迷糊糊似睡非睡时，忽然产生一种奇想，多么希望一觉醒来，这一切原来是场噩梦，并不是真的。

过去，我总是希望把梦变为现实，头一次希望现实变为梦。

不是真的，不是真的，不是真的……整整一夜，这几个字混在一团无形、破碎又沉甸甸的梦里，第二天醒来，现实变得更糟。俊俊去学校不久，后院也贴满我的大字报，把我的问题详细公布出来。都是我对五七年反右斗争不满的话。真叫我吃惊！每一句话都像我说的，口气也像，但怎么也想不起对谁说过，谁揭发的呢？如果真说过，还不早打成了右派？可这的确又都是我当时的想法，想法别人怎么能知道，难道世界上还有挖人思想的探测器？

不容我申辩，各个车间班组纷纷贴大字报对我的问题表态。我想回屋躲一躲，只见门上贴一张大白纸，警告我必须服罪。下边署名是赤卫军，也不知这赤卫军是哪儿来的。我的名字像被判死刑的囚犯的名字，用鲜红的笔粗粗打上大十叉。情况不包含任何希望了。

这天，很晚俊俊还没回来。我真担心，却不敢出去，怕人误认为我要逃跑。厂外边到处都在揪斗，乱糟糟喊杀叫打，呼口号声，远远近近此起彼伏。焚烧"四旧"的浓烟，带着纸灰到处飘飞，有的像大雪片一样飞进我屋里来。这阵势来得比五七年更凶猛。平静得如同山林般的小县城，好像有种"神经错乱菌"传进来，人人都疯了。我想到俊俊说过她学校的学生已经闹起来，愈等心里愈没底儿，屏住气听外边有没有她回来的脚步声。

没听见她脚步声，她却站在门口，那样子吓我一跳，脸刷白，嘴唇也是白的，眼圈发黑，头发挺乱，她的小辫被剪掉了！一副垮掉了的样子！

"你、你怎么啦？"我问。

她没回答，反来问我：

"院里那些大字报写的是不是事实？你不能再瞒我了！原来学校的红卫兵不准我回家。罗家驹到我们学校说，我确实受骗了，才放我回来，红卫兵叫我必须劝你交代。"

"我怎么交代？我承认有过那些想法，但我并没对人说过呀！我跟你说过，我对政治没兴趣，从来不跟别人瞎议论。"我说。

她一听就倒在床上哭了：

"完了，全完了！你还骗我！你没说，别人怎么知道的？"

我只能看着她哭，哭得没劲了，就直着眼盯着屋角，一动不动坐了一夜。她毛茸茸的睫毛中间好像没有眼珠了，只有一对空空的黑洞。我不知该怎么劝她。我把手放在她肩上，被她推开了。她不叫我碰她。

一早，她什么也没说就走了。

九点多钟，生活在我面前拉开一个阵势。是啊，生活是有脾气的，有时可真凶呢！

厂里所有人都被集中到后院里来。"文革小组"的人也到了，只是没见罗家驹。崔大脚带着一些人，胳膊上都套着半尺宽的大红布袖箍，上边用黄漆写着"赤卫军"三个字。他揪着我的衣领，扯到院当中。罗铁牛站在我身旁陪斗。他低头猫腰，破鞋盒的身子仿佛压得更瘪。这时，气氛相当紧张，几乎没有说话，只听崔大脚咋咋呼呼的声音。

忽然，院门大开，两队红卫兵挺着军事操练用的木枪，齐刷刷走来，中间押着一个女人，是俊俊！红卫兵叫我俩相隔两米远的地方面对面站着。拿来两个白纸糊的无常帽，扣在我和俊俊头上。可怜的俊俊，那样子惨极了！她苍白的脸与白纸帽连成一个颜色。我真想上去把那帽子拉下来扔了。但不管你是多么勇敢强壮的男人，那时也无能为力。勇敢就是愚蠢——生活就是这样扭曲它原来的一切概念。我脑袋一热，叫道：

"这没有俊俊的事！是我个人的事！"

一个又黑又壮的红卫兵问我：

"你说，大字报揭发的是不是事实？"

"是、是、是！"我迫不及待地想解脱俊俊。

"好，算你交代了一半。你再回答，这些话对谁说的？"红卫兵问。

我想承认也无法承认。便说：

"我记不起来了。"

"我叫你说！"

"时间太久了，我得好好想想，反正事实我都承认。"我说。我只有这样说，才能尽快使俊俊从屈辱中解脱出来。为了她，叫我承认杀过人也行。

这红卫兵转身拿木枪使劲一捅俊俊的肩膀说：

"你今早还说这不是事实，人家自己都承认了。你知道包庇反革命是什么罪吗？"

我着急地大叫：

"别怪她。我骗了她！她不知道真情！"

罗家驹突然出现在我的左边，对我说：

"你再说一遍，你这些问题，是不是一直瞒着罗俊俊！"

我从罗俊俊愁惨的灰蒙蒙的眼里，完全明白她不希望听到什么。但我没有别的办法，只凭着一种保护她的本能说：

"是的，我一直欺骗她。"

不知道这句话是避免她受伤害，还正是伤害她。

罗家驹露出满足的神气，可是他用讥讽的口气说："欺骗女人，哼，好一个正人君子！"他表现出十分生气的样子。

我抬眼一瞅俊俊，纸帽下一张脸充满气愤，那双眼的睫毛好像都掉了，亮光光散发着仇恨。我的心感到发疼。我觉得一切都完了！

罗家驹上去摘掉她头上的纸帽子，手指着我，对俊俊说：

"你还愿意跟这种人生活吗？如果不愿意,可以拿走你的东西,回你的家。"

于是，我眼瞧着俊俊毫不犹豫地进屋拿走她的被子和一包东西。她留给我的目光，除去愤恨，还有一点鄙夷。

留下来的红卫兵和崔大脚的赤卫军，将我的小屋捣得粉碎，又把乱七八糟东西弄到院里焚烧。四周人群一阵阵举拳头呼口号。我感觉，这好像一个乏味的闹剧的场面，跟我没关系。

从此，我就像个玩具一样，受他们残忍的耍弄。其中一次差点要我的命，那是崔大脚，说我生来就不合格。非要把弄我回窑重新烧烧不可。他把一桶釉浆浇在我头上，把我推进窑，眼看要拿砖块黄泥封起窑门时，罗长贵手举着语录本喊着"要文斗，不要武斗！"把我从窑里拉出来。您以为这是最厉害的吗？不不，最厉害的是从库房抱出我几年来呕心沥血烧制的画盘精品，总共五百多个，一个一样，十个一排，几十排几乎铺满整个后院，再给我一把榔头，命令我挨个全砸碎。您要知道那画盘怎样精美绝伦，拿起它都会小心翼翼，生怕碰坏的。当然您是没法见的。有意境的艺术是根本无法复制的。真不知这狠毒至极的主意谁出的，好比拿一把锉去活活地锉我的心。我不能不砸。说也怪，当我砸头几个时，恨不得当头给自己一下，完蛋了事。但砸到五十个之后，我好像砸的不是画盘，而是些普普通通的土块。我像机器一样，一下"哗啦"一个。随着崔大脚们叫嚷着："砸！砸！砸！砸！"我忽然起劲地砸起来。我浑身有股狂劲要炸裂开来，我挥动的胳膊奇怪地变形，砸碎瓷器的声音在我血管里乱钻，可能我用力太大，崩起的碎碴把我的脸都扎破了。一切都不要了，一切都不必揪心，不必在乎了！可是那些赤卫军的喊叫反而愈来愈稀稀落落。一些人喊不出声音，倒比我犹豫起来。因为这些干了多年的瓷工们，完全知道我砸毁的是多么宝贵的东西……

几天后，全厂斗争目标转向罗铁牛。罗铁牛平时得罪不少人，人们对他的劲儿更大。赤卫军给我的任务是，每天跪在那些碎瓷片上，一遍遍读批我的大字报，直到会背诵。这样一连两天，膝盖就被割出血。跪久了，碎瓷碴穿破裤子，嵌到肉里去，晚上回屋再一点点抠出来，但我并不觉得疼。我想俊俊，愈来愈想。我怕她还在受折磨。她怨我、恨我都没关系。她不会真恨我的。只要她想到我们那些真诚的爱，不需要我再做解释，就会回来的。正像她说的，无论我怎样，她都跟着我，我深信！可是她为什么不来？我身边的所有空间，好像都为她而空着。我在为等待她而活着。

五

这天一早，不等我去跪读大字报，崔大脚等人闯进来，把我揪到外边，劈头盖脸打一顿，说我撕毁大字报。您是知道的，谁这么干，在当时可是打死白打死的。多亏我不经打，几下就趴下了，他们也就没有再打的兴趣，如果我像牛一样强壮，说不定反会被打死。可是我一看，院里的大字报确实给撕扯得七零八落。这是谁干的？不是要置我于死地吗？

赤卫军责令我把所有撕破处都粘上，不能看出破来。我整整粘了一天。

当晚我在屋里，外面没风，极静。

几天大火燎原似的揪斗高潮过去了。夜深人静时，只是偶尔从远处传来断断续续的恐吓声，嗡嗡的呼口号声。忽然，院里有"嚓嚓"撕纸的声音，我的心提到嗓子眼儿，悄悄趴窗往外看，月光照亮的院子空无一人，一片碎瓷闪着青幽幽的光点。我发现墙角蹲着一个人，那里光线暗，只能看见一团黑影，正在撕大字报。谁？分明用这种手段毁我。我一急发出声音：

"干什么？"

那人停着没动，也不站起来。似乎想借着黑暗不叫我认出他来。

"谁？"我又问。

他忽然飞快跑掉。

这一跑，我认出来了。哪里是人，是狗，黑儿！它撕大字报干什么？为我报复吗？真是帮倒忙！但它怎么会认得字呢？这是怎么回事……后来我猜想，可能它白天躲在什么地方，看见我面对大字报罚跪，觉得这东西对我有威胁，夜时偷偷来撕。是的，准是这样！

转天，我因大字报被撕，又被赤卫军拉去受罚。他们在地上摆一个大口瓶，叫我跪在上边。如果瓶子歪倒摔碎，就是"破坏国家财产，现行反革命，送交公安局法办"。

我虽然只有五十一公斤重，跪在上边也必须提气。不一会儿，瓶子就晃起来。崔大脚们围着我大声吓唬，不准晃倒瓶子。这纯粹拿我开心。我愈紧张，瓶子晃得愈厉害，马上就倒了。

忽然传来一声吼叫。狗？啊！黑儿来了。它站在一丈多远的地方，一声声怒吼，每叫一声，下巴使劲一扬；浑身黑毛像大氅一样向四边一张，气势非常凶猛，它救我来了！

两三个赤卫军上去用木枪打它，它勇猛又敏捷，来回几蹿，一下没挨上，反把一个赤卫军裤腿用牙扯破。逼得谁也不敢靠前！

崔大脚来了兴致。这几天他身上那些残忍的凶狠的东西全被释放出来，由着他随意发挥。他兴奋得全身肌肉都在不停地跳，能耐也显得大了。他叫我从瓶子上下来，递给我一支木枪，叫我去打黑儿。

"你不打它，就是跟它合伙一起迫害革命群众。今儿我们就把你揍死！"崔大脚说。

我接过木枪，叫黑儿。我一叫，黑儿立即不叫了。它迟疑一下，慢慢向我走近。崔大脚的赤卫军向后退了两米。他们都怕它，却朝着我叫着：

"打呀！你到底打不打？"

我举起木枪，黑儿非但不动，却以为我逗它玩。直起身子，尾巴欢快地直摇，跳两下，想用前爪子够木枪。我怎么下得去手？便小声对黑儿说：

"你走，走呀——"

它不走，反而倒在地上打滚儿，对我撒娇。

"你不打，我们就劈了你！"崔大脚朝我大喊。

我对黑儿严厉又轻声地说：

"你不走，我可真打你了！"

黑儿爬起来，瞅瞅我，好像明白了我的意思。但是它不走，它要保护我！它不相信我会打它，目光充满信赖。

"我喊一二三，你再不下手，我们就把你和这狗全打死！"崔大脚叫着，"我数啦，一二——"马上数到"三"了。

我被逼得心一狠，打下一棍子，只听到木枪头那里一声嚎叫，黑儿蹿得几乎和我木枪一般高，落到地上就要朝我扑来。颈上的毛全都乍起来，它被激怒了！

赤卫军高兴地叫着："咬他，咬他，黑儿！"但它没扑上来。它垂下尾巴，难过、埋怨、伤心地望了望我，然后扭身跑去，在仓库那边一拐就不见了……

我至今也不原谅自己那一棍子。为了这棍子，我常常痛苦极了。我不仅仅恨自己，还瞧不起自己。您是懂得的，瞧不起自己，才是更深一层的痛苦呀！

我看着空空的仓库拐角有些发呆。崔大脚们不会给我时间发呆的。他们说我教唆这狗迫害群众，狠狠收拾我一顿。这次他们专门折磨我的两只手。他们说我的手是"黑手"，叫我自己一手拿着砖头砸另一只手，来回砸，直砸得手抓不住砖头。

那天夜里，我被搞得筋疲力尽。

我的床在红卫兵抄家时就拆了。地上有块草垫子。白天屁股重重挨了几下，躺着疼，我只好趴着。两只手朝前伸——这双砸坏的手火烧火燎的，这样好让门外透进的夜凉吹一吹。

我的门窗都被赤卫军卸掉，为了好监视我，电灯电线都拆去，说是怕我自杀。黑糊糊的，倒很适合睡觉。一睡着，各种痛苦都不会感觉到了，我觑眼瞅着门外月色朦胧的院子，心里反复想着这两个字，黑夜，黑夜，黑夜……我感到自己的身子舒舒服服地往下沉。我好像不是趴在地上，而是趴在柔软的海上。这时，只觉得一只温暖的小手在抚摸着我受伤的手。这感觉非常甜美，又异常逼真，不像在梦里。这是俊俊吧，只有她能在这种时候，来给我以体贴、怜惜和抚慰。只有她！

但我睁眼一看：啊！竟是黑儿！它用软软的舌头舔我受伤的手。它没有记恨我白天打它的一棍子，找我来了！

"黑儿！"我艰难地低声叫着。

它就蹲在我脑袋前边。身后是一方给月色弥漫的门，灿烂又迷茫。它逆光的身子却更加乌黑，连眼睛也看不见。月光在它的外轮廓上镶了一道银色的、极亮的、毛茸茸的光圈。它像一头雄狮，不，说得更准确些，像神，活像一尊庄严、崇高、慈悲的神，又凝聚着那么浓烈、忠诚和执拗的人的情感……

"黑儿……"

我被深深感动了。声音没有节奏地抖颤起来。

它应声站起身，走到我旁边，紧贴着我的身体卧下，一声不出，只是肚子里发出亲热的呼噜声。它的手刚接触我的皮肤时还带着夜凉，很快就把身体的温度传给了我。

我闭上眼，尽情享受这人世间最温暖、最纯净、最难得的东西。我感觉心里有种热烘烘的东西在流，是流血？还是流泪？心也会流泪的……

此后，它断断续续来。总是夜间来，和我亲热一阵子，天没亮就走了。

我在一次大会批斗后，被送到青石山劳改。赤卫军把我押上一辆"老解放"的车槽里。开车的是崔大脚。罗家驹也坐在驾驶室里。他去，是因为青石山那边准备好一场批斗会迎接我。他是主持人之一。

我很少见到罗家驹。虽然我现在是他手里的鼠儿鸟儿，他从不参与赤卫军捉弄我的行动。他一直在忙于搞罗铁牛。我觉得恐怕因为我们都是画画的，碍于面子，不好意思下狠手整我。我真傻！其实那天把红卫兵找来，斗我和俊俊，逼我砸画盘，叫崔大脚们毁我手，这些最要命的主意，都是他出的。只不过他不出面罢了。

我在车槽中间，七八个赤卫军围着我坐着；我还给绳子捆着胳膊，大概怕我跳车。在厂门口一百多人的口号声中，车开了。穿过县城时，街上的人都往车上看，还用手指我。刚刚出城门，车上一个赤卫军忽叫：

"瞧，追来了！"

追？谁？我伸脖子往下望，是黑儿！它打哪来的？怎么知道我被弄走的？

它跑得很急，很快就与汽车平行。边跑边向车子叫。

驾驶室的后窗户没玻璃。从车槽里可以看见罗家驹和崔大脚的背影，还能透过挡风玻璃看到车子前边的路。罗家驹回头问谁在追。那个赤卫军说："那黑狗！"罗家驹便对崔大脚小声说句什么。车子陡然加快，看样子又是想把黑儿甩掉。我从赤卫军的臂膀中间的缝隙里，瞧见黑儿在车后奔命追赶的身影。车子颠簸，一会儿看见，一会儿看不见，而且身影愈来愈小。最后给车子扬起的厚厚的尘土遮住。看不见时还听到远远几声叫……直把黑儿甩掉，车速才放慢。

将近中午，汽车停在路旁一个小饭铺前。他们把捆我的绳头拴在车槽的木帮上，都下车去吃饭。大约二十多分钟，我忽然看见来路的端头出现一个小黑点，渐渐愈来愈大，在距离车子一百米左右的地方，我认出是黑儿。它颠颠地赶来了。跑到车前时，我发现它变了颜色，是给尘土盖了一层，我把身子挪到车槽旁，它使劲往上蹿了几次，蹿不上来。肯定在长途追赶中耗尽力气。我的胳膊被捆着，没法帮忙，就把一条腿伸到车槽外，黑儿抓住我的脚，我用力收腿，才把它拖上车来。它一头扎在我怀里，朝我叫几声。大概嗓子干裂了，只发出一种刮木片的声音。我听不懂它的叫声，却完全懂得它为什么叫。世界上再没有这情景叫我感动了。我掉了泪，泪水滴在它脸颊密密的毛上，闪闪发光，好像它也在落泪。

这时，罗家驹、崔大脚他们酒足饭饱，红着脸，挺着肚子走出饭铺，上车发现了黑儿，都叫起来："这畜生怎么赶来的，成精了？"黑儿不等他们抓，跳到驾驶室的顶子上去，龇开牙要与他们厮拼，却给一支木枪横扫到车下去。

黑儿爬起来，在道旁朝着汽车叫着。

罗家驹说：

"开呀，快！"

崔大脚打开发动机，刚要启动，突然发现黑儿出现在汽车前面七八米远的地方，横卧在大道中心！它宁肯一死，也要拦住车。这种决死的、庄严的、泰然的神气，使车上的狂夫们看傻了。他们给一种神秘又伟大的力量震住了，没人再喊叫，崔大脚按了几声喇叭，它依旧一动不动，面对着嗡嗡响的汽车，毫无惧色。罗家驹朝崔大脚说：

"轧过去！"

我急了，对黑儿恳求地大喊：

"你躲开呀，黑儿——"

我虽然还没孩子，但只有我孩子要遇难时，我才会这样喊叫。

黑儿卧在那里，望着将要轧过去的车子，那种镇静，连一个人都很难做到的。决死，是世界上最大的决心了。

汽车似乎没有开动。气氛有点异常。

罗家驹对崔大脚叫道：

"你怎么不开？我叫你轧！"

大约停顿半拍吧，崔大脚忽然放声一吼：

"好——轧！"

汽车开起来，夹带一股风，直朝黑儿冲去。在我绝望的叫喊声中，在车身陡然猛烈的扭动中，只听车槽下黑儿发出一声尖叫。我的心一下揪紧，并因揪得过紧而针扎般的剧痛，全身顿时软得像团烟。眼前的一切来不及变得模糊就不存在了，自己也不存在了。就在意识消失前的最后一瞬，我似乎还要抓住什么，但什么也抓不住，世界突然变成一块绝对的纯白。我想，这是死的感觉。我临到终了那时候，还会体验这种感觉的。

六

青石山是座巨大的采石场。那里的活累死人。打山里采到长石，要用独轮车推着翻过一道小山，送到作坊里碾成粉状的瓷土。车上的重量足有一两吨，推车时，你必须与车身成一条差不多平行的斜线，才能使上劲儿，爬坡时戗住它别往回滑。这里的人，成年累月跟石头打交道，性情不是像石头一样见棱见角，又粗又硬，就是像石头那样沉默不语。我刚来到这里，一起干活那帮人把我叫去，一人手里拿块石头，那架势，似乎只要说差半句话，就开了我。这帮人领头的叫秦老五，脸皮紧得像鼓皮，身上没有多余的肉，每条肌肉都像石头条。他们问我偷过谁家的钱箱子，玩过谁家的女人。以前常有服劳役的犯人送来，都是经过这阵势。山里人就恨小偷和淫贼，说实话也得一顿死揍。我说，我是画画的，只是"思想问题"，没干过别的事。他们便把手里的石头都扔在地上，从此待我很好，只告我：不许跑。

秦老五在这帮人中间很有点权威，他拿得住人，斗嘴也没人是对手。逢到雨雪之后，山路难行，必须大伙一起使劲往山外推车的时候，他领头喊号子，就把这些干活的人的老婆，全都编到号子里，胡数一顿，气得大伙奶奶娘地骂他：同时还得哎哟哎哟答应着，谁也不能松劲。秦老五却唯独不说我老婆，不知是否因为我是外人，不好意思开玩笑，还是知道我无时无刻不惦着俊俊。我们那小宝宝在她肚里已经六个月了，我还清清楚楚梦见过我的小宝宝的模样，几乎和俊俊一样。俊俊说过，两个人中，谁爱谁更多一点，孩子就像谁。

一天，外边刮大风，秦老五提着酒壶走进我的小屋。他对我说：

"伙计，对嘴来几口，喝醉了，我告诉你一件事。"

我问他什么事，他不说，等我俩灌得半醉时，他说：

"你老婆多半要和你离了。"

"去你妈的！"我第一次骂街，分明上了酒劲，也想撒撒野，"我能揍死你，你——不怕？"

他红红的眼睛像一对红果，直盯着我说：

"谁怕你，你老婆把肚里的孩子都打了，还是个儿子！"

我的脑袋轰地一热，酒劲冲上来，我抓起酒壶一扬，在墙上撞得粉碎。然后挥起双拳，像捶鼓那样，"咚咚咚"捶着秦老五石板一样的胸膛，哭叫着："你还我儿子！你还我儿子！"秦老五一动不动，挺着胸脯让我打，等我打得没力气了，忽然猛地一拳，把我从床边打得一直滚到床里边。这一拳像一炮，打得我的酒劲登时全没了。只听他叫着："算什么汉子，没囊没气！"他的眼珠都快瞪出来了。

我有生以来，没挨过如此痛快的一拳。它把我涌满心中死死的一块击碎了。

于是，我趴在床上大哭。

他看着我哭，也不劝，看我哭得差不多时，他打怀里摸出一个青萝卜，"叭"掰成两半说："吃下去！"扔给我一半，又说一句，"心里不热，都不算事。"说完撩起门帘走了。

说也怪，这么痛苦的事，碰上还不疯？但给他这么一来，也就经住了。脸上挂着泪，嘴里嚼着凉滋滋的青萝卜，心里倒还舒坦。

老婆和家全完了。我不再惦着罗俊俊。对一个女人来说，还有比除掉自己骨肉更情断义绝吗？我那可怜的儿子！连名字都给他起好了。我不能念出那名字，虽然他并没出生，却像一个死去的亲人的名字……

这时，一个毛茸茸的可爱的影子，从我内心深处渐渐浮上来。黑儿！

这影子总跟着我，随时随地出现，你不去想它，它也会出现。这不是病态的幻觉，而是一种美丽的想象。推车时，我想象它用前爪子帮我推车轱辘，从河里洗完澡上岸时，就想象它给我叼来鞋子；吃饭时，菜里只要有一块带肉的小骨渣，我就想象地说："黑儿，抬起左爪子！"它立即聪明地抬起左爪子，我说："抬起右爪子！"它立即抬起右爪子，我便把小肉骨头放在它鲜红的、流着口水的嘴里……

但是，只要我眼前出现拿木枪打它时它那难过的、埋怨的、伤心的眼神，我立即就把目光转到另一件东西上认真瞧一瞧，好顶掉这复活了的记忆；只要我耳边出现车槽下黑儿被轧死的凄厉的嚎叫，我不由自主要大声哼哼两句语录歌，盖住那曾经深钻入心、摆脱不掉的强刺激。我要把过去的一切忘掉，忘掉瓷厂、画盘、罗家驹、崔大脚、罗俊俊……忘掉黑儿的过去，忘掉它的死。硬叫它在我的感情中活着，陪伴着我。因为这时我才感到，才坚信，只有它能陪伴我，不管经历怎样的苦难。

但是，你想忘掉的，不正是你无法忘掉的吗？

我不能总沉在想象中，就用瓷土捏一个五寸来大的狗儿，用墨汁涂黑。叫它和黑儿一模一样，尤其那神气。最初我把它放在窗台上，夜晚，月光从窗外照进来，在它的外轮廓上镶了一层银蓝色的亮边，就像我挨打那夜，它蹲在头前，舔我手时那样。它给了我多大的抚慰与温存？我反而不能再看到这样子，赶紧从窗台拿开，让窗台和世界一样空空的，只有无情的月光，静静照着窗棂。这时我的心情真如死灰，如果说感情，大概只剩下一种：我恨崔大脚！

没想到，由于这个瓷土捏的黑儿，竟碰上一次崔大脚。

七

那是转年春天。一个山里的孩子跑进我屋。看见桌上的小黑狗好玩，非要不可。他哪里知道这小黑狗在我心里的地位。他见我不给，跑去拿一个小

《感谢生活》法文版插图。

泥狗，说要跟我换。我一见这泥狗，吃惊地一叫，吓得那孩子后退两步，好像这泥狗活了，咬我一口。

我敢说，我没见过这样令人叫绝的泥玩具！这样辉煌的胆大包天的艺术！它怎么敢这样使用夸张？任何勇敢的艺术家在它面前都是缠足女人。这泥狗单是脑袋占了一多半，四条腿干脆就是四个疙瘩，山芋似的小尾巴向上逗人地一撅。两只眼直盯着你，大嘴傻乎乎咧着，好像一只蚂蚱跳到你鼻尖上。它胸前戴个大花团，脑袋上莫名其妙顶颗大珍珠。富丽喜庆，膨脖饱满，健壮有力，你马上会想到几千年来中华大地上农民们对生活那些实实在在的热望。别看只在泥胎上刷一道白，仅仅用红黄绿蓝黑五个原色抹几笔，根本不用调和色和覆盖色，一切都是单摆浮搁。这几笔不比"八大山人"更粗豪洗练？在学院里是学不会的。教授们用"修养"画，农民用"兴致"画，到底哪个才是艺术？你只要照样描一个，保证每一笔都是死的，它每一笔绝对都是活的！怪不怪！真没想到，在这穷乡僻壤，泥土里不单埋着花生和山芋，还埋着真正的艺术！尤其这儿喜欢使蓝颜色，蓝色一上去，把所有颜色都稳稳当当压住了。奇妙至极！

我问孩子，这泥狗是从哪儿来的。他说是"臭老头"担挑来卖的。我打听好几个人才得知，"臭老头"是邻县抬头庄人。那庄上人人都会捏泥人。

一天闲工。我谁也没有告诉，把所有的钱——四元一角七分，全掖在腰里，再捎上一个准备装泥玩具的空麻袋，借着晨雾偷偷溜出青石山。我被监改，如果告诉别人，是没人敢放我去的。

进抬头庄，向一个农民打听"臭老头"。这农民一听说我买泥人，马上把我领到他家房后的柴屋。把几捆柴一掀，满屋泥人，真称得上民间的罗浮宫。大泥人足有两尺高，小泥人如同手指头，泥人泥马，泥猫泥狗，穿红披绿，顶蓝戴黄，一个泥人一个神气，个个都用自己的神气瞧着你。我的眼看花了，平静下来，才挑出一些神气十足的精品。

这农民把我当作杂货贩子，向我要价。我担心钱多拿不起，没想到他一开口只要两块钱，两块钱买这么多宝贝？我一激动给他三块。他高兴得帮我用稻草包好泥人，又送我一些烂棉花垫在麻袋顶底下。闲话中提到隔河的半铺子村，有位黄老婆子，山东长岛人，善剪纸，人称"神剪黄"。她当年嫁到这村来时，陪嫁中有一百零八个泥模子，是水泊梁山的一百单八将。有人见过，据说个个都比戏里的人还有精神。黄老婆子从来没拿它扣过泥模卖。她舍不得。听说是她家祖传，在长岛也只这么一套。

我听了，几乎是背着这袋泥人跑去的。趟水过河时，脚步那么轻快。溅起的浪花，像一丛丛水晶的花。

进村找到黄老婆子，她说我找错了人。可是当她听说我是画画的，才掉着泪告诉我，她那一百单八将泥模，在六六年热天里，被公社派来的工作组逼着交出来，说是"四旧"，给敲得粉碎。我联想到自己那些画盘，觉得一下子和她贴近了。她从箱子里摸出一个小泥碗似的东西，原来是块泥模残片，这是她唯一捡到的一块。上边刻着半张脸，一眼就能认出是时迁！那股子机灵劲儿从泥碗似的凹处往外闪着。我对这艺术杰作惊喜得直搓手，好像它刚出窑，烫手，不敢摸它。我相信，世界上只有这一套，现在一套也没有了。

黄老婆子被我的真情打动。

她满脸的皱纹又细又长，愁苦时这皱纹就像一张蜘蛛网罩在她脸上，现在这些皱纹忽然变浅，她的脸仿佛从蜘蛛网里冲破出来，她笑了，翻过炕上睡觉的小孙女，爬到里边，撩开炕席，拿出一个布兜和一张折叠的黑纸。

她从布兜掏出一把锃亮的剪子，打开黑纸，这纸有桌面大，她对我说："我给您剪张纸吧！"剪子在她手中闪闪发光地转起来。随着清脆的咔嚓咔嚓剪纸声，一些细碎的黑纸屑纷纷落下来。她一边把纸这样一折，剪几下，又那样一折，剪几下，黑纸就像一只小燕拍打翅膀。大约半小时后，她把这张三尺见方的剪纸铺在炕上，笑眯眯说：

"两年不剪了，手都生了，这叫'金玉（鱼）满堂（塘）'！"

我直眨眼睛，不相信有这样的奇迹。你能相信靠一把剪子和一张纸，能将整个海底世界的光怪陆离、神秘莫测、无比丰彩的景象，全都呈现在你面前？你能相信夸张、变形、荒诞等等这些捉摸不定的艺术手段，居然给这个村婆运用得如此随心所欲、浑然自如？线条的变化如同想象那样自由。忽而细如发丝，忽而粗如牛尾，尤其那些大块的黑和疙疙瘩瘩的线，奇异地充溢着一种生气……

我过去一直有种模模糊糊、不敢确定的想法，我以为，中国古代艺术，在汉唐时代那些瑰丽的狂想，雄强的气势，对生活大胆的再创造，对美恣肆的发挥，以及那种震撼人心的艺术力量，随着漫长封建王朝日趋衰败而走向柔弱和媚俗。但这只是宫廷艺术如此。其实这条生气勃勃的主流至今没有断绝。它在民间！从远古的壁画、石窟、青铜器、画像石、俑……直到今天民间的年画、泥玩具、剪纸、蜡染、陶瓷。这股民族的沛不可当的艺术元气，依然流贯在我们辽阔广大的民间。我们的高等艺术学院为什么不搬到民间来呢？我看着这普普通通的村婆，心里火辣辣地想，我们的毕加索在民间，我们的马蒂斯在民间，她才应当是现代艺术中心的皇后！

她告诉我，从小她生活在海边，这些鱼都熟悉。她指给我看，哪些是海马、墨斗、比目、鲳鱼、狼牙鳝……但她独独不剪鲨鱼。她丈夫三十岁时下海采珠，叫鲨鱼咬破肚子，使她守了寡……她说这种黑剪纸在长岛是贴在屋顶上的，躺在炕上可以细看，看着看着就想入睡。因此她不能叫鲨鱼天天总在眼前。

她会睡不着的。

我点头。表示我能理解。理解的基础往往是相似的经历。

我不知该怎么酬答人家。只能尽其所有，把腰间剩下的钱全掏出来。这使黄老婆子真生气了。脸一板，皱纹全成了直线。她说，这大概是她剪的最后一张了。最后一张是不卖钱的。

我把这剪纸折成四折，用两块破席夹好放进麻袋。在与这真正的艺术大师告别时，还是趁她不注意，悄悄将仅有的一元一角七分钱塞在炕上那熟睡的小女孩的枕头下。

回去的路上，赶上雨。雨下大了，浑身淋透倒不在乎，只怕淋坏麻袋里那些宝贝。我钻进一家大车店。这店是一间苇笆糊泥的大屋子，茅草顶子，中间放一个汽油桶改制的大炉子，没烟囱，炉子上熬面汤，热气和浓烟弄得雾腾腾；一群车夫和出远门的人，围在炉子四周，躺在草帘子上，身上盖着破棉大衣，呼呼大睡，没有棉大衣的就挤在人中间。不知屋里太热，还是炉火映照，人脸像柿子那样红。我对店主说，我没钱，能不能叫我歇歇，给我点吃的。店主瞅瞅我这狼狈相，用小脸盆盛半下子热面汤给我，只是汤多面少。嘿！有吃的就很好了！跑了一天，再给雨淋，肚子像敞口的袋子，就等着往里填东西。我接过脸盆，像猪那样，一口气吃得连盆底的砂粒也吞下去了。

我不能再耽搁。回去再晚，秦老五他们会以为我跑了。我启程赶路，刚走出半里地，后边开来一辆大卡车。我忙站在道边给它让路，它却放慢了速度，在我身边刹住车，车门一开，"上来吧！"司机在里边说。

我挺感动，心想碰见好人了。说句"谢谢"，一脚登上车，把麻袋塞在腿前边。

车子开起来。

司机问我：

"你到哪儿去了？"

我刚要回答，忽想他干嘛问我到哪去了。他认得我？这声音好熟，我扭头看他。他把口中烟卷使劲一吸，烟头照亮他的脸，啊，崔大脚，是他！这车子就是轧死黑儿的那辆车！

"停住，叫我下去！"我说。

他不理我，往前开。

"叫我下去！"

"你坐好，我送你回去！"他说。车子开得很快。

我跳起来，要拉闸杆，口中叫道："我不坐你的车，永远不坐这辆车！"我和他抢方向盘。

忽然他刹住车，沉一沉之后，对我说：

"好，你下去吧！"

我下了车。他"刷"地把车开走了。在漆黑泥泞的路上，我虽然尽力往回赶，但鞋子常被泥巴粘下来，走了五个小时才回到青石山。

我在石崖下边，雨淋不着的地方，把麻袋里的东西掏出来放好，盖严实了，再揪一些青草蒙在上边。回到屋子前面，只见里边亮着油灯，原来秦老五和两三个汉子沉着脸坐在屋里。我还以为崔大脚先来告发我了呢！其实崔大脚根本没来过。

"我们待你不错，你想干什么？"一个汉子朝我怒气冲冲地叫。

"不，我没跑！"我说，外边的雨忽然大起来。说话的声音必须加大。

"你干什么去了？"那汉子问。

我实话实说。秦老五困惑地瞅我一眼，忽叫我带他去看看买来的泥人，看来他不大信我的话。他们都披上挂胶的雨衣，秦老五拿一只装四节电池的大手电筒。大雨中，我带他们到了石崖下边，掀开麻袋，秦老五拿手电照了照，一扬下巴，那神气似乎要说，你买这些破玩意儿干嘛？但他张嘴却换了一句话："快把这玩意弄回去吧！"他把雨衣脱下来扔给我。

我怀着感激解释道：

"我不会逃跑的。"

"谁怕你跑，我怕你寻短！"他说完，钻进另一个汉子雨衣下边走了。

我拿着雨衣没穿，任凭冰凉大雨，酣畅地浇头而下，美滋滋地说：世界上这么多可爱的事，我才不死呢！

八

七百多天监改的日子过去了。

我被宣布为有"严重历史问题，按人民内部矛盾处理"。同时又是"不戴帽子，回厂劳动，以观后效"。概念互相矛盾，您别笑，我们那地方就是这水平！这样处理算很宽了。这可是我争取来的。自打我接触到青石山一带的泥人和剪纸，两年里，我几乎浪迹整个山区。结识到一些石匠，他们祖传雕刻佛像，地道的北魏风格。"文革"以来都洗手不干了，每天靠砸石子吃饭。他们大多不识字，艺术感觉却极好，人又义气，你只要喜欢他们的艺术，他们就跟你肝胆相照。他们把我领到山沟里，把偷偷埋藏的佛像刨出来给我看。这些雕像，绝对和米开朗基罗、罗丹、亨利·摩尔是一个等级的。他们要送，可惜我无法背走，也没处放，只好再埋起来。

受了这些民间艺术大师们的启发，我对艺术的理解有了非常关键的突破，脑袋里全是新想法，渴望表现。我必须快快离开青石山，回到瓷厂，我有把握搞出当代最独特的画盘，没错！

我就拼命"表现"！白天在山上采石，晚上还要推大石头碾子，转动球磨机的大铁桶，研磨瓷粉。天天累得骨头架子要散了，谁劝也劝不住，都说我傻了。

离开青石山那天，秦老五给我开张回厂报到的证明。这证明和当年学院给我那报到通知单可不一样。那张是黑的，这张是透明的；我的心也变得透明了，从胸腔外边可以看进去。

秦老五说："我送送你吧！"他给我提起包儿来。

我有点依依不舍，自从买泥人那天后，每逢公假，我再到哪儿去他也不管。虽然他不知道我想干什么，他见我心里变得快活，就不闻不问了。

他一直把我送到山口，二十多里地，一路上竟然什么也没说，只是嗓子眼发出断断续续"哼哼"的声音，好像什么东西哽在那里。难道他的感情就这么难于表达出来？到了一个小山头上时，他把包儿给我，说："伙计，就在这儿打住吧！咱说好了——你走你的，我转过身走我的，谁也不准回头看谁！"听了这话，我有种情感涌上来，想上去拥抱他。但他异常地、石头般地沉静，使我抑制住自己。

我点头，同意按他的话去做。

我俩同时转身，各走各的。我往前走，憋着劲儿不回头，一直走下山。可是走到山路转弯的地方——转过去就出山了——忍不住回过头来，只见秦老五竟然站在原处，根本没走。他好像一只山羊，一动不动立在山头上。顿时，我整个身心被一种热烘烘的情感占有了。大声叫：

"秦——老——五——，秦——老——五——"

声音根本传不上去，山太高了。

我使劲朝他摇着两条胳膊，他看见，却扭头走了。我流下泪来，也不去抹，一边走，一边任使泪水簌簌流。不知这是一种痛快的宣泄，还是享受。直到泪流干了，面颊紧巴巴的，才揉揉脸。

我又一次扛着行李，站在厂门口往里看。这跟我头次来可大不一样。这心情你自管体会去，酸甜苦辣都有。我走进后院时心想，我那女人肯定不住在这里了。果然！那小屋门上交叉钉着几根大木条，就像当年大字报上，我名字上打的大十叉。

到了办公室，知道罗家驹早已调到县委去当革委会副主任。一个新来的年轻人管落实政策。他完全知道我是谁，使眼扫我一下，就拿着家伙去给我撬开门，里面的东西都被尘土阴暗的灰色厚厚涂了一层。不会儿，这年轻人又提来乱七八糟一大捆杂物给我，说：

"罗俊俊把她的东西都挑走了。她说这都是你的。我那儿有罗俊俊拿走东西的清单。你要看可以去看，核实核实。"

我苦笑地摇摇头。谁还想跟痛苦去核实？

我打开这捆儿一看：资料，调色板，一束笔，几件沾了颜料的破衣服，单只的手套，破枕套……都是早已忘记、看见才想起来的东西。忽然眼一亮，一个画盘！用手抹去尘土，我的心像锣一样被"当"地敲响。这就是结婚那天烧的"猴骑牛"呀！瞧，调皮的小金丝猴骑在大花牛上，正给大花牛戴花。由于愚弄了大花牛，得意地扬起双脚，几乎掉下牛背来。这盘子，这画面，使我感到，往日的温存像一阵温暖的风，透过冰雪般残酷的岁月，扑入怀间。我多么强烈地想把昨天、前天、大前天，都拉到眼前。忽然我又想，为什么罗俊俊来领取自己的东西时，不把这盘子拿走？这是我们两人在一起的象征。想到这儿，我一下子更明白了。心中又吹进一阵肃杀的风沙。

通过罗俊俊的姑父，我和罗俊俊见了一面，我对她说：

"我没骗你。红卫兵斗咱们那天，我之所以承认骗你，是怕你再受折磨。直到如今，我也不知道五七年那些事是怎么来的……你肯定误会我真骗了你，伤透了心，对吗？"

谁知，她对这关键的话毫无兴趣，冷冰冰地说：

"我不关心这些。没用！"

"没用？你指什么……"

"全没用。"她说。

"我不明白你的意思。"

"我必须实际了！"她说。

这句话说明她现在最真实的一切。我忽然感到她眼睛那毛茸茸的感觉没了，好像两汪死水，睫毛像一根根枯草。她所有线条也不那样朦朦胧胧，一切都清清楚楚。

您也许要问我，这女人那些诗情画意跑到哪儿去了？嘿嘿，生活才是最伟大的雕塑家，它不但能改变人的形象，也能改变任何雕塑家都不可改变的人的内心。一个人变实际了，就不会变回来了。我俩已经像油和水那样不能融合一起。本来我还想努力试一试，但我一看她打掉孩子而瘪下去的肚子，我……我们办了离婚手续。

当然，我拿着离婚证书，连同那"猴骑牛"的画盘，到后窗外那片野草地上，用树枝挖一个坑，把离婚证书盖在画盘上，用土埋了。再依照当年罗俊俊的话，采了一大捧金黄色矢车菊的花朵覆盖上边。这时，我的心从来没有这样平静，这样淡漠，这样不动感情，只发了一阵奇想，想到几百年、几千年，考古学者挖掘出这个美丽的盘子。上面覆盖的离婚证书早已烂掉，他们怎样考察也无法得知这盘子上的一个故事……

于是，我的心有点茫然。

当天晚上，我去看罗长贵，听说他瘫了许久，恐怕不会活得再久。我总记着，他当初挥着语录本，把我从窑里拉出来那件事。

罗长贵不行了。他喘气的声音比说话的声音大，眼珠混浊不清，脸上的肉全塌下去，骨头突出来，像我房后落潮时的河滩。我觉得，他要慢慢融化在这床上，再也直不起那滚圆、笨拙又可爱的身子。

他见我来，激动得鼻孔都张大了，说出一直没肯说出的话：

"我……我、我佩服你的手艺！有你……瓷器这行就不会绝。你要是姓罗就好了……"

我忽然想到在心里存放已久的一句话：

"老师傅，为什么您拉的坯，不论瓶子罐子，哪怕一个小碟儿，也是活的呢？"

罗长贵听了，久已瘫痪的身子竟然动一动，想要坐起来。显然我这句话摸到他藏在心底的按键，全身霎时都通上电。他叫我拿过桌上一个小葫芦瓶仔细瞧瞧。我翻过来掉过去地看，他问我看出什么没有。我说：

"好像有你的手指头印。"

他高兴得眼睛竟闪出一道光来：

"活气在手上，记住！拉坯……就怕把这些地方都弄光。这叫'眼'。你画人，没眼就是死的，有眼不就活了？"

我忽然想到古代那陶俑、陶鬲、陶瓮，歪歪扭扭又妙趣横生的形态；想到黄老婆子剪刀疙疙瘩瘩又神气活现的线条，艺术的奥秘不正在这里边？我急于知道打开这奥秘的钥匙，它肯定在罗老汉身上：

"这'眼'还有什么讲究吗？"

罗长贵沉吟一下，目光渐渐收缩回他黯淡的眼珠里。他说："下次再告诉你吧！"然后叫一个侍候他的女孩——不知是闺女还是亲戚，拿出两样东西，一样是猪尿泡上插着一个削去尖儿的钢笔帽，一样是四四方方旧红木匣子。他说："这猪尿泡是……立粉用的，很好使，我使它整整三十年，以后用不着了，送给你吧……那匣子，你打开——"他等着我打开木匣，一边费力地喘粗气。

原来匣子里是副麻将牌。质地像玉，细看是瓷，上边的花都是刻上去的，活灵活现，真是陶瓷艺术的杰作。罗长贵说：

"这东西，你好好收着。别叫人当'四旧'砸了。这是我祖传的东西。你识货，就拿去吧！我老汉再没什么东西可以送人了……"

我感激得说不出话来。

后来提起崔大脚，罗长贵说：

"那也是报应。挺宽的山路，也没冻冰，他开了二十年车了，怎么愣开到山沟里去了呢……好在他一个人，没留下孤儿寡母。不过，他和家驹不一样，缺心眼，其实以前他不那么狠，不知那时人怎么都变成那样……"

"我不能原谅他轧死黑儿！"我说。

"你说那条狗？这你可别冤枉他……他并没轧死你的狗……这是他亲口对我说的。"

"他骗您。当时我在车上。"

"不……他告诉我，当时……他把轱辘扭一下，想让过去，但是太近了，扭不过把，压伤那狗的一条腿。"

"真的？"我叫起来。我还是不相信崔大脚没有轧死黑儿，他不会这么做！可是，我忽然想起，当时车子向黑儿冲过去时，确实猛烈地扭动一下。"真有这事？黑儿还活着？"我不敢信。太希望就反而怕了。

"活着，真的。我还见过那狗……你走后，他到你房前叫了好几天，瘸一条腿……"

我顿时觉得罗老汉的小屋全亮了。我，我应该感谢谁呢？生活真是好极了！它不会叫你绝望，总会给你喘息的空间，总会给你转机，给你补偿，给你希望，给你明天、后天和宽阔的未来；在你一片渺茫时，从你脚尖铺展开一条路来……

我感觉我的心被一种液体，肯定是红色的液体充满了。

于是，我到处寻找黑儿，逢人便问，人们的说法不一，有的说见过，有的说根本没见过，后来有了一条线索：一个担挑卖烟的说，不久前他在县城西边二十多里的村道上，见过一条瘦瘦的黑狗蹲在路边，看样子饿得没有劲了，卖烟人可怜它，给它一块饽饽，这狗吃了，跟着卖烟人走了段路，又走开了。卖烟人说这狗的一条腿有点瘸。有了这消息，我充满信心。

我每逢假日，就买一块肉，用细麻绳穿起来提着，去到县城四处远远近近的田野、大道、集镇、村落，去找黑儿，找着找着，渐渐感到世界太大了，任何东西掉进来，都不易找到。

又是一个星期天，我提一块肉，从早晨走到中午，仍然不见黑儿的影子。最后累得只凭意志而不是凭感情去寻找。但我决不放弃寻找黑儿的念头。我相信，它当初也这么找我的。我走进一个镇口时，两条腿已经很难挪到身体前边来，重心也不知在哪儿。我便在道边一个小吃摊上买碗米粥，伸开两腿歇一歇。忽然听到小孩子的叫声："打它，打它，打这狗！"我望去，只见几个野小子用柳条抽打一只狗。那狗一动不动，也不反抗，卧在墙边，完全是要死的一条狗。啊！那狗是黑的！

我的黑儿？顿时心都快跳出来了，赶紧跑过去。

我第一眼看它，是黑儿！再瞧又不像。这虽然是条黑狗，毛好像比黑儿的短，身体瘦得像段木炭，满身土，脏极了，它仿佛没有力气抵抗孩子们的袭击，侧身躺着，闭着眼。

"黑儿！"我试着叫了声。

它应声忽然刷地立起来，吓得孩子们往后退了几步，它伶仃的、脱了毛的四条腿抖颤地支撑着衰弱的身体，向前倾斜。仰起它瘦瘦的小脑袋，睁大眼瞧着我。

我对它说："抬起你的右爪子，黑儿！"我的声音都变调了。

它勉勉强强、哆哆嗦嗦送来沾了泥巴的右爪子。黑儿！我的黑儿！是我的黑儿呀！我张开胳膊猛地把它抱在怀里，抱得那么紧。它的全身抖得好厉害，以致我觉得是我自己在抖。实际上我也在抖。同时还分明感到，它的脑袋一下下用力地、热烈而激动地往我怀里扎……我还说什么呢？我觉得，我重新又把世界，把整个世界和全部生活全都抱在怀里了……

"不用说，我再不能把它丢掉，无论到哪儿总带着它。为了它，宁肯坐软席，因为软席检查不严，保险一些。它很懂事，不叫它出声，它是决不会出声的。我怕和它分开，怕那将是永远的分开……几年来，它好像老了，不再出去野跑，吃得很少，长不出当初那一身漂亮的黑毛了。整天在我身边一趴，但只要听到院里汽车开动的声音，它立即显得不安，瞪眼，龇牙，后脖子上的毛全乍起来……哎，故事讲到这儿，我上边那纸箱里装的什么，您心里明白了吧！"

这位名叫华夏雨的"无名"画家，自述他异常奇特的经历后，我的喉咙给翻腾上来的情感塞住了。我抬头看看那纸箱，里边一点动静也没有，我却深信，那里装着一个令人辛酸的故事，一颗赤诚又不安的灵魂。往事的追述，使我更关心华夏雨的现在：

"你在搞画盘吧！"

华夏雨却笑着摇摇头。这笑好像在嘲讽自己。我问他何以笑得这样令人费解。他又笑一笑说：

"说出来，您会笑话我的！本来我落实回厂时，分配到原车间搞画盘，可没过半个月就变了。原因是件小事——一天我在城外路上走，刚下过雨，所有景物都像从水里捞出来一样，又浓又深，又鲜又亮。这时迎面出现一块白，白得那么纯净，它一下把周围所有颜色，像钢琴演奏时忽然提上一个八度。我的心都亮了，叫人快活又激动！这块白色到面前，原来是穿白衬衫的罗家驹。我已经两三年没见到他了。不知为什么——可能我被这雨后清新的景象，被这块纯净的白颜色所感染，一下子把过去的事全忘了。他关心地问我的情况。我说，我正在搞画盘，并说我有许多新想法，非搞出高水平的画盘不可。谁知第二天，厂里不说任何原因，把我调到窑上烧瓷。您说我傻不？"

"不，你这种人大概常被自己欺骗！"

"哎呀，您说得太对了。我就是这样。但说回来，我并不觉得这样会失去什么，在窑上，我反而能掌握许多焙烧的规律。窑工们常说'三分做，七分烧'，'不懂烧就不懂瓷'嘛。正是这么一来，使我对画盘的效果更有把握一些。您说怪不怪，害我的人总是从另一边帮忙，您说这是为什么？"

我怔一怔，心里许多新想法还没成形，嘴里便说不出来。这个古怪的人使我思维的轮子不可抑制地转动着……但我还不能回答他，只能问他。

"你从罗长贵那里，问来瓷器上所谓'眼'有哪些讲究吗？"我问。

"没有。就在我看他那天当夜，他就死了。那天他没对我说，就是打算那绝招至死也不告人的……"华夏雨感慨地说，"他可以把祖传的宝贝送给你，手艺却绝对不传给你。保守，使我们每一步，不免要先重复前人走过的路；但保守，又致使我们的艺术更具有自己的独特性，更带着永远无法破解的神秘性啊！不过，罗老汉对我就很够意思啦，他说的那几句，使我进入到艺术更深的一层。如果将来我能回到车间搞画盘……我非常自信，您信吗？"他的目光如同晨星闪出极亮的光。

火车在茫茫黑夜中，也是在冰天雪地里穿行。旅客大都睡了，走道上没人走动，只有沉重的车身在铁轨的接缝处跳动时，发出震耳而又有节奏的声音，刚才那么长时间，我几乎没听到这声音，甚至忘记自己在哪里。

"您困了吗？"华夏雨看了看手腕上发黄、玻璃罩破裂的旧表，"哟，五点半了，天快亮了，不到一小时我就到站，真对不住，耽误您整整一个夜晚。"

"不不，你的故事并没说完。你说，你的一切不幸都与五七年那些事有关，你还没说到底是谁陷害你。"

"没有谁。"

"那是罗家驹捏造的？"

"不，他只是利用了过去的材料。材料都是档案里的。"

"这倒怪了。既然没人陷害你，怎么档案里会有材料？我真糊涂了！"

华夏雨犹豫了一下，最后把真情告诉给我：

"……这么说吧！就在一个月前我来东北时，也是乘坐这辆车。在沈阳车站忽听有人叫我名字。一个女人，杨玫玫——我刚才没告诉您她的名字吧！就是在学院里相好的那个女同学，现在结婚了，一看她的精神和穿戴，就知道她生活得不错……甭提她在哪儿工作吧！她出差办事，没想到与我碰上，许多年没见，从她惊讶的表情上看，大概我的变化很大。聊不几句，她迫不及待把我拉到背静的地方，问我'文革'初期挨没挨斗。然后她用真诚又忏悔的口气告诉我，我们在天坛一次约会中，我曾把对反右运动的一些怀疑与不满对她讲了，她听后心里很害怕，担心这种可怕的思想妨碍我进步，就怀着天真与虔诚，原原本本汇报给了党支部。结果，这些都被记进了档案。'文革'期间，瓷厂找她外调，核实材料，她猜想我肯定为此遭殃。她不安、内疚，但不敢给我写信问问。她说：'你肯定给我的愚蠢害苦了。'我听得像吞进一罐冰水，从心里到皮肤外边全凉透了。我只是苦笑着。的确被她害苦了！同时还有点后怕——她既然告发了我，怎么还一直表示爱我呢？如果当初我留校，她多半会嫁我的。她怎么能够心安理得跟我一起生活呢？这真是不可思议。真叫人毛骨悚然呢！"

"你应当告诉她，就因为她，你被搞得妻离子散，家破人亡，差点把你整死。如果她有良心，叫良心折磨她去！"我气愤地说。

"良心人人有。不过有人凭良心做事，有人捂着良心做事。她既然肯把事情告诉我，自然是天良发现了！"

"你怎么对她说的？"

"我告诉她，我没挨过斗，一切挺好。而且说，她的话使我意外。"

"这——她怎么会相信？"

"当然不信。但她也不再追问下去了。她宁愿相信这是真的。您是作家，肯定能懂得她这种心理。凭我这句话，她能平平静静、心安理得过日子去。当我俩分手时，她把这么多东西塞给我，拒绝不了。糖、点心、肉肠，慌乱中还有她一只绒线手套。她终于在我这里得到一种解脱，自我的解脱。她像一只飞出笼子的小鸟那么快活，声音也像小鸟那么明亮……怎么，您笑我傻吗？过于宽厚吗？不，我已经为那件事付出几年苦役，何苦再把它压在另一个心灵上……她不是坏蛋，叫她快快活活去吧！"

我受到深深的感动，充满爱怜地瞅着这个温厚又不幸的人，动感情地说："忘掉过去吧，未来一定比现在好。"我因为自己对生活无望，话说得不带劲，又大又空，不过是句流行的套话！

他的回答使我吃惊：

"不，如果我今天死了，我也要说，感激生活给予我的一切。如果我活下去，就该轮到我去报答生活了。"

我听着，感到自己不知不觉地被带进一片迷人、感人、冲击人的境界里。

我这个对生活抱着恐惧、淡漠、拉开距离的人，重新感受到生活热浪的澎湃有力的拍打……我沉默了。当一种情感涌上来，最好把它先留在心里，让它慢慢回旋。那时是最幸福的。

车窗已然微明，窗口的东西模模糊糊显出它的颜色。我是不是受了这画家感觉方式的影响，也开始注意事物的颜色了？

华夏雨站起来，把手边的东西塞进包里，对我说：

"我该下车啦，我们……我们就分手吧！我，我就祝您一切如意吧！"

"好。那就祝你……"我想了想说，"我希望能早日看见你的画盘！"

他的目光闪闪发亮。对于他，这显然比一切祝愿更好。他说："一定！一定！"像表达一种信念。

火车的速度放慢了。

他从上边举下那纸箱子，弯腰把嘴对着箱角那个小洞说："睡得香吗？"口气像对孩子。又说："咱到家了，你可不准出声音啊！"

我伸过头去，说："叫我看一眼好吗？"我很想瞧瞧这只人间罕见的狗。

火车一晃停了。车站，小楼，月台，栅栏门，在寒雾中迷蒙的影子出现在车窗上。我往纸箱里匆匆看了一眼，黑洞洞，什么也没瞧见，只闻到一股动物皮毛所特有的浓重的气味。

"哎，您帮我一下行吗？我必须顺利通过那道检票的栅栏门，不能在那儿折腾东西，弄不好叫人发现。不不，不用您送，只要这样就行。"他把画夹斜背在背上，再将纸箱扛在左肩上，右手提起破旅行包，"请您帮我把火车票拿出来，在上衣兜里……好，放在我嘴上，我用牙咬着就行了，对对，嗯。"他用牙咬着车票，不能说话了，便对我笑笑，表示谢谢。

他下车时，我们没法再说什么，只用目光打哑语，表示再见，表示祝福，表示一点点惜别。我从车窗上，看着他随着稀稀松松的人群，走到检票口，有点为他揪心。只见检票员从他嘴上取下车票，问他一句什么，他摇摇头，大概是说不留票底报销，便顺利通过。隔着栅栏，他扭过身，伸着脖子，朝我这边看看，我向他摆摆手，多半由于我把车厢的灯闭了，他没瞧见我，便转身走了……

我望着这扛着纸箱、渐渐走去的背影，我的心有一种泛泛的惆怅。应当为他祝愿什么呢？他的未来又将是怎样的呢？然而……这几年，我南来北往，这样的人见得不少。世人的苦难叫他们尝透了。但你从表面却看不出一点受苦的痕迹。有时，他们向你道出自己那些崎岖坎坷，使你难以置信！他们……他们真像一个奇妙的魔术袋，生活把一件件粗的、硬的、尖利的，强塞进去，不管接受起来怎么艰难，毕竟没把它撑破，最终还是被他们默默地消化掉了。他们的双眼，他们的心，还是执着地向着生活！生活，往往使一个对它绝望的人，也不肯轻易同它告别，不正因为它迷人的富有，它神秘的未知，它深藏的希望吗？那就不管身上压着什么，也勇敢地生活下去，我们伟大的中国人啊……

　　我在思想的洪流中恣意漫游，不觉眼睛仿佛给一种明澈的亮光照透。原来，火车早已出站，天已经亮了，窗外是一片阳光下闪闪烁烁汹涌的冰河。

一九八四年十一月二十二日　天津云峰楼

炮打双灯

一

都说静海县西南那边，地里不是土，全是火药面子。把那干结在地皮上白花花的火硝刮下来，掺上硫磺木炭，就是炸药。再加上盐碱，土里的火性太大、太强、太壮，庄稼不生，野草长不到三寸就枯死；逢到大旱时节，烈日暴晒，大开洼地无缘无故自个儿会冒起黑烟来……可有一种灌木状丛生的碱蓬，俗称红柳，却成片成片硬活下来，有时候不知为什么，一下子全死了，死时变得通红通红，像一团团热辣辣的火苗。在夕照里望去，静静的，亮亮的，好像地里的火药全都狂烧起来。老百姓靠山吃山，靠水吃水，靠火药吃火药，自来不少村子，家家户户都是制造鞭炮烟花的小作坊，屋里院里总放着一点就炸的火药盆子，一不留神就屋顶上天、血肉横飞；土匪、游勇、杂牌军常窜到这里来，不抢粮食，专抢火药，弄不对劲儿就药炸人亡。那么此地人的性子又是怎样？是急是缓是韧是烈？拿人们常用的话说便是：点着一根药信子瞧瞧。

牛宝，人称"卖缸鱼的牛宝"，今年二十三，陈官屯人。他祖宗神道，名字起得像算命一般准，牛宝二字就是他的一切。先说牛，他浑身牛一般壮实的肉，一双总睁得圆圆、似乎眨也不眨的牛眼，还有股牛劲，牛脾气，头上没角却好顶牛，舌头比牛舌还硬，不会巧说话；再说宝，他天生一双宝手，虽长得短粗厚硬，手掌像肉饼子，却从杨柳青外婆家学来一手好画，专画大年贴在水缸上求福求贵的缸鱼：一条肥鲤扬头摆尾，配上莲蓬荷花，连年有

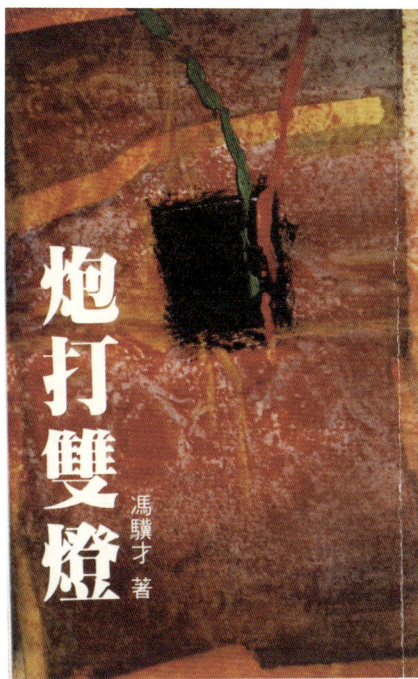

《炮打双灯》，小说集，一九九三年五月，香港勤＋缘出版社出版。

导演何平改编的同名电影，获得多项国际大奖。这是在日本首映时的海报。

余呀！那红鱼绿水，金莲粉荷，一看照眼，图样出得富态，版线刻得活泛，颜色上得亮堂，画缸鱼的人多的是，可这喜庆兴旺的劲儿谁也学不来。年年腊月大集上，不少人专等着"卖缸鱼"的牛宝来。一露面，全出手，腊月里攒的钱，够一年四季零花。真像是手里捏个宝，想什么变什么。

腊月十四这天，静海县城的大集已经很有年味了。牛宝肩扛三百张缸鱼到集上，找一块人流往返的地界儿，站不多时候，卖个干净，别无他事，便轻轻爽爽去往顶西边的炮市看热闹。

这里的炮市，天下少有。原本是条河，年年秋后河水干涸，三九天河泥冻硬，这河床便成了卖鞭炮的集市。牛宝最爱看这阵势，远近各村赶来一车车鞭炮，都停在两岸河堤上，车上鞭炮用大红棉被蒙盖严实，怕引上火。牲口的眼睛一律使红布遮住，耳朵使红布堵上，怕给炮声吓惊。为什么使红色的布？造鞭炮的都是铤身走险，灾祸四伏，据说红色避邪。人们拿着自家制造的鞭炮，走下堤坡，到河床上去放，相互争强斗胜，哪家的鞭炮出众，自然招引很多人来买。这一截子差不多二里长的河床里，浓烟裹眼，烟硝呛鼻，连天炮响震得耳朵生疼。这股子火爆凶猛的劲儿，叫牛宝看得快活，不觉下了堤坡，但还没到鞭炮阵的中央，满脑袋就全是鞭炮屑儿了。

把事情挑出头来的是这女人。这女人一下子跳进牛宝的眼睛里。怎么能说是这女人跳进他眼里？她还离着远呢！可世上好看的女子，都不是你瞧见的，而是她自己招灾惹事活灵灵跳到你眼里来的。她顶大二十出头，头上扎块大红布头巾，两鬓各耷拉下一片黑发，像是乌鸦的翅膀，把她那张有红有白鲜活透亮的小鼓脸儿夹在当中。她人在那么远，牛宝怎么能看得这般清楚？魂儿给勾了去呗！渐会儿，才看明白，北边堤坡一棵歪脖老柳树下，停着一辆驴车，她坐在蒙着大红棉被满满一车鞭炮上。倚车站着两个小子，一个大，一个小，各执一根放鞭用的长竹竿子，这两个小子什么模样，牛宝满没瞧见。

他像驾了云，双脚由得也由不得自己，幻幻糊糊一步步朝那女人走去。看这女人像看花，愈近愈好看，那眉眼五官，画也画不出这般美，而且清清楚楚，白处雪白，黑处乌黑，红处鲜红，像羊肠子汤那样又鲜又冲……忽然，一杆竹竿横在他身前，牛宝怔住才看清，原来就是站在那女人车前的小子，年龄较大的一个，估摸十八九年岁，圆头圆脑，四方厚嘴，肥嘟嘟的嘴巴子冻得像唱戏打脸涂了胭脂，倒是虎虎实实样子，只可惜长了一双单眼皮。这圆头小子问道："你是买炮的，还是卖炮的？"口气很不客气。

牛宝正要回话的当口，从这小子肩头刚好与那女人眼对眼，只觉得两个深幽幽、晃着天光的井眼对着自己，弄不好就要一头栽进去。心里一恍惚，说出的话便岔出道儿去。

"卖炮的，干啥？"

他哪卖过炮，为什么偏偏这样说？这话一错，可就把自己送上绝路了。

圆头小子说："这边是俺们蔡家卖鞭炮的地界儿。你要来买炮，俺不拦你；你要卖炮，对不住！你先放一挂叫俺们瞧瞧，要是比俺们强，这地界儿就归你了。"说罢，嘴唇朝天噘，不信天下还有老大，也不信还有老二。

牛宝涌上来一股劲。说不清是叫这小子的傲气激的，还是叫那女人的美色挤的。反正他顶上牛。听完圆头小子的话，拨头就走，到那边炮市中央，在呛鼻震耳的浓烟烈炮中转了两圈，寻到一家卖鞭的，个大，贼响，掏钱买了四挂，都是千头大查鞭，还高价把人家放鞭使的大竹竿也买下来，返回到这圆头小子面前，闲话不会讲，剥开大红包纸，挑起一挂就放，一阵火闪烟腾，声如炸雷，劈劈啪啪连珠般响起来，真是好鞭！惹得不少人围上来并纷纷喝彩叫好。可这挂鞭放完，圆头小子站在原地并没动，嘴仍噘着，一脸不屑的神气。牛宝一瞅他绕在竿子上的一挂鞭，差点没笑出声来；这挂硬纸卷的小钢鞭，分外细小，像是豆芽菜，而自己的大查鞭却同小指头粗，摆在一起，只怕那小钢鞭像一堆耗子屎啦。想必是这圆头小子心虚不敢比试，故作高傲，再不端端架子还不倒下来？明摆着对方叫自己比趴下了！抬眼瞧那女人，愈发兴奋起来，把余下三挂大查鞭扎成一束，使竿子高高挑起，拿火一点，三挂齐响，声音翻番，成百上千小爆竹喷火刺烟，纷纷炸落下来，好似一阵恣肆的弹雨。牛宝不懂放鞭炮的门道，竿子举得过直，许多爆竹就落到他头上肩上手上，还有几个从领口掉进衣服，在前胸后背炸了，这一炸，尤其透过火光硝烟看见那女人正在笑他，立时撒起欢来，粗声吆喊，尖声欢叫，似唱非唱，腿又蹦，肩又摆，手中的竹竿子像是醉汉的腰，东摇西晃，甩得爆竹四下散落，逼得围观的人叫着笑着往后退，有人认出卖缸鱼的牛宝，不知他遇上喜还是撞上邪，跑到这里来瞎闹，耍活宝。

就这时候，空中一声"啪"！清脆之极，像是清晨车把式将那带露水的鞭子，在凉冽的空气里麻利地一抖。

牛宝没弄明白这声音打哪儿来，跟着就听这鞭子在半空中"啪啪"抽打起来，愈打愈紧愈密，声音毫不粘连，每一响都异常清晰、干脆、刚烈，上下左右，响在何处都一清二楚。牛宝这才瞅见，原来是圆头小子把他那挂小钢鞭点响了。奇了！他这鞭怎么声声都像是钻到耳朵里炸，直要把耳膜炸裂？这炸声还把三挂大查鞭的响声从耳朵里赶了出来，赶到外边，变得像拍打棉袄或吹破猪尿泡的那种闷响，完全成了圆头小子那小钢鞭的陪衬了。真奇了！他豆芽菜似的小鞭，哪来如此大的炸劲儿？当两人竿子上的鞭炮全放净，对面站着，牛宝瞪大眼发傻，圆头小子指指地面，牛宝一瞅更是惊讶。圆头小子身周一片炸得粉粉碎的鞭炮屑儿，像是箩过，细如粉末，足见炸药的劲力；

自己四周却有许多爆竹根本没炸开，到处是烧净了火药黑糊糊的纸筒子，围观的人给他起哄，喝倒彩，这算栽到家了。他抬头硬叫自己向歪脖柳树下边望去，那女人也在嘿嘿笑话他。这笑比任何人嘲弄挖苦都叫他难堪。他要是土行孙，当即就扎进地里。羞恼之下，把竹竿子一扔，朝圆头小子说：

"十八号大集，咱再到这儿见！"

"干啥等到十八，"圆头小子神气活现地说，"你要不服，带着好货去独流镇找俺们，那儿后天就是集！"

周围一片叫好，此地人就喜欢这种带劲的话。

二

转过两天，牛宝在独流镇的炮市上拉开阵势。

独流镇的炮市与静海县城不同。十来亩平平坦坦一块场子，四外围着泥坯垒的一道墙，多处坍塌，任人跨出跨进；地上光秃秃，只是戳着高高矮矮许多拴牲口的木桩，平时这是买卖牲口的地界儿。可一入腊月，卖花炮的渐渐挤进来，鞭炮一响，牲口吓走了，自然而然改做临时的炮市。

今儿牛宝好精神。一身崭新的棉袄棉裤，乌鞋净袜，脑袋一早洗过，此刻太阳一照，墨黑油亮。卖炮的人从没有这般打扮，烟熏火燎，鞭炸炮崩，衣衫多是旧破与糊洞。牛宝平时最不爱新衣，这样一身全新，架架楞楞，生生板板，像是相亲来的。他身边站着一个苍白消瘦的小子，带着病相，一双小眼倒是亮亮闪闪，十二分的精神。这人是他堂弟，名唤窦哥，专门折腾花炮的小贩。昨天牛宝请他买来一批上好鞭炮。窦哥既钻钱眼，也讲义气，买卖道上很有情面，这批鞭炮是他打沿儿庄"万家雷"家里买出来的。这"万家雷"不单名满静海，还在天津卫宫前大街和北平的厂甸设炮摊，挂字号，有几分名气。人说"万家雷"能开山打洞，装进大炮膛里当炮弹使。

牛宝连夜把鞭炮上凡有"万家雷"的戳记都扯下来，换上红纸，临时使块杜梨木刻条大鲤鱼盖上去。自打静海造炮千八百年来，还没见过这字号。转天满满装一小车，运到集上，车上车下摆得漂漂亮亮；大挂的万头雷子鞭，

以电影画面编制的年画。

一包三尺多高，立在车上，像半扇猪，极是气派。牛宝和窦哥各拿一根大竹竿，足足两丈长，左右一站，好比守阵门的两员武将。

对面是圆头小子，手握长竿，挑一挂红纸大鞭，横刀立马站在前头。后边是装满鞭炮的驴车，那女人面雕泥塑般坐在车上。车前，除去那年龄小的小子，还多出一个黑瘦瘦的男子。他们腰上全扎一条避邪用的红布腰带。炮市上的人看这阵势，知道要比炮，都围了上来。

窦哥一瞅对方，眼珠惊得差点没掉在地上，扭脸对牛宝低声说：

"牛宝哥，你咋跟他们斗上气儿了？人家是文安县蔡家呵！在天津卫'蔡家鞭'和'万家雷'齐名，前二年蔡家老大给火药炸死，蔡家人不大往咱静海这边来了，'蔡家鞭'也见不着了。哎，你瞧，坐在车上那俊俏人就是蔡家大媳妇，名叫春枝，方圆百里，打灯笼也难找着这么俊的人儿！可惜守了寡！这圆脑袋小子是蔡三，倚车站着的是蔡家老二和老四，都是放炮的好手。咱的炮再好，也放不过人家，更别说人家'蔡家鞭'了！"

牛宝听了，脑袋里只多了春枝，根本没有"蔡家鞭"，还要多问，可不容他说话，圆头圆脑的蔡三已经将竹竿子使劲划起圈儿来，直把拴在竿尖上的那挂鞭甩成一条直线，在空中呜呜响。卖鞭的人都这么做，显示自己编炮使的麻绳结实不断。跟着，蔡三又变了手法，要起花活，叫手中的竿子转起来，半圈紧，半圈松，一紧一松，有张有弛，那鞭就忽弯忽直，忽刚忽柔，蛇舞龙飞，十分好看，还没点炮，就引得人们叫好。随后，竹竿往地上"噔"地一戳，鞭炮垂下来，点着就炸，声音比上次那小钢鞭响几倍，震得周围一些拉车的牲口慌慌挪动身子和腿，受不住，要跑。

牛宝挑起一挂雷子鞭也点响，"万家雷"名不虚传，个个爆竹都像炸雷，带着一股烈性与豪气，只比蔡家的大鞭强，绝不比蔡家弱，也招来一阵喝好。

两边就紧紧较上劲儿。

只见蔡三往右边一闪，小小蔡四从车子那儿走来，手提一挂巨型大鞭，每只都有黄瓜一般粗，总共十二只，像是提着一串长茄子，引得人们喊怪叫奇。蔡四身小，虽然斜向上举，最下边的一只大鞭依然嚓嚓蹭地。牛宝头次瞧见这般大的鞭。窦哥告诉他："这叫'一步一响'，走一步，炸一个，这是蔡家鞭的看家货，已经多年见不到，你一听就知道了。"他掏钱给了身边一个熟人，嘀咕些话，然后对牛宝说："我叫人去买他几挂，有几挂这鞭当幌子，今年多赚一倍钱。"

蔡四走到场子中央，蔡三帮他点着药信子，大鞭炸天，响声像打炮，震得看热闹的人不单堵耳朵，还闭眼。小小蔡四却毫不为之所动，炮炸身边，浓烟蔽体，他却像提着笼子遛鸟，从容又清闲，叫人佩服蔡家人鞭炮这行真有功底。

蔡四稳稳当当走了十二步，一停，手里的大鞭刚好放完。一时不少人涌上来，争买大鞭。窦哥扬手大叫："别急，还有更好的家伙哪！"他从车上抱下来一个天下少见的大雷子炮，立在地上，一尺多高，快要齐到膝盖，小胳膊粗，药信子像根麻绳，大红纸筒，上边盖的戳记是条墨线大鱼。

"娘哟！这不是炸城池子用的吧！"有人惊叫道。

"你瞧炮上那条鱼，挺像是牛宝的缸鱼，哎，那壮小子是牛宝吧，他咋改行卖起炮来了？"

人们议论着。

春枝在车上，仍旧像娘娘庙里的泥像，端坐不动，只是眼睫毛偶尔惊颤一下，那是听到人们议论时的反应，这反应却不为任何人发现。

牛宝拿香点着大雷子炮，轰地炸开，烟腾火起，声如天塌地陷，近前的人溅了一身黄土，没人叫，都呆了，像是出了大事。连牛宝都发蒙，一时竟不知发生什么意外。面皮生疼，是大炮炸开气浪拍打的。唯有蔡家人眼皮眨也没眨，但这一炸，却使春枝对眼前的事全然明了了。

随后两边各逞其能，蔡家人放炮似有用不尽的花样，可牛宝一招不会，新棉袄叫炮打煳了两大片，一只耳朵打红了，差点丢人现眼，多亏窦哥常年贩炮，见多识广，会使小伎俩，支应着局面，但要不是"万家雷"货真价实，东西地道，也早叫蔡家打趴下了。看来，真东西没亏吃，此亦万事之理。

蔡家老二放"二踢脚"的本事，叫人赞叹不已。他打开两把"二踢脚"，一个个插在红布腰带上，站在场子中央，先照寻常手法放上天空。蔡家鞭好，炮一样是头等；这"二踢脚"飞得高，炸得脆，高空一炸，碎屑飞散，像是打中一只鸟，羽毛迸开，飘飘飞去。他这样一连放三个，便换了手法，把"二踢脚"倒拿手里，点着药信子，先叫下边一响在手上炸了，再用力抛上天空，炸上边一响。想叫它在哪儿炸就在哪儿炸。圆头圆脑的蔡三在两丈开外举起一挂鞭，蔡二看准，点着"二踢脚"，炸掉一响后，把余下一响抛过去，正好在那挂鞭下端炸开，当即引着那鞭，噼噼啪啪响起来，更引得周围一个满堂彩。这蔡老二得好却不罢手，更演出一手绝活。他像刚才那样倒拿"二踢脚"，炸掉下边一响后，却不抛出手，而是交给另一只手，抓住炸开的下半截，叫上边一响在另一只手上炸。两响不离手，一手一响，这招极是危险，换手慢了，就把手炸伤。但他黑瘦瘦紧绷绷的脸上老练而自信，动作从容又娴熟，好像玩一条鱼。

牛宝见对方压住自己，心里着急。

窦哥说："在天津卫大街上摆炮摊，不叫你乱放'二踢脚'，怕引着房子，崩着人，'二踢脚'就这样拿在手里，放给人看。蔡老大，就是那女人死了的爷们儿，还有手活儿更绝，他把大雷子夹在手指头缝里，一个指缝夹一个，两手总共夹八个，平举着，八个药信子先后点着，哪个快炸，松开哪个。叫雷子掉下来炸，可又不能碰地，碰地会弹起来崩着人。这火候拿不准，手指头就炸飞了。如今蔡老大一死，没人敢要这手活了。哎，牛宝哥，你咋直眼了？"

牛宝听着这话，眼盯着春枝，脑袋里轰地涌出个念头，他对窦哥说：

"你给俺把大雷子夹在手指头缝里，俺试试。"

"你疯啦，这手活是拿空炮筒子练出来的，咋能使真的试？炸坏手，你使啥画缸鱼，俺不干！"窦哥说。

牛宝不理他，从车上取些大雷子，一个个夹在手指缝里，平举双臂，瞪大眼，用一种命令口气对窦哥说："点上！"

窦哥见事不好，想扔下香头跑掉。

谁知牛宝这么一来，蔡家哥仨如同中了枪弹，怔住。春枝脸色十分难看，像是闹心口疼；蔡三红着脸喊道："这小子当俺们蔡家没人，欺侮俺们嫂子，拼啦！"哥仨疯了似的冲过来。还有蔡家同乡和要好的也一齐拥上。

牛宝还没弄懂这缘故，就给蔡家人摁在地上，窦哥也被揪扯住。对方喊着要把雷子插进他们屁眼儿点上，窦哥吓得叫救命求饶，想解释，却不知牛宝与蔡家究竟什么仇。牛宝给十来只大手死死摁着，摁得愈死，他犟劲愈大，用力一挣，脑袋刚抬起来，嘴巴反被压下来，在冻硬的地皮上蹭破，火辣辣地疼痛，蔡老三问他要干啥，他火在身体里撞，嘴更笨，索性大叫：

"俺想做你哥，俺想做蔡老大！"

这话叫在场的人全傻了！傻子也没有这么说话的。蔡家哥仨气得发狂，把他拉起来，用几十挂大鞭把他浑身上下缠起来，要炸他。牛宝使劲使得脖子脑门全是青筋，叫着：

"点火，点火呀！死活我是你哥啦！"

蔡三攥着一把香火，指着牛宝说："你欺人太甚，俺豁出去吃官司，坐大牢，今儿也要把你点了，大伙闪开，我个人做事个人当——"说着就要冲上去点。

"慢着。"忽然响起一个清亮的声音。

牛宝瞧见春枝竟站在他身前，一手拦着蔡三，面朝自己。这张脸就是在杨柳青年画《美人图》上也找不着，可此刻满面愁容，两眼亮晃晃，厚厚包着泪水，像是委屈极了。在牛宝惊讶中，春枝说："你不好好卖你的'缸鱼'，弄来这些'万家雷'来闹啥？你要再来搅扰俺，俺就亲手点这鞭！"然后对蔡家哥仁说，"回家！"一扭身，一大片眼泪全甩在牛宝当胸上。牛宝觉得，像是一排枪子打在自己身上。

春枝和蔡家人去了，浑身缠着大鞭的牛宝，像那拴牲口的木桩，直呆呆戳在那儿。

三

如果牛宝不去沿儿庄，他和春枝这段纠缠也就此罢了。自己一时迷糊、冒傻、犯浑，把人家好好一个女人逼成那份可怜相。究竟春枝因何这般痛苦不堪，他琢磨不透。眼盯着溅在他棉衣上春枝的泪痕，后悔到头，不住地骂自己，最后把剩下的半车鞭炮堆在大开洼里点了，炸成火海雷天，惹得邻村人敲锣报警，以为谁家造炮，中了邪火，炸了窝。

转过两天，窦哥提着两瓶老白干，一包天津卫大德祥的鸡蛋糕来找他，要一同去沿儿庄谢谢人家姓万的，不管牛宝自己的事如何，人家"万家雷"真给使劲儿，那巨型的大雷子炮是万老爷子特意做的，真叫激动人心！这事关着窦哥生意道儿上的情面义气，牛宝便随窦哥来到沿儿庄。

沿儿庄人上至七老八十，下至童男童女，倘若不会造炮，非残即傻。尤其在这腊月里，家家院子的树杈上、衣竿上、屋檐下，都晾满整挂整挂沉甸甸的大鞭，好比秋后拿线串成串儿、晒在屋外的大辣椒；墙头摆满捆成盘的雷子两响，像是码起来的大南瓜，极是好看。那些进村出村的大车装满花炮，蒙上大红棉被，在冰天雪地里更是惹眼。这腊月的鞭炮之乡虽然十二分的热闹，却听不到一声炮响。静得绝对，静得离奇，静得叫人揪心。

牛宝万万想不到，这位跟火药打一辈子交道的万老爷子，竟然胆小如鼠。三九寒冬，屋里和屋外一般冷，炕不生火，灶不烧柴，茶碗里水全结成冰，唯有说话时从嘴里冒出点热气。牛宝和窦哥一进门，万老爷子就嘀咕他们身上有没有铁器、抽烟打火的家伙，鞋底钉没钉"橘子瓣儿"？还非叫他俩抬脚亮鞋底，看清楚才放心。窦哥假装不高兴地说：

"万老爷子每次都这么折腾我，下次我得光屁股来了。"

"别怪我疑神疑鬼。火是我们这行的灾。我不认字，我爹说灾字就是下边一个'火'字，上边三个火苗。所以俺们非到做饭时才生火，烟也不抽，家里除去做饭的锅，不准使一点铁器。那九十堡的'炮打灯'杨四，就是称火药时，秤砣掉在地上，迸出火星子，把一桶火药引炸，炸得杨四没有尸首，秤砣飞出半里多地。火这东西不知打哪来的，有时两家隔一道墙，这家点烟，火竟能穿墙过去，把那家屋里的鞭炮引着，火可邪啦……"万老爷子说到这儿，两眼发直，像是见到鬼，"哎，窦哥，你可小心点桌上那盆火药！"

待窦哥把"万家雷"前天在独流镇显威风的情景，一说一吹一捧，万老爷子才松开面皮，满脸直垂的皱纹也打弯了，呲开一嘴黄牙笑了。这儿井水盐碱也大，人牙焦黄。他神情得意地问道：

"俺那大活咋样？"

"还用说。生把土地炸个大坑，人说再炸就炸出个井来了。是不是这么说的，牛宝哥？"窦哥朝牛宝挤挤眼，叫他帮腔，哄万老爷子高兴。

牛宝嘴拙，找不着话说，只傻笑，点头。

万老爷子愈发得意，笑眯眯再问：

"你们跟谁家比炮？"

"俺们咋能拿您的'万家雷'去跟无名小辈比试，那不成请关老爷和小兵小卒比高低了？对手是文安县'蔡家鞭'蔡家，行吧？"

"噢？"万老爷子惊讶得很。他说，"蔡老大一死，都说蔡家关门不造炮，挂在天津卫的牌匾都摘了，怎么又出头露面，是不是假冒？"

"咋能假冒呢？蔡家四个大活人都在场呀！"

"咋四个？"

"蔡家老二、老三、老四，哥仨……"

"对呀，才三个，咋四个呢？"

"还有人家蔡老大的那俊媳妇春枝呢。春枝她——"窦哥说到春枝，看牛宝直了眼，便赶紧停住口。

"窦哥，你嘴动，胳膊别乱动，小心俺那火药盆子！"万老爷子叫道。然后叹口气说："春枝那孩子命够苦，三个跟她贴近的男人全给炸死了——她爹，她公公，她爷们儿！俺说她是火命！是火！是灾！"

牛宝听得惊异不已，他死也想听明白；窦哥完全清楚牛宝的心思，何况他自己也想知道这闻所未闻的事，便死乞白赖，东绕西套，终于从万老爷子肚里掏出下边的话：

"哎，窦哥，俺当你万事通呢，你咋不知春枝姓杨，她爹就是九十堡'炮打灯'杨四呵。还是大清时候，天津卫炮市上就有句话，是'蔡家鞭，万家雷，杨家的炮打灯'，这都是上两辈人创的牌子，到今儿全是百年老炮了。那时，因为杨家是本县人，跟俺们万家熟识，蔡家远在文安，相互只知其名罢了。到了俺们这辈，杨家跟蔡家认识了，很要好，两家给春枝和蔡老大定了娃娃亲。可春枝十岁就死了妈，跟她爹相依为命过日子。后来孩子们长大，该成亲了，蔡家老头子就去找杨四商量嫁娶的日子，杨四怕春枝走了，一个人受不住孤单，非要蔡老大倒插门。其实蔡家有四个儿子，少一个在身边怕啥？蔡家老头子偏不肯，谈崩了，都上了火气，蔡家老头子回家喝闷酒，一头醉倒，睡成烂泥巴，忘了热炕上还烤着几十挂受了潮的大鞭呢！一下烤过了劲儿，炮炸火起，怪的是四个大小伙子愣没打火里弄出他们爹，活活烧死。蔡家人恨死杨四，没人提那婚事。过两年，哎，就是俺刚头说过的——杨四同村人来找他借点火药，提着杆秤来称分量。造炮的人弄火药绝不准使铁器，勺用木勺，铲用木铲，他怎么忘了秤砣是铁疙瘩呢！秤杆一斜，秤砣砸在石头上，火星子迸进火药里，生把人炸得净光光，连根骨头也没找到，你们说奇不奇？好好一个人，像是变成一股烟，影都没留下，这是遭了啥罪？啥灾？杨家只剩下春枝孤孤单单一个闺女。那蔡老大来向她求婚，她不肯，不知因为她爹欠着蔡家一条命，还是怕一走，'炮打灯'杨家的根儿就此绝了？蔡老大打小跟春枝要好，知道这闺女的性子比火药还强，他竟造了一百个'炮打双灯'去到杨家门口放。意思是你杨家祖业给我蔡老大接过来了，绝断不了根脉。蔡老大是造炮好手，更是放炮好手，他把'炮打双灯'一个个立在手掌上托

义勇男子骨
情是女人魂
纵使天地灭
魂骨依旧存
此余旧作今书之 冯骥才

自书《炮打双灯》篇首诗。

着放。凡是打上天的炮，头一响都得用'竖药'，只往高处蹿，不往横处炸。顶多觉出点坐力来，绝不会伤手。这又表示，他蔡老大已经把杨家的'炮打灯'学到家了。一百个放完，春枝流着泪出屋，二话没说，跟他去了文安……哎，窦哥，这些事你咋会不知道呢？"

"只只片片听见过，可各村各庄造花炮的年年出事，年年死人，哪会连成您这么长的故事！"窦哥说，"俺倒听人说过蔡老大的死，他是惹了大仙吧？"

"说是也是。春枝嫁到蔡家第二年，也是年根底下，她做了一盘'炮打灯'，打算三十夜里自己放，祭祖呗！她剩下一捧炸药没处放，就使高丽纸包个包儿，塞到鸡窝后边夹缝里。这地方平时绝没人去碰，最保险，谁知夜里闹黄鼠狼钻进鸡窝后边夹缝里，这也奇了，它上房翻墙，跑哪儿去不成，偏扎到火药包上，蔡老大拿棍子一捅，嘿，正好，'轰'地生把蔡老大炸得人飞起来，撞在屋檐上，再摔下来，成了血人……唉，怎么这样巧，又都巧到春枝一个人身上？也是命呗！出殡那天，春枝把自己编了十天十夜的两挂大鞭，足有几十万头，挂在大门两边老树上，放起来足足响了整整一夜，直叫整个村的人听着听着，都听哭了……"

牛宝听到这里，忽地翻身趴在地上，给万老爷子叩头。万老爷子蒙了，忙弯腰搀扶，说道：

"俺哪句话伤着你了，快起来，快起来，告诉俺，俺赔不是！"

牛宝却不起身，脑门撞地，冬冬山响，然后抬起泪花花的脸说："您得教俺造'炮打灯'，您得教俺造'炮打灯'，您得教俺造'炮打灯'……"反反复复只这一句话。

万老爷子更糊涂了，窦哥心里却很明白，他害怕牛宝再去惹事，但牛宝犟上劲儿的事，愈拦愈坏，因此他非但没有劝阻，反也趴在地上给万老爷子叩头说：

"您成全俺哥哥吧！"

这句话像是在万老爷子脑袋里点盏灯。万老爷子先是惊讶，随后摇着头低声说：

"要说春枝是个好闺女，懂事明理，知情讲义，可惜她天生是火命，是灾祸！你去问问文安县的光棍，还有人敢娶她做老婆吗？听俺一句吧，老弟！你只要一沾她，灾祸就扑上身，快快绝了这念头！"

牛宝额头顶着地，一动不动，说话的声音便又闷又重："俺、俺死活要当蔡老大。"他不会再多说一句。

乡里人之间并不靠说，哼哼两声，谁都能知道谁的意思。万老爷子叹口长气，无奈地说道："都是命里有呵！好，都起来吧，俺教！"他屁股没离凳子，一转，旁边就是一头吊在房梁上的赶版。他使这赶版一下一个，赶出四五十个炮筒子交给牛宝。然后把桌上的火药盒子和几个料碗端过来说："一硝、二磺、三木炭，火药就这三样东西。你要想往天上打，少放磺，多放炭，这叫竖药；你要想往横处炸，多放磺，少放炭，这叫横药。'炮打灯'是把灯往天上送，下边一响必得用竖药。听明白了？硫磺好买，县城里铺子就卖，木炭你自己会烧？"

"俺画样子就拿木炭起稿。把柳树枝用泥封在洋铁罐里烧，行不？"牛宝说。

"这可不行！造炮的木炭不能使柳枝，只能用青麻秆。"

"麻秆倒有，可硝到哪儿去弄？"

"碱河边有的是，白花花一片片。人说文安任丘那边地上的硝更好，是火硝。"窦哥插嘴说。

"使那硝造炮，还不如放屁响。俺告你们个绝密。你们要是说给外人，俺就使炮炸了你们——"万老爷子凑过织满皱纹的老脸，表情神秘，压低嗓音说："你们就到俺家对面那茅厕后的墙上去刮。"

"那是尿硝呵！"窦哥说。

"谁说不是。这村里人身上全是硝，尿出来的尿烫手，结成的尿硝才有劲儿哪！我家的不行，人老了，没火力。对面崔家五个小子，个个像小牛，那硝面子才是好东西。"万老爷子说，"这硝弄回去，可不能直接使，先用锅熬，熬成水，泼在木炭上，晾干压成粉再掺硫磺。记着，一份硝炭，一份半硫磺。'炮打灯'使竖药，还得多放硝炭！"

"那打到天上的灯，咋做法？"牛宝问。

万老爷子说："这东西叫明子，你不会配，俺送你些吧。"他从身后拿出两个瓦坛子，里边装着黄豆大小、药丸似的东西，各拿出几十粒，分别使红绿纸包上。"这红纸包的，打到天上就是红灯，绿纸包的打到天上是绿灯。'炮打灯'有很多样儿，有一响一灯，有两响七灯，欲称'炮打七灯'，可灯色都是黄色的。唯有这'炮打双灯'，一红一绿，打到天上才好看哪！听俺爷爷说，大清时候，男的向女的求婚，就在人家房前放这炮。当年蔡老大在杨家房前放'炮打双灯'，多半就是这意思。"

牛宝呼喇一声又趴地上，给万老爷子连叩响头，像是遇到救命大恩人。他动作太猛，差点把桌上火药盆子撞下来，幸亏窦哥眼疾手快抱住了。

待牛宝与窦哥千恩万谢告辞回去，万老爷子一人叹息、摇头，还狠狠砸了自己几拳，好像自己伤天害理、送人上西天了。

牛宝和窦哥出来就绕到对面茅厕后边。一看沿墙根白白的，果然都是尿硝，又厚又硬，使瓦片刮下来，晶莹闪亮。两人正刮得带劲，有个孩子喊："有人偷硝了。"吓得他俩赶紧使帽头兜上硝面子，慌张逃出村，再逃回家。

牛宝照万老爷子的法儿，买料、配料、装活，他平日里干活认真，可此时脑袋着魔了，总一闪一闪老年间求婚使的那一双双红灯绿灯，糊里糊涂弄不清硝炭同硫磺，该是哪多哪少，装了一半，便不敢再装。傍晚时候，窦哥来了，两人一说，窦哥笑道：

"你脑袋里净是那春枝啦，咋弄不清呢？'炮打灯'使竖药往天上打呗，多掺些木炭不就行了！"牛宝往药里又加些木炭。两人在房后空地上试了两个，真鼓捣成啦！一响过后，打炮筒里飞出两条亮线，一红一绿，直上天空，老高老高，跟着变成一红一绿两盏灯，极亮极艳，照得天都暗了。窦哥看去，这双灯不在天上，而是在牛宝眼里；那大眼眶子中间，绚烂五彩，烁烁逼人。可窦哥哪知，刚刚牛宝往火药里加木炭之前，已经装成的一些炮，配料正好弄反，竖药成横药！

四

静海县城逢四逢八是大集。今儿是腊月二十八，大年根儿，赶集是最后一遭儿，买卖东西的人便都翻几番，穿戴也鲜活多了；炮市上更是气势压人，河床上烟火连天，炸声如雷，像是开了战；两岸堤坡装鞭炮的车排得密不透风，好似千军万马列成长蛇阵。牛宝和窦哥手拿一包"炮打双灯"，蹲在一辆牛车后头，等候天晚人少。牛宝目光穿过大车轮子，一直死盯着春枝。她依旧在那歪脖柳树下，坐那驴车上，依旧黑衣服、白脸儿、红头巾，但她不像前两次木雕泥塑般纹丝不动，而是把俊俏小脸扭来扭去，东张西望，像是找什么。蔡家哥仨放鞭卖炮，忙前忙后，她却像没瞧见。

下晌后，炮市明显歇下劲来，停在堤上的大车走了许多，零零落落，不成阵势；河床中央的硝烟也见稀薄，看出一个个人来。日头西沉，景物、天空乃至空气全变暗，火光反显得分外明亮。渐渐剩下的人多是鞭炮贩子，吆喝喊叫加劲闹，无非想把压在手里的货甩出去。鞭炮这东西，压过腊月二十八，就得压上一年。地上炸碎的鞭炮屑儿，已经铺了厚厚一层，歪脖树下的蔡家人开始收摊子，也要返回去了，就这时牛宝带着窦哥突然出现在蔡家人面前。

春枝眼睛一亮，像是这才定住魂儿。

蔡家哥仨马上抄起家伙走上来。他们见牛宝立眉张目，嘴角紧张得直抖，有股子决然神气，以为并非比炮，只是要报复前仇，拼命来的。可牛宝不动手也不动嘴，他把厚厚大手平着向前一伸，掌心朝上，中央摆着一个"炮打双灯"，大红炮筒，绿纸糊顶，还使黄纸盖个鲤鱼戳记粘贴中间，鲜艳漂亮，不是画画的牛宝，谁能把花炮打扮成这个样儿？蔡家哥仨一看，立即明白牛宝要干什么，气急眼红，竹竿子给抖动的膀臂震得哗哗响。他们回头看春枝，等待嫂子下令，他们就把这欺侮人到家的小子活活打死。只见春枝脸刷白，没一点血色，紧咬着嘴唇，两眼却像一对小火苗，闪闪冒光，叫蔡家哥仨不明白。

牛宝拿香头把立在手心的炮点着，一声响过，一对浓艳照眼的红绿双灯，腾空而起，他人也觉得随同升起，绚烂地呈现在幽蓝的晚空上。一个放过，窦哥就递上一个，一双双火弹连续不断打上天，美丽、响亮，又咄咄逼人。春枝抬头看，这双灯是她的过去——她最好的日子和最美的希望；而双灯一亮一灭，便是她坎坷多难的岁月经历，她入迷了。

突然，一声巨响，一个炮在牛宝手心爆炸，没往天上蹿，却往横处崩，手心登时裂开，血淌下来。窦哥急得忙把塞在牲口耳朵里的红布拉出来，要给牛宝缠手，一边叫着："牛宝哥，别再放了。人家春枝不会跟你的……"

牛宝抢过红布一扬，朝窦哥喊道："拿来，拿炮给俺！你不给俺就宰了你！"他瞪圆一对牛眼，像门神，很吓人。脑门上的青筋鼓起来嘣嘣直跳。

一个炮递过去，又炸了手心，眼瞅着皮开肉绽，手掌像托着一盘炒鱿鱼卷儿。窦哥忽想到万老爷子的话，一股子不祥感透入骨头，不觉心寒胆战，掉着眼泪哀求道：

"咱中了万老爷子的话了，再放下去没命了，求你快回家吧！"

牛宝不吭声，像是没听见。一个个炮立在血肉模糊的手掌上，点着药信子，有的飞上去，有的往横处乱炸，完全没有准，血点子滴了一片。蔡家哥仨和周围的人都看呆了。决死的人跟神仙差不多，叫人敬畏。那打上去的双灯，像是带着血，变成血灯。牛宝后牙咬得咯咯咯响，努力不叫托炮的胳膊打颤，两眼死死盯着春枝。春枝坐在车上一动不动，但双手紧紧抓住盖在车上的红棉被，好像一松手，人就要掉下车来。

牛宝又点着一个"炮打双灯"，他万没想到这炮筒子里硫磺这么多，几乎是炸弹，猛烈一声巨响，火光闪着血光，牛宝倒在地上，春枝倒在车上。

一年后，还是腊月里，牛宝赶车往县城赶集，左手扬鞭，残断的右手缩在袄袖里。他拿不成笔，不能再画缸鱼了，改卖"杨家的炮打灯"，而且只卖"炮打双灯"。满满一车花炮盖着大红棉被，上头坐着一个鲜艳如花的女人，便是春枝。

但人们说到他俩，都暗暗摇头。窦哥无意间，把万老爷子应验了的预言泄露出来，大家更信春枝这女人是火、是灾、是祸，瞧！她还没进牛家门，就叫牛宝先废了一只手，而且是干活画画的手，这跟搭进去半条命差不多。牛宝听到这些闲话，憨笑不语，人间的苦乐唯有自知。

一九九一年六月

苏七块

苏大夫本名苏金散，民国初年在小白楼一带，开所行医，正骨拿环，天津卫挂头牌，连洋人赛马，折胳膊断腿，也来求他。

他人高袍长，手瘦有劲，五十开外，红唇皓齿，眸子赛灯，下巴儿一绺山羊须，浸了油赛的乌黑锃亮。张口说话，声音打胸腔出来，带着丹田气，远近一样响，要是当年入班学戏，保准是金少山的冤家对头。他手下动作更是"干净麻利快"，逢到有人伤筋断骨找他来，他呢？手指一触，隔皮截肉，里头怎么回事，立时心明眼亮。忽然双手赛一对白鸟，上下翻飞，疾如闪电，只听"咔嚓咔嚓"，不等病人觉疼，断骨头就接上了。贴块膏药，上了夹板，病人回去自好。倘若再来，一准是鞠大躬谢大恩送大匾来了。

人有了能耐，脾气准格色。苏大夫有个格色的规矩，凡来瞧病，无论贫

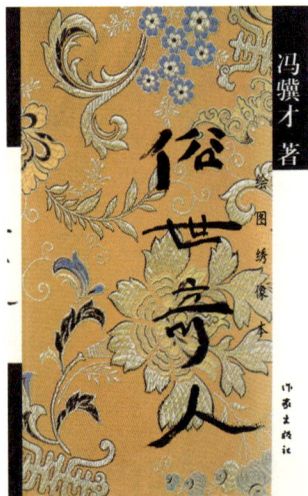

《俗世奇人》包括十八篇短篇小说，以中国文学传统的传奇手法，塑造一群各具个性的天津人集体的地域性格。

富亲疏，必得先拿七块银元码在台子上，他才肯瞧病，否则决不搭理。这叫嘛规矩？他就这规矩！人家骂他认钱不认人，能耐就值七块，因故得个挨贬的绰号叫作：苏七块。当面称他苏大夫，背后叫他苏七块，谁也不知他的大名苏金散了。

苏大夫好打牌，一日闲着，两位牌友来玩，三缺一，便把街北不远的牙医华大夫请来，凑上一桌。玩得正来神儿，忽然三轮车夫张四闯进来，往门上一靠，右手托着左胳膊肘，脑袋瓜淌汗，脖子周围的小褂湿了一圈，显然摔坏胳膊，疼得够劲。可三轮车夫都是赚一天吃一天，哪拿得出七块银元？他说先欠着苏大夫，过后准还，说话时还哼哟哼哟叫疼。谁料苏大夫听赛没听，照样摸牌看牌算牌打牌，或喜或忧或惊或装作不惊，脑子全在牌桌上。一位牌友看不过去，使手指指门外，苏大夫眼睛仍不离牌。"苏七块"这绰号就表现得斩钉截铁了。

牙医华大夫出名的心善，他推说去撒尿，离开牌桌走到后院，钻出后门，绕到前街，远远把靠在门边的张四悄悄招呼过来，打怀里摸出七块银元给了他。不等张四感激，转身打原道返回，进屋坐回牌桌，若无其事地接着打牌。

过一会儿，张四歪歪扭扭走进屋，把七块银元"哗"地往台子上一码。这下比按铃还快，苏大夫已然站在张四面前，挽起袖子，把张四的胳膊放在台子上，捏几下骨头，跟手左拉右推，下顶上压，张四抽肩缩颈闭眼呲牙，预备重重挨几下，苏大夫却说："接上了。"当下便涂上药膏，夹上夹板，还给张四几包活血止疼口服的药面子。张四说他再没钱付药款，苏大夫只说了句："这药我送了。"便回到牌桌旁。

今儿的牌各有输赢，更是没完没了，直到点灯时分，肚子空得直叫，大家才散。临出门时，苏大夫伸出瘦手，拦住华大夫，留他有事。待那二位牌友走后，他打自己座位前那堆银元里取出七块，往华大夫手心一放。在华大夫惊愕中说道：

"有句话，还得跟您说。您别以为我这人心地不善，只是我立的这规矩不能改！"

华大夫把这话带回去，琢磨了三天三夜，到底也没琢磨透苏大夫这话里的深意。但他打心眼儿里钦佩苏大夫这事这理这人。

一九九四年一月

酒　婆

（《俗世奇人》）

　　酒馆也分三六九等。首善街那家小酒馆得算顶末尾的一等。不插幌子，不挂字号，屋里连座位也没有；柜台上不卖菜，单摆一缸酒。来喝酒的，都是扛活拉车卖苦力的底层人。有的手捏一块酱肠头，有的衣兜里装着一把五香花生，进门要上二三两，倚着墙角窗台独饮。逢到人挤人，便端着酒碗到门外边，靠树一站，把酒一点点倒进嘴里，这才叫过瘾解馋其乐无穷呢！

　　这酒馆只卖一种酒，使山芋干造的，价钱贱，酒味大。首善街养的猫从来不丢，跑迷了路，也会循着酒味找回来。这酒不讲余味，只讲冲劲，进嘴赛锔水，非得赶紧咽，不然烧烂了舌头嘴巴牙花嗓子眼儿。可一落进肚里，跟手一股劲"腾"地蹿上来，直撞脑袋，晕晕乎乎，劲头很猛。好赛大年夜里放的那种炮仗"炮打灯"，点着一炸，红灯蹿天。这酒就叫作"炮打灯"。好酒应是温厚绵长，绝不上头。但穷汉子们挣一天命，筋酸骨乏，心里憋闷，不就为了花钱不多，马上来劲，晕头涨脑地洒脱洒脱放纵放纵吗？

　　要说最洒脱，还得数酒婆。天天下晌，这老婆子一准来到小酒馆，衣衫破烂，赛叫花子；头发乱，脸色黯，没人说清她嘛长相，更没人知道她姓嘛叫嘛，却都知道她是这小酒馆的头号酒鬼，尊称酒婆。她一进门，照例打怀里掏出个四四方方小布包；打开布包，里头是个报纸包，报纸有时新有时旧；打开报纸包，又是个绵纸包，好赛里头包着一个翡翠别针；再打开这绵纸包，原来只是两角钱！她拿钱撂在柜台上，老板照例把多半碗"炮打灯"递过去，她接过酒碗，举手扬脖，碗底一翻，酒便直落肚中，好赛倒进酒桶。待这婆子两脚一出门坎，就赛在地上划天书了。

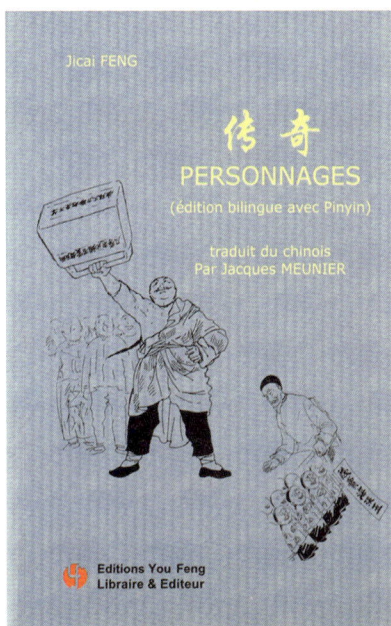

《俗世奇人》的法文版译本，二〇〇二年，巴黎 BLEU DE CHINE 出版社出版。

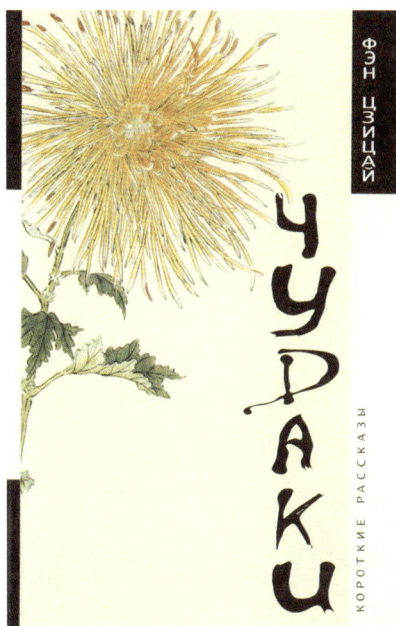

《俗世奇人》的俄文版译本，二〇〇三年，俄罗斯圣彼得堡出版社出版。

　　她一路东倒西歪向北去，走出一百多步远的地界，是个十字路口，车来车往，常常出事。您还甭为这婆子揪心，瞧她烂醉如泥，可每次将到路口，一准是"噔"地一下，醒过来了！竟赛常人一般，不带半点醉意，好端端地穿街而过。她天天这样，从无闪失。首善街上的人家，最爱瞧酒婆这醉醺醺的几步扭——上摆下摇，左歪右斜，悠悠旋转乐陶陶，看似风摆荷叶一般；逢到雨天，雨点淋身，便赛一张慢慢旋动的大伞了……但是，为嘛酒婆一到路口就醉意全消呢？是因为"炮打灯"就这么一点劲头儿，还是酒婆有超人的能耐说醉就醉说醒就醒？

　　酒的诀窍，还是在酒缸里。老板人奸，往酒里掺水。酒鬼们对眼睛里的世界一片模糊，对肚子里的酒却一清二楚，但谁也不肯把这层纸捅破，喝美了也就算了。老板缺德，必得报应，人近六十，没儿没女，八成要绝后。可一日，老板娘爱酸爱辣，居然有喜了！老板给佛爷叩头时，动了良心，发誓今后老实做人，诚实卖酒，再不往酒里掺水掺假了。

　　就是这日，酒婆来到这家小酒馆，进门照例还是掏出包儿来，层层打开，花钱买酒，举手扬脖，把改假为真的"炮打灯"倒进肚里……真货就有真货色。这次酒婆还没出屋，人就转悠起来了。而且今儿她一路上摇晃得分外好看，上身左摇，下身右摇，愈转愈疾，初时赛风中的大鹏鸟，后来竟赛一个黑黑的大漩涡！首善街的人看得惊奇，也看得纳闷，不等多想，酒婆已到路口，竟然没有酒醒，破天荒头一遭转悠到大马路上，下边的惨事就甭提了……

自此，酒婆在这条街上绝了迹。小酒馆里的人们却不时念叨起她来。说她才算真正够格的酒鬼。她喝酒不就菜，向例一饮而尽，不贪解馋，只求酒劲。在酒馆既不多事，也无闲话，交钱喝酒，喝完就走，从来没赊过账。真正的酒鬼，都是自得其乐，不搅和别人。

老板听着，忽然想到，酒婆出事那日，不正是自己不往酒里掺假的那天吗？原来祸根竟在自己身上！他便别扭开了，心想这人间的道理真是说不清道不明了。到底骗人不对，还是诚实不对？不然为嘛几十年拿假酒骗人，却相安无事，都喝得挺美，可一旦认真起来反倒毁了？

一九九四年一月

黑　头

（《俗世奇人》）

这儿说的黑头，可不是戏曲里的行当，而是条狗的名字。这狗不一般。

黑头是条好狗，但不是那种常说的舍命救主的"忠犬、义犬"，这是一条除了它再没第二的狗。

它刚打北大关一带街头那些野狗里出现时，还是个小崽子，太丑！一准是谁家母狗下了崽，嫌它难看，扔到这边来。扔狗都往远处扔，狗都认家，扔近了还得跑回来。

黑头是条菜狗——那模样，说它都怕脏了舌头！白底黑花，花也没样儿，像烂墨点子，东一块西一块；脑袋整个是黑的，黑得看不见眼睛，只一口白牙，中间耷拉出一小截红舌头。不光人见人嫌，野狗们也不搭理它。北大关挨着南运河，码头多，人多，商号饭铺多，土箱子里能吃的东西也多。野狗们单靠着在土箱子里刨食就饿不着。可这边的野狗个个凶，狗都护食，不叫黑头靠前。故而一年过去，它的个子不见长，细腿瘪肚，乌黑的脑袋还像拳头那么点儿。

北大关顶大的商号是隆昌海货店，专门营销海虾河蟹湖鱼江鳖，远近驰名。店里一位老伙计商大爷，是个敦敦实实的老汉，打小在隆昌先当学徒后当伙计，干了一辈子，如今六十多岁，称得上这店里的元老，买卖水产的事儿比自家的事儿还明白。至于北大关这一带市面上的事，全都在他眼里。他见黑头皮包骨头，瘦得可怜，时不时便叫小伙计扔块鱼头给它。狗吃肉不吃鱼，尤其不吃生鱼，怕腥；但这小崽子却领商大爷的情，就是不吃也咬上几口，再朝商大爷叫两声，摇摇尾巴走去。这叫商大爷动了心。日子一久，有了交情，

自绘《俗世奇人》之《黑头》。

模样丑不丑也就不碍事了。

一天商大爷下班回家，这小崽子竟跟在他后边。商大爷家在侯家后，道儿不远，黑头一直跟着他，距离拉得不近不远，也不出声，直送他到家门口。

商大爷的家是个带院的两间瓦房。商大爷开门进去，扭头一看，黑头就蹲在门边的槐树下边一动不动瞧着他。商大爷没理它关门进屋。第二天一天没见它。傍晚下班回家时，黑头不知嘛时候又出来了，又是一直跟着商大爷，不声不响送商大爷回家。一连三天，商大爷明白这小崽子的心思，回到家把院门一敞说："进来吧，我养你了。"黑头就成了商家的一号了。

邻居们有点纳闷，商大爷养狗总得养条好狗；领野狗养，也得挑一条顺眼的，干嘛把这么一个丑东西弄到家里？天天在眼皮子底下转来转去，受得了吗？

商大爷日子宽裕，很快把黑头喂了起来，个子长得飞快，一年成大狗，两年大得吓人，它那黑脑袋竟比小孩的脑袋还大，白牙更尖，红舌更长。它很少叫，商大爷明白，咬人的狗都不叫，所以从不叫它出门，即便它不咬人，也怕它吓着人。

其实黑头很懂人事，它好像知道自己模样凶，绝不出院门，也绝不进房门，整天守在院门里房门外。每有客人来串门，它必趴下，把半张脸埋在前爪后边，不叫人看，怕叫人怕，耳朵却竖着，眼睛睁得挺圆，决不像那种好逞能的家犬，一来人就咋呼半天。可是一天半夜有个贼翻墙进院，它扑过去几下就把那贼制服。它一声没叫，那贼却疼得吓得唧哇乱喊。这叫商大爷知道它不是吃闲饭的：看家护院，非它莫属。

商大爷常说黑头这东西有报恩之心，很懂事，知道怎么"做事"。商大爷这种在老店里干了一辈子的人，讲礼讲面讲规矩讲分寸，这狗合他的性情，所以叫他喜欢。只要别人夸赞他的黑头，商大爷辄必眉开眼笑，好像人家夸他孩子。

可是，一次黑头惹了祸，而且是大祸。

那些天，商大爷家西边的厢房落架翻修，请一帮泥瓦匠和木工，搬砖运灰里里外外忙活。他家平时客人不多，偶尔来人串门多是熟人，大门向来都是闭着，从没这样大敞四开，而且进进出出全是生脸。黑头没见过场面，如临大敌，浑身的毛全竖起来。但又不能出头露面吓着人，便天天猫在东屋前，连盹儿也不敢打。七八天过去，老屋落架，刨槽下桩，砌砖垒墙，很快四面墙和房架立了起来。待到上梁那天，商大爷请人来在大梁上贴了符纸，拴上红绸，众人使力吆喝，把大梁抬上去摆正，跟着放一大挂雷子鞭，立时引来一群外边看热闹的孩子连喊带叫，涌了进来。

黑头以为出了事，突然腾身蹿跃出来，孩子们一见这黑头花身、张牙舞爪、凶神恶煞般的怪物，吓得转身就跑。外边的往里拥，里边的往里挤，在门里门外砸成一团，跟着就听见孩子又叫又哭。

商大爷跑过去一瞧，一个邻居家的男孩儿被挤倒，脑袋撞上石头门墩，开了口子冒出血来。邻居家大人赶来一看不高兴了，迎面给商大爷来了两句："使狗吓唬人——嘛人？"

商大爷是讲礼讲面的人，自己缺理，人家话不好听，也得受着。一边叫家里人赔着孩子去瞧大夫，一边回到院里安顿受了惊扰的修房的人。

这时，扭头一眼瞧见黑头，心火冒起，拾起一根杆子两步过去，给黑头狠狠一杆子，骂道："畜生就是畜生，我一辈子和人好礼好面，你把我面子丢尽了！"

黑头挨了重重一击，本能地蹿起，呲牙大叫一声，那样子真凶。商大爷正在火头上，并不怕它，朝它怒吼："干嘛，你还敢咬我？"

黑头站那儿没动，两眼直对商大爷看着，忽然转身夺门而去，一溜烟儿就跑没了。商大爷把杆子一扔说："滚吧，打今儿别再回来，原本不就是条丧家犬吗？"

黑头真的没再回来。打白天到夜里，随后一天两天三天过去，影儿也不见。商大爷心里觉得好像缺点嘛，嘴里不说，却忍不住总到门外边张望一下。这畜牲真的一去不回头了吗？

又过两天，西边的房顶已经铺好苇耙，开始上泥铺瓦。院门敞着，黑头忽然出现在门口。这时候，商大爷去隆昌上班了，工人都盯着手里的活，谁也没注意到它。

黑头两眼扫一下院子，看见中间有一堆和好的稀泥，突然它腿一使劲，朝那堆稀泥猛冲过去，"噗"地一头扎进泥里，用劲过猛，只剩下后腿和尾巴留在外边。这一切没人瞧见。

待商大爷下晌回来，工人收工时，有人发现这泥里毛糊糊的东西是嘛呢，拉出来一看，大惊失色，原来是黑头，早断了气，身子都有点发硬了。它怎么死在这儿，嘛时候死的，是邻居那家弄死后塞在这儿的吗？

大伙猜了半天说了半天，谁也说不清楚。半天没说话的商大爷的一句话，把这事说明白了："我明白它，它比我还要面子，它这是自我了结。"随后又感慨地说，"唉，死还是要死在自己家里。"

二〇一五年五月六日

张大力

张大力，原名叫张金璧，津门一员赳赳武夫，身强力蛮，力大没边，故称大力。津门的老少爷们喜欢他，佩服他，夸他。但天津人有自己夸人的方法。张大力就有这么一件事，当时无人不晓，现在没人知道，因此写在下边——

侯家后一家卖石材的店铺，叫"聚合成"。大门口放一把死沉死沉的青石大锁，锁把也是石头的。锁上刻着一行字：

凡举起此锁者赏银百两

聚合成设这石锁，无非为了证明它的石料都是坚实耐用的好料。

可是，打石锁撂在这儿，没人举起过，甚至没人能叫它稍稍动一动，您说它有多重？好赛它跟地壳连着，除非把地面也举到头上去！

一天，张大力来到侯家后，看见这把锁，也看见上边的字，便俯下身子，使手问一问，轻轻一撼，竟然摇动起来，而且赛摇一个竹篮子，这就招了许多人围上来看。只见他手握锁把，腰一挺劲，大石锁被他轻易地举到空中。胳膊笔直不弯，脸上笑容满面，好赛举着一大把花儿！

众人叫好呼好喊好，张大力举着石锁，也不撂下来，直等着聚合成的伙计老板全出来，看清楚了，才将石锁放回原地。老板上来笑嘻嘻说：

"原来张老师来了，快请到里头坐坐，喝杯茶！"

张大力听了，正色说："老板，您别跟我弄这套！您的石锁上写着嘛，谁举起它，赏银百两，您就快把钱拿来，我还忙着哪！"

谁料聚合成的老板并不理会张大力的话。待张大力说完，他不紧不慢地说道："张老师，您只瞧见石锁上边的字了，可石锁底下还有一行字，您瞧见了吗？"

张大力怔了。刚才只顾高兴，根本没瞧见锁下边还有字。不单他没瞧见，旁人也都没瞧见。张大力脑筋一转，心想别是老板唬他，不想给钱，以为他使过一次劲，二次再举不起来了，于是上去一把又将石锁高高举到头顶上，可抬眼一看，石锁下边还真有一行字，竟然写着：

唯张大力举起来不算

把这石锁上边和下边的字连起来，就是：

凡举起此锁赏银百两，唯张大力举起来不算！

众人见了，都笑起来。原来人家早知道唯有他能举起这家伙。而这行字也是人家佩服自己，夸赞自己——张大力当然明白。

他扔了石锁，哈哈大笑，扬长而去。

一九九四年一月

刷子李

（《俗世奇人》）

　　码头上的人，全是硬碰硬。手艺人靠的是手，手上就必得有绝活。有绝活的，吃荤，亮堂，站在大街中央；没能耐的，吃素，发蔫，靠边呆着。这一套可不是谁家定的，它地地道道是码头上的一种活法。自来唱大戏的，都讲究闯天津码头。天津人迷戏也懂戏，眼刁耳尖，褒贬分明。戏唱得好，下边叫好捧场，像见到皇上，不少名角便打天津唱红唱紫、大红大紫；可要是稀松平常，要哪没哪，戏唱砸了，下边一准起哄喝倒彩，弄不好茶碗扔上去，茶叶沫子沾满戏袍和胡须上。天下看戏，哪儿也没天津倒好叫得厉害。您别说不好，这一来也就练出不少能人来。各行各业，全有几个本领齐天的活神仙。刻砖刘、泥人张、风筝魏、机器王、刷子李等等。天津人好把这种人的姓，和他们拿手擅长的行当连在一起称呼。叫长了，名字反没人知道。只有这一个绰号，在码头上响当当和当当响。

　　刷子李是河北大街一家营造厂的师傅。专干粉刷一行，别的不干。他要是给您刷好一间屋子，屋里任嘛甭放，单坐着，就赛升天一般美。最让人叫绝的是，他刷浆时必穿一身黑，干完活，身上绝没有一个白点。别不信！他还给自己立下一个规矩，只要身上有白点，白刷不要钱。倘若没这本事，他不早饿成干儿了？

　　但这是传说，人信也不会全信。行外的没见过的不信，行内的生气愣说不信。

　　一年的一天，刷子李收个徒弟叫曹小三。当徒弟的开头都是端茶、点烟，跟在屁股后边提东西。曹小三当然早就听说过师傅那手绝活，一直半信半疑，空政话剧团导演王向明将《俗世奇人》改编为同名话剧，二〇〇三年三月在北京人艺小剧场上演。这是剧目简介。

这回非要亲眼瞧瞧。

那天，头一次跟师傅出去干活，到英租界镇南道给李善人新造的洋房刷浆。到了那儿，刷子李跟管事的人一谈，才知道师傅派头十足。照他的规矩一天只刷一间屋子。这洋楼大小九间屋，得刷九天。干活前，他把随身带的一个四四方方的小包袱打开，果然一身黑衣黑裤，一双黑布鞋。穿上这身黑，就赛跟地上一桶白浆较上了劲。

一间屋子，一个屋顶四面墙，先刷屋顶后刷墙。顶子尤其难刷，蘸了稀溜溜粉浆的板刷往上一举，谁能一滴不掉？一掉准掉在身上。可刷子李一举刷子，就赛没有蘸浆。但刷子划过屋顶，立时匀匀实实一道白，白得透亮，白得清爽。有人说这蘸浆的手法有高招，有人说这调浆的配料有秘方。曹小三哪里看得出？只见师傅的手臂悠然摆来，悠然摆去，好赛伴着鼓点，和着琴音，每一摆刷，那长长的带浆的毛刷便在墙面"啪"地清脆一响，极是好听。啪啪声里，一道道浆，衔接得天衣无缝，刷过去的墙面，真好比平平整整打开一面雪白的屏障。可是曹小三最关心的还是刷子李身上到底有没有白点？

　　刷子李干活还有个规矩：每刷完一面墙，必得在凳子上坐一大会儿，抽一袋烟，喝一碗茶，再刷下一面墙。此刻，曹小三借着给师傅倒水点烟的机会，拿目光仔细搜索刷子李的全身。每一面墙刷完，他搜索一遍。居然连一个芝麻大小的粉点也没发现。他真觉得这身黑色的衣服有种神圣不可侵犯的威严。

　　可是，当刷子李刷完最后一面墙，坐下来，曹小三给他点烟时，竟然瞧见刷子李裤子上出现一个白点，黄豆大小。黑中白，比白中黑更乍眼。完了！师傅露馅了，他不是神仙，往日传说中那如山般的形象轰然倒去。但他怕师父难堪，不敢说，也不敢看，可忍不住还要扫一眼。

　　这时候，刷子李忽然朝他说话：

　　"小三，你瞧见我裤子上的白点了吧。你以为师傅的能耐有假，名气有诈，是吧。傻小子，你再细瞧瞧吧——"

　　说着，刷子李手指捏着裤子轻轻往上一提，那白点即刻没了，再一松手，白点又出现，奇了！他凑上脸用神再瞧，那白点原是一个小洞！刚才抽烟时不小心烧的。里边的白衬裤打小洞透出来，看上去就跟粉浆落上去的白点一模一样！

　　刷子李看着曹小三发怔发傻的模样，笑道：

　　"你以为人家的名气全是虚的？那你是在骗自己。好好学本事吧！"

　　曹小三学徒头一天，见到听到学到的，恐怕别人一辈子也未准明白呢！

一九九九年十二月十五日　　《今晚报》首发

小杨月楼义结李金鏊　　　（《俗世奇人》）

　　民国二十八年，龙王爷闯进天津卫，大小楼房全赛站在水里。三层楼房水过腿，两层楼房水齐腰，小平房便都落得"没顶之灾"了。街上行船，窗户当门，买卖停业，车辆不通，小杨月楼和他的一班人马，被困在南市的庆云戏院。那时候，人都泡在水里，哪有心思看戏？这班子二十来号人便睡在戏台上。

　　龙王爷赖在天津一连几个月，戏班照样人吃马喂，把钱使净，便将十多箱行头道具押在河北大街的"万成当"。等到水退了，火车通车，小杨月楼急着返回上海，凑钱买了车票，就没钱赎当了，急得他闹牙疼，腮帮子肿得老高。戏院一位热心肠的小伙计对他说："您不如去求李金鏊帮忙，那人仗义，拿义气当命。凭您的名气，有求必应。"

　　李金鏊是天津卫出名的一位大锅伙，混混头儿。上刀山、下火海、跳油锅，绝不含糊，死签一个。虽然黑白道上，也讲规矩讲脸面讲义气，拔刀相助的事，李金鏊干过不少，小杨月楼却从来不沾这号人。可是今儿事情逼到这地步，不去也得去了。他跟随这小伙计到了西头，过街穿巷，抬眼一瞧，怔住了。篱笆墙，栅栏门，几间爬爬屋，大名鼎鼎的李金鏊就住在这破瓦寒窑里？小伙计却截门一声呼："李二爷！"

　　应声打屋里猫腰走出一个人来，出屋直起身，吓了小杨月楼一跳。这人足有六尺高，肩膀赛门宽，老脸老皮，胡子拉碴；那件灰布大褂，足够改成个大床单，上边还油了几块。小杨月楼以为找错人家，没想到这人说话嘴上赛扣个罐子，瓮声瓮气问道："找我干嘛？"口气挺硬，眼神极横，错不了，李金鏊！

　　进了屋，屋里赛破庙，地上是土，条案上也是土，东西全是东倒西歪；迎面那八仙桌子，四条腿缺了一条，拿砖顶上；桌上的茶壶，破嘴缺把，磕底裂肚，盖上没疙瘩。小杨月楼心想，李金鏊是真穷还是装穷？若是真穷，拿嘛帮助自己？于是心里不抱什么希望了。

　　李金鏊打量来客，一身春绸裤褂，白丝袜子，黑礼服呢鞋，头戴一顶细辫巴拿马草帽，手拿一柄有字有画的斑竹折扇。他瞄着小杨月楼说："我在哪儿见过你？"眼神还挺横，不赛对客人，赛对仇人。

　　戏院小伙计忙作一番介绍，表明来意。李金鏊立即起身，拱拱手说："我眼拙，杨老板可别在意。您到天津卫来唱戏，是咱天津有耳朵人的福气！哪能叫您受治、委屈！您明儿晌后就去'万成当'拉东西去吧！"说得真爽快，好赛天津卫是他家的。这更叫小杨月楼满腹狐疑，以为到这儿来做戏玩。

　　转天一早，李金鏊来到河北大街的"万成当"，进门朝着高高的柜台仰头叫道："告你们老板去，说我李金鏊拜访他来了！"这一句，不单把柜上的伙计吓跑了，也把典当来的主顾吓跑了。老板慌忙出来，请李金鏊到楼上喝茶，李金鏊理也不理，只说："我朋友杨老板有几个戏箱押在你这里，没钱赎当，你先叫他搬走，交情记着，咱们往后再说。"说完拨头便走。

　　当日晌后，小杨月楼带着几个人碰运气赛的来到"万成当"，进门却见自己的十几个戏箱——大衣箱、二衣箱、三衣箱、盔头箱、旗把箱等等，早已摆在柜台外边。小杨月楼大喜过望，竟然叫好喊出声来。这样便取了戏箱，高高兴兴返回上海。

　　小杨月楼走后，天津卫的锅伙们听说这件事，佩服李金鏊的义气，纷纷来到"万成当"，要把小杨月楼欠下的赎当钱补上。老板不肯收，锅伙们把钱截着柜台扔进去就走。多少亦不论，反正多得多。这事又传到李金鏊耳朵里。李金鏊在北大关的天庆馆摆了几桌，将这些代自己还情的弟兄们着实宴请一顿。

　　谁想到小杨月楼回到上海，不出三个月，寄张银票到天津"万成当"，补还那笔欠款，"万成当"收过锅伙们的钱，哪敢再收双份，老板亲自捧着钱给李金鏊送来了。李金鏊嘛人？不单分文不取，看也没看，叫人把这笔钱分别还给那帮代他付钱的弟兄。至此，钱上边的事清楚了，谁也不欠谁的了。这事本该了结，可是情没结，怎么结？

转年冬天，上海奇冷，黄浦江冰冻三尺，大河盖上盖儿。甭说海上的船开不进江来，江里的船晚走两天便给冻得死死的，比抛锚还稳当。这就断了码头上脚夫们的生路，尤其打天津去扛活的弟兄们，肚子里的东西一天比一天少，快只剩下凉气了。恰巧李金鏊到上海办事，见这情景，正愁没辙，抬眼瞅见小杨月楼主演《芸娘》的海报，拔腿便去找小杨月楼。

赶到大舞台时，小杨月楼正是闭幕卸装时候，听说天津的李金鏊在大门外等候，脸上带着油彩就跑出来。只见台阶下大雪里站着一条高高汉子。他口呼："二哥！"三步并两步跑下台阶。脚底板冰雪一滑，一屁股坐在地上，仰脸对李金鏊还满是欢笑。

小杨月楼在锦江饭店盛宴款待这位心中敬佩的津门恩人。李金鏊说："杨老板，您喂得饱我一个脑袋，喂不饱我黄浦江边的上千个扛活的弟兄。如今大河盖盖儿，弟兄们没饭辙，眼瞅着小命不长。"

小杨月楼慨然说："我去想办法！"

李金鏊说："那倒不用。您只要把上海所有名角约到一块儿，义演三天就成！戏票全给我，我叫弟兄们自个儿找主去卖，这么做难为您吗？"

小杨月楼说："二哥真行，您叫我帮忙，又不叫我费劲。这点事还不好办吗？"第二天就把大上海所有名角，像赵君玉、周信芳、黄玉麟、刘筱衡、王芸芳、刘斌昆、高百岁等等，全都约齐，在黄金戏院举行义演。戏票由天津这帮弟兄拿到平日扛活的主家那里去卖。这些主家花钱买几张票，又看戏，又帮忙，落人情，过戏瘾，谁不肯？何况这么多名角同台献技，还是《龙凤呈祥》、《红鬃烈马》一些热闹好看的大戏，更是千载难逢。一连三天过去，便把冻成冰棍的上千个弟兄全救活了。

李金鏊完事要回天津，临行前，小杨月楼又是设宴送行。酒足饭饱时，小杨月楼叫人拿出一大包银子，外头拿红纸包得四四方方，送给李金鏊。既是盘缠，也有对去年那事谢恩之意。李金鏊一见钱，面孔马上板起来，沉下来的嗓门更显得瓮声瓮气。他说道："杨老板，我这人，向例只交朋友，不交钱。想想看，您我这段交情，有来有往，打谁手里过过钱？谁又看见过钱？折腾来折腾去，不都是那些情义吗？钱再多也经不住花，可咱们的交情使不完！"说完起身告辞。

小杨月楼叫李金鳌这一席话说得又热又辣，五体流畅。第二天唱《花木兰》，分外的精气神足，嗓门冒光，整场都是满堂彩。

一九九四年一月

好嘴杨巴

（《俗世奇人》）

　　津门胜地，能人如林，此间出了两位卖茶汤的高手，把这种稀松平常的街头小吃，干得远近闻名。这二位，一位胖黑敦厚，名叫杨七，一位细白精朗，人称杨八。杨七杨八，好赛哥俩，其实却无亲无故，不过他俩的爹都姓杨罢了。杨八本名杨巴，由于"巴"与"八"音同，杨巴的年岁长相又比杨七小，人们便错把他当成杨七的兄弟。不过要说他俩的配合，好比左右手，又非亲兄弟可比。杨七手艺高，只管闷头制作；杨巴口才好，专管外场照应，虽然里里外外只这两人，既是老板又是伙计，闹得却比大买卖还红火。

　　杨七的手艺好，关键靠两手绝活。

　　一般茶汤是把秫米面沏好后，捏一撮芝麻撒在浮头，这样做香味只在表面，愈喝愈没味儿。杨七自有高招，他先盛半碗秫米面，便撒上一次芝麻，再盛半碗秫米面，沏好后又撒一次芝麻。这样一直喝到见了碗底都有香味。

　　他另一手绝活是，芝麻不用整粒的，而是先使铁锅炒过，再拿擀面杖压碎。压碎了，里面的香味才能出来。芝麻必得炒得焦黄不煳，不黄不香，太煳便苦；压碎的芝麻粒还得粗细正好，太粗费嚼，太细也就没嚼头了。这手活儿别人明知道也学不来。手艺人的能耐全在手上，此中道理跟写字画画差不多。

　　可是，手艺再高，东西再好，拿到生意场上必得靠人吹。三分活，七分说，死人说活了，破货变好货，买卖人的功夫大半在嘴上。到了需要逢场作戏、八面玲珑、看风使舵、左右逢源的时候，就更指着杨巴那张好嘴了。

　　那次，李鸿章来天津，地方的府县道台费尽心思，究竟拿嘛样的吃喝才能把中堂大人哄得高兴？京城豪门，山珍海味不新鲜，新鲜的反倒是地方风

自绘《好嘴杨巴》中的杨巴。

味小吃，可天津卫的小吃太粗太土；熬小鱼刺多，容易卡嗓子；炸麻花邦硬，弄不好硌牙。琢磨三天，难下决断，幸亏知府大人原是地面上走街串巷的人物，嘛都吃过，便举荐出"杨家茶汤"；茶汤黏软香甜，好吃无险，众官员一齐称好，这便是杨巴发迹的缘由了。

这日下晌，李中堂听过本地小曲莲花落子，饶有兴味，满心欢喜，撒泡热尿，身爽腹空，要吃点心。知府大人忙叫"杨七杨八"献上茶汤。今儿，两人自打到这世上来，头次里外全新，青裤青褂，白巾白袜，一双手拿碱面洗得赛脱层皮那样干净。他俩双双将茶汤捧到李中堂面前的桌上，然后一并退后五步，垂手而立，说是听候吩咐，实是请好请赏。

李中堂正要尝尝这津门名品，手指尖将碰碗边，目光一落碗中，眉头忽地一皱，面上顿起阴云，猛然甩手，"啪"地将一碗茶汤打落在地，碎瓷乱飞，茶汤泼了一地，还冒着热气儿。在场众官员吓懵了，杨七和杨巴慌忙跪下，谁也不知中堂大人为嘛犯怒？

当官的一个比一个糊涂，这就透出杨巴的明白。他眨眨眼，立时猜到中堂大人以前没喝过茶汤，不知道撒在浮头的碎芝麻是嘛东西，一准当成不小心掉上去的脏土，要不哪会有这大的火气？可这样，难题就来了——

倘若说这是芝麻，不是脏东西，不等于骂中堂大人孤陋寡闻，没有见识吗？倘若不加解释，不又等于承认给中堂大人吃脏东西？说不说，都是要挨一顿臭揍，然后砸饭碗子。而眼下顶要紧的，是不能叫李中堂开口说那是脏东西。大人说话，不能改口。必须赶紧想辙，抢在前头说。

杨巴的脑筋飞快地一转两转三转，主意来了！只见他脑袋撞地，"咚咚咚"叩得山响，一边叫道："中堂大人息怒！小人不知道中堂大人不爱吃压碎的芝麻粒，惹恼了大人。大人不记小人过，饶了小人这次，今后一定痛改前非！"说完又是一阵响头。

李中堂这才明白，刚才茶汤上那些黄渣子不是脏东西，是碎芝麻。明白过后便想，天津卫九河下梢，人性练达，生意场上，心灵嘴巧。这卖茶汤的小子更是机敏过人，居然一眼看出自己错把芝麻当作脏土，而三两句话，既叫自己明白，又给自己面子。这聪明在眼前的府县道台中间是绝没有的，于是对杨巴心生喜欢，便说：

"不知道当无罪！虽然我不喜欢吃碎芝麻（他也顺坡下了），但你的茶汤名满津门，也该嘉奖！来人呀，赏银一百两！"

这一来，叫在场所有人摸不着头脑。茶汤不爱吃，反倒奖巨银，为嘛？傻啦？杨巴趴在地上，一个劲儿地叩头谢恩，心里头却一清二楚全明白。

自此，杨巴在天津城威名大震。那"杨家茶汤"也被人们改称做"杨巴茶汤"了。杨七反倒渐渐埋没，无人知晓。杨巴对此毫不内疚，因为自己成名靠的是自己一张好嘴，李中堂并没有喝茶汤呀！

一九九四年一月

神医王十二

（《俗世奇人》）

天津卫是码头。码头的地面疙疙瘩瘩可不好站，站上去，还得立得住，靠嘛呢——能耐？一般能耐也立不住，得看你有没有非常人所能的绝活儿。换句话说，凡是在天津站住脚的，不管哪行哪业，全得有一手非凡的绝活，比方瞧病治病的神医王十二。

要说那种"妙手回春"的名医，城里城外一拣一筐，可这只是名医而已，王十二人家是神医。神医名医，一天一地。神在哪儿，就是你身上出了毛病，急病，急得要死要活，别人没法儿，他有法儿，而且那法儿可不是原先就有的，是他灵光一闪，急中生智，信手拈来，手到病除。

王十二这种故事多着呢，这儿不多说，只说两段。一段在租界小白楼，一在老城西马路。先说租界这一段。

这天王十二在开封道上走，忽听有人尖叫。一瞧，一个在道边套烟筒的铁匠两手捂着左半边脸，痛得大喊大叫。王十二急步过去问他出了嘛事，这铁匠说："铁渣子崩进眼睛里了，我要瞎了！"王十二说："别拿手揉，愈揉扎得愈深，你手拿开，睁开眼叫我瞧瞧。"铁匠松开手，勉强睁开眼，一小块黑黑的铁渣子扎在眼球子上，冒泪又流血。

王十二抬起头往两边一瞧，这条街全是各样的洋货店，王十二喜好洋人新鲜的玩意儿，常来逛。他忽然目光一闪，也是灵光一闪，只听他朝着铁匠大声说："两手别去碰眼睛，我马上给你弄出来！"扭身就朝一家洋杂货店跑去。

王十二进了一家洋货店的店门，伸出右手就把挂在墙上一样东西摘下来，

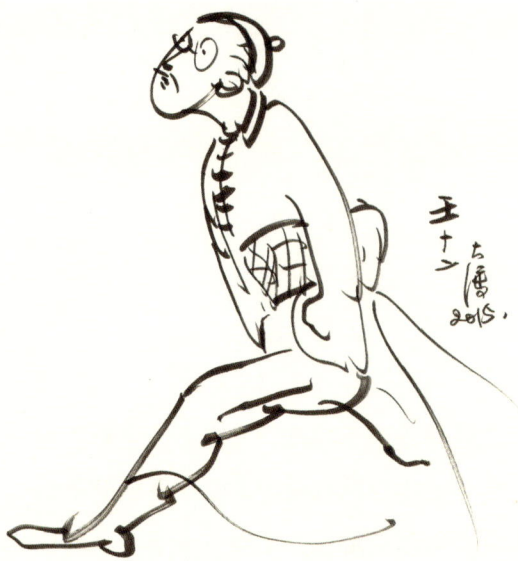

自绘《俗世奇人》之《神医王十二》。

顺手将左手拿着的出诊用的绿绸包往柜台上一撂，说："我拿这包做押，借你这玩意儿用用，用完马上还你！"话没说完，人已夺门而出。

王十二跑回铁匠跟前说："把眼睁大！"铁匠使劲一睁眼，王十二也没碰他，只听叮的一声，这声音极轻微也极清楚，跟着听王十二说："出来了，没事了。你眨眨眼，还疼不疼？"铁匠眨眨眼，居然一点不疼了，跟好人一样。再瞧，王十二捏着一块又小又尖的铁渣子举到他面前，就是刚在他眼里那块要命的东西！不等他谢，王十二已经转身回到那洋货店，跟着再转身出来，胳肢窝夹着那个出诊用的绿绸包朝着街东头走了。铁匠朝他喊："您用嘛法给我治好的？我得给您磕头呵！"王十二头也没回，只举起手摇了摇。

铁匠纳闷，到洋货店里打听。店员指着墙上边一件东西说："我们也不知道是怎么回事，他就说借这东西用用，不会儿就送回来了。"

铁匠抬头看，墙上挂着这东西像块马蹄铁，可是很薄，看上去挺讲究，光亮溜滑，中段涂着红漆；再看，上边没钉子眼儿，不是马蹄铁。铁匠愈瞧愈不明白，问店员道："洋人就使它治眼？"

店员说："还没有听说它能治眼！这是个能吸铁的物件，洋人叫吸铁石。"店员说着从墙上把这东西摘下来，吸一吸桌上乱七八糟的铁物件——铁盒、铁夹子、钉子、钥匙，还有一个铁丝眼镜框子，竟然全都叫它吸在上边，好赛①有魔法。铁匠头次看见这东西——见傻。

原来王十二使它把铁匠眼里的铁渣子吸下来的。

可是，刚刚那会儿，王十二怎么忽然想起用它来了？

神不神？神医吧。再一段更神。

这段事在老城西那边，也在街上。

那天一辆运菜的马车的马突然惊了，横冲直撞在街上狂奔，马夫吆喝拉缰都弄不住，街两边的人吓得往两边跑，有胡同的地方往胡同里钻，没胡同的往树后边躲，连树也没有的地方就往墙根扎。马奔到街口，迎面过来一位红脸大汉，敞着怀，露出滚圆锃亮的肚皮，一排黑胸毛，赛一条大蜈蚣趴在当胸。有人朝他喊："快躲开，马惊了！"

谁料这大汉大叫："有种往你爷爷胸口上撞！"看样子这汉子喝高了。

马夫急得在车上喊："要死人啦！"

跟着，一声巨响，像撞倒一面墙，把大汉撞飞出去，硬摔在街边的墙上，好像紧紧趴在墙上边。马车接着往前奔去，大汉虽然没死，却趴在墙上下不来了，他两手用力撑墙，人一动不动，难道叫嘛东西把他钉在墙上了？

人们上去一瞧，原来肋叉子撞断，断了的肋条穿皮而出，正巧插进砖缝，撞劲太大，插得太深，拔不出来。大汉痛得急得大喊大叫。

一个人嚷着："你再使劲拔，肚子里的中气散了，人就完啦！"

另一个人叫着："不能使劲，肋叉子掰断了，人就残了！"

谁也没碰过这事，谁也没法儿。

大汉叫着："快救我呀，我这个王八蛋要死在这儿啦！"声音大得震耳朵。有几个人撸袖子要上去拽他。

这时，就听不远处有人叫一声："别动，我来。"

人们扭头一瞧，只见不远处一个小老头朝这边跑来。这小老头光脑袋，灰夹袍，腿脚极快。有人认出是神医王十二，便说："有救了。"

只见王十二先往左边，两步到一个剃头摊前，把手里那出诊用的小绿绸包往剃头匠手里一塞说："先押给你。"顺手从剃头摊的架子上摘下一块白毛巾，又在旁边烧热水的铜盆里一浸一捞，便径直往大汉这边跑来。他手脚麻利，这几下都没耽误工夫，手里的白手巾一路滴着水儿、冒着热气儿。

王十二跑到大汉身前，左手从后边搂大汉的腰，右手把滚烫的湿手巾往大汉脸上一捂，连鼻子带嘴紧紧捂住，大汉给憋得大叫，使劲挣，王十二死死搂着捂着，就是不肯放手。大汉肯定脏话连天，听上去却呜呜的赛猪嚎。只见大汉憋得红头涨脸，身子里边的气没法从鼻子和嘴巴出来，胸膛就鼓起来，愈鼓愈大，大得吓人，只听"砰"地一声，钉在墙缝里的肋叉子自己退了出来。王十二手一松，大汉的劲也松了，浑身一软，坐在地上，出了一声："老子活了。"

王十二说："赶紧送他瞧大夫去接骨头吧。"转身去把白手巾还给剃头匠，取回自己那出诊用的绿绸包走了，好赛嘛事没有过。

可是在场的人全看得目瞪口呆。只一位老人看出门道，他说："王十二爷这法儿，是用这汉子自己身上的劲把肋条从墙缝里抽出来的。外人的劲是拗着自己的，自己的劲都是顺着自己的。"这老人寻思一下又说，"可是除去他，谁还能想出这法子来？"

人想不到的只有神，所以天津人称他神医王十二。

二〇一五年五月六日

洋　相

（《俗世奇人》）

自打洋人开埠，立了租界，来了洋人，新鲜事就入了天津卫。租界这两字过去没听说过，黄毛绿眼的洋人没见过，于是老城这边对租界那边就好奇上了。

开头，天一擦黑，人们就到马家口看电灯，那真叫天津人开了眼。洋人在马家口教堂外立根杆子，上面挂个空心的玻璃球，球上边还罩个铁盘子，用来遮雨。围观的人不管大人小孩全仰着脑袋，张着嘴儿，盯着那个神奇的玻璃球，等着瞧洋人的戏法。天一暗下来，那玻璃球忽地亮了，亮得出奇，直把下边每张脸全都照亮，周围一片也照得像大太阳地，人们全都哎哟一声，好像瞧见神仙显灵了。洋人用嘛鬼花活叫这个玻璃球一下变亮的？

再一样，就是冬天里去南门外瞧洋人滑冰。南门外全是水塘河道，天一上冻，结上光溜溜的冰，那些大胡子小胡子和没胡子的洋人就打租界里跑来，在鞋底绑上快刀，到冰上滑来滑去，转来转去，得意之极。他们见中国人聚在河堤上看他们，更是得意，原地打起旋儿来，好比陀螺。有时玩不好，一个趔趄摔屁股蹲儿，或者大仰八叉趴在冰上，引来众人齐声大笑。当时有位文人的一首诗就是写这情景：

脚缚快刀如飞龙，
舒心活血造化功。
跌倒人前成一笑，
头南脚北手西东。

不久，就有些小子去到租界那边弄洋货，再拿回到老城这边显摆。一天，一个小子搬了个自鸣钟到东北角大胡同的玉生春茶楼上，摆在桌上，上了弦，这就招了一帮人围着看，等着听它打点。到点打钟，钟声悦耳，这玩意把天津人镇住了，茶楼上一天到晚都坐满了人，把玉生春的老板美得嘴都撇不上了，说要管那个抱钟来的小子免费喝茶吃东西。没过十天，玉生春又来个中年人，穿戴得体，端着一个讲究的锦缎包，先摞在桌上，再打开包，露出一个挺花哨的鎏金的洋盒子，谁也不知干嘛用的。只见他也拧了弦，可不打点，盒里边居然叮叮当当奏出音乐，好听得要死。人称这小魔盒为"八音盒子"。这一来，来玉生春喝茶看热闹的人又多一倍，连站着喝茶的也有了。

不多时候，老城东门里大街忽然出现一个怪人，像洋人，又不像洋人，中等个，三十边儿上，穿卡腰洋裤子，里边小洋坎肩，领口有只黑绸子缝的蝴蝶，足登高统小洋靴，头顶宽沿小洋帽，一副深色茶镜遮着脸，瞧不出是嘛人。看长相，像洋人，可是再看鼻子小了点。洋人鼻子又高又大前边带钩，俗称"鹰钩鼻子"；这人鼻子小，圆圆好赛小蒜头。

这怪人在街头站了一会儿，忽然打腰里掏出一个小纸盒，从里边抽出一根一寸多长的小细木棍儿，棍儿一头顶着个白头。他举起小木棍儿，从上向下一划，白头一蹭衣裤，嚓地生出火来，把木棍儿引着，令街上的众人一大惊，不知怪人这小棍儿是嘛奇物。怪人待手里的小木棍儿烧到多半，扔在地上，跟着从小盒再抽一根，再划，再生火，再烧，再扔。就这么一连划了十多根，表演完了，嘛话没说，扬长而去。

从此天津人称怪人这种"一划就着"的玩意叫"自来火"。

怪人走后十天，又来到东门里大街上，换了穿戴，领口那蝴蝶换只金色的。他又掏出自来火，划着；可这次没扔，而是打口袋又掏一个纸盒来，这纸盒比自来火那纸盒大一号，上边花花绿绿印了一些外国字；他从盒里抽出一根，这根不是木棍儿，而是小拇指粗细大小白色的纸棍儿，他插在嘴上，使自来火点着，街两边的人吓得捂耳朵，以为要放炮。谁料他点着后不冒火，只冒烟；他嘬了两口，张嘴吐出的也是烟。人们不知他干嘛，站在近处的却闻出一股烟叶味，还有股子异香。去过租界的人知道这是洋人抽的烟。原来洋人不抽

自绘《洋相》中的巴皮。

烟袋，抽这种纸卷的怪烟，烟不放在腰间，藏在衣兜里。

从此天津人称这种洋烟叫"衣兜烟卷"。

这一阵子老城东门里大街上天天聚着一些人，有的人就是等着看这怪人和怪玩意儿。可是他不常露面，一露面就惹得满城风雨。一天，他牵来一只狗。这狗白底黑花，体大精瘦，两耳过肩，长舌垂地，双眼赛凶魔，他从街上一过，连街上的野狗不单吓得一声不出，一连几天不敢露头。

人要出头出名，就该有人琢磨了。这怪人到底是谁，是真洋人还是冒牌货？不久就有两样说法截然相反。一说，他家在西头，父亲卖盐，花钱不愁，近些年父亲总在南边跑买卖，没人管他，他特迷洋人，整天泡在租界里，举手投足都学洋人。另一说，这怪人是地道洋人，刚到租界才一年，觉得老城新鲜，过来逛逛而已，听说还会说一句半句中国话。进而有人说这怪人是英吉利人，叫巴皮。

那时候，天津卫闹新潮，常有人演讲。讲新风，反旧习，倡文明。演讲的地方在估衣街谦祥益对面的总商会，主办是广智馆。一天，总商会又有演讲会，先上来一位先生站在台前，向台下边听众介绍一位来自租界的贵宾。跟着怪人出现了，还是那身穿戴，脖子上的蝴蝶又换成了白底绿格的了。他上来弯下腰手一撇，行个洋礼，说几句洋话。

下边一个学生说："他说的是哪国话？不像英文。我可是学英文的。"

这下人们就议论开了。

下边忽有人叫道："你是叫巴皮吗？"

这怪人好似生怕给别人认错，马上说："我就是巴皮。"

下边人接着问："你打哪儿学的中国话，怎么还是天津味的？"

这话问过，众人一寻思，怪人刚刚说的话还真有点天津口音。

怪人一怔，不好答。下边人又问："你爹是谁？"

怪人又一怔，马上把话跟上说："米斯特·巴皮。"

没想到下边问话这人放大嗓门说："小子，睁大眼看看我是谁？我才是你爹！我刚打广东回来。巴皮？巴嘛皮？快把这身洋皮给我扒下来回家！别在这儿出洋相了。"

自打这天，天津人管学洋人装洋人的叫作"出洋相"。

现在人说的"出洋相"，这典故就是从这件事来的。

二〇一五年五月六日

鼓一张

天津卫的杨柳青有灵气，家家户户人人善画；老辈起稿，男人刻版，妇孺染脸，孩童填色，世代相传，高手如林。每到腊月，家家都把画拿到街上来卖，新稿新样，层出不穷，照得眼花。可是甭管多少新画稿冒出来，卖来卖去总会有一张出类拔萃地"鼓"出来。杨柳青说的这个"鼓"字就是"活"了——谁看谁说喜欢，谁看谁想买，争着抢着买，这张画像着了魔法，一下子能卖疯了。

于是年年杨柳青人全等着这画出现，也盼着自己的画能"鼓"起来了，都把自己拿手的画亮出来；这时候，全镇的年画好比在打擂。

这画到底是怎么鼓的？谁也说不好。没人鼓捣，没人吆喝，没人使招用法，是它自己在上千种画中间神不知鬼不觉鼓出来的。这画为嘛能鼓呢？谁也说不好。戴廉增和齐健隆两家大店，画工都是几十号，专门起稿的画师几十位，每年新画上百种，却不见得能鼓出来；高桐轩画得又好又细，树后边有窗户，窗户格后边还透出人来；他的画张张好卖，可没一张鼓过。就像唱戏的角儿，唱的好不一定红。人们便说，这里边肯定有神道，神仙点哪张，哪张就能鼓；但神仙绝不多点，每年只点一张。这样，杨柳青就有句老话：

年画一年鼓一张，不知落到哪一方。

镇上有个做年画的叫白小宝。他祖上几代都干这行，等传到他身上，勾、刻、印、画样样还都拿得起来，就是没本事出新样子，只能用祖传的几块老版印印画画。比方《莲年有余》《双枪陆文龙》《俏皮话》，还有一种《金脸财神》。这些老画一直卖得不错，够吃够穿够用，可老画是没法再鼓起来的，鼓不起来就赚不到大钱，他心里憋屈，却也没辙。

同治八年立冬之后，他支上画案，安好老版，卷起袖子开始印画。他先印《双枪陆文龙》那几样，每样每年一千张；然后再印《莲年有余》；这张画上是个白白胖胖的小子抱条大红鲤鱼，后边衬着绿叶粉莲。莲是连年，鱼是富裕，连年有余。这是他家"万年不败"的老样子。其实，《莲年有余》许多画店都有，画面大同小异，但白家画上的胖小子开脸喜相，大鱼鲜活，每年都能卖到两千张，不少是叫武强南关和东丰台那边来人成包成捆买走的呢。

　　一天后晌，白小宝印画累了，撂下把子，去到街上小馆喝酒，同桌一位大爷也在喝酒。杨柳青地界不算太大，镇上的人谁都认得谁。这大爷姓高，年轻时在货栈里做账房先生，好说话，两人便边喝酒边闲聊。说来说去自然说到画，再说到今年的画，说到今年谁会"鼓一张"。高先生喝得有点高，信口说道："老白，你还得出新样子呵，吃祖宗饭是鼓不出来的。"这话像根棍子戳在白小宝的肋骨上。他挂不住面子，把剩下的酒倒进肚子，起身回家。

　　一路上愈想高先生的话愈有气，不是气别人，是气自己，气自己没能耐。进屋一见画案上祖传的老版，更是气撞上头，抓起桌上一把刻刀上去几下要把老版毁了，只听老婆喊着："你要砸咱白家的饭碗呀。"随后便迷迷糊糊被家里的人硬拽到床上，死猪一样不省人事。

　　转天醒来一看，糟了，那块祖传的老版——《莲年有余》真叫他毁了，带着版线剜去了一块，再细看还算运气，娃娃的脸没伤着，只是脑袋上一边发辫上的牡丹花儿给剜去了。可这也不行呀——原本脑袋两边各一条辫，各扎一朵牡丹花，如今不成对儿了。急也没办法，剜去的版像割去的肉，没法补上。眼瞅着这两天年画就上市了。好在这些天已经印出一千张，只好将就再印一千张，凑合着去卖，能卖多少就卖多少，卖不出去认倒霉。

　　待到年画一上市，稀奇的事出现了。买画的人不但不嫌娃娃头上的花儿少一朵，不成对，反而都笑嘻嘻说这胖娃娃真淘气，把脑袋上的花都给耍掉了，太招人爱啦！这么一说，画上的娃娃赛动了起来，活了起来！于是你要一张，我要一张，跟着你要两张，我要两张，三天过去，一千张像一阵风刮走，一张不剩。白小宝手里没这幅画了，只好把先前使老版印的双辫双花的娃娃拿出来，可买画人问他："昨天那样的卖没了吗？"他傻了，为嘛人人都瞧上那个脑袋上缺朵花的呢。

可他也没全傻，晚上回去赶紧加印，白天抱到市上。画一摆上来，转眼就卖光。一件东西要在市场上火起来，拿水都扑不灭。于是一家老小全上手，老婆到集市上卖，他在家里印，儿子把印好的画一趟趟往集市上抱。他夜里再玩命印，也顶不住白天卖得快。几天过去，忽然一个街坊跑到他家说："老白，全镇的人都嘈嘈着——今年你的画鼓了！"然后小声问他，"这张画你家印了几辈子了，怎么先前不鼓，今年忽然鼓了？"

白小宝只笑了笑，没说，他心里明白。可是往深处一琢磨，又不明白了，怎么少一朵花反倒鼓了？

年三十晚上，白小宝一数钱，真发了一笔不小的财。过了年他家加盖了一间房，添置了不少东西，日子鲜活起来。

他盼着转年这张画还鼓着，谁知转年风水就变了，虽说这张画卖得还行，但真正鼓起来的就不是他这张了，换成一家不起眼的小画店"义和成"的一张新画，画名叫做《太平世家》。六个女人在打太平鼓。那张画也是没看出哪儿出奇的好，却卖疯了，天天天没亮，义和成门口买画的人排成队挨着冻候着。

二〇一五年五月六日

认 牙

治牙的华大夫，医术可谓顶天了。您朝他一张嘴，不用说哪个牙疼、哪个牙酸、哪个牙活动，他往里瞅一眼全知道。他能把真牙修理得赛假牙一样漂亮，也能把假牙做得赛真牙一样得用。他哪来的这么大的能耐，费猜！

华大夫人善、正派、规矩，可有个毛病，便是记性差，记不住人，见过就忘，忘得干干净净。您昨天刚去他的诊所瞧虫子牙，今儿在街头碰上，一打招呼，他不认得您了，您恼不恼？要说他眼神差，他从不戴镜子，可为嘛记性这么差？也是费猜！

后来，华大夫出了一件事，把这两个费猜的问题全解开了。

一天下晌，巡捕房来了两位便衣侦探，进门就问，今儿上午有没有一个

自绘《认牙》插图。

黑脸汉子到诊所来。长相是络腮胡子，肿眼泡儿，挨着右嘴角一颗大黑痣。华大夫摇摇头说："记不得了。"

侦探问："您一上午看几号？"

华大夫回答："半天只看六号。"

侦探说："这就奇了！总共一上午才六个人，怎么会记不住？再说这人的长相，就是在大街上扫一眼，保管也会记一年。告明白你吧，这人上个月在估衣街持枪抢了一家首饰店，是通缉的要犯，您不说，难道跟他有瓜葛？"

华大夫平时没脾气，一听这话登时火起，"啪！"一拍桌子，拔牙的钳子在桌面上蹦得老高。他说："我华家三代行医，治病救人，从不做违背良心的事。记不得就是记不得！我也明白告诉你们，那祸害人的家伙要给我瞧见，甭你们来找我，我找你们去！"

两位侦探见牙医动怒，呲着白牙，露着牙花，不像装假。他们迟疑片刻，扭身走了。

天冷了的一天，华大夫真的急急慌慌跑到巡捕房来。跑得太急，大褂都裂了。他说那抢首饰店的家伙正在开封道上的"一壶春酒楼"喝酒呢！巡捕闻知马上赶去，居然把这黑脸巨匪捉拿归案了。

侦探说："华大夫，您怎么认出他来的？"

华大夫说："当时我也在'一壶春'吃饭，看见这家伙正跟人喝酒。我先认出他嘴角那颗黑痣，这长相是你们告诉我的，可我还不敢断定就是他，天下不会只有一个嘴角长痣的，万万不能弄错！但等到他咧嘴一笑，露出那颗虎牙，这牙我给他看过，记得，没错！我便赶紧报信来了！"

侦探说："我还是不明白，怎么一看牙就认出来了呢？"

华大夫哈哈大笑，说："我是治牙的呀，我不认识人，可认识牙呀！"

侦探听罢，惊奇不已。

这事传出去，人们对他那费猜的事就全明白啦。他记不住人，不是毛病，因为他不记人，只记牙；治牙的，把全部心思都使在牙上，医术还能不高？

一九九四年一月

泥人张

手艺道上的人，捏泥人的"泥人张"排第一。而且，有第一，没第二，第三差着十万八千里。

泥人张大名叫张明山。咸丰年间常去的地方有两处。一是东北城角的戏院大观楼，一是北关口的饭馆天庆馆。坐在那儿，为了瞧各样的人，也为捏各样的人。去大观楼要看戏台上的各种角色，去天庆馆要看人世间的各种角色。这后一种的样儿更多。

那天下雨，他一个人坐在天庆馆里饮酒，一边留神四下里吃客们的模样。这当儿，打外边进来三个人。中间一位穿得阔绰，大脑袋，中溜个子，挺着肚子，架势挺牛，横冲直撞往里走。站在迎门桌子上的"撂高的"一瞅，赶紧吆喝着："益照临的张五爷可是稀客，贵客，张五爷这儿总共三位——里边请！"

一听这喊话，吃饭的人都停住嘴巴，甚至放下筷子瞧瞧这位大名鼎鼎的张五爷。当下，城里城外气最冲的要算这位靠着贩盐赚下金山的张锦文。他当年由于为盛京将军海仁卖过命，被海大人收为义子，排行老五。所以又有"海张五"一称。但人家当面叫他张五爷，背后叫他海张五。天津卫是做买卖的地界儿，谁有钱谁横，官儿也憷三分。可是手艺人除外。手艺人靠手吃饭，求谁？憷谁？故此，泥人张只管饮酒，吃菜，西瞧东看，全然没把海张五当个人物。

但是不会儿，就听海张五那边议论起他来。有个细嗓门的说："人家台下一边看戏，一边手在袖子里捏泥人。捏完拿出来一瞧，台上的嘛样，他捏的嘛样。"跟着就是海张五的大粗嗓门说："在哪儿捏？在袖子里捏？在裤裆里捏吧！"随后一阵笑，拿泥人张找乐子。

这些话天庆馆里的人全都听见了。人们等着瞧艺高胆大的泥人张怎么"回报"海张五。一个泥团儿砍过去？

只见人家泥人张听赛没听，左手伸到桌子下边，打鞋底下抠下一块泥巴。右手依然端杯饮酒，眼睛也只瞅着桌上的酒菜，这左手便摆弄起这团泥巴来；几个手指飞快捏弄，比变戏法的刘秃子的手还灵巧。海张五那边还在不停地找乐子，泥人张这边肯定把那些话在他手里这团泥上全找回来了。随后手一停，他把这泥团往桌上"叭"地一戳，起身去柜台结账。

吃饭的人伸脖一瞧，这泥人真捏绝了！就赛把海张五的脑袋割下来放在桌上一般。瓢似的脑袋，小鼓眼，一脸狂气，比海张五还像海张五。只是只有核桃大小。

海张五在那边，隔着两丈远就看出捏的是他。他朝着正走出门的泥人张的背影叫道："这破手艺也想赚钱，贱卖都没人要。"

泥人张头都没回，撑开伞走了。但天津卫的事没有这样完的——

第二天，北门外估衣街的几个小杂货摊上，摆出来一排排海张五这个泥像，还加了个身子，大模大样坐在那里。而且是翻模子扣的，成批生产，足有一二百个。摊上还都贴着个白纸条，上边使墨笔写着：

贱卖海张五

估衣街上来来往往的人，谁看谁乐。乐完找熟人来看，再一块乐。

三天后，海张五派人花了大价钱，才把这些泥人全买走，据说连泥模子也买走了。泥人是没了，可"贱卖海张五"这事却传了一百多年，直到今儿个。

二〇〇〇年一月三十日

神 鞭

　　在我的文学生命中，《神鞭》称得上一件古董了。它写于上个世纪八十年代，乃是我从伤痕文学跳到文化小说的第一个深深的足痕。那时代《神鞭》着实风光过：各种转载何止千万；译成异国文字不下十种；亦拍过电影，画成连环图画。我的日文翻译纳村公子小姐在承德避暑山庄居然还看到画着《神鞭》中诸位奇人的"毛片"。

　　然而这只是风光一时。

　　作家的作品都是写给自己同时代人的。其用心，有的出于时代的责任，有的要与读者交流或碰撞。小说引起注意的一个根本的缘故，是与时代合拍。我说这时代是广义的。有时代的思潮，有世风，有社会的敏感点，也有的是契合了时人的情味。往往作品问世之后的火爆，作家事先并不预知。那是由于作家过于敏锐的心灵感知到生活的心律吧。

　　然而，这样一种作品经历了物换星移和事过境迁之后，又会怎样？社会生活换一番风景，世人换了一种心情与关注；连审美的偏好也去之千里。当新的一代读者再打开你的这本书，一准不会有原先那样的激情。

　　因此，对于作家最关键的是第二代读者。

　　如果作品没有第二代读者，作品的生命便要终结。作品只是一次性或一过性的了。故而，我很看重《神鞭》的问世和改编为电影的十八年后，近期又改编为电视连续剧，也很看重这次小说原作的新版重印。只有第二代读者接受它，它才有延续下去的可能。因此，在新的一代读者阅读我这篇小说时，我也阅读读者。我要看读者对这小说的兴趣到底怎样，他们从哪个角度来接受这小说——我要给自己的小说与文学切脉。当然，这样做更是为了我今后的写作。任何作家都不想把自己的小说当作年历，翻过便扔掉。他们总是梦想着使小说成为一种心灵的经文，让读者一代代读下去。

我忽想到，马家窑人使用他们那些美丽的陶罐时，与今人在博物馆里欣赏这些陶罐时，是大不一样的。马家窑人喜爱它的结实与壮美，今人则着迷于这老古董当年那种纯朴又神奇的想象。

我多想自己的作品变成一件真正的古董！

我怀着这种痴想，看着这本老书从印刷机里缤纷又芬芳地再现。

二〇〇二年十月

古古古古古古古，今今今今今今今。

古非今兮今非古，今亦古兮古亦今。

多向精气神里找，少从口眼鼻上认。

书里书外常碰巧，看罢一笑莫细品。

那年头，天津卫顶大的举动就数皇会了。大凡乱子也就最容易出在皇会上。早先只有一桩，那是嘉庆年间，抬阁会扮演西王母的六岁孩子活活被晒死在杆子上。这算偶然，哄一阵就过去了。可是自打光绪爷登基，大事庆贺，新添个"报事灵通会"，出会时，贾宝玉紫金冠上一颗奇大珍珠，硬叫人偷去。据说这珠子值几万，县捕四处搜寻，闹得满城不安。珠子没找着，乱子却接二连三地生出来。今年踩死孩子，明年各会间逞强斗胜，把脑袋开了瓢。往后一年，香火引着海神娘娘驻跸的如意庵大殿，百年古庙烧成了一堆木炭。不知哪个贼大胆儿，趁火打劫，居然把墨稼斋马家用香泥塑画的娘娘像扛走了。因为人人都说这神像肚子里藏着金银财宝。急得善男信女们到处找娘娘。您别笑，您也得替信徒们想想：神仙没了，朝谁叩头？

天津人，好咋呼。有人直眉瞪眼说，他看见娘娘给人藏在鼓楼东海福南味店的后院里。一伙人不管掌柜伙计阻拦，跳墙进去，把堆在院角两垛黄酱坛子胡乱折腾一遍，也不见影儿，肝火没处泄，就砸酱坛子，还有的往上边撒尿。偏巧这家掌柜和知府大人沾点亲，便把闹事的抓起几个来。索赔却赔不起，因为，这几个都是整天惹祸招灾，无事生非的土棍儿，家里顶多一床褥子，两床被，几十个臭虫，连吃饭的家伙都没有。这下子，主张禁会的老爷们算逮住理儿了，到处嚷嚷说，天津卫这地方五方杂处，民风霸悍，重义尚气，易滋事端，不宜举办这种倾城出动的皇会。可谁能把会禁掉？

您再想想，天津卫是靠渔盐漕运发的家。行船出海，遇上黑风白浪，就得指望海神娘娘护佑了。即使头品顶戴，大聚宝盆，也拿灾病没辙，更别说命同猫狗的小百姓们。所以人们就借着海神娘娘诞辰吉日，百戏云集，万人空巷，烧香祝寿，讨娘娘高兴。还要把娘娘的塑像从东门外的天后宫里请出来，黄轿抬，华辇推，各会随驾表演逞技，城里城外浩浩荡荡绕几天，拿娘娘的

《神鞭》，中篇小说，首发于一九八四年《小说家》。曾获全国中篇小说奖、首届《小说月报》百花奖等，也是我海外译本较多的作品之一。

威严，压一压邪魔妖怪。

人都说，人管不了的事，全归神仙管。天津卫这里的"三界、四生、六道、十方"，都攥在娘娘的手心里。可是娘娘也有偷懒耍滑的时刻，又把一些扎手的事推回到人间来。原来神仙也会推活船儿。人不尽天职，天不从人愿，于是就生出今年皇会上这桩稀奇古怪的事来。

第一回　邪气撞邪气

三月二十二，照例是娘娘"出巡散福"之日。

这天皇会最热闹。津门各会挖空心思琢磨出的绝活，也都在这天拿出来露一手。据说今年各会出得最齐全，憋了好几年没露面的太狮、鹤龄、鲜花、宝鼎、黄绳、大乐、捷兽、八仙等等，不知犯哪股劲，全都冒出来了。百姓们提早顺着出会路线占好地界，挤不上前的就爬墙上房。有头有脸的人家，沿途搭架罩棚，就像坐在包厢里，等候各会来到，一道道细心观赏。

干盐务的展老爷今年算是春风得意了。他顺顺当当发了一笔财，又娶了一房如花似玉的小婆，心高气盛，半月前就雇了棚铺，在估衣街口最得看的开阔地，搭一个气派十足的大看台。上头用指头粗的宜兴埠苇子扎成遮阳棚顶，下头用冒着松香气味的宽宽的白板松子铺平台面，两边围着新席，四匹红绸包在外边，又打胜芳买来几盏花灯挂起来。另外还雇了几个打小空的，换上一色青布裤褂，日夜轮班站在台前护棚。

　　俗话说，这叫拿钱壮的，也是拿气壮的。怕事的小百姓们不觉站远些，不知哪股邪气要是和这股气撞上，非出大事不可。谁知这预感居然应验了。请往下看——

　　自打出会那天，展老爷新娶的小婆就闹着要登台看会。谁不知，这小婆是打侯家后小班里赎来的姑娘子，本名紫凤，善唱档调，艺名唤作飞来凤。这飞来凤本是弱中强。如今决不像一般从良女子，隐姓埋名，稳稳当当过起清闲富足的日子。她偏偏要到这紧挨着侯家后的估衣街上露个脸儿，成心叫人认出她，看她，咬着耳朵议论她，却不敢对她这个摇身变成官眷的老娘指指点点。她还有另一层意思：以她这种贫贱身份，只要在人前一出头，展家大奶奶死也不肯同时露面，这就能压过大奶奶一头。但她没料到，大奶奶不来，展老爷也不敢来，死缠硬逼全没用，她便赌气自己来，而且打好主意闹出点名堂，叫姓展的一家子知道她不是软茬儿。

　　她坐在一张铺着绣花垫子的靠椅上，戴着翠戒指的雪白小手有姿有态地往扶手上一摆；在她的身后，站着一个老妈子，头上梳着苏州鬏儿，横竖插满串珠、绒花、纯银的九连环簪子，足登小脚细羊皮靴，青洋绸肥腿裤，月白色大襟褂子绷着四寸宽的花袖箍儿，襟口披着一条纺绸帕子。她姓胡，人叫她胡妈，是展家最会侍候人的老佣人。当下她站在飞来凤椅子后边，还在飞来凤身旁放一张茶几，摆好各类零食，像大官丁家的糖堆儿、鼓楼张二的咸花生、赵家皮糖、查家蒸食等等，名家名品，应有尽有，罩上玻璃罩子，防备暴腾上尘土。但飞来凤很少掀开罩子捏点什么吃，却偏偏让胡妈把台下挎小篮卖杨村糕干的村姑叫上来，张口就说"包圆儿"了。其实她根本不吃这种街头小食，她一是摆份儿，二是成心糟践展老爷的钱。这还不算，每逢一道会来到棚前，她必叫仆人拿着展老爷的名帖去截会。依照皇会的规矩，有头有脸的人家，如果专意看哪一道会，便叫仆人拿着名帖到会头前，道一声辛苦，换过帖，请求表演，就算把会截住了。会头把旗子一摇，小锣当当一敲，全会止住，表演一番，像狮子、重阁、法鼓、杠箱等，都有一段精彩的功夫。演过一段，会头的小锣当当再响两声，就走过去，后一道会便跟上来。截会的人必须送上事先预备好的点心包，作为犒劳答谢。

飞来凤早就使钱请来"打扫会"，把台前街面喷水扫净。这几天，她不管有没有看头，逢会必截。展老爷财大势大，捧出他的名帖，谁敢拨棱脑袋。何况她犒赏极厚，看台上一边堆了数百包点心，一码十斤大包，正经八百都是祥德斋的大八件。即便天津八大家，也没这么大手大脚过。这一来，她看会，人家都看她，看看这个走了红运的小娘儿们怎么折腾法。

虽说她赌气这么干，可是拿钱大把大把往台下撒，也是神气之极。此刻，鹤龄会的鹤童们，舞着"飞""鸣""宿""食"四只藤胎布羽的仙鹤，转来转去，款款欲飞，还朝着她唱吉祥歌。胡妈在她耳边说：

"二奶奶，您瞧，那小童子脖上套着的银圈圈，就是乾隆爷看会时赐给的。听说，乾隆爷当年是坐在船上看会，还不如您这儿得看呢，嘻！"

飞来凤忽然想到，去年皇会，她还在侯家后，同宝银、自来丑、月中仙几个姑娘子，嘴里嚼着冰糖梅苏丸，在人群里挤得一身臭汗。说不定那姐儿几个现在正在人群里，眼巴巴望着自己呢！想到这里，鹤龄会已然演完，她心中高兴，叫仆人拿点心，赏给敲单皮鼓的、吹唢呐的、舞龙旗的，连同扛软硬对联的，每人一大包；六个鹤童和会头每人两大包。

鹤龄会收获甚丰，兴冲冲就要起行，忽见一人拿着朱漆大凳子，"啪"地迎头一撂，一撅屁股坐下来，大模大样架起二郎腿，翘着下巴朝会头冷口叫道：

"等等。照刚才那样儿，给你三爷演上十八遍。点心包——二奶奶那儿有的是，她替你三爷给啦！"

这几千人开了锅似的热闹场面，好像折一大盆凉水，登时静下来。再瞧这人的打扮，可算隔路——

古铜色湖绸套裤，裤腿紧缠着宝蓝腿带，净袜乌鞋，上身一条半长的深枣红拷纱袍子，挺像本地小阔佬，可袍子外边紧巴巴套着件没袖没领的小短衣，像马褂又不是马褂，倒像张七把摔跤时那件坎肩。这件小短衣做工挺讲究，上边耷拉着怀表链，胸口上还挂着七八个稀奇古怪、不金不银的牌牌儿。有些在鸟市看过洋片匣子的人，认出这是洋人身上的东西。可是他帽翅上插着那小梳子干嘛用？广东娘儿们好在头发上插一把小梳子，随时拢拢头发，但从没见过老爷儿们玩这套。别看这小子一身四不像的侉打扮，还挺得意。好像人人看他这身穿戴都眼馋。

　　有人才要拿话逗弄他，一瞅他帽子下边瘦瘦的青巴脸，梆子头底下一双横眼，尤其左边那只花花眼珠，一缩脖子赶紧把话咽进肚里。这原来是大混星子玻璃花！

　　在这城北估衣街上，甭说招他，谁敢多瞧他一眼？连老娘儿们哄孩子都轻轻唱这么两句：“别哭啦，快睡吧，玻璃花，要来啦！”这也算是一种传统教育方式——在怀抱里就加入浓烈的社会内容。

　　可是，玻璃花今儿要做嘛？

　　凡是在这一带世面上混日子的人，心里都有数，玻璃花今儿并不是胡闹来的。要问这根由，那就得提到他那只花眼珠子的来历。

　　够份儿的混星子，都得有一段凶烈、带血的故事。

　　十年前玻璃花还是一个无名的土棍，小名三梆子。有一次，他闯进香桃店，闹着“拿一份”。香桃店是侯家后俗称“大地方”的大妓馆。店大人多，领家招呼七八个伙计操着斧把儿围起他来。那时打架兴用斧把，因为斧把一端是方的，有棱有角，抡上就皮开肉绽。依照混星子们的规矩，必须往地上一躺，双手抱头护脑袋，双腿弯曲护下体，任凭人家打得死去活来。只要耐过这顿死揍，掌柜的就得把他抬进店，给他养伤，伤好了便在店里拿一份钱，混星子们叫“拿一份”。这天，三梆子就这样抱头屈腿卧在那儿，叫人打上一袋烟工夫。他仗着年轻气盛，居然没吭一声。一个在这店里拿份的混星子死崔，将斧把头砸在他左眼上，血糊糊的，只当瞎了。伤好后，眼珠子还在，却黑不黑白不白成了花花蛋子，那个打坏他眼珠儿的死崔，在江叉胡同的福

冯骥才【著】

神鞭

文匯出版社

『神鞭』着实风光过。各神转载何止千万:译成异国文字不下十种:亦拍过电影、画成连环图画、近期又改编为电视连续剧。如果作品没有第二代读者、作品的生命便要终结。

《神鞭》，中篇小说，二〇〇三年，文汇出版社出版。

聚成饭庄花钱摆一桌请他，当面赔罪。这死崔心毒手黑，暗中在靴筒掖一柄小刀，只要他闹着赔眼珠，就拔刀下手。谁知道，三梆子非但不闹，却花钱买下这桌酒饭，反过来谢谢他。这因为混星子们不带伤不算横，弄上这点彩儿，正是求之不得。真怪！这世上真是嘛人都有：有的对别人下狠手表示厉害，也有人对自己下狠手显威风，有的把伤藏起来，以为耻辱，有的就挂在脸上，成了光荣的标记。从此，三梆子得号"玻璃花"也就名噪津门了。侯家后的妓馆，无论大店小店，随他抽份拿钱。遇到客人找碴闹事，花丛荆棘，叫他知道，必来报复。那些身不由主的姑娘子，争着要他当后戳，求他坐劲，哪个不是他的相好？飞来凤在侯家后也是个人物，没在他怀里打滚撒娇才怪呢！精明人拿这些瓜葛一连，就明白玻璃花今儿成心是恶心攀上高枝的飞来凤来了。天津人管这叫"添堵"。

其实，飞来凤一瞧突然扎进来这人的装束，就认出是玻璃花。虽说这混星子是地道的土造，偏偏喜好洋货，飞来凤脖子上挂鸡心盒的洋金链，还是这小子送的呢！她从良之后，她就一直揪心玻璃花会跟她捣乱，没想到今儿当着成百上千的人给她难看。她不知道玻璃花要把事闹得多大。眼下，这小子正犯劲，软硬法子都使不上。如果叫仆人轰他，非惹得他翻天覆地，搅成满城丑闻不可。她急得心里有点发躁。

会头是个识路子的明白人。二话没说，旗子一摇，指挥鹤童们面向玻璃花，一连演两遍。然后走到玻璃花面前掬着笑说：

"三爷，你老给个面儿，改天再去拜会您。"

玻璃花面不改容，声不改调：

"去你妈的！向例出会都兴截会，怎么就不准你三爷？"

"这不是单给您连着演过两遍了吗？"会头小心翼翼，生怕玻璃花借个词儿，闹得再大。

"你耳朵长倒了？没听三爷说，叫你演十八遍！"玻璃花说。

会头给难住了。他明白，绝对不能动肝火，就稳稳当当地说：

"三爷，我们这会停了不少时候了，后边还压着三四十道会呢！压长了人家不干。您是天津卫最开面的老爷。三爷您要看得起我们鹤龄会，改日给您演上整整一天，怎么样？"

"去去去，别他妈择好听的说给我！"玻璃花非但不动心，反而把话凿死，"你三爷是嘛人，你拿耳朵摸摸去，说过的话嘛时候改过？"

两下这算僵住了。后边挤上来几个穿戏装、勾花脸的汉子。这是五虎杠箱会的人，压在后边，等不及了。那扮演濮天鹏的汉子，人高马大，再给硬衬的一托，显得魁梧粗壮。他上来对玻璃花一抱拳，说话却挺客气："您先受我一拜。"声音嗡嗡贯耳。

玻璃花斜瞅他一眼，没当回事，踮着二郎腿，仰脸朝天，故意变尖了嗓音说：

"今儿不刮西北风，怎么吹得夜壶直响。"

人群里发出呵呵笑声。

这一句话把杠箱会的汉子噎回去。天津人说话，讲究话茬。人输了，事没成，话茬却不能软。所谓"卫嘴子"，并不是能说。"京油子"讲话，"卫嘴子"讲斗，斗嘴也是斗气。偏偏这汉子空长一副男人架子，骨头赛面条，舌头赛凉粉，张嘴没一句较上劲儿的话：

"三爷，眼瞅着快下晌了，弟兄们耍了一天，还饿肚子呢！不看僧面看佛面，不看佛面，也看娘娘的面子，就叫我们快点过去吧！"

"嘛？看娘娘的面子？娘娘的面子也不如二奶奶的面子。那台上堆着都是祥德斋的点心，饿了就找她要去！"玻璃花说着，用他那只灰不溜秋的花眼珠向飞来凤瞟一眼。

看来他今儿非要向飞来凤脸上抹一把屎不可了。

飞来凤坐在台上一动没动。站在身边的胡妈看得出，二奶奶涂了红油的嘴唇都发白了。

这一来，几方面的人全说不出话来。玻璃花占了上风，神气十足，打怀里掏出一个磨花的洋料小水晶瓶，打开盖，往掌心倒出点鼻烟，在上嘴唇两边抹个大蝴蝶，吸两下，打几个喷嚏，益发来了精神，索性把脚拿到凳子上，看样子今儿要在这儿过夜。

四周的百姓看不成会了，却都瞪大眼珠子，瞧这局面怎么收场。天津卫逢到这种硬碰硬，向例是不碰碎一个不算结。

第二回　跳出一个大傻巴

反正老天爷不会一边倒。这世道就像一杆秤，不会总摆不平，无论身内身外的事，都好比撂在这秤上。一头压下去，另一头就该翘起来。月光照完东窗，渐渐去照西窗；运气和霉气一样，在众人头上蹦来蹦去。日头太毒，便逼来浓云疾雨；雨下得过狂，又招来一阵大风，直把云彩吹得一丝不见。就说眼下玻璃花把会硬截在估衣街口，人们干瞪眼、愣没辙的当口，忽然，一个三十来岁的汉子走进人圈，朝玻璃花作个长揖，说道：

"这位大爷，你老开心顺气。抬抬胳膊放他们几位过去就算了。"

敢出头管事，胆子就算好家伙，但他的话茬并不硬，不像个打算使横的人。玻璃花打量这汉子：中等个子，方面大耳，秤锤鼻子，眯缝着小眼，脸颊上粗粗拉拉净是疙瘩，还带点傻气。再瞧他身上那件崭新的蓝布大褂，甭猜，一准是个缺心眼的穷汉子，换上新衣专意来看会，碰到这场面，不知轻重地想当个和事佬。因此玻璃花更上了劲，撇嘴一笑，站起身，晃晃悠悠走到这人跟前：

"嘿，傻巴，哪位没提裤子，把你露出来了？你也不找块不渗水的地，撒泡尿照照自己。这是嘛地界，你敢扎一头！"

这话不错。眼前这种事躲还躲不开，竟还有人往里边掺和，可见此人多半是个大傻巴。他瞅玻璃花这架势，非但没有赶紧缩回去，偏偏腆着脸笑嘻嘻地说：

"今儿，大伙都图个吉利，多一事不如少一事，你老也少生气。"

"看来，你小子倒挺孝顺。告诉你，三爷向来肚子里没气，专会气人！"说着又瞟了飞来凤一眼，然后拿这傻巴找乐子，"头次咱爷俩见面，你拿嘛孝敬我？脱下你这大褂，三爷正少个门帘。哎，要说你这辫子真不赖，就揪下它来送你三爷吧！"

傻巴头上盘着一条少见的粗黑油亮的大辫子，好像码头绞盘上的大缆绳。若非精足血壮，绝没有这样好的头发。不等他说话，玻璃花上手抓住，打着哈哈说：

"给你三爷还舍不得？"

说话一扯，竟没扯动。这傻巴就像一根铁柱子，辫子就像拴在铁柱上的粗绳子一般。玻璃花本想吓唬他一下，叫他疼得嚷两声，开开心，只用了四成力，可这一下没扯动，立即把他的肝火逗起来。得势人的脾气是沾火就着的。他大叫一嗓子："我揪下你这狗尾巴！"这回使足了十成力，猛一扯。只听"啪"一响，四周的人不禁抬手捂脸，不忍看这把辫子生扯下来的惨状。谁知道，这一下根本没扯动，由于用劲过大，反倒把玻璃花带过来了，跟踉跄跄几乎和这傻巴撞个满怀，傻巴忙用双手搀住他说："你老站好了！"那样子，就像晚辈给老辈叩头行礼那样。

人们止不住"哄"地一声笑了。玻璃花大怒，待他把傻巴的辫子挽上一道，要加劲狠扯时，忽觉得攥在手心的辫子哧溜一下没了，跟着眼前黑影一闪，哧——啪！好像一条皮鞭抽在自己脸上。由左眼角到右嘴角，斜着一道，火辣辣地疼，他瞪眼一瞧，那傻巴倒背手站在他对面。大黑辫子已经松松绕肩一圈，辫梢搭在胸前。玻璃花蒙了，不知这一下怎么挨的，但傻巴的小眼睛却露出吃惊目光，仿佛他自己也不知道这是怎么档子事。

玻璃花不觉向飞来凤瞅一眼，那小娘儿们脸上竟显出几分神气。

"好你妈的，今天三爷算碰上对手啦！来，三爷非把你卸了不可！"玻璃花一边脱去袍褂，一边吼："三爷叫你爹从今天就绝后！"面对傻巴拉开动武的架势。

傻巴双手直摇，不愿意动打。

看热闹的人见要出事，胆小的赶紧溜走，胆大的也往后退。只有一些土棍儿们站着不动，拍着手，念着歌，起哄架秧子：

打一套，闹一套，

陈家沟子娘娘庙，

小船给五百，

大船给一吊。

虽说混星子只讲使横逞凶，耍光棍儿，不讲功夫，玻璃花却跟一位本领高强的师傅练过一年半载，但他凡事不经心，心浮气躁，半了咯叽会几下子，仅仅能对付一气。他见傻巴站在那里不肯出招，先下手为强，上去劈胸就是一拳。这拳将要碰到傻巴，忽然一条黑蛇似的东西已到眼前。他脑子一闪，又是那条辫子！他赶忙收拳闪躲，辫梢闪电般在他眼珠上一扫，眼睛顿时睁不开了；紧接着"哧——啪"，前身重重挨了一下，好像钢条抽的，劲力奇猛，他胸口发闷，眼前一黑，脚底朝天摔在地上。四下登时一片喊叫，有的惊叫，有的呼好。

玻璃花的脑袋像拨浪鼓那样摇两下，稍稍清醒就赶紧一个滚儿跳起来，却见傻巴照旧那样背手站着，长辫子仍然搭在胸前，好像根本没动劲，但一双小眼烁烁放出光彩。这一下真可谓神差鬼使。玻璃花虽然给打得蒙头转向，还没忘了瞅一眼飞来凤。飞来凤那里正笑吟吟嗑瓜子儿，好像看猴戏一般。

玻璃花狂叫一声："三爷活腻啦！"回身操起朱漆凳子朝傻巴砸去。他用劲过猛，凳子斜出去，把鹤龄会的灯牌哗啦一声砸得粉碎，破玻璃满天飞。众人见事情闹大了，吓得唿喇散开，由于不知东西南北，反而挤在一起。有的土棍儿们便往人群里扔砖头了。不知谁叫一嗓子："台上的点心管饱呀！"一群土棍儿就像猴子纷纷爬上台，抢点心包。玻璃花挤在人群里，左一脚，右一脚，踢打挤来挤去的人，他心疼刚才脱下身的袍褂怀表给人乱踩，又想瞅住那傻巴拼命，但傻巴早已不见，台上的飞来凤也不知飞到哪儿去了。

一个头扣平顶小帽的矬混混儿挤上来，扯着脖子叫着：

"三爷！嘛事？哥儿们来了！"

"去你奶奶的，死崔，早干嘛去啦？快给我揪住那傻巴！"

"傻巴？哪个傻巴？"

"他——辫子，揪住他的辫子！"

这话奇了！在那年头哪个爷儿们脑袋后面没辫子，揪得过来吗？

第三回　请神容易送神难

玻璃花鼻青脸肿，一头扎进估衣街上的大药铺瑞芝堂里，找冯掌柜要了后院一间房躲起身。一来因为他把皇会搅乱，保不准官府跟他找点麻烦，好汉不吃眼前亏，躲过势头再说。二来因为像他这种大混星子，当众栽了，脸皮再老也挂不住，那几下挨得又不轻，挂着彩去逛大街，岂不更难看！三来因为冯掌柜是个脓包，在这药铺养伤再好不过，吃药用药随便拿，冯掌柜还精通医道，尤擅推拿按摩，可以给他医治。

冯掌柜巴不得有机会叫玻璃花使唤，拉好关系，以后少跟自己搅和。他细心给玻璃花疗理，还好酒好菜侍候。玻璃花的伤愈来愈见好，心里也就愈烦躁。他不知该怎么出去露面，要想重振雄风，非得把傻巴那条辫子扯下来不可，偏偏找不到傻巴踪影。如果那傻巴是外地人，碰巧撞上闹一下就滚了，他还真没处捞回面子。但听傻巴口音还是地道的天津味儿，这小子究竟在哪儿？自打那天，玻璃花一直躲在药铺里，外边一切消息都靠死崔打听。死崔整天在外边转，非但没找着傻巴，捎回来的全是气煞人的传闻。据说傻巴扬言，还要拿辫子把他两眼抽成一对"玻璃花"，往后叫他连饭锅茅坑都分不出来。还说只要他脱下裤子在估衣街口，屁股上插一串糖堆儿，撅一个时辰，今后傻巴决不在天津出现。还有些更难听的话，气得玻璃花连喊带骂，非要找到傻巴，分个雄雌。但他冷下来一琢磨：自己不是个儿。于是只能屋里摔桌子打板凳，把冯掌柜摆在条案上的一对乾隆官窑的青花帽筒都摔了。弄得冯掌柜直挠头，不敢言声儿。请神容易送神难，只好挨着。

一天，展家的老妈子胡妈来了，说要见玻璃花。玻璃花藏身在此是绝密的，因此冯掌柜只好摇着脑袋说没见过玻璃花。胡妈笑了笑，把一包东西交给冯掌柜说："这是我家二奶奶送给他的。"转身就走。

冯掌柜把包儿拿到后院。玻璃花打开一瞧，竟是一件碧青崭新的洋马褂，兜里鼓鼓囊囊，掏出来看，竟然是张帕子包着一块真正洋造的珐琅表，上边画着洋美人打秋千。这是飞来凤送给他的。她准是猜到，闹事那天，自己丢了怀表马褂，便照样弄来两样更好的叫自己高兴。这小娘儿们真念旧！他对冯掌柜说：

"瞧这洋货多爱人！哎，你他妈为嘛不卖洋药，我听说有种洋药，比指甲盖还小，无论哪儿疼，吞下去眨眼就好。你是不是有药不给我用？看着我疼得冒汗，你好解气！"

冯掌柜赔着笑说：

"三爷说到哪儿去了！有好的，还能不尽着您？我这是国药店，没洋药，你老要吃，我叫伙计到紫竹林去买，那药叫嘛名号？"

"叫……叫白、白……你是卖药的，干嘛问我？"他忽然瞪起眼。

"洋人的东西我哪懂？您这件坎肩就没见过。"

"这哪叫'坎肩'，这叫'洋马褂'，洋人穿在小褂外边的，你他妈真老赶儿！"他嘴里骂骂咧咧，心里却挺美，手指头捏着表链玩。

"你老帽子上的小梳子呢？"冯掌柜见玻璃花高兴，自己也轻松了。有意卖个傻，好显得玻璃花有见识。

"这也是洋打扮！你真是不开眼，土鳖！"

冯掌柜虽然挨了骂，却挺舒服，他搓着手，笑道：

"赶明儿，我也学你老，头上挂个梳子。"

"屁，土豆脑袋也想挂洋梳子！"玻璃花说着，不知想到哪儿，神气忽然一变，问道："哎，展家送东西来的那个老妈子怎么知道我住在这儿？"

冯掌柜摇头说不知道。其实眼下满城已经无人不知，丢人现眼的玻璃花躲进瑞芝堂药铺。自打他藏到这儿的第三天，就常常有人假装买药，扫听他的下落。药铺里的人都瞒着他。不是怕他，而是怕死崔。

但愿死崔这号人只在这书里，世上一个别有。

这小子原先家住在河北粮店街，人刁心毒，原名崔大珠。有一次，他灌了几挂肉肠子，晾在当院，被人隔墙用竿子挑了去。一般人碰到这种事儿，爱闹的就四处查找，无能的自认倒霉，往后再晾肠子换个地方挂也就算了。崔大珠偏不，他买包砒霜掺在肉里，灌了一挂肠子，仍旧挂在老地方，转天又被人偷去。再过一天，就听说前街上开水铺的皮五一家四口都死了。据说是给砒霜毒死的。县里下来人查来查去，把崔大珠抓了去。崔大珠毫不含糊，上堂就点头承认是他在肉肠子里下了毒，但他说这是药耗子用的，谁叫皮五偷嘴吃？这话不能说没理。官府把这案子翻来倒去，也没法给崔大珠治罪，只好放了。可是从此粮店街上，没人再敢搭理这个心比砒霜还毒的人了。那年头，没有"道德法庭"一说，他在人心中被判了死刑，得了"死崔"这个外号。他自知在河北那边待得没味儿了，就挪窝到估衣街上来。估衣街上有两个人人恨又人人怕的家伙，一个是面狠的玻璃花，一是心毒的死崔。当下，两条狼都扎在冯掌柜的羊圈里。

玻璃花转转眼珠，问冯掌柜："你说，为嘛飞来凤那娘儿们送我这洋表洋马褂？"脸上明显冒出一股气来。

冯掌柜不知这是哪股气，又不能不答，便说：

"讨您喜欢呗。"

"滚你妈的！那天我给她添堵，她知道我丢了洋表洋马褂，今儿成心拿这玩意儿给我添堵！"玻璃花甩手把衣服怀表狠狠摔在地上，大叫："明儿，我弄瓶镪水泼在她脸上，叫她成活鬼！"此时已然满脸杀气。

冯掌柜吓得腿发软，想跪下来。他不知怎么对付这个说火就火、软硬不

《神鞭》（年画）赵静东绘，一九八八年，天津人民美术出版社出版。

吃的混星子了。他弯腰把马褂怀表拾起来，说话的声音直打哆嗦：

"幸亏这洋表结实，没坏，一点儿没坏。还是你老这洋货好！"

"拿榔头来，我把它砸瘪了！"玻璃花吼着。

这时，门儿"呀"地一响，进来一个细高爽利的年轻汉子。这是冯掌柜新收进铺子的小伙计，名叫蔡六，精明能干，刚进铺子一年，一个人已经能当俩人使唤。蔡六知道掌柜的被玻璃花缠住了，在窗根下偷听一会儿，心里盘算好了才推门进来。他进门就说：

"三爷，小的有句话，明知您不爱听，也得说给您听。"

玻璃花拿眼一瞄他，分明一种找茬的神气：

"有屁就放！"

蔡六并无怕意，反而坐在玻璃花对面的椅子上，笑道：

"你老纯粹给自己蒙住了！"

冯掌柜见自己的伙计敢这么讲话，吓得头发根冒凉气。玻璃花伸出的手指尖几乎碰到蔡六的脸：

"嘛意思？"

蔡六纹丝儿没动，还是笑呵呵：

"小的估摸，您到今儿还不知道那玩辫子的是谁？"

"谁？你知道，为嘛瞒着你三爷！？"

"三爷是嘛人，您不叫小的张嘴，小的哪敢在您面前逗大尾巴鹰？"

"三爷叫你说！"玻璃花没想到这小子知道傻巴，急啾啾地问。

玻璃花的火气明显落下一截，蔡六含着笑点点头说：

"好，我告您，那玩辫子的在西头担挑儿，卖炸豆腐，人叫'傻二'，这是贱名。"

天津卫的孩子从小都有个贱名，叫什么傻蛋、狗剩儿、狗蛋、屁眼子、大臭、二臭、三臭、秃子、狗不理等等。据说，那是为了叫阎王爷听见，瞧不上，就写不到生死簿上去，永远也点不走，能长命。不管人们信不信，大家都这么做，图个吉利。

"这傻王八蛋的大名呢？"

"臭炸豆腐的，谁叫他大名？"

"他的窝在哪儿？"

蔡六见玻璃花被自己的话抓住了，便有意说得静心静气，慢条斯理，好压住玻璃花的火气：

"多半在西头吕祖堂一带。哪条街哪个门可说不准。我小时候，家就在吕祖堂后边。记得六七岁时，我娘领我去庙里烧香，认师傅，打小辫儿。不是说，那么一来，就算入佛门了；有佛爷保着，不会再惹病招灾。那天，正赶上傻二去剃小辫儿。按照庙里的规矩，凡是认师傅的，到了十二岁再给老道点钱，老道在大殿前横一条板凳，跳过去，就出家成人，熬过了'孩灾'。俗例这叫作'跳墙'。照规矩，跳过板凳，就不许回头，跑出庙门，直到剃头铺，把娃娃头剃成大人样。这例儿三爷您听说过吧？"

"往下说——"

"傻二的辫子长得特足。十二岁跟大人一般粗细，辫梢长过屁股。他跑出庙门，没去剃头铺，直奔回家，听说他舍不得头上的辫子。所以他现在才长得这么粗，像条大鞭子。"

"你总提他穿开裆裤时候的事儿干嘛？三爷问他那狗尾巴上有嘛功夫？"

"您别急，小的全告诉您，半句也不留。听人说他爹有两下子，可从来没跟人使过，天天都在西头那边走街串巷，卖炸豆腐，听说他家是安次县人，那边人多练查拳。但傻二能耍辫子，从来没人知道。再说天下谁听说过辫子上还能有功夫？外边人都议论着，拿辫子当刀枪使唤，真是蝎子屎——毒（独）一份儿了。"

"那傻巴的功夫是他爹传的？"

"多半是吧，还能有谁？对了，从小听说，他爹罚他，就把他小辫拴在树上吊着。人都说他爹做买卖挺和气，对孩子却够狠的。他家就爷俩儿。还有人说，傻二是他爹领来的。亲骨肉谁舍得把儿子的小辫拴在树上吊着？现下再回回味儿，想必那就是练功吧！"

"说完了？"

"啊——"

"就这点屁，顶嘛用，滚吧！"

蔡六没动劲儿，稳稳当当说：

"您别急。事说完，话没完。小的想告诉您，那傻二虽然有功夫，三爷您能耐却比他强！"

玻璃花用他那浑球般的花眼珠盯蔡六一眼：

"你小子拿我找乐子，还是捧我？"

"哪的话。小的再有胆，也不敢跟您开涮！小的虽然不会武艺，却看得出来，傻二全靠着那条辫子占便宜。您琢磨，动手时谁还防着对方的辫子？可他的辫子一甩出来，就等于两条胳膊再加上一条。三条胳膊对您两条胳膊，您还不吃亏？"

玻璃花听得入神，不觉点两下头。冯掌柜忙说：

"那辫子一转，何止三条胳膊，简直是千手观音。"

玻璃花没搭理冯掌柜，直盯着蔡六一张白净的脸儿问道：

"你说三爷拿嘛法儿降他？"

蔡六这才给玻璃花指出一条明道：

"您有那么多有能耐的朋友，谁有绝招就叫谁来，他们还不全听您三爷的招呼！"

"去你妈的！三爷打架向来一对一。"玻璃花说着照蔡六当胸就一拳。蔡六却看出玻璃花尖巴脸上有了活气，显然是听得中意，也中了自己"移花接木"之计。

这时，矬壮的死崔闯进来。蔡六忙给冯掌柜使了眼色走出来。到了前屋，蔡六笑着对冯掌柜说：

"这下子，玻璃花该滚蛋了。"

冯掌柜迷迷糊糊，没弄明白。蔡六说：

"我知道他怕傻二那条辫子，便出个道儿，叫他去找人帮忙。他一去，咱就算把这位爷请出去了。"

"他肯去吗？"

"他恨不得吃了傻二，怎能不去？"

"要是打不过傻二，不又回来了？"

蔡六笑道：

"您放心，无论胜败都不会回来了！如果胜，就用不着住咱铺子里；如果败，甭说咱铺子，连估衣街上也待不住了。"

冯掌柜依然忧虑未解地说：

"崔四爷未必肯叫他去吧？"

蔡六说："您还没看透，死崔不是不叫他出头露面。他这一招够绝——他先把玻璃花关在咱药铺里，然后在外边散风说，玻璃花藏着不敢见人。为了叫人们嚷嚷玻璃花尿了，把玻璃花名声弄臭。下边，他巴不得撺掇玻璃花去找傻二拼命，好借傻二的辫子除掉他！"他的口气很肯定，好像把下面三步棋全看在心里。

"这不能，他们是一伙的！不是哥儿们爷儿们吗？"

"别信那套！嘛叫哥儿们爷儿们？不过为了给自己助威。轮到两人分一块肉时，刀尖又专往哥儿们身上要命的地方捅。"

冯掌柜听到这儿，白胖胖的脸现出笑容，他没料到这新来的小伙计有脑子又有办法。他像危难中碰到保护人，好像大雨中找到一块房檐。他不由自主提起茶壶的铜提梁，给蔡六斟茶，一边问蔡六：

"你刚才说傻二那些事都是真的？"

"管它真假，唬住他就成！"蔡六接过茶碗，不客气地喝了。

他故意这样不客气，好像应该应分一样。因为这么一来，他在这个脓包掌柜的面前的身份就不同以往了。

第四回　不信也是真的

不等天大亮，玻璃花就叫死崔陪着，打药铺出来，到南门外去请打弹弓子的戴奎一。两人横穿出估衣街，到了北城门口，并没走"进北门出南门"那股近道，而是沿着城根儿往西，绕城半圈才到南门外。这因为玻璃花怕人瞧见他，一路还穿街走巷，专择僻静人稀的路走。混星子们在街上向来爱走街心，车轿驴马都得躲着他们，他们还拿眼东瞅西瞅，谁要是多瞧他们一眼，茬子就来了。今儿玻璃花却使劲低脑袋，恨不得把脑袋揣在怀里。死崔在一旁心想：我叫你小子打今儿甭想再露脸儿啦！

那时，南门外一片大开洼，净是些蚊子乱飞的死水坑，柳树秧子，横七八叉的土台子，没人添土的野坟，再有便是密不透气的芦苇荡。住在这儿的多是雁户。拿排枪打野雁、绿头鸭、草鹭和秧鸡，到墙子那边去卖。这是个常年热热闹闹的野市，俗叫"南市"，凡吃、穿、用的，随便买卖，应有尽有。鲜鱼新米、四时蔬果之外，还有些打八叉的小商小贩，倒腾各种日用的新旧杂货。江湖上的"金、瓶、彩、挂"，什么拆字的，算马前课的，拉骆驼或"黄雀叼帖"的，打把式卖艺的，变戏法的，耍滦州影儿的，唱包头落子、哈哈腔、西河大鼓的等等，都聚在这儿混吃糊口。天津这地方，有块地儿就有主儿。河有河霸，渔有渔霸，码头上有把头，地面上有脚行，商会有会长，行行有师祖，官场里上上下下，大大小小，一个衙门里有一个说一不二的老爷。在这集市上，欺行霸市要数"三大块儿"——戴奎一，何老白，包万斤，都是"安座子"已久的老江湖（"大块儿"是指身上的钢筋铁骨腱子肉）。这三位"大块儿"能耐最大的便是戴奎一。他手里的一把弹弓可称天下奇绝。顶拿手的一招，是把一个薄瓷的小酒壶横放在桌上，瓶口放一颗泥弹儿，这泥弹儿与瓶口大小不离，他站在三十步远的地方一弹射去，把那泥弹儿打碎在壶中，绝不损伤瓶子。他用这手绝顶功夫招人观看，实是卖"化食丹"。只要演过几招弹弓，他就捧着一块血淋淋的鲜牛肉，生嚼生吃，再吞下几粒羊屎蛋似的丸药，口称这丸药到肚里，生冷俱消。他拿这种叫人目瞪口呆的法儿卖药，人们花钱买药，并非相信这药真能化食，而是害怕他这股恶劲。据说，光绪二十年，河南来个马班儿表演"小刀山"。河南的马班子大都会几手少林功，恃仗本领在身，没有先去拜会他，把他惹恼了。当一个年轻的女把式爬上三四丈高的大杉篙拿大顶时，戴奎一站在远处大叫一声："戴爷给你换个左眼！"开弓一打，"啪"地把一个泥珠射进那女把式的左眼窝，马班子的男男女女都要跟戴奎一动武，眼望着这把上了子儿的弹弓，谁敢靠前？从此谁也不敢招惹他了，就是玻璃花那左眼放着没用，也不愿意换个泥球。

"戴爷，咱哥儿们麻烦您来了！"玻璃花拱拱手说。他此时气不壮，说话时精神也不足。

"您这是嘛话，三爷！哥儿们我在城南，您在城北，城隔着人，不隔着义气。前儿，崔四爷来，把您的话捎给我。我跟四爷说了，只要您三爷一句话，咱哥儿们掉脑袋也认！不过……我刚才用脑瓜又琢磨琢磨，那个卖炸豆腐的傻小子，值我戴奎一的一个泥球吗？啊？哈哈哈哈……"

戴奎一咧大嘴叉子，仰面狂笑。他光着膀子，这一笑满身疙瘩肉像活耗子那样上下直动。他长得人高面阔，猿背蜂腰，鹰鼻豹眼，宽宽一条橘黄色亮缎腰带上，别着一根柳木叉架、牛皮筋条的大弹弓子。当下，他正站在自家店门口，店内迎面墙上挂着两副死人的骨头架子。这背景和打扮一衬一托，就愈发显得凶厉。本来戴奎一答应好今天为玻璃花去拔撞。虽说他向来天不怕地不怕，但是个人就有脑子，这两天耳边经常听到有关傻二的辫子的传言，传得神乎其神。在将信将疑之间，他开始掂量起来，为这个从来也没对自己出过力、眼下正走背字的混星子，去碰碰那个不知根底的傻二，值不值得……

死崔好像看见了戴奎一心里怎么拨棋子儿。他想，如果戴奎一不帮忙，就会挤着玻璃花对傻二暗中下手。反正玻璃花绝不敢再跟傻二明着较量，而且已经几次计划着，派几个小混星子暗中对傻二下手。暗着干向来比明着干能成事。只要把傻二弄残，玻璃花就会在估衣街上重新抖起来。故此，必须设法使戴奎一去和傻二打一场。如果戴奎一赢了，就在外面散风说，玻璃花没能耐，借刀杀人，玻璃花的脸上也不光彩；如果傻二赢了，戴奎一必然恨玻璃花毁了他的名声，还会有玻璃花的好？想到这儿，他就拿话激戴奎一：

"戴爷，听那傻巴说您根本算不上咸水沽人。"

"怎么讲？"戴奎一没听明白这话是嘛意思。

"那傻巴是咸水沽人。他说，咸水沽水硬，人也硬，不出螃蟹。"死崔说。

"我听不懂你的话。"戴奎一说。

死崔含笑道：

"就是骂您呗！螃蟹的骨头长在外边，肉长在里边，外硬里软，不过看上去挺硬罢了。您先别生气，那傻巴还有话，——他说，要论胳膊大腿之外的功夫，谁也顶不住他的辫子，您的弹弓子不过是小菜儿！"

对付人的本事，全看能不能摸准对方的要害。看准要害，一捅就玩完。死崔深知，戴奎一虽然人高块大，心眼并不比针眼大。他更懂得，嫉妒这东西挺眼：男人嫉妒男人，女人嫉妒女人，同辈嫉妒同辈，同行嫉妒同行；出家在外，同乡还嫉妒同乡。——没听说过，山海关一个名厨子，会嫉恨起广东一个卖字画的，哪怕这舞笔弄墨的家伙比他名气再大。

果然，戴奎一的胸膛里盛不下这几句话，气得骂开了。

死崔火上再浇油：

"人家都管傻巴那辫子叫'神鞭'！"

这"神鞭"是他为了气戴奎一，顺口编出来的。

"嘛叫'神鞭'？"戴奎一吼着。他心里的火顺着血流遍全身，手背、胳膊、脖子、太阳穴上的面条粗细的青筋，根根都鼓胀起来。

"他说，只要是凡人，想抽谁就抽！"死崔说着拿一双乌黑的小眼瞅着戴奎一发怒的脸。他要眼看着这炉火，直把戴奎一的胸膛烧透了才成。

戴奎一大叫道："他是神仙，我也把他射下来！"说着，把腰间的弹弓取在手，扭身来一招"回头望月"，把两个泥弹儿连珠射上去。只听天上"啪"一响。第二个泥弹儿飞去得更急，直把第一个打得粉碎。

玻璃花拍手叫道：

"好功夫！管叫那傻巴的脑袋成漏勺！"

戴奎一听了，脸上立见笑容。他叫徒弟进屋取出一个缎面绣花弹囊，再从一排排晾在青石板上的泥弹儿中间，择出一些最圆最硬、颜色发黑的胶泥弹儿装满袋囊。戴奎一转了转眼珠儿，进屋拿了两个铁弹丸掖在腰间，便走出屋来，带着两个徒弟，与玻璃花、死崔去找傻二打架。

从西关街走到头儿，有个土坯打墙围着的院子。墙挺高，上边只露出三两个青瓦顶子，几棵老枣树黑紫黑紫，没发芽儿，带刺的树杈，密密实实罩在上边。院里没动静，树上没鸟叫，烟囱眼里没有烟往外冒，倒像什么奇人怪客住在里头。

有人给玻璃花壮胆，他顿时精神多了。上去"啪啪"拍门，扯着脖子叫喊：

"耍狗尾巴的，三爷找上门儿来了！"

砸了一会儿，毫无响动。他找了半块砖刚要朝门板砸去，忽听一个哑嗓音：

"我在这儿！"

他们不觉回头瞧，只见不远处的几棵大柳树下，站着傻二。还是那件蓝布大褂，粗长的辫子盘在头上。玻璃花跑上去，恨不得把傻二撕了：

"你别以为三爷栽了，今儿找你结账来啦！"

傻二态度谦恭，话说得诚心诚意：

"三爷说到哪儿去了？我哪有能耐跟您闹。那天我也是稀里糊涂，赶巧碰您三爷两下，您不当回事就算了！"

"好小子，你还想寒碜我！你他妈'稀里糊涂'就把我打了？好大口气！傻巴，明白告你，今儿还不用三爷教训你。这位，瞧见了吗，戴奎一，南市打弹弓的戴爷——你三爷的兄弟，来给你换眼珠子来了。有能耐你就使！"

戴奎一站着没动，拱拱手说："我这个属螃蟹的，来会会神鞭！"这几个字，酸不溜秋，拿着劲儿，好像从牙缝里挤出来的。

傻二听蒙了。嘛是属螃蟹的？神鞭？神鞭是嘛玩意儿？他说：

"我别听差了音儿。闹不明白您说的是嘛话，劳驾再说一遍。"

戴奎一嘿嘿一笑："你是听美了，还想再听一遍。我可从来不用嘴皮子侍候人。既然咱俩都是咸水沽人，拿咸水养大——有你没我，有我没你，来吧！"他脱去外衣，取弓上弹。

玻璃花凑上前说："戴爷真行，往后城北有事就找我。哎，您可小心他的辫子！"

傻二又听什么喝咸水的话，更加莫名其妙了，不等他问明白，戴奎一狠巴巴逼着他：

"怎么玩法？"

傻二说：

"算了，您的功夫我见过。咱们何必做仇呢？"

死崔在旁边叫道：

"您听明白了吗？戴爷，他只说见过您的功夫，可就不说好坏。见过算嘛？吹糖人、捏面人的也见过！"

这是往火头上再吹一口气。戴奎一气呼呼盯着傻二的脸说："你不动，我动！"他已然把弹弓抻开，拉紧的牛筋直抖。

傻二想了想，走到三丈远的地方站好，对戴奎一说：

"您打我三个泥弹儿，咱就了事，行不？"

戴奎一说：

"三个？不用，一个就穿瓢！看着——"

说着，右腿往后跨一大步，上半身往后仰，来个"铁板桥"。这招也叫"霸王倒拔弓"。随即手指一松，弓声响处，一个泥弹儿朝傻二飞去，快得看不见，只听得"咻"地穿空之声，跟着，啪！泥弹儿反落到场地中心，跳了三下，滚两圈儿，停住了！再瞧，傻二的辫子已经从头顶落在肩上。这泥弹儿分明是让辫子抽落在地的。这一下真可谓"匪夷莫思"，使戴奎一和众人亲眼看到傻二辫子上不可思议的神功了。

戴奎一输了一招。顾不得刚才自己说过的话，出手极快，取出那戴在腰间的两个生铁弹丸，同时射去。这叫"双珠争冠"，一丸直取傻二的脑袋，一丸去取下处，使傻二躲过上边躲不过下边。这招又是戴奎一极少使用的看家本事。

铁弹丸又大又沉，飞出去呜呜响，就听傻二叫声："好活！"身子一拧，黑黑的大辫子闪电般一转，划出一个大黑圈圈。啪！啪！把这两个弹丸又都抽落在地。重重的铁弹丸一半陷进地皮。傻二却悠然自得地站在那儿，好像挥手抽落两个苍蝇，并不当回事儿。众人全看呆了。

这一下，如果不是亲眼瞧见，谁都会不信。但事有事在，不信也是真的。

戴奎一大脸涨成红布。他不能再打了。原本说好打一个弹儿，已经打出三个；再说，自己也没有更厉害的招法，只有认输。他把弹弓子往腰带上一插，拱手说：

"该你的了，撒开手来吧！"

傻二摇着双手说：

"戴爷，您要再打，我也决不还手。今儿咱们算交个朋友，不算比功夫。

以《神鞭》改编的部分连环画及原稿。

您不过打几个弹儿玩玩罢了。"

这几句话丝毫没有带着钩儿刺儿，明摆着这傻二不想多事。戴奎一心里盘算，要是就此打住，还能带着脸儿回去；要是闹下去，非把脸儿丢在这里不可。自己绝对顶不住傻二这条神出鬼没、施过法术似的辫子。还是识路子，借傻二的话赶紧下台阶为好。这时，傻二又说：

"戴爷，我是炸豆腐的，不是武林中人，也没打算往这里边扎。故此，不愿跟任何人做仇。您刚才说的那些话，我琢磨不透——你干嘛说我是咸水沽人？我往上数八辈都是安次县人，我也生在乡下老家。还有，您说那'神鞭'指的又是谁？是不是您弄拧了，还是有人拿瞎话赚您？反正我说的都是实在话，没一个字儿虚的。"

这几句话，登时把戴奎一心里的火全撤了。他没答话，双手抱拳朝傻二拱一拱说："你是亮堂人，我——走了！"转身没答理玻璃花和死崔，径自去了。

傻二见事情了结，也回家了。

玻璃花赶上戴奎一说：

"戴爷，不能就这么算了。甭听傻巴得便宜卖乖的话。您一走，可就算栽给他了。您不是还有一手'换眼珠'吗……"

戴奎一好似胸膛鼓满气，不吭声，大步蹭蹭往前走，走着走着，忽然停住，张嘴大骂玻璃花："滚你妈的，我差点叫你砸了牌子！你他妈打不过人家，拉我来垫背。我姓戴的从来没像今天这么窝囊过，你还把我往死里推。我先给你换个眼珠子！"说着，扯起弹弓就要打。皮筋一下拉得像线儿那么细。看来，他要把心里怒气全拿这泥弹子发泄出来。

玻璃花一害怕，竟然扑腾跪在地上，惊恐地大叫：

"戴爷，戴爷，您是我爷爷！您千万不能废我，我家里还有八十岁老母和怀抱的儿子呢！"

其实他光棍一条。这是江湖上求人饶命的套话。

混星子们哪能怕死？玻璃花向来拿死当儿戏，今儿为嘛脓了，难道叫傻二的辫子把脊梁骨抽折了？这一来，众人可就瞧不起玻璃花了。

"死崔，你还不打个圆场！"玻璃花想叫死崔了事。

死崔嘿嘿阴笑，一句话不说。他要的正是这个结果。

玻璃花只好跪在地上向戴奎一求饶。

戴奎一使劲一扯弹弓，泥弹子没往外打，倒把双股的牛筋条"啪啪"全扯断了，弓架撇在道边沟里。他板着铁青大脸二话没说，带着徒弟走了。

玻璃花跪了一阵子。忽然想到死崔，扭头一看，空无一人，死崔早不见了。

他站起身，想了想，觉得事情有些不妙，便直奔北大关的"锅伙"。这"锅伙"是混星子们聚会议事的地方。死崔正在里边，他进屋就和死崔闹翻了。死崔不像往常，不单不怕他，反而比他还横；平时跟在他屁股后边的小混星们，也都跟他上劲儿。以往，他给一股恶气顶着，在估衣街上说一不二，今儿仿佛气散了，怎么也硬不起来，竟叫混混们像轰狗一样轰出来。他没处去，又跑到瑞芝堂药铺，还惦着住到后院那间屋去。此时，照看铺面的已是蔡六。这小子皮笑肉不笑，话里话外使点损腔，没叫他进去，反把他请出来，气得玻璃花在街上大骂：

"好啊！破鼓乱人捶呀！等三爷把傻巴儿的辫子揪下来，就砸你的铺子！"

蔡六拿鸡毛掸子轻轻抹着柜台上的尘土，好像没听见。路上的人都站住脚，看玻璃花大吵大闹，就像看笼子里边的恶虎，样子虽然可怕，却又没什么可怕的了。

第五回　谁知是吉是凶是福是祸？

一连好些天，傻二没有担挑上街卖炸豆腐了。甭说出门，只要门儿开条缝，就有小孩子在外边叫："神鞭出来喽！"还有些闲人，蹲在家对面的大树下边，等着瞧他，好像等着瞧出门子的新媳妇。平时，他整天进进出出也没人瞧，站在街头扯着嗓子叫喊："油炸——豆腐！"声音从这条街传到那条街，也叫不来几个。看来世上的事，不是叫喊就成的。

他真后悔！那天万万不该使唤辫子。他还觉得对不起死去的爹。他爹咽气前，拿出一辈子最后一点劲儿，把平时叮嘱过成百上千遍的话，吭吭巴巴再重复一遍：

"这辫子功……是咱祖宗一代代传下来的。我一辈子也没使过……记着……不到万不得已，万万别使……露出它来，就要招灾惹……祸，再有……传子传孙，不传外人……记好了吗？……"

临终的话，就是遗言。老子的话平日少听两句没嘛，遗言不能违背。可是，那天见到玻璃花截会，自己哪来那么大的火气？整个头皮都发烧，连辫子好像也有了感觉！头发根发抖，辫子往上撅，好似着了魔，控制不住要痛快地发泄一番。他抽玻璃花头一下，几乎想也没想，辫子自己就飞出去了。哪里知道辫子上竟有千斤力呢！

他自小跟爹学辫子功，不曾与人交手，不知如此神速和厉害！而且使起来，随心所欲，意到辫子到，甚至意未到辫子已到。这辫子上仿佛有先知先觉。他疑惑，是不是祖宗的精灵附在上边？

正如父亲再三嘱告的话，辫子一使出来，就给他招惹一串麻烦，先是玻璃花，玻璃花引来戴奎一，戴奎一引来在西市上的砸砖头的王砍天，王砍天又引来鸟市上拉硬弓的柳梆子……全都叫他抽跑了。几天前，四门千总马老爷打发人拿来帖子请他去，想派给他一个小缺，在护城营当什长，只教授武功，别的不干，饷银不高，倒是清闲得很。但他家世代不沾官场，他相信：进了官场，没好下场。当即对千总爷说，自己只会耍辫子，属于歪门邪道，拳脚棍棒，一概不通，推掉了这个差事。千总爷也不勉强他，只叫他耍耍辫子，当玩意儿看看，他不好再推辞，花里胡哨耍一通，耍上性，还当场打落飞来飞去的几只蜻蜓，千总爷看得眼珠子都瞪圆了，当即把府、县、镇、署、前后左右中各营的几位老爷用轿子抬来，叫他重新再耍一遍。他只得照样再耍耍，不用真本事，几位老爷已经开了眼，赏了他许多财物。老爷们一点头，傻二的大名就不是歪名。于是，从早到晚，都有人来拜师。人们不知道他的姓氏名号，又不好问，人家都出了名，还好问人家姓嘛叫嘛，只得尊称他"傻二爷"。他三十来岁，一直被人称呼贱名"傻二"，忽然贱名后边加个"爷"字，反而有点别扭。他还想叫傻二，还想卖豆腐，但已经不行了，眼下，只有一条祖传的规矩得牢牢把住，便是不收徒弟。他不管那些求师心切的人，怎么死磨硬泡，索性拴上门，砸门也不开。饿了就炸豆腐吃。但是，总不能天天吃炸豆腐活下去吧。

他捏着自己这条大辫子，耳听外边把那个不知从何而来的"神鞭"的绰号，愈叫愈响，真不知是祸是福，是吉是凶。一方面，他想到这辫子居然把地面上那些各霸一方的有头有脸的人物，统统打得晕头转向，暗暗自得；另一方面他又犯嘀咕，天津卫这地方，藏龙卧虎，潜龙伏蛟，强中自有强中手，能人后边有能人，以后不知还要引出嘛样的凶神恶煞呢。他总有点不祥的预感！

第六回　祖师爷亮相

不出所料，三天后，有人又嚷又叫，使劲砸门了。听声音，就知不是好来的。开门看，又是玻璃花。但这小子一见傻二就后退三步，好像是怕叫辫子抽上，看来他是给辫子抽怕了。

然而，今儿玻璃花精神挺足，大拇指往后一挑，撅着下巴说：

"傻巴，你看看，今儿谁来会你了？"

大门外停着一顶双人抬的精致的轿子。前后跟着八个汉子，一水青布衫，月白缎套裤，粉绿腰带，带子上的金线穗儿压着脚面；脚上穿薄底快靴，头上各一顶短梁小帽，显得鲜亮爽利。单从这跟随的衣着上看，轿子里坐的绝非一般人。此地人多官多，官儿从七品数到一品，城里城外到处竖着旗杆刁斗，老爷便是各种各样的了。谁知这是谁？但这阵势已经把傻二唬住了。

"怔着干嘛？"玻璃花朝傻二厉声叫道："还不有请索老爷。"

傻二说："有请索老爷！"心里却糊里糊涂，不知这索老爷是哪位。

轿夫扬起轿杆，两个跟随上去左右一齐撩起轿帘，打里边走出一个老者：清瘦脸儿，灰白胡子，眉毛像谷穗长长地从两边耷拉下来；身穿一件扎眼的金黄团花袍子，宝蓝色贡缎马褂，帽翅上顶着一块碧绿的翡翠帽正，镶在带牙的金托子上。他耷拉眼皮，像闭着眼，似乎根本没瞧傻二，大气之极。看上去，不是微服私访的大官，就是家财万贯的大老爷，多半是来请自己去做武师或护院的。他正盘算，万一这位大老爷请他，自己怎么谢绝。但玻璃花一说出这老头姓名，叫他心里像敲锣似的一响：

"索天响，索老爷。津门武林的祖师爷，不认得，还是装不认得？"

天津谁人不知索天响的威名！他在武林中稳坐头把交椅。都说，单指拿大顶，脚踢苍蝇，躺在蜘蛛网上睡觉，是他的"三绝"。他住在西门里镇署对过的板桥胡同，但幽居深院，找他不见，也从不在公众前露面，他的名帖却没有走不通的地方。大人物都是金脸银脸儿，本都是难得瞧见的，今儿居然找到他门上。傻二不明其故，又有些受宠若惊。他恭恭敬敬给索天响作了长揖，说道：

"你老要是不赚脏，就请屋里坐，我给您泡茶。"

索天响好像没听见他说话，眼睛仍旧半闭半睁，不说话，也不动地方。

玻璃花便朝傻二叫道：

"索老爷是嘛身份，能进你狗窝？索老爷听说你小子眼里没人，叫你见识见识，也教教你今后怎么做人。"

傻二慌忙摇手，惊慌地说：

"不成，不成，我哪是索老师傅的对手！身份，辈分，能耐，都差着十万八千里，决不成！索老师傅，傻二在您面前，屁也不是。"

索天响的神气好像睡着一样。待傻二说完，他却开口冷冷地说："你不是要拿什么'神鞭'，把我当'冰猴'抽吗？"嗓音又哑又硬，像是训人。

"我可不敢这么狂！索老师傅，我……"傻二不知是惊是怕，说不出话来。

"好，我问你，你的功夫跟谁学的？"索天响依旧半闭着眼。

"傻二这点能耐是家传的。"

"哪门哪派？"

"门派？提不上门派。我爹也没跟我说过。"

索天响轻蔑地一笑，依旧闭着眼说："没有门派，叫嘛功夫？那不成了戴奎一的江湖之技了？好，我先考考你的见识，你——"他虽然听见傻二慌恐的推辞声，还是硬逼着问道："天津卫谁的功夫最高？"

"自然是您索老师傅，您底下才是霍元甲，鼻子李，铁手黄。"傻二说完脸上掬出笑容，以为索天响听了准高兴。

谁知索天响听到霍、李、黄三个，两边嘴角同时向下一撇，似乎说那三个在他名字后边也不行，应当只提他一个才是。索天响干咳两声，又问：

"武林人常说，南拳北脚。你会几种南拳？"

"我…一种也没见过。"傻二挺窘。

"哼，你这也自称练武之人。那你说，你听说过几种南拳？"索天响的口气，很像主考官。

"……听人说，梅花拳厉害得很。我还听……"

"胡说！"索天响截住他的话说："南北都有梅花拳，你说是哪个？北方查拳分十路。一路母子，二路行手，三路飞脚，四路升平，五路关东，六路埋伏，七路才是梅花。南拳分大小梅花拳，并非十分厉害。厉害的要数——刘拳，蔡李佛拳，洪佛拳，白眉拳，虎鹤双形拳，龙形拳，南杖拳，螳螂拳，插拳，黑虎拳，太虎拳，龙门拳，铁线拳，天罡拳……"

索天响一口气顺溜地说出一百多种，傻二听得瞪圆小眼，心想今儿碰上高人，该栽跟斗了。

玻璃花得意之极，叫着：

"傻巴，听傻了吧！你有师娘吗？"

索天响的跟随们也都面露讥笑。

索天响接着问道："你上辈说没说，你这点功夫，是从哪路拳里化来的？"这口气愈加咄咄逼人。

"形意吧——好像是。"

"好，你说，形意为谁所创？"

"说不好！是不是达摩老祖创的？"

"哈哈，达摩老祖！那都是乡野之人，不学无术，以讹传讹。你连形意拳的开山鼻祖都说不出来，也敢把自己和形意扯到一块。这形意本是国朝初年山西蒲州人姬龙丰所创。张芸的《形意拳述真》说，'明清之交有姬公际可，字隆风者，蒲东诸冯人，精大枪术，遍游海内，访求名师，至终南山，得岳武穆五拳谱，意既纯粹，理亦明畅，后受之于曹继武，于是传衍下来。'这在雍正十三年的《心意六合拳谱》、马学礼的《形意拳谱》上都有记载。形意分三派。河南一派，传马学礼，山西一派传戴龙邦，河北一派由戴龙邦传给李洛能。你既是安次县人，家学形意，可知道李洛能？"

傻二听得汗都下来了，他摇摇头，但不甘心在玻璃花和周围一些人眼里一无所知，草包一个，想了想便说：

"我爹曾对我说，我祖上创这辫子功，是从豹子甩尾悟出来的。这便是得到'形意'的要领。"

"更是胡说！你要说'少林五拳'，还扯得上。'少林五拳'为龙、虎、豹、蛇、鹤五形拳。内应心、肝、脾、肺、肾五脏，外应金、木、水、火、土五行，并与精、力、气、骨、神交互修练。其中确有一门'豹形拳'。形意的'十二形'为熊、鹞、龙、虎、龟、燕、蛇、猴、马、鸡、鹰、鸟台。哪来的'豹'？形意要六合，心与意合，意与气合，气与力合，肩与胯合，肘与腰合，手与足合。还有三层道理，三层功夫，你可懂？"

"嘛叫'三层'？"傻二搭不上腔，真像个不掺假的傻巴了。

"嘿，今儿可算费了牛劲。听着，三层道理是——练精化气，练气走神，一练神还虚。三层功夫是——一层明劲，二层暗劲，三层化劲。你连这个也没听说过？我的徒孙也能背出来呢！"

"我真正嘛也不懂。你老跟我盘道，我嘛也说不出来。"

"好笑！凭你这点道行，也想往津门武林中插进一脚来？还要称王？可笑！你年轻，不懂事，才这样轻狂。我可以告明白你，打你没生下来，这世上的每一寸地面上都有名有姓。你想立足，谈何容易。你别是缺心眼儿吧！"

玻璃花和众人一齐哄笑。

"索老师傅，我决不想往武林里扎。我只会耍几下辫子，身上的功夫就像破鞋跟儿——提不上。"傻二认真地说。

"噢？"索天响一直半闭的眼睛忽然睁开，一双灰眼珠淡而无光。他问："你身上没功夫？"

"我能骗您？您不信就试试我。"

"好，我试试你。你动辫子吗？"索天响说。

"不动辫子，就试腿脚，您一摸就知我身上没功夫。"

索天响说："咱有话在先，说好就试腿脚呵！"然后双手一分，就要用武。

一个跟随上来问索天响，是否脱去袍褂，索天响摇摇头，只把袍子的前襟提起来别在腰带上，对傻二说一句："我这叫'三十六招连环脚'，瞧！"说着就来到傻二跟前，两条腿使出踢、蹬、踹、点、扫、铲、勾、弹，专取傻二下盘。一招一式，有姿有态，出手绝非寻常，颇有大家气派。傻二忽想起春和营造厂的粉刷师傅毛吹灯，每次粉刷房子，都穿一身黑，一举一动，像天福戏园老生马全禄的做派那么讲究。刷完浆，身上居然一个白点不沾。凡是这种高手，举动就不一般，自己决不可半点大意。他想到父亲教过他的八字身法——吞、吐、沉、浮、闪、展、腾、落，一边回忆，一边用心使用，虽然生疏，倒能躲左避右，应付一气。他因有言在先，不动辫子，逢到机会也决不甩出辫子来。打了一阵子，觉得有点奇怪，这索老师傅的拳脚固然有招有式，举手投足讲究又好看，怎么没有叫人触目惊心、突兀险奇的招数？看来，这老头不愿意欺侮晚辈，有意对自己摆摆样子，并不打算伤害自己。这也是人家祖师爷该有的气度。

这是五月天气，今儿芒种，天阴发闷。索天响两边太阳穴已经沁出汗来，脑袋晃动，太阳穴，就像蝉翼一般，闪闪发亮。按说索天响这种轻功极佳的人不该这样，也许年岁大了，毕竟不如年少，再过数招，居然"呼呼"有些微喘。傻二说："你老是不是歇一歇？"索天响乘他说话，不大留意，冷不防扬起一脚，直踹傻二的小肚子，这一脚可是往要害的地方去的。傻二不由得来个"嫦娥摆腰"，刚好把这脚让过去。索天响踢空，用劲又过猛，险些把身子带出去。他赶忙收腿，一时立不稳，慌乱中两只手摆了摆，才算立住身子，就势手一指傻二，说道：

"你既然累了，我让你喘喘。"

在场的人都看出索天响有些气力不济。傻二心想，这老头儿远道来，闷在轿子里，中了暑热吧，便收住式子，说："我去给你老端茶。"刚转身，只觉得身后寒光一闪，一阵冷森森的风直奔自己的后脖子。他心想不好，头上的发辫反应比他的念头更快。"啪"一响，再扭身，只见地上插着一柄半尺多长扎眼的快刀。索天响像木头柱子戳着发呆，右手的手背上有一条红红的印子，显然是给自己的辫子抽的。而自己的发辫已然搭在肩上，就像玩蛇的，绕在肩上的大青蛇，随时都会再蹿出来。这突然的变化，叫众人看傻了。有人想到，怪不得索天响刚才不脱袍褂，原来怀里藏刀，那傻二又是怎么比眨眼还快，把这刀抽落在地上的？

索天响偷袭不成，一不做二不休，抢上一步要去拔插在地上的刀子，傻二的辫子比他的手快得多，辫梢一卷刀把，往上一拔，就劲刷地扔出去，嚓！直剁到左边一棵大柳树上，深入寸许，震颤有声。

四下响起叫好声！

索天响浑身上下，数脸皮没色了。他对傻二说话的口气依然挺大："你小子言而无信，称不上武林中人，说好不动辫子，乘我不防动了。你等着，改天叫你尝尝少林正宗'山'字辈儿的佛门拳。所谓内、初、山、寺、团、同、胜、国、少、年、用、者、思、多、献、民，都是大架佛门，'山'字是前三辈，使出这功夫，保叫你断筋折骨，皮开肉裂！"说完这套话，一头钻进轿子，不等跟随上来落轿帘，自己就把轿帘拉下来，跟着就走。那玻璃花已然跑到

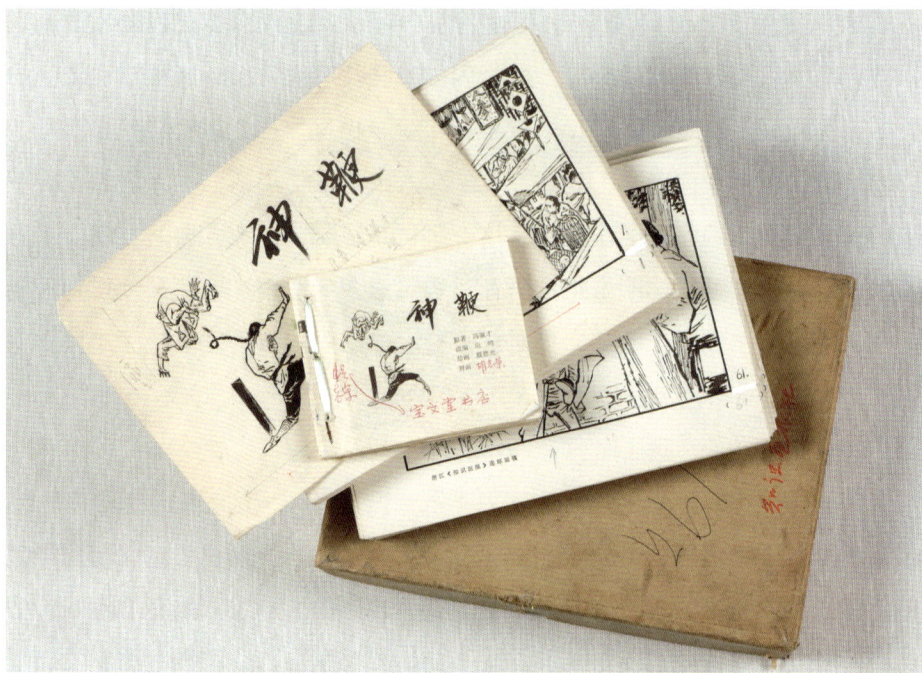

以《神鞭》改编的部分连环画及原稿。

轿子前边去，走得更快。

　　傻二站着没动，眼瞅着飞快而去的轿子，心里纳闷，这等声名吓人的人物，怎么一动真格的就完了。见面先盘道，拿辈分当锤子，迎头先一下，论功夫，一身花拳绣腿，全是样子活。一分能耐，两分嘴，三分架子。能耐不行就动嘴，嘴顶不住还有架子撑着。他原先以为天底下的人都比自己强，从来不知自己这条辫子，把这些头头脸脸的人全划拉了。原来大人物，一半靠名，那名是哪来的，只有他妈鬼知道了。他开始相信自己的本领了。他高高兴兴走进院子，关上门，站在当院，拿桩提气，认认真真耍了一套祖传的一百单八式的辫子功。他愈发感到这辫子真是随心所欲，挥洒自如，刚猛又轻柔，灵巧又恢宏，似有一股扫荡天下、所向无敌之势。他脑袋一晃，刷，辫子顺溜溜盘绕在头顶，这时他心里拱起一股暖乎乎的美劲儿，但冷静下来之后，又觉得这美劲儿里头，还是混着一些模模糊糊、说不清楚的不安。是啊，世上的事不知道的总比知道的多，想象的总比实在的容易得多。走着瞧吧！

第七回　广来洋货店的掌柜杨殿起

人像蜜蜂，哪儿开花往哪飞。

您点儿高时，乱哄哄一大团围住您，没法分清；可是等到您点儿低的时候，真假远近，可就立时看得一清二楚。天津卫有句俗话，叫作：倒霉认朋友。

这几个月，落了坏的玻璃花算尝到了倒霉的滋味。没人理他，也没人怕他。一个人，就是一股子精气神。像他这类人，没人怕，一切全完。他没胆子在估衣街上露面了，那里的威风、便宜、势头、气候，连侯家后大小店铺以及姑娘班子里的油水，一概都叫死崔霸去。他后悔，当年他势头最硬时，没借着死崔打坏自己一只眼，把他废了。现在干瞪眼、生气，也没辙。谁叫自己栽给傻二？怨谁，怨天怨地，不如怨自己。往往坏事的根由还是自己。

他不敢再去找人帮忙。戴奎一，王砍天，柳梆子，全弄得身败名裂。他指望索天响打败傻二，谁想到这祖师爷竟是唬牌的。索天响挨了一辫子，露了馅，回去后，家里边差点叫徒弟们端了。傻二“神鞭”的威名便加倍叫响。人们一谈起“神鞭”，自然扯到玻璃花。就是他在皇会上一闹，才惹出这条“神鞭”，要不傻二今天还在卖炸豆腐，埋没着呢！因此无论谁说神鞭，还都得从他那天“四脚朝天”的大跟斗说起。愈是把神鞭说神了，就愈得把他说得惨些。他还能牛气起来？只有甘心当小狗子。

有一天，他没钱花了，就来到东北城角三义庙左近的展家，敲门后，找飞来凤借钱。胡妈出来拿一包碎银子，说是二奶奶给他的。他觉得这样有点像打发要饭的，又一想自己当下还不如要饭的呢，便接过银包，对胡妈说："告诉你家二奶奶，钱花完了，还来找她。"他用这些银子混了二十天，花完了，真的又来敲后门，胡妈出来告诉他：大奶奶把二奶奶锁起来了。他不信，以为飞来凤不理他。便隔着那堵磨砖对缝的高墙，往里边扔砖头，把院子里的金鱼缸砸碎了，引出展家几个男仆要抓他，吓得他一口气跑到海河边，在盐坨里藏了一天一夜，饿了就抓点盐末子往嘴上抹抹。第二天清早才爬出来，刚走到宫北，忽听有人叫"三爷"。他心里一惊，因为这几个月没听人叫他"三爷"了。扭头瞧，原来是广来洋货店的掌柜杨殿起。

杨殿起专门倒腾洋货，卖美国斜纹布、英国麻布、日本的T字布和绉纱。各国的瓷器、金属器、纸张、烟卷、针线等等小商品也够齐全。这几年，喜好洋货的人渐渐多起来，有人见洋货得使，有人买个新鲜，有人拿洋货为荣，这就使他的买卖愈做愈赚钱。他还带手收罗土产的红枣、黄麻、驼毛、花生、蚕茧、草帽辫、牛皮羊毛以及骨角等等，卖给洋人运出海去，得利也不少。那年头，没有进出口一说，实际上进出口全都叫他包了，做的是来回都赚钱的买卖。这人细高挑儿，小白脸儿，目光锐利，精明外露。脑子快得很。他在紫竹林里结识不少洋人，能说几种洋话，家里有的、摆的、拿的、吃的，净是稀奇好玩的洋玩意儿，叫洋货迷们看了眼馋。有时他还陪着蓝眼睛、红胡子、金头发、白手套的洋人们在城里城外逛一逛，比洋人更不把中国人放在眼里。那时，攀上洋人算一种荣耀。站在洋人堆里，自己也觉得比中国人高一截儿。别看玻璃花喜欢洋货，在杨殿起看来不过是个土鳖。不过，杨殿起来船运货，必须同玻璃花这类人打交道。玻璃花也弄点古董玩器，来和杨殿起换些新鲜洋货，这样一来二去，两下就算很熟了。

杨殿起把玻璃花请到后屋，茶水点心照应，一口一个"三爷"，却绝口不谈玻璃花当下的处境。

玻璃花心想：自己的事，有耳朵不聋就能知道，多半这小子刚打外边做生意回来，还没听到自己的事，不然不会这么待承他。买卖人无论看货看人，都瞧行情。但如果姓杨的真不知道，就该唬着他。

"三爷新近又弄到嘛好玩意儿？"杨殿起问。

"好玩意儿倒是常有。估衣街上那些老板掌柜的，哪个弄到新鲜东西不孝敬我？"玻璃花说。

杨殿起粉白的脸上浮现一丝嘲笑，才出现又消失了。他接着问：

"有嘛，拿一件瞧瞧。"

玻璃花忽然想到飞来凤送给他的那块怀表在身上，便掏出来往桌上一撂，说："瞧吧！"那神气，好像还有十块八块。

杨殿起根本没伸手去摸，只用一种不以为然的眼神扫一下，起身从柜子里取出一个鸡心样的洋缎面的小匣子，也放在桌上：

"你瞧瞧我这块，打开——"

玻璃花也想装得吃过见过，不去动，但心里痒痒，止不住动手打开匣子，里边平放着一块辉煌锃亮、式样新奇的大怀表，个儿大，又讲究。自己那块表摆在旁边，就像不入品的小乡甲站在人家一品中堂身边一样。杨殿起从匣里拿起表来，用手指轻轻一推表壳上小小的金把儿，里边居然发出比胡琴还好听的悦耳之声。玻璃花看得那只花眼珠都冒出光来。杨殿起对他说：

"这比你那块画珐琅的怎样？三爷，你听了别生气，你那块是平平常常的洋货，我这块在洋货里才是上等的。这叫'推把带问'。瞧！镂金乌银壳，打点打刻不打分，一个钟点打四次，每刻一次。你要是想问几点，不用看，一推这把儿，响几下，就是几点。"

杨殿起说着又推一下小金把儿，叮叮当当打了八下，墙上的挂钟的时针正指在"Ⅷ"字上。

"里边好像有个人儿。"玻璃花情不自禁叫起来。

"比人报得还准！人还有遗忘的时候呢！"杨殿起笑道。

"嘛价儿？"玻璃花问。

杨殿起说："这是压箱底的宝贝，哪能卖呢？"说着把表收在匣里。匣子却摆在玻璃花面前。

玻璃花忍不住总去瞅，一瞅心里就像有个小挠子，挠他的心。他瞟了杨殿起一眼，忽然说道：

"你他妈别来这套，不想出手你给我看？你箱子里绝不止这块表，还不是装满了洋货！"

杨殿起笑而不答，好似默认了。跟着把话扯到另一件事上去：

"您那两个小铜炉还在手里吗？"

于是两人斗起法来。杨殿起一边贬他的铜炉是宣德炉，年份太浅，一边还追着要。这铜炉原是北大关落子馆唱莲花落的一斗金孝敬他的。他曾经拿这炉子，打算和杨殿起换一副玳瑁架的洋茶镜，没有成交，这次又嚼了半天舌头，还是没谈妥。杨殿起掏出一个洋指甲剪子，嘎嘎剪指甲，玻璃花头次见到这稀奇玩意儿，看得入了迷，再也沉不住气了，说拿自己两个铜炉加上飞来凤给他的珐琅表，换一块"推把带问"的怀表，外加这把指甲剪子。杨殿起觉得很合适了，但仍不吐口，非要玻璃花把铜炉拿来细看一看再说。

"我那两个炉子存在一个小混混家，今晚我去取，明早给你送来。"

"那好。明早我正要你跟我走一趟。"杨殿起说。

"哪儿？"

"紫竹林。"

"干嘛去？"玻璃花一怔。紫竹林是洋人的租界，那时候，一般人都怕去租界地。

杨殿起笑了。

"瞧你，喜欢洋货，却怕洋人。我不告诉你，但准有你的好处。"

玻璃花脖梗一歪说：

"三爷怕过谁？好处不好处，咱爷们不在乎，你得说明白，嘛事？"

"有位洋大人要会会神鞭。你不是跟他交过手吗？洋大人请你去说说，神鞭那小子有嘛绝活，这还不容易。你就劲还可以逛逛洋场。"

玻璃花一听这话才明白，原来杨殿起早就知道自己的景况。他没给自己白眼，是因为有用于自己。准是洋人给他什么好处，他才为洋人找自己的。好小子！想白使唤人，没那样便宜事！他就故意说自己明天有事去不成，想挤杨殿起现在就拿出表来。杨殿起立刻明白玻璃花这点蠢念头，他换了一种教训人的口气说：

"你挺明白的人，怎么犯傻了？这洋大人是东洋武士，要找神鞭打一架。你琢磨，咱国货抵不上洋货，国术哪能抵得过洋术？这东洋武士要把神鞭摺倒，你三爷不是又精神起来了，这事情一半也是帮你的忙哪！难道你打算后半辈子就这样窝窝囊囊下去了？东西算嘛？都是身外之物，再说，我还能少你的？"

玻璃花一晃脑袋，登时明白过来，马上答应明天去紫竹林。他把桌上的点心全划拉到肚子里，起身走出洋货店，乘着肚里有食，胡混一天，天擦黑就去金钟桥边那个小混混家去要铜炉。他踢开门，掏出一把刀子在自己胳膊划一道，鲜血直淌。小混混以为玻璃花报复来的，"扑通"趴在地上直叩头，没想到玻璃花开口却是要铜炉。他当即拿出铜炉来，用纸包好，交给玻璃花。

玻璃花见床上放着一顶崭新的珊瑚顶子的小帽翅，不知这小混混打哪抢来的，他顺手操起，扣在头上就走了。

第八回　出洋相

转天大早，玻璃花换上出会那天不中不洋的打扮，袍子外边特意套上飞来凤送给他的那件洋马褂，来到广来洋货店。杨殿起见了就笑道：

"袍子外边怎么还套上西服坎肩？哈哈哈哈，到洋人那儿去，哪能这种打扮，甭说你这套行头不伦不类，就是穿上地道的洋装，在洋人眼里也是中国人，洋人反而看不上。"

杨殿起的穿装是顶顶考究又华美的国服。横罗大褂，拷纱马褂，两道脸儿的银缎鞋，一码崭新，用料上等，做工更是精致讲究。腰带上坠着九大件：扳指儿啦，怀表啦，笔筒啦，眼镜啦，胡梳啦，鼻烟壶啦……一概装在镶金嵌银的绣花套子里，下边垂着八宝流苏，一走三摆，手里还拿一把香妃竹的绢面扇，上边有字有画。

"好啊，铃铛寿星全挂齐啦！"玻璃花叫道，"八大家的老爷们也不过这一身吧！"

杨殿起笑一笑，没吭声。

玻璃花觉得自己跟人家一比，就露穷相了。这要在过去，他准得开口向杨殿起借身行装，现在不知为嘛，舌尖嘴皮都不硬气。他一面脱去洋马褂，一面把纸包的铜炉交给杨殿起。杨殿起打开一看，就说："呀，那天我在灯下没看清楚，一直以为是宣德炉，谁知竟是假宣德，你瞧这锈，都是浮锈，纯粹是做出来的；再看底上的字儿，多赖！算了算了，带去当做见面礼送给洋大人吧！"说着交给同去的小伙计。

"你他妈别拿它借花献佛，我没钱时，还指着它当点钱花呢！"玻璃花说。

"你堂堂三爷，干嘛说话露这种穷气。我嘛时候叫你流过血？和你交朋友，就得认赔！你凭良心说，是不？"

杨殿起说着笑着，两人一同穿过二道街，来到河边，那里早停着一辆大胶皮轮子的东洋马车。两人钻进四面透亮玻璃车篷，伙计登上车尾的踏板上，车夫"当——叮"一踩罐子样的大铜车铃，车子直上新修官道，刷刷地奔往东边的紫竹林租界。

玻璃花几年没进紫竹林，隔着玻璃窗子认出道边的江苏会馆、风神庙、高丽馆，以及邢家木场堆成大山小山似的蒿杆木板，溜米厂晾晒的东一片西一片的白花花的小站米，都是老样子。可是一进马家口，满认不得了。洋房、洋行、洋人，比先前多许多。各种各样的洋楼都是新盖的，铺子也是新开张的；那些尖的、圆的、斜的楼顶上插着的洋旗子，多出来好几种花样。还有一些树直花斜的园子，极是雅静；路面给带喷嘴的洒水车淋湿，像刚下过小雨，又压尘，又潮湿，男女老少的洋人，装束怪异，悠闲地溜达，活像洋片匣子里看的西洋景。玻璃花恍惚觉得自己留洋出海，到了洋人的世界中来。

杨殿起叫车夫停了车子。两人下车，伙计付了车费。没等玻璃花闹明白这里原先是哪条道，忽然一个东西飞来，又硬又重，"啪"地一下砸在他的腮帮上。他晕晕乎乎，还以为是谁扔来的砖头；前几天，在东门里就不明不白挨了一下，多亏歪了，砸在肩上。他捂着生疼的脸大骂：

"操你姥姥，都拿三爷不当人！"

"别乱骂，这是洋人的球。"杨殿起说着，拾起一个毛茸茸的球儿给玻璃花看，"瞧，这叫网球。"

只见左边一片绿草地上，一男一女两个洋人，中间隔着一道渔网似的东西。每个人手里都攥着一个短把儿的拍子，朝他咯咯笑，那男的愈笑愈厉害，索性躺在地上，笑得直打滚儿，一会儿肚子朝上，一会儿屁股朝上。那女的边笑边朝这边喊着洋话。杨殿起也朝他们喊洋话。

"你说的嘛？"玻璃花问。

"他们向你道歉，我说别客气。"

"客气？他打了三爷，就该赔罪！"

"您真不明事理。洋人能朝你笑，还道歉，就算很客气了。我看这两个洋人年轻，要是年岁大的，对你客气？不叫狗来轰你，就算你走运。"

"我他妈要是不客气呢？"

《神鞭》电影招贴画。导演张子恩，主演陈宝国、王亚为，一九八五年西安电影制片厂出品。

"叫白帽衙门的人碰见，起码关你三个月，还得挨揍，挨饿，外带罚银子。行了，三爷，别瞧您在天津城算一号，在这儿，随便一个洋人，就比咱知府大三品。这儿不是咱的地盘。咱平平安安，把东洋武士请去给您消消那口气，比嘛不强！"

玻璃花捏捏这又硬又软、挺稀罕的球儿，说道：

"行，三爷不跟他生气。但也不能白挨这一下，这洋球归我啦！"

他扭身刚要走，那女洋人穿着白纱长裙，像个大蝴蝶，跑上来两步，喊几句洋话。杨殿起叫玻璃花把球扔给她，少惹麻烦，玻璃花心里窝囊，也没辙，发泄似的把球狠狠扔过去，口中骂道：

"拿彩球往你三爷头上砸，三爷也不要你这臭娘儿们！"

那边两个洋人都不懂中国话，反而笑嘻嘻一齐朝他喊了一句洋话。玻璃花问杨殿起：

"他们说嘛？三块肉？是不是骂我瘦？"

杨殿起笑着说：

"这是英国话，说是'谢谢'的意思。这两个洋人对你可是大大例外了。我来租界不下一百次，也没见过这么客气的！"

嘻嘻，玻璃花心里的怒气全没了。

没走多远，杨殿起引他走进一座洋人宅院。头缠青布的黑脸印度仆人进去报过信，他们便登上摆满鲜花的高台阶，见到一个名叫"北蛤蟆"（实际叫"贝哈姆"，是玻璃花听了谐音）的洋人，秃脑袋，黄胡子，挺着松松软软的大肚子。人挺和气，总笑，还是哈哈大笑，好像觉得一切都很好玩。此外，还有两个上了岁数、身上散香气的洋女人，眼珠蓝得像猫，腰细得像葫芦，仿佛一碰就折。玻璃花头次在洋人家做客，真有点蒙头转向。特别是处处洋货：洋房、洋窗、洋桌、洋椅、洋灯、洋书、洋画、洋蜡、洋酒、洋烟和种种古怪有趣的洋零碎，叫他眼睛花得嘛也看不清楚，而且一半连名字也叫不上来。连养的一只长毛的花花大洋狗也隔路，趴在地上看不出哪儿是脑袋。以前，弄点洋货，好比大海捞针，这次算是掉进"洋"海里了。

杨殿起和北蛤蟆去到另一间屋，不知干嘛，甩下玻璃花一人。他正好得机会把这些洋玩意儿细心瞅一瞅，否则就白来了。他一眼先瞧见桌上有个黄铜小炮，心想多半是个小摆设，好奇地一按炮上的小钮，"卡"一下，从炮口射出一个东西，掉在地上，吓他一跳，再看原来是根洋烟卷。他把洋烟卷拾起来，却怎么也塞不回去了。他以为自己把这东西弄坏了，便将烟卷揉碎，偷偷掖在坐垫下边。他老实地坐了一会儿，不见人来，斜眼又见手边有个倒扣着的小银碗，上边有柄，柄上刻着两个光屁股的女人。他轻轻一拿，只听"叮叮叮"响，原来是铃铛。应声就有一个大胡子的印度人跑进来，瞪圆眼睛对他说话，他不懂，以为人家骂他，可这大胡子立即端来一杯又黑又浓又甜又苦的热水。

他不通洋话，吃亏不小。杨殿起和北蛤蟆有说有笑，说来道去。那北蛤蟆对杨殿起腰上拴的九大件感兴趣，从进门到出门，不断地摸摸这个，捏捏那个，不住地怪声呼叫，还拉来那两个女人看，好像见到什么宝贝。他坐在一旁，不知做什么，又不懂得洋人礼节，只好随着杨殿起去做去笑，人家点头他点头，人家摇头他摇头。一举一动都学人家，可活活累死人。后来北蛤蟆似乎对他发生了兴趣，总对他笑。到底是喜欢他，还是他脸上蹭了黑？弄不明白。一直到他与杨殿起告别时，北蛤蟆连说几声"白白"，又看着他，拍着自己的秃脑壳狂笑不止。

杨殿起进紫竹林，就像回老家，东串西串，熟得很，也神气得很。他叫玻璃花在一个尖顶教堂门前稍稍等等，自己进去一阵子才出来，然后带他往左边拐两个弯，再往右拐三个弯儿，走进一家日本洋行。这儿从院子到走廊都堆着成包成捆的中国药材、皮货、猪鬃、棉花之类。打这些冒着各种气味的货物中间穿过，在一间又低矮又宽敞的屋子里，与洋行老板喝茶。杨殿起换了一口日本话与老板谈了一会儿，老板起身拉开日本式的隔扇门，只见当院一张竹榻上，盘腿坐着一个穿长衫的日本人，垂头合目，似睡非睡，倒挺像庙里的老和尚打坐。

洋老板会说中国话。他告诉玻璃花，这就是东洋武士佐藤秀郎先生。跟着，洋老板朝佐藤咕咕嘎嘎喊了几句日本话。

佐藤把他谢了顶的脑袋一抬，露出一张短脸；眼儿一睁，一双藏在眉棱子下边的鹰眼，灼灼冒光。他双臂一振，像只大鸟，款款跳下竹榻，立在地上，原来是个矮子，矮身短腿，胳膊奇长，评书上说刘备"两手过膝"，原来世上真有这样的人。这家伙阴森森，真有点吓人。

洋老板叫玻璃花讲讲神鞭的能耐，玻璃花虽与神鞭交过手，又亲眼见过神鞭大败戴奎一、索天响等人的情景，但至今他也没弄明白那辫子怎么来怎么去，一闭眼只觉得晃来晃去，有如一条蛇影。此时，他为了在洋人面前表示自己是有用之人，便把那神鞭真真假假、云山雾罩地白话一通，真说得比孙猴子的金箍棒还厉害。

没料到，东洋武士听得上了火。他叫人拿来一杆赶大车的马鞭，交给玻璃花，叫玻璃花抽他。玻璃花哪敢。

洋老板说：

"佐藤先生叫你抽，你自管用劲抽。"

杨殿起也说：

"东洋武士瞧不起没能耐的，你不抽我抽。"

玻璃花心想，三爷不抽你是客气，打便宜人谁不会。他挽起袖口，抡起鞭子死命朝佐藤抽去。"啪"一响，并没抽上佐藤，鞭梢好像挂在什么地方了，抬头看看，头上无树，也没有别的东西缠绕，再一瞧，原来是给佐藤抓在手里。玻璃花吃惊地叫出声来：

"这——"

佐藤已撒开鞭梢，叫他再抽。他一鞭鞭，上下左右地，一鞭比一鞭狠。但每一下都给佐藤抓住，出手之快，看也看不清。玻璃花把鞭子扔在地上，抱拳说：

"佩服，佩服，佐爷！我没见过这种本事。"

杨殿起笑道：

"你就知道洋货好。洋人不强，洋货能强？"

老板把这些话翻译给佐藤，佐藤脸上毫无得意之色，大声喊来四条身材矮粗的日本汉子，看上去个个结实蛮勇，一人手里一杆长鞭。四人站四角，挥鞭抽打佐藤，佐藤左腾右跃，鞭子渐渐加快，佐藤的身子化成一条鬼影也似，分不出头脚，却没有一鞭沾上他。只听得鞭子在空气里挟带劲风的飒飒声。玻璃花看得发晕，一只眼显然更不够使的了。

忽然，鞭影中发出佐藤一声怪叫，佐藤就像大鸟从闪电中蹿出来一样转眼间落在竹榻上。四条日本汉子傻站在那里，鞭子挥不动，原来四条鞭子的鞭梢竟给佐藤挽个扣儿，扎结在一起了。

杨殿起大声叫好称绝。玻璃花连"好"都喊不出来，为了表示自己不是外行，他琢磨一下，对佐藤说：

"佐爷，原来您练的是专门抓小辫！"

佐藤秀郎不答话，神气却傲然，好似天下所有人的辫子都能叫他抓在手里。玻璃花真算不白来，大开眼界，由此便知，天底下，练嘛功夫的人都有，指嘛吃饭的也有。当下，佐藤拜托玻璃花，送一张战表给神鞭傻二，约定三日后在东门外娘娘宫前的阔地上比武，到时候不到人就算认输。玻璃花见有这样的后戳，胆气壮起来，答应把战表交到傻巴手心里，把话捎到那傻巴的耳朵眼里。随后，杨殿起又用日本话同老板佐藤说了一小会儿，玻璃花插不上嘴，有些气，心想杨殿起这小子不是有话背着自己，便是有意向自己炫耀通洋语。分手时，玻璃花为了表示自己不是土鳖，就把刚才从"北蛤蟆"那里听来的两个字儿的洋话说出来：

"白——白！"

这一来，反弄得日本人大笑。

在返回城去的马车里，玻璃花问杨殿起，洋人为嘛总笑自己。杨殿起说：

"三爷不知，洋人和咱中国人习俗大不相同，有些地方正好相背。比如，中国人好剃头，洋人好刮脸；中国人写字从右向左，洋人从左向右；中国书是竖行，洋人是横排；中国人罗盘叫'定南针'，洋人叫'指北针'；中国人好留长指甲，洋人好剪短指甲；中国人走路先男后女，洋人走路先女后男；中国人见亲友以戴帽为礼，洋人就以脱帽为礼；中国人吃饭先菜后汤，洋人吃饭先汤后菜；中国人的鞋头高跟浅，洋人的鞋头浅跟高；中国人茶碗的盖儿在上边，洋人茶碗盖儿在下边。你刚才在贝哈姆先生家把碟子当碗盖，盖在茶碗上，当然人家笑话你了。"

杨殿起说这些话时，有一股精神从小白脸儿直往外冒。

"你敢情真有点见识！"玻璃花感到自愧不如。可是他盯了杨殿起的脸看了两眼，忽然说道："我明白了——你小子原来两边唬——拿中国东西唬洋人，再拿洋货唬中国人。今儿你腰上拴这些铃铛寿星，就是为了唬北蛤蟆的。对不对？哎，我那两个铜炉子呢？"

杨殿起没说话，从怀里摸出两样东西给他。一样是指甲剪子，一样是块亮闪闪的金表，正是昨天见到的那种"推把带问"的。但不是昨天镂金乌银壳那块，而是亮光光、没有做工的镀金壳，显然是杨殿起刚从洋人手里弄来的。

"你小子，拿我那两个铜炉子换了几块表？"玻璃花问。

杨殿起看他一眼说："你不要就别攥在手里，拿来！我把那两个假宣德还你。你知道我往里搭进多少东西？一大挂五铢钱，还有一盒子血浸铜浸的玉件！"

"好小子，反正真假都由着你说。你和北蛤蟆跑那屋捣嘛鬼，我也不知道。认倒霉吧！"玻璃花推了一下表把，放在耳边，美滋滋地听一听，随即把表揣在怀里，链卡子别在胸前。

"你可还得给我再搜罗些铜佛、掸瓶、字画什么的。我——还有些好玩意儿，你见也没见过呢！"杨殿起说。

玻璃花身子随着车厢的摆动，眼瞅着在胸口上晃来晃去的金表链，听着杨殿起的话，忽然精神抖擞起来：

"等东洋武士打赢，三爷我翻过把来，咱他妈就大折腾折腾！"

第九回　佐爷的本事是抓辫子

四名长衣短裤的日本汉子在娘娘宫前的阔地上，用刀尖画个大圈，场子就打出来。不管人多挤，谁的脚尖也不敢过线。

这儿，除去山门对面的戏台不准上人，四边的楼顶、墙沿、烟囱，能站人的地方都站满了人。还有些人爬到过街楼"张仙阁"，推开窗子往下瞧。只见东洋武士佐藤秀郎和神鞭傻二面对面站着。东洋武士浑身全黑，短身长臂，鼠面鹰目，那样子非妖即怪。傻二还是宽宽松松一件蓝布大褂，辫子好像特意用蓖麻油梳过，上松下紧，辫梢夹进红丝线头绳，漂漂亮亮盘在顶上。人们都盯着他这神乎其神的辫子，巴望亲眼看见他显露神功。

东洋武士一抬手，玻璃花捧上一根碗口粗、四尺长、上平下尖的木桩子。东洋武士接过木桩，尖儿朝地，拿拳当锤，哐、哐、哐、哐，硬往下砸，眼见木桩一寸一寸往地下扎。这一出手就把人们看呆了。玻璃花高兴地又喊又叫。

玻璃花纯粹傻蛋一个。前三天说好，今天比武，日本洋行的老板不来，这边全靠杨殿起和玻璃花照应。杨殿起还得当翻译。偏巧昨晚杨殿起说铺子里有急事，坐船去了宁河的东丰台。玻璃花哪知道杨殿起由于天津人自打咸丰九年望海楼那桩教案，仇洋的情绪好比涨满的河水，使点劲就会溢出来，他怕招惹众怒，耍个滑儿躲开了。玻璃花竟然挺美，他以为杨殿起不在，日本人又不懂中国话，他想怎么说就怎么说了：

"傻二，瞧！今儿东洋的哥儿们，替三爷我拔撞来了。怎么样？三爷的路子野不野？今儿叫你小子明白明白，是洋大人神，还是你那狗尾巴神。看谁还敢骑着三爷的脖梗子拉屎！谁他妈恶心过三爷的，今儿东洋哥儿们就替三爷出气！哎，傻巴，你怔着干嘛？"

傻二确是有点发怔。

大前天，有人把战表包块砖头扔进他家院子，他就懵头。为嘛？说也说不明白。反正那时候中国人懵洋人，谁也不知道为了嘛。有原因就有办法，没原因就没办法。直到昨天后晌，他还犹犹豫豫，依然没有回表应战。这当儿有人敲门，他坐在屋里没开门，转眼却见一个人站在跟前，就是一阵风刮进来，也没这么快。这人身材瘦小，鼻子奇大，单看目光透彻的双眼，就知有修行深厚的功夫在身。没等他开口，这人纵身往后一跃，竟然毫无声息地贴在墙上，两脚离地三四尺，原来他左手的无名指勾在墙壁的钉子上，凭借这一指之力自由自在地悬起整个身体，就像蜻蜓落在上边一样，这功夫可是天下少见的。这人笑嘻嘻对他说：

"我看你的神气不对。哥儿们，难道你懵洋人？那你还算不上一条好样的汉子。洋人不过眼珠、头发、皮肤的颜色和咱不同，说话两样，至于其他么——喜怒哀乐，行止坐卧，吃喝拉撒睡，还不都和咱一样？他们吃饱不打嗝儿，受凉不打喷嚏，睡觉不打呼噜吗？要说能耐，各有各的长处，要说比武打架，非压他们一头不可。哥儿们，论功夫，你在我之上。可是我都不把洋人当回事，你呢？咱初次见面，总不能叫我把你看尿了吧！尿给谁，也不该尿给洋人！洋人的武功再格色，总离不开手眼身法步，你只要留神他用嘛法子，破法拆招，保你打赢。何况你还多一条辫子呢……哎，兄弟，你给我把扇子，这天跟下火差不多。"

傻二转身拿扇子，边问：

"师傅尊姓大名？"

"鼻子——李。"

只听这三个字，回身已然不见墙上那人。头两字"鼻子——"声音还是在那面墙上，最后一个"李"字，已经是从门外边传进来的。

原来此人竟是赫赫有名的鼻子李。轻功盖世，名不虚传。人家既然如此看重自己，胆气也就足了。至于人家说功夫在自己之下，也并非一般客套话。

像这种有真本事的人，总爱把自己藏在别人的后边；没真本事的人才总往前蹿，生怕丢掉自己。怕人忘掉是最悲惨的事——这是题外的话了。

且说这时，东洋武士已经把木桩子砸进地里一尺半，地面上露二尺半，他双臂一展，落在木桩上，像只老鹰落在旗杆顶上。他并不进攻，而是朝傻二比画两下，叫傻二进招。傻二想到鼻子李嘱咐他的话，用心琢磨对方的招法，悟到东洋武士身材矮小，够不上自己的发辫，故此先立个木桩，站在桩上，居高临下，逮机会好捉自己的辫子。傻二看破对方招数，也就马上有了对策，他纵身贴前，拳掌并用，就是不动辫子。东洋武士手法极快，把他的来拳来掌一一抵住，而那双鹰眼始终死盯着他头上的发辫。傻二主意拿定，不到紧要关口，决不使唤神鞭。东洋武士也看透了他的用意，故意卖个破绽，待傻二贴前，猛出双掌，快若迅雷疾电，傻二赶忙招架，两双胳膊顿时绞在一起，傻二的左腕被拨在中间，只要对方发力，就可能被拨断。使辫子！他刚一动念，辫子已经抽在东洋武士的脸上，这一下，打得东洋武士立即松开双臂，身子一晃，险些掉下木桩，但傻二这一辫子打出去，似乎感觉辫梢碰到什么，这是东洋武士的手！他立即明白东洋武士今天憋足劲是来捉自己的辫子的，挨了打也没忘了抓他的辫子。他变个招数，不用横抽，而是如蛇出洞，寻到空隙直戳出去。软软一条辫子，使得像铁杆扎枪，刚猛异常。玻璃花在一旁叫道："佐爷！小心辫梢扫眼睛！"东洋武士不懂中国话，怔了一下，就给傻二的辫梢飞快地戳上眼睛，不等他睁开眼睛，傻二抡起辫子就抽，"啪"声如劈雷，打得东洋武士在木桩上转了两圈，若不是脚下有根，早跟土地爷热乎去了。

这两下把东洋武士打糊涂了，他闹不清辫子的来龙去脉，甚至不知这辫子究竟在哪儿。可是他忽然见傻二的辫子一甩，像棍子一样横在自己眼前，东洋武士见这机会绝好，出手抓辫，指尖将将沾上辫子，这辫子又变成链条在他手腕"刷"地缠了两道。跟着傻二来个"狮子摆头"，硬把东洋武士从木桩上甩起来，同时一拳打在东洋武士胸口上。这一拳为了不叫东洋武士借机抓他辫子，因而运足气力，锐不可当，直把东洋武士晕头转向地扔在对面的戏台上去。就这一瞬，傻二已然站在那木桩上，神鞭乌光光又松松地绕在肩上，双手倒背，神气顶足，好像站在那儿看戏。

在众人叫好和哄笑中，东洋武士就像名丑刘赶三，傻乎乎立在戏台上。不知谁大喊一声："打他妈洋毛子呀！"跟着一大群人跳进场子和四条日本汉子打成一团。看热闹的人见闹事了，有的往南跑，有的往北跑，反而挤成大瞎团。一时拳飞棒舞，不知谁揍谁。死崔忽然带着一帮小混混，冲进人群，围住玻璃花，一把将他胸前的金表夺去，跟着混混们手舞斧把、竹竿、门栓，把玻璃花打得杀猪一般嚎叫，一直把嗓子喊劈了，出不来声音。

第十回　它本是祖宗的精血

傻二鞭打东洋武士，不单威震津门，也落得美名四扬。本地乡绅送来厚礼和钱帖，才子们送来条幅对联，还有梅振瀛写的两对大漆描金的横匾，一块是"张我国威"，一块就是这"神鞭"二字，尤其这"神鞭"写得尤见气势，"鞭"字最后一捺甩出来，真像傻二的辫子一甩那股劲——又洒脱又豪猛。可惜他房小屋低，没处悬挂。本地的山西、闽粤两家会馆就召集买卖人募捐银钱，张罗泥工瓦匠，给他翻盖房屋。因为他这一鞭，压住了洋人的威风，也压住了洋货如潮、猛不可当的势头。一连多少天，卖国货的铺子盈利眼看着往上增。故此，无论傻二怎样推却，也推不掉众人这份盛情。紧接着，就有更多好武少年求他开山收徒，传授神功。他祖辈的规矩非子不能传。但不知谁在外边嚷嚷，说他大开门庭，广收弟子。每天叩门拜师的人很多，杂七杂八，嘛样都有。有的脑袋后边的辫子不比老鼠尾巴长多少，毫不自量，也要学辫子功。有一天，来一个黑脸的胖大汉子，辫子比棒槌粗，长得几乎挨地，竟然比傻二的神鞭还长。傻二愈看愈不对，上去一抓，掉下来一多半，原来掺了假发！傻二没工夫和这些人胡缠，便关上门，门板上贴张黄纸，写明不收徒弟。可外边照样有人自称是他的嫡传弟子。大仪门口的益美丰当铺迎面墙上，挂出一条大辫子，说是当年"傻二爷"送的。下边贴张红纸，写着"神鞭在此，百无禁忌"八个大字，引得不少人去观看，说真说假，议论不已。后来各买卖铺一窝蜂都挂出辫子来，也就没人再论真假了。

市面上闹得这样厉害，傻二是凡人，凡人不能免俗，难免得意扬扬，迷迷糊糊像驾了云。他想自己出人头地，穿着打扮都得合乎身份，便在人家送来的礼品中，择了一套像样的袍褂，刚要试穿，忽听门外传来拨动橼头的声音，知道这是担挑儿剃头刮脸的王老六。自己也正该把辫子精心梳洗整理一番，便开门把王老六招呼进来。

王老六是宝坻县人，本领出众。据说他当年在老家学艺时，师傅叫他抱着挂霜的老冬瓜剃，只准剃去瓜皮上的一层白霜，不准划破瓜皮。老冬瓜都长得坑坑洼洼，练过这一手才算真本事。王老六在西头一带，走街串巷二十多年，没听人说他划破过谁的头皮。可他今儿有点反常，不一会儿已经在傻二的头上划破五条口子，每划破一道口，就赶紧用胰子沫堵住，不叫血出来，杀得头皮好疼。傻二抬眼见王老六握剃刀的手直抖，便问：

"你怎么啦？"

这话问得直。王老六以为傻二看出自己心里的鬼来，扑腾跪在地上，浑身都抖起来，声音都发抖：

"您饶了我吧，傻二爷！"

傻二摸不着头脑，但觉得事情里边有事，往深处一追，王老六招出。原来玻璃花和杨殿起把他找去，说洋人要花一百两银子买傻二头上的辫子。他们先给王老六十两，待王老六割下辫子，再把赏银补齐。王老六一时贪财应了这事，临到动手心里又怕起来。王老六说到这儿，把头磕得山响，掉着泪说：

"不管您打我骂我，还是饶了我，从今儿我都再不在天津卫担挑剃头了。我白活了六十岁，什么发财的机会没碰上过，如今百十两银子就把我买了。别看我岁数大，到老不做人事，也不算人！"

这事叫傻二听了吃惊不小。

他好言把这财迷转向的老东西安慰一番，打发走后，西城的金子仙来访。这位金先生在各大南纸局挂举单，卖字画，自然一手好字好画，以画"八破"称名于世。这八破，即破碎的古瓶，虫咬的古书，霉烂的古帖，锈损的古佛，熏黑的古画，断残的古钱，磨穿的古砚和撕裂的古扇。他原先最爱吃傻二的炸豆腐，现在就自称是傻二的"老哥儿们"，常来串门。每来必送一幅字，都是用最考究的红珊瑚笺帛写的。

《神鞭》电视连续剧。导演周友朝，主演任程伟。

傻二把刚刚发生的事告诉金子仙，并说：

"我纳闷，他们割去我的辫子有嘛用？至多半年不又长出一条？"

金子仙慌忙说："不，不，你快敲木头，这话不能说。这神鞭既是你父母的精血，又是国宝，焉能叫洋人弄去。"他沉一下，放缓口气说："老哥儿们，虽说你神功盖世，要论您这人……我下边要说的话就有点愣了……"

"你有话干嘛留在肚里！"

"您——哩！您这人可算冥顽不灵。对外，看不明白世道；对己，看不明白……您这神鞭。"

傻二想一想，连连点头说：

"对、对、对！是这么回事。你怎么看，说说。"

金子仙的话题非同一般，神色也变得庄重起来，皱成干枣儿似的眉头上，还颇有些忧国忧民之意：

"如今这世道是国气大衰，民气大振，洋人的气焰却一天天往上冒。他们图谋着，先取我民脂民膏，再夺我江山社稷。偏偏咱们无知愚民，不辨洋人的奸诈，反倒崇尚洋人。就说市面上那些怪怪奇奇的洋货，都是海外洋人的弃物，愚民竟当作珍宝，怪哉！还有洋人的图画，徒有形貌，毫无神韵，更是无笔无墨，上无刘李马夏，下无四王吴恽，全然以媚俗取悦于人，愚民也好奇争买。有人瞧见，紫竹林一家商店摆着一件塑像，名号叫'为哪死'（维纳斯），竟是赤身裸体的妇人！这岂不是要毁我民风，败我民气！洋人不过都是猫儿狗儿变的，能有多少好东西？民不知祖，就有丧国之危！老哥儿们，您再想想自己头上这辫子，哪来这样出神入化？您自己也说过，想到哪儿，辫子就到哪儿，想多大劲儿，辫子就多大劲儿。凡人岂有这样的能力？这本是祖先显灵，叫你振奋国威民志，所谓'天降大任于斯人'！洋人想偷神鞭，意在夺我国民之精神！身上毛发，乃是祖先的精血凝成，一根不得损伤。您该视它为国宝，加倍爱惜才是。老哥儿们，我看您为人过于憨厚，凡事不计利害，怕您吃亏，才不管您爱不爱听，把话全扔出来！"

这一席话，已然使傻二听得浑身起鸡皮疙瘩。人们常说，神呀，仙呀，灵呀，魂儿呀，现在竟都在自己身上。他瞥一眼自己的辫子，仿佛弄不明白是嘛玩意儿了。好像脑袋后边拖着的不是辫子，而是整个大清江山，那么庄严，那么博大，那么沉重。但再寻思寻思，这事情确乎有点神。谁有这辫子，谁又听说过这样的辫子？一时，他有种当皇上那样的气吞山河之感。还有种感觉——那时没有"使命感"这个词儿——他就是这种自我感觉。他心想，既然自己的功夫不能外传，就该赶紧娶妻生子，否则便会打他这儿中断了祖辈传衍的神功，对不起祖宗。他见金子仙是个古板人，循规蹈矩，能信得过，便拜托金子仙帮他找个媳妇。金子仙家正好有个老闺女，就送过门来。这女人名叫金菊花，模样平常，人却勤恳诚实，对他的辫子真当作宝贝一样爱惜，三日一洗，一日一梳，为了安全，剃头的事都由她自己来做。梳洗好拿块蛋黄色绣金花的软绸巾包上；还专门缝个细绢套，睡觉时套上，怕压在身子下边挫伤了。逢到场面上的事该出头露面，她在这辫子每一节都插上一朵茉莉花，香气四溢，黑中缀白，煞是好看。这女人就一步不离地守在他身边，防备歹人意外偷袭，这样子极像四月初八城隍庙赛会上，各所看守古董玩器的童子。

第十一回　神鞭加神拳

光绪二十六年，有个歌儿唱彻天津城：

一片苦海望天津，
小神忙乱走风尘。
八千十万神兵起，
扫除洋人世界新。

这歌儿来得突然，事情来得更突然。天下闹起义和拳！但如果您要在那时候活过，身子叫在教的二毛子们当驴骑，眼见过知府大人在洋人面前不如三孙子，您又不会觉得义和拳来得离奇突然。俗话这叫：事出有因嘛！

清明一过，直隶省遍地义和拳纷纷竖旗立坛。一入五月，文安、霸州、静海、丰润、青县、沧州、安次、固安等地团民，呼喇喇潮水般拥进天津卫，凭借着两丈高的城垣，与紫竹林的毛子们交上火。炮弹来回来去，像蝗虫一样飞。人都说义和拳能避洋枪洋炮，天津卫的哥儿们应声闹起来，把各个庙宇、祠堂、公馆、公所、学院，甚至大家宅院，全都占作坛口。镇守天津的总督裕制军弹压不住，换个笑脸，穿着朝衣补褂，方头靴子，向各路拳首三拜九叩行大礼。这一来，满街走的都是义和拳了。文官遇上下轿，武官碰上下马，叫这些平时仰头走路的大老爷们垂头丧气，小百姓们自然高兴。这时，像广来洋货店那样的字号，在"洋"字上边贴个"南"字，像玻璃花去紫竹林坐的那类东洋车，也改称作太平车。一切沾"洋"字都犯忌。信教的二毛子、三毛子、直眼们大都给团民们捉去，腿快的逃往租界。杨殿起虽然不在教，平时发了洋财，无人不知，他机灵得很，不等义和拳闹起来，便提早躲进紫竹林，后来"天下第一团"的首领张德成，用八十一条火牛往租界里一冲，他怕租界守不住，就随同贝哈姆的家眷坐轮船出海渡洋，从此不当中国人了。

这些日子，外边人都嚷嚷傻二去紫竹林拿神鞭打毛子，其实他一直待在家。他心里痒痒，想摆个坛口，但又犯嘀咕，不大相信义和拳真能闭住洋枪洋炮。金子仙更是不叫他和乱民掺和一起。他整天闷在屋里，并不死心。

五月十七日，傻二在家，听大街上有人叫喊，传告各家用红纸蒙严烟囱，不许动火吃荤，三更时向东南方供馒头五个，凉水一碗，铜钱五枚。义和拳大师兄要到紫竹林去拆洋人大炮上的螺丝钉，如果马到成功，洋毛子的炮弹就落不到城里来了。不一会儿，又有人喊叫，各家都用竿子挑起红灯一盏，红灯照仙姑今晚要降神火烧教堂。傻二将信将疑，叫金菊花照样做了，一天一夜，竟然真的没有洋人炮弹落下来；当晚城那边果然起了大火，冒起三柱粗粗的黑烟，夹着一闪一闪的大火星子，直把东半边天都烧红了，比正月十五放烟火盒子还要辉煌壮观。一扫听，原来是西门内、镇署前、仓门口的三座洋教堂，给红灯照借来神火烧着了。

转天，傻二在家中无事，忽听有人敲门找他。开门进来一个穿团服的矮小老头儿，倒梨样的圆脸儿，腰间别着一根九孔小管，自称是傻二老乡——安次县廊坊西边香芦村人。他忙请老头儿屋里说话。他不认得这老头儿，老头儿却知道他。因为老头儿和傻二的爹同辈儿。

"你听说一个外号叫'青头愣'的吗？"老头儿问他。

傻二想起，爹爹生前提到过此人，吹一口好笛，在村里的"吹歌会"领头。这会是纯粹的音乐会，红白喜事不吹，只在逢年过节演奏一番，讲求音调和味道。"青头愣"本姓刘，排行老四，由于头皮青得发蓝，乡人给他起了这个蚂蚱的绰号。傻二说：

"原来您是刘四叔呵！"

老头儿高兴地咧开嘴唇，直露出牙花，连连点头。这刘四说，早在乡间就听说天津卫出了一个"神鞭"，他猜到这是傻二爹，谁知这次到天津一扫听，没料到傻二爹没了，但功夫已经传到他身上。傻二问刘四，怎么会猜到是他家。刘四说，天下还有谁会这独门奇功？跟着，他告诉傻二所不知道的事儿——

传说傻二的老祖宗，原先练一种问心拳，也是独家本领，原本传自佛门，都是脑袋上的功夫。但必须仿效和尚剃光头，为了交手时不叫对方抓住头发。可是清军入关后，男人必须留辫子，不留辫子就砍头。这一变革等于绝了傻二家的武艺。事情把人挤到那儿，有能耐就变，没能耐就完蛋。这就逼着傻二的老祖宗把功夫改用在辫子上，创出这独异奇绝的辫子功。……

刘四啧啧赞赏地说：

"你祖辈有能耐，这一变，又是绝活！"

傻二好似一下子找到自己的根儿，心里十分快活，呼叫金菊花备些酒菜招待。刘四说，团有团规，不准吃荤、喝酒、逛窑子、诈钱财，违者挨一百杖，还要给赶出坛口。然后就问傻二身怀绝技，为什么待在家，不去竖一杆旗，上阵灭敌，光宗耀祖。他正色说：

"东洋武士都败在你手下，难道你还怕洋人？你匾上写着'张我国威'，挂在这儿给谁看的？你要是把这辫子当作古玩，它可就成死的了。如今，大男儿不去为民除害，以身报国，等啥？我老汉乡下还扔着一大家子人呢！"

"您……今年高寿？"

"整整七十啦！"刘四说。但乡下人操心少，活动多，吃新米鲜菜，都显得年轻硬朗。

"这样高龄也上阵吗？"

"不上阵，我一百多里下卫来干啥？虽然舞不动铁枪钢刀，穷哥儿们杀毛子时，我也吹吹笛，鼓鼓劲儿呗！"

傻二心里一动，眉毛也一动，问道：

"刘四叔，我入你的团如何？"

金菊花一旁想要阻拦，却给傻二的目光逼得没敢张嘴。

刘四笑道：

"不瞒你说，今儿是义和拳的总头领曹福田老师叫我请你来的，当下就在近边的吕祖堂。说啥入不入团，请你去做老师！神鞭一到，团民立刻要精神十倍呢！"

傻二把搁在心里的话说出来：

"人都说义和拳都避枪炮，这话当真？"

刘四看他一眼，说：

"不假。你要看，就随我来！"

傻二把"神鞭"往头上一盘，对刘四说声："走！"就拉着刘四走出大门。

他们来到吕祖堂，这清静的庙宇如今大变模样。殿顶墙头插满牙边绣面的黄红团旗，就像戏台上武生后背插着的靠旗，好不威风！大殿前月台上，团民正操演排刀，殿前摆一条大香案，供着大大小小许多神牌。一尊水缸大的生铁炉子插着数百棵线香，团团浓烟往上冒，直与那些旗子卷在一起。团民们齐刷刷站了一圈，四周还有不少百姓，观看团民拜神上法，表演过刀。这场面可是既奇特又神秘，傻二以前在乡间看过白莲教、红枪会铺坛，连气氛都很相像。

义和拳按八卦中的乾、坎、艮、震、巽、离、坤、兑，分八门，又分红黄白黑四色。曹团是乾字团，主黄，故团民一色黄包头，黄褡膊，黄裹腿。有的青蓝布衫外边罩一个金黄兜肚，镶滚紫边，当胸拿红布缝个"≡"字，高矮胖瘦，老少豪秀，嘛样都有，却一概威风凛凛，神情庄重，若有神在。

一个年轻团民跳到月台中央。这小子圆胖小脸，肥嘟嘟小撅嘴，左眼下有块疤，嗓门又哑又尖，一口地道的天津话。他脚上穿一双白布孝鞋，十分刺眼，自称能求来孙猴子附体。他走到香案前对着神牌先叩三个头。这些木头做的神牌上，用墨笔写着神仙的姓名，却都是戏里的人物，有关羽、姜太公、诸葛亮、张天师、周仓、孙行者、黄天霸、黄三泰、窦尔墩、杨六郎、武松、秦叔宝等等。他叩过头，站在香案旁一位络腮胡须、个子高大的师兄，拿起一道符，口中念道：

快马一鞭，

几山老君，

一指天门开，

二指地门开，

要学武技请师傅来。

这穿孝鞋的圆脸团民也口念一咒语：

北六洞中铁布衫，

止住风火不能来，

天有天道，地有地道，

齐天大圣护我身，五雷刚。

念过后，闭上眼，浑身猛地一抖，好像有神附入体内，跟着就陡然旋身疾转，手舞足蹈，每一动作都极像猴子。傻二看出这是"猴拳"的招式。大个子师兄问团民："何人下山？"这团民尖声答道："我乃悟空，刀枪不入也。不信就拿刀来试一试！"这声调与戏台上孙猴子的道白差不多。师兄操起一柄开了刃的九环大刀，朝这团民哗哗响举起来。这团民并不怕，拉开衣裤，一运气，肚子鼓得像扣上去的一个小盆儿。师兄一刀砍在肚子上，但听"咔"一响，居然皮肉不伤，刀刃砍过之处，只有一道白印，渐渐变红。这一来，团民愈发神气，对师兄叫道："你拿洋枪来，我也不怕！"师兄就从香案下取出一支洋枪。这洋枪里没上子弹，而是塞满掺了砂子的火药，抬起来，枪口对着团民。这场面可够惊心动魄，谁料这小子胆大包天，非但不避，反而把肚子凑近枪口，带着股刚烈气息，尖声叫得刺耳："来呀，毛子们来呀！"只听轰一响，硝烟飞过，这小子毫无损伤！他像掸尘土那样，把打在肚皮上的砂子用手都拂下来。众人看得说不出话来。傻二心想，这团民用的是不是硬气功！即便如此，这也是顶上乘的功夫。他从未见过，也没听说过。因此对这附神上法也就信多疑少。哪知道，那时义和拳就是用这样的高手，稀世的绝招，鼓动士气，使人相信上阵能避枪炮、灭洋人以此招徕团众。经过这叫人信服的操演，那些要去打洋人却畏惧枪炮的哥儿们，就都嚷嚷着要入坛了。

这时，忽从五仙堂走出几个团首，簇拥着一个背披斗篷、腰悬大刀、气度非凡的黑瘦汉子。这汉子正是津门义和拳总头领曹福田。刘四忙引傻二登上月台去见曹老师。

曹老师是行伍出身，浑身带着干练精悍的劲头，见傻二就单手打个问讯说：

"神鞭一到，不愁赶尽洋毛子！"

众人见是神鞭傻二来入坛，一齐欢呼起来，气氛很是热烈。

傻二说：

"曹老师为咱中国人雪耻，要率弟兄们去紫竹林与洋毛子一决雌雄，胆量气节，都叫我五体投地。"

曹老师说：

"哪的话！你的神鞭给我添了十倍的力量。就请您当众略施神功，壮我士气！"

傻二马上慨然答应，叫八名团民挥刀砍他，眨眼之间，啪啪数响，不及看清，那八柄腰刀早给横七竖八抽落在地。惊得众人一时无声，然后哄地同声喊起好来。

傻二这几鞑抽出精神来，他对曹老师说：

"几时去紫竹林接仗，我愿同往！"

"今日后晌就去。我给您两队团民，由您带领，殷师弟——"曹老师扭头对刚才演排刀、穿孝鞋那个圆脸团民说，"你跟着去！"

"好！"殷师弟过来对傻二说："只要您叫我上，迎着枪子儿也上，如有半点含糊，就是狗娘养的！"

傻二对他含笑点头。他已经深为这团民的豪气所感动。

"眼看晌午，我就不回家送信了，快快上阵。"傻二说到这儿，心想还是上法在身更牢靠些，便抱拳对曹老师拱拱手说，"愿借神威！"

曹老师当即拿出黄表朱墨，写了咒符一张给他，傻二接过来看，上边写着：

家住东海南，

日没昆仑山，

砂子赛冰凌，

闭炮不冒烟。

这四句咒语后边还画个"五雷正法"的符图：

他看了半天，似懂非懂，等他把这符咒折成三折，塞进辫根里，感到满脑袋的头发都发烫，似乎真有法力注入他的辫子里。他想：神鞭加神拳，毛子全玩完。心里有种纵入紫竹林，一扫洋人的渴望。

这时，曹老师已经派遣三名精壮团民到紫竹林去下战表。那战表上这样写着：

统带津、静、盐、庆义和神团曹，谨以大役布告六国使臣麾下：刻下神兵齐集，本当扫平疆界，玉石俱焚，无论贤愚，付之一炬，奈津郡人烟稠密，百姓何苦，受此涂炭。尔等自恃兵强，如不畏刃避剑，东有旷野，堪作战场，定准战期，雌雄立见，何必缩头隐颈，为苟全之计乎？殊不知破巢之下，可无完卵，神兵到处，一概不留，尔等六国十载雄风，一时丧尽，如愿开战，晌后相候。

晌午，傻二随同团民饱餐一顿百姓送来的得胜饼和绿豆汤，然后，列齐队伍，刀上贴了符纸，开拔上阵。兵分作二路，曹老师一路出东门直捣马家口，傻二一路出南门径取海光寺。临行时，曹老师赠给傻二一块缝着乾字图样的头巾。他掖在怀里没戴，而是故意把那四尺多长的神鞭乌光光顶在头上。

一时，城中人都说，这一下，傻二爷要把毛子们都赶到海里去，就势还要拿神鞭将紫竹林里的洋楼和电线杆全都抽倒。说到电线杆，因为那时百姓们都认为电线杆里藏着洋人的妖法。

第十二回　一个小小的洋枪子儿

地有准，天没准，说阴就阴。虽然没有倾盆瓢泼往下浇，空中飘起又细又密的雨毛毛，不一会儿，树皮草叶就湿乎乎冒光，地皮也发滑了。

刚刚，傻二带领团民与毛子们打了一场硬碰硬的交手战。毛子果然有隔路的招数，挺着枪刺只捅不扎，与咱中国人使唤扎枪的法子大不相同，傻二也使出拿手好戏，辫梢专抽毛子们的眼睛，只要毛子睁不开眼，团民上去挥

一九九〇年用一张珍贵的康熙年间的
老宣纸为"傻二"画了一幅画像。

刀就砍。毛子吃了大亏，忽然脱开肉搏，退到土岗子后边放一排枪。傻二头
一次与毛子们交战，这洋枪子儿比戴奎一的泥球神得多，连声音都听不见，
辫子自然也毫无举动，身后的团民却一个个倒下去。待他们冲上土岗子，毛
子们连影儿也没了。傻二见倒在身边一个团民，胸口给洋枪子儿穿三个洞，
鲜血直冒，心里犯起嘀咕，还有几个年少的团民看着发怔，似乎也对"刀枪
不入"起了疑惑。那个穿孝鞋的殷师兄走过来说：

"这几个哥儿们功夫没练到家，请不到神仙附体，就顶不住洋枪子儿！"

话刚说这两句，忽然跑马场那边毛子们打起炮来。西瓜大的乌黑的弹丸，
眼瞅着远远地飞过来，落在开洼地里，炸得泥水、土块、小树乱飞。殷师兄
一点也不怕，对众团民叫道：

"站好啦，甭怕，怕鬼才被鬼吓着！等大炮咋呼完了，毛子们就该出窝
啦！"

团民们都迎着又凉又湿的风站着，没一个躲藏。

这阵炮没伤着人。随后，在前边墨绿色的树丛后边竖起一杆小洋旗来，摇了两摇，小鼓咚咚响，毛子们出来了，前后三排，端着枪，踩着鼓点直挺挺走过来。团民们正待迎上去肉搏，毛子们忽然变化阵势，头排趴下，二排单腿跪下，三排原地站着。轰！轰！轰！三排枪。立即就有许多团民向前或向后栽倒。其余团民不明其故，仍旧站着不动，殷师兄尖声喊道："趴下！趴下！"于是团民们和傻二都趴在泥地上。

毛子们换上子弹，轰！轰！轰！又是三排枪。

子弹贴着傻二他们的头和后脊梁骨飞去，压得他们抬不起头来。殷师兄就趴在傻二身边，他的头巾被打烂了一块，压得他必须把脸贴在泥地上，他嘴巴上蹭了一大块泥印子，气得他脸憋得通红，眼珠子直掉泪，奶奶娘地大骂，愈骂火愈旺，忽然跳起来，用那撕扯人心的尖嗓子大叫一声："操他祖宗，我娘叫他们糟蹋，我把他们全操死！"就像疯了一样舞着宽面大刀冲上去。他那穿着白孝鞋的脚，几步就闯入敌阵中间。

应声的团民们立即全都蹿起来，迎着飞蝗一般洋枪子儿上，不管谁中弹倒下，还是不要命往前冲。傻二自然也不管身上有没有法了，夹在团众里，一直冲入毛子们阵中，挥刀舞辫，碰上就打。耳边听着咪咪枪子儿响，跟着还有一阵阵助阵的鼓乐声从身后传来。这乐曲好熟悉！是《鹅浪子》吧！它这悲壮的、尖啸的、凄厉的、一声高过一声的声音，好像带着尖，有形又无形，钻进耳朵，再使劲钻进心里，激起周身热血，催人冒死上前，叫人想哭、要怒，止不住去拼死！呀！这就是刘四叔那小管儿吹出来的吧！他来不及分辨，连生死都不分辨了。一路不知辫子已经抽倒了多少毛子。忽然轰一响，眼一黑，自己的身子仿佛是别人的，猛地扔出去，跟着连知觉也从身上飞开了。待他醒来，天色已暗，周围除去几声呱呱蛙叫，静得出奇，他糊里糊涂以为自己到了阴曹地府。再一看，原来是在一个水坑里，多亏这坑里水浅，屁股下边又垫着很厚的水草，鼻尖才没有沉到水面下边，不然早已憋死。他从水里站起来，身上腿上都没伤，肩膀给洋枪子削去一块肉，血染红了左半边裤子。

他爬上坑边一看，满地都是死人，有毛子，也有团民，衣服给小雨淋得颜色深了，伤口的血却被雨水冲淡，一片片浅红濡染尸体与草地。他忽然发现殷师兄和一个毛子死死抱在一起，一动不动卧在地上。他用手一掰，原来殷师兄的大刀扎在毛子的胸口里，毛子的枪刺捅进殷师兄的肚子，早都死了。在湿地上，那孝鞋白得分外刺眼。他四下把团民的尸体翻翻看，没发现一个有气儿的。不知为嘛，他急于走开这地方。

他辨明方向，往城池那边走。走不多远，忽见一个黄土台上，横躺竖卧一堆死人。细看竟是他老家来的吹歌会，已然全部捐了性命。牛皮大鼓被炸裂，木头鼓梆还冒着烟儿，地上扔着唢呐、笙、小钹、鼓槌。在这中间，斜躺着一个老头儿，头上的包布脱落，脑壳露在外边，给雨淋得像瓜似的，冒着幽蓝幽蓝的光。他手里紧紧攥着一根九孔小管，呀，正是刘四叔！他差点叫出声来。当他俯下腰给刘四合上眼皮时，心里一阵难受，并涌起一股火辣辣的劲儿来，头发根儿都发炸，他猛扬头，一甩辫子，要只身闯入紫竹林决死一拼，但他忽然感到脑袋上的劲儿不对，再一甩，还不对，辫子好像不在脑袋上，扭头看，还在后背上垂着，真怪！他把辫子拉到胸前一看，使他大惊失色，原来这神鞭竟叫洋枪子儿打断了，断茬烧焦起来，只连着不多几根。掖在辫子里边的黄表符纸也烧得剩下一小半。嘛？神鞭完啦？

啊！他蒙了，傻了，不知道是怎么回事。一时好似提不住气，一泡尿下来，裤裆全湿了。

天黑时，他才回去，却不敢回家，又怕路上撞到熟人，叫人看见。他用曹老师给他的那块头布包上脑袋，进城后赶快溜进丈人金子仙家。金子仙听了，惊得差点昏过去，待他神智稍稍清醒，就忙把傻二严严实实藏起来，千万不能叫外人听到半点风声！

第十三回　只好对不起祖宗了

天津城陷后，很长时候，没人提起傻二。有人说，他去紫竹林接仗那天，踩响毛子埋的地雷，丧了性命；也有人说，他叫毛子们施了法术，关进笼子，还用电线捆起神鞭——那时人们不知电线怎么回事，以为其中有魔——装上船，运到海外展览。庚子变乱之后，一连几年，人心不定，社会不宁。毛子们拆去天津城墙，又把租界扩大一倍，天津地面上的毛子更多起来。中外一仗，有人打明白了，不再怕毛子；有人打糊涂了，更怕毛子。他们想，天上诸神下界，都拿毛子没辙，一条神鞭，即便真是祖宗显灵，也顶住不戗。

金子仙人够精细。他把傻二这么一个五六尺、咳嗽喘气的大活人，藏在家里半年多，居然没人知道。傻二养好肩上的伤，断辫子却一直没长好。那辫子是给洋枪子儿斜穿肩膀打断的，上边只剩下半尺多，养了半年，长过了二尺却愈长愈细，颜色发黄，好比黄羊屁股上的毛，而且尖头出了叉儿。头发一生又就不再长，辫子少了一尺，甩起来不够长，也没劲，打在人身上就像马尾巴扫上一样。

这些天，金子仙父女和傻二的心情极糟，真像打碎一件价值连城、祖辈传下来的古董。金子仙跑遍城内外的药铺，去找生发的秘方。直把腿肚子跑细了一寸，总算打听到估衣街上瑞芝堂的冯掌柜有这样的秘方。金子仙马不停蹄来到估衣街，谁知药铺的掌柜早换了蔡六。蔡六说冯掌柜在半年前，洋人洗城时，叫一堵炸塌的山墙压死了。金子仙不死心，又幸亏他鼻子下边长了一张不嫌费事的嘴，终于在北大关"一条龙"包子铺后边找到冯掌柜。冯掌柜如今在一间豆腐块大的门脸房摆小糖摊。一提药铺，冯掌柜就哭了。

原来，庚子变乱之时，聂军门武卫军的马弁们在估衣街上，乘乱烧抢当铺，大火把瑞芝堂药铺引着。蔡六抢在水会来到之前，把账匣子扔到火里。药铺的钱账，早就由冯掌柜交给蔡六掌管，花账、假账肯定不少，这一烧就没处查对。火灭之后，蔡六买通一伙人，自称是债主，向冯掌柜讨债，冯掌柜拿不出账来，蔡六又里应外合，点头承认铺子欠着这些人债款，只有人家说多少给多少，直把冯掌柜逼得倾家荡产，最后把药铺盘出去，才把债还清，谁知收底盘下这铺子的正是蔡六。冯掌柜抹着泪说：

"这应了一句老话，真能治死你的，就是身边的人。"

金子仙感慨不已。人活五十，都经过九曲八折，都有追悔莫及的事，联想傻二的辫子，他后悔变乱时，不该叫傻二和菊花住在城外，若在身边，他决不叫傻二去和洋枪洋炮玩命。他见冯掌柜胆小怕事，老实软弱，不会在外边多说多道惹麻烦，就悄悄把傻二辫子的事告诉冯掌柜。他明白，如果他胡诌一个什么亲戚得了鬼剃头，冯掌柜不会拿出秘方来。他话到嘴边，犹豫一下，不自主用点心眼儿，只说傻二喝醉酒，辫子叫油灯从中烧断的。冯掌柜听了，叫道：

"呀！神鞭断了，这还得了！你老别急，我这儿有个祖传秘方，还是太后老佛爷用的。这方子我没给过任何人。前年头里，阮知县得秃疮，掉头发，我也没给他使过这方子，只给他抄一个偏方。偏方和秘方是两码事。我祖上传这方子时，有四句诀：'青龙丹凤，沾上就灵；黑狗白鸡，用也白用。'傻二爷不是凡人，那辫子是祖传法宝，只要用上这方子，保他眨眼就生出黑油油的头发！"

金子仙叫道：

"太好了！我就信祖传的！人家告我紫竹林一家德国药店，卖什么'拜耳生发膏'，灵透了，我就不信。不信洋人比咱祖宗高明。"

冯掌柜听得眉开眼笑。他先收了摊子，关上门，然后打开屋角的花梨木箱子，从箱底取出一个紫檀小匣，开了铜锁，捧出一个用宋锦裹得方方正正的小包，上边系着一条黄绫带子，解带剥包，再把一层又一层缎的、绸的、绢的、毛纸的包皮打开，最后才是一块玉片压着的几张药方。药方的纸儿变黄，那些拿馆阁体的蝇头小楷写的字依旧笔笔清晰。他恭恭敬敬把药方放在桌上，用镇纸压牢，取了纸笔，一边郑重其事誊抄，一边把各药的用法细心讲解出来：

"这是《千金方》。寻叶、麻叶……各三两……米泔水煮汤，要等它不凉不热时拿它给傻二爷洗发。它有促生毛发健旺之效。这是《圣惠方》，本是太后老佛爷最喜爱的梳头药。总共三味药：榧子，三个，去壳；核桃，两个，带皮；侧柏叶，一两，生用，放在一起捣烂了。切切记住，药引子必须是雪水，千万不能用一般河水井水。要用雪水泡透药末，再用梳子蘸这药水梳发。这核桃的功效在于'润肌黑发'，如果新发赤黄，就在里边多加一个核桃……你能记得住么？"

金子仙拍着手说："行了，行了，这下神鞭保住了！"他又问道："多少钱，我付！"

冯掌柜虽然软弱，却好激动。他见金子仙这样高兴，又激动起来。摆着手说："分文不取！保住神鞭，也是保住咱祖宗留下的元气。我情愿赠送！"
他又另给金子仙抄了两个秘方。一是《老佛爷护发膏》，一是《老佛爷香发散》。
这样，洗梳撒涂的药，全都齐了。冯掌柜嘱咐他，把这药分在几个药店去买，
别叫人暗中抄去了方子。医药之道，剽窃抄袭更是厉害。

金子仙心想，自己真是碰上大好人。千恩万谢之后，便揣起方子快快活
活去抓药。回去按方一用，果见成效。这药仿佛藏着神道，不多天，傻二的
头发渐渐变黑变亮，仿佛用油烟墨一遍遍染上的。随后就眼看着粗起来，有
如春天的草枝。半月后，忽见每根头发都拱出乌黑崭亮的尖子来，好像蹿芽
拔节，叫金家父女惊喜得直叫。而且，用药以来，金菊花用新鲜的雪水泡药，
拿它天天给傻二梳洗头发，眼看日长三分，过年转春，那一条光滑乌亮、又
粗又长的神鞭完全复元了。

傻二耍几下，和先前那条并无两样。

这时候，外边到处传说，傻二没死，也没给洋人运到海外，他的辫子叫
油灯烧断了，像秃尾巴鸡一样躲在老丈人金子仙家里，于是就有好事的人，
假装到金家串门，包打听。金子仙反而从这些"包打听"口中套出，这些传
说竟是打冯掌柜嘴里说出来的。他想，没错！这些话正是自己告诉冯掌柜的。
幸亏那天留个心眼儿，真话没全说，否则人们都会知道神鞭是给洋枪子儿打
断的，岂不坏了大事！这真叫他后怕得很。他愈想愈气，直拍桌子，还要去
找冯掌柜算账，但沉下心一想，对冯掌柜这种软弱的人，骂他一顿又有嘛用？
别看这种人脓包，更坏事。他心中暗道：

"这也应上一句老话：可怜人必可恨！"

傻二宽慰老丈人：

"何必气呢，明儿我上街一逛，露露面，保管嘛闲话全没了！"

第二天，金家父女陪着傻二城里城外转一大圈。人人都看见傻二，也看
见傻二头上耀眼的神鞭，传言立时无影无踪了。看来，谣言不管多厉害，经
不住拿真的一碰。就像肚子里的秽气，只能隔着裤子偷偷往外窜。

尽管在外人眼里，神鞭威风如旧，但傻二的心里不是滋味。那天，在南
门外洼地上，看不见的洋枪子儿穿肩断辫的感觉，始终沉甸甸压在他心上，

高兴不起来。虽然他在众人面前强撑着"神鞭"的功架，"张我国威"的大匾依旧气势昂扬地挂在家中，他五脏六腑总觉得空荡荡，没有根，底气不足。这辫子在头顶上就像做了一个灿烂又悠长的梦。现在懵懵懂懂地醒来，就像有股气从辫子里散了。

近一年来，金子仙的日子不好过。花钱买他的"八破"自来多是遗老遗少，而遗老遗少总是愈来愈少。他每天唉声叹气，不知要念上多少遍"古调虽自爱，今人多不弹"。但不卖画就没饭吃，肚皮常常会瓦解人的硬气劲。他便改用费晓楼的笔法，给活人画小照，给死人画小影。偏偏这时，洋人的照相业传进来，花不多钱，就能把人的相貌神气，一点不差留在小纸片上。洋人的照相术虽然奇妙，却也有缺陷，相片不能大，画像要多大有多大。但没等他发挥画像的长处，排挤照相，跟着打海外又传来一种擦炭画法，把相片的人放大，并且画得和相片一样逼真。这纯粹不叫金子仙吃饭了，气得他大骂洋人，逢"洋"必骂，发誓不买洋货，还把家里一台对时的洋座钟砸了。可是庚子之后，城拆了，没城门，不用按时辰开门关门，鼓楼上又驻扎洋人的消防队，那"一百零八杵"大钟早就停止不打。他便无法知道时辰，只有看太阳影和猫眼睛里那条线了，遇事常常误点。他犯上犟劲，就是不买洋钟洋表，于是就这样一误再误地误下去。

这时傻二与金菊花早搬回西头的家去住，日子却要靠金子仙接济。他见老丈人手头一天天紧起来，再下去该勒裤带了，就对金子仙说：

"我和菊花一直没孩子。辫子功必须传给子孙这条规矩，看来是行不通了。我寻思，一来，总不能把这门祖宗留下的功夫绝了，二来，一日三餐，柴米油盐，没钱不成。反正肚子空了，到时候准叫。我打算开个武馆，教几个徒弟，不知这样做，是不是犯了祖宗？"

金子仙没言语，想了三天，回答他：

"我看也只有这样了。反正功夫没传给洋人，就算对得起祖宗。但收弟子时千万要挑选正派人，宁肯少而精，切忌多而滥，万万不可辱没家风。"

傻二以为老丈人古板得很，这种违反祖宗的事，必定反对。听了这话，自己反倒犹豫起来，害怕祖宗的魂儿来找他。

《神鞭》毛片。

　　金子仙之所以同意，还有一个说不出口的原因，就是金菊花不能生育，傻二无后，但如功夫不传外姓，便会生出再娶一房小婆的打算，因此金家父女极力撺掇他开武馆，收徒弟，金菊花还总拿着空面袋、空盐罐、空油瓶给他看。傻二被逼无奈，一咬牙，开山收徒。一时求师的人真不少，他从严挑选了两个，并给这俩取了艺名，姓汤就叫汤小辫儿，姓赵就叫赵小辫儿，待到功夫练成，再称呼大名。傻二还和金子仙商量出武馆的八则戒条，为"四要"和"四不准"，由金子仙用朱砂纸写好，贴在墙壁上：

　　一、要知尊师敬祖；

　　二、要知忠孝节义；

　　三、要知礼义廉耻；

　　四、要知积德累功；

　　五、不准另拜别师；

　　六、不准代师收徒；

七、不准泄露功诀；

八、不准损伤发辫。

　　收徒那天，傻二向祖宗烧香叩头，骂自己大逆不道，改了祖宗二百年不变的规条；但又盟誓，要把辫子功发扬光大，代代传衍。这才是真正不负古人，不违先辈创造这神功的初衷。

　　其实，他是给事情赶到这一步，不改不成，改就成了。祖宗早烂在地下，还能找他来算账？总背着祖宗，怎么往前走？

第十四回　到了剪辫子的时候

　　傻二开了武馆，一直教授这两个徒弟。徒弟都是富裕人家的子弟，学艺钱和额外的孝敬，足够傻二夫妇糊口了。他一心传艺，两个徒弟碰上这样难得的高师，自然认认真真学本事。几年过去，一百单八式的辫子功，实打实地学会了三十六式。可是这时候，大清朝亡了，外边忽然闹起剪辫子。这势头来得极猛，就像当年清军入关，非得留辫子一样。不等傻二摸清其中虚实，一天，胖胖的赵小辫儿抱着脑袋跑进来，进门松开手，后脑袋的头发竟像鸡毛掸子那样乍开来。原来他在城门口叫一帮大兵按在地上，把他辫子剪去了。

　　傻二大怒：

　　"你没打他们？你的功夫呢！"

　　赵小辫儿哭丧着脸说：

　　"我饿了，正在小摊上吃锅巴菜，忽然一个大兵拦腰抱住我，不等我明白嘛事，又上来几个大兵，把我按在地上。更不等我知道为嘛，稀里糊涂就给剪去了。"

　　"等？等嘛！你不拿辫子抽他们！"

　　"辫子没啦，拿嘛抽……"

　　"混蛋！你不懂大清的规矩，剪去辫子，就得砍头！"

　　金菊花在一旁插嘴：

"你真气糊涂了。大清不完了吗？"

傻二一怔，跟着明白现在已是民国三年。但他怒气依然挺盛，吼着：

"他们是谁？是不是新军？我去找他们！"

"眼下这么乱，看不出是哪路兵。他们说要来找您。有一个瘦子还说，叫我捎话给您，他要找上门来报仇。"

"报仇？报嘛仇？他叫嘛？"

"他没自报姓名，模样也没看清。是个哑嗓子，细高挑儿，瘦得和咱汤小辫儿差不多，有一只眼珠子好像……"

正说着，有人在外边喊叫："傻巴，滚出来吧，三爷找你结账来啦！"随这喊声，还有一群男人起哄的声音。

傻二开门出去，只见一个瘦鬼儿，穿着"巡防营"中洋枪队的服装，站在一丈开外的地方，后边一群大兵穿着同样的新式军衣，连说带笑又起哄，傻二不知是谁。

"你再拿眼瞧瞧——连你三爷都不认得了？还是怕你三爷？"瘦子口气很狂。

傻二一见他左边那只不灰不蓝的花眼珠子，立时想到这是当年的玻璃花，心里不由得一动，听玻璃花叫着："认出来了吧，俗话说'君子报仇，十年不晚'。庚子年，那个曾经祸害你三爷的死崔，给洋人报信，叫义和拳五马分尸干了，也算给你三爷出口气。不过，毁你三爷的祸根还是你的辫子。今儿，三爷学会点能耐，会会你。比画之前，先给你露一手——"说着把前襟一撩，掏出一个乌黑乌黑的家伙，原来是把"单打一"的小洋枪。

傻二一见这玩意儿，立时一身劲儿全没了，提不住气，仿佛要尿裤。当年在南门外辫子被打断时的感觉，又出现了。这时，只听玻璃花说声："往上瞧！"抬手拿枪往天上一只老鹰打去，但没有打中，把老鹰吓得往斜刺里飞逃而去。

几个大兵起哄道：

"三爷这两下子，还不到家。准是不学功夫，只陪师娘睡觉了！"

玻璃花说："别看打鸟差着点，打个大活人一枪一个。傻巴！咱说好。

你先叫我打一枪，你有能耐，就拿你那狗尾巴，像抽戴奎一的泥弹子那样，把我这洋枪子儿抽下来，三爷我今晌午就请你到紫竹林法租界的'起士林'去吃洋饭。你也知道，三爷我一向好玩个新鲜玩意儿，玩得没到家，不见得打上你。要是打不上，算你小子走运，今后保准再不给你上邪活；要是打上了，你马上就得把脑袋上那条狗尾巴剪下来，就像你三爷这样——"说着，摘下帽子，露出一个小平头。

大兵们大笑，在一旁瞎逗弄：

"你叫人家把辫子剪了，指嘛吃饭？人家就指这尾巴唬人钱呢！"

"三爷，你先叫人挨一枪，可有点不够，给他上一段德国操算了！"

"三爷可得把枪对准，别又打歪啦，栽面儿，哈哈！"

玻璃花见傻二站在对面发怔，不知为嘛，一点神气也没有。这样玻璃花更上了劲："傻巴，别不吭气，你要认脓，就给我滚回家去，三爷决不朝你后背开枪！"一边说，一边把一颗亮晶晶的铜壳的洋枪子儿塞进枪膛。

傻二瞅着这洋枪子，忽然扭身走进院子，把门关上。汤小辫儿和赵小辫儿见师傅皱紧眉头，脸色刷白，不知出嘛事了。墙外边响起一阵喊叫："傻巴傻啦，神鞭脓啦！神鞭神鞭，剪小辫啦！"一直叫到天黑。大兵走了，还有一群孩子学着叫。

神鞭傻二一招没使，就认栽给玻璃花，真叫人摸不着头脑。外边人都知道，玻璃花在关外混了多年，新近才回到天津，腰里掖着些银钱，本打算开个小洋货铺子，谁知在侯家后香桃店里又碰上飞来风。原来大清一亡，展老爷气死，大奶奶硬把飞来风卖回到香桃店，这么一折腾，人没了鲜亮劲儿，满脸褶子，全靠涂脂抹粉。玻璃花上了义气劲儿，把钱全使出来，赎出飞来风当老婆，自己到巡防营当大兵，拿饷银养活飞来风。他这人脑袋浑，手底下又糙，嘛玩意儿都学不到手。这洋枪是从管营盘的排长手里借来的，没拿倒了就算不错。今儿纯粹是想跟傻二逗闷子，怄一怄，叫他奇怪的是，傻二这么厉害，为嘛连句硬话没说，掉屁股就回窝了？他想来想去，便明白了，使他震住傻二的，还是这玩意儿。于是他只要营盘没事，就借来小洋枪，别在腰间，找上几个土棍无赖陪着，来到傻二门前连喊带叫，无论他拿话激，拍门板，往院里扔砖头，傻二就是闭门不出。他们拾块白灰，在傻二门板上画个大王八，那王八的尾巴就是傻二的神鞭。这辱没神鞭的画儿就在门板上，一连半个多月，傻二也不出来擦去。他想，莫非这傻二不在家？

有一天，玻璃花在街上碰上赵小辫儿，上去一把捉住。赵小辫儿没了辫子，也就没能耐，好像剪掉翅膀的鸽子，不单飞不上天，一抓就抓住。玻璃花问他师傅在家干嘛。赵小辫儿说：

"我师傅早已经把我赶出来，我也半个月没去了。"

玻璃花不信，又拉了几个土棍，拿小洋枪顶着赵小辫儿的后腰，把他押到傻二家门前，逼他爬上墙头察看。赵小辫儿只好爬上去，往里一望，真怪！三间屋的门窗都关得严严的，而且一点动静也没有，院里养的鸡呀、狗呀、鹅呀，也都不见。玻璃花等人听了挺好奇，大着胆儿悄悄跳进院子，拿舌尖舔破窗纸往里瞧，呀，屋里全空着，只有几只挺肥的耗子聚在炕头啃什么。

哎呀呀，傻二吓跑了！

傻二为嘛吓跑了？管他呢，反正他跑了。

玻璃花抬脚踹开门，叫人把梁上那块"神鞭"大匾摘下来，拿到院子里，用小洋枪打，可惜他枪法不准，打不上那两个字，只好走到跟前，在"神鞭"两个字上，各打了一个洞。

第十五回　神枪手

一年，才刚开春，草木还没发芽子，远远已经能够看见点绿色了。南门外直通海光寺的大道两边开洼地，今儿天蓝水亮，风轻日暖，透明的空气里飘着朵朵柳絮。这时候，要是在大道上放慢腿脚溜达溜达，四下望望，那才舒服得很呢！

玻璃花来到道边一家小铁铺，给营盘取一挂锁栅栏门的大链子。他来得早些，铁匠请他稍候一候。他骂一句街，便在大道上闲逛逛，逛累了，在道旁找到一个石头碾子，翘腿坐在上边，看见过路的大闺女小媳妇，就哼哼一段婆娘们哄孩子的歌儿，找个乐子：

小小子儿，坐门墩儿，

哭哭啼啼要媳妇儿，

要媳妇儿干——嘛，

做鞋做袜儿，穿衣穿裤儿，

点灯说话儿，吹灯亲嘴儿。

女人家见他这土痞模样，不敢接茬，赶紧走去。他见道上行人不少，忽然想到要显一显自己才弄到手的小洋货，便打怀里摸出一根烟卷，叼在嘴上，还模仿洋人，下巴一甩劲，烟头神气地向上撅起来。跟着他又摸出一盒纯粹洋人用的"海盗牌"的黄头洋火，抽出长长一根，等路人走近，故意手一甩，"嚓"地在裤腿上划着，得意扬扬点着烟，嘴唇巴巴响地一口口往里嗽。就这当儿，忽然"啪"一下，烟头被打灭；他还没弄清怎么回事，"啪"又一下，叼在嘴上的烟卷竟给打断；紧接着，"啪"帽子被打飞了。三声过后，他才明白有人朝他开枪。他原地转一圈，看看，路人全吓跑了，正在惊讶不已的时候，打开洼地跑来一个瘦瘦的少年，递给他一张帖子说：

"我师傅要会会您。"

他帖子没看就撕了，问道：

"你师傅是哪个王八蛋？"

瘦小子一笑，说："随我来！"走了几步，故意回头逗他一句："您敢来吗？"

"去就去，三爷怕嘛！神鞭都叫你三爷吓跑了！"玻璃花毫不含糊，气冲冲跟在后边走。

他随这瘦小子从大道下到开洼地，走不多远，绕过一小片野树林子，只见那里站着一个四十多岁的汉子，阔脸直鼻，身穿宽宽绰绰的蓝布大褂，头上缠着很大一块蛋青色绸料头巾。他见这人好面熟，再瞧，唔，这不是傻二吗！怎么这样精神？脸上的糟疙瘩都没了，一双小眼直冒光，可是玻璃花立即也拿出十足的神气唬住对方："傻巴，你是不是想尝尝'卫生丸'嘛味的？"他一撩前襟，手拍着别在腰间的小洋枪啪啪响，叫道："说吧，怎么玩法？"他拿傻二最怕的东西吓唬傻二。

谁知这傻二淡淡一笑，把双襟的褂子中间一排扣儿，从上到下挨个解开，两边一分，左右腰间，居然各插着一把六眼左轮小洋枪，他双手拍着左右两边的枪，对瞪圆眼睛的玻璃花说："眼下，我也玩这个了。你既然要玩这东西，我陪着。我先说个玩法——咱们一人三枪，你一枪，我一枪，你先打，我后打。你那两下子我知道，我这两下子你还不知道。我要是不告诉你，那就算我欺负你了！你看——"傻二指着前边，十丈远的一根树杈上，拿线绳吊着一个铜钱，在阳光下锃亮，像一颗耀眼的金星星。

"你瞧好了！"

傻二说着一扭身，双枪就"刷"地拿在手里，飞轮似的转了两圈，一前一后，"啪啪"两响，头一枪打断那吊铜钱的线绳，不等铜钱落地，第二枪打中铜钱，直把铜钱顶着飞到远处的水坑里，腾地溅出水花来。

玻璃花看得那只死眼都活了。他没见过这种本事，禁不住叫起来："好枪法，神枪！神枪！"再一瞧，傻二站在那里，双枪已经插在腰间。这一手，就像他当年甩出神鞭抽人一样纯熟快捷，神鬼莫测。玻璃花指着傻二说："你那神鞭不玩了？"

傻二没答话，带着一种莫名其妙的微笑，抬手把头布一圈圈慢慢绕开取下，露出来的竟是一个大光葫芦瓢，在太阳下，像刚下的鸭蛋又青又亮。玻璃花惊得嗓音变了调儿：

"你，你把祖宗留给你的'神鞭'剪了？"

傻二开口说：

"你算说错了！你要知道我家祖宗怎么情况才创出这辫子功，就知道我把祖宗的真能耐接过来了。祖宗的东西再好，该割的时候就得割。我把'鞭'剪了，'神'却留着。这便是，不论怎么变，也难不死我们；不论嘛新玩意儿，都能玩到家，决不尿给别人。怎么样，咱俩玩一玩？"

玻璃花这才算认了头：

"三爷我服您了。咱们的过节儿，打今儿就算了结啦！"

傻二一笑，把头布缠上，转身带那瘦徒弟走了。玻璃花看着他的身影在大开洼里渐渐消失，不由得摸着自己的后脑壳，倒吸一口凉气，恍惚以为碰到神仙。他回到营盘后，没敢跟任何人说起这件事，怕别人取笑他。不久，听说北伐军中有一个神枪手，双手打枪，指哪打哪，竟说一口天津话，地地道道是个天津人，但谁也说不出这人姓名，玻璃花却心里有数，暗暗吐舌……

一九八四年六月五日　天津云峰楼

三寸金莲

书前闲话

人说，小脚里头，藏着一部中国历史，这话玄了！三寸大小脚丫子，比烟卷长点有限，成年论辈子，给裹脚布裹得不透气，除去那股子味儿，里头还能有嘛？

历史一段一段。一朝兴，一朝亡。亡中兴，兴中亡。兴兴亡亡，扰得小百姓不得安生，碍吃碍喝，碍穿碍戴，可就碍不着小脚的事儿。打李后主到宣统爷，女人裹脚兴了一千年，中间换了多少朝代，改了多少年号，小脚不一直裹？历史干它嘛了？上起太后妃子，下至渔女村姑，文的李清照，武的梁红玉，谁不裹？猴不裹，我信。

大清入关时，下一道令，旗人不准裹脚，还要汉人放足。那阵子大清正凶，可凶也凶不过小脚。再说凶不凶，不看一时。到头来，汉人照裹不误，旗人女子反倒瞒爹瞒妈，拿布悄悄打起"瓜条儿"来。这一说，小脚里别有魔法吧！

魔不魔，且不说。要论这东西的规矩、能耐、讲究、修行、花招、手段、绝招、隐秘，少说也得三两天。这也是整整一套学问。我可不想蒙哪位，这些东西，后边书里全有。您要是没研究过它，可千万别乱插嘴。您说小脚它裹得苦，它裹得也挺美呢！您骂小脚它丑，嘿，它还骂您丑哪！要不大清一亡，何止有哭有笑要死要活，缠了放放了缠，再缠再放再放再缠。那时候人，真拿脚丫子比脑袋当事儿。您还别以为，如今小脚绝了，万事大吉。不裹脚，还能裹手、裹眼、裹耳朵、裹脑袋、裹舌头，照样有哭有笑要死要活，缠缠放放放放缠缠，放放缠缠缠缠放放。这话要再说下去，可就扯远了。

这儿，只说一个小脚的故事。故事原带着四句话：

说假全是假，

说真全是真。

看到上劲时，

真假两不论。

您自管酽酽沏一壶茉莉花茶，就着紫心萝卜芝麻糖，边吃边喝，翻一篇看一篇，当玩意儿。要是忽一拍脑门子，自以为悟到嘛，别胡乱说，说不定您脑袋走火，想岔了。

今儿，天津卫犯邪。

赶上这日子，谁也拦不住，所有平时见不到也听不到的邪乎事，都挤着往外冒。天一大早，还没亮，无风无雨，好好东南城角呼啦就塌下去一大块，赛给火炮轰的。

一九八六年第三期《收获》刊载了《三寸金莲》。

邪乎事可就一件接一件来了。

先是河东地藏庵备济社的李大善人，脑袋一热，熬一百锅小米粥，非要周济天下残人不可。话出去音儿没消，几乎全城穷家穷户的瞎子、聋子、哑巴、瘸子、瘫子、傻子，连癞痢头、豁嘴、独眼龙、罗锅、疤眼、磕巴、歪脖、罗圈腿、六指儿、黑白麻子，全都来了。闹红眼发痄腮的，也挤在当中，花花杂杂将李家粥厂围得密密实实。好像水陆画的小鬼们全下来了。吓得那一带没人敢上街，孩子不哭，狗不叫，鸡不上墙，猫不上房。天津卫自来没这么邪乎过。

同天，北门里长芦盐运司袁老爷家，也出一档子邪乎事。大奶奶吃马牙枣，叫枣核卡住嗓眼儿，吞饽饽、咽水、干咳、喝醋、扯着一只耳朵单腿蹦，全没用，却给一个卖野药的，拿一条半尺长的细长虫，把枣核顶进肚子里。袁老爷赏银五十两。可不多时那长虫就在大奶奶肚子里要巴开了，疼得床上地下打滚翻个捶肚脑袋直撞墙，再找卖野药的，影儿也不见。一个老妈子懂事多，忙张罗人拿轿子把大奶奶抬到西头五仙堂。五仙堂供五大仙，狐黄白柳灰，狐是狐狸，黄是黄鼠狼，白是刺猬，灰是老鼠，柳就是长虫。大奶奶撅屁股刚磕三个头，忽觉屁眼儿痒痒，咻咻响滑溜溜，那长虫爬出来了。这事邪不邪？据说因为大奶奶头天早上，在井边踩死一条小长虫，这卖野药的就是大仙，长虫精。

邪乎事绝不止这两件。有人在当天开张的宫北聚合成饭庄吃紫蟹，掀开热腾腾螃蟹盖，里边居然卧着一粒珍珠，锃光照眼滴溜圆。打古到今，珍珠都是长在蚌壳里，谁听说长在螃蟹盖里边的？这珍珠不知便宜哪家小子，饭庄却落个开市大吉，吃螃蟹的，比螃蟹还多。这事算邪却不算最邪，更邪乎的事还在后边——有人说，一条一丈二尺长（另一说三丈六尺长）"金眼银鱼王"，沿南运河南下，今儿晌午游过三岔河口，奔入白河归东海。中晌就有几千号人，站在河堤上等候鱼王。人多，分量重，河堤扛不住，轰隆一声塌了方，一百多人赛下饺子掉进河里。一个小孩给浪卷走，没等人下去救，脑袋顶就不见了，该当淹死。可在娘娘宫前，一个老船夫撒网逮鱼，一网上来，有红有白，以为大鲤鱼，谁知就是那孩子，居然有气，三弄两弄，眨眨眼站起来活了，在场的人全看傻了，这事算邪到家了吧？

谁料时过中晌，这股邪劲非但不减，反倒愈来愈猛，一头撞进官府里。

东北城角和河北大街两伙混星子打群架，带手把锅店街四十八家买卖铺全砸了。惊动了兵备道裕观察长，派了捕快中的强手，把两边头目冯春华和丁乐然拿了，关进站笼，摆在衙门口，左右两边一边一个。立时来了四五百小混星子，人人手攥本《混星子悔过歌》。这正是头年十月二十五日，裕观察长来津上任时，发给城中每个混星子一本，叫他们人人背熟，弃恶从善。今儿，他们就冲衙门黑压压一片跪着，捧本齐声念道：

混星子，到官府，多蒙教训，
混星子，从今后，改过自新；
细思量，先前事，许多顽梗，
打伤人，生和死，全然不论。
纵然间，逃法网，一时侥幸，
终有日，被拿访，捉到公庭；
披枷锁，上镣铐，王刑受尽，
千般苦，万般罪，难熬难撑。
……

念到这儿，几百个小混星子，脸色全变，脑门上的青筋直蹦，眼里射凶光，后槽牙磨得咯咯响，好像五百个老鼠一起嗑东西。裕观察长坐在后堂听这声音，心里发瘆，浑身起鸡皮疙瘩。他本是气盛胆壮的人，可也顶不住这阴森森声音，竟然抖抖打起冷战来，赛要发热病。三杯烈酒下去也压不住，只好叫人出去，开笼放人。混星子们一散，身上鸡皮疙瘩立时消下去。

再说，县衙门那边，邪得更邪。十七位本地有头有脸有名有姓的人物，平时也都是好事之徒，联名上呈子说，西市上拉洋片的胡作非为，洋片上画的净是光膀子，露脖子，还露半截大腿的洋娘儿们，勾引一些浪荡小子，伸头瞪眼，恨不得一头扎进洋片匣子里去。呈子的措辞有股逼人之气，说这是洋人有意糟蹋咱中国百姓。"污吾目，即污吾心；丧吾心，即丧吾国也。"还说："洋片之毒，甚于鸦片，非厉禁净除不可！"向例，武人闹事在外，文人闹事在内。故此，文人闹起事更凶。可这次是朝洋人去的，邪乎劲一直冲向洋人。天津卫有句俗话：谁和洋人顶上牛，自有好戏在后头。看吧，大祸临头了！

果然，当天有人打租界那儿来说，大事不妙不好，租界各街口都贴出《租界禁例》，八大条：

一、禁娼妓；二、禁乞丐；三、禁聚赌酗酒打架斗殴；四、禁路上倾积废物垃圾灰土污水；五、禁道旁便溺；六、禁捉拿树鸟；七、禁驴马车轿随处停放；八、禁纵骑在途飞跑狂奔疾驰横行追逐争赛。

都说，这八大条，就是那呈子招惹的。你禁一，他禁八，看谁横？半天里，府县大人们碰头三次，想辙，躲避洋人的来势。估摸洋人要派使者找上门来耍横。大热天，县太爷穿上袍子补褂，备好点心茶水，还预备好一套好话软话脓话，直等到日头落下西城墙，也没见洋人来。县太爷心里的小鼓反而敲得更响。洋人不来，十成有更厉害的招儿。

这儿一大堆邪乎事，扰得人心赛河心的船，晃晃悠悠，靠不着边。有些人好琢磨，琢磨来琢磨去，就琢磨到自己身上。呀！原来今儿自己大小多少也有些不对劲的事儿。比方，砸了碟子和碗儿，丢东西丢钱，犯了小人，跑冤枉腿吃闭门羹，跑肚子，鼻子流血，等等。心里暗怕，生怕自己也犯上邪。有人一翻皇历，才找到根儿。原来今儿立秋，在数的"四绝日"。皇历上那"忌"字下边明明白白写着"一切"两字。不兴做一切事，包括动土、出行、探病、安葬、婚娶、盖屋、移徙、入室、作灶、行船、栽种、修坟、安床、剃头、交易、纳畜、祈福、开市、立券、装门、拔牙、买药、买茶、买醋、买笔、买柴、买蜡、买鞋、买鼻烟、买樟脑、买马掌、买枸杞子、买手纸等，全都不该做，只要这天做了事的，都后悔，都活该。

可又有人说，今儿的邪劲过大，非比一般，皇历上不会写着。这事原本有先兆——住在中营后身一位老寿星说，今儿清晨，鼓楼的钟多敲一下，一百零九下。本该一百零八下，所谓"紧十八，慢十八，不紧不慢还十八"。老寿星活了九十九，头遭碰上钟多敲一下。人们天天听钟响，天天一百零八下，谁会去数？老寿星的话就没人不信。这多出的一下正是邪劲来到，先报的信儿。愚民愚，没用心罢了。这一来，今儿所有邪乎事都有了来头。来头的来头，没人再去追。世上的事，本来明白了七八成，就算到头了。太明白，更糊涂。这些邪乎事、邪乎话，满城传来传去。人嘴歪的比正的多，愈说愈邪乎。可传到河北金家窑水洼一户姓戈的人家立时给挡住了。这家有位通晓世事的老婆子，听罢咧开满嘴黄牙，笑着说："嘛叫犯邪？今儿才是正经八百大吉祥日！您说说，这一档档事，哪一档称得上邪。穷鬼们吃上小米粥还不福气？袁大奶奶惹了大仙，没招灾，打嗓子眼儿进去，可又打屁眼儿出来了，这叫逢凶化吉！兵备道向例最凶，今儿居然开笼了事。饭庄子螃蟹盖里吃出大珍珠，您说是吉是邪？那该死在鱼肚子里的孩子，愣叫渔网打上来，河那么大，哪那么巧，娘娘显灵呵，不懂？要不为嘛偏偏在娘娘宫前边打上来的？这都是一千年也难碰上的吉祥事！吉利难得，逢凶化吉更难得。文人们上呈子闹事，碍您哪位吃饭了，可他们不闹闹，没事干，指嘛吃？洋人的告示哪是冲咱中国人来的？打立租界，咱中国人谁敢骑马在租界里乱跑？这是人家洋人给自己立规矩，咱何苦往身上揽，拿洋人当猫，自己当耗子，吓唬自己玩儿。我这话不在理？再说鼓楼敲钟，多一下总比少一下强，省得懒人睡不醒。东南城角塌那一块，给嘛冲的？邪气？不对，那是喜气！嘛叫'紫气东来'？你们说说呀！"

大伙儿一听，顿时心抻平了。嘛邪？不邪！大吉大利大喜大福！满城人立时把老婆子这些话传开了，前边都加上一句："那戈老婆子说——"可谁也没见过这老婆子。

老婆子一天都在忙自己的事。她有个小孙女刚好到了裹脚的年岁。头天她就蒸好两个红豆馅的黏面团子，一个祭灶，一个给小孙女吃了。据说，吃下黏面团，脚骨头变软，赛泥巴似的，要嘛样能裹成嘛样。

她要趁着这千载难逢的大吉利日子，成全小孙女一双小脚，也了却自己一桩大心事。却没料到，后边一大串真正千奇百怪邪乎事，正是她今天招惹出来的。

第一回 小闺女戈香莲

眼瞅着奶奶里里外外忙乎起来，小闺女戈香莲心就发毛了。一大块蓝布，给奶奶剪成条儿，在盆里浆过，用棒槌捶得又平又光，一排晾在当院绳子上，拿风一吹，翻来翻去扑扑响，有时还拧成麻花，拧紧再往回转，一道道松开。这边刚松那边又拧上了。

随后奶奶打外边买来大包小包。撇开大包，把小包打开摊在炕上，这么多好吃的，苹果片、酸梨膏、麦芽糖、酥蹦豆，还有最爱吃的棉花糖，真跟入冬时奶奶絮棉袄的新棉花一样又白又软，一进嘴就烟赛的没了，只留下点甜味——大年三十好吃的虽多也没这么齐全！

"奶奶干嘛这么疼我？"

奶奶不说，只笑。

她一瞧奶奶心就定了。有奶奶嘛也不怕，奶奶有的是绝法儿。房前屋后谁不管奶奶叫"大能人"。头年冬天扎耳朵眼儿时，她怕，扎过耳朵眼儿的姑娘说赛受刑，好好的肉穿个窟窿能透亮，能不受罪？可奶奶根本不当事儿。早早拿根针，穿了丝线，泡在香油碗里。等天下雪，抓把雪在香莲耳朵垂儿上使劲搓，搓得通红发木，一针过去毫不觉疼，退掉针，把丝线两头一结，一天拉几次，血凝不住。线上有油，滑溜溜只有点痒，过半个月，奶奶就把一对坠着蓝琉璃球的耳环子给她戴上了。脑袋一晃，又滑又凉的琉璃球直蹭脖梗。她问奶奶裹脚也这么美？奶奶怔了怔，告她："奶奶有法儿。"她信奶奶有法保她过这关。

头天后晌，香莲在院里玩耍，忽见窗台上摆着些稀奇玩意儿，红的蓝的黑的，原来是四五双小鞋。她没见过这么小的鞋，窄得赛瓜条，尖得赛五月节吃的粽子尖，奶奶的鞋可比这大。她对着底儿和自个儿的脚一比，只觉浑身一激灵，脚底下筋一抽缩成团儿。她拿鞋跑进屋问奶奶：

"这是谁的？奶奶。"

奶奶笑着说：

"是你的呀，傻孩子。瞧它俊不？"

香莲把小鞋一扔，扑在奶奶怀里哭着叫着：

"我不裹脚，不裹，不裹哪！"

奶奶拿笑堆起的满脸肉，一下卸了，眼角嘴角一耷拉，大泪珠子砸下来。可奶奶嘛话没说，直到天黑，香莲抽抽噎噎似睡非睡一整夜，影影绰绰觉得奶奶坐在身边一整夜，硬皮老手，不住揉擦自己的脚；还拿起脚，按在她那又软又皱又干的起了皮的老嘴上亲了又亲。

转天就是裹脚的日子！

裹脚这天，奶奶换一张脸，脸皮绷得直哆嗦，一眼不瞧香莲。香莲叫也不敢叫她，截门往当院一瞧，这阵势好吓人呀——大门关严，拿大门杠顶住。大黑狗也拴起来。不知哪来一对红冠子大白公鸡，指头粗的腿给麻经子捆着，歪在地上直扑腾。裹脚拿鸡干嘛？院子当中，摆了一大堆东西，炕桌、凳子、菜刀、剪子、矾罐、糖罐、水壶、棉花、烂布，浆好的裹脚条子卷成卷儿放在桌上。奶奶前襟别着几根做被的大针，针眼穿着的白棉线坠在胸前。香莲虽小，也明白眼前一份儿罪等她受了。

奶奶按她在小凳上坐了，给她脱去鞋袜，香莲红肿着眼说：

"求求奶奶，明儿再裹吧，明儿准裹！"

奶奶好赛没听见，把那对大公鸡提过来，坐在香莲对面，把俩鸡脖子一并，拿脚踩住，另只脚踩住鸡腿，手抓着鸡胸脯的毛儿大把揪净，操起菜刀，噗噗给两只大鸡都开了膛。不等血冒出来，两手各抓香莲一只脚，塞进鸡肚子里，又热又烫又黏，没死的鸡在脚上乱动，吓得香莲腿一抽，奶奶疯一样叫：

"别动劲！"

她从没听过奶奶这种声音，呆了。只见奶奶两手使劲按住她脚，两脚死命踩住鸡。她哆嗦鸡哆嗦奶奶胳膊腿也哆嗦，全哆嗦一个儿。为了较上劲，奶奶屁股离开凳子翘起来。她又怕奶奶吃不住，一头撞在自己身上。

不会儿，奶奶松开劲，把她脚提出来，血糊淋拉满是黏糊糊鲜红鸡血。

两只大鸡奶奶给扔一边，一只蹬两下腿完了，一只还扑腾。奶奶拉过木盆，把她脚涮净擦干，放在自己膝盖上。这就要裹了。香莲已经不知该嚷该叫该求该闹，瞅着奶奶抓住她的脚，先右后左，让开大脚趾，拢着余下四个脚趾头，斜向脚掌下边用劲一掰，骨头嘎儿一响，惊得香莲“嗷”一叫，奶奶已抖开裹脚条子，把这四个脚趾头勒住。香莲见自己的脚改了样子，还不觉疼就又哭起来。

奶奶手好快。怕香莲太闹，快缠快完。那脚布裹住四趾，一绕脚心，就上脚背，挂住后脚跟，马上在四趾上再裹一道。接着返上脚面，借劲往后加劲一扯，硬把四趾煞得往脚心下头卷。香莲只觉这疼那紧这踒那折，奶奶不叫她把每种滋味都咂摸过来，干净麻利快，照样缠过两圈。随后将脚布往前一拉，把露在外边的大脚趾包严，跟手打前往后一层层，将卷在脚心下的四个脚趾头死死缠紧，好比叫铁钳子死咬着，一分一毫半分半毫也动弹不了。

香莲连怕带疼，喊声大得赛猪嚎。邻居一帮野小子，挤在门外叫：“瞧呀，香莲裹小脚啦！”门推得哐哐响，还打外边往里扔小土块。大黑狗连蹿带跳，朝大门吼也朝奶奶吼，拴狗的桩子硬给扯歪。地上鸡毛裹着尘土乱飞。香莲的指甲把奶奶胳膊掐出血来。可天塌下来，奶奶也不管，两手不停，裹脚条子绕来绕去愈绕愈短，一绕到头，就取下前襟上的针线，密密缝上百十针，拿一双小红鞋套上。手一撩粘在脑门上的头发，脸上肉才松开，对香莲说：

“完事了，好不？”

香莲见自己一双脚，变成这丑八怪，哭得更伤心，却只有抽气吐气，声音早使尽。奶奶叫她起身试试步子。可两脚一沾地皮，疼得一屁股蹲儿坐下起不来。当晚两脚火烧火燎，恳求奶奶松松脚布，奶奶一听脸又板成板儿。夜里受不住时，就拿脚架在窗台上，让夜风吹吹还好。

转天脚更疼。但不下地走，脚趾头踩不断，小脚不能成型。奶奶干脆变成城隍庙里的恶鬼，满脸杀气，操起炕扫帚，打她抽她轰她下地。求饶耍赖撒泼，全不顶用，只好赛瘸鸡，在院里一蹦一跳硬走，摔倒也不容她趴着歇会儿。只觉脚趾头嘎嘎断开，骨头碴子咯吱咯吱来回磨，先是扎心疼，后来不觉疼也不觉是自己的了，可还得走。

三寸金莲

《三寸金莲》，中篇小说，一九八五年十月完稿，一九八六年面世，曾获首届传奇文学奖和《中篇小说选刊》奖。

　　香莲打小死爹死妈，天底下疼她的只有奶奶。奶奶一下变成这副凶相，自己真成没着没靠孤孤零零一只小鸟。一天夜里，她翻窗逃出来，一口气硬跑到碱河边，过不去也走不动，抱着小脚，使牙撕开裹脚布，打开看。月亮下，样子真吓人。她把脚插在烂泥里不敢再看。天蒙蒙亮，奶奶找到她，不骂不打，背她回去，脚布重又裹上。谁知这次挨了更凶狠的裹法，把连着小脚趾头的脚巴骨也折下去，四个卷在脚心下边的小趾头更向里压，这下裹得更窄更尖也更疼。她只道奶奶恨她逃跑，狠心罚她，哪知这正是裹脚顶要紧的一节。脚趾头折下去只算成一半，脚巴骨折下去才算裹成。可奶奶还不称心，天天拿擀面杖敲，疼得她叫声带着尖钻墙出去。东边一家姓温的老婆子受不住，就来骂奶奶：

　　"你早干嘛去了！岁数小骨头软不裹，哪有七岁的闺女才裹脚的，叫孩子受这么大罪！你嘛不懂，偏这么干！"

　　"要不是我这孙女的脚天生小、天生软、天生有个好模样，要不是不能再等，到今儿我也下不去这手……"

"等，这就你等来的。等得肉硬骨头硬，拿擀面杖敲出样儿来？还不如拿刀削呢！别遭罪了，没法子了，该嘛样就嘛样吧！"

奶奶心里有谱，没言声，去拾些碎碗片，敲碎，裹脚时给香莲垫在脚下边，一走碎碗碴就把脚硌破了。奶奶的扫帚疙瘩怎么轰，香莲也不动劲儿了，挨打也不如扎脚疼。可破脚闷在裹脚条子里头，沤出脓来。每次换脚布，总得带着脓血腐肉生拉硬扯下来。其实这是北方乡间裹脚的老法子。只有肉烂骨损，才能随心所欲改模变样。

这时候，奶奶不再硬逼她下地，还招呼前后院大姑小姑们，陪她说话做伴。一日，街北的黄家三姑娘来了。这姑娘人高马大，脚板子差不多六寸长，都叫她"大脚姑"。她进门一瞅香莲的小脚就叫起来：

"哎——呀！打小也没见过这脚，又小，又尖，又瘦，透着灵气秀气，多爱人呀！要是七仙姑见了，保管也得服。你奶奶真能，要不叫'大能人'呢！"

香莲嘴一撇，眼泪早流干，只露个哭相：

"还是你娘好，不给你往紧处裹，我宁愿大脚！"

"呀呀，死丫头！还不赶紧吐唾沫，把这些混话吐净了。你要喜欢大脚，咱俩换。叫你天天拖着我这双大脚丫子，人人看，人人笑，人人骂，嫁也嫁不出去，即便赶明儿嫁出去，也绝不是好人家。"大脚姑说，"你没听过支歌，我唱给你听——裹小脚，嫁秀才，白面馒头就肉菜；裹大脚，嫁瞎子，糟糠饽饽就辣子。听明白了吗？"

"你没受过这罪，话好说。"

"受不就受一时，一咬牙就过去了。'受苦一时，好看一世'嘛！等小脚裹成，谁看谁夸，长大靠这双宝贝脚，求亲保婚少得了？保你荣华富贵，好吃好穿的一辈子享用不尽！"

"三姑说的嘛呀！问你，打今儿，我还能跑不？"

"傻丫头！咱闺女家裹脚，为的就是不叫你跑。你瞧谁家大闺女整天在大街上撒丫子乱跑？没裹脚的孩子不分男女，裹上脚才算女的。打今儿，你跟先前不一样，开始出息啦！"大脚姑小眼弯成月亮，眼里却满是羡慕。

香莲给大脚姑说得云遮雾罩。虽说迷迷糊糊，倒觉得自己与先前变得两样。嘛样，不清楚，好赛高了一截子。大了，大人了，女人了。于是打这天，再不哭不闹，悄悄下床来，两手摸着扶着撑着炕沿、桌角、椅背、门框、缸边、墙壁、窗台、树干、扫帚把，练走。把天大地大的疼忍在心里，嘴里决不出半点没出息没志气的声儿。再换裹脚条子，撕扯一块块带血挂脓的皮肉时，就仰头瞧天，拿右手掐左手，拿牙咬嘴唇，任奶奶摆布，眉头都不皱。奶奶瞧她这样怔了，惊讶不解，但还是不给她好脸儿，直到脓血消了，结了痂又掉了痂。

这一日，奶奶打开院门，和她一人一个板凳坐在大门口。街上行人格外多，穿得花花绿绿，姑娘们都涂胭脂抹粉，呼噜呼噜往城那边走。原来今儿是重阳节，九九登高日子，赶到河对面，去登玉皇阁。香莲打裹脚后，头次到大门外边来。先前没留心过别人的脚。如今自己脚上有事，也就看别人脚了。忽然看出，人脸不一样，小脚也不一样。人脸有丑有俊有粗有细有黑有白有精明有憨厚有呆滞有聪慧，小脚有大有小有肥有瘦有正有歪有平有尖有傻笨有灵巧有死沉有轻飘。只见一个闺女，年纪跟自己不相上下，一双红缎鞋赛过一对小菱角，活灵活现，鞋帮绣着金花，鞋尖顶着一对碧绿绒球，还拴一对小银铃铛，一走一颠，绒球甩来甩去，铃铛叮叮当当，拿自己的脚去比，哪能比哪！她忽起身回屋里拿出一卷裹脚条子，递给奶奶说："裹吧，再使劲也成，我就要那样的！"她指着走远的小闺女说。

不看她神气，谁信这小闺女会对自己这么发狠。

奶奶的老眼花花冒出泪，俩仨月来一脸凶劲立时没了，原先慈爱的样儿又回来了，满面皱纹扭来扭去，一下搂住香莲呜呜哭出声说：

"奶奶要是心软，长大你会恨奶奶呀！"

第二回　怪事才开头

世上有些相对的事儿，比方好和坏、成和败、真和假、荣和辱、恩和怨、曲和直、顺和逆、爱和仇等，看上去是死对头，所谓非好即坏非真即假非得即失非成即败，岂不知就在这好坏、曲直、恩怨、真假之间，还藏着许许多多曲折许许多多花样许许多多学问，要不何止那么多事缠成死硬死硬疙瘩，难解难分？何止那么多人受骗、中计、上套，完事又那么多人再受骗、中计、上套？

单说这真假二字，其中奥妙，请来圣人，嚼烂舌头，也未必能说破。有真必有假，有假必有真；假愈多，真愈少；真愈多，假却反而愈多！就在这真真假假之中，打古到今，玩出过多少花儿？演过大大小小多少戏？戏接着戏，戏套着戏，没歇过场。以假充真，是人家的高招；以假乱真，是人家的能耐；以假当真，是您心里糊涂眼睛拙。您还别急别气，多少人一辈子拿假当真，到死没把真的认出来，假的不就是真的吗？在真假这俩字上，老实人盯着两头，精明人在中间折腾，还有人指它吃饭。这宫北大街上"养古斋"古玩铺佟掌柜就是一位。这人能耐如何，暂且不论，他还是位怪人。嘛叫怪，作小说的不能说白了，只能把事儿摆出来，叫您听其言观其行度其心，慢慢琢磨去。

一大早，佟忍安打家出来，进了铺子就把大小伙计全都打发出去，关上门，只留下少掌柜佟绍华和看库的小子活受，不等坐下歇歇就急着说：

"把那几幅画快挂出来！"

每逢铺子收进好货，请老掌柜过眼，都这么办。古董的真假，是绝顶秘密，不能走半点风出去。佟绍华是自己儿子，自然不背着。对看库的活受，绝非信得过，而是这小子半痴半残。人近二十，模样只有十三四，身子没长成个儿，还歪胸脯斜肩膀，好比压瘪的纸盒子。说话赛嘴里含着热豆腐，不知大舌头还是舌头短半截。两只眼打小没睁开过，小眼珠含在眼缝里，好赛没眼珠。还有喘病，一年三百六十五天，一口气总憋在嗓子眼里吱吱叫；静坐着也下气不接上气，生下来就这德行。小名活受，大名也叫活受，爹娘没打算他活多久，起名字都嫌费事多余。佟忍安却看上他这副没眼没嘴没气没神的样子，雇他看库。拿死的当活的用，也拿活的当死的用。

活受开库把昨儿收进的一捆画抱来，拿竿子挑着一幅幅挂上墙。佟忍安撩起眼皮在画上略略一扫，便说："绍华，你先说说这几幅的成色，我听着。"这才坐下来，喝茶。

佟绍华早憋劲要在他爹面前逞能，佟忍安嘴没闭上，他嘴就张开：

"依我瞧，大涤子这山水轴旧倒够旧，细一瞧，不对，款软了，我疑惑是糊弄人的玩意儿，对不？这《云罩挂月图》当然不假，可在金芥舟的画里顶头够上中流。这边焦秉贞的四幅仕女通景和郎世宁的《白猿摘桃》，倒是稀罕货。您瞧，一码黄绫裱。卖主说，这是当年打京城大宅门里弄出来的。这话不假，寻常人家绝没这号东西……"

"卖主是不是问津园张霖家的后人？"

"爹怎么看出来的？上边又没落款！"佟绍华一惊。佟忍安两眼通神，每逢过画时，都叫他这样一惊又一惊。

佟忍安没接着往下说。手一指东墙上一幅绢本的大中堂画说：

"再说说那幅……"

以往过画，他一张口，爹就摇头。今儿爹没点头也没摇头，八成自己都蒙对了，得意起来，笑道：

"爹还要考我？谁瞧不出那是地道苏州片子，大行活。笔法倒是宋人的，可惜熏老点儿，反透出假。这造假，比起牛凤章牛五爷还差着些火候。您瞧它成心不落款，怕露马脚，或许想布个迷魂阵——怎么？爹，您看见嘛了？"

佟绍华见他爹已经站起来，眼珠子盯着这中堂直冒光。佟绍华知道他一认出宝贝，眼珠就这么冒光，难道这是真货？

佟忍安叫道："你过去看，下角枯树干上写着嘛？"他指画的手指直抖。

佟绍华上去一瞧，像踩着的鸭子，"呀"的一嗓子，跟着叫："上边写着'臣范宽制'，原来一张宋画。爹，您真神啦！这幅画买进来后，我整整瞧了三天，也没看出这上边有字呀！您、您……"他不明白，佟忍安为嘛离画一丈远，反而看见画上的字。

佟忍安远视眼，谁也不知，只他自己明白。他躲开这话说：

"闹嘛？叫唤嘛！我早告过你，宋人不兴在画上题字，落款不是写在石头上，就夹在树中间，这叫'藏款'。这些话我都说过，你不用心，反大惊小怪问我……"

"可咱得了张宝画呀，您知道咱统共才花几个钱——"

"嘛宝画，我还没细看，谁断定准是宋画了？"佟忍安接过话，脸一沉，扭头看一眼站在身后的活受说，"去把这中堂，大涤子那山水轴，还有金芥舟的《云罩挂月图》，卷起来入库！"

"剩……夏……织鸡古……鹅？"活受腆着脸问。

"叽咕叽咕嘛，去！"佟忍安不耐烦说。

活受绷起舌头，把这几个字儿的边边角角咬住又说一遍："剩、下、这、几、幅、呢？"他指焦秉贞和郎世宁画的几幅。

"留在柜上标价卖！"佟忍安对佟绍华说，"洋人买，高高要价！"

"爹，这几幅难道不是……"

佟忍安满脸瞧不起的神气。忽然长长吐一口气，好一股寒气！禁不住自言自语地念了天津卫流传的四句话："海水向东流，天津不住楼，富贵无三辈，清官不到头。"接着还是自言自语说道："成家的成家，败家的败家。花开自谢，水满自干，谁也跳不出这圈儿去。唉——唉——唉——"他沉了沉，想把心里的火气压住却压不住，刚要说话，眼角瞅见活受斜肩歪脑袋，好赛等着自己下边的话，便轰活受快把画抱回库里，待活受前脚出去，后脚就冲到儿子面前发火：

"嘛，这个那个的！你把真假正看倒了个儿，还叫我当着下人寒碜你。再说，真假能当着外人说吗？我问你，咱指嘛吃饭？你说——"

"真假。"

"这话倒对。可真假在哪儿？"

"画上呀！"

"放屁！嘛画上？在你眼里！你看不出来，画上的真假管嘛用！好东西在你眼里废纸一张，废纸在你眼里成了宝贝！这郎世宁、焦秉贞，明摆着'后门道儿'，偏当好货。反把宋人真迹当作'苏州片子'！这宋画一张就够你吃半辈子，你睁眼瞎！拿金元宝当狗屎往外扔！再说大涤子那轴，嘛，也假？你不知康熙二十九年到三十一年他客居天津，住在问津园张家？那画上明明写着康熙辛未，正是康熙三十年在张家时画的！凭着皮毛能耐，也稳能拿下来的东西，你都拿不住，还想在古玩行里混。我把铺子交给你还不如放火烧了呢！再有三年，还不把我这身老骨头贴进去！听着，打明儿，你卷被褥卷儿搬过来住，没我的话不准回家去，叫活受把库里的东西折腾出来，逐件看、看、看、看、看……"说到这儿，佟忍安上下嘴唇只在这"看"字上打转悠，好赛叫这字儿绊住了。

佟绍华见他爹眼对窗外直冒光，以为他爹又看出嘛稀世的宝贝来，就顺着佟忍安目光瞧去，透过花格窗棂，后院里几个人正干活。

这后院，外人不知，是"养古斋"造假古董的秘密作坊。

原来佟忍安这老小子与别人不同，他干古玩行，不卖真，只卖假。所有古玩行都是卖假也卖真。凡是逛古玩铺都是奔真的去的，还有能人专来买"漏儿"。佟忍安看到这层，铺子里绝不放真货，一码假的，好比诸葛亮摆空城计，愣一兵一卒不放。古玩行干的就是以假乱真，这一招真把古玩商的诀窍玩玄了玩绝了。只要掏钱准上当，半点便宜拿不到。他更有出奇能耐，便是造假。手底下有专人为他造假字假画，还在铺子后院，关上门造假古董。玉器、铜器、古钱、古扇、宣炉、牙器、砚台、瓷器、珐琅、毯子、碑帖、徽墨……他没不知不懂不能不会的。仿古不难，乱真死难。古董的形制、材料、花纹，一个朝代一个样，甚至一个朝代几百样，鱼龙变化无穷尽，差点道行，甭说摸门，围墙也摸不着。更难是那股子劲儿气儿味儿神儿。比方古玩行说的"传世古"和"出土古"。"传世古"是说一直打世上流传下来的东西，人手摸来摸去，长了就有股子光润含混的古味儿。"出土古"是说一直埋在土底下的东西，挖出来满带着土星子和锈花，有一股子斑驳苍劲味儿。再往细说，比方出土的玉器，发箍、笛头、扳指儿、镯子、佩环、烟嘴这些，在地下边一埋几百上千年，挨着随葬的铜器，日久天长铜锈浸进去生出绿斑，叫"铜浸"；死人的血透进去生出红斑，叫"血浸"。造假怎么造出铜浸血浸来？再说东西放久，不碰也生裂纹，过些时候再生一层裂纹罩在上边，一层一层，自然而然，硬造就假。懂眼的就能挑出来。偏偏佟忍安全有办法。这办法，一靠阅历，二靠眼力，三靠能耐。这叫高手高眼高招，缺一不行。假货里也有下品中品上品绝品，绝顶假货，非得叫这里头的虫子，盯上一百零八天，心里还不嘀咕，那才行。佟忍安干的就是这个。

他雇的伙计，跟一般古玩行不同，不教本事，只叫干活干事。那些雇来自绘《三寸金莲》插图两幅：大能人戈老婆子、绣鞋各式。

造假古董的，对古玩更是一窍不通的穷人，跟腌鸭蛋、烧木炭差不多，叫怎么干就怎么干。满院堆着泥坯瓦罐柴禾老根颜色药粉匣子箩筐黑煤黄泥红铁绿铜，外人打表面绝看不出名堂。

当下，吸住佟忍安眼神的地方，两个小女子在拉一张毯子。这正是按他的法儿造旧毯子。毯子是打张家口定制的，全是蓝花黑边，明式的。上边抹黄酱，搭在大麻绳上，两人来回来去拉，毛儿磨烂，拿铁刷子捣去散毛，再使布帚沾水刷光，就旧了。拉毯子不能快，必得慢慢磨，才有历时久远的味儿。佟忍安有意雇女人来拉，女人劲小，拉得自然慢。这俩女子每人扯着毯子两个角，来回来去，拉得你上我下。

站在毯子这边的背着身儿，站在那边的遮着脸儿，只能看见两只小脚，穿着平素无花、简简单单的红布鞋。每往上一送毯子，脚尖一跐立起来，每往下一拉，脚跟一蹲缩回去，好赛一对小活鱼。

"绍华！"佟忍安叫道。

"在这儿，嘛事？"

"那闺女哪来的？"

"哪个？背影儿那个？"

"不，穿红鞋那个。"

"不知道。韩小孩帮着雇的，我去问问。"

"不，不用，你把她领来，我有话问她。"

佟绍华跑去把这闺女领来。这闺女头次来到柜上又头次见老爷，怕羞胆小，眼睛不知瞧哪儿，一慌，反而一眼瞧了老爷。却见老爷并没瞧她脸，而是死盯着自己一双小脚，眼神发黏，好赛粘在自己脚上，她愈发慌得不知把脚往哪儿摆。佟忍安抬起眼时，眼珠赛鎏了金，直冒贼光，跟见鬼差不多。吓得这小闺女心直扑腾。佟绍华在一边，心里已经大明大白，便对这闺女说：

"你往前走一步。"

这闺女不知嘛意思，一怕，反倒退后半步。两脚前后往回一缩，赛过一对受惊的小红雀儿，哆哆嗦嗦往巢里缩去，只剩两个脚尖尖露在裤脚外边，好比两个小小鸟脑袋。佟忍安满面生光问这闺女：

"你多大年纪？"

"十七。"

"姓嘛叫嘛？"

"姓戈，贱名香莲。"

佟忍安先一怔，跟手叫起来：

"这好的名字！谁给你起的？"

戈香莲羞得开不了口。心里头好奇怪，这"香莲"名字有嘛好？可听老爷声音，看老爷神气，真叫她掉进雾里了。

佟忍安立时叫佟绍华把工钱照三个月尽数给她，不叫她干活，打发她先回家。香莲慌了，好好干活，话也不说半句，怎么反给辞了？可看样子又不赛被辞，倒像要重用她。不知老爷打算干嘛？到底好事坏事，当时只当是桩怪事。

要说怪事，在这儿不过才开头罢了。

第三回　这才叫：怪事才开头

小半月后，择一天宜娶也宜嫁的大吉日，戈香莲要嫁到佟家当大儿媳妇，水洼那片人家，无人不知无人不晓无人肯信又无人不信。大花轿子已经摆在戈家门口了。

凭佟家在天津卫的名气，娶媳妇比买鱼还容易。虽说香莲皮白脸俊眉清目秀，腰身也俏，离天仙还差着一截。为嘛佟家非要这穷家小户闺女，还非要明媒正娶，花钱请了城里出名的媒婆子霍三奶奶登门游说。这种家的闺女还用得着游说？给个信儿还不上赶着把闺女送去？据说两家换帖子一看，生辰八字相克，佟家大少爷属鸡，戈香莲属猴，"白马犯青牛，鸡猴不到头"，这是顶顶犯忌的事，佟家居然也认可了。放"定"（定婚）那日，佟家照规矩派人送来八大金——耳环戒指镯子簪子脖链鸡心头针裤钩，外带五百斤大福喜的白皮点心。要说门当户对讲礼摆阔有头有脸人家也不过如此。这为嘛？吃错药了？

人说，多半因为佟家大少爷是傻子，好人家闺女谁也不肯跟这半痴半呆男人过一辈子。这等于花钱买媳妇。可再一想，也不对。

佟家没闺女，四个大儿子，俗话叫"四虎把门"，排绍字辈，名字末尾的字，一叫荣，一叫华，一叫富，一叫贵，正好"荣华富贵"。都说佟忍安老婆会生，刚把这"荣华富贵"凑齐，就入了阴间。可这四个儿子，一半是残。大儿子佟绍荣是傻子，小儿子佟绍贵自小有心病，娶过媳妇三年，就叫阎王派小鬼抓走了。可这四媳妇董秋蓉，正经是振华海盐店大掌柜董亭白的掌上明珠，明知佟家四少爷早早在阎王那里挂上号，不也把闺女送来了？冲嘛，冲佟家的家底儿。佟忍安买媳妇绝不买假，他买香莲买的嘛？

戈家老婆子笑不拢嘴，露着牙花子说，买就买她孙女一双小脚！

这话不能算错。香莲小脚人人夸人人爱。那年头娶媳妇先看脚后看脸，脸是天生的，脚是后裹的，能耐工夫全在脚上。可全城闺女哪个不裹脚，爹娘用心，自个儿经心，好看的小脚一个赛一个，为嘛一眼盯上香莲？

对这些瞎叨咕戈婆子理也不理。虽说她自个儿对这门鸡上天的婚事也多半糊涂着。糊涂就糊涂吧！反正香莲嫁了，拾个大便宜，佟家根本不管陪嫁多少。只两包袱衣服，两床缎被，一双鸳鸯绣花枕头，一对金漆马桶，佟家来两个佣人一抱全走了。

香莲临上轿，少不得和奶奶一通抱头海哭。奶奶老泪纵横对她说：

"奶奶身贱，不能随你过去，你就好好去吧！总算你进了天堂一般的人家，奶奶心里的石头放平了。你跟奶奶这么多年，知道你疼爱奶奶。只一件事——那次裹脚，你恨奶奶！你甭拦我说，这事在奶奶心里憋了十年，今儿非说不可——这是你娘死时嘱咐我的，裹不好脚，她的魂儿要来找我……"

香莲把手按在奶奶嘴上，眼泪簌簌掉：

"我懂，那时奶奶愈狠才愈疼我！没咋儿个，也没今儿个！"

奶奶这才笑了，抹着泪儿，打枕头底下掏出个红包包。打开，三双小鞋，双双做得精细，一双紫面白底绸鞋，一双五彩丝绣软底鞋，还一双好怪，没使针线，赛拿块杏黄布折出来的。不知奶奶打哪弄来干嘛用。奶奶皱嘴唇蹭着她的耳朵说：

"这三双喜鞋，是找前街黑子他妈给你赶出来的，房前屋后就她一个全合人。听奶奶告明白你这三双喜鞋的穿法——待会儿你先把这双紫面白底的鞋换上。紫和白，叫'百子'，赶明儿抱一群胖小子。这双黄鞋要等临上轿子，套在紫鞋外边。这叫'黄道鞋'，记着，套上它就'双脚不沾娘家地'了，得我把你抱上轿子。还有，到了婆家必定要在红毡子上走，不准沾泥沾土，就穿它拜堂，拜过堂，叫它'踩堂鞋'。等进洞房，把这鞋脱下来藏个秘密地界儿，别叫别人瞧见。俗话说，收一代，发一代，黑道日子黄道鞋。有它压在身边，嘛歪的邪的，都找不到你头上……"

香莲听这大套大套的话怪好玩儿，挂着泪儿的眼笑眯眯瞧着奶奶，顺手不经意拿起另一双软鞋，一掰鞋帮，想看鞋底。奶奶一手抢过来，神气变得古怪，说："先别乱瞧！这是睡鞋……入洞房，脱下踩堂鞋，就换这双睡鞋。记着，临到上床时，这鞋可得新郎给你脱，羞嘛！谁结婚都得这样！拿耳朵听清楚，还有要紧的话呢——这鞋帮里边，有画，要你和新郎官一起看……"说到这儿，奶奶细了眼笑起来。

香莲没见过奶奶这样笑过，有点狡猾，有点发坏，好奇怪！她说："嘛画不兴先瞧瞧！"伸手去拿鞋。

奶奶"啪"打她手说："没过门子哪兴看！先揣怀里。进洞房看去！"上手把鞋掖她腰间。

外边呜里哇呜里哇吹奏敲打起来。奶奶赶紧叫香莲换上紫鞋，外套黄鞋，嘴巴涂点胭脂，脑门再扑点粉，戴上凤冠，再把一块大红遮羞布搂头罩上。还拿了两朵绒花插在自己白花花双鬓上，一猫腰，兜腰抱起香莲走出院子大门。这事情本该新娘子的父亲、兄长做的，香莲无父无兄，只好老奶奶承当。

香莲脸上盖着厚布，黑糊糊不透气，耳边一片吵耳朵的人声乐声放炮声。心里忽然难过起来，抓着奶奶瘦骨棱棱的肩膀，轻轻喊：

"香莲舍不得奶奶！"

奶奶年老，抱着大活人，劲儿强顶着，一听香莲的叫声，心里一酸，两腿软腰也挺不住劲儿，"扑通"一下趴下了，两人摔成一团。两边人忙上去把她俩扶起来。奶奶脑门撞上轿杆立时鼓起大包，膝盖沾两块黄土，不管自己，却发急地喊：

"我没事！千万别叫香莲的脚沾地！抱进轿子快抱进轿子！"

香莲摔得稀里糊涂，没等把遮羞布掀开瞧，人已在轿子里。乱哄哄颤悠颤悠走起来，她忽觉自个儿好赛给拔了根儿，没挨没倚没依没靠，就哭起来，哭着哭着忽怕脸上脂粉给眼泪冲花了，忙向怀里摸帕子，竟摸出那双软底绣花睡鞋，想到奶奶刚才的话，起了好奇，打开瞧，鞋帮黄绸里子上，竟用红线黑线绣着许多小人儿，赛是嬉戏打闹的小孩儿，再看竟是赤身光屁股抱在一堆儿的男男女女。男的黑线，女的红线，干的嘛虽然不甚明白，总见过鸡儿猫儿狗儿做的事。这就咯噔一下脸一烧心也起劲扑腾起来，猛地大叫：

"我回家呀！送我回家找奶奶！"

由不得她了。轿子给鼓乐声裹着照直往前走，停下来就觉两双手托她胳膊肘，两脚下了轿子便软软踩在毡子上。走起来，遮羞布摆来摆去，只见脚下忽闪忽闪一片红。一路上过一道门又一道门再一道门。每一抬脚迈门槛，都听见人喊：

"快瞧小脚呀！"

"我瞧见小脚啦！"

"多大？多小？"

"瞧不好呀！"

香莲记着奶奶的话，在阔人家走路，最多只露个脚尖。虽然她这阵子心慌意乱，却留心迈门槛时，缩脚，用脚尖顶着裙边，不露出来，急得周围人弯腰歪脖斜眼谁也瞧不清楚。

最后好似来到一大间房子里。香烛味、脂粉味、花味，混成一团。忽然"刷"的眼前红绿黄紫闪光照眼一亮，面前站着个胖大男人，团花袍褂，帽翅歪着，手攥着她那块盖脸的红布，肥嘴巴一扭说：

"我要瞧你小脚！"

四边一片大笑。这多半就是她的新郎官。香莲定住神四下一瞧，满房男男女女个个披红挂绿戴金坠银，那份阔气甭提啦。几十根木桩子赛的大红蜡烛全点着，照得屋里赛大太阳地。香莲打小哪见过这场面，整个蒙了。多亏身边搀扶她的姑娘推一下那胖大男人说：

"大少爷，拜过天地才能看小脚。"

香莲见这姑娘苗条俊秀赛画里的女子。新鲜的是，她脖子上挂个绣花荷包，插许多小针，打针眼夺拉下各色丝线。

大少爷说："好呀桃儿，叫你侍候我俩的，你帮她不帮我，我就先看你的小脚！"上去就抓这桃儿裤腿，吓得桃儿连蹦带叫，胸前丝线也直飘舞。

几个人上来又哄又拦大少爷。香莲才看见佟家老爷一身闪亮崭新袍褂，就坐在迎面大太师椅上。那几人按着大少爷跪下腿同香莲拜过天地，不等起身，只听一个女人脆声说：

"傻啦，大少爷，还不掀裙子瞧呀！"

香莲一怔当儿，大少爷一把撩起她裙子，一双小脚毫不遮掩露在外边。满堂人大眼对小眼，一齐瞅她小脚，有怔有傻有惊有呆，一点声儿没有。身边的桃儿也低头看直了眼。忽然打人群挤进个黄脸老婆子，一瞧她小脚，头往前探出半尺，眼珠子鼓得赛要蹿出来，跟手扭脸挤出人群。四周到处都响起咦呀唏嘘呜哇喊喳咕嘎哟啊之声。香莲好赛叫人看见裸光光的身子，满身发凉，跪那里动不了劲。

佟忍安说：

"绍荣，别胡闹！桃儿你怔着干嘛，还不扶大少奶奶入洞房？"

桃儿慌忙扶起香莲去洞房，大少爷跟在后边又扯又撩，闹着要看小脚。一帮人也围起来胡折腾瞎闹欢，直到入夜人散，大少爷把桃儿轰走。香莲还没照奶奶嘱咐换睡鞋，大少爷早把她一个滚儿推在床上，硬扒去鞋，扯掉脚布，抓着她小脚大呼大叫大笑个不停。这男人有股蛮劲，香莲本是弱女子，哪敌得过。撑着打着躲着推着撕扯着，忽然心想自己给了人家，小脚也归了人家。爷们儿是傻子也是爷们儿，一时说不出是气是恼是恨是羞是委屈，闭上眼，伸着两只光脚任这傻男人赛摆弄小猫小鸡一样摆弄。

一桩怪事出在过门子之后不几天。香莲天天早上对镜梳妆，都见到面前窗纸上有三两小洞。看高矮，不是孩子们调皮捣蛋捅的，也不像是拿手指头抠的，洞边一圈毛茸茸，赛拿舌头舔的。今儿拿碎纸头糊上，赶明儿在旁边添上两个洞。谁呢？这日中晌大少爷去逛鸟市，香莲自个儿午觉睡得正香，模模糊糊觉得有人捏她脚。先以为是傻男人胡闹，忽觉不对。傻男人手底下没这么斯文。先是两手各使一指头，竖按着她小脚趾，还有一指头勾住后脚跟儿。其余手指就在脚掌心上轻轻揉擦，可不痒痒，反倒说不出的舒服。跟着换了手法，大拇指横搭脚面，另几个手指绕下去，紧压住折在脚心上的四个小趾头。一松一紧捏弄起来。松起来似有柔情蜜意，紧起来好赛心都在使劲。一下下，似乎有章有法。香莲知道不在梦里，却不知哪个贼胆子敢大白天闯进屋拿这怪诞手法玩弄她脚，又羞又怕又好奇又快活，还有种欲望自身体燃起，脸发烧，心儿乱跳。她轻轻睁眼吓了一大跳！竟是公公佟忍安！只见这老小子半闭眼，一脸醉态，发酒疯吗？还要做嘛坏事情？她不敢喊，心下一紧，两只小脚不禁咪溜缩到被里。佟忍安一惊，可马上恢复常态，并没醉意。她赶紧闭眼装睡，再睁开眼时，屋里空空，佟忍安已不在屋里。

门没关，却见远远廊子上站个人，全身黑，不是佟忍安，是过门子那天钻进人群看她小脚的黄脸老婆子。正拿一双眼狠狠瞪她，好赛一直瞪进她心窝。

为嘛瞪自己？

再瞧，老婆子一晃就不见。

她全糊涂了。

第四回　爷儿几个亮学问

八月十五这天，戈香莲才算头次见世面。世上不止一个面。要是没嫁到佟家，万万不知还有这一面。

都说晚晌佟忍安请人来赏月，早早男女佣人就在当院洒了清水，拿竹帚扫净。通向二道院中厅的花玻璃隔扇全都打开。镶罗钿的大屏桌椅条案花架，给绸子勒得贼亮，花花草草也摆上来。香莲到佟家一个多月，天下怪事几乎全碰上，就差没遇见鬼，单是佟家养的花鸟虫鱼，先前甭说见，听都没听说过。单说吊兰，垂下一棵，打这棵里又蹿出一棵，跟手再从蹿出的这棵当中再蹿出一棵来。据说一棵是一辈，非得一棵接一棵一气儿垂下五棵，父辈子辈孙辈重孙辈重重孙子辈，五世同堂，才算养到家，这就一波三折重重叠叠

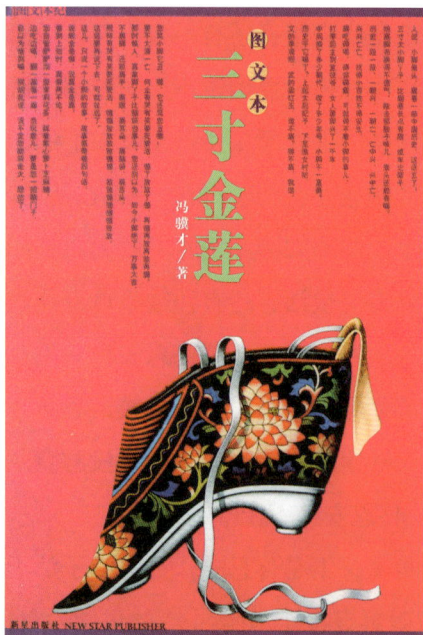

《三寸金莲》，二〇〇五年，新星出版社出版。

累累赘赘打一丈多高一直垂到地。菊花养得更绝，有种"黄金印"，金光照眼，花头居然正方形，真赛一方黄金印章，奇不奇怪？当院摆的金鱼缸足有一人多高，看鱼非登到珊瑚石堆的假山上不可。里边鱼全是"泡眼"，尺把长，泡儿赛鸡蛋，逛逛悠悠，可是泡儿太大，浮力抻得脑袋顶着水面，身子直立，赛活又赛死，看着难受。这样奇大的鱼，说出去没人肯信……

晌午饭后，忽然丫头来传话说，老爷叫全家女人，无论主婢，都要收拾好头脚，守在屋里等候，不准出屋，不准相互串门，不准探头探脑。香莲心猜嘛样客人，要惊动全家梳洗打扮，在屋恭候。还立出这么多莫名其妙的规矩。

这样，家里就换一个阵势。

这家人全住三道院。佟忍安占着正房三间，门虽开着，不见人影。东西厢房各三间。香莲住东房里外两间，另外一间空着，三少爷佟绍富带着媳妇尔雅娟在扬州做生意，这间房留给他们回来时临时住住，平时空着关着。对面西厢房，一样的里外两间归二少爷佟绍华和媳妇白金宝闺女月兰月桂住，余剩的单间，住着守寡的四媳董秋蓉，身边只有个两岁小闺女，叫美子。虽是这样住，为了方便，都把里边的门堵上，房门开在外边。

香莲把窗子悄悄推开条缝儿，只见白金宝和董秋蓉房间都紧紧关闭。平时在廊子上走来走去的丫头们一个也不见了，连院当中飞来飞去的蜻蜓蝴蝶虫子也不见了，看来今晚之举非比寻常。她忽想到，平时只跟她客客气气笑着脸儿却很少搭话的二媳妇白金宝，早上两次问她，今儿梳嘛头穿嘛鞋，好赛摸她的底。摸她嘛底呢？细细寻思，一团糨糊的脑袋就透进一丝光来。

打过门子来，别的全都不清楚，单明白了自己真的靠一双小脚走进佟家。这家子人，有个怪毛病，每人两眼都离不开别人的脚。瞧来瞧去，眼神只在别人脚上才撂得住。她不傻，打白金宝、董秋蓉眼里看出一股子凶猛的妒恨。这妒恨要放在后槽牙上，准磨出刃来！香莲自小心强好盛，心里暗暗使了劲，今晚偏要当众拿小脚震震她们！趁这阵子傻爷们去鸟市玩儿，赶紧梳洗打扮收拾头脚。把头发篦过盘个连环髻，前边拿齐刷刷的刘海半盖着鼓脑门，直把镜子里的脸调理俊了。随后放开脚布，照奶奶的法儿重新裹得周正熨帖。再打开从家带来的包袱，拣出一双顶艳的软底小鞋。鲜鲜大红绸面，翠绿亮缎沿口，鞋面贴着印花布片儿，上边印着蝴蝶牡丹——鞋帮上是五彩牡丹，前脸趴着一只十色蝴蝶，翅膀铺开，两条大须子打尖儿向两边弯。她穿好试走几步，一步一走，蝴蝶翅膀就一扇一扇，好赛活的。惹得她好喜欢，自己也疼爱起自己的小脚来。她还把裤腰往上提提，好叫蝴蝶露给人看。

正美着，门一开，桃儿探进半个身子说："大奶奶好好收拾收拾脚，今晚赛脚！"香莲没听懂，才要问，桃儿忙摇摇手不叫她出声，胸前耷拉的五彩丝线一飘就溜走了。

赛脚是嘛？香莲没见过更没听说过。

门里门外，羊角灯一挂起来，客人们陆陆续续前前后后高高矮矮胖胖瘦瘦各带各的神气到了。两位苏州来的古玩商刚落座，佟绍华陪着造假画的牛五爷牛凤章来到。说是牛五爷弄来几件好东西，带手拿给佟忍安，问问铺子收不收。牛凤章常去四外搜罗些小古玩器，自己分不出真假，反正都是便宜弄来的，转手卖给佟忍安。佟忍安差不多每次都收下。牛五爷卖出的价比买进的多，以为赚了。但佟忍安也是得到的比花出的多，这里的多多少少却一个明白一个糊涂了。这次又掏出两小锦盒。一盒装着几枚蚁鼻币，一盒装着个小欢喜佛。佟忍安看也没看，顺手推一边，两眼直瞅着白金宝的房门，脸上皱纹渐渐抻平。佟绍华住在柜上，只要逮机会回来一趟，急急渴渴回房插门和媳妇热热乎乎闹一闹。牛凤章天性不灵，看不出佟忍安不高兴，还一个劲儿把小锦盒往佟忍安眼睛底下摆。佟忍安好恼，一时恨不得把锦盒扒落地上去。

门口一阵说说笑笑，又进来三位。一个眉清目朗，洒脱得很，走起路袖口、袍襟、带子随身也随风飘。另一个赛得了瘟病，脸没血色，尖下巴撅撅着，眼珠子谁也不瞧，也不知瞧哪儿。这两位都是本地出名的大才子。一个弄诗，一个弄画。前头这弄诗的是乔六桥，人称乔六爷，作诗像啐唾沫一样容易；这弄画的便是大名压倒天津城的华琳，家族中大排行老七，人就称他华七爷。六爷和七爷中间夹着一个瘦高老头。多半因为这二位名气太大，瘦老头高出一星半点不会被人瞧得见，就一下子高出半头来。这人麻酱色绣金线团花袍子，青缎马褂，红玛瑙带铜托的扣子一溜竖在当胸。眼睛黑是黑白是白，好比后生，人上岁数眼珠又都带浊气，他没有，眼光前头反有个挑三拣四的利钩儿。乔六桥后面的脚还没跨进屋，就对迎上来的佟忍安说：

"佟大爷，这位就是山西名士吕显卿，自号'爱莲居士'。听说今儿您这里赛脚，非来不可。昨儿他跟我谈了一夜小脚，把我都说晕了，兴致也大增，今儿也要尽尽兴呢！"

佟忍安听了，目光打二媳妇白金宝的房门立即移到这瘦高老头脸上。行礼客套刚落座，吕显卿便说：

"我们大同，每逢四月初八，必办赛脚大会，倾城出动，极是壮美。没想到京畿之间，也有赛脚雅事，不能不来饱饱眼福呢，佟大爷不见怪吧！"

"哪的话，人生遇知己，难得的幸会。早就听说居士一肚子莲学。我家赛脚，都是家中女眷，自个儿对自个儿比比高低，兼带着相互切磋莲事莲技。请来的人都是正经八百的'莲癖'，这就指望居士和诸位多多指点。方才听您提到贵乡赛脚会，我仰慕已久不得一见，可就是大同晾脚会？"

"正是。赛脚会，也叫晾脚会。"

佟忍安眉梢快活一抖，问道：

"嘛场面，说说看。"

他急渴渴，以致忘记叫人送茶。吕显卿也不在意，好赛一上手，就对上茬儿，兴冲冲说：

"鄙乡大同，古称云中。有句老话说'浑河毓秀，代产娇娃'。我们那儿女子，不但皮白肤嫩，尤重纤足。每逢四月八日那天，满城女子都跷着小脚，坐在自家门前，供游人赏玩。往往穷家女子小脚被众人看中，身价就一下提上去百倍……"

"满城女人？好气派好大场面呀！"佟忍安说。

"确是，确是。少说也有十万八万双小脚，各式各样自不必说。顶奇、顶妙、顶美、顶丑、顶怪的，都能见到。那才叫'天下之大，无奇不有'呢……"

"世上有此盛事！可惜我这几个儿子都不成气候。我这把年纪，天天还给铺子拴着。晾脚会这样事不能亲眼看一看，这辈子算白活了！"佟忍安感慨一阵子，又蛮有兴趣问道，"听说，大同晾脚时，看客可以上去随意捏弄把玩儿？"

乔六桥接过话说：

"佟大爷向来博知广闻，这下栽了。这话昨夜我也问过居士，人家居士说，晾脚会规矩可大——只许看，不许摸。摸了就拿布袋子罩住脑袋大伙儿儿打，打死白打！"

众人哈哈笑起来。乔六桥是风流人，信口就说，全没顾到佟忍安的面子。吕显卿露出得意来。佟忍安嘛眼？只装不知，却马上换了口气，不赛求教，倒赛考问：

"居士，您刚刚说那顶美的嘛样，倒说说看。"

"七字法呀，尖、瘦、弯、小、软、正、香。"吕显卿张嘴就说。好赛说，你连这个也不知道。

"只这些？"

这瘦老头挺灵，听出佟忍安变了态度，便说："还不够？够上一字就不易！尖非锥，瘦不贫，弯似月，小且灵，软如烟，正则稳，香即醉，哪个容易？"他面带笑对着佟忍安，吐字赛炒蹦豆，叫满屋听了都一怔。

佟忍安当然明白对方在抖落学问，跟自己较劲，便面不挂色，说了句要紧的话：

"得形易，得神难。"

吕显卿巴巴眨两下眼皮，没听懂佟忍安的话，以为他学问有限，招架不住，弄点玄的。他真恨不得再掏出点玩意儿，压死这天津爷们儿，便轮起舌头说：

"听说您家大少奶奶一双小脚，盖世绝伦，是不是名唤香莲？大名还是乳名？妙极！妙极！是呵，古来称小脚为金莲。以'香'字换'金'字，听起来更入耳入心，还不妙！'金莲'一说由来，不知您考过没有？都说南唐后主有宫嫔窅娘，人俊，善舞，后主命制金台，取莲花状，四周挂满珠宝，命窅娘使帛裹足，在金莲台上跳舞。自始，宫内外妇女都拿帛裹足，为美为贵为娇为雅，渐渐成风，也就把裹足小脚称作'金莲'。可还有一说，齐东昏侯，命宫人使金箔剪成莲花贴在地上，令潘妃在上边走，一步一姿，千娇百媚，所谓'步步生莲花'。妇女也就称小脚为'金莲'了。您信哪种说法？

我信前种，都说宵娘用帛缠足，可没人说潘妃缠足。不缠足算不得小脚！"

吕显卿这一大套，把屋里说得没声儿，好赛没人了。这些人只好喜小脚，没料到给小脚的学问踩在下边。佟忍安一边听，一边提着自个儿专用的逗彩小茶壶，嘴对嘴吮茶，咂咂直响。人都以为他也赞赏吕显卿，谁料他等这位爱莲居士一住嘴，就说：

"说到历史，都是过去的事，谁也没见过，谁找着根据谁有理。通常说小脚打宵娘才有，谁敢断言唐代女子绝对不裹脚缠足？伊世珍《嫏嬛记》上说，杨贵妃在马嵬坡被唐明皇赐死时，有个叫玉飞的女子，拾得她一双雀头鞋，薄檀木底，长短只有三寸五。这可不是孤证。徐用理的《杨妃妙舞图咏》也有几句：'曲按霓裳醉舞盘，满身香汗怯衣单。凌波步小弓三寸，倾国貌娇花一团。'三寸之足，不会是大脚。可见宵娘之前，贵妃先裹了脚。要说唐人先裹脚，杜牧还有两句诗：'钿尺裁量减四分，纤纤玉笋裹轻云。'一尺减去四分，还剩多少？"

"佟大爷，别忘了，那是唐尺，跟今儿用的尺子不一般大小！"吕显卿边听边等漏儿，抓住漏儿就大叫。

"别忙，这我考过。唐人哪能不用唐尺？唐尺一尺，折合今儿苏尺八寸，苏尺又比营造尺大一寸。诗上说一尺减四，便是唐尺六寸，折合苏尺是四寸八，折合今儿营造尺是四寸三。不裹脚能四寸三吗？您说说。"

吕显卿一时接不上话茬，眼睛嘴全张着。

乔六桥拍手叫起来：

"好呀，看来能人在咱天津卫，别总把眼珠子往外瞧了！"

众人都将吃惊的眼神，打山西人身上挪到佟忍安这边来。可人家吕显卿也是修行不浅的能人。能人全好胜，哪能三下两下就尿，稍稍一缓，话到嘴边，下巴一扬就说：

"佟大爷的话，听来有理。可使两句诗作根据，还嫌单薄。《唐语林》上说，唐时一般士人妻，服丈夫衫，穿丈夫靴，可见并不缠足。"

"说的是。可我并没说唐朝女子都缠足，而是说有缠足。有没有是一码事，都不都是另一码事。居士所考，是缠足发端哪朝哪代，不是哪朝哪代蔚成风气的，对不？咱议的嘛，先要定准，免得你说东我说西，走了题，不明不白。再说，从唐诗中求根据，绝非这三两句，白乐天有句，'小头鞋履窄衣裳'，焦仲卿也有句，'足蹑红丝履，纤纤作细头'，说的都是唐朝女子穿鞋好小头。按唐时礼节，走路不直疾促，行步快，即失礼。用布缠裹约束，自然迟缓。这是情理之中的事。至于缠成嘛样？嘛法？多大？另当别论。"

"今儿倒长了见识，天津卫佟大爷把缠足史的上限定到了唐。"吕显卿话里带讥讽，仍遮不住一时困窘。明摆着没话相争，学问不顶饿了。

佟忍安笑笑，好赛话才开头，接着说：

"要说上限，我看唐也嫌晚。《周礼》有屦人，掌管皇上和王妃鞋子，所谓赤舄、黑舄、赤繶、黄繶、青勾、素履、葛履，都是各式各样鞋子。看重鞋，必看重脚。汉朝女子鞋头喜尖，打武梁祠壁画上看，老莱之母，曾子之妻，鞋头都尖。《史记·货殖列传》上说，'今夫赵女郑姬，设形容，揳鸣琴，揄长袂，蹑利屣'。所谓利屣，也是尖头鞋子。《汉书·地理志》上有句话挺要紧，'女子弹弦跕躧'，师古注，躧字与屣同，是种无跟小鞋，跕是轻轻站着。由此看，汉朝女子以尖鞋、细步、轻站为美，自然要在脚上下工夫，那就非小不可。史游《急就篇》有句'靸鞳卬角褐袜巾'，下边的注不知您留意没有。注中说，靸谓韦履，头深而尖，平底，俗名著革先子；鞳薄革小履也，巾者，裹足也。这话说得还要多明？您要听，我还有好多例子，就怕占大伙儿儿不少时候，犯不上。单把这些书上零零碎碎记载，细心推敲推敲，缠足始于唐，恐怕也不能说死吧！都说历史是死的，我看是活的，谁把它说死，谁都等着别人来翻个儿！"

吕显卿好赛给对方扔到水里，又按到水下边。不傻也呆，轮到了由人摆布的份儿。乔六桥比刚才叫得更欢：

"完了完了！今儿我才明白，没学问，玩小脚，纯粹傻玩儿！"

牛凤章脖子一缩说：

"说得我也想裹小脚了！"

这话惹得众人笑声要掀去屋顶。牛凤章人不怪心眼怪。他总是自觉身贱，时不时糟蹋自己一句，免得别人再来糟蹋。

今儿不比寻常。佟忍安正来劲，满肚子学问要往外倒，逮住牛凤章这句话，笑道：

"牛五爷可别这么说。明朝还真有男人裹足，伪装女子，混在女人堆儿里找便宜。事败后坐几年大狱，放出来人人骂他，藏不成，躲不了，人人能认出他来。"

"为嘛哪？"牛凤章瞪着小眼问。

"脚裹小了，还能大回来？"佟忍安说。

众人又是大笑。牛凤章双脚紧踩，叫着："我可不裹！我可不裹！"卖傻样儿逗大伙儿乐。

华琳摇着白手细指说："不不，牛五爷裹脚准叫人认不出来。"他说完这上半句，等别人追问为嘛才说下半句："牛五爷造假画，赛真的；裹小脚，更赛真的！"说话时，眼珠子不看牛凤章，也不看佟忍安，好赛看屋顶。

这话够挖苦，可别人说还行，牛凤章和华琳同行，都画画，同行犯顶，不吃这话。他小眼一翻，立时把话撞回去：

"我的假画，骗得了您华七爷，可逃不过佟大爷的眼。对不，对不？嗯？嘻！"

牛凤章这句话既买好佟忍安，又恶心了华琳，说得自己都得意起来。华琳清高，但清高的人拉不下脸儿来，反倒吃亏没辙，脸气白了。

乔六桥说：

"牛五爷，你还是闭嘴拿耳朵听吧！没见佟大爷和这位居士正亮着学问。今儿吴道子、李公麟来了，也叫他滚。爷几个都是冲小脚来的！"

牛凤章立时捂嘴，发出牛叫般粗声儿：

"请佟大爷给诸位长学问！"

佟忍安压倒吕显卿，占了上风，心里快活。可他不带出半点得意，也就不显浅薄，反倒更显得高深。他心想，自己还要退一步，有道是，主不欺客，得意饶人，才算是大度。便看也没看牛凤章，撂下茶壶和颜悦色说道：

"这些话算嘛学问，都是闲聊闲扯罢了。世上事，大多都是说不清道不明，公说公有理，婆说婆有理，其实都有理。人说，凡事只有一个理，我说，事事都有两个理。每人抱着自己的理，天下太平；大伙儿儿去争一个理，天下不宁。古人爱找真，追究鸡生蛋，还是蛋生鸡，管它谁生谁！有鸡吃，有蛋吃，你吃鸡我吃蛋，你吃蛋我吃鸡，或是你吃鸡也吃蛋，我吃蛋也吃鸡，不都吃饱又吃好了？何苦去争先鸡后蛋先蛋后鸡？居士！眼下咱把这些废话全撂下，别耽误正事。马上赛脚给您看，听听您眼瞅着小脚，发一番实论，那才真长见识呢，好不好……"

"好好好！"吕显卿刚刚心里还拧着，这一下就平了。他给佟忍安挤到井边，进不是退也不是。谁料这老小子一番话又给他铺好台阶，叫他舒舒坦坦下来。心想，天津卫地起是码头，码头上的人是厉害；骑驴看景走着瞧，抓着机会再斗一盘！

第五回　赛脚会上败下来

众人听说赛脚开始，都欢呼起来。有的往前挪椅子，有的揉眼皮，有的按捺不住站起身，精神全一振。方才谁也没留意，这会儿忽见大门外廊子上站一个黄脸婆子。人虽老，神气绝不凡，脑袋梳着苏头鬏子，油光光翘起来的小鬏上，罩黑丝网套，插两朵白茉莉，一朵半开的粉红月季。身上虽是短打扮，一码黑，大褂子上的宽花边可够艳，胸前披一块一尘不染的雪白帕子，两只小脚包得赛一对紧绷绷乌黑小粽子。鞋上任嘛装饰也没有，反倒入眼。

吕显卿低声问乔六桥：

"这是谁？"

乔六桥说：

"原来是佟大爷老婆的随身丫头。佟大奶奶死后，一直住在佟家。原叫潘嫂，现叫潘妈。您看那双小黑脚够嘛成色？"

"少见的好！凭我眼力，恐怕脚上的工夫更好。你们这位佟大爷花哨吗？"

乔六桥斜眼瞅一下佟忍安，离得太近，便压低声儿说："跟您差不离儿。"又说。"潘妈这脸儿可够瘆人的，谁也不会找她闹。"

"六爷这话差了！脚好不看脸，顾脚不顾头。谁还能上下全照应着。"

两人说得都笑出声来。

佟忍安这儿对潘妈发了话：

"预备好就来吧！"

大伙儿只等着佟家女眷们一个个上来亮小脚。谁知佟忍安别有一番布置，只听大门两边隔扇哗啦哗啦打开了，现出佟家人深居的三道院。院中花木假山石头栏杆秋千井台瓷凳都给中秋明月照得一清二楚，地面亮得赛水银镜子。可这伙人没一个抬头望月，都满处寻小脚看。只见连着东西南北房长长一条回廊中，挂一串角子灯。每盏灯下一个房门，全闭着。潘妈背过身子，哑嗓门叫一声："开赛了！"又是哗啦哗啦，各个厢房门一下全都打开，门首挂着各色绣花门帘，门帘上贴着大红方块纸，墨笔写着：壹号、贰号、叁号、肆号、伍号、陆号。总共六个门儿。大伙儿几乎同时瞧见，每个门帘下边都留了一截子一尺长短的空儿，伸出来一双双小脚，这些脚各有各的捯饬，红紫黄蓝、描金镶银、挖花绣叶、挂珠顶翠，都赛稀世奇宝，即使天仙下凡，看这场面，照样犯傻。刚刚站在廊子上的潘妈忽然不见，好赛土行孙打地下钻走。

人之中，只有吕显卿看出潘妈人老身子重，行路却赛水上漂，脚上能耐世上绝少。他把这看法放在心里没说。

佟忍安对吕显卿说：

"居士，我家几次赛脚，都是亡妻生前主办。这法儿是她琢磨出的。为的是，请来评脚的客人有生有熟，熟人碍情面，不好持平而论，生人更难开口说这高那低，再有我的儿媳妇都怕羞，只好拿门帘挡脸，可别见怪。"

"这好这好！鄙乡大同是民间赛脚，看客全是远处各地特意赶去的，谁也不认得谁。您这儿全是内眷，这样做再好不过。否则我们真难评头论足了。"

佟忍安点点头，又对大伙儿儿说：

"前日，乔六爷出个主意说，每个门帘上都写个号码，各位看过脚，品出高低，记住号码，回到厅里。厅里放张纸，写好各位姓名，后边再写上甲乙丙。各位就按心里高低，在甲乙丙后边填上号码。以得甲字最多为首，依次排出三名来。各位听得明白？这样赛成不成？"

"再明白不过！再妙不过！又简单又新鲜又好玩，乔六爷真是才子。出主意也带着才气！来吧，快！"吕显卿已经上劲，精神百倍，急得直叫。

众人也都叫好，闹着快开始。这一行人就给佟忍安带领绕廊子由东向西，在一个个门前停住观摩品味琢磨议论，少不得大惊小怪喧哗惊叫一通。

戈香莲坐在门口。只见一些高矮胖瘦人影，给灯照在门帘上。她有认得也有不认得，乱七八糟分不出哪是哪位，却见他们围在她脚前呼好叫绝议论开：

"这双脚，如有'七十字法'，字字也够得上。我猜这就是佟家大儿媳妇，对不？"

"居士，您刚才说，'七字法'中有个'香'字，现在又说'七十字法'，肯定也跑不掉'香'字，我问您这'香'字打哪得来的？"

"乔六爷，咱文人好莲，不能伤雅，大户人家，哪有不香道理。惟香一字，只能神会。"

"佟大爷，方才说赛脚会上许看不许摸，闻一闻总可以吧！呵？哈哈哈哈！"

香莲见门帘一个人影矮下来。心一紧，才要抽进脚来，又见旁边一个矬胖影子伸手拉住这人，嘻嘻哈哈说：

"乔六爷，提到'香'字，我们苏州太守也是莲癖，他背得一首山歌给我，我背给您听，'佳人房中缠金莲，才郎移步喜连连。娘子呵，你的金莲怎的小，宛如冬天断笋尖，又好像五月端阳三角粽，又是香来又是甜。又好比六月之中香佛手，还带玲珑还带尖。佳人听罢红了脸，贪花爱色恁个贱，今夜与你两头睡，小金莲就在你嘴边，问你怎么香来怎么甜，还要请你尝尝断笋尖！'"

这人苏州音，念起来似唱非唱。完事，有人笑有人拍手，有人说不雅，有人拿它跟乔六桥开心。却给香莲解了围。

忽然一个声音好熟，叫道：

"各位再往下看，好的还在后边呢！"

一群人应声散去，在西边一个个门前看脚谈脚，却没有刚刚在自己门前热闹。后来却在一处赛油锅泼水赛地喧闹开了。有人说：

"简直闹不清，哪个是您大媳妇了！"

又是那好熟的声音：

"哪脚好，就哪个，这脚好，就这个！"

香莲忽觉得这是二少爷佟绍华的嗓门。模糊有点不妙，蛮有把握的手竟捏起汗来。耳听这伙人，说说笑笑回到前厅，打打闹闹去填号码。好一会儿，佟绍华在厅上唱起票来：

"乔六爷——甲一乙二丙六，吕老爷——甲一乙二丙四，华七爷——甲二乙一丙四，牛五爷——甲一乙二丙三，苏州白掌柜甲二乙一丙四，苏州邱掌柜甲一乙二丙五……把票归起来，壹号得甲最多，为首，贰号次之，第二，肆号第三。"

戈香莲好欢喜，一时门帘都显亮了。又听佟绍华叫道："潘妈，拉下门帘，请各位少奶奶、姑娘，见见诸位客人！"跟着香莲眼前更一亮，几十盏灯照进眼睛。却见前厅辉煌灯火里满是客人，周围各房门口都坐一个花样儿的女人。

佟绍华赛刚给抽了三鞭子，十分精神。那张大油脸鼓眼珠，今儿分外冒光，双手举着一张写满人名号码的洒金朱砂纸，站在前厅外高声儿叫：

"壹号，白金宝，我媳妇！你来谢谢诸位老爷！贰号，戈香莲，我嫂子；肆号，董秋蓉，是我弟妹。余下三个都是我家丫环，桃儿、杏儿、珠儿。各位也请出来吧！"

戈香莲傻了！她是大少奶奶，该壹号，怎么贰号？是弄错还是佟绍华成心捣鬼？回头一瞧，门帘上贴的居然就是贰号。可是凭自己的脚，写上嘛号码也该选第一呀！她不信会败给白金宝，但拿眼一瞧就奇了，白金宝好赛换一双小脚，玲珑娇小，隐隐一双淡绿小鞋，分明两片苹果叶子，鞋头顶着珠子，刷刷闪光，又赛叶子上颤悠悠的露水珠儿。这会儿她正打屋里出来，迈步也完全不同往常，绣花罗裙，就赛打地面上飘过，脚尖在裙子下边，忽然露出忽然不见，逗人眼馋。香莲起身走出屋时，本打算拿鞋上的那对蝴蝶压压白金宝，一提裙腰，蝴蝶出来了，可两只脚乍乍虎虎支支楞楞，有露没藏赛叉鱼的叉子，劈着两个大尖。那白金宝走到众人前，道万福行礼，右脚没露，只把左脚成心往外一闪。这一闪叫人看个满眼，再多看一眼又不成。香莲也给这一下闪呆了。原本白金宝的脚比自己大，怎么显得比自己还小？一刀切去一块不成！鞋子更是出奇讲究，连鞋底墙子、底牙、裤腿套上全是精致到家的绣花。香莲打小也没见过这么贵重花哨的鞋子。自己这印花蝴蝶不过奶奶打香粉店花二十个铜子儿买的，一比，太穷气了。

这种场面上，一透穷气，就泄了气！她打脚底到腰叉子全发凉，恨不得拨头跑回屋，关门躲起来。潘妈招呼珠儿、杏儿、桃儿端三个青花瓷磴子，放在当院，请三位少奶奶坐下。香莲想拿裙子把小脚罩住，偏偏刚才为了露蝴蝶，裙腰往上提，腰带扎得又紧，拉不下来，小脚好赛净心晾在外边给她出丑。她不敢瞅自己脚，也不敢瞅白金宝的脚，更不敢瞅白金宝的脸。白金宝脸儿不定多光彩呢！

佟忍安对吕显卿说：

"居士，打这评选结果上看，你果然不凡。您看其他各位有的一错两对，有的两错一对，有的名次顺序填倒，唯有您号码也对，顺序也对。不知您品评金莲按嘛规格？"

吕显卿听了好得意，才要开口，乔六桥抢过话打趣道：

"还是那七字法呗！"

吕显卿刚刚比学问栽了，这次不能再栽，嘴皮子也鼓起劲儿说：

"七字法是通用之法。品莲要分等级的。"

"怎么分法，请指教。"佟忍安一追问，两人又较量上了。

"这要先说六个字。"

"不是七字又六字了？愈说愈糊涂了！"乔六桥嘻嘻哈哈说，一边跟旁人挤眉弄眼，想拿这山西佬找乐子。

吕显卿是老江湖，当然明白。他决意给这些家伙点真格的瞧瞧，正色说：

"听明白就不糊涂。小脚美丑，在于形态。所谓形态，形和态呗！先说形，后说态。形要六字具备，即短、窄、薄、平、直、锐。短指前后长度，宜短不宜长。窄指左右宽度，宜窄不宜宽。还须前后相称，一般小脚，往往前瘦后肥，像猪蹄子，不美。薄指上下厚度，宜薄不宜厚；直指足根而言，宜正不宜歪，这要打后边看。平指足背而言，宜平不宜突，如能向下微凹更好。锐指脚尖而言，宜锐不宜秃，单是锐还不成，要稍稍向上翘，便有媚劲儿。

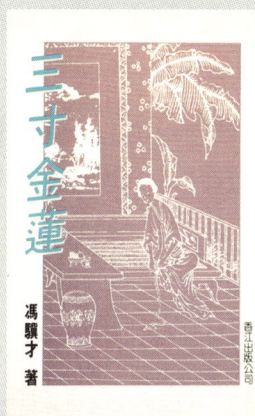

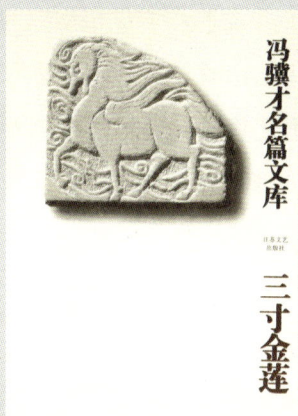

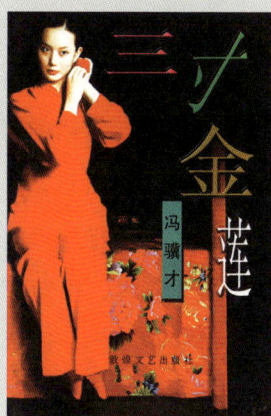

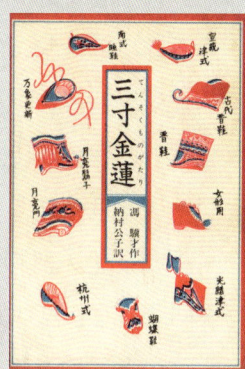

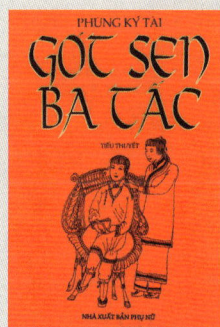

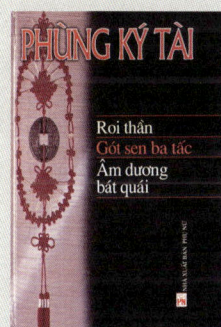

《三寸金莲》各种版本封面。

向上撅得赛蝎子尾巴，或向下耷拉得赛老鼠尾巴，都不足取。这是说小脚的形。"

这几句就叫香莲听得云山雾罩，从不知小脚上还这么多道理讲究。拿这些道理一卡，自己的脚哪还算脚，只赛坠在脚脖下两块小芋头。前厅里诸位把吕显卿这套听过，不觉拿眼全瞄向佟忍安，盼望这位天津卫能人，再掏出点真玩意儿，把这外边来的能耐梗子压住。佟忍安单手端小茶壶，歪脖眯眼慢条斯理吮着，不知有根还是没词，不搭腔，只是又追了一句：

"这说了形，还有态呢？"

吕显卿瞥他一眼，心想不管你有根没根，先痛快压你一阵再说。

"态字上要分三等。上等金莲，中等金莲，下等金莲。"

香莲心里一惊，想到自己得第二名，生怕这老头把自己归入中等。

"先说上等！"苏州那商人听得来劲，急着说。

"好，我说。上等金莲中间又分三种。两脚缠得细长，好比笋尖，我们大同叫'黄瓜条子'，雅号叫钗头金莲。两脚缠得底窄背平，好比弯弓，雅号叫单叶金莲。两脚缠得头尖且巧，好比菱角，雅号叫红菱金莲。这三种小脚中间垫高底，又叫穿心金莲，后边蹬高底，又叫碧台金莲。都是上等。"

"居士敢情有后劲，快说说中等嘛样！"乔六桥说。

"脚长四五寸，还端正，走起来不觉笨，鞋帮没有棱角鼓起来，叫锦边金莲。脚丰而不肥，好赛鹅头，招人喜爱，叫鹅头金莲。两脚端正，只是走路内八字，叫并头金莲；外八字的叫并蒂金莲。这都是中等。"

"这名字真比全聚德炒菜的名儿还好听！"乔六桥笑道。

"六爷你是眼馋还是嘴馋？"

"别打岔！居士，你别叫他们一闹把话截了，接着说下等的金莲。"

吕显卿说：

"今儿佟家府上没下等金莲。三位少奶奶都是上等的。要在我们大同赛脚会上，我敢说也能夺魁！"

他这几句话，不知真话假话客气话应酬话，却说得三位少奶奶起身向他道谢。一站一坐当儿，白金宝无意打裙缝露出小脚，叫戈香莲逮住着意一看，吓一跳，竟然真比平时小了至少一寸？是自己看错还是人家用了嘛魔道法术？

吕显卿对佟忍安说：

"我虽嗜好金莲，比您，至少还差着三蹬台阶。方才班门弄斧，可别笑话我无知，多多指点才对呢！"

佟忍安眼瞅一处，不知想嘛，一听吕显卿这话好比跑到自己大门口叫阵，略一沉便说：

"秦祖永《桐阴论画》，把画分做四品。最高为神品，逸品次之，妙品又次之，最末才是能品。能品最易得，也最易品。神品最难得，也最难品。拿我们古玩行说，辨画的真伪，看纸，看墨，看裱，看款，看图章，看轴头，都容易，只要用心记住，走不了眼。可有时候高手造假画，用纸、用墨、用绫、用锦，都用当时的，甚至图章也用真的，怎么办？再有，假宋画不准都是后来人造的，宋朝当时就有人造假！看纸色墨色论年份都不错，就没办法了？其实，盯准更紧要的一层，照样分辨出来，就是看'神'！真画有神，假画无神。这神打哪儿来的呢？比方，山林有山林气，画在纸上就没了。可画画的高手，受山林气所感，淋淋水墨中生出山林一股精神。这是心中之气，胸中之气，是神气。造假绝造不出来。小脚人人有，人人下工夫，可都只求形求态。神品……人世间……不能说没有……它，它……它……"

佟忍安说到这儿忽然卡住，眼珠子变得浑浑噩噩朦朦胧胧虚虚幻幻离离叽叽，发直。香莲远远看，担心他中了风。

吕显卿笑道："未免神乎其神了吧！"他真以为佟忍安肚子里没货，玩玄的。

"这神字，无可解，只靠悟。一辈子我只见过一双神品，今生今世再……唉！何必提它！"佟忍安真赛入了魔。弄得众人不明不白不知该说嘛好。

忽然，门外闯进一个胖大男人。原来大少爷佟绍荣，进门听说今儿赛脚，白金宝夺魁，他老婆败了阵，吼一声："我宰了臭娘儿们！"把手里鸟笼子扯了，刚买的几只红脖儿走了运，都飞了。他操起门杠，上来抡起来就打香莲，众人上去拉，傻人劲大，乔六桥、牛凤章等都是文人，没帮上忙，都挨几下，牛凤章门牙也打活了。一杠子抡在香莲坐的瓷礅子上，粉粉碎。佟忍安拍桌子大叫："拿下这畜生！"男佣人跑来，大伙儿合力，把大少爷按住，好歹拉进屋，里边还一通摔桌子砸板凳，喊着：

"我不要这臭脚丫子呀！"

客人们不敢吱声，安慰佟忍安几句，一个个悄悄溜了。

当晚，傻爷们儿闹一夜，把香莲鞋子脚布扒下来，隔窗户扔到院里。三更时还把香莲叽哇喊叫死揍一顿轰出屋来。

香莲披头散发，光着脚站在当院哭。

第六回　仙人后边是神人

戈香莲赛脚一败，一跟斗栽到底儿。

无论嘛事，往往落到底儿才明白。悬在上边发昏，吊在半截也迷糊。在佟家，脚不行，满完。这家就赛棋盘，小脚是一个个棋子儿，一步错，全盘立时变了样儿。

白金宝气粗了。香莲刚过门子时，待她那股子客客气气劲儿全没了。好赛憋了八十年的气，一下子都撒出来。时不时，指鸡骂狗，把连勾带刺的话扔过来，香莲哪敢拾。原先不知白金宝为嘛跟她客气，现在也不知白金宝干嘛跟她犯这么大性。白金宝见这边不拾茬，性子愈顺愈狂。不知打哪弄一双八寸大鞋，俗名叫大莲船，摆在香莲门口，糟蹋香莲。香莲看得气得掉泪却不敢动。别人也不敢动。

守寡的四媳妇董秋蓉在家的地位有点变化。过去白金宝总跟她斗气，板死脸给她看。赛脚会后换了笑脸，再逢亲朋好友来串门，就把秋蓉拉出来陪客人说话，甩开香莲理也不理，弄得秋蓉受宠若惊，原是怕白金宝，这会儿想变热乎些又转不过来，反而更怕见白金宝了。

佟绍华沾了光。只要在铺子里待腻了想回家，打着二少奶奶旗号，说二少奶奶找他，挺着肚子就回来了，佟忍安也没辙。可后来，二少奶奶自己出来轰他，一回来就赶回去。本来佟绍华骑白金宝脖子上拉屎当玩儿，这阵子白金宝拿佟绍华当小狗儿。谁也不知二少奶奶怎么一下子对二少爷这么凶。戈香莲明白。她早早晚晚三番五次瞧见佟忍安往白金宝屋里溜。但她现在躲事都难还去招惹是非？再说家里人都围着白金宝转，知道也掖肚子里，谁说？

丫头们中只桃儿待香莲好，她原是派给香莲用的，可当下只要她一脚迈进香莲屋，白金宝就叫喊桃儿去做事，两只脚很难都进来。一日中晌，趁着白金宝睡午觉当儿，桃儿溜进香莲屋来悄悄说，自打白金宝不叫二少爷着家，二少爷索性到外边胡来，过去逛一回估衣街的窑子，到家话都少说，怕走了嘴。现在嘛也不怕，整天花街柳巷乱窜。憋得难受时竟到落马湖去尝腥，那儿的窑姐都是野黑粗壮的土娘们儿，论钟头要钱，洋表转半圈，四十个铜子儿。到时候老鸨子就摇铃铛，没完事掏钱往外一扔。桃儿说，这一来柜上的钱就由二少爷尽情去使。乔六桥一伙摽上了他，整天缠他请吃请喝请看请玩儿再请吃请喝请看请玩儿。

"老爷可知道？"

"老爷的心思向来没全摞铺子里，你哪知道！"

香莲也知道，但不知自己知道一多半还是一少半。

这家里，看上去不变的唯有潘妈。她住在后院东北角紧挨佟忍安内室的一间耳房。平时总待房里，偶然见她在太阳地晒鞋样子、晾布夹子，开门叫猫。她养这猫倒赛她自己，全黑、短毛、贼亮、奇凶，赛只瘦虎。白天在屋睡觉，整夜上房与外边流窜来的野猫厮打，鬼哭狼嚎吼叫，有时把屋顶的砖头瓦块"啪哒"撞下来。桃儿说，全家人谁也离不开潘妈，所有鞋样子都归她出。赛脚那天白金宝的小脚就靠她捯饬的。她的鞋样敢说天下没第二个。

"十天半个月，她也往各屋瞧瞧，鞋不对，她拿去弄。可她就不往您屋里来。您没瞧见赛脚前她天天都往二少奶奶屋跑。就是她把您打赛会上弄下来的。不知她为嘛偏向二少奶奶，恨您！"

香莲没搭腔，心里却有数。香莲心细，看出潘妈打赛脚后不再去白金宝屋子了。

变得最凶，要数香莲的傻爷们儿。香莲真不懂傻人也把小脚看得这么重。原先是傻，这一下疯了。疯人更没准，犯起病就跟香莲瞎闹。有时拿拴床帐的带子，把香莲两脚捆一块儿，就要拿出去卖。买鸟儿，这是高兴时候。凶狠起来就拿针锥扎小脚，鲜血打裹脚布里往外冒。香莲已有了身孕，桃儿等几个丫头来哄大少爷说，大少奶奶肚里有他孩子，孩子有双天下没比的小脚，叫他必得好好待大少奶奶，等着好小脚生出来。这话管用，大少爷一听立时变样，天天捧着香莲小脚亲了又亲。一天打外边回来，居然给香莲买一包蜜枣，叫香莲心里一热直掉泪。可过几天，街上两个坏小子拦着大少爷说："听说你爹给你娶个大脚媳妇，还要再生个大脚闺女。"他眼就直了，进门操起菜刀踹门进屋，非要切开香莲肚子看小脚不可。扯脖子叫喊着：

"我爹诳了我，谁也不信，打开看！"

香莲这两天正是心如死灰时候。不知谁把赛脚会的事传给香莲的奶奶。奶奶听了，气闭过去。香莲得信赶到家，奶奶拿最后一口气对她说："奶奶也不知怎么会毁的你！"糊里糊涂，抱着悔恨作古了。香莲绝了后路，见傻爷们儿也不叫她活，心一横，把衣服两边一扯刷地撕开，露出鼓鼓白肚皮，瞪着眼对大少爷说：

"开吧！我活腻了，要嘛给你嘛！"

谁知当啷一声，菜刀扔在地上，傻爷们儿居然给香莲磕起头来，脑门撞得青砖地"嗵、嗵、嗵"直响，十来下就撞昏了，脑门鼻子都流血。再醒来，不打不闹，也不说话，只是傻笑，饭菜全不吃，到后来滴水不进，药汤没法灌，人就完了。挺大一个活人，完了，真容易。

应上"白马犯青牛，鸡猴不到头"这句话。香莲结婚没一年，守了寡。人强心不死，她只盼着生个小子。白金宝和董秋蓉两房头都是闺女，董秋蓉一个，白金宝两个，据说在南边的三少奶奶尔雅娟生的也是闺女。香莲要生个小子，给佟家留根，日子还能喘过口气。偏偏心强命不强，生的是丫头！想改也改不了，想添再也添不了！生下来不久还满身疹子。她心凉得赛冰块，天天头不拢脚不裹，孩子死就死，死完自己死。可自己身上掉下的这块肉，满是红点，痒得整天整夜哭，哭声叫她待不住，每天一趟去到娘娘宫，给斑疹娘娘烧香。娘娘像前还有三个泥塑长胡的男人，人称"挠司大人"，专给出疹子的孩子挠痒，还有一条泥做的黑狗，专给孩子舔痒痒痘。她一连去七天，别说娘娘不灵，孩子的疹子竟然退了。

一天潘妈忽进来，抓起孩子的小脚看了看，惊讶地说："又是天生一块稀罕料。"随后拿着吓人的鼓眼盯住香莲说，"老爷叫我给她起个名儿。就叫莲心吧！"

香莲听了，两眼立时发直，潘妈走出去时，看也不看。桃儿端饭进来了。自打大少爷死后，香莲落得同丫头们地位差不多，吃饭也不敢和老爷少爷少奶奶们同桌。桃儿问她：

"不是二少奶奶又骂闲街了？甭搭理她，她骂，您就把耳朵给她，也不掉块肉。"

香莲直呆呆不动。

桃儿又说：

"我看四少奶奶心眼倒不错。这汤面上的肉丝，还是她夹给您的呢！原先她那双脚，不比二少奶奶差。倒霉倒在一次挑鸡眼，生了脓，烂掉肉，长好了就嫌太瘦。那天赛脚，我劝她垫点棉花，她不肯。她怕二少奶奶看出来骂她。可我看……您可别往外说呀——二少奶奶脚尖就垫了棉花。本来她脚尖往下耷拉！不单我瞧出来，珠儿杏儿全瞧出来了，谁也不敢说就是了！"

桃儿引香莲说话。本来这话十分勾人谈兴的，但香莲还是不吭声也不动劲，神色不对，好赛魂儿不在身上。桃儿以为她一时心思解不开，不便扰她，就去了。香莲在床边直坐到半夜，拿着闺女雪白喷香的小脚，口里不停念叨着潘妈的话：

"又是天生一块稀罕料……天生一块稀罕料……天生一块稀罕料……"

三更时，香莲起来插上门，打开一小包砒霜，放在碗中，拿水沏了，放在床头。上床放了脚，使裹脚条子把自己和闺女的脚捆在一块儿，这才掉着泪说：

"闺女！不是娘害你！娘就是给这双脚丫子毁成这样，不愿再叫你也毁了！不是娘走了非拉着你不可，是娘陪你一块儿走呀！记着，闺女！你到了阎王殿也别冤枉你娘呀！"

闺女正睡。眼泪掉在闺女脸上，好赛闺女哭的。

香莲猛回身，端起毒药碗就要先往闺女嘴里灌。

忽听"哗啦"一响，窗子大敞四开，黑乎乎窗前站着一个人。屋里灯光把一张老婆子的脸照得清清楚楚。满脸横七竖八皱纹，大眼死盯着自己，真吓人！

"鬼！"香莲一叫。毒药碗掉在地上。

恍惚间，以为是奶奶的鬼魂儿找来了，又以为是自己从没见过、早早死去的婆婆。耳朵却听这老婆子发出声音，哑嗓门，口气很严厉：

"要死还怕鬼！再瞅瞅，我是谁？"

香莲定住神，一看是潘妈。

"开开门，叫我进去！"潘妈说。

香莲见是她，心一定，不解脚条子，把头扭一边。

潘妈打窗子进去，站在炕前，冷笑道：

"活不会活，死倒会死！"

香莲心还横着，在死那边。根本不理她。

潘妈上去，拿起香莲的脚，摆来摆去又捏又按上下左右前前后后地瞧了又看看了又瞧，真赛端详一个精细物件。香莲动也不动，好似这脚不跟她身子连着。心都死了，脚还活着？潘妈手拿她的脚，眼瞅一边，深深叹一口长气说："他眼力真高！我要有这双脚，佟家还不是我的！"她沉一下忽扭头对香莲说，"您要肯，把您这双脚交给我，我保您在佟家横着走路！"这两句话说得好坐实，一个字儿在板上钉一个钉子。

她等着香莲回答，停一刻，没听香莲吭声，便冷冷说："带金镯子穷死，活该去当窝囊鬼吧！"转身就走，小脚还没迈出门槛，香莲的声音就撞在她后背上：

"你说的算，我就依你！"

潘妈回过身。香莲打进佟家，头次见潘妈笑脸。脸板惯了，一笑更吓人。可跟着笑容就消失，不笑反比笑更舒服。潘妈问：

"这脚谁给您缠的？"

"我奶奶。"

"算她对得起您！您听好了——您这双脚，要论天生，肉嫩骨软，天下没第二双；要论缠裹，尖窄平直，也没挑儿。您奶奶算能人，没给您缠坏，就算成全了您。可是怨就怨您自己没能耐收拾它。好比一块好肉，只会水煮放盐，不会煎炒烹炸，白叫您给淹浸了！再好比一块玉，没做工，还不跟石头一样！单说赛脚那天，那双蝴蝶鞋还算鞋？破点心盒子！酱菜篓子！要嘛没嘛，嘛好脚套上它还有样？再说您为嘛不穿弓底？人家二少奶奶四寸脚，穿上弓底，脚一弯，四寸看上去赛三寸。您这脚本来三寸，反叫这破鞋连累的显得比二少奶奶脚还大，这不屈了！不等着败等嘛？"

香莲眼珠子闪一道蓝光：

"告我，还有救吗？"

"要没有，跟您说它干嘛！"

香莲解开脚上带子，下炕"扑通"趴下来给潘妈磕三个头：

"潘妈，求您给我指个明道儿，叫我翻过身来吧！"

她眼里直冒火。

潘妈冷言道：

"您起来，您是主家，不兴给佣人跪着。再说，我又不是为您。您为您自己，我也为我自己。可都得用您这双脚。谁也别谢谁了！"

香莲听懂一半，另一半不懂。

潘妈不管她懂不懂，"叭"地打开桌上一个漆盒子。不知这盒子嘛时候摞在桌上的。黑漆面，朱漆里，铜蝙蝠包角，盒里一块绣花黄绸子。掀开花绸，拿出一双花团锦簇般的小鞋，绣工可谓盖世无双，花边一层套一层，细得快看不出来，拿眼一盯，藤萝鱼鸟博古走兽行云海浪万字回纹，都是有姿有态精整不乱。拿出来就喷香浓香异香，赛两朵花儿。放在手中，刚和手掌一般大小。又软又轻又俏又柔，弯弯的，好比一对如意紫金钩。再看底儿竟是紫檀木旋的。

"您穿上试试。"

"这鞋怕不到三寸吧，我哪能穿？"

"不能我叫您穿？"

香莲提着鞋跟，把脚尖伸进去一蹬，只觉光溜溜鞋底蹭着脚掌一滑，哧溜穿上，不大不小，正正好好。咦，看上去比脚小的鞋，怎么正好？她瞧着潘妈发怔。潘妈说：

"我说了，三寸脚一弯，就比三寸小。这是古式鞋底，样好，弯得赛桥，

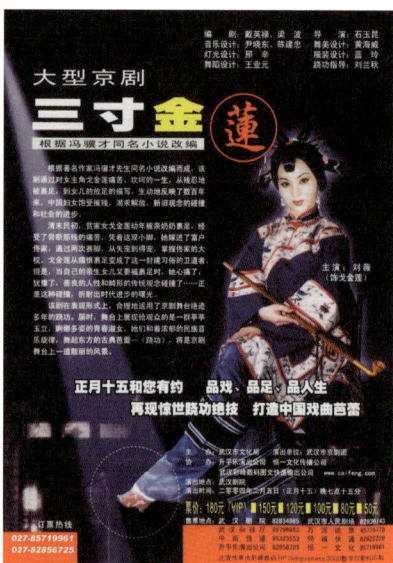

武汉京剧团将《三寸金莲》改编为京剧，主演刘薇，此为演出该戏时的戏单。

正经八百叫弓底，不比现时市面上的柳木底子，随便有个弯儿就得。照规矩，三寸鞋，木底长二寸六，弯七分。您再量您那双，顶多弯三分，哪成？好了，您把这双裤腿套儿套在外边，看看嘛样儿吧！"

潘妈打盒里又拿双裤腿套，香莲接过一看，恐怕这样好的绣活别处甭想见到。潘妈说：

"都是桃儿绣的，往后你就找她。"

香莲惊得说不出话来。低头套上这裤腿套，鞋是绿的，套是粉红的，绣线全是淡色，浅紫浅蓝浅黄浅棕浅灰浅酱，加上白和银，又素又艳，愈显得脚儿玲珑娇小可爱。想不到这小脚就连在自己腿下边。她瞅瞅潘妈，心想潘妈也要夸赞几句。潘妈却说：

"您站起来走几步看。记着，小脚有四忌，坐着忌讳晃裙子，躺着忌讳抖脚尖，站着忌讳踮脚跟，走路忌讳跷脚趾。"

香莲想起身试试，身子一立，只觉自己好赛给挂在杆子上，摇摇晃晃，脚发空又发紧。赶紧收拢脚尖，人就往前栽，差点来个马趴；脚跟一使劲，人又往后仰，险些来个老头钻被窝。潘妈按她坐下，叫她脱下鞋子，自己坐对面，把香莲的裹脚条子揪下来一扔，边说："大少奶奶，再受次罪吧，我给您重缠。您穿惯小弯底儿，脚弓不够，全靠缠了！"说着手里已拿了一卷又窄又齐整的青布条子，不管香莲乐不乐意，这脚丫子好比她的东西。大拇指一挑，"嗒"的脚布头就按在脚上，这下真比逮小飞虫还快。她说："您看好了，下次就照这样裹！"

香莲用心看，也用心记。只见潘妈——先把脚布直头按在脚内侧靠里踝骨略前，打脚内直扯大拇趾尖兜住斜过来绕到脚背搂紧，再打脚背外斜着往下绕裹严压向脚心，四个脚趾拉住抻紧再转到脚外边翻上脚背，搭过脚外边挂脚跟前扯勾脚尖回到脚内侧又直扯大拇趾斜绕脚背，下绕四脚趾打脚心脚外边上脚背外挂脚跟勾住脚尖二次回到脚内侧，跟手还是脚内脚尖脚背脚心脚外脚背脚跟脚尖三次回到原处再来。香莲看出，和奶奶裹法差得并不大，不过手底下更利索，脚布绕来绕去绝不折边，一道道紧紧包着密不透气，使力均匀，没有半点松劲地方。可缠到第八道，手法忽变，又加进一条宽裹脚条子，嘴里说一句：

"这叫拦裹布。用的是'拦脚背法'，专治你脚弓不够弯的毛病！"

随这话，脚布上手一勾脚尖，返过足背，竟打外边向下绕，反着拉脚跟，转上去刚好缠脚巴骨，跟着就打内边绕过脚背，来回几圈，算把裹脚布扣住。跟手转过脚跟上脚脖，把脚背前半截拦上，不松劲地打脚跟后直拉大拇趾头，连着脚巴骨一包上足背，这算拦一扣，再裹再拦，再拦再裹，直到把一卷一丈多的裹脚条子全用完。香莲便觉脚背发胀，脚心发空，脚跟和脚心好比叫人两手攥着往下使劲掰，就赛脚抽筋一样。看是好看，有模有样，上弓前翘，俏丽俊巴，可穿上潘妈拿给她另一双扳脚用的青布鞋，难受多了，迈步赛踩高跷。

"能受？"潘妈问。鼓眼珠子瞅着她。分明考问她。

香莲毫不含糊：

"打算活，都能受。还怎么着，你就说吧！"

潘妈冷冷盯她一眼，点点头。打盒里又拿出一把小尺，尺三寸，象牙做的，用得久，发旧发黄发亮，上边的星子都是嵌银的。她把尺子给她时说："这是专量脚使的。二少奶奶使不了，她脚比这尺大。"潘妈嘿嘿一笑。这笑，赛股寒气，往人骨头里钻。"你天天晚上拿热水洗脚，洗完照我刚才那样缠上。记住！一双好脚睡觉时候也不能松开。只要缠好就拿它量。我这儿还有张表，脚上每个关节上边都有尺寸，不能错过半分半毫，哪儿涨出来就勒哪儿。给你——"又递给香莲一张破旧的元书纸，木版印的表格，满是字是尺寸。

香莲拿过一看，这才算打小脚的门缝往里边瞅一眼。一眼就看花了——

足部尺度一览表（营造尺）

各部	径	赤足尺度	紧缠尺度	注
足尖至后跟	直	三寸，二分	二寸，九分	即足之大小
大趾	直	八分	八分	杨柳青画社
大趾	中部横	五分	三分五	
二趾	直	六分	六分	
二趾	中部横	三分	二分七	
中趾	直	七分	七分	
中趾	中部横	四分	三分七	
四趾	直	六分	六分	
四趾	中部横	四分	三分六	
小趾	直	四分	四分	
小趾	中部横	二分		缠后小趾会被挤没，不占宽度
足心足跟间缝口	中部垂直深	一寸	一寸一分	

各部	径	赤足尺度	紧缠尺度	注
里缝口	垂直	一寸三分	一寸四分	
外前缝口	垂直	七分	八分	趾跟肉折成之深缝
外后缝口	垂直	一寸	一寸一分	足跟前大深横缝
缝底	横	一寸	九分	
下缝口	横	一寸二分	一寸	
下缝口	原宽 分开宽	二分 四分	开时如刀削 缠时合一线	
缝至足尖	直	二寸一分	一寸八分	
足跟下	横	一寸	九分	
足跟下	直	一寸一分	一寸一分	
后跟	高	一寸五分	一寸七分	缠后自然高起
足跟下至膝盖	直	一尺三寸	一尺三寸二分	
起足尖至胫腕	斜高	四寸	四寸	
足尖	圆	一寸三分	一寸一分	大趾中部
胫腕	圆	三寸八分	三寸八分	
足腰	圆	二寸五分	二寸	
足面至后跟	直	二寸三分	二寸	
足面至足心	厚	一寸三分	八分	三四趾处
足心下至平地	空	三分	五分	
足面上至膝盖	直	一尺一寸四分		
赤足站立时	直	三寸四分		

自打这夜，天天三更，潘妈准时推门进来，帮她调理小脚，教给她种种规矩、法度、约束、讲究、忌讳、能耐和诀窍，怎么洗脚怎么治脚怎么修脚怎么爱脚怎么调药和怎么挑鸡眼。渐渐还教会她自制弓鞋，做各种各样各门各类鞋壳子，削竹篾、钉曳拔、缘鞋口、缝裤腿套，这一切，不论制法、配色、选料、尺度，都有苛刻的规法。错了不成，否则叫行家笑话。不懂就糊涂着，懂了就非照它办不可。规矩又是一层套一层，细一层，紧一层，严一层。愈钻反而愈来劲愈有趣愈有学问。在它下边受制，在它上边制它。她真不知潘妈肚子里还有多少东西，也许一辈子也学不尽，可香莲是个会用心的女子，非但用心还尽心，一样样牢牢学到手。

虽然她的脚天生软嫩，骨头没硬死，但毕竟成人，小脚成形，要赛泥人张手中胶泥可不成。强弓起来的脚，沾地就疼，赛要断开，真好比重受当年初裹的罪。她不怕！有罪挨着，疼就强忍，硬裹硬来硬踩硬走，硬拿自己干。白金宝眼尖，看出来，就骂她："臭蹄子，裹烂了，还不是只死耗子！"她只装没听见。这话赛刀子，她死往肚里咽。只想一天，拿出一双盖世绝伦的小脚，把这佟家全踩在脚底下。就不知她命里，叫不叫她吐出这口恶气。她叫自己的命差点制死呵！

这日，她抱着莲心在廊子上晒太阳，佟忍安站在门口揪鼻子毛，一使劲，一扭脸，远远一眼就盯上香莲的脚。佟忍安何等眼力，立时看出她的脚大变模样，神气全出来了。佟忍安走过来只说一句："后响，你来我屋一趟。"转身便走了。

她打进了佟家门，头次进公公屋，也很少见别人进去过。这屋子一明两暗，满屋书画古董，一股子潮味儿、书味儿、樟木味儿、陈茶味儿、霉味儿，浓得噎人。她进来就想出去换口气。忽见佟忍安的眼正落在她脚上。这目光赛只手，一把紧紧抓住她脚，动不得。佟忍安忽问：

"谁帮你捯饬这脚？"

"我自己。"

"不对，是潘妈。"佟忍安说。

"没有。我自己。"香莲不知佟忍安的意思，怕牵扯潘妈，咬住这句话说。

"你要有这能耐，上次赛脚也败不下来……"佟忍安眼瞧别处，不知琢磨嘛，自个儿对自个儿说，"唉！这老婆子！再收拾好这双脚，更没你的份啦……"他起身走进东边内室，招手叫香莲跟进去。

香莲心怕起来。不知公公是不是要玩她脚。反过来又想，反正这双脚，谁玩儿不是玩儿，祸福难猜，祸福一样，进去再说。

屋里更是堆满书柜古玩儿，打地上到屋顶。纸窗帘也不卷，好暗。香莲的心嘣嘣跳，只见佟忍安手指着柜子叫她看。柜子上端端正正放一个宋瓷白釉小碟儿，碟上反扣着一个小白碗儿。佟忍安叫香莲翻开碗看。香莲不知公公要嘛戏法，心里揪得紧紧，上手一翻拿开碗！咦呀！小白碟上放着一对小小红缎鞋，通素无花，深暗又鲜，陈旧的紫檀木头底子，弯得赛小红浪头，又分明静静停在白碟上。鞋头吐出一个古铜小钩，向上卷半个小圆，说不出的清秀古雅精整沉静大方庄重超逸幽闲。活活的，又赛件古董。无论嘛花哨的鞋都会给这股沉静古雅之气压下去。

"哪朝哪代的古董？"香莲问。

"哪来的古董，是你婆婆活着时候穿的。"

"这样好看的小鞋，怕天下没第二双！"香莲惊讶瞪圆一双秀眼说。

"我原也以为这样，谁知天不绝此物，又生出你这双脚来，会比你婆婆还强！"佟忍安脸上刷刷冒光。

"我的？"香莲低头看自己的小脚，疑惑地说。

"现在还不成。你这脚光有模样！"

"还少嘛？"

"没神不成。"

"学得来吗？"

"只怕你不肯。"

"公公，成全我！"香莲"扑通"跪下来。

谁料佟忍安"扑通"竟朝她跪下来，声儿打颤地说："倒是你成全我！"他比她还兴奋。

她不知佟忍安怎么和潘妈一样，到底为嘛都指望她这双脚。只当公公想玩儿。香莲有自己一盘算盘珠儿，通身一热，站起来把脚伸给他。佟忍安抱着香莲小脚说："我不急，先成就你这双脚再说。"他问她，"你认得几个字儿？"

"蹦蹦跳跳，念得了《红楼梦》。"

"那好！"佟忍安立时起来拿几套书给她，"反反复复看了，等你心领神会，我再给你开个赛脚会，保你拿第一！"

香莲这会儿才觉得，一脚把佟家大门踢开。她把书抱回屋，急急渴渴打开，是三种。一是《缠足图说》，带画的；一是李渔写的《香艳丛谈》，也带画带小人；还有薄薄一小本，是《方氏五种》，全是字。打粗往细看上几遍才懂得，小脚里头比这世界还大。潘妈那些玩意儿，还是皮毛，这才摸到神骨。打比方，奶奶给她是囫囵一个大肉桃，潘妈给她剥出核儿来，佟忍安敲开核儿，原来里边还藏着核仁。核仁还有一百零八种吃法。这叫作：

能人背后有仙人。

仙人背后有神人。

第七回　天津卫四绝

今儿，爷几个凑一堆儿，要论论天津卫的怪事奇人，找出四件顶绝的，凑成"津门四绝"。这几位事先说定，四件里头，件件都得有事，还得有人，还非得大伙儿全点头才能算数。更要紧的是这事这人拿出去必能一震。叫外地人听了张口瞪眼，苍蝇飞进嘴里也不觉得才行。这样说来论去，只凑出三件。

头件叫作恶人恶事。

这是说，城内白衣庵一带，有个卖铁器的，大号王五，人恶，打人当玩儿，周围的小混星子们都敬他，送他个外号叫小尊，连起来就叫小尊王五。前几年，天津卫的混星子们总闹事，京城就派一位厉害的人来当知县，压压混星子，这人姓李，都说是李中堂的侄子。上任前，有人对他说天津卫的混星子都是拿脑袋别在裤带上的，惹不得，趁早甭去。姓李的笑笑，摇摇头，并不在意。他后戳硬，怕谁？上任这天贴出告示，要全城混星子登记，凡打过架即使不是混星子也登记，该登记不登记的抓来就押，还嘱咐县里滕大班头多预备些绳子锁头。这滕大班头，人黑个大，满脸凶相，出名的恶人，混星子们向来跟他井水不犯河水，今儿他公务在身，话就该另说。小尊王五听到了，把一群小混星子召到他家，一抬下巴问道："天津卫除我，还谁恶？"小混星子当下都惦李知县和滕大班头，就说出这二人。小尊王五听罢没言语，打眉心到额顶一条青筋鼓起来，腾腾直跳，转天一早操起把菜刀到滕大班头家，举拳头"咣咣"砸门。滕大班头正吃早饭，嚼着半根果子出来，开门见是小尊王五，认得，便问："你干嘛？"小尊王五扬起菜刀，刀刃却朝自己，"咔嚓"一下把自己脑袋砍一道大口子，鲜血冒出来。小尊王五说："你拿刀砍了我，咱俩去见官。"滕大班头一怔，跟着就明白，这是找他"比恶"来的。照天津卫规矩，假若这时候滕大班头说："谁砍你了？"那就是怕，认栽，那哪行！滕大班头脸上肉一横说："对，我高兴砍你小子，见官就见官！"小尊王五瞅他一眼，心想这班头够恶！两人进了县衙门，李知县升堂问案，小尊王五跪下来就说："小人姓王名五，城里卖香干的，您这班头吃我一年香干不给钱，今早找他要，他二话没说，打屋里拿出菜刀给我一下。您瞅，凶器在这儿，我抢过来的，伤在这儿，正滴答血呢！青天大老爷得为我们小百姓做主！"李知县心想，县里正抓打架闹事的，你堂堂县衙门的班头倒去惹事。他转脸问滕大班头这事当真？假若滕大班头说："我没砍他，是他自己砍的自己。"那也是怕吃官司，一样算栽。滕大班头当然懂得混星子们这套，又是脸上肉一横说："这小子的话没错，我白吃他一年香干不给钱，今早居然敢找上门要账，我就给他一刀，这刀是我家剁鸡切疙瘩头的！"小尊王五又瞅他一眼，心想："别说，还真有点恶劲！"李知县又惊又怒，对滕大班头说："你怎么知法犯法？"一拍惊堂木叫道："来人！掌手！五十！"衙役们把架子抬上来，拉着滕大班头的手，将大拇指插进架子一个窟窿眼儿里，一掰，手掌挺起来，拿枣木板子就打，"啪啪啪啪"十下过去，手心肿起两寸厚，"啪啪啪啪啪啪"又十五下，总共二十五下才一半，滕大班头就挺不住，硬邦邦肩膀子好赛抽去筋，奔拉下来。小尊王五在旁边见了，嘴角一挑，"嘿"的一笑，抬手说："青天大老爷！先别打了！刚才我说那些不是真的，是我跟咱滕大班头闹着玩儿呢！我不是卖香干是卖铁器的。他没吃我香干更没欠我债，这一刀不是他砍是我自个儿砍的，菜刀也不是他家是我铺子里的。您看刀上还刻着'王记'两字呢！"李知县怔了，叫衙役验过刀，果然有"王记"两字，便问滕大班头怎么档事。滕大班头要是说不对，还得再挨二十五下，要是点头说对，就算服栽。可滕大班头手也是肉长的，打飞了花，多一下也没法受，只好连脑袋也奔拉下来，等于承认王五的话不假。这下李知县倒难了！王五自己砍自己，给谁定罪？如果这样作罢，县里上上下下不是都叫这小子耍了？可是，如果说这小子戏弄官府给他治罪，不就等于说自己蠢蛋一个受捉弄？正是骑虎难下，气急冒火的当儿，没料到小尊王五挺痛快，说道："青天大老爷！王五不知深浅，只顾取乐，胡闹乱闹竟闹到衙门里，您不该就这么便宜王五，也得掌五十。这样吧，您把刚刚滕大班头剩下那二十五下加在我这儿，一块算，七十五下！"李知县火正没处撒，也没处下台阶，听了立时叫道："他这叫自作自受。来人！掌手！七十五！"小尊王五不等衙役来拉他，自个儿过去把右手大拇指插进架子，肩膀一抬手心一翘，这就开打。"啪啪啪啪"一连二十五下，手掌眼瞅着一下下高起来，五十下就血肉横飞了。小尊王五看着自己手掌，没事，还乐，就赛看一碟"爆三样"，完事谢过知县，拨头就走。没过三天，李知县回京卸任，跟皇上说另请能人，滕大班头也辞职回乡。这人这事，恶不恶？

众人点头，都说这事叫外地人听了，后脖子也得发凉，够上一绝。

第二件叫作阔人阔事。

天津卫，阔人多，最阔要数"八大家"。就是天成号养船的韩家、益德裕店高家、长源店杨家、振德店黄家、益照临店张家、正兴德店穆家、土城刘家、杨柳青石家。阔人得有阔事，常说哪家办红白事摆排场，哪家开粥厂随便人来敞开吃，一开三个月等，都不能算。必得有件事，叫人听罢，这辈子也忘不了才行。当年卖海盐发财的海张五，掏钱修炮台，算一段事，但细一分析，他花钱为的是买名，算不上摆阔，就还差着点儿。今儿，一位提出一段事，称得上空前绝后。说的是头年夏天，益德裕店的高家给老太太过八十大寿。儿子们孝顺，费尽心思摆个大场面，想哄老太太高兴。不料老太太忽说："我这辈子嘛都见过，可就没看过火场，连水机子嘛样也没瞧过，二十年前锅店街的油铺着火，把西半边天烧红了，亮得坐在屋里人都有影儿。城里人全跑去看，你们爹——他过世，我不该说他——就是不叫我去看。这辈子白来不白来？"说完老太太把脸夺拉挺长，怎么哄也不成。三天后，高老太太几个儿子商量好，花钱在西门外买下百十间房子，连带房里的家具衣物也买下，点火放着。又在半里地外搭个高棚子，把老太太拿轿抬去，坐在棚里看救火。大火一起，津门各水会敲起大锣，传锣告警。天津卫买卖人家多，房子挤着房子，最易起火，民间便集合"水会"，专司救火，大小百八十个，这锣一起，那锣就跟上，城里城外，河东河西，顷刻连成一片，气势逼人。紧跟着，各会会员穿各色号坎，打着号旗，抬着水柜和水机子，一条条龙似的，由西城门奔出来，进入火场。比起三月二十三开皇会威风多了。火场中央，专有人摇小旗指挥，你东我西你南我北你前我后你进我退，绝不混乱，十分好看。水机子上有横杆，是压把儿，两头有人，赛小孩儿打压板，一上一下，柜里的水就从水枪喷出来，一道道青烟窜入烟团火海里，激得大火星子，噌噌往天上飞，比大年三十的万花筒不知气派几千几万倍。高老太太看直了眼。大火扑灭，各会轻敲"倒锣"，一队队人撤出去。高家人在西门口，拿二十辆大马车装满茶叶盒点心包，犒劳各会出力表演。这下高老太太心里舒坦了，连说今儿总算亲眼看过火场，天下事全看齐了。这事够不够阔？

众人说，阔人向例爱办穷事。这一手，不单叫穷人看傻了，也叫阔人看傻了，甚至叫办事的人自己也看傻了，这不绝嘛绝。当然算一绝！这可就凑上两绝啦！

第三件叫作奇人奇事。

这人就是眼睛不瞅人的华琳。此人名梦石，号后山人。家住北城里府署街。祖上有钱，父亲好闲，喜欢收罗天下怪石头。这华琳在天津卫画人中间，称得上一位大奇人。他好画山水，名头远在赵芷仙上边，每天闭门作画，从不待客，更不收弟子。他说："画从心，而不从师。"别人求画，立时回绝，说："神不来，画不成。"问他："神何时来？"答："不知，来无先兆，多在梦中。"又问："梦里如何画得？"答："梦即好画。"再问："嘛叫好画？"答："画山不见山，画水不见水。"接着问："如何才能见？"答："心照不宣。"再接着问："古人中谁的画称得上好？"答："唯李成也。李成后，天下无人。"可是，打古到今，谁也没见过李成真迹。古书上早有"无李论"一说。他只承认李成好，等于古今天下不承认一人。这是他的奇谈，还有件事，便是无论谁也没见过他的画。据说，他每画完，挂起来，最多看三天就扯掉烧了。有天邻居一个婆子打鸡，鸡上墙飞到他院中。这婆子去抱鸡，见他家门没锁，推门进去，抓着鸡，又见他窗子没关，屋内无人，桌上有画，顺手牵羊隔窗偷走他的画，拿到画铺去卖。他知道后，马上使四倍的钱打画铺把画买回，撕了烧掉。好事者去打听那婆子、那画铺，那画画得怎样，经手人糊里糊涂全都说不清道不明，只好作罢。但谁也弄不明白，既然没画，哪来这么大的名气？这算不算奇人奇事？绝不绝？众人都说绝，唯有牛凤章摇头，说他是骗子。其余人都不画画。隔行如隔山，隔行不认真，隔行气也和。乔六桥笑道："嘛都没见着，靠骗能骗出这么大名气，也算绝了。"牛凤章这才点头。于是又多一绝，加起来已经三绝了。

今儿是大年十四，乔六桥、牛凤章、陆达夫等几位都闲着没事，在归贾胡同的义升成饭庄摆一桌聚聚。陆达夫也是跟大伙儿常混在一堆儿的名士，也是莲癖也是一肚子杂学，阅历文章都比乔六桥老梆得多。他个儿小，苹果脸，大褂只有四尺半，人却精气头大，走起路两条胳膊甩得高高。乔六桥三盅酒进了肚子，就说单吃喝没劲，蹦出个主意，要大伙儿聊聊天津卫的奇人怪事，凑出"津门四绝"来。这主意不错，东扯西扯，话勾着酒，酒勾着话，嘻嘻哈哈就都喝得五体流畅红了脸。可第四绝难凑出来。牛凤章说：

"这第四绝，依我看，该给养古斋的佟大爷。咱不说他看古董的能耐，小脚的学问谁能比，顶了天。"

乔六桥笑着说："真是吃人嘴短，他买你假画，你替他说话……提到小脚，我看他家够上小脚窝，哪个都值捏一捏。"他的酒有点过量，说得脑袋肩膀脖子小辫一齐摇晃。

牛凤章说：

"这话您只说对一半。他家小脚双双能叫绝。可这些小脚哪来的，还不都是他看中的？拿看古董的眼珠子选小脚，还有挑？不是我巴结他——他又没在场，我怎么巴结他——他那双眼称得上神眼。头年，一幅宋画谁也没认出来，当假画破画买进铺子，可叫他站在十步开外一眼居然把款看出来，在树缝里，是藏款。"

"好家伙！他家有宋画！你也看见了？"乔六桥说。

"不不不！"牛凤章失了口，摇着双手说，"没瞧见，影儿没瞧见，都是听人说的，谁知确不确。你甭去问他，再说问他也不会告你。还是说说他家小脚来劲。"

"没想到牛五爷小脚的瘾比我还大。好，你跟他家近，我问你，佟大爷到底喜欢谁的小脚？"

"我不说，你也猜不着。"牛凤章笑眯眯说。看样子他不轻易说。

乔六桥叫道："好呀！你不说，把你灌醉就说了，陆四爷，来，灌他！"一手扯牛凤章耳朵，一手拿酒壶。其实灌酒该掰嘴，揪耳朵干嘛？没灌别人自个儿先醉了！这手扯得牛凤章直叫，那手的酒壶也歪了，酒打壶嘴流出来，滴滴答答溅满菜盘子。

陆达夫仰着脑袋大笑：

"说不说没嘛，灌一灌倒好！"

牛凤章呀呀叫着说：

"我耳朵不值钱可连着脑袋呢，扯下来拿嘛听，呀呀……我说我说，先撒手就说！"

乔六桥叫着笑着闹着扯着：

"你说完，我再撒手！"

"你可得说了算，我说——先前，他最喜欢他老婆的，听说是双仙足。那时我还不认识佟家，没见过那脚。他老婆死后……他……他……"

"怎么，又是吃人嘴短？快说，是大少奶奶还是二少奶奶的？"

"六爷真是狗拿耗子管闲事。人家两个媳妇守寡在家，另一个媳妇又不准她爷们儿回去，还不随他今天这个明天那个。嘻！"

"去！佟大爷是嘛修行，当你呢！弄不透小脚就弄不透佟大爷，弄不透佟大爷就弄不透小脚。牛五爷你再不说，我使劲扯啦！"

"别别，我说。他一直喜欢他……他那老妈子！"

"嘛！""嘛！""嘛嘛！"一片惊叫。

"潘妈？那肥婆子？不信，要说那几个小丫头我倒信。"

"骗你，我是你小辈。"

"呀，这可没料到。"乔六桥手一松，放了牛凤章耳朵，"那猪蹄子好在哪。别是佟大爷爱小脚爱得走火入邪了？"

"乔六爷，你可差着火候了。小脚好坏，更看脚上的玩意儿。你又没玩过，打哪知道？"陆达夫又说又笑好开心，单手刷刷把马褂一排蜈蚣扣全都解开。

乔六桥还是盯住牛凤章问：

"这话要是佟家二少爷告你的，就靠不住了。那次赛脚后，二少奶奶不叫他着家，他总在外边拿话糟蹋他爹。"

牛凤章说：

"告你吧，可不准往外传。砸了我饭碗我就跑你家吃去。这话确是佟二少爷告我的，可远在两年前。信了吧！"

乔六桥先一怔，随后说：

"我向例不信佟家的话。老的拿假当真的，小的满嘴全是假的。"

这话音没落，就听背后一人高声说：

"什么真的假的，我反正不折腾假货！"

大伙儿吓一跳，以为佟大爷忽然出现。牛凤章一慌差点出溜到桌子下边去，定住神一瞧，却是一个瘦长老头，湖蓝色亮缎袍子，外套羔皮短褂子，玄黑暗花锦面，襟口露出出针的白羊毛，红珊瑚扣子，给铜托托着，赛一颗颗鲜樱桃，头戴顶大暖帽，精气神派头都挺足。原来是山西的吕显卿，身后跟着个穿戴也考究的小胖子。

"恭喜发财，居士，前天就听说您来了。必是专门赶着来看明儿佟家的赛脚会吧！真是好大的瘾呀！"乔六桥打着趣儿说。

"哪里是。我是来取……"吕显卿一眼瞅见牛凤章垂在下边的手，使劲朝他摇,转口变做笑话说,"向佟大爷取小足经来呀,什么事你们谈得好快活。"

大伙儿相互一客气,坐下了。吕显卿并不跟这些人介绍随来的小胖子。这些人都是风流才子,多半都醉,谁也没在意。乔六桥急着把刚刚议论"津门四绝"的话说了,便问:

"居士,依您看,我们的佟大爷够不够一绝?"

吕显卿琢磨一下说:

"平心而论,这人够怪,够不够怪绝还难说。才跟他见一面,不摸他的底。这样吧,明儿他家赛脚,咱都去。我料他既然这样三请四邀下帖子,必有令人意想不到的阵势。上次跟他斗法,一对一,没胜没败,这次他要叫我吕某人服了——我就在大同给他挂一号,天津这里当然就得算一绝了!"

"好好好,绝不绝,外人说。"乔六桥叫道。跟着鸡鸭鱼肉又要一桌,把荤把素把酒把油把汤把劲,填满一肚子,预备明儿大尽兴。

第八回　如诗如画如歌如梦如烟如酒

大早一睁眼,小雪花就没完没了。午后,足足积了两寸厚,地上、墙沿、缸边、石凳面、栏杆,都松松软软。粗细树杈全赛拿粉勾一遍,粗的粗勾,细的细勾。鲜鲜腊梅花儿,每朵都赛含一口白绵糖。

今儿是灯节,佟家两扇大门关得如同一扇。串门来的拍门环,守在门洞里一个小佣人,截门就喊一嗓子:

"全瞧灯去啦,家没人!"

其实人都在家,媳妇们在房里收拾脑袋捯饬脚,小丫头们在廊子上走来走去,往各房送热水送东西送吃的送信儿。个个穿鲜戴艳,脸上庄重小心,又赛大年三十夜拜全神那阵子那劲头。

这当儿,佟忍安正在前厅,陪着乔六桥、华琳、牛凤章、陆达夫和山西来的爱莲居士吕显卿喝茶说话。几位一码全是新衣新帽,牛五爷没戴帽子却刚刚剃过头,瓢赛的光溜溜。乔六爷也不比平时那样漫不经心,大襟上没折,扣也扣得端正,看上去赛唱戏一样。

这次不比上次，大冬天门窗全闭着，人中间放着大铜盆，盆里的火炭打昨后晌烧个通宵，压也没压过，此刻烧得正热。隔寒气的玻璃都热得冒汗，滴答水儿。迎面红木大条案上摆着此地逢年必摆的插花，名叫"玉堂富贵"。是拿朱砂海棠白碧桃各一枝，牡丹四朵，水仙四头，杂着样儿色儿，栽在木槽子里。红是红白是白黄是黄绿是绿高是高矮是矮嫩是嫩俏是俏，没风吹，却一种一种香味替换着飘过来，打这人鼻眼儿钻出来，再钻进那人鼻眼儿去。好不快活好不快活！

乔六桥一口茶下去，美滋滋咂咂嘴说：

"佟大爷，今儿这茶好香，可是打正兴德买的？"

佟忍安说：

"正兴德哪来这样好茶？这是我点名打安徽弄来的。一般茶喝到两碗才有味，这茶热水一冲味儿色儿全出来了。不信，你们就相互瞧瞧，赛不赛蹲在荷花塘里照得那色，湛绿湛绿。它不单喝着香，三碗过后，再把茶叶倒进嘴嚼，嫩得赛菠菜心子。"

乔六桥瞧众人脸，忽叫道：

"可不是，大伙儿快瞅牛五爷的脸，活赛阴曹地府的牛头，碧绿！"

众人一齐哈哈哈哈大笑。陆达夫笑得脑袋使劲往后仰，喉结在脖子上直跳。

牛凤章晃着大脑袋说：

"牛肉是五大荤。驴、马、狗、骡、牛，各位不嫌腻，只管来吃我！"

陆达夫说：

"要吃快吃，立春过后再杀牛，就得'杖一百，充乌鲁木齐'了！"

众人又是笑。

佟忍安偏脸朝吕显卿说：

"您喝这茶名叫'太平猴魁'，居士可知它的来历？"

吕显卿摇头没言语。他和佟忍安一直暗较劲，谁摇头谁就窘。

乔六桥说：

"这茶名好怪，八成有些趣事。"

佟忍安正等这个话引子。马上说：

日文版《三寸金莲》插图两帧，纳村公子绘，一九八八年东京亚纪书房出版。

"叫六爷说着了——这是安徽太平产的茶。据说太平县有石峰，高百丈，山尖生茶，采茶人上不去，就驯养一群猴子，戴小竹帽，背小竹篓，爬上去采。所以叫'太平猴魁'。这茶来得稀罕吧！再说它长在山尖上，整天叫云雾煨着，味儿自然空灵清远。"

"空灵清远这四个字用得好。"华琳忽说，他手指着茶，眼珠子却没瞧茶，说，"难得人间有这好茶，可惜没这样好画！"

佟忍安说：

"今儿我可不是把茶和画配一块儿，而是拿它和小脚配一块儿的。"

吕显卿抓住话茬就说："佟大爷，您上次总开口闭口说什么神品。眼见为实耳听虚，要说这茶倒有股子神劲，小脚的神品还没见着。可就等今儿赛脚会上看了，要是总看不着，别怪我认为您佟家'眼高'——'脚低'了。"说完嘿嘿笑，赛打趣儿，又赛找茬儿。

佟忍安听罢面不更色，提起小茶壶，拿指头在壶肚上轻轻敲三下。应声忽然哗啦哗啦一阵响，通向三道院的玻璃隔扇全打开，一阵寒气扑进来。热的凉的一激，差不多全响响地打喷嚏。这几下喷嚏，反倒清爽了。只见外边一片银白雪景，又静又雅。吕显卿抬起屁股急着出去瞧。佟忍安说："居士少安毋躁，这次变了法儿，不必出屋，坐着看就行。各位只要穿戴暖和，别受凉冻了头。"众人全都起来，有的拿外边的大氅斗篷披上，有的打帽筒取下帽子戴上。

嘛声儿没有，又见潘妈已经站在廊子上。还是上下一身皂，只在发箍、襟边、鞋口，加了三道黄边。这三道就十分扎眼。黑缎裹腿打脚脖子人字样紧绷绷直缠到膝盖下边，愈显出小脚，钉头一般戳在地上。乔六桥忽想到昨儿在义升成牛五爷的话，着意想打这脚上看出点邪味来。愈想看愈看不出来。回头正要请教陆达夫，只见佟忍安朝门口潘妈那边点点头，再扭过头来潘妈早不见了，好赛一阵风吹走。跟着一个个女子，打西边廊子走来，走到门前，或停住俏然一立，或左右错着步转来转去绕两圈，或半步不停行云流水般走过，却都把小脚看得清也看不清闪露一下。那些女子牛五爷全都认得，是桃儿杏儿珠儿，还有个新来的小丫头草儿。四少奶奶压场在顶后边。个个小脚都赛五月节五彩丝线缠的小粽子，花花绿绿五光十色一串走过，已经叫诸位莲癖看花了眼。陆达夫笑着说：

"这场面赛过今年宫北大街的花灯了！"

"我看是走马灯，眼珠子跟不上，都快蹦出来了！"乔六桥叫着。

座中只有吕显卿和华琳不吭声。不知口味高还是这样才显得口味高。

忽然潘妈上来说：

"大少奶奶头晕，怕赛不了。"

众人一怔，佟忍安更一怔，瞅瞅潘妈，似是不信。潘妈那张石头脸上除去横竖折子，嘛也看不出来。佟忍安口气发急地说：

"客人都等着，这不叫人家扫兴！"

潘妈说：

"大少奶奶说，请二少奶奶先来。"

佟忍安手提小茶壶嘴对嘴慢慢饮，眼珠子溜溜直转，忽冒出光，好赛悟出嘛来，忙点头对潘妈说：

"好，去请二少奶奶先来亮脚。"

潘妈一闪没了。

只等片刻，打西厢房那边站出四个女子，身穿天蓝水绿桃红月黄四样色的衣裙，正是桃儿杏儿珠儿草儿，一人一把长杆竹扫帚，两人一边，舞动竹帚，齐刷刷，随着雪雾轻扬，渐渐开出一条道儿，黑黑露出雪下边的方砖地，直到这边门前台阶下。丫环们退去，门帘一撩，帘上拴的小银铃叮叮一响，白金宝大火苗子赛的站在房门口。只见她一身朱红裙褂，云字样金花绣满身，外披猩红缎面大斗篷，雪白的羊皮里子，把又柔又韧又俏又贼的身段全托出来。这一下好比戏台上将帅出场，看势头就是夺魁来的！头发高高梳个玉葱朝天髻，抓髻尖上插一支金簪子，簪子头挂着玉丰泰精制的红绒大凤，凤嘴叼着串珠。每颗珠子都是奇大宝珠，摇摇摆摆垂下来，闪闪烁烁的珠子后头是张红是红、白是白、艳丽照人的小脸儿。可她站在高门槛里，独独不见小脚。乔六桥、牛凤章、陆达夫，连同吕显卿，都翘起屁股，伸脖子腆脸往里瞧。

瞧着，瞧着，终于瞧见一只金灿灿小脚打门槛里迈出来，好赛一只小金鸡蹦出来。立即听到乔六爷一声尖叫，嗓子变了调儿。打古到今，没人见过小金鞋，是金线绣的，金箔贴的，纯金打的，谁也猜不透。跟手另一只也迈到门槛外边，左挨右，右挨左，并头并跟立着，赛一对小金元宝摆在那里。等众人刚刚看好，便扭扭摆摆走过来，每一步竟在青砖地上留下个白脚印。这是嘛，脚底没雪，哪来的白印子？白金宝一直走上这边台阶。众人眼珠子跟在她脚跟后边细一看，地上居然是粉印的白莲花图案，还有股异香扑鼻子。一时众人都看傻了。吕显卿站起来恭恭敬敬躬身道：

"二少奶奶，我爱莲居士自以为看尽天下小脚小鞋，没料到在您跟前才真开了眼。您务必告我，这银莲怎么印在地上的。您要是不叫我在外边说，我担保不说，什么时候说了，什么时候我就把我的姓倒着写。"

乔六桥叫道：

"别听他的，'吕'字倒过来还是'吕'字！"

吕显卿连忙摇手说：

"别听六爷的！他是念书的，心眼儿多，我们买卖人哪这么多心计。您要是不信，告了我，我马上把舌头割去！"

陆达夫取笑道：

"割了舌头，你还会拿笔写给别人看。"

"说完干脆就把他活埋了。"乔六桥说。

众人笑。吕显卿好窘，还是要知道。

白金宝见戈香莲不露面，不管她真有病还是临阵怯逃，自己上手就一震到底，夺魁已经十拿九稳，心里高兴，便说：

"还能叫居士割舌头，您自管张扬出去我也不在乎。我白金宝有九十九个绝招，这才拿出一招。您瞧——"

白金宝坐在凳上，把脚腕子搁在另一条腿上，轻轻一掀裙边，将金煌煌月弯弯小脚露出来，众人全站起身，不错眼盯着看。白金宝一掰鞋帮，底儿朝上，原来木底子雕刻一朵莲花，凹处都镂空，通着里边。她再打底墙子上一拉，竟拉出一个精致小抽屉，木帮，纱网做底，盛满香粉。待众人看好，她就把抽屉往回一推，放下脚一踩一抬，粉漏下来，就把鞋底镂刻的莲花清清楚楚印在地上了。

众人无不叫绝。

吕显卿也禁不住叫起来：

"这才叫'步步生莲花'，妙用古意！妙用古意！出神入化！出神入化！佟大爷，我今儿总算懂得您说的'神品'二字是……"

吕显卿说到这儿，不知不觉绊住口。只见佟忍安直勾勾望向院中，眼珠子刷刷冒光，看来好赛根本没听到吕显卿的话，回过头却摇脑袋说："你这见的，最多不过是妙品！"这话叫满屋人，连同白金宝都怔住。

吕显卿才要问明究竟，乔六桥忽指着院里假山石那边，直叫："看，看，那儿是嘛？"他眼尖。牛凤章把眼闭了又睁，几次也看不见。

没会儿，众人先后都瞧见，那堆山石脚下有两个绿点儿，好赛两片嫩叶。大冬天哪来的叶子？但在白雪地里，点点红梅间，这绿又鲜又嫩又亮又柔又照眼又扎眼又入眼。嘛东西呢？不等说也不等问，两绿点儿一波一动，摇颤起来，好赛水上漂的叶片儿，上边正托着个女子，绕出山石拐角处，修竹般定住不动。一件银灰斗篷裹着身子，好赛石影，低头侧视，看不见脸。来回来去轻轻挪几步，绿色就在裙底忽闪忽闪，才知道是双绿鞋，叫人有意无意把眼神都落在这鞋上。天寒地冻，红梅疏落，这绿色立时使得满院景物都活起来。

吕显卿入了迷，却没看出门道。乔六桥究竟是才子，灵得好，忽有醒悟，惊叫道：

"这是'万翠丛中一点红'的反用，'万红丛中一点翠'！"

这句话把众人眼光引上一个台阶。

可是一晃绿色没了，人影也没了。院子立时冷清得很，梅也无色，雪也无光。众人还没醒过味儿来，更没弄清这人是谁，连白金宝也没看明白，东厢房的房门"哗啦啦"一开，那披斗篷的女人走出来，正是戈香莲。她两手反过腕儿向后一甩，甩掉斗篷，现出一身世上没有画上也没有的打扮。再看那模样韵致气度风姿神态，这个香莲与上次赛脚的香莲哪里还是一个人儿？白金宝也吓一跳，竟以为香莲耍花活找个替身！

先说打扮，上边松松一件月白丝绸裇子，打前襟右下角绣出一枝桃花，花色极淡，下密上疏，星星点点直上肩头，再沿两袖变成一片落瓣，飘飘洒向袖口。单这桃花在身上变了两个季节，绝不绝？袖口领口镶一道藤萝紫缎边，上边补绣各色蝴蝶，一码银的。下身是牙黄百褶罗裙，平素没花，条条褶子折得赛折扇一样齐棱棱。却有一条天青丝带子，围腰绕一圈，软软垂下来，就赛风吹一条柳条儿挂在她腰上。再说她脸儿，粉儿似擦没擦，胭脂似涂没涂，眉毛似描没描，这眉毛淡得好比在眼睛上边做梦。头发更是随便一卷，在脑袋上好歹盘个香瓜髻，罩上黑线网，没花没玉没金没银更没珍珠。打上到下，颜色非浅即淡，五颜六色，全给她身子消融了。这股子疏淡劲儿自在劲儿洒脱劲儿，正好给白金宝刚刚那股子浓艳劲儿精神劲儿玩命劲儿紧绷劲儿，托出来，比出来。这股子与世无争的劲儿反叫人看高了。世上使劲常常给别人使，真是累死自己便宜别人。还说戈香莲这会儿——她脸蛋斜着，眼光向下，七分大方，三分羞怯。直把众人看得心里好赛小虫子爬，痒痒痒痒却抓不着。更尤其，人人都想瞧她小脚，偏偏给百褶裙盖着。一路轻飘飘走来，一条胳膊斜搭腰前，一条胳膊背在身后，腰儿一走一摆，又弱又娇，百褶裙跟着齐齐摇来摆去，可无论怎么摆怎么摇，小脚尖绝不露出半点。直走到阶前停住，把背在后边的手伸向胸前，胳膊一举，手一张，掌心赛开出一朵黑黑大花，细看却是个黑毛大毽子。陆达夫好似心领神会，大叫一声：

"好呀，这招叫人美死呀！"

香莲把毽子向空中一抛，跟手罗裙一扬，好赛打裙底飞出一只小红雀儿，去逮那毽子，毽子也赛活的，一逮就蹦，这只小红雀刚回裙底，罗裙扬处，又一只小红雀飞出去逮。那毽子每一腾空飞起，香莲仰头，露出粉颈，眼睛光闪闪盯住那毽子，与刚才侧目斜视的神气全不同了；毽子一落下，立即就有只小红雀打裙底疾飞而出，也与刚才步履轻盈完全两样。只见百褶罗裙来回翻飞，黑毛大毽子上下起落。两只小雀一左一右你出我回出窠入窠，十分好看。众人才知这对小雀是香莲一双小脚。原先那双绿鞋神不知鬼不觉换了红鞋，才叫人看错弄错。亏她想得出，一身素衣，两只红鞋，外加黑毛大毽子，还要多爽眼！

舞来舞去的小红鞋，看不准看不清却看得出小、尖、巧、灵，每只脚里好赛有个魂儿。忽的，香莲过劲，把毽子踢过头顶，落向身后，众人惊呼，以为要落地。白金宝尖嗓子高兴叫一声："坏了！"香莲却不慌不忙不紧不慢来个鹞子翻身，腰一拧，罗裙一转，一脚回勾底儿朝上，这式叫作"金钩倒挂"，拿鞋底把毽子弹起来，黑乎乎返过头顶，重新飘落身前，另只脚随即一伸，拿脚尖稳稳接住。这招为的是把脚亮出来，叫众人看个满眼。好细好薄好窄好俏的小脚，好赛一牙香瓜。可好东西只能给人瞧一眼。香莲把脚轻巧一踮，毽子跳起来落回手中，小脚重新叫罗裙盖住。

香莲又是婷婷立着，眼神不瞧众人羞答答斜向下瞧。刚刚那阵子蹦跳过后，胸口一起一伏微微喘，更显得娇柔可爱。

厅内外绝无声息死了半天，这时忽然爆起一阵喝彩。众莲癖如醉如狂，乔六桥高兴得手舞足蹈，叫人以为他假装疯魔瞎胡闹；陆达夫脸上没笑，只有傻样；牛凤章眼神不对，好赛对了眼一时回不了位；华琳的傲气也矮下一截。乔六桥闹一阵，静下来，叹口气说：

"真是如诗如画如歌如梦如烟如酒，叫人迷了醉了呆了死了也值了。小脚玩到这份儿，人间嘛也可以不要了！"

众莲癖听罢一同感慨万端。

吕显卿对佟忍安说：

"昨儿乔爷他们议论'津门一绝'，把您归在里边，老实说，我还不服。今儿我敢说，您不单津门一绝，天下也一绝！这金莲出海到洋人那边保管也一绝！洋女人的脚，一比，都是洋船呵！"

"居士，你们内地人见识有限。那不叫洋船，叫洋火轮！"陆达夫叫着。

佟忍安满脸冒光，叫人备酒备菜，又叫戈香莲和白金宝、董秋蓉陪客人说话。可再一瞧，白金宝不在了，桃儿要去请她，佟忍安拦住桃儿只说句："多半绍华回来了，不用管她！"就和客人们说笑去了。很快酒肉菜饭点心瓜果就呼噜呼噜端上来。此时是隆冬时节，正好吃"天津八珍"：银鱼、紫蟹、铁雀、晃虾、豆芽菜、韭黄、青萝卜、鸭梨。都是精挑细拣买来加上精工细制的，黄紫银白朱红翠绿，碟架碟碗摞碗摆满一桌。

酒斟上刚喝，陆达夫出个主意，叫香莲脱下一只小鞋，放在三步开外地方，大伙儿拿筷子往里扔，仿照古人"投壶"游戏，投中胜，投不中输罚一大杯。众莲癖马上响应，都说单这主意，就值三百两银子。只怕香莲不肯。香莲却大方得很，肯了。脱鞋之时，众莲癖全都盯着看脚，不想香莲抿嘴微微一笑没撩裙子，双手往下一操，海底捞月般，打裙底捧上来一只鲜红小鞋，通体红缎，无绣无花，底子是檀木旋的，鞋尖弯个铜钩儿，式样很是奇特。吕显卿说：

"底弯跟高，前脸斜直，尖头弯钩，古朴灵秀，这是燕赵之地旧式坤鞋，如今很少见到，也算是古董了。是不是大少奶奶家传？"

香莲不语，佟忍安嘿嘿两声，也没答。

潘妈在旁边一见，立时脸色就变，一脸褶子，"扑啦"全掉下来，转身便走，一闪不见。大伙儿乱嘈嘈，谁也没顾上看。

小红鞋摞在地上，一个个拿筷子扔去。大伙儿还没挨罚就先醉了。除去乔六桥瞎猫撞死耗子投中一支。牛凤章两投不中，罚两杯。佟忍安一支筷子扔在跟前，另一支扔到远处铜痰筒里，罚两杯。吕显卿远看那小小红鞋，魂赛丢了，手也抖，筷子拿不住，没扔就情愿罚两杯。几轮过后，筷子扔一地，小鞋孤零零在中间。佟忍安说：

"这样玩太难,大伙儿手都不听使唤,很快就给罚醉了,扫了兴致,陆四爷,咱再换个玩法可好?"

陆达夫马上又一个主意。他说既然大伙儿都是莲癖,每人说出一条金莲的讲究来,说不出才罚。众莲癖说这玩法更好,既风雅又长学问,于是起哄叫牛凤章先说。

"干嘛?以为我学问跟不上你们?"牛凤章站起来,竟然张口就说:"肥,软,秀。"

乔六桥问:

"完啦?"

"可不完啦!该你说啦!"

"三个字就想过关,没门儿,罚酒!"

"哎,我这三个字可是在本的!"牛凤章说,"肥、软、秀,这叫'金莲三贵'。你问佟大爷是不。学问大小不在字多少,不然你来个字多的!"

"好,你拿耳朵听拿嘴数着——我这叫金莲二十四格。"乔六桥说,"这二十四格分作形、质、姿、神四类,每类六字,四六正好二十四。形为纤、锐、短、薄、翘、称;质为轻、匀、洁、润、腴、香;姿为娇、巧、艳、捷、稳、俏;神为闲、文、超、幽、韵、淡。"

吕显卿说:

"这'神'类六个字,若不是今儿见到大少奶奶的脚,怕把吃奶的劲使出来也未必能懂。可这中间唯'淡'一字……还觉得那么飘飘忽忽的。"

乔六桥说:

"哪里飘忽,刚才大少奶奶在石头后边一场,您还品不出'淡'味儿来?淡雅淡远淡泊淡漠,疏淡清淡旷淡淡淡,不是把'淡'字用绝了吗?"

这山西人听得有点发傻,拱拱手说:"乔六爷不愧是天津卫大才子,张嘴全是整套的。好,我这儿也说一个。叫作'金莲四景',不知佟大爷听过没有?"他避开满肚子墨汁的乔六桥,扭脸问佟忍安。还没忘了老对手。

"说说看。"佟忍安说,"我听着。"

"缠足,濯足,制履,试履。怎么样?哈哈!"吕显卿嘴咧得露黄牙。

在座的见他出手不高，没人接茬。只有造假画的牛凤章连连点头说："不错不错！"佟忍安连应付一下的笑脸也没给。他瞧一眼香莲，香莲对这山西人也满是瞧不上的神气。华琳的眼珠子狠命往上抬，都没黑色了，更瞧不上。牛凤章见了，逗他说：

"华七爷，别费劲琢磨了，您也说个绝的，震震咱耳朵！"

华琳淡淡笑笑，斜着眼神说：

"绝顶金莲，只有一字诀，曰：空！"

众莲癖听了大眼对小眼，不知怎么评论这话的是非。

牛凤章把嘴里正嚼着的铁雀骨头往地上一啐，摆手说：

"不懂不懂！你专拿别人不懂的糊弄人。空无所有叫嘛金莲？没脚丫子啦？该罚，罚他！"

没料到香莲忽然说话：

"我喜欢这'空'字！"

话说罢，众莲癖更是发傻，糊涂，难解费解不解无法可解。佟忍安那里也发怔，真赛这里边藏着什么极深的学问，没人再敢插嘴。

陆达夫哈哈笑道：

"我可不空，说得都是实在的。我这叫'金莲三上三中三下三底'。你们听好了，三上为掌上、肩上、秋千上，三中为醉中、睡中、雪中，三下为帘下、屏下、篱下，三底为裙底、被底、身底……"

乔六桥一推陆达夫肩膀，笑嘻嘻说：

"陆四爷你这瞒别人瞒不了我。前边三个三——三上三中三下，是人家方绚的话，有书可查。后边那三底一准是你加的。为嘛？陆四爷向例不吃素，全是荤的。"

陆达夫大笑狂笑，笑得脑袋仰到椅子靠背后边去。

轮到佟忍安，本来他开口就说了，莫名其妙闷住口。事后才知，他是给华琳一个"空"字压住了，这是后话。眼下，佟忍安只说："我无话可说，该罚。"一扬脖，把眼前的酒倒进肚里，随后说："又该换个玩法，也换换兴致！"

众莲癖知道小脚学问难不倒佟忍安，只当他不愿胡扯这些不高不低的话。

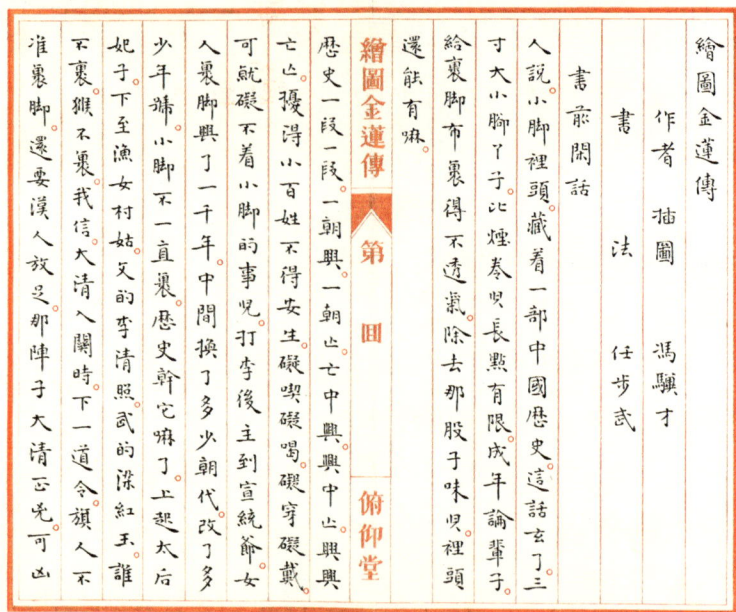

书法家任步武以一年时间手录了这部十多万字的小说，二〇〇一年三月，香港新风出版社出版，影印线装本，一函四册，更名《绘图金莲传》。这是篇首的一页。

谁也不勉强他。乔六桥说：

"还是我六爷给你们出个词儿吧——咱玩行酒令，怎么样？规矩是，大伙儿都得围着小脚说，不准扯别的。就按'江南好'牌子，改名叫'金莲好'，每人一阕，高低不论，合仄押韵就成。咱说好，先打我这儿开始，沿桌子往左转，一个挨一个，谁说不出就罚谁！"

这一来，众莲癖兴趣又提到脑袋顶上，都夸乔六桥这主意更好玩更风雅更尽兴。牛凤章忙把几块坛子肉扒进肚子里，垫底儿，怕挨罚顶不住酒劲儿。

"金莲好！"乔六桥真是才子，张口就出句子，"裙底斗春风，钿尺量来三寸小，袅袅依依雪中行，款步试双红。"

"好！"众莲癖齐声叫好。乔六桥"嗒"手指一弹牛凤章脑袋就说："别塞了，该你啦！"

"我学佟大爷刚才那样，喝一杯认罚算了！"牛凤章说。

"不行，你能跟佟大爷比？佟大爷人家是天津卫一绝。你这牛头哪儿绝？

你要认罚，得喝一壶。"乔六桥说。

众人齐声喊"对"。

牛凤章给逼得挤得整得抓耳挠腮，直翻白眼，可不知怎么忽然蹦出这几句：

"金莲好，大少奶奶脚，毽子踢得八丈高，谁要不说这脚好，谁才喝猫尿！"

这话一打住，众莲癖哄起一阵疯笑狂笑，直笑得捂肚子掉眼泪前仰后合翻倒椅子，华琳一口茶"噗"地喷出来。

"牛五爷这几句，别看文气不够，可叫大少奶奶高兴！"吕显卿说。

直说得香莲掩口格格笑，笑得咳嗽起来。

牛凤章得意非凡，一把将正在咬螃蟹腿儿的陆达夫拉起来，叫他马上说，不准打岔拖时候，另只手还端起酒壶预备罚。谁料陆达夫好赛没使脑袋，单拿嘴就说了：

"金莲好，入夜最销魂，两瓣娇荷如出水，一双软玉不沾尘，愈小愈欢心。"

香莲听得羞得臊得扭过脸去。乔六桥说："不雅，不雅，该罚该罚！"众莲癖都闹着灌他。

陆达夫连连喊冤叫屈说："这叫雅俗共赏。雅不伤俗，俗不伤雅，这几句诗我敢写到报上去！"他一边推开别人的手，一边笑，一边捂嘴不肯认罚。

乔六桥非要灌他。这会儿，人人连闹带喝，肚子里的酒逛荡上头，都想胡闹。陆达夫忽起身大声说：

"要我喝不难，只一条，依了我喝多少都成！"

"嘛，说！"乔六桥朝他说，赛朝他叫。

"请大少奶奶把方才做投壶用的小鞋借我一用。"陆达夫把手伸向香莲。

香莲脱了给他，不知他干嘛用。却见陆达夫竟把酒杯放进鞋跟里，杯大鞋小，使劲才塞进去。"我就拿它喝！"陆达夫大笑大叫。

"这不是胡来？"牛凤章说，扭脸看佟忍安。

佟忍安竟不以为然，反倒开心地说：

"古人也这么做，这叫'采莲船'，以鞋杯传酒，才真正尽兴呢！"

这话一说，众莲癖全都不行酒令，情愿挨罚。骂陆达夫老奸巨猾，世上事真是"吓死胆小的，美死胆大的"。愈胡来愈没事，愈小心愈来事。五脏六腑里还是胆子比心有用！于是大伙儿打陆达夫手里夺过鞋杯，一个个传着抢着争着霸着，又霸又争又抢又夺，斟满就饮，有的说香，有的说醉，有的说不醉，还喝。乔六桥夺过鞋杯捧起来喝。两手突然一松，小鞋不知掉到哪里，人都往地上看地上找，忽然陆达夫指着乔六桥大笑，原来小鞋在乔六桥嘴上，给上下牙咬着鞋尖，好赛叼着一只红红大辣椒！

第九回　真人真是不露相

这歪歪扭扭小人儿，头顶瓜皮小夹帽，一副旧兔皮耳套赛死耗子挂在脑袋两边，胳肢窝里夹着个长长布包。冻得缩头缩脖缩手缩脚，拿袖子直抹清鼻涕汤子。小步捯得贼快，好赛条恶狗在后边追。一扭身，"哧"地扎进南门里大水沟那片房子，左转三弯，右转两弯，再斜穿进条小夹股道。歪人走道，逢正变斜，逢斜变正，走这小斜道身子反变直了一般。

他站在一扇破门板前，敲门的声儿三重一轻，连敲三遍，门儿才开。开门的是牛凤章，见他就说：

"哎！活受！你小子怎么才来，我还当你掉臭沟里呢，人家滕三爷等你好半天！"

活受呼哧呼哧喘，嗓子眼儿还咝咝叫，光张嘴说不出话。牛凤章说："甭站在这呼哧啦，小心叫人瞧见你！"引活受进屋。

屋里火炉上架一顶大铁锅，正在煮画。牛凤章给热气蒸得大脸通红发紫，真赛鼓楼下张官儿烧的酱牛头，那边八仙桌旁坐着个胖人，一看就知保养得不错，眼珠子、嘴巴子、手指肚儿、指甲盖儿，哪儿哪都又鼓又亮。穿戴也讲究，腰间绣花烟壶套的丝带子松着。桌上立着个挺大的套蓝壶，金镶玉的顶子，还摆个瓷烟碟，碟子上一小撮鼻烟。活受打眼缝里一眼看出这烟碟是拿宋瓷片磨的，不算好货。

这位滕三爷见活受，满脸不高兴，活受嘴不利索，话却抢在前头："铺织（子）有锅（规）矩，正（真）假不能湿（说）。杏（现）在跟您湿（说）实在的，您扰（几）次买的全是假的……"说到这儿，上了喘，边喘边说，"您蛇（谁）也不能怨，正（真）假全凭自己养（眼），交钱提货一出摸（门），赔脑袋也认头……今儿是冲牛五爷面织（子），您再掏儿（二）百两，这轴大涤子您拿赤（去），保管头流货……"说着打开包儿又打开画儿，正是前年养古斋买进的那张石涛真迹。

滕三爷俩眼珠子在画上转来转去，生怕再买假，便瞧一眼牛凤章，求牛凤章帮忙断真假。牛凤章造惯假画，真的反倒没根，反问活受：

"这画确实经佟大爷定了真的？可别再坑人家滕三爷了。三爷有钱，也不能总当冤大头。自打山西那位吕居士介绍到你们铺子里买古董，拿回去给行家一瞧就摇头。这不是净心叫人家倾家荡产吗？活受，俗话可是说，坑人一回，折寿十岁！"

"瞧您湿（说）的……要是假的，河（还）不早墨（卖）了……这画撂在沽（库）里，我看湿（守）它整整乐（两）年半……"

"你把这画偷着拿出来，不怕你们佟大爷知道？"滕三爷问。

"这好布（办）……我想好了，请牛五爷织（造）轴假的，替出这轴真的耐（来）……"

牛凤章冷笑道："打得好算盘。钱你俩赚，毁就毁我！谁能逃出佟大爷那双眼，他不单一眼就看出假，还能看出是我造的！"他手一摆说，"我老少三辈一家子人指我吃饭呢，别坑完滕三爷再来坑我！"

"这也好布（办），我有……夫（法）子。"活受脸上浮出笑来。

"嘛法儿？"牛凤章问。他盯着活受的眼，可怎么也瞧不见活受的眼珠子。

活受没吭声。牛凤章指着滕三爷说：

"人家花钱，你得叫人家心明眼亮。死也不能当冤死鬼！"

活受怔了怔，还是说：

"古董行的事，湿（说）了他未必明白。不管佟家铺织（子）坑没坑人，我活受保管不坑滕三爷就是了……"

牛凤章听出活受有话要瞒着滕三爷，就改了话题说：

"这画要造假，至少得在我这儿撂个把月，少掌柜要是找不着它不就坏事了？"

活受再一笑，小眼几乎在脸上没了。他说：

"少掌柜哪河(还)有兴(心)管画。"

"怎么?"滕三爷是外人,不明白。

"您问牛五爷,佟家事,他情(全)知道。自打灯节那条(天)比脚,大少奶奶制(占)杏(先),二少奶奶玩完,佟家当下是大少奶奶天下。不光小丫头们都往大少奶奶屋里跑,佟大爷也往大少奶奶屋里跑,嘻嘻……二少爷没脏(沾)光脏(沾)一脚屎!二少爷二少奶奶两口子天天弄(闹),头夫(发)揪了,药(牙)也打掉了……"

"听吕居士说,你们大少奶奶本是穷家女人,能挑得起来这一大家子?"滕三爷问。

牛凤章说:

"滕三爷话不能这么说。人能,不分穷富。我看她——好家伙,要是男人,能当北洋大臣。再说……还有佟大爷给她坐劲。谁不听不服?"

"这佟家的事奇了,指着脚丫子也能称王!"滕三爷听得来劲,直往鼻眼抹鼻烟。

牛凤章笑道:

"小脚里头的事你哪懂?你要想开开眼,哪天我带你去见见世面,那双小脚,盖世无双,好赛常山赵子龙的枪尖!哎,吕居士头次带你来天津那天,我们在义升成饭庄说的那些话你不都听到了?吕居士也心服口服称佟家脚是天下一绝!"

谁料滕三爷听罢嘴巴肉堆起来,斜觑着眼儿说:

"吕居士心服口服,我不准心服口服。老实给您说,吕居士跟我论小脚,我在门里,他在门外。要不赛脚那天你们请我去,我也不去。我敢说,我能制服你们大少奶奶!"

"嘛?你?凭你的脚,大瓦片,大鸭子,大轮船。别拿自个儿开心啦!"牛凤章咧开嘴大笑。

"谁跟你胡逗,咱们动真格的。你今儿去跟佟家说好,明儿我就把闺女带去!"滕三爷正儿八经地说。

"嘛嘛,你闺女,在哪儿呢?我怎么没听说过。"

"在客店里，我把她带来逛天津了。你上京城里扫听扫听去，二寸二，可着京城我闺女也数头一份儿！"

"二寸二，是脚的尺寸？多大多大？"牛凤章瞪圆牛眼。

滕三爷拿手指头把烟壶捅倒，说：

"就这么大。你们大少奶奶比得了？"

"呀呀呀，天下还有这么大的脚，听也没听过。我不会儿得先瞧瞧去。我好歹也算个莲癖，你要叫我开开眼，我也叫你开开眼。我还藏着些真古董！"

牛凤章说着，站起身打开柜子，拿出一面海兽祥鸟葡萄镜，一尊黑陶熏炉，一块葫芦状的歙砚，半套失群的岫岩玉雕八仙人，只剩下吕洞宾、蓝采和、汉钟离、曹国舅四个，刻工却是一流，个个须眉手指襟带衣袂都有神气。滕三爷看花了眼，高兴得嚓嚓搓手心。活受在一旁不吭声，却看出来，这几件东西，只有那铜镜是块唐镜，炉子砚台全是假货。四个玉人是玩意儿，算不上古董物件。活受说：

"滕三爷，您织(真)拿葱(出)二寸二小脚，把我们大少奶奶压下秋(去)，我担保少掌柜送个揪(周)鼎谢您。"

"这不难。你回去说好，明儿就登门拜访。"滕三爷说。

活受高高兴兴起身告辞。牛凤章送他到门外，带上门说：

"你刚才说有嘛法造大涤子的假画，我可够馋，怕不像，顶多像五分……甭说五分，像三分就不错！"

活受凑上来，踮起脚跟立脚尖，嘴对着牛凤章扇风大耳朵吭吭巴巴，直把牛凤章说得嘴岔子咧得赛要裂开，吃惊地说：

"你小子能耐比我还大！"

他呆呆瞅着活受。那模样不知见鬼还是见神了。他不明白这半死不活的小子，打哪知道这些造假画的绝招！

这才叫真人不露相。真人真是不露相。

活受说：

"往喝(后)咱俩一秋(齐)干。您单会弄假的不成。我这叫半正(真)半假，有正(真)有假，想风(分)也风(分)不出来！"

"绝是绝，可我的心直扑腾，我怕佟大爷！"

"怕他干嘛？佟家人兴（心）思都在脚丫子上，没人锅（顾）得了铺织（子）。您再拨拨算泼（盘）珠子，这一张顶上您过去一本（百）张还不止……"

牛凤章牛眼立时一亮，来了胆子。只说："到时候你别咬我就成！"又嘀咕两句，"你得留神，这大件东西拿进拿出，太招眼儿！"

活受又白又歪又光又凉小脸上，一笑，满是瞧不起神气，没接对方话茬，却说：

"你盯住滕三爷，明儿务布（必）叫他领闺女去。只要那二寸二腰（压）住大少奶奶，佟家又是一次大翻锅（个）儿，您就是把铺织（子）搬耐（来），也没人锅（顾）得上……"

牛凤章两眼发直，嘀咕着：

"可以假换真这事，我还是有点拿不准。"

活受已经给他瞧后背了。

第十回　白金宝三战戈香莲

几位少奶奶，打头到脚收拾好，等候滕三爷带闺女来访。说来访是句好听话，实在是斗法来的！

白金宝今儿挺兴致，人也轻松。她知道滕家小姐不是冲她来的，倒是帮她来的。她完全不必使劲，只当一场好戏看就是了。她扭脸凑向身边的三少奶奶尔雅娟说："听说这闺女的脚顶多才二寸二，我不信，要是真的，咱们佟家的脚还往哪儿摆？对吗？"这声儿不大不小，刚好能叫坐在另一边的戈香莲听见。

尔雅娟低眼瞅瞅戈香莲，没敢吱声。香莲的脸好静好冷，让人没法子知道她今儿这一战，有根没根，胜败如何。

尔雅娟前天才打南边回来，本该随着三少爷绍富早早回来过年。临到启程，绍富叫架眼儿掉下来一个铜乌龟砸断脚背，一步挪不动。尔雅娟只好同远房一位婶子搭伴，回天津看看婆家人老熟人，也想见见没见过面的嫂子戈香莲。

她早就听说嫂子的脚赛过当年的婆婆，耳闻不如目见，她心里还暗存着比试比试的劲儿。回到家白金宝就把她拉进屋翻腾事儿，先说戈香莲在家如何一手遮天，随后就挑唆尔雅娟跟香莲斗脚。

扬州小脚也是闻名天下，尔雅娟又是佟忍安去扬州买帖时看上的，更是万里挑一，在扬州向例也是一震，有能耐的人都傲，再叫白金宝左挑右挑，心里的暗劲变成明劲，当即穿上一双白铜鞋去见嫂子。白金宝跟在后边，她算计好，只要尔雅娟一胜，她就给香莲闹个"破鼓乱人捶"！

香莲见了尔雅娟，谈东谈西，似笑不笑，不冷不热，不咸不淡。两眼只瞧尔雅娟一张月季花赛的小脸儿，就是不看她的脚。自己的脚也给裙子盖着，叫尔雅娟没法子跟她干。可香莲说着笑着忽然手指尔雅娟的脚说：

"你这双白铜鞋，是找人打的？"

尔雅娟可逮住机会，马上说：

"一位湖南的客商送我的。他在湘西碰见个耍马戏的女子。那女子穿这双鞋走钢丝，还拿它踢木板，一寸厚的板子，一脚一个窟窿。客商花了好几百两银子买下这双鞋，非要送我。这鞋可比不得一般鞋，面子底子帮子哪儿哪全都是硬的，没半点柔和劲儿。脚肥一点，长一点，歪一点，都进不去。它不将就你，你将就它也不行。谁知我一试，正好。"

尔雅娟说到这儿，脸赛花开似的一笑，还瞅一眼白金宝。白金宝跟着就说：

"那得看谁的脚。驴蹄子鸡爪子当然不成！"

香莲只当没听见，含笑对尔雅娟说：

"妹子给我试试成吗？"

尔雅娟一怔，巴不得给香莲试穿，叫她出丑。这铜鞋是硬的，十双脚九双半不合适。没料到自己拴套，香莲不知轻重傻往里钻，正好！尔雅娟毫不犹豫脱下铜鞋给香莲。谁知香莲的脚往里一伸，好赛东西掉进袋子里，一仰脸朝站在后边的丫头桃儿说：

"去拿些丝棉来，这鞋好大！"

这话等于一斧子砍死尔雅娟！

尔雅娟没见过这样又小又俏又软又美的脚。铜鞋再硬，卡不住比它小的脚。

香莲笑眯眯又对白金宝说：

"二少奶奶，你也试试玩儿？"

这话又赛一斧子砍向白金宝。白金宝自知这鞋穿也穿不进去，摇摇头，脸上好窘。香莲起身，没言语，带着桃儿回了屋子，打这儿尔雅娟就慊她了。白金宝更慊香莲，多少天没敢正眼看香莲的脸，还总觉得香莲蔫坏损瞧着她。其实香莲根本不挂相，好赛没这回事。

今儿白金宝又活起来。二寸二的脚，单是小，就叫香莲没辙。香莲心里的小鼓要不咚咚敲才怪呢！

四位少奶奶等候滕家小姐的当儿，乔六桥、陆达夫几个来请佟大爷到海大道庆来坤戏园子看《拾玉镯》。佟忍安打算在家等着瞧二寸二小脚。乔六桥说："咱那边也有双脚，比这二寸二强十倍，诳你就割我鼻子！"说话时，门口连篷车都预备好了。佟忍安疑惑着："比二寸二再强十倍，就二分二了，跟蚂蚱一般大？"就出门上车一路嘻嘻哈哈去了。其实这戏票是佟绍华买的，由乔六桥出面请，为的是把佟忍安架出来，没人给香莲坐劲。这边只要滕家小姐一赢，白金宝就翻天。真是一边看戏，一边唱戏。演戏瞧戏闹戏捧戏哄戏做戏，除去没戏全是戏。再往深处说，没戏更是戏。

那边，佟忍安进了园子，戏已开唱。孙玉姣坐在台中央一张椅子上，左腿架在右腿上，娇声娇气说："小女孙玉姣，母亲烧香拜佛去了，我在家中闲着没事，不免做些针黹，散闷罢了。"说到这儿，小锣当儿一响，跷着的左脚腕子一挺，把鞋底满亮出来，青白细嫩，真赛笋尖。这下差点叫佟忍安看昏过去。急着问这花旦名姓，绍华忙说叫月中仙。佟忍安口中就不停念叨着："月中仙来月中仙……"下边一出垫戏《白水滩》看赛没看。等到再下一出《活捉三郎》，又是月中仙的戏。演到阎惜姣的鬼魂儿，小脚满台跑，赛一溜溜青烟，佟忍安顾不得旁人，一个劲傻叫："好！好呵——好！好！"惹得一帮子戏迷说他劝他骂他拿苹果核儿砍他也止不住他。

这边，牛凤章一手提着袍襟"噔噔噔"奔进佟家来。四位少奶奶见他，白金宝劈面就问："人呢？滕家小姐呢？在哪儿！"不等牛凤章转起舌头，只见一个胖男人抱一个娇小女子大步来到。一个大活人再轻也七八十斤，难怪这胖男人呼呼喘粗气。看样子这就是滕三爷和滕家小姐了。几位少奶奶都当是滕家小姐半道病了，忙招呼丫头们上来侍候，不想这胖男人撂下小姐，掏出块大帕子抹汗，一边笑呵呵说："没事没事，她挺好！"滕家小姐跟手也笑了。众人不明白是嘛事，好好的干嘛抱进来？

可谁也不管为嘛，都一窝蜂围上去看滕家小姐二寸二的脚。一看全蒙住！这脚就赛打脚脖子伸出个小尖。再一弯，也就橘子瓣大小，外套鲜亮银红小鞋，精致绣满五色碎花，鞋口的花牙子，跟梳子齿一般细。不赛人穿的，倒赛特意糊的小鞋样子，可它偏偏有姿有态不残不缺，大脚趾还不时动它一动。人能把脚缠这么小，真算得上世间奇迹，不看谁也不信。

甭比，佟家脚连亮也不敢亮！

香莲脸色刷白，一眼瞅见站在身旁的牛凤章，小声说：

"好呵，五爷，你原来也恨我不死！"

牛凤章听这话打个冷战，忙说：

"不瞒您说，这是少掌柜请来的，不过叫我跑跑腿，我不好推辞罢了。我是佟大爷的人，哪敢跟您捣蛋。心想也是叫您瞧个新鲜。别瞧她脚小，可小过了劲儿，站不住，走路必得人扶着，出门必得人抱着，站都站不住，京城人都称她'抱小姐'。可别人抱不成，非她爹不可，娇着呢！那滕三爷，阔佬一个，任嘛不懂。"

香莲情不自禁"噢"一声，眼睛一亮，心也一亮，好赛意外忽然抓到得胜的招数。

白金宝在人群中间叫着："不管别人服不服，反正我服了，不服就比，谁比谁完蛋！人家这脚是明摆着的！对吗？雅娟、秋蓉、桃儿、杏儿……"她挨个问，声音愈来愈高，就是不问香莲，句句却是朝香莲去的。

谁也不抬头看香莲，都怕香莲。

香莲不言不语站一边。不等白金宝闹到头，她不出招。

白金宝只当她慊了，索性大喊大叫："反正有这双脚，别人嘛脚我也瞧不上！待会儿老爷回来，叫他也开开眼。别总拿南瓜当香瓜，拿瞎蛾子当蝴蝶儿。"又扭脸冲滕三爷说，"叫您小姐留在我家住些天好吗？就跟我住一屋，我还叫桃儿给她绣双红雀鞋……"

滕三爷说：

"二少奶奶这么厚爱，敢情好。只是我这闺女……"

香莲看准火候，走到抱小姐身前，笑眯眯说：

"小姐，跟我到当院看看桃花可好？前两天一乍暖，满树都是骨朵，居然开了不少，还招来蜜蜂，好看着呢！"

抱小姐说："我走不好！"她奶声奶气，倒赛七八岁的娃娃卷着舌尖说话。

"这没事，我扶你，几步就到当院。"

香莲说着扶她起来。谁也不知香莲用意，只见她一挽一扶与抱小姐走出前厅，下了台阶。这一走，就看出毛病来。抱小姐好比一双烂脚，沾不得地；香莲每一步都是肩随腰摆，腰随脚扭，无一步不美。到了院中，香莲抬头看花，好赛不知不觉松开挽着抱小姐的手臂，自个儿往前走两步，忽然叫道："抱小姐你看！你看！那片花全开了，赛朵红云彩，多爱人，抬头呀，就在你脑瓜顶上！"她手指头顶上方。

抱小姐一抬头，脚没拿稳，没等叫出声，"扑通"一下，死死摔个硬屁股蹲儿。抱小姐皮薄肉少，屁股骨头撞在砖地那一声，叫人听得心里一揪。香莲惊慌叫道："好好站着，没石子绊脚，怎么倒了！快快，桃儿珠儿，还不快扶起小姐！"滕三爷和众人都跑来搀抱小姐。抱小姐栽了面子，坐在地上捂着脸哭，不起来，谁也弄不动。

"我真该死，叫她摔了。怎么？她站不住吗？"香莲对滕三爷说。

"这不怪大少奶奶。小女没人扶，站不住。"滕三爷说。

"这倒怪了。脚有毛病？"香莲说。看不出她是装傻，还是有意讥讽。

"毛病倒没有，就是太小，立不住。"滕三爷说着低头冲闺女说，"还不起来，赖在地上什么样儿！"

这话更伤了抱小姐，拼命晃肩膀不叫人扶，谁伸手打谁，两脚乱踹乱蹬，直把鞋子踹掉，脚布也散了。香莲看着，恨不得她踹光了脚才好。嘴上却说：

"桃儿，帮着小姐穿上鞋，别着了凉！"

滕三爷见闺女这样胡闹，满脸挂窘，不住向香莲道歉。香莲说：

"这么说就见外了。可是我打心里疼您家小姐。人脚哪能不能站不能走的，这脚不算废了？我看这脚没救了，您真该在鞋上给她想点辙。是吧！"

这两句是拐着弯儿把抱小姐骂死。

滕三爷连说"是、是、是"，猫腰抱起抱小姐就走，出去的步子比进来的还大。牛凤章也赶紧向香莲告辞。只见香莲脸上的笑透股寒气，吓得牛凤章没转身三步倒退出屋门。

抱小姐走后。香莲当着众人对桃儿笑道：

"真哏，这牛五爷不长牛眼，长一对狗眼，愣看上这对烂猪蹄了！"

桃儿不笑不答，她知道这话是给白金宝听的。白金宝脸上早就不是色。香莲话说得轻松，神气也自如，直到回屋，"咯噔"一下，悬着的心才回位。

可是过了三天，香莲的心又提起来。白金宝站在当院嚷嚷开，说佟大爷请来一双飞脚，饭后就到。还说这是宝坻县红得发紫的彩旦，名唤月中仙。不单脚小脚美，还满台赛珠子在盘子里飞转，这同头三天那个不会走道的抱小姐全然两样。一个站不能站走不能走立都立不住，一个如驰如飞如鱼游水如鸟行空。白金宝的嗓门向例脆得赛青萝卜，字儿咬得一个是一个赛蹦豆，香莲还听到这么一句："听说飞起来，逮也逮不着。"香莲虽胜了抱小姐，不敢说也能胜这个月中仙。天下之大，无奇不有，香莲不敢不信。假若不是真的，白金宝也不会这么咋呼。香莲心里早懂得，人要往上挣，全是硬碰硬，不碰碎别人就碰碎自己，只有把对手都当劲敌才是。她闭上门，想招儿。可是一点不知月中仙的内情，哪知嘛招当用，这真难了！最好的办法是先在屋里秘着，等机会。

午后，一阵人声笑语进了前厅。忽听一句："佟大爷在上，奴家月中仙有礼了！"声调又娇又脆又清又亮，赛黄莺子叫，用的都是戏里道白的口儿。说完就一阵喧笑哗闹。

就听佟大爷的声音：

"我家众位都是爱莲人。听说月中仙有金莲绝技，巴不得饱眼福，就请到当院表演一番。"

跟手这些声音挪到当院。只听月中仙两个字儿："献丑。"没有行走奔跑声，却有一片咂嘴赞叹和拍巴掌声音。尔雅娟吃惊的声音：

"哟，快得我只见人影儿。"

佟绍华的声音：

"金宝，你不跟着转两圈？"

白金宝的声音：

"我哪有这脚。吓得只想回屋关门关窗躲起来。"

又是说又是笑又是叫又是闹，还听佟忍安声音：

"是呵，怎么还不见香莲来呢？"

白金宝的声音：

"猫一来，耗子还看得见。"

香莲憋在屋，心里的火腾腾往上蹿，胜败反正都得拼过才能说。她"哗啦"打开门，走出来一瞧，院里站满人，一时眼花，看不清谁是谁。桃儿跑到跟前来挤挤眼说：

"您看那就是月中仙，男的！"

香莲顺着桃儿细巧的手指头望去，人群中果然站着一个瘦弱男人，再瞧，下边竟是一双精灵的女人小脚。看模样是个男旦，可哪来一双女人小脚？这天底下的事真是不知道的比知道的多得多得多。这会儿，那瘦男人正上下打量她，忽叫一声："啊呀，这就是闻名津门的佟家大少奶奶戈香莲吧！"说着风吹似的跑过来，两脚好赛不沾地，眨眼工夫到了香莲面前，双手别在腰间道万福，说话的调儿还是戏腔，"月中仙拜见大少奶奶。"

香莲还没弄明白怎么档子事，有点发傻。那边白金宝和佟绍华大声哈哈笑，好赛在看香莲的笑话。

这月中仙忽扬起一条腿扛在肩上，脚过头顶，来招童子功，说："您看我月中仙的脚，比得上您大少奶奶的脚吗？"

香莲一看这扛过头顶底儿朝上的小脚，才明白原来是木头造的假小脚，上头有布套，套在真脚上，用丝绳扎牢，好比踩高跷，叫衣裙一遮，跟真的一样。原来这就是男扮女装的彩旦使的踩跷呀！过去听说今儿才见。香莲赛打梦里醒来，松口大气。众人当作趣事格格地笑。唯有白金宝佟绍华笑得邪

《绘图金莲传》。

乎，白金宝笑岔了气，直弯腰捂肚子。香莲立时明白，这是白金宝搬来尔雅娟和抱小姐斗不过她，才剜心眼儿，弄来月中仙唬她，看她乐子，当众糟践她。可她脑子一转，又想，白金宝拿她没辙，才使这招。这招够笨，毕竟假玩意儿，不过一时解解气罢了，更显出自己一双脚谁也搬不倒。想到这儿，反而精神起来，脸上的笑也有根了。她对月中仙说：

"你这假脚唬住我不算嘛，可唬住我公公？我公公是火眼金睛，决不会叫你骗过。"

佟忍安听出香莲的话带刺，便说：

"我头一眼也给蒙住了。原以为死物有真假，没料到活物也有真假。不过，假的再绝，也不如平平常常真的。"

香莲这是逼着佟忍安替自己说话。待佟忍安的话说完，就朝白金宝佟绍华挑起嘴角一笑，话却反着佟忍安说：

"老爷的话可得罪人家月中仙了。戏台上不论真假。戏里的人都是假的，管他脚假不假，唬住人就成！"

"这话在理，这话在理！"佟忍安忙应和着。请众人到厅里说话。

月中仙对戈香莲说："有请大少奶奶——"虽然不再用戏腔，声音还是女声女气。神气动作举手投足也都扭捏羞涩婀娜娇柔，活赛女的。

香莲见对方不是对手，来了兴头，一提气，与月中仙一同走上前厅。这几步，月中仙好比腾云驾雾，戈香莲竟如行云流水，步子又疾又稳，肩不动腰不动腿也不动，看不见哪儿动，只有裙子飘带子飞，好赛风里穿行，转眼一同站在前厅里。

月中仙拍着手说："大少奶奶真是名不虚传，这几步强我十倍！"他拍手时，翘着细白手指，只拿掌心拍，小闺女嘛样他嘛样。随后月中仙说他非要瞧瞧香莲的小脚不可。对着这半男半女不男不女的人，香莲也不觉羞了，亮出来给他瞧，他又拍手叫：

"我跑遍江南江北，敢说这脚顶到天了。少掌柜还叫我来震震您，倒叫您把我震趴下了！"

香莲听罢一笑便了，也不去瞧佟绍华。只向月中仙要取那跷一看。月中仙这老大男人，屁股在椅子面儿上一转，腰一拧，头一歪，眼一斜，居然做出忸怩样子。然后两手手指摆出兰花样儿，解开跷上的丝带说：

"您要喜欢，就送您好了。"

香莲接过话顺口就说：

"不，送给我们二少奶奶吧，她看上这玩意儿了！"

这话一说，只听身后"哐当"一响，随着一片呼叫，尔雅娟叫声最尖。回头瞧，原来白金宝一口气闭过去，仰脸摔在地上。几个丫头又掰胳膊又折腿又弯脖子又推腰，绍华拿大拇指头死命掐白金宝鼻子下边的人中，直掐出血，才回过这口气来。

唯有香莲坐在那边动也不动，消消停停喝茶，看着窗外飞来飞去追来追去几个虫子玩儿。

第十一回　假到真时真即假

天没眯眼，地没眯眼，鬼市上的人都把眼珠子睁得贼亮。打赵家窑到墙子河边，这一片窝棚土铺篱笆灯小房中间，那些绕来绕去又绕回来的羊肠子道儿上，天天天亮前摆鬼市。最初都是喝破烂的，把喝来的旧衣破袄古瓶老钟烂鞋脏帽废书残画，缺这儿少那儿的日用杂物，拿大筐挑来卖。借着黑咕隆咚看不清，打马虎眼，以坏充好，有钱人谁也不来买这些烂货。可是，事情不能总一个样，话不该老这么说。渐渐有人拿来好货新货真货，却都是一手交钱，一手交东西。买卖一成，拨头便走，回头再找，互不认账。人称"把地干"。为嘛？因为干这行当大多是贼，偷到东西来销赃。胆大的敢卖，胆大的就敢买。也有些有钱人家的败家子，脸皮薄，不愿在当铺古玩铺旧货铺露面，就拿东西到这儿找个黑咕儿一站等买主。哪位要是懂眼，真能三子儿两子儿，买到上好的字画珠宝玉器瓷器首饰摆饰善本书孤本帖。这一看能耐，二看运气，两样碰一块儿，财能发炸了。

今儿，挤来挤去人群里，有个瘦老头子，缩头藏脸，也不打灯笼，眼珠子却在人缝里乱钻。忽然，赛过猫见耗子，撞开几个人一头扑过去。墙边，挨着个破担子，蜷腿蹲着一个男人，跟前地上铺块布，摆着一个白铜水烟袋，一个大漆描金梳妆匣儿，几卷绣花被腰子，还有三双小鞋，都是红布蓝布，双合脸，极窄极薄，鞋尖又短又尖赛乌鸦嘴，天津卫看不见这样的鞋。瘦老头子一把抓起来，翻过来掉过去一看，就喊：

"呀！鸦头履，苏北坤鞋！"

这男人瘪脑门鼓眼珠子，模样赛蛤蟆。仰脸瞅瞅这瘦老头子说："碰到内行，难得。您想要？"

瘦老头子两个膝盖"嘎巴"一响也蹲下来，低声说：

"全要！这儿压根也碰不上这鞋！"

这瘦老头子好怪。在鬼市买东西，碰上中意的也得装不懂不在意不中意，哪能见了宝似的！可更怪的是卖东西的蛤蟆脸男人，并不拿出卖东西的架势，也赛见了宝。问道：

"您好喜这玩意儿吧？"

"说的是。告我您这鞋哪弄来的？您是南边人？"

"您甭问，反正不是北边人。老实告您，我也好喜这玩意儿，可如今江南几省都闹着放脚，小鞋扔得到处都是，连庙里也是，河里还漂着……"

"造孽造孽！"瘦老头子连说两句，还不尽意，又加一句，"还不如把脚剁去呢！"沉一下把气压住便说，"您该逮这机会把各样小鞋赶紧收罗些，赶明儿说不定也是宝贝。"

"说得好，您真懂眼。听说，北边还不大时兴放脚？"

"闹也闹了，放脚的还不多，叫唤得却够凶，依我看这风刹不住，有今天没明天。"瘦老头子直叹气。

"是呵，我听说了，这才赶紧弄几麻袋南边的小鞋，到北边转转，料想能碰上像您这样有心人肯花钱存一些。我打算卖一些南边的，买一些北边的，说不定把天下小鞋凑全了呢！"这蛤蟆脸男人说，"我已然存了满满一屋子！"

"一屋子？"瘦老头子眼珠子刷刷冒光，"好呵，宝呵，你这次带来都是嘛样的？"

蛤蟆脸男人抿嘴一笑，打身后麻袋里掏出两双小鞋递给瘦老头子，也不说话，好赛要考考这瘦老头子的修行。

瘦老头子接过鞋一看，是旧鞋，底儿都踩薄了，可式样怪异之极。鞋帮挺高，好赛靴子高矮，前脸竖直，通体一码黑亮缎，贴近底墙圈一道绣花缎边。一双绣牡丹寿桃，花桃之间拿红线缝几个老钱在上头，这叫"富贵双全"。另一双绣松叶梅花竹枝，松托梅，梅映竹，竹衬松，这叫"岁寒三友"。再看木底和软底中间夹一片黄铜，打跟到尖，再打尖吐出来，朝上弯半个圈再伸向前，赛蛇出洞。瘦老头子说：

"这是古式晋鞋。"

蛤蟆脸男人一怔，跟手笑了：

"您真行！能看懂这鞋的人不多！"

"这鞋也卖？"

"货卖识家。别说价了，您给多少，我都拿着。"

这前后五双瘦老头全要，掏出五两给了。要说这些钱买五双银鞋也富裕。蛤蟆脸男人赶紧把银子掖进怀里，满脸带笑说道：

"说句老实话，这鞋现在三文不值二文。我不是图您钱，是打算拿它多买些北方小鞋带回去。您要是藏着各样北方小鞋，咱们换好了，省得动钱！"

"那更好！您还有嘛鞋？"

"老先生，您虽然见多识广，浙东八府的小鞋恐怕没见过吧！"

"打早听说浙东八府以小称奇，我二十年前见过一双宁波小脚，二寸四。可头两年见过京城一女子，小脚二寸二。那真叫小到家小到头啦！"

"那也比不过广州东莞小脚，二寸刚刚挂点零。一双小鞋，一抓全在手心里。还有福建漳州一种文公履，是个念书人琢磨出来的，奇绝！"

"嘛绝法？"

"竟然有股书卷气。有如小小一卷书。"

"好呵！你都有？带来了吗？"

"在旅店里。您要换，咱说好时候。"

急不如快，两人定准转天这时候在前边墙子河边一棵歪脖老柳树下边碰面。转天都按时到，换得十分如意，好赛互相送礼。又约第三天，互换之后，这瘦老头提着十多双小鞋穿过鬼市美滋滋乐呵呵往回走。走到一个拐角，都是些折腾碑帖字画古董玩器的。只见墙角站着一个矮人，头上卷檐小帽儿压着上眼皮，胳肢窝里夹一轴画，上边只露个青花瓷轴。

瘦老头子一看这瓷轴就知这画不一般。上去问价。

对方伸出右手，把食指中指叠在一起，翻两下，只一个字儿："青。"

鬼市的规矩，说价递价给价要价还价争价，不说钱数，打手势用暗语。俗称"暗春"。一是肖，二是道，三是桃，四是福，五是乐，六是尊，七是贤，八是世，九是万，十是青。手势一翻加一倍。

对方这"青"字再加上手势一翻，要二十两。

瘦老头子说："嘛画这个价，我瞧瞧。"撂下半口袋小鞋，拿过画，只把画打开一小截，刚刚露出画上的款儿，忽一惊，问道："你是谁？"

这矮子一怔，拨头就跑。

瘦老头子本来几步赶去能追上，心怕半袋小鞋丢了，一停的当儿，矮子钻进小胡同没了。

瘦老头子叫道："哎，哎，抓……"

旁边一个大个子，黑糊糊看不清脸，影子赛口大钟，朝他压着粗嗓门说：

"乍唬嘛，碰上就认便宜，赶紧拿东西走吧，小心惹了别人，把你抢了，还挨揍！"

瘦老头子听见又没听见。

这天早上，佟忍安打外边遛早回来，就要到铺子去，满脸急相，不知道为嘛。门外备了马，他刚出门一咪溜坐在台阶上，只说天转地转人转马转树转烟囱转，其实是他脑袋转。佣人们赶忙扶他进屋坐在躺椅上。香莲见他脸色变了，神气也不对，叫他到里屋躺下来睡个觉。他不干，非要人赶紧到柜上去，叫佟绍华和活受马上来。还点了些画，叫活受打库里取出带来。过了很长时候，才见人来，却只是柜上一个姓邬的小伙计，说少掌柜不在柜上，活受闹喘，走不了道儿，叫他把画送来。佟忍安起不来身半躺半坐，叫人打开一幅幅看。先看一幅李复堂的兰草，看得直眨眼，说：

"我眼里是不是有眵目糊？"

香莲瞅瞅他眼珠，说：

"不见有呢，头昏眼花吧，回头再看好了！"

佟忍安摇手非接着看不可。小邬子又打开一幅，正是那幅大涤子山水幅。

平时佟忍安过画，顶多只看一半画，真假就能断出来，下一半不看就叫人卷上，这一是他能耐，二是派头。活受知道他这习惯，打画就打开一半，只要见他点头或摇头，立时卷起来。今儿要是活受来打画给他瞧，下边的事就没有了。偏偏小邬子刷地把画从头打到底儿。佟忍安立时呆了，眼珠子差点掉下来，身子向前一撅，叫着：

"下半幅是假的！"

"半幅假的，怎么会？别是您眼闹毛病吧！"香莲说。

"没毛病！这画，字儿是真，画是假的！"佟忍安指着画叫，声音扎耳朵。

香莲走上前瞧，上半幅给大段题跋诗款盖着，下半幅画的是山水。"这不奇了，难道换去下半幅，可中间没接缝呀！"香莲说。

"你哪懂？这叫'转山头'，是造假画的绝招。把画拿水泡了，沿着画山的山头撕开，另外临摹一幅假的，也照样泡了撕开。随后，拿真画上的字配假画上的画，接起来，成一幅；再拿假画上的字配真画上的画，又成一幅。一变二，哪幅画都有真有假，叫你看出假也不能说全假，里头也有真的。懂行拿它也没辙。可是……这手活没人懂得，牛五爷也未必知道。难道是我当初买画时错眼了……"

"您看画总看一半，没看下半幅呗！"

"那倒是……"佟忍安刚点头忽又叫，"不对，这幅画是头几年挂在铺子墙上看的！"说到这儿，也想到这儿，眼珠子射出的光赛箭。他对小邬子说，"你拿画到门口，举起来，透亮，我再瞧瞧！"

小邬子拿画到门口一举，外边的光把画照透，清清楚楚明明白白看出，画中腰沿着山头，有一道接口，果然给人作了假！佟忍安脑袋顶涨得通红，跟着再一叫："我明白了，刚才李复堂那幅也作了假的！"不等香莲问就说："这是'揭二层'，把画上宣纸一层层揭开，一三层裱成一幅，二四层裱成一幅。也是一变二！虽然都是原画，神气全没了，要不我看它笔无气墨无光，总疑惑眼里有眵目糊呢！"

香莲听呆了！想不到世上造假也有这样绝顶的工夫。再看佟忍安那里不对劲了，一双手簌簌抖起来，长指甲在椅子扶手上，"嘚嘚嘚"磕得直响，眼神也滞了。

香莲怕他急出病来，忙说：

"干嘛上火，一两幅画不值当的！"

佟忍安愈抖愈厉害，手抖脚抖下巴抖声音也抖："你还糊涂着，铺子里没一幅真的了！我佟忍安卖一辈子假的，到头自己也成假的了。一窝全是贼！"说到这儿，脑门青筋一蹦，眼珠子定住不动了。香莲见不好，心一慌，不知拿嘛话哄他。只见他脸一歪嘴一斜肩膀一偏，瘫椅子上了。

立时家里乱了套，你喊我我喊他，半天才想起去喊大夫。

香莲抹着泪说：

"谁叫您懂呢！我不懂真的假的，反不着这么大急。"

不会儿，大夫来了，说前厅有风，叫人把佟忍安抬到屋里治。

香莲定一定心，马上派小邬子去请少掌柜，并把活受叫来。小邬子去过一会儿就回来说，活受卷包跑了，佟绍华也不见了。香莲听罢好赛晴天打大雷，知道家里真出大事了！白金宝问嘛事。香莲只说："心里明白还来问我。"就带着桃儿坐轿子急急火火赶到铺子。

只见铺子里乱糟糟赛给抄过。两个小伙计哭着说："大少奶奶骂我们罚我们打我们都成，别怪我们不说，我们嘛都不知道呵！"香莲心想家那边还一团乱呢，就叫他们挑出真玩意儿锁起来，小伙计们哭丧脸说："我们不知哪个真哪个假。老掌柜少掌柜叫我们跟主顾说，全是真的。"香莲只好叫他们不管真假全都拣巴一堆封起来再说。

回到家，白金宝不知打哪儿听到佟绍华偷了家里东西跑了，正在屋里哭了叫叫了哭又哭又叫：

"挨千刀的，你这不是坑了老爷子，也坑我们娘仨吗……你准是跟哪个臭婊子胡做去了，你呀你呀你……"

香莲板着脸，叫桃儿传话给杏儿草儿，看住白金宝的屋子，不准她出来也不准人进去，更不准往里往外拿东西。白金宝见房门给人把守，哭得更凶，可不敢跟香莲闹。她不傻，绍华跑了，没人护她。她要闹，香莲能叫人把她捆上。

这时，佟忍安给大夫治得见缓，忽叫香莲。他虽然不知道家里家外到底出了嘛事，却赛全都明白，两眼闪着惊光，软软的嘴里硬蹦出三个字儿：

"关、大、门！"

香莲点头说："好，马上就办。"赶紧传话吩咐家里人急急忙忙把两扇大门板吱吱呀呀一推，哐唧一声，紧闭上。

第十二回 闭眼了

佟忍安赛块稀泥瘫在床上，头也抬不动，后背严丝合缝压在床板上，醒不醒睡不睡，眼神赛做梦，说话一阵清楚一阵含糊。清楚时，看不见绍华就死追着问，大伙儿胡诌些理由糊弄他；糊涂时，没完没了没重样地数落着各类小脚的名目。城里苏金伞、妙手胡、关六、神医王十二、铁拐李、赛华佗、不望不切黄三爷、没病找病陆九爷……各大名医轮着请到，都说他大腿给阴间小鬼拉住，药力夺不回来。

这天，桃儿领着香莲的闺女莲心看爷爷。莲心进门就爬上床玩儿，忽然尖哭尖叫，桃儿只当莲心给爷爷半死不活样子吓着，谁料是小脚叫爷爷抓住。不知佟忍安哪来的劲，攥住拉不开，死脸居然透出活气，眼珠子冒光，嘴巴的死肉也抖动起来，呼呼喘气，一对鼻眼儿忽大忽小。桃儿不知老爷是要活过来还是要死过去，吓得喊叫。香莲闻声赶来，一见这情景脸色变得纸白，一把将莲心硬拉下来，骂桃儿：

"哪玩儿不好，偏到这来，快领走！"

桃儿赶快抱走莲心，佟忍安眼里一直冒光，人也赛醒了，后晌居然好好说话了，虽不成句，一个个字儿能听清。他对香莲说：

"下、一、辈、该、裹、脚、了！"

香莲沉一下，光点头没表情，静静说：

"我明白。"

佟忍安没病倒之前，已经天天念叨这事。外边有的说放足有的说禁缠，闹得不安生。佟家下一代又都是闺女，莲心四岁，白金宝两个闺女，一个五岁，一个六岁，董秋蓉的闺女也六岁了，都该裹，只因为香莲说莲心还小，拖着压着。佟忍安表面不敢催香莲，放在心里总是事。这会儿再等不及，心事快成后事了。

佟忍安叫着：

"找、潘、妈，找、潘、妈。"

裹脚的事非潘妈不可。

可是自打赛脚那天，潘妈见香莲穿上当年佟家大奶奶的小红鞋，拨头回屋就绝少再出屋。除去几个丫头找她画鞋样，缝个帮儿纳个底儿糊个面儿，再有便是开门关门送猫出屋迎猫进屋，不知她在屋干些嘛事。偶尔在当院碰见香莲，谁不搭理谁。香莲现在佟家称王，唯独对潘妈客气三分，有好吃的好喝的不好买的，都叫丫头们送去。唯独自个儿不进潘妈屋。可以说，她压根就没进过潘妈屋。

这会儿，无论佟忍安怎么一遍遍说叫潘妈，香莲也不动劲，守在旁边坐。直到深更半夜，佟忍安不再叫，睁大眼眨眼皮，好赛听嘛，再一点点把手挪到靠床墙边，使劲抓墙板，不知要干嘛，忽然柜子那边咔咔连响，有人？香莲吓得站起身，眼瞅着护墙板活了，竟如同一扇门一点点推开，走进一个黑婆子，香莲差点叫出声来，一时这黑婆子也惊住，显然没料到她也在这屋里。这黑婆子正是潘妈！她怎么进来的？难道穿墙而入？她忽的大悟，原来这墙是个暗门，潘妈住在隔壁呀！这一下，香莲把佟家的事看到底儿，连底儿下边的也一清二楚三大白了！

无论嘛事，只要她一明白，心立时就静下来。她几年没正眼看潘妈，今儿一瞅大变模样，头发见白不见黑，脸上肉都没有，剩下皮包骨。皮一松褶子更多，满脸满了。只一双鼓眼珠子打黑眼窝里往外冒寒光。潘妈同香莲面对面站着怔着傻着瞪着，好半天。到底还是香莲更有内劲，先说话，她指着佟忍安对潘妈说：

"他有话跟你说。"

潘妈到床前站着等着。佟忍安说：

"预、备、好、明、天、裹，全裹！"

最后两个字儿居然并一起说出来的。

潘妈点点头，然后抬起眼皮望了香莲一眼，这一眼赛刀子，扎进香莲心口。香莲明白这一眼就是潘妈闷了几年来要说没说的话。随后潘妈扭身就走，却不走暗门，打房门出去。黑衣一身，立时化在夜里。

转天一早，香莲把全家人都叫到院里说道："老爷子发话了，今儿下晌，各房小闺女一齐裹脚，先预备预备去吧！"说完回自己屋。

各房，有的没声有的哭声有的说话声，都是低声低气。可快到晌午时候，桃儿忽然在当院大声叫喊莲心。香莲跑出房一问，莲心不见了！几个丫头和男佣人房前屋后找，连山石眼里、灶膛里、鱼缸里、茅坑里、屋顶烟囱里都找了，也不见。香莲脸色变了，左右开弓，一连抽了桃儿十八个嘴巴，把桃儿左边一个虎牙打掉，嘴角直流血。桃儿不吭声不求饶掉着泪听着香莲尖吼：

"大门关着，人怎么没了？你吃啦，吃啦，你给我吐出来呀！"

哭得闹得叫得折腾得人都不赛人样。

莲心丢了，当天裹脚裹不成。佟忍安知道后说："等、等、一、块、裹！"

画家王美芳、赵国经为《绘图金莲传》画的线描插图。

那就一边等一边找。

家里没有就到外边找。左邻右舍，房前屋后，巷头巷尾，城里城外，河东水西，连西城外的人市都去了，也不见影儿。这一跑，才觉得天津城大得没边，人多得没数。把桃儿两只脚都跑肿了，还到处跑。有的说叫大仙唬弄去了，有的说叫拍花的拍走，卖给教堂的神甫挖心掏肝剜眼珠子割舌头掏肠子揭耳朵膜做洋药去了。自打洋人在天津修教堂，老百姓天天揪着心，怕孩子被拐去做洋药。

桃儿当着众人给香莲跪下，两眼哭得赛红果儿。她说：

"莲心怕真丢了，我也没心思活了，您说叫我怎么死我就怎么死！"

香莲说不出话来。脸上的泪，一会儿湿一会儿干。

潘妈那边，早做好一二十副裹脚条子，染了各种颜色，晾在当院梅枝上，赛过节。几个小丫头看了都暗暗流泪说：

"莲心怪可怜的……"

香莲听了就到佟忍安屋里说：

"莲心回不来了，别等了，先裹吧！"

佟忍安半死的脸一抖，发狠说一个字：

"等！"

七天过去了，佟忍安熬不住顶不住，只一口气在嗓子眼里来回串，说话嘴里赛含热豆腐，咕噜咕噜谁也听不清，跟着只见嘴皮动，连声儿也没有。早晌大伙儿在前厅吃过饭，董秋蓉留下来对香莲说：

"嫂子，我看老爷子熬过初一熬不过十五了。说句难听的，就这两天的事啦。莲心丢了，我的心也赛撕成两半。可你当下是一家之主，总得打起精神来，该给老爷子筹办后事了。再有，趁老爷子糊涂，裹脚的事快点了了算了。"

香莲这才默默点头，吩咐人把前厅的桌子椅子柜子架子统统挪走，打扫净了，摆上灵床。白事用品样样租来，还派人去天后宫、财神殿和吕祖堂，备齐和尚老道尼姑喇嘛四棚经，跟手还请来棚铺，驴车马车牛车推车，运来木杆竹竿苇席木板黄布白布蓝布粗细麻绳，在二道院扎几座宽大阔绰的经棚……可这时外出去寻莲心的人还没逮着影儿。佟忍安又硬熬三天，人色都灰了，说死就死，抬上了灵床，可就不咽气，反倒两眼睁开，亮得赛玻璃珠子。杏儿说："你们看老爷眼珠子，别是要还阳吧！"香莲赶来瞧，这亮光发贼，贼得怕人。她心里明白，俯下头悄声对佟忍安说："莲心找到了，这就给孩子们裹上！"这话说过，佟忍安眼珠子的贼光立时没了，只是还瞪着。

香莲在桃儿耳边说了几句，叫桃儿马上去办。又叫杏儿去请潘妈赶紧预备裹脚家伙，再派珠儿草儿，分头到白金宝和董秋蓉房里去，快把孩子领到院里，这就开裹！

不会儿场面摆开。白金宝的两个闺女月兰和月桂，董秋蓉的闺女美子，都弄到院里，排一横排。杏儿珠儿草儿三个丫头，分管三个孩子，一切全叫潘妈指派。丫头们把盆儿壶儿剪儿布儿药瓶药罐儿各样物品往上一拿，孩子们全吓哭了。全赛死了人一样。

这场面直对前厅，前厅门大敞四开，便正对着厅内直挺挺躺在灵床上不闭眼的佟忍安。

香莲坐在一边瓷磴子上。桃儿守在身后。

潘妈还是一身黑，可这回打头到脚任嘛别的颜色没有。她走到各个孩子前，把鞋往下一揪，扔了，拿起脚儿前后左右上下里外全看过，放进温水盆泡上，赛要宰鸡。一边把裹法一一不同告诉杏儿珠儿草儿，再选出几双尖瘦短窄不同的鞋分发下来，跑到院当中，人一站眼一瞪手一摆哑嗓子叫一声：

"裹！"

几个丫头同时下手，把孩子们小脚丫打盆里捞出来就干。孩子们哇哇大哭，月桂抓着白金宝衣袖叫道：

"娘，我再不弄你的胭脂盒了，饶我这次吧！"

白金宝"啪"打她一巴掌说："这是你福气，死丫头！别人想裹还裹不成，留双大脚就绝你的根啦！"满院子人谁都明白这话是说给香莲听的。

香莲稳稳坐着，脸上看不出是气是恼，表情似淡似空，好赛天后宫的娘娘，总那个样儿。只听孩子哭大人叫，几个丫头手里裹脚条子刷刷刷响，还有潘妈哑嗓子死命喊："紧！紧！紧！"董秋蓉哭得比美子还厉害，却不出声，浑身抽成一个儿，前襟叫泪泡得赛泼半盆水。白金宝一滴泪没有，花似的小脸满是狠笑，时不时打杏儿珠儿手里抢过裹脚条子使劲勒一勒，看意思，这辈儿仇，要下辈儿报。

潘妈冲草儿叫：

"干嘛弄得她鸡哇喊叫？"

草儿说：

"她趾头硬，掰这个，那个就跷起来。"

潘妈骂道：

"死鬼！你掰第二个和最小一个趾头，中间那个和第四个不用掰就带着弯下去了！"

草儿改了法儿，美子也不叫了。

香莲心想，潘妈真是地道行家。当初若不是她救自己，自己哪来的今天。不管后来的仇怨，总得记得人家过去的恩德才是。她便叫桃儿搬个瓷礅子过去。

桃儿把瓷礅子撂在潘妈身边说：

"大少奶奶叫您坐下来歇歇。"

谁料潘妈理也不理，只盯着几个孩子每一双脚。裹好后，上去一一查看。有的拿手握正，有的往弯处勒勒，有的往脚心压压，每只脚都得打内侧够得上脚尖才行。最后从头上摘下个箅子，一边是箅头发的齿儿，一边是三寸小尺，挨着个儿横量竖量直量斜量整个量分段量。量罢，冷冷说声："成啦！"眼也不瞅香莲，扭头回房去了。

香莲对桃儿悄悄说一句，桃儿去打香莲房里领出个小闺女，大伙儿全都一惊，以为莲心找到，脚也裹上穿着小鞋。待到近处看脸儿并不是，只穿戴都是莲心的。原来给莲心找的替身。这也叫白金宝小小虚惊一场。

香莲带着两个男佣人走进灵堂，三人一左一右一上，托住佟忍安的头一抬，香莲说：

"看罢，中间那就是莲心，左边是月桂、月兰，另一边是美子，全裹上了！"

佟忍安本来好赛没了气儿，可这一下赛活了！眼珠子滴溜溜一扫，把这些孩子下边一横排裹成粽子似菱角似笋尖似小脚看过，立时刷刷冒光分外神采，就赛一对奇大珍珠。香莲知道这叫"回光返照"。没等跟左右佣人说声"当心"，只见佟忍安大气一吐，直把嘴唇上的胡子吹立起来，眼珠子一翻，胸脯一拱，腿一蹬，完了。甭说香莲，两个男佣人也怕了，手托不住，脑袋"哐当"一声落在床板上，赛个瓜掉在地上。眼睛没用人合，自己就闭上。脸皮再没有那种可怕灰色。润白润白，一片静，好比春天的湖面。

香莲大叫一声："老爷子，您可不能扔下我们一大家子孤儿寡母走啊！"又跺脚，又捶床边。满院子大人小孩也都连喊带叫大哭大闹，小孩哭得最凶，不知哭爷爷死还是哭自己小脚疼。香莲一声接一声喊着，"您太狠啦，您太狠啦……您叫我怎么办呀！"这声音带尖，往人耳朵里去可就不往死人耳朵里钻。

只有潘妈那里没动静，门闭着。大黑猫趴在墙头，下巴枕在爪子上，朝这边懒懒地看。

依照老祖宗传下的规矩，人死后停在灵堂，摆道场请和尚老道念经，超度亡魂，这叫摆七作斋。作斋多少天自己定，一七是七天，二七十四天，三七二十一天，七七往上摆。有钱人都尽劲往上摆。这据说是道光五年，土城刘家死了老爷子，念经念到第三天，轮到一群尼姑念着细吹细打的姑子经。老爷子忽然翻身坐起，吓得家里守灵的人乱跑，姑子们都打棚子跳下来，扭了脚，以为老爷子炸尸了。只见老爷子伸出两条胳膊打个哈欠，揉揉眼，冲人们嚷："你们这是干嘛？唱大戏？我饿啦！"有胆大的上去一看，老爷子真的还了阳。那年头，假死的事常有。打那儿天津有钱人家作斋要作到七七四十九天，把人摆味儿了才入殓出殡下葬安坟。

　　佟家作斋已经入了七七。出大殡使的鸾驾黄亭伞盖魂轿鬼幡铭旌炉亭香亭影亭花亭纸人纸马金瓜玉杵朝天凳开道锣清道旗闹哀鼓红把血柳白把雪柳等，打大门口向两边摆满一条街，好赛一条街都开了铺子。倚在墙外边的拦路神开路鬼，足有三丈高，打墙头探进半个身子，戴高帽，披长发，奓拉八尺长的红舌头，吓得刚裹了脚赖在床上的小闺女们，不敢扒窗往外瞧。戈香莲、白金宝、董秋蓉三位少奶奶披麻穿孝，日夜轮班守在灵前。怪的是佟绍华一直没露面，多半跑远了不知信儿，要不正是打回来独掌佟家的好机会。白金宝盼他回来，戈香莲盼佟忍安还阳。无论谁如了愿，佟家大局就一大变。可是四十多天过去了，绍华影儿也不见，佟忍安脸都塌了，还了阳也是活鬼。派去给佟绍富尔雅娟送信的人，半道回来说，黄河淮河都发水截住过不去，再打白河出海绕过去也迟了。守灵的只是几个媳妇。这就招来许多人，非亲非友，乃至八竿子打不着的，没接到报丧帖子也来了，借着吊唁亡人来看三位少奶奶尤其大名鼎鼎戈香莲的小脚。平时常来的朋友反倒都没露面。这真是俗话说的，马上的朋友马下完，活时候的朋友死了算。香莲的心暗得很。

　　可嘛话也不能说死。出殡头一天，大门口小钟一敲，和尚鼓乐响起，来一位爷们儿，进门扑到灵前趴下就咚咚咚咚咚连叩五个头，人三鬼四，给死人向例叩四个，这人干嘛多叩一个头？香莲的心一下跳到嗓子眼儿，以为佟绍华抱愧奔丧来了。待这人仰起一张大肉脸，原来是牛凤章，哭丧脸咧大嘴说："佟大爷，您一辈子待我不薄，可我有两件亏心事对不住您。头件事把您坑了……这二件事您要知道也饶不了我，我没辙呀！您这……"说到这儿，只见香莲眼里射出一道光，比箭尖还尖，吓得他跳过下边句话，停一下才说，"您变鬼可别来抓我呀！您看着我二十多年来事事依着您，我还有上下一大家子人指我养活呢！"说完哇哇大哭起来。

本来，香莲应该陪叩孝子头，完事让人家进棚子喝茶吃点心。可香莲说："别叫牛五爷太伤心了！"就派人把他硬送出门。好赛押走的，谁也不知为嘛。

牛凤章走后，天已晚，里里外外香烛灯笼全亮起来。明儿要出大殡，一大堆事正给香莲张罗着。忽然桃儿跑来大叫：

"不好，不好……"

香莲看桃儿脸上刷刷冒光，手指她身后，张嘴说不出话来，霎时间香莲恍恍惚惚糊糊涂涂真以为佟忍安炸尸或还阳了。回头一瞧，里院腾腾冒红光，这光把周围的东西，人脸，照得忽闪忽闪。是神是佛是仙是鬼是妖是魔是怪？只听一个人连着一个人叫起来：

"起火了——起火了——起火了——"

香莲随人奔到里院，只见西北边一间小屋打窗口往外蹿火。一条条大火苗，赛大长虫拧着身子往外钻，黑烟裹着大火星子打着滚儿冲出来。香莲一惊，是潘妈屋子！

幸好火没烧穿屋顶，没风火就没劲，不等近处水会锣起，家里人连念经来的和尚老道们七手八脚，端盆提桶，把火压灭。香莲给烟呛得眼珠子流泪，一边叫着：

"救人呀——把潘妈弄出来！"

几个男的脑袋上盖块湿布钻进屋，不会又钻出来，不见抬出潘妈，问也不吭声，呛得不住咳嗽。那只大黑猫站在墙头，朝屋子死命地叫，叫声穿过耳朵往心里扎。香莲顾不得地上是水是灰是炭是火，踩进去，借灯笼光一照，潘妈抱着一团油布，已经烧死，人都打卷儿了。周围满地到处都是烧煳的绣花小鞋，足有几百双。那味儿勾人要吐，香莲胃一翻，赶紧走出来。

转天，佟忍安给六十四条杠抬着，一路浩浩荡荡震天撼地送到西关外大小园坟地入葬；潘妈给雇来的四个人打后门抬出去不声不响埋在南门外一块义地里。这义地是浙江同乡会买的，专埋无亲无故的孤魂。其实，不管怎么闹怎么埋都是活人干的事。

死人终归全进黄土。

第十三回　乱打一锅粥

当下该是宣统几年了？呀，怎么还宣统呢，宣统在龙椅上只坐三年就翻下来，大清年号也截了。这儿早是民国了。

五月初五这天，两女子死板着脸来到马家口的文明讲习所，站在门口朝里叫，要见陆所长。这两女子模样挺静，气挺冲，可看得出没气就没这么冲，叫得立时围了群人。所长笑呵呵走出来，身穿纺绸袍褂，大圆脑袋小平头，一副茶色小镜子，嘴唇上留八字胡，收拾得整齐油光，好赛拿毛笔一左一右撇上两笔。这可是时下地道的时髦绅士打扮。他一见这两女子先怔一怔，转转眼珠子，才说：

"二位小姐嘛事找我？"

两女子中高个儿的先说：

"听说你闹着放小脚，还演讲说要官府下令，不准小脚女子进城出城逛城？"

"不错。干嘛？怕了？我不过劝你们把那臭裹脚条子绕开扔了，有嘛难？"

周围一些坏小子听了就笑，拿这两女子找乐开心。陆所长见有人笑，得意地也笑起来。先微笑后小笑然后大笑，笑得脑袋直往后仰。

另一个矮个女子忽把两根油炸麻花递上去，叫陆所长接着。

"这要干嘛？"陆所长问。

矮女子嘿嘿笑两声说：

"叫你把它拧开，抻直。"

"奇了，拧开它干嘛。再说麻花拧成这样，哪还能抻直？你吃撑了还是拿我来找乐子？"

"你有嘛乐子？既然抻不直它，放了脚，脚能直？"

陆所长干瞪眼，没话。周围看热闹的都是闲人，哪边风硬帮哪边哄，一见这矮女子挺绝，就朝陆所长哈哈笑。高女子见对方被难住，又压上两句：

"回去问好你娘，再出来卖嘴皮子！小脚好不好，且不说，反正你是小脚女人生的。你敢说你是大脚女人生的？"

这几句算把陆所长钉在这儿，嘴唇上的八字胡赛只大黑蝴蝶呼扇呼扇。那些坏小子们哄得更起劲，嘛难听的话都扔出来。两女子"叭"地把油炸麻花摔在他面前，拨头便走。打海大道贴着城墙根进城回家，到前厅就把这事告诉戈香莲，以为香莲准会开心，可香莲没露笑容，好赛家里又生出别的事来。摆摆手，叫杏儿珠儿先回屋去。

桃儿进来，香莲问她：

"打听明白了？"

桃儿把门掩了，压低声说：

"全明白了。美子说，昨晚，二少奶奶去她们房里，约四少奶奶到文明讲习所听演讲。但没说哪天，还没去。"

"你说她会去？"香莲秀眉一挑。这使她心里一惊。

"依我瞧……"桃儿把眼珠子挪到眼角寻思一下说，"我瞧会。四少奶奶的脚吃不开，脚不行才琢磨放。美子说，早几个月夜里，四少奶奶就不给她裹了，四少奶奶自己也不裹，松着脚睡。这都是二少奶奶撺掇的！"

"还有嘛？"香莲说。雪白小脸涨得发红。

"今早晌……"

"甭说啦！不就是二少奶奶没裹脚拖拉着睡鞋在廊子上走来走去？我全瞧见了，这就是做给我看的！"

桃儿见香莲嘴巴赛火柿子了，不敢再往下说。香莲偏要再问：

"月兰月桂呢？"

"……"桃儿的话含在嘴里。

"说，甭怕，我不说是你告我的。"

"杏儿说，她姐俩这些天总出去，带些劝说放脚的揭帖回来。杏儿珠儿草儿她们全瞧见过。听说月兰还打算去信教，不知打哪儿弄来一本洋佛经。"

戈香莲脸又"刷"地变得雪白，狠狠说一句："这都是朝我来的！"猛站起身，袖子差点把茶几上的杯子扫下来。吓桃儿一跳。跟手指着门外对桃儿说，"你给我传话——全家人这就到当院来！"

桃儿传话下去，不会儿全家人在当院会齐了。这时候，月兰月桂美子都是大姑娘，加上丫头佣人，高高站了一片。香莲板着脸说："近些日子，外边不肃静，咱家也不肃静。"刚说这两句就朝月兰下手，说道："你把打外边弄来的劝放脚的帖子都拿来，一样不能少，少一样我也知道！"香莲怕话说多，有人心里先防备，索性单刀直入，不给招架的空儿。

白金宝见情形不妙，想替闺女挡一挡。月兰胆小，再给大娘拿话一蒙，立时乖乖回屋拿了来，总共几张揭帖一个小本子。一张揭帖是《劝放足歌》，另一张也是《放足歌》，是头几年严修给家中女塾编的，大街上早有人唱过。再一张是早在大清光绪二十七年四川总督发的《劝戒缠足示谕》，更早就见过。新鲜实用厉害要命的倒是那小本子，叫做《劝放脚图》。每篇上有字有画，写着"缠脚原委""各国脚样""缠脚痛苦""缠脚害处""缠脚造孽""放脚缘故""放脚益处""放脚立法""放脚快活"等几十篇。香莲刷刷翻看，看得月兰心里小鼓嘣嘣响，只等大娘发大火，没想到香莲沉得住气，再逼自己一步：

"还有那本打教堂里弄来的洋佛经呢？"

月兰傻了，真以为大娘一直跟在自己身后边，要不打哪知道的？月桂可比姐姐机灵多了，接过话就说：

"那是街上人给的，不要钱，我们就顺手拿一本夹鞋样子。"

香莲瞧也不瞧月桂，盯住月兰说：

"去拿来！"

月兰拿来。厚厚一本洋书，皮面银口，翻开里边真夹了几片鞋样子。香莲把鞋样抽出来，书交给桃儿，并没发火，说起话心平气和，听起来句句字字都赛打雷：

"市面上放足的风刮得厉害，可咱佟家有咱佟家的规矩。俗话说，国有国规，家有家法，不能错半点。人要没主见，就跟着风儿转！咱佟家的规矩我早说破嘴皮子，不拿心记只拿耳朵也背下来了。今儿咱再说一遍，我可就说这一遍了，记住了——谁要错了规矩我就找谁可不怪我。总共四条，头一条，谁要放足谁就给我滚出门！第二条，谁要谈放足谁就给我滚出门！第三条，谁要拿、看、藏、传这些淫书淫画谁就给我滚出门！第四条，谁要是偷偷放脚，不管白天夜里，叫我知道立时轰出门！这不是跟我作对，这是成心毁咱佟家！"

最后这三两句话说得董秋蓉和美子脸发热脖子发凉腿发软脚发麻，想把脚缩到裙子里却动不了劲。香莲叫桃儿杏儿几个，把那些帖儿画儿本儿拣巴一堆儿，在砖地上点火烧了，谁也不准走开，都得看着烧。洋佛经有硬皮，赛块砖，不起火。还是桃儿有办法，立起来，好比扇子那样打开，纸中间有空，忽忽一阵火，很快成灰儿，正这时突然来股风"噗"一下把灰吹起来，然后纷纷扬扬，飞上树头屋顶，眨眼工夫没了，地上一点痕迹也没有。好好的天，哪来这股风。一下过去再没风了。杏儿吐着舌头说：

"别是老爷的魂儿来收走的吧！"

大伙儿张嘴干瞪眼浑身鸡皮疙瘩头发根发炸，都赛木头棍子戳在那里。

这一来，家里给震住，静了，可外边不静。墙里边不热闹墙外边正热闹。几位少奶奶不出门，姑娘丫头少不得出去。可月兰月桂美子杏儿珠儿草儿学精了，出门回来嘴上赛塞了塞子，嘛也不说，一问就拨棱脑袋。嘴愈不说心里愈有事。人前不说人后说，明着不说暗着说，私下各种消息，都打桃儿那儿传到香莲耳朵里。香莲本想发火，脑子一转又想，家里除去桃儿没人跟自己说真话，自己不出门外边的事全不知道，再发火，桃儿那条线断了，不单家里的事儿摸不着底儿，外边的事儿更摸不到门儿。必得换法子，假装全不知道，暗中支起耳朵来听。这可就愈听愈乱愈凶愈热闹愈糊涂愈揪心愈没辙愈有底愈没根。傻了！

据外边传言，官府要废除小脚，立"小足捐"，说打六月一号，凡是女人脚小三寸，每天收捐五十文，每长一寸，减少十文，够上六寸，免收捐。这么办不单禁了小脚，国家还白得一大笔捐钱，一举两得，一箭双雕。听说近儿就挨户查女人小脚立捐册。这消息要是真的就等于把小脚女人赶尽杀绝。立时小脚女人躲在家担惊受怕，有的埋金子埋银子埋首饰埋铜板，打算远逃。可跟着又听说，立小足捐这馊主意是个混蛋官儿出的。他穷极无聊，晚上玩小脚时，忽然冒出这个法儿，好捞钱。其实官府向例反对天足。相反已经对那些不肯缠脚中了邪的女人们立法，交由各局警署究办。总共三条：一、只要天足女人走在街上，马上抓进警署；二、在警署内建立缠足所，备有西洋削足器和裹脚布，自愿裹脚的免费使用裹脚布，硬不肯裹脚的，拿西洋削足器削掉脚趾头；三、凡又哭又闹死磨硬泡耍浑耍赖的，除去强迫裹脚外，假若闺女，一年以上三年之下，不得嫁人，假若妇人，两年以上，五年以下，不得与丈夫同床共枕，违抗者关进牢里，按处罚期限专人看管。这说法一传，开了锅似的市面，就赛浇下一大瓢冷水霎时静下来。

香莲听罢才放下心。没等这口气缓过来，事就来了。这天，有两个穿靠纱袍子的男人，哐哐用劲叩门，进门自称是警署派来的检查员，查验小脚女人放没放脚。正好月兰在门洞里，这两个男子把手中折扇往后脖领上一插，掏把小尺蹲下来量月兰小脚，量着量着借机就捏弄起来，吓得月兰尖叫，又不敢跑。月桂瞧见，躲在影壁后头，捂着嘴装男人粗嗓门狂喝一声：

"抓他俩见官去！"

这俩男人放开月兰拔腿就跑。人跑了，月兰还站在那儿哭，家里人赶来一边安慰月兰一边议论这事，说这检查员准是冒牌的，说不定是莲癖，借着查小脚玩小脚。佟家脚太出名太招风，不然不会找上门来。

香莲叫人把大门关严，进出全走后门。于是大门前就一天赛过一天热闹起来。风俗讲习所的人跑到大门对面拿板子席子杆子搭起一座演讲台，几个人轮番上台讲演，就数那位陆所长嗓门高卖力气，扯脖子对着大门喊，声音好赛不是打墙头上飞过，是穿墙壁进来的。香莲坐在厅里，一字一句都听得清楚：

"各位父老乡亲同胞姐妹听了！世上的东西，都有种自然生长的天性。如果是棵树长着长着忽然不长了，人人觉得可惜。如果有人拿绳子把树缠住，不叫它长，人人都得骂这人！可为嘛自己的脚缠着，不叫它长，还不当事？哪个父母不爱女儿？女儿害点病，受点伤，父母就慌神，为嘛缠脚一事却要除外？要说缠脚苦，比闹病苦得多。各位婆婆婶子大姑小姑哪个没尝过？我不必形容，也不忍形容。怪不得洋人说咱中国的父母都是熊心虎心豹心铁打的心！有人说脚大不好嫁，这是为了满足老爷们儿的爱好。男人是人，女人也是人。为了男人喜欢好玩儿，咱姐妹打四五岁起，早也缠晚也缠，天天缠一直到死也得缠着走！跑不了走不快，连小鸡小鸭也追不上。夏天沤得发臭！

冬天冻得长疮！削脚垫！挑鸡眼！苦到头啦！打今儿起，谁要非小脚不娶，就叫他打一辈子光棍，绝后！"

随着这"绝后"两字，顿起一片叫好声呼喊声笑声骂声冲进墙来，里边还有许多女人声音。那姓陆的显然上了兴，嗓门给上劲，更足：

"各位父老乡亲同胞姐妹们，天天听洋人说咱中国软弱，骂咱中国糊涂荒唐窝囊废物，人多没用，一天天欺侮起咱们来。细一琢磨，跟缠脚还有好大关系！世上除去男的就女的，女人裹脚待在家，出头露面只靠男人。社会上好多细心事，比方农医制造，女人干准能胜过男人。在海外女人跟男人一样出门做事。可咱们女人给拴在家，国家人手就少一半。再说，女人缠脚害了体格，生育的孩子就不健壮。国家赛大厦，老百姓都是根根柱子块块砖。土本不坚，大厦何固？如今都嚷嚷要国家强起来，百姓就要先强起来，小脚就非废除不可！有人说，放脚，天足，是学洋人，反祖宗。岂不知尧舜禹汤、文武周公、孔圣人时候，哪有缠脚的？众位都读过《孝经》，上边有句话谁都知道，那就是'身体肤发，受之父母，不敢毁伤'，可小脚都毁成嘛德行啦？

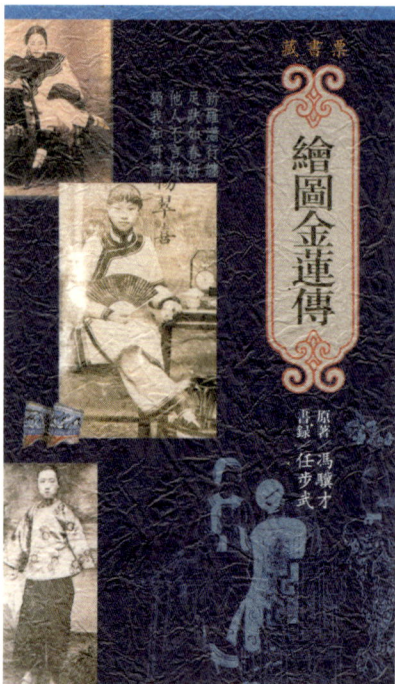

《绘图金莲传》的藏书票，合和工作室蒋艳设计。

缠脚才是反祖宗！"

这陆所长的话，真是八面攻，八面守，说得香莲两手冰凉，六神无主，脚没根心没底儿。正这时忽有人在旁边说：

"大娘，他说得倒挺哏，是吧！"

一怔，一瞧，却是白金宝的小闺女月桂笑嘻嘻望着自己。再瞧，再怔，自己竟站在墙根下边斜着身儿朝外听。自己嘛时候打前厅走到这儿的，竟然不知道不觉得，好赛梦游。一明白过来，就先冲月桂骂道：

"滚回屋！这污言秽语的，不脏了你耳朵！"

月桂吓得赶紧回房。

骂走月桂，却骂不走风俗讲习所的人，这伙人没完没了没早没晚没间没断没轻没重天天闹。渐渐演讲不光陆所长几个了，嘛嗓门都有，还有女人上台哭诉缠脚种种苦处。据说来了一队"女子暗杀团"，人人头箍红布，腰扎红带，手握一柄红穗匕首，都是大脚丫子都穿大红布鞋，在佟家门前逛来逛去。还拿匕首在地上画上十字往上啐唾沫，不知是嘛咒语。香莲说别信这妖言，可就有人公然拿手"啪啪啪啪"拍大门，愈闹愈凶愈邪，隔墙头往里扔砖头土块，稀里哗啦把前院的花盆瓷桌玻璃窗金鱼缸，不是砸裂就是砸碎。一尺多长大鱼打裂口游出来，在地上又翻又跳又蹦，只好摞在面盆米缸里养，可它们在大缸里活惯，换地方不适应，没两天，这些快长成精的鱼王，都把大鼓肚子朝上浮出水来，翻白，玩完。

香莲气极恨极，乱了步子，来一招顾头不顾尾的。派几个佣人，打后门出去，趁夜深人静点火把风俗讲习所的棚子烧了。但是，大火一起，水会串锣一响，香莲忽觉事情闹大。自己向例沉得住气，这次为嘛这么冒失？她担心讲习所的人踹门进来砸了她家，就叫人关门上栓，吹灯熄灯上床，别出声音。等到外边火灭人散，也不见有人来闹，方才暗自庆幸。巡夜的小邬子忽然大叫捉贼，桃儿陪着香莲去看，原来后门开着，门栓扔在一边，肯定有贼，也吓得叫喊起来。全家人又都起来，灯影也晃，人影也晃，你撞我我撞你，没找到贼，白金宝突然嚎啕大哭起来，原来月桂没了。月桂要是真丢，就真要白金宝命了。

当年，"养古斋"被家贼掏空，佟绍华和活受跑掉，再没半点信息。香莲一直揪着心，怕佟绍华回来翻天，佛爷保佑她，绍华再没露面，说怪也怪，难道他死在外边？乔六桥说，多半到上海胡混去了。他打家里弄走那些东西那些钱，一辈子扔着玩儿也扔不完。这家已经是空架子，回来反叫白金宝拴住。这话听起来有理。一年后，有人说在西沽，一个打大雁的猎户废了不要的草棚子里，发现一具男尸。香莲心一动，派人去看，人脸早成干饼子，却认出衣服当真是佟绍华的。香莲报了官，官府验尸验出脑袋骨上有两道硬砍的裂痕。众人一议，八成十成是活受下手，干掉他，财物独吞跑了。天大的能人也不会料到，佟家几辈子家业，最后落到这个不起眼的小残废人身上。这世上，开头结尾常常不是一出戏。

白金宝也成了寡妇，底气一下子泄了，整天没精打采。人没神，马上见老。两个闺女长大后，渐渐听闺女的了。人小听老的，人老听小的，这是常规。月兰软，月桂强，月桂成了这房头的主心骨，无论是事不是事，都得看月桂点头或摇头。月桂一丢，白金宝站都站不住，趴在地上哭。香莲头次口气软话也软，说道：

"我就一个丢了，你丢一个还有一个，总比我强。再说家里还这么多人，有事靠大伙儿吧！"

说完扭身走了。几个丫头看见大少奶奶眼珠子赛两个水滴儿直颤悠，没错又想起莲心。

大伙儿商量，天一亮，分两拨人，一拨找月桂一拨去报官。可是天刚亮，外边一阵砖头雨飞进来，落到当院和屋顶，有些半头砖好比下大雹子，砸得瓦片劈里啪啦往下掉。原来讲习所的人见台子烧了，猜准是佟家人干的，闹着把佟家也烧了，小脚全废了。隔墙火把拖着一溜溜黑烟落到院里，还咚咚撞大门，声音赛过打大雷，吓得一家子小脚女人打头到脚哆嗦成一个儿。到晌午，人没闯进来，外边还聚着大堆人又喊又骂，还有小孩子们没完没了唱道：

"放小脚，放小脚，小脚女人不能跑！"

香莲紧闭小嘴，半句话不说，在前厅静静坐了一上午。中晌过后，面容忽然舒展开，把全家人召集来说：

"人活着，一是为个理，二是为口气。咱佟家占着理，就不能丧气，还得争气，不争气还不如死了肃静。他们不是说小脚不好，咱给他们亮个样儿。我想出个辙来——哎，桃儿，你和杏儿去把各种鞋料各种家伙全搬到这儿来，咱改改样子，叫他们新鲜新鲜，给天下小脚女子坐劲！"

几个丫头备齐鞋料家伙。香莲铺纸拿笔画个样儿，叫大伙儿照样做。这家人造鞋的能耐都跟潘妈学的，全是行家里手，无论嘛新样，一点就透。香莲这鞋要紧是改了鞋口。小鞋向例尖口，她改成圆口，打尖头反合脸到脚面，挖出二三分宽的圆儿，前头安个绣花小鸟头，鸟嘴叼小金豆或坠下一溜串珠。再一个要紧的是两边鞋帮缝上五彩流苏穗子，兜到鞋跟。大伙儿忙了大半日，各自做好穿上，低头瞧，从来没见过自己小脚这么招人爱，翻一翻新，提一提神，都高兴得直叫唤。

桃儿把一对绣花小雀头拿给香莲，叫她安在鞋尖上。

香莲说："大伙儿快来瞧！"拿给大伙儿看。

初看赛活的，再看一根毛是一根丝线，少数几千根毛，就得几千根丝线几千针，颜色更是千变万化，看得眼珠子快掉出来还不够使的。

"你嘛时候绣的？"香莲问。

桃儿笑道：

"这是我压箱底儿的东西，绣了整整一百天。当年老爷就是看到我这对小鸟头才叫我进这门的。"

香莲点头没吭声。心里还是服气佟忍安的眼力。

"桃儿，你这两下子赶明儿也教教我吧！"美子说。

桃儿没吭声，笑眯眯瞅她一眼，拿起一根银白丝线，捏在食指和大拇指中间一捻，立时捻成几十股，每股都细得赛过蜘蛛丝，她只抽出其中一根，其余全扔了。再打坠在胸前的荷包上摘一根小如牛毛的针儿，根本看不见针眼。桃儿翘翘的兰花指捏着小针，手腕微微一抖，丝线就穿上，递给美子说：

"拿好了。"

美子只觉自己两只手又大又粗又硬又不听使唤，叫着："看不见针在哪儿线在哪儿。"一捏没捏着，"哦，掉了？"

桃儿打地上拾起来再给她。她没捏住又掉了。这下不单美子，谁也没见针线在哪儿。桃儿两指在美子的裙子上一捏，没见丝线，却见牛毛小针坠在手指下边半尺的地方闪闪晃着。

"今儿才知道桃儿有这能耐。我这辈子也甭想学会！"美子说。又羡慕又赞美又自愧又懊丧，直摇头，咂嘴。

众人全笑了。

这当儿，香莲已经把绣花雀头安在自己鞋上。鞋尖一动，鸟头一扬，五光十色一闪。

丢了闺女闷闷不乐的白金宝，也忍不住说：

"这下真能叫那些人看傻了眼！"

董秋蓉说："就是这圆口……看上去有点怪赛的。"刚说到这儿马上打住，她怕香莲不高兴，便装出笑脸来对着香莲。

桃儿说：

"四少奶奶这话差了。如今总是老样子甭想过得去，换新样还没准成。再说，改了样儿还是小脚，也不是大脚呀。"

桃儿虽是丫头，当下地位并不在董秋蓉之下。谁都知道她在当年香莲赛脚夺魁时立了大功，香莲那身绣服就是桃儿精心做的，眼下又是香莲眼线心腹，白金宝也憷她一头，说话口气不觉直了些，可她的话在理，众人都说对，香莲也点头表示正合自己心意。

转天大早，外边正热闹，佟家一家人换好新式小鞋，要出门示威。董秋蓉说："我心跳到嗓子眼儿了。"她拿美子的手按着自己心口。

美子另只手拿起杏儿的手，按在她自己胸口上。杏儿吐舌头说：

"快要蹦出来啦！"

美子说：

"哟，我娘的心不跳了！"

一下吓得董秋蓉脸刷白，以为自己死了。

香莲把脸一绷说："当年十二寡妇征西，今儿咱们虽然只三个，门外也没有十万胡兵！小邬子，大门打开！"这话说得赛去拼死。众人给这话狠狠捅一家伙，劲儿反都激起来。想想这些天就赛给黄鼠狼憋在笼里的鸡，不能动弹不能出声，窝囊透了。拼死也是拼命呗。想到这儿，一时反倒没一个怕的了。

外边，一群人正往大门扔泥团子，门板上粘满泥疙瘩，谁也不信佟家人敢出来。可是大门"哗啦"一声大敞四开，门外人反吓得往后退，胆小的撒丫子就跑。只看香莲带领一群穿花戴艳的女人神气十足走出门来。这下事出意外，竟没人哄闹，却听有人叫："瞧小脚，快瞧佟家的小脚，多俊！多俊呀！"所有人禁不住把眼珠子都撂在她们小脚上。

这脚丫子一看官傻，妇人闺女们看了更傻。香莲早嘱咐好，今儿上街走道，两只鞋不能总藏着，时不时亮它一亮。每一亮脚，都得把鞋口露一下，好叫人们看出新奇之处。迈步时，脚脖子给上劲，一甩一甩，要把钉在鞋帮上的穗子甩起来。佟家女人就全拿出来多年的修行和真能耐真本事真功夫，一步三扭，肩扭腰扭屁股扭，跟手脚脖子一扬，鞋帮上的五彩穗子刷刷飘起，真赛五色金鱼在裙底游来游去。每一亮脚，都引来一片惊叹傻叫。没人再敢起哄甚至想到起哄。一些小闺女们跟在旁边走着瞧，瞧得清也瞧不清，恨不得把眼珠子扔到那些裙子下边去瞧。

香莲见把人们胃口吊起，马上带头折返回家，跨进门槛就把大门"哐"地关上，声音贼响，赛是给外边人当头一闷棍。一个不剩全蒙了，有的眼不眨劲不动气不喘，活的赛死的了。

这一下佟家人翻过身来，惹起全城人对小脚的重新喜爱。心灵手巧的闺女媳妇们照着那天所见的样子做了鞋，穿出来在大街上显示，跟手有人再学，立时这鞋成时髦。认真的人便到佟家敲门打听鞋样。香莲早算到这步棋，叫全家人描了许多鞋样预备好，人要就给。有人问：

"这叫嘛鞋？"

鞋本无名。桃儿看到这圆圆的鞋口，顺嘴说：

"月亮门。"

"鞋帮上的穗子叫嘛？"

"月亮胡子呗！"

一时，月亮门和月亮胡子踏遍全城。据一些来要鞋样子的女人们说，混星子头小尊王五的老婆是小脚，前些天在东门外叫风俗讲习所的人拦住一通辱骂，惹火王五带人把讲习所端了。不管这话真假，反正陆所长不再来门口讲演，也没人再来捣乱闹事。香莲占上风却并不缓手，在配色使料出样上帮粘底钉带安鼻内里外面前尖后跟挖口缘墙，没一处没用尽心思费尽心血，新样子一样代替一样压过一样，冲底鞋网子鞋鸦头鞋凤头鞋弯弓鞋新月鞋，后来拿出一种更新奇的鞋样又一震，这鞋把圆口改回为尖口，但去掉"裹足面"那块布，合脸以上拿白线织网，交织花样费尽心思，有象眼样纬线样万字样凤尾样橄榄样老钱样连环套圈样祥云无边样，极是美观。更妙的是底子，不用木头，改用袼褙，十几层纳在一块儿，做成通底。再拿洱茶涂底墙，烙铁一熨成棕色，赛皮底却比皮底还轻还薄还软还舒服，勾得大闺女小媳妇们爱得入迷爱得发狂。香莲叫家里人赶着做，天天放在门口给人们看着学着去做，鞋名因那象眼图案便叫作"万象更新鞋"，极合一时潮流，名声又灌满天津卫。连时髦人、文明人也愿意拿嘴说一说这名字——万象更新。爱鞋更爱脚，反小脚的腔调不知不觉就软下来低下来。

这天，乔六桥来佟家串门。十年过去，老了许多，上下牙都缺着，张嘴几个小黑洞。脸皮干得发光没色，辫子细得赛小猪尾巴了。佟忍安过世后他不大来，这阵子一闹更不见了。今儿坐下来就说：

"原来你还不知道，讲习所那陆所长就是陆达夫陆四爷！"

香莲"呀"一声，惊得半天才说出话来：

"我哪里认出来，还是公公活着时随你们来过几趟，如今辫子剪了，留胡儿，戴镜子，更看不出，经您这么一说，倒真像，声音也像……可是我跟他无冤无仇，干嘛他朝我来？"

"树大招风。天津卫谁不知佟家脚，谁不知佟大少奶奶的脚。人家是文明派，反小脚不反你反谁去？反个不出名的婆子有嘛劲！"乔六桥咧嘴笑了。一笑还是那轻狂样儿。

"这奇了，他不是好喜小脚吗？怎么又反？别人不知他的底吧，下次叫我撞上，就揭他老底给众人看。"香莲气哼哼说。

"那倒不必，他已然叫风俗讲习所的人轰出来了！"

"为嘛？"香莲问，"您别总叫我糊涂着好不好？"

"你听着呵，我今儿要告你自然全告你。据说陆四爷每天晚上到所里写讲稿，所里有人见他每次手里都提个小皮箱，写稿前，关上门，打开小皮箱拿鼻子赛狗似的一通闻。这是别人打门缝里瞧见的，不知是嘛东西。有天趁他不在，撬门进去打开皮箱，以为是上好的鼻烟香粉或嘛新奇的洋玩意儿，一瞧——你猜是嘛？"

"嘛？"

乔六桥哈哈大笑，满脸褶子全出来了：

"是一箱子绣花小鞋！原来他提笔前必得闻闻莲瓣味儿，提起精神，文思才来。您说陆四爷怪不怪？闻小鞋，反小脚，也算天下奇闻。所里人火了，正巧您的月亮门再一闹，讲习所吃不住劲，起了内讧，把他连那箱子小鞋全扔出来。这话不知掺多少水分，反正我一直没见到他。"

香莲听罢，脸上的惊奇反不见了。她说：

"这事，我信。"

"您为嘛信呢？"

"您要是我，您也会信。"

乔六桥给香莲说得半懂不懂似懂非懂。他本是好事人，好事人凡事都好奇。但如今他年岁不同，常常心里想问，嘴懒了。

香莲对他说：

"您常在外边跑，我拜托您一件事。替我打听打听月桂有没有下落。"

四天后，乔六桥来送信说："甭再找了！"

"死了？"香莲吓一跳。

"怎么死，活得可好。不过您决不会再认这个侄女！"

"偷嫁了洋人？"

"不不，加入了天足会。"

"嘛，天足会，哪儿又来个天足会？"

她心一紧，怕今后不会再有肃静的一天了。

第十四回　缠放缠放缠放缠

半年里，香莲赛老了十岁！

天天梳头，都篦下小半把头发，脑门渐渐见宽，嘴巴肉往下耷拉脸也显长了，眼皮多几圈褶子，总带着乏劲。这都是给天足会干的。

虽说头年冬天，革命党谋反不成，各党各会纷纷散了，唯独天足会没散，可谁也不知它会址安在哪儿。有的说在紫竹林意国租界，有的说就在中街戈登堂里，尽管租界离城池不过四五里地，香莲从没去过，便把天足会想象得跟教堂那样一座尖顶大楼，一群撒野的娘儿们光大脚丫子在里头打闹演讲聊大天骂小脚立大顶翻跟斗，跟洋人睡觉，叫洋人玩大脚，还凑一堆儿，琢磨出各种歹毒法子对付她。她家门口，不时给糊上红纸黄纸白纸写的标语。上边写道：

"叫女子缠足的家长，狠如毒蛇猛兽！"

"不肯放足的女子，是甘当男子玩物！"

"娶小脚女子为妻的男子，是时代叛徒！"

"扔去裹脚布，挺身站起来！"

署名大多是"天足会"，也有写着"放足会"。不知天足会和放足会是一码事还是两码事。月桂究竟在哪个会里头？白金宝想闺女想得厉害，就偷偷跑到门口，眼瞅着标语上"天足会"三个字发呆发怔，一站半天。这事儿也没跑出香莲眼睛耳朵，香莲放在心里装不知道就是了。

这时，东西南北四个城门，鼓楼，海大道，宫南宫北官银号，各个寺庙，大小教堂，男女学堂，比方师范学堂，工艺学堂，高等女学堂，女子小学堂，如意庵官立中学堂，这些门前道边街头巷尾旗杆灯柱下边，都摆个大箩筐，上贴黄纸，写"放脚好得自由"六个字。真有人把小鞋裹脚布扔在筐里。可没放几天，就叫人偷偷劈了烧了抛进河里或扣起来。教堂和学堂前的筐没人敢动，居然半筐子小鞋。布的绸的麻的纱的绫的缎的花的素的尖的肥的新的旧的破的嘛样的都有。这一来，就能见到放脚的女人当街走。有人骂有人笑有人瞧新鲜也有人羡慕，悄悄松开自己脚布试试。放脚的女人，乍一松开，脚底赛断了根，走起来前跌后仰东倒西歪左扶右摸，坏小子们就叫："看呀，高跷会来了！"

一天有个老婆子居然放了脚，打北门晃晃悠悠走进城。有人骂她："老不死的！小闺女不懂事，你都快活成精了也不懂人事！"还有些孩子跟在后边叫，说她屁股上趴个蝎子，吓得这老婆子撒腿就跑，可没出去两步就趴在地上。

要是依照过去，大脚闺女上街就挨骂，走路总把脚往裙边裤脚里藏。现在不怕了，索性把裤腰提起来裤腿扎起来，亮出大脚，显出生气，走起路，噔噔噔，健步如飞。小脚女人只能干瞪眼瞧。反挤得一些小脚女人想法缝双大鞋，套在小鞋外边，前后左右塞上棉花烂布，假充大脚。有些洋学堂的女学生，找鞋铺特制一种西洋高跟皮鞋，大小四五寸，前头尖，后跟高。皮子硬，套在脚上有紧绷劲儿，跟裹脚差不多，走路毫不摇晃，虽然还是小脚，却不算裹脚，倒赢得摩登女子美名。这法儿在当时算是最绝最妙最省力最见效最落好的。

正经小脚女人在外边，只要和她们相遇，必定赛仇人一样，互相开骂。小脚骂大脚"大瓦片""仙人掌""大驴脸""黄瓜种子""大抹子"，大脚骂小脚"馊粽子""臭蹄子""狗不理包子"，骂到上火时，对着啐唾沫。引得路人闲人看乐找乐。

这些事天天往香莲耳朵里灌，她没别的辙，只能尽心出新样，把人们兴趣往小鞋上引。渐渐就觉出肚子空了没新词了拿不住人了。可眼下，自己就赛自己的脚，只要一松，几十年的劲白使，家里家外全玩完。只有一条道儿：打起精神顶着干。

一天，忽然一个短发时髦女子跌跌撞撞走进佟家大门。桃儿几个上去看，都尖声叫起来："二小姐回来了！"可再看，月桂的神色不对，赶忙扶回屋。全家人闻声都扭出房来看月桂，月桂正扎在她娘怀里哭成一个儿，白金宝抹泪，月兰也在旁边抹泪。吓得大伙儿猜她多半给洋人拐去，玩了脚失了贞。静下来，经香莲一问，嘛事没有，也没加入天足会放足会。她是随后街一个姓谢的闺女，偷偷去上女子学堂。女学生都兴放足，她倒是放了脚。香莲瞅了眼她脚下平底大布鞋，冷冷说：

"放脚不可以跑吗？干嘛回来？哭嘛？"

月桂抽抽嗒嗒委委屈屈说："您瞧，大娘……"就脱下平底大鞋，又脱下白洋线袜，光着一双脚没缠布，可并没放开，反倒赛白水煮鸭子，松松垮垮浮浮囊囊，脚趾头全都紧紧踡着根本打不开，上下左右磨得满是血泡，跗面肿得老高。看去怪可怜。

香莲说："这苦是你自己找的，受着吧！"说了转身回去。

旁人也不敢多待，悄悄劝了月桂金宝几句，纷纷散了。

多年来香莲好独坐着。白天在前厅，后晌在房里，人在旁边不耐烦，打发走开。可自打月桂回来，香莲好赛单身坐不住了，常常叫桃儿在一边做伴。有时夜里也叫桃儿来。两人坐着，很少三两句话。桃儿凑在油灯光里绣花儿，香莲坐在床边呆呆瞧着黑黑空空的屋角。一在明处，一在暗处，桃儿引她说话她不说，又不叫桃儿走开。桃儿悄悄撩起眼皮瞅她，又白又净又素的脸上任嘛看不出。这就叫桃儿费心思来——这两天吃饭时，香莲又拿话戗白金宝。自打月桂丢了半年多她对白金宝随和多了，可月桂一回家又变回来，对白金宝好大气。如果为了月桂，为嘛对月桂反倒没气？

过两天早上，她给香莲收拾房子，忽见床幛子上挂一串丝线缠的五彩小粽子，还是十多年前过端午节时，桃儿给莲心缠了挂在脖子上避邪的。桃儿是细心人，打莲心丢了，桃儿暗暗把房里莲心玩的用的穿的戴的杂七杂八东西全都收拾走，叫她看不见莲心的影儿。香莲明知却不问，两个人心照不宣。可她又打哪儿找到这串小粽子，难道一直存在身边？看上去好好的一点没损害，显然又是新近挂在幛子上的。桃儿心里赛小镜子，突然把香莲心里一切都照出来。她偷偷蹬上床边，扬手把小粽子摘下拿走。

下晌香莲就在屋里大喊大叫。桃儿正在井边搓脚布，待跑来时，杏儿不知嘛事也赶到。只见香莲通红着脸，床幛子扯掉一大块，枕头枕巾炕扫帚床单子全扔在地上，地上还横一根竹竿子。床底下睡鞋尿桶纸盒衣扣老钱，带着尘土全扒出来，上面还有一些蜘蛛潮虫子在爬。桃儿心里立时明白。香莲挑起眉毛才要质问桃儿，忽见杏儿在一旁便静了，转口问杏儿：

"这几天，月桂那死丫头跟你散嘛毒了？"

杏儿说："没呀，二少奶奶不叫她跟我们说话。"

香莲沉一下说："我要是听见你传说那些邪魔外道的话，撕破你们嘴！"说完就去到前厅。

整整一个后晌坐在前厅动都不动，赛死人。直到天黑，桃儿去屋里铺好床，点上蜡烛，放好脚盆脚布热水壶，唤香莲去睡。香莲进屋一眼看见那小粽子仍旧挂在原处，立时赛活了过来似的。叫桃儿来，脸上不挂笑也不吭声，送给桃儿一对羊脂玉琢成的心样的小耳环。

杏儿糊里糊涂挨了骂，挨了骂更糊涂。自打月桂回家后，香莲暗中嘱咐杏儿看住月桂，听她跟家里人说些嘛话。白金宝何等精明，根本不叫月桂出屋，吃喝端进屎尿端出，谁来都拿好话拦在门槛外边。只有夜静三更，娘仨聚在一堆儿，黑着灯儿说话。月桂噘起小嘴，把半年来外边种种奇罕事喊喊嚓嚓叨叨出来。

"妹子，你们那里还学个嘛？"月兰说。

"除去国文、算术、还有生理跟化学……"

"嘛嘛？嘛叫生——理？"

"就是叫你知道人身上都有嘛玩意儿。不单学看得见的，眼睛鼻子嘴牙舌头，还学看不见的里边的，比方心、肺、胃、肠子、脑子，都在哪儿，嘛样儿，有嘛用。"月桂说。

"脑子不就是心吗？"月兰说。

"脑子不是心，脑子是想事记事的。"

"哪有说拿脑子想事，不都说拿心想事记事吗？"

"心不能想事。"月桂在月光里小脸甜甜笑了，手指捅捅月兰脑袋说，"脑子在这里边。"又捅捅月兰胸口说，"心在这儿。你琢磨琢磨，你拿哪个想事？"

月兰寻思一下说：

"还真你对。那心是干嘛用的呢？"

"心是存血的。身上的血都打这里边流出来，转个圈再流回去。"

"呀！血还流呀！多吓人呀！这别是糊弄人吧！"月兰说。

"你哪懂，这叫科学。"月桂说，"你不信，我可不说啦！"

"谁不信，你说呀，你刚刚说嘛？嘛？你那个词儿是嘛？再说一遍……"月兰说。

白金宝说：

"月兰你别总打岔，好好听你妹子说……月桂，听说洋学堂里男男女女混在一堆儿，还在地上乱打滚儿。这可是有人亲眼瞧见的。"

"也是胡说。那是上体育课，可哏啦，可惜说了你们也不明白……要不是脚磨出血泡，我才不回来呢！"月桂说。

"别说这绝话！叫你大娘听见缝上你嘴……"白金宝吓唬她，脸上带着疼爱甚至崇拜，真拿闺女当圣人了，"我问你，学堂里是不是养一群大狼狗，专咬小脚？你的脚别是叫狗咬了吧！"

"没那事儿！根本没人逼你放脚。只是人人放脚，你不放，自个儿就别扭得慌。可放脚也不好受。发散，没边没沿，没抓挠劲儿，还疼，疼得实在受不住才回来，我真恨我这双脚……"

第二天一早，白金宝就给月桂的脚上药，拿布紧紧裹上。松了一阵子的脚，乍穿小鞋还进不去，就叫月兰找婶子董秋蓉借双稍大些的穿上。月桂走几步，觉得生，再走几步，就熟了。在院里遛遛真比放脚舒服听话随意自如。月兰说：

"还是裹脚好，是不？"

月桂想摇头，但脚得劲，就没摇头，也没点头。

香莲隔窗看见月桂在当院走来走去，小脸笑着，露一口小白牙，她忽然灵机一动有了主意，打发小邬子去把乔六桥请来。商量整整半天，乔六桥回去一通忙，没过半月，就在《白话报》上见了篇不得了的文章。题目叫做《致有志复缠之姐妹》，一下子抓住人，上边说：

古人爱金莲，今人爱天足，并无落伍与进化之区别。古女皆缠足，今女多天足，也非野蛮与文明之不同。不过"俗随地异，美因时变"而已。

假若说，缠足妇女是玩物，那么，家家坟地所埋的女祖宗，有几个不是玩物？现今文明人有几个不是打那些玩物肚子里爬出来的？以古人眼光议论

《三寸金莲》是我接下来写的《怪世奇谈》的第二部，文本和文字更纯熟。我试图呈现中国文化将负面事物审美化的异端，语言上多用叠词叠句，甚至不用标点，以文字的缠绕感象征文化的捆缚性。此为《三寸金莲》手稿。

今人是非，固然顽梗不化；以今人见解批评古人短长，更是混蛋之极。正如寒带人骂热带人不该赤臂，热带人骂寒带人不该穿皮袄戴皮帽。

假若说缠足女子，失去自然美，矫揉造作，那么时髦女子烫发束胸穿高跟皮鞋呢？何尝不逆返自然？不过那些时髦玩意儿是打外洋传来的，外国盛强，所以中国以学外洋恶俗为时髦，假若中国是世界第一强国，安见得洋人女子不缠足？

假若说小脚奇臭，不无道理，要知"世无不臭之足"。两手摩擦，尚发臭气，两脚裹在鞋里整天走，臭气不能消散，脚比手臭，理所当然。难道天足的脚能比手香？哪个文明人拿鼻子闻过？

假若说，缠足女子弱，则国不强。为何非澳土著妇女体强身健，甚于欧美日本，反不能自强，亡国为奴？

众姐妹如听放脚胡说，一旦松开脚布，定然不能行走。折骨缩肉，焉能恢复？反而叫天足的看不上，裹脚的看不起，姥姥不疼舅舅不爱。别人随口一夸是假的，自己受罪是真的。不如及早回头，重行复缠，否则一再放纵，后悔晚矣！复缠偶有微疼，也比放缠之苦差百倍，更比放脚之苦强百倍。须知肉体一分不适，精神永久快乐。古今女子，天赋爱美。最美女子都在种种不适之中。没规矩不能成方圆，无约束难以得至美。若要步入大雅之林，成就脚中之宝，缠脚女子切勿放脚，放脚女子有志复缠，有志复缠女子们当排除邪议，勇气当胸，以夺人间至美锦标，吾当祝尔成功，并祝莲界万岁！

　　文章署名不是乔六桥，而是有意用出一个"保莲女士"。这些话，算把十多年来对小脚种种贬斥诋毁挖苦辱骂全都有条有理有据有力驳了，也把放脚种种理由一样样挖苦尽了辱骂个够。文章出来，惊动天下。当天卖报的京报房铁门，都给挤得变形，跟手便有不少女人写信送到京报房，叙述自打大脚狷獗以来自己小脚受冷淡之苦，放脚不能走道之苦，复缠不得要领及手法之苦。真不知天底下还有这么多人对放脚如此不快不适不满，抓住这不满就大有文章可做。

　　这保莲女士是谁呢，哪儿去找这救人救世的救星？到处有人打听，很快就传出来"保莲女士"就是佟家大少奶奶戈香莲。这倒不是乔六桥散播的，而是桃儿有意悄悄告诉一个担挑卖脂粉的贩子。这贩子是出名的快嘴和快腿，一下比刮风还快吹遍全城。立时有成百上千放脚的女人到佟家请保莲女士帮忙复缠。天天大早，佟家开大门时，好比庚子年前早上开北城门一样热闹。一瘸一拐跌跌撞撞晃晃悠悠拥进来，有的还搀着扶着架着背着扛着抬着拖着，伸出的脚有的肿有的破有的烂有的变样有的变色有的变味嘛样都有。在这阵势下，戈香莲就立起"复缠会"，自称会长。这保莲女士的绰号，城里城外凡有耳朵不聋的，一天至少能听到三遍。

　　保莲女士自有一套复缠的器具用品药品手法方法和种种诀窍。比方：晨起热浸，松紧合度，移神忌疼，卧垫高枕，求稳莫急，调整脚步。这二十四字的《复缠诀》必得先读熟背熟。如生鸡眼，用棉胶圈垫在脚底，自然不疼；如放脚日子过长，脚肉变硬不利复缠，使一种"金莲柔肌散"或"软玉温香粉"；如脚破生疮淤血化脓烂生恶肉就使"蜈蚣去腐膏"或吞服"生肌回春丸"。这些全是参照潘妈的裹足经，按照复缠不同情形，琢磨出的法儿，都奏了奇效。

连一个女子放了两年脚，脚跟胀成鸭梨赛的，也都重新缠得有模有样有姿有态。津门女人真拿她当作现身娘娘，烧香送匾送钱送东西给她。她要名不要利，财物一概不收，自制的用品药物也只收工本钱，免得叫脏心烂肺人毁她名声。唯有送来的大匾里里外外挂起来，烧香也不拒绝。佟家整天给香烟围着绕着罩着熏着，赛大庙，一时闹翻天。

忽一天，大门上贴一张画：

下边署着"天足会制"，把来复缠的女人吓跑一半。以为这儿又要打架闹事。香莲忙找来乔六桥商量。乔六桥说：

"顶好找人也画张画儿，画天足女子穿高跟鞋的丑样，登在《白话报》上，恶心恶心她们。可惜牛五爷走了，一去无音，不然他准干，他是莲癖，保管憎恨天足。"

香莲没言语，乔六桥走后，香莲派桃儿杏儿俩去找华琳，请他帮忙。桃儿杏儿马上就走，找到华家敲门没人，一推门开了，进院子敲屋门没人，一推屋门又开了。华琳竟然就在屋里，面对墙上一张白纸呆呆站着。扭脸看见桃儿杏儿，也不惊奇，好赛不认得，手指白纸连连说："好画！好画！"随后就一声接一声"唉唉"叹长气。

桃儿见他多半疯了，吓得一抓杏儿的手赶紧跑出来。迎面给一群小子堵上，看模样赛混星子，叫着要看小脚。她俩见势不妙，拔头就跑，可惜小脚跑不了，杏儿给按住，桃儿反趁机蹿进岔道溜掉。那些小子强把杏儿鞋脱了，裹脚布解了，一人摸一把光光小脚丫，还把两只小鞋扔上房。

桃儿逃到家，香莲知道出事，正要叫人去救杏儿，人还没去杏儿光脚回来了，后边跟一群拍手起哄小孩子。她披头散发，脸给自己拿土抹了，怕人认出来。可见了香莲就不住声叫着："好脚呵好脚，好脚呵好脚！"叫完仰脸哈哈大笑，还非要桃儿拿梯子上房给她找小鞋不可，眼神一只往这边斜，另一只往那边斜，好吓人，手脚忽东忽西没准。香莲见她这是惊疯，上去抢起胳膊使足劲"啪"一巴掌，骂道：

"没囊没肺，你不会跟他们拼！"

这大巴掌打得杏儿趴在地上哭起来，一地眼泪。香莲这才叫桃儿珠儿草儿，把她弄回屋，灌药，叫她睡。

桃儿说：

"这一准是天足会干的。"

香莲皱眉头呆半天，忽叫月桂来问：

"你可知道天足会？"

"知道。不过没往他们那儿去过。只见过他们会长。"

"会长？谁？"

"是个闺女，时髦打扮，模样可俊呢！"月桂说得露出笑容和羡慕。

"没问你嘛样，问你嘛人！"

吓得月桂赶紧收起笑容，说：

"那可不知道。只见她一双天足，穿高跟鞋，她到我们——不，到洋学堂里演讲，学生们待她……"

"没问学生待她怎样。她住在哪儿？"

"哟，这也不知道。听说天足会在英国地十七号路球场对过，门口挂着牌子……"

"你去过租界？"

月桂吞吞吐吐：

"去过……可就去过一次……先生领我们去看洋人赛马，那些洋人……"

"没问你洋人怎么逞妖。那闺女叫嘛？"

"叫俊英，姓……牛，对，人都叫她牛俊英女士。她这人可真是精神，她……"

"好！打住！"香莲赛拿刀切断她的话，摆摆手冷冷说，"你回屋去吧！"

完事香莲一人坐在前厅，不动劲，不叫任何人在身边陪伴，打天亮坐到天黑坐到点灯坐到打更整整一夜。桃儿夜里几次醒来，透过窗缝看见前厅孤孤一盏油灯儿前，香莲孤零零孤单单影儿。迷迷糊糊还见香莲提着灯笼到佟忍安门前站了许久，又到潘妈屋前站了许久。自打佟忍安潘妈死后，那俩屋子一直上锁，只有老鼠响动，或是天暗时一只两只三只蝙蝠打破窗洞飞出来。这一夜间，还不时响起杏儿的哭声笑声说胡话声……转天醒来，脑袋发沉，不知昨夜那情景是真眼瞧见还是做梦。她起身要去叫香莲起床，却见香莲已好好坐在前厅，又不知早早起了还是一夜没回屋，神气好比吃了秤砣铁了心，沉静非常，正在把一封书信交给小邬子，嘱咐他往租界里的天足会跑一趟，把信面交那个姓牛的小洋娘们儿！

中晌，小邬子回来，带信说，天足会遵照保莲女士倡议，三天后在马家口的文明大讲堂，与复缠会一决高低。

第十五回　天足会会长牛俊英

马家口一座灰砖大房子门前，人聚得赛蚂蚁打架。虽说瞧热闹来的人不少，更多还是天足缠足两派的信徒，要看自己首领与人家首领，谁强谁弱谁胜谁败谁更能耐谁废物。信徒碰上信徒，必定豁命。世上的事就这样，认真起来，拿死当玩儿；两边头儿没来，人群中难免互相摩擦斗嘴做怪脸说脏话厮厮打打扔瓜皮梨核柿子土片小石子，还把脚亮出来气对方。小脚女子以为小脚美，亮出来就惹得天足女子一阵哄笑；天足女子以为天足美，大脚一扬更惹得小脚女子捂眼捂鼻子捂脸，各拿自己尺子量人家，就乱了套。相互揪住衣襟袖口脖领腰带，有几个扯一起，劲一大，打台阶呼噜噜骨碌下来。首领还没干，底下人先干起来，下边比上边闹得热闹，这也是常事。

一阵开道锣响，真叫人以为回到大清时候，府县大人来了那样。打远处当真过来一队轿子，后边跟随一大群男男女女，女的一码小脚，男的一码辫子。当下大街上，剪辫子、留辫子、光头、平头、中分头，缠脚、"缠足放"、复缠脚、天足、假天足、假小脚、半缠半放脚，全杂在一起，要嘛样有嘛样。可是单把留辫子男人和小脚女人聚在一堆儿，也不易。这些人都是保莲女士的铁杆门徒，不少女子复缠得了戈香莲的恩泽。今儿见她出战天足会，沿途站立拈香等候，轿子一来就随在后边给首领壮威，一路上加入的人愈来愈多，香烟滚滚黄土腾腾到达马家口，竟足有二三百人，立时使大讲堂门前天足派的人显得势单力薄。可人少劲不小，有人喊一嗓子："棺材瓢子都出来啦！"天足派齐声哈哈笑。

不等缠足派报复，一排轿子全停住，轿帘一撩，戈香莲先走出来，许多人还是头次见到这声名显赫的人物。她脸好冷好淡好静好美，一下竟把这千百人大场面压得死静死静。跟手下轿子的是白金宝、董秋蓉、月兰、月桂、美子、桃儿、珠儿、草儿，还有约来的津门缠足一边顶梁人物严美荔、刘小小、何飞燕、孔慕雅、孙姣凤、丁翠姑和汪老奶奶。四围一些缠足迷和莲癖，能够指着人道出姓名来。听人们一说，这派将帅大都出齐，尤其汪老奶奶与佟忍安同辈，算是先辈，轻易不上街，天天却在《白话报》上狠骂天足"不算脚"，只露其名不现其身，今儿居然拄着拐杖到来，眼睛虚乎面皮晃白，在大太阳地一站好赛一条灰影。这表明今儿事情非同小可。比拼死还高一层，叫决死。

众人再看这一行人打扮，大眼瞪小眼，更是连惊叹声也发不出。多年不见的前清装束全搬出来。老东西那份讲究，今人绝做不到。单是脑袋上各式发髻，都叫在场的小闺女看傻了。比方堕马髻双盘髻一字髻元宝髻盘辫髻香瓜髻蝙蝠髻云头髻佛手髻鱼头髻笔架髻双鱼髻双鹊髻双凤髻双龙髻四龙髻八龙髻百龙髻百鸟髻百鸟朝凤髻百凤朝阳髻一日当空髻。汪老太太梳的苏州鬏子也是嘉道年间的旧式，后脑勺一缕不用线扎单靠挽法就赛喜鹊尾巴硬挺挺撅起来。一些老婆婆，看到这先朝旧景，勾起心思，劈里啪啦掉下泪来。

佟家脚，天下绝。过去只听说，今儿才眼见。都说看景不如听景，可这见到的比听到的绝得何止百倍。这些五光十色小脚在裙子下边哧哧溜溜忽出忽进忽藏忽露忽有忽无，看得眼珠子发花，再想稳住劲瞧，小脚全没了。原来，一行人已经进了大讲堂。众人好赛梦醒，急匆匆跟进去，马上把讲堂里边拥个大满罐。

香莲进来上下左右一瞧，这是个大筒房，倒赛哪家货栈的库房，到顶足有五丈高，高处一横排玻璃天窗，奄拉一根根挺长的拉窗户用的麻绳子。迎面一座木头搭的高台，有桌有椅，墙壁挂着两面交叉的五色旗，上悬一幅标语："要做文明人，先立文明脚。"四边墙上贴满天足会的口号，字儿写得倒不错，天足会里真有能人。

两个男子臂缠"天足会"袖箍飞似的走来一停，态度却很是恭敬，请戈香莲一行台上去坐。香莲率领人马上台一看，桌椅八字样分列两边，单看摆法就拉开比脚的阵势。香莲她们在右边一排坐下来。桃儿站在香莲身后说：

"到现在还不见乔六爷来。小邬子给他送信时他说准来。六爷向例跟咱们那么铁，难道怕了不肯来？"

香莲听赛没听，脸色依然很冷很淡，沉一下才说：

"一切一切不过那么回事儿！"

桃儿觉得香莲心儿是块冰。她料也没料到。原以为香莲斗志很盛，心该赛火才是。

这时人群中一个戴帽翅、后脑勺垂一根辫子的小个子男人蹦起来说："天足会首领呢？脓啦？吓尿裤出不来啦！"跟着一阵哄笑，笑声才起，讲台一边小门忽开，走出几个天足会男子，进门就回头，好赛后边有嘛大人物出场。立时一群时髦女子登上台，乍看以为一片灯，再看原是一群人。为首一个标致漂亮精神透亮，脸儿白里透红，嘴唇红里透光，黑眼珠赛一对黑珍珠，看谁照谁。长发披肩，头顶宽檐银色软帽，帽檐插三根红鸟毛。一件连身金黄西洋短裙，裙子上缝两圈黄布做的玫瑰花。没领子露脖子，没袖子露胳膊，溜光脖子上一条金链儿，溜光腕子上一个金镯儿，镶满西洋钻石。短裙才到膝盖，下边光大腿，丝光袜子套赛没套，想它是光的就是光的，脚上一双大红高跟皮鞋，就好比趄着两朵大火苗子，照得人人睁不开眼闭不上眼。许多人也是头次见到这位声势逼人的天足会会长。虽然这身洋打扮太离奇太邪乎太张狂太放肆太欺人，可她一股子冲劲兴劲鲜亮劲，把台下想起哄闹事的缠足派男男女女压住。没人出声，都傻子赛的拿眼珠子死死盯在牛俊英露在外边的脖子胳膊大腿。天足派人见了禁不住格格呵呵笑起来。这边反过来又压住那边。

戈香莲一行全起身，行礼。唯有汪老太太觉得自己辈分高不该起来，坐着没动劲，可别人都站起来，挡住她，反看不见她。桃儿上前，把戈香莲等一一介绍给牛俊英。

戈香莲淡淡说：

"幸会，幸会。"

牛俊英小下巴向斜处一扬，倒赛个孩子，她眼瞧戈香莲，含着笑轻快地说：

"原来你就是保莲女士。文章常拜读。认识你很快乐。你真美！"

这话说得缠足派这边人好奇怪，不知这小娘们怀嘛鬼胎。天足派都听懂，觉得他们头头够气派又可爱，全露出笑脸。

戈香莲说：

"坐下来说可好？"

牛俊英手一摆，说句洋话："OK！"一扭屁股坐下来。

缠足派人见这女人如此放荡，都起火冒火发火撒火喷火，有的说气话有的开骂。月桂对坐在身边的月兰悄声儿说：

"我们学堂里也没这么俊的。瞅她多俊，你说呢？"

月兰使劲瞅着，一会儿觉得美，一会儿觉得怪，不好说，没说。

戈香莲对牛俊英发话：

"今儿赛脚，怎么赛都成，你说吧，我们奉陪！"

牛俊英听了一笑，嘴巴上小酒窝一闪，把右腿往左腿上一架，一只大红天足好赛伸到缠足派这边人的鼻尖前，惹得这派人台上台下一片惊呼，如同看见条大狗。

戈香莲并不惊慌，也把右腿架在左腿上，同时右手暗暗一拉裙子，裙边下一只三寸金莲没藏没掖整个亮出来。这小脚要圆有圆要方有方该窄就窄该尖就尖有边有角有直有弯又柔又韧又紧又润。缠足派不少人头次见戈香莲小脚，又是没遮没掩看个满眼，大饱了眼福。中间有人总疑惑她名实不副，拿出带勾带尖带刺最挑剔的眼，居然也挑不出半点毛病。再说这双银缎小鞋，层层绣花打底墙到鞋口一圈压一圈，葫芦万代，缠杖牡丹，富贵无边，锦浪祥云，万字不到头，没法再讲究了……为这双鞋，没把桃儿累吐血就认便宜。再配上湖蓝面绣花漆裤，打古到今，真把莲饰一门施展到尽头。这一亮相，鼓足缠足派士气，欢呼叫好声直撞屋顶，天窗都呼扇呼扇动。只有桃儿心里一抖，她猛然看出这鞋料绣线，除去蓝的就是白的灰的银的，这是丧鞋？虽然这一切都是戈香莲点名要的，自己绣活时怎么就没品出来，这可不吉利！

牛俊英那边却瞅着眼咧嘴笑，露出一口齐齐小白牙，一对打着旋儿小酒窝，这一笑倒真是讨人喜欢。她对戈香莲说：

"你错了！"

"怎么？"

"你这叫赛鞋，不叫赛脚，赛脚得这样，你看——"

说着她居然一下把鞋脱下来，大红皮鞋"啪啪"扔在地上，又把丝光袜子赛揭层皮似的，也脱下来扔一边，露出光腿光脚肉腿肉脚，缠足派大惊，这女子竟然肯光脚丫子给人瞧！有骂有叫有哄也有不错眼的看。居然得机会看一个陌生女子的光脚，良机千万不能错过。天足派的人却都"啪啪"起劲鼓掌助兴助阵，美得他们首领牛俊英摇脚腕子晃大脚，拿脚跟台下自己人打招呼。汪老太太猛地站起，脸刷白嘴唇也刷白，叫道："我头晕！我头晕！"晃晃悠悠站不住，桃儿马上叫人搀住汪老太太，一阵忙乎架出去，上轿回家。

香莲脸上没表情，心里咚咚响。这天足女子也叫她看怔看惊看呆看傻了。光溜溜腿，光溜溜脚丫子，皮肤赛绸缎，脚趾赛小鸟头，又光又润又嫩又灵，打脚面到脚心，打脚跟到脚尖，柔韧弯曲，一切天然，就赛花儿叶儿鱼儿鸟儿，该嘛样就嘛样，原本嘛样就嘛样，拿就拿出来看就看，可自己的脚怎么能亮？再说真亮出来一比，还不赛块烤山芋？

偏偏天足派有人叫起阵来：

"敢脱鞋光脚叫我们瞧瞧吗？包在里头，比嘛？"

"保莲女士，看你的啦！"

"你有脚没脚？"

"再不脱鞋就认输啦！"

愈闹愈凶。

多亏缠足派有个机灵鬼，拿话顶住对方：

"母鸡母鸭子才不穿鞋呢！伤风败俗，不以为耻，反以为荣，还不快把那皮篓子穿上！"

这一来，两边对骂起来。挨骂的却是两派的首领。戈香莲脸皮直抖，手尖冰凉脚尖麻。天足会那闺女牛俊英倒赛没事，哈哈乐，觉得好玩儿。索性打裙兜里掏出洋烟卷点着，叼在嘴上吸两口，忽然吐出一个个烟圈，颤颤悠悠往上滚，一圈大，一圈小，一圈急，一圈缓。这又小又急的烟圈，就打那

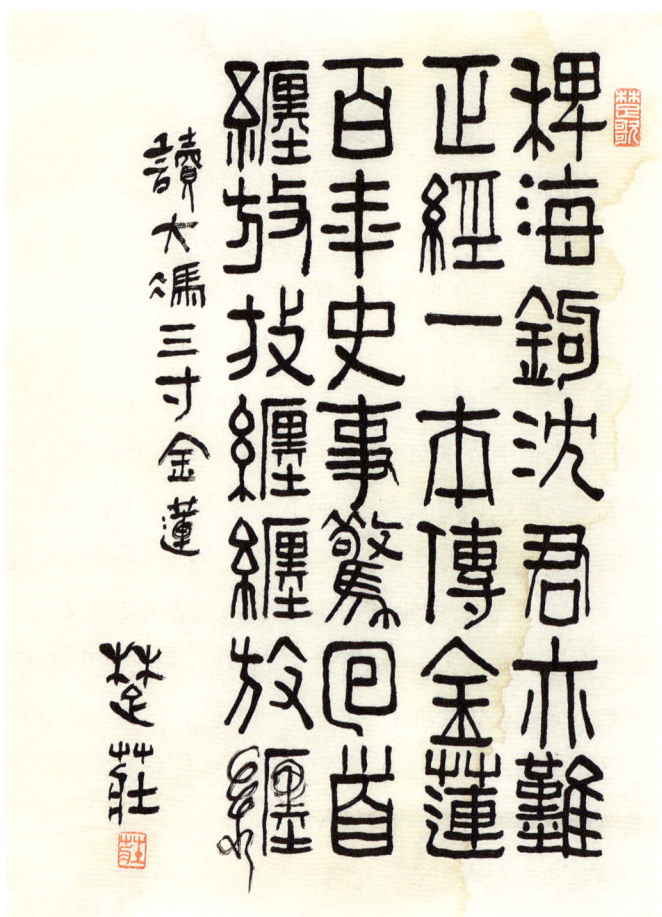

裨海钢沈君亦难
正经一本传金莲
百丰史事惊巴首
缠缠缠缠缠放缠

读大冯三寸金莲

楚庄

《三寸金莲》是我最受争议的作品。在各种褒贬中，我最欣赏的是楚庄先生的一首七绝。我称之"知己之诗"。

又大又缓的烟圈中间稳稳当当穿过去。众人——不管缠足还是天足，都齐出一声"咦"，没人再闹再骂再出声，要看这闺女耍嘛花样，只见这小烟圈徐徐降落，居然正好套在她跷起的大脚趾头上，静静停了不动。这手真叫人看对眼了。跟手见她大脚趾一抖，把烟圈搅了，散成白烟没了。烟圈奇，脚更灵。缠足派以为这是牛俊英亮工夫，明知自己一边没人有这工夫，全都闭嘴拿眼看。只见又一个烟圈落下来又套在脚趾头上，再搅散再来，一个又一个，最后那大烟圈就稳稳降下不偏不斜刚好套在脚正中，她脚脖子一转，雪白天足带着烟圈绕个弯儿，脚心向上一扬，白烟散开，脚心正对着戈香莲。戈香莲一看这掌心正中地方，眼睛一亮，亮得吓人，跟着人往前头一栽"哐当"趴在地上。

一个女子嘴极快，跟手一嗓子：

"保莲女士吓昏了！"

一下子，缠足派兵败如山倒。天足派并没动手，小脚女人吓得杀鸡宰羊般往外跑，有的叫声比笛儿还尖，可跑也跑不动，你撞我我撞你，砸成一堆堆。等看出天足派人没上手，只站在一边看乐，才依着顺序打上边到下边一个个爬起来撒丫子逃走。

佟家人一团乱回到家，赶紧关大门，免不了有好事的闹事的爱惹事的跟到门前，拿砖头土块一通轰击。里外窗户全部砸得粉粉碎，复缠会也就垮了。转天小脚女人没人再敢上街。可谁也不明白，为嘛天足会那闺女脚丫子一扬，复缠会这样有身份有修行的首领，立时就完蛋呢？

第十六回　高士打道三十七号

隔着复缠会惨败后近一个月，一个瘦溜溜中国女子，打城里来到租界。胳膊挎个小包袱，脚上一双大布鞋，走起来却赛裹脚的，肩膀晃屁股扭身子朝前探。迎面来两个高大洋人，一个红胡子，一个黑胡子，见她怔住看，拿半生不熟的中国话问她："小脚吗？"四只蓝眼珠子直冒光。

这女子慌忙伸出大鞋给他俩看，表示自己不是小脚。俩洋人连说"闹、闹、闹"，不知要闹嘛，还使劲摇头还耸肩还张嘴大笑，打这黑的红的胡子中间直能看到嗓子眼儿。吓得这女子连连往后退，以为俩洋人要欺侮她。不料俩洋人对她说两声"拜拜"之类混话便笑呵呵走了。

这女子就分外小心，只要远远见洋人走来立时远远避开，见到中国人就上去打听道儿，幸好没费太大周折找到了高士打道三十七号门牌。隔着大铁栅栏门，又隔着大花园，是座阔气十足白色大洋楼。她叫开门，就给一位大脚女佣人领进楼，走进一座亮堂堂大厅，看见满屋洋摆饰有点见傻，她却没心瞧这些洋玩意儿，一眼找到见到天足会会长牛俊英，懒懒躺在大软椅上，光溜溜脚丫子架在扶手上边，头上箍一道红亮缎带，一股子随随便便自由自在劲儿，倒也挺舒服挺松快挺美，不使劲不费劲不累。她见这女子进来，没起身，打头到脚看两遍，白嘴巴现出一对酒窝，笑道：

"你把小脚外边的大鞋脱去，到我这儿来，用不着非得大脚。"

这女子怔了怔，脱下鞋，一双小脚踏在地板上。牛俊英又说：

"我认得你，复缠会的，那天在马家口比脚，你就站在保莲女士身后，对吧？你找我做什么？替那个想死在裹脚布里的女人说和合，还是来下帖子，再比？"

她眼里闪着挑逗的光。

"小姐这么说要折寿的。"没料到这女子的话软中带硬，"我找你有要紧的事。"

"好——说吧！"牛俊英懒懒翻个身，两手托腮，两只光脚叠在一起直搓，调皮地说，"这倒有趣。难道复缠会还要给我裹脚？你看我这双大脚还能裹成你们保莲女士那样的吗？"

"请小姐叫旁人出去！"这女子口气如下令。

牛俊英秀眉惊奇一扬，见复缠会的死党真有硬劲犟劲傲劲，心想要和这女子斗一斗，气气她。便笑了笑，叫佣人出去，关上门，说：

"不怕我听，你就说。"

可是牛俊英料也没料到这女子神情沉着异常，声调不高不低，竟然不紧不慢说出下边几句话：

"小姐，我是我们大少奶奶贴身丫头，叫桃儿。我来找你，事不关我，也不关我们大少奶奶了，却关着你！有话在先，我先问你十句话，你必答我。你不答，我扭身就走，将来小姐你再来找我，甭想我搭理你。你要有能耐逼死我，也就再没人告你了！"

这话好离奇好强硬，牛俊英不觉知，已然坐起身。她虽然对这女子来意一无所知，却感到分明不是一般，但打脸上任嘛看不出。她眨眨眼说：

"好。咱们真的对真的，实的对实的。"

这牛俊英倒是痛快脾气。桃儿点点头，便问：

"这好。我问你，牛凤章是你嘛人？"

"他……你问他做什么？你怎么认得他的？"

"咱们说好的，有问必答。"

"噢……他是我爹。"

这女子冷淡一笑——这才头次露出表情，偏偏更叫人猜不透。不等牛俊英开口，这女子又问：

"他当下在哪儿？小姐，你必得答我。"

"他……头年死在上海了。抓革命党时，大街上叫军警的枪子儿错打在肚子里。"

"他死时，你可在场？"

"我守在旁边。"

"他给了你一件东西，是吧！"

牛俊英一惊，屁股踮得离开椅面：

"你怎么会知道？"

桃儿面不挂色，打布包里掏出个小锦盒。牛俊英一见这锦盒，眼珠子瞪成球儿，瞅着桃儿拿手指抠开盒上的象牙别子，打开盒盖，里边卧着半个虎符。牛俊英大叫：

"就是它，你——"

桃儿听到牛俊英这叫声，自己嘴唇止不住哆嗦起来，声音打着颤儿说：

"小姐，把你那半个虎符拿来，合起来瞧瞧。合不上，我往下嘛也不能说了。"

牛俊英急得来不及穿鞋，光脚跑进屋拿来一个一模一样小锦盒，取出虎符，交给桃儿两下一合正好合上，就赛一个虎打当中劈开两半。铜虎虎背嵌着纯银古篆，一半上是"与雁门太守"，一半上是"为虎符第一"。桃儿大泪珠子立时一个个掉下来，砸在玻璃茶几上，四处迸溅。

牛俊英说：

"我爹临死才交我这东西。他告我说，将来有人拿另一半虎符，能合上，就叫我听这人的。无论说什么我都得信。这人原来就是你！你说吧，骗我也信！"

"我干嘛骗你。莲心！"

"怎么——"牛俊英又是一惊，"你连我小名都知道？"

"干嘛不知道。我把屎把尿看你整整四年。"

"你到底是谁？"

"我是带你的小老妈。你小时候叫我'桃儿妈妈'。"

"你？那我爹认得你，为什么他从没提过你……"

"牛五爷哪是你爹。你爹姓佟，早死了，你是佟家人，你娘就是那天跟你比脚的戈香莲！"

"什么？"牛俊英大叫一声，声音好大，人打椅子直蹿起来。一时她觉得这事可怕到可怕至极，直怕得全身汗毛都乍起来。"真的？这不可能！我爹生前为嘛一个字儿没说过？"

"那牛五爷为嘛临死时告你，跟你合上虎符的人说嘛都让你信？你还说，骗你都信。可我为嘛骗你？我倒真想瞒着你，不说真的，怕你受不住呢！"

"你说，你说吧……"牛俊英的声音也哆嗦起来。

桃儿便把莲心怎么生，怎么长大，怎么丢，把香莲怎么进佟家门，怎么受气受欺受罪，怎么掌家，一一说了。可一说起这些往事就沉不住气，冲动起来不免东岔西岔。事是真的，情是真的，用不着能说会道，牛俊英已是满面热泪，赛洗脸似的往下流……她说：

"可我怎么到牛家来的？"

"牛五爷上了二少爷和活受的贼船，就是他造假画坑死了你爷爷。你娘要报官，牛五爷来求你娘。你娘知道牛五爷人并不坏，就是贪心，给人使唤了。也就抓这把柄，给他一大笔钱，把你交给他，同时还交给他这半个虎符，预备着将来有查有对……"

"交他干嘛？你不说我是丢的吗？"

"哪是真丢。是你娘故意散的风，好叫你躲过裹脚那天！"

"什么？"这话惊得牛俊英第二次打椅子蹿起来，"为什么？她不是讲究裹脚的吗？干什么反不叫我裹？我不懂。"

"对这事，我一直也糊涂着……可是把你送到牛家，还是我抱去的。"

牛俊英不觉叫道：

"我娘为什么不早来找我？"

"还是你爷爷出大殡那天，你娘叫牛五爷带你走了，怕待在城里早晚叫人知道。当时跟牛五爷说好无论到哪儿都来个信，可一走就再没音信，谁知牛五爷安什么心。这些年，你娘没断叫我打听你的下落。只知道你们在南边，南边那么大，谁都没去过，怎么找？你娘偷偷哭了何止几百抱儿，常常早晨起来枕头都赛水洗过那么湿。哪知你在这儿，就这么近！"

"不，我爹死后，我才来的。我一直住在上海呀……可你们怎么认出我来的？"

"你右脚心有块记。那天你一扬脚，你娘就认出你来了！"

"她在哪儿？"牛俊英"刷"地站起来，带着股热乎乎火辣辣劲儿说，"我去见她！"

可是桃儿摇头。

"不成？"牛俊英问。

"不……"桃儿还是摇头。

"她恨我？"

"不不，她……她不会再恨谁了。别人也别恨她就是了。"桃儿说到这儿，忽然平静下来。

"怎么？难道她……"牛俊英说，"我有点怕，怕她死了。"

"莲心，我要告诉你晚了，你也别怪我。你娘不叫我来找你。那天她认出你回去后，就把这半个虎符交给我，只说了一句：'事后再告她。'随后就昏在床上，给她吃不吃，给她喝不喝，给她灌药，她死闭着嘴，直到断气后我才知道，她这是想死……"

牛俊英整个呆住。她年轻，原以为自己单个一个，无牵无扯无勾无挂自由自在随心所欲，哪知道世上这么多事跟她相连，更不懂得这些事的缘由根由。可才有的一切，转眼又没了，抓也抓不住。她只觉又空茫又痛苦又难过又委屈，一头扑在桃儿身上，叫声"桃儿妈妈"，抱头大哭，不住嘴叫着：

"是我害死我娘的！是我害死我娘的！要不赛脚她不会死。"

桃儿自己已经稳住了劲儿，说的话也就能稳住对方：

"你一直蒙在鼓里，哪能怪你。再说，她早就不打算活了，我知道。"

牛俊英这才静一静，扬起俊俏小脸儿，迷迷糊糊地问：

"你说，我娘她这是为嘛呢？她到底为嘛呀！"

桃儿说嘛？她拿手抹着莲心脸上的泪，没吭声。

人间事，有时有理，有时没理，有时有理又没理没理又有理。没理过一阵子没准变得有理，有理过一阵子又变得没理。有理没理说理争理在理讲理不讲理道理事理公理天理。有理走遍天下，没理寸步难行。事无定理，上天有理。公说公有理，婆说婆有理。别再绕了，愈绕愈糊涂。

佟家大门贴上"恕报不周"，又办起丧事来。保莲女士的报丧帖子一撒，来吊唁的人一时挤不进门。一些不沾亲不带故的小脚女人都是不请自来，不顾自己爹妈高兴不高兴，披麻戴孝守在灵前，还哭天抹泪，小脚跺得地面"噔噔噔噔"响。天足会没人来，也没起哄看乐的，不论生前是好是歹，看死人乐，便是缺德。只是四七时候，小尊王五带一伙人，内里有张葫芦、孙斜眼、董七把和万能老李，都是混星子中死签一类人物，闹着非要看大少奶奶的仙足，说这回看不上，这辈子甭想再看这样好脚了。佟家忙给一人一包银子，请到厢房酒足饭饱方才了事。至此相安无事，只等入殓出殡下葬安坟。可入殓前一天，忽来一时髦女子，穿白衣披白纱足登雪白高跟皮鞋，脸色也刷白，活活一个白人，手捧一束鲜花，打大门口，踩着地毡一步步缓缓走入灵堂，月桂眼尖，马上说：

"这是天足会的牛俊英！瞧她脚，她怎么会来呢？"

月兰说：

"黄鼠狼给鸡吊孝，准不安好心！"

桃儿拉拉她俩衣袖，叫她俩别出声。只见牛俊英把鲜花往灵床上一放，打日头在院子当中，直直站到日头落到西厢房后边，纹丝没动，眼神发空，不知想嘛。最后深深鞠四个躬，每个躬都鞠到膝盖一般深，才走。佟家人全副戒备候着她，以为她要闹灵堂，没料到这么轻而易举走掉，谁也不明白怎么档子事。活人中间，唯有桃儿心里明白，又未必全明白。但这一切就算在她心里封上了，永远不会再露出来。

此时，经棚里鼓乐奏得正欢。这次丧事，是月桂一手经办。照这时的规矩，不仅请了和尚、尼姑、道士、喇嘛四棚经，还请来马家口洋乐队和教堂救世军乐队，一边袈裟僧袍，一边制服大檐帽，领口缝着"救世军"黄铜牌；一边笙管笛箫，一边铜鼓铜号，谁也不管谁，各吹各的，声音却混在一块儿。起初，白金宝反对这么办，可当时阔人办丧事没有洋乐队不显阔。这么干为嘛？无人知也无人问，兴嘛来嘛，就这么摆上了。

牛俊英打佟家出来时，脑袋发木腿发酸，听了整整一下午经乐洋乐，耳朵不赛自己的了，甚至不知自己是谁，姓牛还是姓佟。这当儿大门口，一群孩子穿开裆裤，正唱歌：

救世军，
瞎胡闹。
乱敲鼓，
胡吹号。

边唱边跳，脑袋上摇晃着扎红线的朝天杵，裤裆里摇晃着太阳晒黑的小鸡儿。

一九八五年七月三十日　初稿天津
一九八五年十月十四日　定稿美国爱荷华

纪实文学

《一百个人的十年》前记

  二十世纪历史将以最沉重的笔墨，记载这人类的两大悲剧，法西斯暴行和"文革"浩劫。凡是这两大劫难的亲身经历者，都在努力忘却它，又无法忘却它。文学家与史学家有各自不同的记载方式：史学家偏重于灾难的史实，文学家偏重于受难者的心灵。本书作者试图以一百个普通中国人在"文革"中心灵历程的真实记录，显现那场旷古未闻的劫难的真相。

  在延绵不绝的历史时间里，十年不过是眨眼的一瞬。但对于一代中国人有如熬度整整一个世纪。如今三十岁以上的人，几乎没有一个人的命运不受其恶性的支配。在这十年中，雄厚的古老文明奇迹般地消失，人间演出原始蒙昧时代的互相残杀；善与美转入地下，丑与恶肆意宣泄；千千万万家庭被轰毁，千千万万生命被吞噬。无论压在这狂浪下边的还是掀动这狂浪的，都是它的牺牲品。哪怕最成熟的性格也要接受它强制性的重新塑造。坚强的化为怯弱，诚实的化为诡诈，恬静的化为疯狂，豁朗的化为阴沉。人性、人道、人权、人的尊严、人的价值，所有含有人的最高贵的成分，都是它公开践踏的内容。虽然这不是大动干戈的战争，再惨烈的战争也难以达到如此残酷——灵魂的虐杀。如果说法西斯暴行留下的是难以数计的血淋淋的尸体，"文革"浩劫留下的是难以数计的看不见的创伤累累的灵魂。

  尽管灾难已经过去，谁对这些无辜的受难者负责？无论活人还是死者，对他们最好的偿还方式，莫过于深究这场灾难根由，铲除培植灾难的土壤。一代人付出如此惨重的代价，理应换取不再重蹈覆辙的真正保证。这保证首先来自透彻的认识。不管时代曾经陷入怎样的荒唐狂乱，一旦清醒就是向前

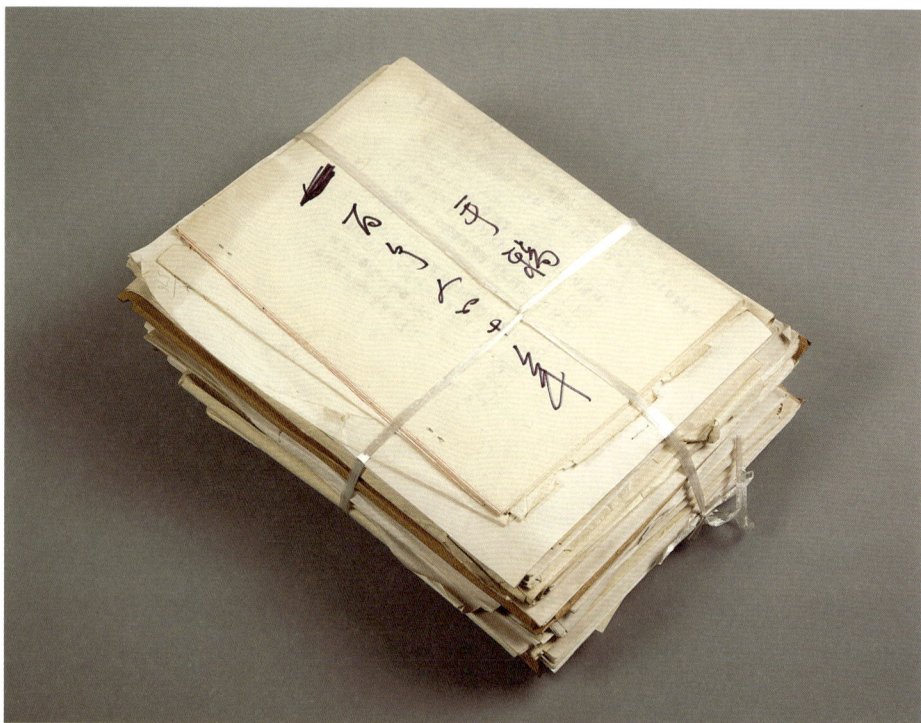

《一百个人的十年》的手稿很多，此为其一。

跨了一大步。每一代人都为下一代活着，也为下一代死。如果后世之人因此警醒，永远再不重复我们这一代人的苦难，我们虽然大不幸也是活得最有价值的一代。

我常常悲哀地感到，我们的民族过于健忘。"文革"不过十年，已经很少再见提及。那些曾经笼罩人人脸上的阴影如今在哪里？也许由于上千年封建政治的高压，小百姓习惯用抹掉记忆的方式对付苦难。但是，如此乐观未必是一个民族的优长，或许是种可爱的愚昧。历史的过错原本是一宗难得的财富，丢掉这财富便会陷入新的盲目。

在本书写作中，我却获得新的发现。

这些向我诉说"文革"的经历者，都与我素不相识。他们听说我要为他们记载"文革"经历，急渴渴设法找到我。这急迫感不断给我以猛烈的撞击。我记载的要求只有一条，是肯于向我袒露心中的秘密。我想要实现这想法并非易事。以我的人生经验，每人心中都有一块天地绝对属于他自己的，永不示人；更深的痛苦只能埋藏得更深。可是当这些人淌着泪水向我吐露压在心底的隐私时，我才知道，世上最沉重的还是人的心。但他们守不住痛苦，渴望拆掉心的围栏，他们无法永远沉默，也不会永远沉默。这是为了寻求一种摆脱，一种慰藉，一种发泄，一种报复，更是寻求真正的理解。在那场人间相互戕害而失去了相互信任之后，我为得到这样无戒备无保留的信赖而深感欣慰。

为了保护这些人的隐私，也为了使他们不再为可能的麻烦所纠缠，本书不得不隐去一切有关的地名和人名。但对他们的口述照实记录，不作任何渲染和虚构。我只想使读者知道如今世上一些人曾经这样或那样度过"文革"走到今天；也想使后人知道，地球上曾经有一些人这样难以置信地活过。他们不是小说家创造的人物，而是"文革"生活创造的一个个活生生真实的人。

我时时想过，那场灾难过后，曾经作恶的人躲到哪里去了？在法西斯祸乱中的不少作恶者，德国人或日本人，事过之后，由于抵抗不住发自心底的内疚去寻短见。难道"文革"中的作恶者却能活得若无其事，没有复苏的良知折磨他们？我们民族的神经竟然这样强硬，以致使我感到阵阵冰冷。但这一次，我有幸听到一些良心的不安，听到我期待已久的沉重的忏悔。这是恶的坚冰化为善的春水流潺的清音。我从中获知，推动"文革"悲剧的，不仅是遥远的历史文化和直接的社会政治的原因。人性的弱点、妒嫉、怯弱、自私、虚荣，乃至人性的优点，勇敢、忠实、虔诚，全部被调动出来，成为可怕的动力。它使我更加确认，政治一旦离开人道精神，社会悲剧的重演则不可避免。

"文革"是我们政治、文化、民族痼疾的总爆发，要理清它绝非一朝一夕之事；而时代不因某一事件的结束而割断，昨天与今天是非利害的经纬横竖纠缠，究明这一切依然需要勇气，更需要时间，也许只有后人才能完成。因此本书不奢望给读者任何聪明的结论，只想让这些实实在在的事实说话，在重新回顾"文革"的经历者心灵的画面时，引起更深的思索。没有一层深于一层的不浅尝辄止的思索，就无法接近真理性的答案。没有答案的历史是永无平静的。

尽管我力图以一百个人各不相同的经历，尽可能反映这一历经十年、全社会大劫难异常复杂的全貌，实际上难以如愿；若要对这数亿人经历过的生活作出宏观的概括，任何个人都力不能及。我努力做的，只能在我所能接触到的人中间，进行心灵体验上所具独特性的选择。至于经历本身的独特，无须我去寻找。在无比强大的社会破坏力面前，各种命运的奇迹都会呈现，再大胆的想象也会相形见绌。但我不想收集各种苦难的奇观，只想寻求受难者心灵的真实。我有意记录普通人的经历，因为只有底层小百姓的真实才是生活本质的真实。只有爱惜每一根无名小草，每一棵碧绿的生命，才能紧紧拥抱住整个草原，才能深深感受到它的精神气质，它惊人的忍受力，它求生的渴望，它对美好的不懈追求，它深沉的忧虑，以及它对大地永无猜疑、近似于愚者的赤诚。

我相信"文革"的受难者们都能从本书感受到这种东西以使内心获得宁静，那些"文革"的制造者们将从中受到人类良知的提醒而引起终身的不安。

我永远感谢为这本书向我倾诉衷肠而再一次感受心灵苦痛的陌生朋友们。是他们和我一同完成这项神圣的工作：纪念过去和永示未来。

一九八六年八月

终结“文革”

今年，我们面对着两个纪念日：一个是“文革”发端的三十周年，一个是“文革”崩溃的二十周年。这两个纪念日给我们的感受迥然不同。前一个有如死亡，沉重、压抑、苦涩，充满着哀悼的气息；后一个纪念日如同再生，然而它并不轻松。前一个纪念日是理性的、警觉的、反省和追究的；后一个纪念日则是情感的，但这又是一种百感交集。就在这两个纪念日之间，中国人走过一条比蜀道还要艰难百倍的心灵历程。

在这个日子里，我将“文革”受难者的心灵史——《一百个人的十年》最后的篇章完成，画上了终结的句号。这是一束带血的花，我把它放在曾经埋葬了一代人理想与幸福的“文革”坟墓上，并站在这冷冰冰的墓前沉默不语，耳朵里却响着我采访过的那些人如泣如诉的述说，这声音愈来愈响，顷刻变成那时代如潮一般巨大而悲凉的轰鸣。

大约八年前，我说我要为普通中国人记载他们的“文革”经历，直到今日，大约有四千人通过写信和电话方式要求我成为他们的代言人。一个为人民代言的作家常常享受不到自我宣泄的快乐，却能感受到引天下为己任的高尚与庄严。在写作中，我一直遵循真实至高无上的原则，如今我深信自己完成了“记录‘文革’”的使命。

无情的岁月表明，“文革”已是一个历史概念。但灾难性的历史从来就有两个含义，即死去的历史和活着的历史。死去的历史徒具残骸而不能复生，活着的历史则贻害犹存。活着的历史属于现实，死去的历史才是一种永远的终结。但终结的方式，不是遮掩，不是忘却，不是佯作不知，而是冷静地反省与清明地思辨。只有在灾难的句号化为一片良药时，我们才有权利说"文革"已然终结了。

本书附录了二十一名非"文革"经历者——即一九七六年以后出生的人——对"文革"印象和看法的短语。它足以引起我们的警惕。悲剧总是在无知中反复，但不会在觉醒者中间重演。这也是我坚持要把这本书完成的深刻的缘故。

在本书即将出版之际，我还要留出数页篇幅，以寻求一位忏悔者的自白。尽管我说过："一个没有忏悔的民族是没有希望的"，我还说过"纯洁的人生从忏悔开始，丑恶的人生自负疚结束"；尽管我也倾听过一些良心难安的忏悔内容，但是我真正期望的那种不折不扣勇敢的忏悔者，还没有碰到。何日何时，一个被良心驱动的人来叩响我的门板？我想，只有这种时候到来，我才深信不疑良知与文明已经全然返回——无论是个人，还是整个社会。

当然，我不是责怪无辜的人民。歌德在谈起他的德国民族时，曾经说过这样的话：一想起德国人民，我常常不免黯然神伤：他们作为个人来说，个个可爱，作为整体来说，却又那么可怜。我觉得我们中华民族恰恰相反，作为个人来说，人人都有弱点和缺陷，但作为整个中华民族却是那么可爱！

而"文革"，不仅调动了人性的弱点，如人的自私、贪欲、怯弱、妒嫉、虚荣，连人的优点，如忠诚、善良、纯朴、勇敢，也化为"文革"的力量。人性的两极都被利用，才是中国人最大的悲哀。然而，这样忠勇善良的人民，如果良性地发挥起来，会焕发多么宏大的创造力？这样的希望不是已经从今天的现实中看到了吗？因此，在终结"文革"的日子里，我们不是唤醒仇恨，展示悲苦，揪住历史的辫子去和一个政治的尸体较量，而是勇敢地面对自己，清醒地面对过去，去从廓清的晨昏中，托出没有云翳的属于明天的太阳来。

一句话，终结"文革"的方式，唯有彻底真实地记住"文革"。

一九九六年四月　写于《五·一六通知》发表三十周年的深夜

历史永远是活着的
——《一百个人的十年》新版再记

一

这部写作于上世纪八九十年代的"文革"经历者的心灵实录，至今在海内外已出版十余版。我曾几次撰写序语，表达当时的心绪；其中一句话不断地说，便是——"文革"作为中国当代史上最沉重的一页，切莫轻易地翻过！

我这么说，是因为直到今天我们还没有读懂"文革"。没读懂的并非什么"内幕"，而是内涵。这个内涵不单在书里，而是在我们身上。所以我曾经写过一篇文章题目叫作：

《"文革"进入了我们的血液》。

没有清除的毒素最后一定会进入血液。

我一直在思考着两个问题：

一、为什么人性的弱点，如人的自私、贪欲、怯弱、妒嫉、虚荣等被"文革"利用；人性的优点，如忠诚、勇敢、纯朴、无私、诚实也成为"文革"推波助澜的动力？在人性的两极都被"文革"利用的同时，那些真正属于人性的人道、人权、人的尊严、人的价值等所有人的最高贵的成分，都受到"文革"的公开的践踏？

二、为什么"文革"中所有被伤害的人和伤害他人的人都是"文革"的牺牲品？谁也逃不出"文革"？

我们必须反省的，不只是政治的、体制的，还有历史的、文化的、人性和国民性的。

历史在没有清晰和透彻的答案之前，能说真正掀开全新的一页吗？

我的历史观首先是历史是活着的。历史不仅存在于文献或史书中，在博物馆内，在一天天远去而逐渐模糊的岁月里，也存在于我们的观念、话语、行为、习惯和下意识中，不被我们察觉。比如"文革"的否定一切、怀疑一切、斗争哲学、破坏欲、非理性的盲从、躁狂症、反文化及反文明，在当今充满利益博弈和网络化的时代，不是依然在被表现、演释和"传承"着吗？不是叫我们忽然感觉似曾相识，甚至还会被我们自己不经意地表现出来？

不管什么样的历史，只要正面和诚实地去面对，本质地去追求，科学地去认识，负面的历史就会成为未来有益的告诫，成为我们自信的根基中不可或缺的一部分。反过来，如果我们没有捉住历史的幽灵，它便会无形地潜在我们的血液里，在现实中时不时变相地发作。

不能叫它再加害我们，这便是本书再版时的祈望。

二

我最初设定的口述对象确定为一百个人：是具体的数字，并不是一种概数。

当时，我通过报纸表示，我要为普通的"文革"经历者记录他们的心灵史，并表示要在发表时隐去这些人的姓名以及相关的人名地名。当时"文革"崩溃不到十年，种种恩怨犹在，人们心有余悸，我要保护这些向我倾吐心声的普通百姓。

开头几个月里，我收到响应者的信件四千余封，电话无数，我感觉我像掘开一个堤坝那样，一种来自社会的心灵之潮凶猛澎湃；我感受到"文革"劫难的深切与巨大，以及一代人压抑之强烈与沉重。口述时，我倾听到那么多陌生人——形形色色、匪夷所思的命运悲剧主人公的心灵述说，促使我的思考不断地触到这个悲剧时代的本质。因此，我要用这部书记录那个时代的真实。人的真实才是时代的真实。

我忠实地记录下一个个亲历者心灵的声音，并依照我的承诺在发表和出版时，隐去他们的姓名与相关的地名，以及会使他们"暴露"出来的细节。尽管我做得已经够严密了，却没料到——由于书中体现的环境氛围和口述者的语气太逼真，最终还是被一些与口述者相关的人觉察出来。口述者的苦难常常是一种绝对的隐私，一旦变成公开化，就使他们身陷纠结、困扰与次生的悲剧中；这使我深深愧疚，甚至有负罪感。

这种事接二连三出现，迫使我中断写作，在再版时删去这类篇章。于是，本书的"一百"的词义，也由具体数字变为概数。

三

忏悔，是我在口述过程中一直期待的。因为我在长长一段时间的口述过程中遇到的全是受难者，没有一名忏悔者。这使我心怀忧虑。"文革"中无以数计的悲剧，怎么没有一个忏悔者出现？那些在"文革"中作恶的人真能活得那么若无其事，没有复苏的良知折磨他们？忏悔不只是觉悟，更是觉醒，良心和良知的觉醒。我说过没有忏悔的民族是没有希望的。因为一个真正健康和文明的社会需要广泛的良知。

我一直等待一位勇敢的忏悔者的出现。

去年春寒时候，我在巴黎圣母院内，面对侧面一排古老的忏悔室伫立良久，默然反思着这件事。回来我在《西欧思想游记》中写道："我们的'文革'要从这里走出来就好了，整个社会就会干净多了。"有幸的是，回国不久我便从媒体中看到几个"文革"忏悔者的赫然出现。也许这几个人曾是威震一时的"文革"名人，也许它又触动了那个至今未有结痂的历史伤口，从而激起了来自当事的"文革"受难者最直接的谴责。这谴责穿过近四十年的时光隧道，听来仍觉心灵震颤。

在"文革"已成为历史的今天，有人能站出来忏悔应不是虚伪的。人近晚年，负罪在身，于心难安，公开道歉，表明了良知依存。当然，忏悔不能洗清一切。对于受难者来说，更无法构成安慰。这件事再一次证明了"文革"是什么，"文革"给人留下什么。

黑暗本身是变不成光明的。我们从悲剧的历史中能获取的只有真正的认知，警戒今天，告诫未来。

历史永远是活着的。历史有些顽疾只有不断吃药才不会发作。

二〇一四年四月十九日

拾纸救夫

一九七三年　三十五岁　男　S省E市驻军"支左"人员

一九七三年　三十一岁　男　S省Y县某分社小学语文教师

　　一百零八将回梁山来了——为了一个没有出处的革命故事坐了八年牢——拾遍天下纸也要救出丈夫——大火烧死这女人和孩子——从梁上掉下来奇迹才出现——谢觉哉写的《浏阳遇险》——有板有眼地给我叩一个头

　　那时，我是驻扎×省×部队坦克师二团的一个搞宣传的干部。一九七三年接到上级命令去到鲁西南地区一个县"支左"。这期间社会上的"文革"已经相对平稳，呼杀喊打声稀稀落落，清队的狂潮也过去了。我们的任务大多是解决前五年动乱时期遗留的各种问题。

　　这个县地处当年水泊梁山的旧址，县招待所传说是宋江的乌龙院，还有一个残破的塔，也是那时的遗物。我们"支左"人员总共一百零八员，和梁山好汉一百零八将正好巧合。我们笑了，说一百零八将回梁山来了。谁不想看看《水浒传》里的水泊梁山？出发时的心情相当愉快。

　　可没想到，这八百年前草莽英豪的出没之地，至今依然十分荒僻。它地处黄河边，一片盐碱地。头年大水泛滥留下的淤泥，今春又旱得满地大碎泥片子，柳树芽子没蹿出叶儿就干死在枝上了。真荒凉呀！地貌也不对，完全不是《水浒传》里所描写的崇山峻岭，不过一个个小山包儿。可这里的人还是那股子劲儿，大襟在前头一挽，腰带一扎，怀里揣着狗肉和酒，随便坐在哪儿就吃狗肉，豪饮，性子也很粗蛮。有一家子打架，儿子拿锹一下削掉他老爹半个脑袋——我就处理过这事。"文革"初期两派武斗便往死处干了。我们住在县城里，为了工作便利，我作为军代表进了县"革委"领导班子，临时当一名常委。没过几天，大批含冤告状的就找上门来。有的冤案叫你想都想不出来，过去不是有本《今古奇观》吗？我看有的事完全可以续进去。

一天，我在宿舍里，一个挺瘦的人，戴一副圆眼镜，进门趴在地上就给我叩头。我问他干什么？他说："你要想给俺解决问题，俺就说；你要也想应付俺，就明说在先，俺扭头就走，这个头就算白给你叩了。"

好一个有性格的人！我说："每一件事我都会认真对待，怎么能应付你？"

他说："我这事难办。"

我说："我不怕难办，只要你说真话。"

他拿一双灰眼珠紧盯着瞅了瞅我，坐在凳上给我讲了一桩旷古罕闻的奇冤。我听罢就知真冤。我必须先讲了这件事才能说为什么真冤——

这人姓李，在离县城三四十里路、紧挨着潘金莲老家的一个公社小学当语文教师。此人善讲故事。无论听来的还是从书上看来的故事，全能记住，装满一肚子。张口就来，很少重样儿。他属于那种在课堂上随意发挥的老师，课讲得活，趣味横生，学生们都喜欢听他的课。听他讲课时生怕听到下课铃。你知道，小孩子们上学都是最爱听到下课铃的。你想想这人的故事多有魅力！

六五年搞社会主义教育运动。这也是"文革"的前身了，人们争着要表达对毛主席的忠诚，便回过头来，翻箱倒柜，查找有哪些对毛主席不忠的人和事。反右派时各单位抓右派，都是从上边下比例数的，按人员比例定右派。从那以后，一搞运动，不揪出人算没成绩，渐渐发展得揪出的人愈多成绩愈大，于是学校里就一哄而起找起来，上上下下一同回忆。这位李老师性情急躁，得罪过一些同事。有位教师提出，一次他听李老师讲过，毛主席当年在浏阳被白军追得趴在水沟里藏身，这是赤裸裸诬蔑毛主席。伟大领袖怎么会被敌人追得趴在田间水沟里藏身，故意歪曲毛主席的伟大形象！接着马上翻遍学生们的书本，查看听课记录，终于在一个学生的语文课本里找到当时听这故事时记下的一行字："毛主席藏身水沟，机警摆脱敌人尾追的故事。"证据确凿，这就以"特大现行反革命案"上报县委。马上县公安局来人把他捕走。他不服呀！他说："我讲这个故事是为了说明毛主席胆略过人，机警智谋，我是真心歌颂毛主席呀！再说这故事又不是我瞎编的，是从书上看来的。"公安局叫他说出是哪本书，他却怎么也想不起来了。没有根据，就是他编的，这是抵赖和顽抗！很快，很简单，判他八年刑，打入监狱。

他老婆是个乡下女人，跟他结婚一年多，有六个月的身孕。挺着大肚子探监时，他跟这乡下女人说："八年的日子可不算短了，你要受不住，跟俺离了，俺也决不怨你。可是得实话对你说，俺绝没坑害你，那故事确确实实是俺从书本上看来的呀……"这女人转身就跑到县里喊冤叫屈。县领导说："你去找，只要你找到这根据，我们就放人！"

乡下女人心实，把这话揣在肚子里，就四处找开了。这时，"文革"已经开始了，县城的小书店里除去毛主席著作，别的书全没有；图书馆也封闭了。她找到图书馆员，求他。图书馆员哪有胆量去揭封条，散布"封资修"呀？他是县城看书最多的人，可他也没读过这么一个故事。这女人就到处去找书，找不到书就拾印字的纸，从纸上找。她不识字，拾到纸便请亲友或小学生给她念，听听有没有那故事。有时拾一块当时印的"文革"小报，也拿去请人看。她一个生活在穷乡僻壤的妇女，没文化，哪知世界上究竟有多少书，文字里究竟都是些什么。当人念到什么科技的、政治的、文化的那些古怪难懂的话，她一动不动站在一边傻听，傻等，等那故事的出现。有人看烦了，草草扫一眼，就说："没有了。"她也信，再去找。有人劝她："你靠捡纸，哪能捡到那故事。你又不认字，天底下那么多带字的纸，你哪能都拾来。"可谁也说不动这女人，她依然天天提个破篮子在街上拾。只要发现一块带字的纸，就如获至宝。别人手里有张带字的纸，求不到手，也要请人念给她纸上写着的是什么；人家要是不肯，她就跪下来求人念给她听。甚至连在茅房发现一张有字的纸也拣出来，涮干净叫人看。天天拾，天天求人念，天天找不着。天天早上的希望在晚间破灭，但她从不灰心。她坚信那故事不是她爷们儿编的，坚信早晚有一天能找到这个故事。这么久了，自然有点疯疯癫癫。

孩子小时，她背着孩子拾；孩子大了，她领着孩子拾。拾到的纸，不是，就卖掉糊口。那时，水泊梁山方圆百里的人都见过这么一个带着孩子拾废纸的半疯的女人，都见过她那双总是东张西望却空茫茫的眼睛，都见过她始终提着的那装满烂纸的破草篮，但未必都知道她绝非拾纸度日，而是为了一个辉煌的愿望——救夫。

一年到头，春夏秋冬，雨雪风寒，从没有停过一天。

心诚未必能感动苍天。她整整拾了七八年纸，可是在她爷们儿刑满前半年的一天夜里，灶膛里的火，引着她堆满屋角的废纸，着了大火。这女人和孩子活活被烧死了。

李老师在狱里听到消息，自己也不想活了，几次自杀都没成。那种县城的监狱一无所有，一是因为穷，二是怕犯人拿什么东西自杀。连吃饭用的碗，使完跟着就要走，怕犯人摔碎后使碗片割脖子。有一次，他去上厕所，看见茅房地上有根麻绳，就拴在房梁上，再两手抓住房梁把身体拉上去，套住脖子，一松手想吊死。可是麻绳糟了，"啪"地断了，一个马趴摔在地上，摔得他眼冒金星，但当他定住神再瞧，出现了奇迹，有张油印的纸片就在眼前的地上，上边正印着要他命的那个故事，简直不可思议！真比小说编的还巧，还绝，这才叫"天无绝人之路"呢。你不信吗？这是真事呀！这纸片破烂不堪，故事断断续续，是："……追他的人大喊起来：'跑了，跑了！'……毛泽东同志急忙走下岭，躺在一个水沟里……"虽然不全，但是可以拿它证明那故事并非是他编造的了。他拿着这纸片冲出茅房，又喊又叫："找着文了！我的冤平了！"他兴奋得一蹦一蹦，蹿得老高。看守以为他疯了，把他锁进牢房，他捧着那纸片大笑，然后又大哭，肯定想起他白白拾了七八年纸却没等到这一天的那个可怜的乡下女人，还有那糊里糊涂被烧死的儿子。

他写了一份申诉，连同这纸片递上去，心想就等着平反雪冤出狱了。可没过几天，县里说这纸片是油印品，仍然没来源和出处，不能作为依据，把他的申诉驳回了。但这次他非但没绝望，反而更有信心。有这纸片，迟早会找到这故事。有一阵子，他在监狱里忽然害怕是自己真的记错了，怕这故事并不是看来的，而是谁瞎诌讲给他的，那就永远无招无对。现在这个可怕的疑心病不再折磨他了。心里有了光。

他来找我这天，是他刑满八年刚被放出来不久，案并没翻。小学校因为他是服过刑的反革命，拒绝他回校工作，没有工资，自然也没有路费去大地方找那本书，那故事。他无家无业，孑然一身。穷得穿一件单褂，经不住春寒，直打哆嗦。

听完他的经历，我说："你回去吧，这事我可以给你解决。"

他见我这样干脆的回答，不信。仿佛有打发他之嫌，可是他万万没料到，他碰巧了——这故事我读过，我知道在哪本书上。我热乎乎觉得自己完全有力量，把压在他背上八年而至今犹在的巨石推掉。

第二天，我到县"革委"调他的案卷看了。他所说的完全真实，便在县"革委"会上把事情摆出来。有人说："这人就是怎么治也治不服他。"

我说："法律不治人的性格。这故事绝对有，判刑，冤了，一定要平反！"

我是军代表，有权威性，他们不好反驳我，可他们默不作声，不表态。我挺有气，当即要一辆车回部队，把这本书拿来，放在县"革委"会桌上给他们看——

一本紫红色封皮的革命回忆录，"文革"前解放军文艺出版社出版，书名叫作《秋收起义和我军初创时期》。打开书，其中一篇就是这故事《浏阳遇险》，作者是谢觉哉。写的是毛主席在一次赴江西根据地途中，路经浏阳，为了摆脱白军追赶，机警地藏身水沟而安然脱险的一段往事。

当时县"革委"的头头们看着这书都怔住，没话。只有一个自言自语说："怎么谢老会写这篇东西？"

一个山村教师，就因为讲了这篇歌颂毛主席的故事，被当作反对毛主席而坐牢八年，家破人亡。这难道不是一桩千古罕闻的奇冤？我紧盯住这案子不放松，很快给他平反了结。那天，李老师跑到我家来，趴在地上，又给我叩个头，这个头叩得可是有板有眼呵，如谢救命恩人。我当时备感惶惑，我不过正巧也看过这故事罢了，我又有何德何能接受这个大不幸者叩的这个头呢？我沉默良久，不知讲什么，只说：

"是呵，是呵……"

随后，他请求我把这本致使他妻死子丧、坐牢八年的书送给他。我知道这本书在他生命中的重量，便将书沉甸甸地放在他一双颤抖的手中。事后我听说，他把这本书烧了，将纸灰撒在妻子的坟上。大概企望他那苦命的乡下女人的亡魂从此获得安宁吧！

李老师的冤案一翻，找我告状、求我平反的人，天天堵满我的门口。后来我复员回到老家安徽，省委调我到岳西地区去搞落实政策，真没想到那个小小县城里，冤案也是堆积如山。含冤抱屈的人都是连夜排队找我。从我来到我走，也没间断。而且再没一个和李老师那案子一样容易办的。各种稀奇古怪的冤案很难插进手，插进去就把你的手缠住。我才知道，凭我个人的力量，是无力解决这时代创造的无比巨大的悲剧。我每天只睡几小时的觉，凡可能解决的就决不放过；难以解决的，我回去时——向省委组织部门作了汇报。

以我的感受，大人物的经历不管多悲惨，也不能和小百姓们相比。大人物的冤枉总容易解决。小百姓们如果没碰对了人、碰巧了机会，也许很难得到命运的晴天，就像梁山的李老师正好碰上我读过使他冤屈的故事那样。我想，至今天下还有多少人含冤未平，无论是活着还是已经死去的？

人民的经历，才是时代的经历。

一九八〇年一月

附件：

《浏阳遇险》

谢觉哉

　　一九二七年准备秋收起义的时候，毛泽东同志以中央特派员资格并受湖南省委的委托，到铜鼓去领导驻军起义。一块儿去的共有三个人，走到浏阳时，被团防军逮捕了。

　　团防军押着他们走，毛泽东同志在路上故意装作腿疼，一步一步地拐，落在后面。他掏出一把钱来，对团防军说："朋友，拿去喝茶吧！"那些人接了钱，他就走。没有走出几丈远，那些人喊起来，其中有一个人追到了他跟前，他只得站住，又给了追的人一点钱，并且说："没有了，朋友，再见吧！"等他走上前面的岭上的时候，追他的那个人才大喊起来："跑了，跑了！"跟着大队就从他后面追来；毛泽东同志急忙走下岭，躺在一个水沟里。他听见追的人在喊："明明看见他向这里跑，怎么不见了？"到处搜寻，只是没有找到他躺的那个地方。

　　人声听不见了，他爬起来，涂了些泥在腿上，装作农民的样子，走上一个高岭，这已经是江西地界了。看见有个打柴的，他对打柴的喊："喂，下面打伙！""什么事打伙呀？"两人于是走到一起，交谈起来。谈到农民协会，打柴的说："农民协会好，只是不该打菩萨！"他回答说："不错，我就是农民协会的委员长，我在农民协会是反对打菩萨的。今天下面喊捉人，就是捉我，朋友，请救我一救吧！"打柴的很惊讶："怎么救法？"他说："这是两块钱，一块请你买一双草鞋，一块请你买一点饭，并且请你带路，把我送到江西地界。"打柴的说："可以，你就在这里等着！"

　　天快黑时，打柴的来了，拿来了草鞋和饭，并且从偏僻的小路上把毛泽东同志送到江西地界。毛泽东同志问他姓名，打柴的始终不肯说出。他哪里梦想到他所救的是一位伟大的人民领袖呢！

麻烦还并没有完。走了一天，到了一个市镇，那地方情况也有些紧张了。毛泽东同志没有行李，身上穿一件短褂，一个汗衫，他便把短褂脱下来扎成包袱模样，横背在肩上。每走到一家店门口时，就问："老板，歇得客吗？"老板眼睛一瞪："歇不得！"连碰了几个钉子。走到街尾最后一家店时，他索性不问了，走进去坐下，大声喊："老板！打水来洗脚！"老板无可奈何，只得由他住下。第二天，到了准备起义的驻军里，于是轰动世界的湘、赣、闽、粤的工农革命运动，就从此开始了。

原载《秋收起义和我军初创时期》

崇拜的代价

一九六七年　女　二十一岁　B市某大学毕业生
一九六七年　男　二十五岁　B市作家协会干部

　　托李敏送给毛主席的生日礼物——在两种崇拜之间痛苦的抉择——一连十天参加他的批斗会——结婚之夜抱头痛哭——他是从五楼窗户跳下去的——竟然是革命样板戏救我一命——逃离魔掌——崇拜的毁灭和毁灭的崇拜

上部分：崇拜的痛苦

一

　　我并不怎么钦佩作家，作家们都自我感觉很深刻，但常常会写出很肤浅的话。比如，有位作家写道：崇拜是一种最无私的感情。我料定他根本就没崇拜过谁。

　　崇拜是把自己掏空了，交给人家。如果人家拿过去随手一扔，或在人家手里丢失了，你呢？你就光剩下一个空壳，整个完了！人生是一次性的。你便永远像个空纸盒那样被遗落在世上，无法挽回。

　　崇拜是人生顶冒险的事，要拿生命做抵押的。所以，我不大爱看书，宁肯相信自己的人生经验，不信作家们那些假深沉。哎，我这话有没有冒犯你？什么，我说得对？你是说真话吗？反正我顾不上你是真是假，我有话讲给你。

"文革"经历者的来信与口述录音带。

二

我曾经最崇拜的人是：毛泽东。

不单是我，你去问问我们那一代人二十岁时候他崇拜谁，担保会板上钉钉子地告诉你——毛泽东！举个小例子说明那种崇拜有多么纯：

毛泽东的女儿李敏和我大学同班。十二月二十六日是毛泽东生日。二十三日晚我们同宿舍九个女同学商量，托李敏送件什么礼物给毛主席。有的说织条大围巾吧，上边镶"毛主席万岁"五个大字；有的说一起用彩色丝线绣束花吧，每人绣一朵。大家叽叽喳喳，兴奋得眼睛直冒光，直议论到十二点多，还是找不到一样礼物能把我们心中一腔火全捧出来。崇拜是很难表达充分的。

李敏说："我们照张相，再写封信送给爸爸吧。"

大家一同拍手叫好。让毛主席看见我们每一个人，他才会知道我们是怎么回事呢！

第二天下课，我们一个个溜出学校到照相馆集合。为了不声张，不把事闹大，幸福的事也是愈保密愈幸福。照相馆不给照快相，但听说我们这张相片是送毛主席的，就像接到重大政治任务一样，第二天就洗出来了。大家叫我起草给毛主席写信。这是我一生中最难写的一封信，几句话写了整整一夜，满地都是写坏的纸团儿。直到把信交给李敏拿去后，我才把更美好、更真切的话全想起来。

一周后李敏回来告诉我们，毛主席看见照片很高兴；还指指我说，这姑娘年龄不大嘛！据李敏说，当时郭沫若去拜寿，毛主席就把这照片压在办公桌玻璃板下边。无比幸福的感觉呵！我再看教室黑板上面悬挂的毛主席像时，就觉得他那温和慈祥的目光像阳光一样照着我，多大的精神力量！你甭问就知道，我大学时学习成绩为什么一直名列前茅。

三

这期间我还崇拜过另一个人是：他。

那是搞社会主义教育运动时，我们都是派到国棉三厂去搞厂史的学生。去写资本家的发家史和工人的血泪史，加强大脑里阶级斗争这根弦吧！我和他不是一个学校，我在北师大二年级学化学，他在北大，正经八百学中文的，又是毕业班。他个头不高，穿着朴素整洁，给我的印象是稳当可靠，头脑清楚，清瘦斯文，在我这个理工科学生眼里颇有点文人学士的味道。他是我们这厂史写作组的组长，言语不多却很能体贴人。晚上大家写东西肚子刚有点饿，他不声不响把早准备好的吃的东西摆在面前；周末才觉得有点闲，他笑眯眯掏出一叠电影票一人一张。他像个天生的大哥哥。我那时很小，人又单纯，为他把我当作小妹妹而快活。可写完厂史，他送我回校，把行李替我扛到宿舍放下肩时，眼神有点特别，忽然说：

"我还能看见你吗？"

我挺奇怪，傻乎乎说：

"怎么不能见呀，随便来嘛。"

我傻吧！这就是当时的我。

可尽管我那时把从书本上看到的爱情，当作迷人却又陌生、遥远又与自己无关的事，不知为什么，这个人竟然很自如地一步步走进我的心里。

从他谈话中，我知道他很穷。他家在苏北南通，当年陈毅新四军的老根据地，叔叔们都是老地下党，父亲被日寇杀害，母亲守寡把他和几个兄弟姐妹拉扯大，他行老三。从上中学到念大学都靠着国家助学金，一个月十五元六角……他的家史叫我钦敬不已。这家史不但使他特别受重用，一直担任北大留学生的指导员，还使他天经地义构成一个有着纯正抱负的革命青年形象。这正是我所追求的。他把填写的毕业生志愿书给我看，都是激奋人心的誓言呵！他要到原始森林，到荒僻的山村，到没有人烟的边疆和草原，去开拓，干一番事业，献出一生。真叫我感动呀！我心里默默地说，你无论去哪儿我都一准跟着你。

真没想到他被分配的地方竟没离开我一步。当他告我要去的地方是"王府井"，我居然不知道王府井在大西南还是大西北。他笑了，说："除去北京哪儿还有王府井？"原来他的单位是王府井的中国作家协会。同学们都羡慕他，后来才知道像作家协会这样重要的意识形态部门，只能派他这样政治可靠、业务优良的学生去。

为了不叫我俩的关系影响自己的学业，我给自己定了规矩，每半个月只见一次面，地点都是在北海。每逢约会，几乎整整一天都在听他说话。他知道的东西那么多，我感觉每次见面自己的知识都在增长，幻想着今后的生活多么充实。我的政治理想、他的形象，全都有声有色有血有肉地融在一起。我常为自己的幸运而痴醉。

四

我在六六年五月份考完研究生，成绩相当不错，心里挺有把握。六月份"文化大革命"就闹起来，学生们都疯了，喊着"砸烂研究生制度"，把老辅仁学校美国教会的大铜盆端到当院，将我们的研究生考卷扔进去烧。我爬到宿舍楼三楼窗台往下看，就像看土改时农民烧地契，心想完了。这突如其来的事使我发蒙。跟着愈闹愈凶，开始把校党委的人一个个揪出来斗。

作家协会那边斗得更凶了。名作家们全成了黑线人物。一般干部也都有些问题，只有他政治上干净。革命群众组织还选他当头头，但他也许由于家庭和经历的缘故，比较沉稳，依旧那样的斯文气。他再三对我说："要相信党，靠拢组织，注意学习毛主席最新指示，看准大方向，千万别跟着起哄。"不管学校里各种口号怎么有诱惑力，自己思想怎么混乱，只要一见他，立时静了，清晰了。我想，凭着我们的纯正和对党的忠诚，再大风浪也绝不会翻船。

大串联时我跑回四川老家，把我和他的事告诉家里，父母都挺高兴。母亲给他买了毛衣、棉毛裤、袜子，还有家乡特产四川橘子，整整装满一小箱子，我便上火车挤了三天三夜，到北京回学校洗了洗，就提着小箱子满心高兴去找他。他要是见到我父母的这些礼物，脸上会怎样笑，我都会想到。

五

在作家协会宿舍楼前，我碰到他北大一个同学。平时见面他总是非常热情，必开玩笑，这次却异乎寻常地冷淡，只说声："你来了！"就走了。一种出事的感觉就给了我。后来我想，多亏先有这种感觉作为过渡，否则下一幕我绝对接受不了。我敲门。

他一开门，人变了一副样子！那样子——奇怪？可怕？悲惨？疯狂？我描述不准，但强烈地刺激我，至今难忘。他头发蓬乱，满脸横纹，见到我眼泪"哗"地下来了！然后递给我一张油印的小字报。我只看到："谁反对毛主席就打倒谁！打倒反革命分子×××！"这是他呀！别的字怎么也看不清了，头发昏，身子全软了，皮箱"咣"地掉在地上。

隔了一会儿他讲了情况：

他大学时读毛主席著作和诗词，顺手在书眉上加些有理想式的评注，大多是从文学上考虑的，有的注"好，好极了"，有的注"平平"，有的注"不佳"或"错了"。写时没多想，过后便忘了。他同宿舍一位同事翻他的毛主席著作找语录时发现了，在作家协会公布出来。这在当时是件了不得的事，顿时全沸腾起来……

我听罢，脑子完全乱了。我只想说："你怎么干出这种事来！"我直瞪着他，恨他！连这句话也没说，忽然提起箱子很坚决地走出他的宿舍——我走！

他跟出来送我，用自行车帮我驮着箱子，从东城走到西城，一路无话。连接我俩的那座无比坚固可靠的桥，一下子从中间断开，两岸中间是汹涌的激流。我在岸这边背过身去，他呢？

他送我到学校门口，对我说：

"我这事犯在毛主席身上，估计没什么希望了。我虽然喜欢你，但我没资格再爱你。咱们算了吧，也不再联系了。你将来不管分配到哪儿去，把地址留给我南通的大哥，行吗……"

他在我面前从来没这样狼狈过，老实说，这几句话我也没听进去。自己回宿舍，把箱子一撇，一连三天没下床，脑子里全在剧烈地打架。恨他呀！他怎么在毛主席著作里写这些混账话！这和他平时对我讲的——党如何培养他呀，对毛主席感情如何真挚呀，要一辈子忠贞不渝干好革命文艺工作呀——完全不符合呀。我想，我是不是叫他骗了？迷住了？他是否真的打着红旗反红旗？我把他两年来对我讲的话翻腾一遍，仔细回忆，琢磨其中是否有对我潜移默化搞反革命的内容，但怎么也想不出来。我真是痛苦极了，难道被他骗得这样的实在和彻底？不，我要去他单位亲自参加他的批判会，听听别人对他怎么看，弄清他的真面目！

第四天我起床去作家协会。

六

当时在我面前摆着两种崇拜：

一是对毛主席的，一是对他。

对毛主席是对理想偶像、至高无上的崇拜；对他是对一个活生生的人、情意相融的崇拜。但是，对他的崇拜是基于对毛主席的崇拜上，是包括对毛主席无边无际的崇拜之中。这大关系我心里非常清楚。

具体说，对毛主席的崇拜是无条件的，对他的崇拜是有条件的。如果他真的反对毛主席，我只有毅然决然和他分开。这就是那天我提起箱子决断地走出他宿舍的原因。可是硬从心里扯出一个血肉相连的人哪有那么容易？可我又怎么解释他做的这件不可饶恕的事呢？

七

作家协会的五层大楼显得高不可攀，外墙上悬挂着要打倒他的巨幅标语。我马上置身一种气势逼人的异样的氛围里。我登上五楼去会议室参加他的批斗会。一连十天，我天天都去。作家协会的一些人认识我，他们都不理我，却佩服我寻求真理时表现出的执着与虔诚。我静静地坐在会场后排一角，认真听着每一个批判者的发言，还把楼道中所有关于他的大字报全都仔细看过。我发现除去他告诉我的这件事，再没有别的内容。批判者是有道理的，但那些上纲上线、气势汹汹的言辞却不令我信服。在那场合中，我感觉只有我是最神圣的。

批斗后他被挂起来，天天在作协打扫卫生。我没去找过他，因为我还不能判断他。尽管这件事发生在他大学时代，而且只此一桩，但我仍旧拿不准他的本质。深深的苦恼、困惑，以及激烈的情感冲突和思想斗争，使我一时一刻无法安静下来。这问题谁也无法帮我解决，谁也不会为我解决，于是我决定去他老家南通一次，看看他的根儿，是不是也和他对我说的一样。

八

正巧"一月风暴"发生了，学生们都拥向上海串联。我随同学们到上海，借故在上海的姑妈有病留了下来，同学们一走，我便买船票去南通。按照他曾经给我的地址，先找到他老家所在的公社。我拿出大串联用的"北师大井冈山红卫兵"的介绍信，说我要了解一个人。没想到他家在当地那么有名。

我一提他家，公社干部马上说他家是个革命家庭，父亲因主张抗日被日寇杀害，两个叔叔都是新四军时期资深的地下党员等等。所讲的和他告诉我的好比一块版印刷的那样完全相同，我的心便发生了变化。

他大哥就在公社小学教书，我去找他，一望而知是个纯朴老实的人，人比他瘦，脸形、眼神和有些动作很相像。我不知该说我是谁，大嫂却马上认出我，因为大哥家有我的照片，对我分外亲热。乡间人的感情实实在在，没法儿挡，只有热乎乎被感动地接受。转天一早，大哥带我去见他母亲，去往他出生长大的那块故土。从公社到他老家还有四十多里地，他大哥骑车驮着我，在水田中间的羊肠小道横横竖竖地穿行，大哥的车术真是高极了，穿呀穿呀终于看到他家。

他母亲大概提前听到信儿了，远远站在几间茅草房前等我。我一辈子也忘不了那一幕。他母亲头上梳一个小抓髻，穿着一件阴丹士林蓝布褂子，肥裤子下露着脚脖子，一双小脚，瘦高瘦高，直立着，脸颊的皱纹一条条像雕刻上去的。我应该叫她什么呢？未及细想，情不自禁叫她一声："妈妈！"

老太太两只瘦长的手伸上来，直抖呀，把我从头一直摸到脚。心疼我呵！她五个孩子中只有他一个出息了，还到北京那么个大城市上学，工作……但她哪里知道儿子成了反革命？我当然不敢讲，只说他忙，托我回来看看。

老太太把他兄弟姐妹都从别的地方叫来，杀一只鸡。村里有点消息就像阵风霎时吹遍，男女老少，拄拐杖全来看我这个"没过门的媳妇自己找上门来"。这方圆百里，大概还没有见过北京来的女大学生呢。大家围着我看呀，笑呀，问话呀，这时我已经觉得自己是他家的人了。当晚，他母亲几乎搂了我一夜，喋喋不休讲他小时候所有的事，在母亲嘴里，孩子的任何一个细节都裹着她浓厚的情感……不知不觉，他这样的"反革命"我不信了。转天告别时，他母亲送给我一小袋子花生。我提着这袋子回上海，没停，马上返回北京，去找他。当我把这一小土布袋花生放在他面前，他多么聪明，什么都猜着了。他哭了，觉得对不起把他拉扯成人的苦命的老母亲。他从来没有这样让人可怜。

这样，我不但决定和他恢复关系，而且坚定地往前迈一大步，我们结婚了。这是六七年十二月一日。

我的新婚之夜不叫新婚之夜，整整一夜我俩抱头痛哭……

九

婚后，学校把我分配到燕北。但山西武斗不能去报到，闲在家中。他的问题看来得等"运动后期解决"了。"文革"像迷了路，愈来愈没有尽头，那一阵子挺茫然。一天，我去科学院学部看大字报，正是杨成武"大树特树毛主席的绝对权威"口号出来，到处都是这内容的大标语。那天不知为什么总感觉特别紧张，好像要出事。回到家等到天黑也不见他回来，忽然门"哐当"打开，作协造反团的两个人押他进来，其中一个对我说："我们还要查查他的书。"这就抄家，把书架上的毛主席著作全抱走，又对我说："这段时间他不回来，明天早上开他的批斗会。"说完就把他带走。我坐在床上傻了，追也没追，一种大难临头的味道这次实实在在地感受到了。还真的觉得他这一走，完了。小屋变得又大又空，我坐了一夜，挨到天亮去作家协会。

我登上五楼，坐在会议室参加他的批斗会。由于杨成武的讲话很极端，批斗的气氛就不同以往，我也不像以前那样一心为了确认他是不是"反革命"。我是来陪他的。我是想叫他看见我便感到不孤单，我在和他一起承受……在批斗会上，轰轰烈烈的叫喊声一点儿也听不进耳朵，心里乱成一团。批斗结束后，我被作协造反团叫到另一间屋谈话；他们还把我同班同学叫来，要给我做工作。我下定决心一句话不说。

就在这时，忽听外边走廊人声嘈杂，脚步很乱，好像突然发生什么事。我脑子下意识响起来一个声音："坏了！跳楼！"不由自主猛地从沙发跳起来要夺门而出。马上几个人堵在门口不叫我出去。谁也没告我什么事，我像断然什么都知道了，木头一样戳着不动。大约二十分钟后，会议室那边批斗会又开始，却变成一种声讨会了。阵阵加剧的呼口号声竟然变得忽高忽低，忽远忽近，一会儿如雷炸脑，一会儿隐隐约约很遥远，这时我已经没感觉了，麻木了，脑子完全停顿，不会哭，不会笑，什么也不会。

只见进来一帮人围着我说话，谁也不直说，作协那些人多鬼，谁都怕把

一九八八年写作《一百个人的十年》到唐山做口述调查时，顺访地震遗址，一时禁不住把这自然与社会的两个大灾难融为一体了。

我刺激疯了担责任，绕着弯子做开导工作。我毫无反应，只见许多双眼直对着我，许多嘴巴在动。恐怕这是人将死时的一种感觉吧。

当天他们不叫我回家，把我弄到一位老作家的爱人家里。这女人和老作家划清界限，家里只有她和一个女儿，作家协会还加派一个女干部陪我，大概怕我出事。其实我不会出事，因为我像傻子一样已经什么都不懂了。不会思维，不知道时间，连他死没死的概念也没有，恍惚只觉得自己是个动一动都很困难的肉体。

后来才知道他是从五楼窗户跳下去的，摔得血肉模糊，许多骨头都断了，很惨。他出身好，政治上一直受优待，受不了这种歧视和委屈，尤其是自尊心承受不了，只有走自杀这条路了。作协打电报叫他哥哥来处理后事，他哥哥却不想见他尸体，怕受不了。丧事处理完，已经半个月过去，他哥哥来看我。

那天的感觉异常奇特。我正混混沌沌之中，一见大哥，好像突然受到一种刺激，半个月的恍惚一扫而光，一切细节都清清楚楚地一齐涌来，我异常地清醒，非凡地明白，死而复生，感觉很振奋那样，却一下子扑上去抱着大哥大哭。我明白他确实没有了。

大哥好像瘦多了，皮包骨头，眼睛显得大大的，眼泪哗哗流，眼神和他一样。忽然我感觉他留给我的种种眼神刷刷地往大哥的眼睛上重叠，这一瞬间，我没疯了就算福气；当然，我要是真疯了就不见得再经受以后那些罪了……

我已经一无所有了，把家拆了，家具物品，锅盆碗筷，所有东西全廉价卖掉。他是反革命畏罪自杀，没有丧葬费，大哥靠工分吃饭，也没有返回去的路费。我分给大哥一半钱，挥泪而别。我当时急渴渴只想摆脱，摆脱北京，摆脱他死的地方，摆脱这一切，摆脱得愈干净利索愈快愈好。这就背起行李卷儿，孑然一身，去往一无所知的燕北。

下部分：崇拜的回报

十

生活给我的第一个教训是：天真比愚蠢更愚蠢。

我到达大同的燕北专署报到后，知道自己被分配到山阴县第一中学教书，立刻对管分配的一位处长说："我发生了一些事，不能当老师。"跟着就把这些事一五一十地说了。这也是我多年受党教育的结果——有事不能瞒骗组织，只有对组织说清自己才感到轻松坦然。我上午说过，下午就觉得空气凝固了。来到燕北报到的各地大学生都像看稀奇动物一样看我，有的扭过脸喊喊嚓嚓议论。我感到一种威胁压来，低头回到招待所，同屋一个三十多岁挺爽快的当地女人问我："你爱人死了？"我惊奇地问她怎么知道的，她说中午时专署那位处长把待分配的各地大学生都召集起来，说有个危险人物，要大家警惕我，注意我的行动。他把我向组织汇报的话全兜出来了。

我便不敢出屋，躺在床上仰面瞧着屋顶，饭也不吃，心想我这辈子全完了，我才二十一岁呀！

第二天一早，我想再找那处长谈谈，一出招待所大门，一个小姑娘就朝我尖声叫："反革命！反革命！小寡妇！小寡妇！"

这就促使我对燕北专署不辞而别。我脑袋一热买票去到西安姐姐家。一见到姐姐那张标准的党员面孔就懊悔不该来。我只说山西武斗没处报到，便来看她。姐姐天天上班，我就在街头漫无目的地乱走一气，直到把身上钱花光，茫然站在西安来来往往的人群里，心想哪里是我的去处？四川父母那里，不行，父亲是石油工程师，也在挨整，不能把自己的痛苦再加给他们。我耳边忽然响起他大哥离开北京时说过的一句话：

"你要是实在受不住时就来吧，有我们一口吃的，就有你一口吃的。"

我便卖掉身上唯一值钱的手表，换了七十元，买张去南通的车票。在火车站我给姐姐写封信，把我的一切遭遇装在信封里寄给她。

过后姐姐写信，说她看见信哭了一夜，怨怪我把最需要安慰的机会没有给她……

十一

我到达大哥家时，他母亲正住在那里。听说我来了，从屋里跑出来，长长瘦瘦的老太太，飘着满头白发，一双小脚迈着很大的步子，跑得太快，忽然绊倒，摔了身土。我扑过去抱住她，娘俩互相紧抓着对方后背失声痛哭。我们共同失去一个人，但此刻好像失去双倍的亲人啊！

大哥说："你要愿意在这儿，咱就苦在一块儿吧！"

这样，我便随母亲住到乡下。

一住进曾经生他养他的那几间茅草屋，就有种小鸟回巢、游子归家的安定感觉。我想，工资、工作、大学生的待遇全不要了，死也死在这里了。我天天跟随乡亲们干活，锄草耙地收麦子，也不要工分。我和他母亲在一起时，常常有种他并没死的错觉，觉得我就是他，这错觉给我很大的安慰。乡亲们都很亲近。他们模模糊糊知道一些事，但从不问我。我便像在狂风恶浪出生入死地挣扎过后，躺在沙滩晒太阳一样，出奇的宁静，无限的宽解。有时痴望着村北烟云雨树，水田中淡淡的倒影，大片大片浓得化不开的鲜黄的油菜花，我会幻想出他童年骑在水牛背上和少年在田埂中玩耍的身影……

这期间，燕北专署发现我失踪，到处打听我。电话打到北京、西安、四川，最后知道我在南通，就一封封信催逼我回去，直到寄来最后通牒。我原想抱定宗旨不去，但不久，农村也搞起"文化大革命"，特别是《公安六条》下来，我算反革命家属，属于管制对象，情况变得紧急。一天夜里，大哥从公社骑车风风火火跑来说，村干部告诉他："你弟妹是逃亡的反革命家属，明天早上要斗她，你快转移她吧！"

母亲发火了，她的脸颊直抖说："他们要把她怎么样？先把我老命要去！"死活不叫我走。

我想，不行！这时候，他两个叔叔都被打成"叛徒"，家里的情况不妙。再说农村斗人很野，动不动乱棒齐下。我又怕回燕北，怕那位处长，怕那些眼神。整个世界都在逼我，我已经没出路了，便想到死。干脆就找他去吧！最无妨碍的去处，只有死亡。但我决不能死在他家，决心下定，我就说我先回上海暂避一时，母亲才答应。

当夜大哥骑车驮我走，为了怕人瞧见，在漆黑的野地里绕来绕去，天亮才到达南通码头。分手时大哥发现我什么东西都没带，他哪里知道我永诀人间的决心。人本来空手而来，空手而去，什么也不需要的。

我清清爽爽上了船。

十二

一个人只有要死的时候，才更有求生的欲望。当船行海上，我在滑溜溜的甲板上徘徊。那天天空特别暗，大雾浓得几乎船都钻不出去，看不见远处的海水，只有偶尔看到对面开来的模模糊糊、鸣着船笛的大船影，还有海鸥突然一闪就消失在湿漉漉的海雾里……

愈是没有出路，愈想找到一条出路。我甚至憎恨自己惧怕自杀的怯弱。在一阵阵死的念头愈来愈强烈地袭来时，我突然听到船上扩音喇叭播放的样板戏《白毛女》中的一句唱词："我、不、死！我——要——活！"一个个字吐得特别尖利，特别清晰，猛地刺激了我。我忽然想到，白毛女遭受到那么大屈辱，在深山丛林中吃野果子也还要活，我为什么非要死？陡然我浑身都响着这三个字：

"我——要——活！"

虽然我不知自己为什么非活不可，但我有生以来第一次受到"求生"两个字本身那么大的鼓舞。我冲动，我激昂，我混乱，也茫然，糊里糊涂到上海站了。被人群挤来挤去挤下了船，回到上海，回到了人间。

我这个"文革"的受难者，反而被样板戏——这个"文革"文艺怪胎救了，多荒诞！

崇拜吗？这时对于我已经是个很模糊的东西了。

十三

到达大同专署后，作为惩罚，他们把我分配到燕北最穷最苦的一个地方——O县当教师。

O县非常封闭。愈封闭，消息传播愈快。我一到那里，我的事在县城几乎家喻户晓。走到街上都有些破衣烂衫的人指指点点议论我。县军管会政工组对我说："我们已经研究过你的问题，你去丁家窑公社教中学。记着，你要接受贫下中农再教育，不许乱说乱动，有事外出必须向我们请假。"我对这种话已不再感到压力，麻木地点头称是。

第二天，我乘坐丁家窑供销社一辆拉东西的大车去学校报到。这种大车每两天由丁家窑来一次，送来山民们挖的甜草根和农产品，再带一些可怜巴巴的生活必需品回去。我把行李扔在车上，跳上去。车子一出县城，哎呀，真是美极了的一天。

这地区处在山西和内蒙古交界，全是平缓又单调的丘陵。没有路，只有大车轱辘轧过草地后留的两条浅色的印子。赶车的老汉和我言语不大相通，很少说话，七八十里的路程中几乎看不见一个人，有时觉得只有自己和自己。又大，又空，又静，又舒服，脱离人世其实并不寂寞；前头是三匹马和老汉的背影，左右是对我绝无伤害的大自然，长长的草叶刷着大车嚓嚓响得很好听。在车子晃晃悠悠中，我便不自觉唱起歌来，唱完一个再唱一个，把我所有会的歌全唱过来，无忧无虑唱了一路……我尽量什么也不想，享受这一切。真恨不得这条路没完没了，一直走下去，几万里，几十年。

下午五六点钟到达一个山坳里。赶车老汉说到了，我大吃一惊。黑蒙蒙大山影中只有孤零零两排空砖房，周围没有村庄。没等我问，赶车老汉说："这是学校了。"就把我交给一个又聋又哑的老头。这老头给我拉风箱蒸几个土豆，一碗盐水，便是伙食，然后领我到一间阴冷的小房里叫我住下。既没有校长老师，也没有一个学生，哪里叫学校？我惊愕又惶然，好像进了迷宫。当晚在空山空屋里，我害怕极了，白天脱离人世的快感全没了，我十分需要一个女人，我跑去拍那老头的门，说我要找个女人说话。无论我怎么叫喊，用手比画，但他又聋又哑，只摇手，不懂。

都说地狱十八层，我现在在哪一层，是不是到最底下一层了？我整夜心里在叫——生活呵，你到底还有什么更糟的，先把最糟的叫我尝受行吗？

十四

我住的这里是公社革委会所在地，占前一排房，只有革委会主任、副主任、一位秘书、一个抓药和送信的通讯员、一个兽医，再一个就是那聋哑伙夫，大都是老头。后一排房是学校，公社准备办个中学，从各村小学招收学生，但当时闹"文革"，孩子们都无心上学，所以房子全空着。革委会主任说："你自己到各村去动员吧，动员来一个就教一个，没有学生来你就没事儿。"他见我很为难，便说："你去胡柴沟找一位联区校长，他姓王，他说咋办就咋办吧。"

我心想找到这位王校长就找到明白人了，跑了二十多里山路摸到胡柴沟，一见这位王校长，心里的感觉马上发瘆。他个子很矮，下巴满是胡茬，两眼凶凶瞪着我，好像对我这个北京来的大学生有种透入骨子里的仇恨，先给我一个下马威说：

"你的情况我早听说了。你主要任务是接受贫下中农再教育，捎带办一所中学,自己去动员学生。"

除此他二话没有,似乎看我一事无成才好。这么大的公社我怎么去动员学生?幸亏公社秘书热心,撕块纸,拿笔画个草图,我就按这图在完全陌生的荒野村中像个流浪乞丐,挨个村子串,上门动员。没等我动员来一个学生,县里忽来紧急通知,全县六百多教师立刻都集中到县里办学习班,搞清理阶级队伍。灾难又要迎头重来。

十五

清队运动来势凶猛,我大概很难逃过这一关,索性去找县武装部政委,他直接管教育系统的运动。我从头到尾把我的事说一遍。这次不同于在燕北专署那次天真地向组织交心,而是很清楚自己处在任人宰割的境地,反而无所畏惧,索性好歹全兜给他了,要整死我最好快一点。出乎意料地是他眼里流露出这世上难得的同情。我便问他:"我这些事在学习班该不该谈?"

他说:"这是你个人问题,可以谈,也可以不谈,但谈不谈都和我们县没直接关系。"

我明白,他不能不这样说,实际上是暗示我可以不说。有这个大人物的态度,我心里轻松多了。但到了学习班如进了绞肉机,我不说那王校长总拿话敲打我,尤其整别人时,打得很凶,故意做给我看,吓我。我想,再不能吃天真和认真的苦头了,咬紧牙关一声不吭。

这种穷乡僻壤斗起人来比大城市野蛮得多。有时把县长、县委书记们弄来批斗,用铁丝拴上几十斤的大粪桶挂在脖子上,一边斗还一边往桶里扔石头,粪汁溅得满身满脸。有的人熬不住就自杀,找不到自杀的家伙,便在吃饭时把筷子插进鼻孔,把头用力往桌上一磕,筷子穿进脑子;还有的跳粪坑活活憋死。半个月后在王校长操纵下,矛头明显转向我,气氛紧张得叫我天天犯心跳。一天,大家正在屋里学习毛主席著作,我坐在炕上,王校长突然对我喊一嗓子:"站起来!"

我立刻在炕上站起来。

王校长说："你敢站得这么高，好大胆，比墙上的毛主席像还高！"

我从炕上跳下来，顶他一句："是你叫我站起来的！"

王校长一脚把我踢到门口。不知为什么，我马上想蹿出门跑去找那政委，好像那政委是我的保护人。王校长一把抓住我说："你想跑？"这就要大开杀戒了。

我不知打哪儿来的勇气，说："咱们的最高领导不是武装部政委吗？好，你去问他，他叫我说，我就说！"没想到这一来，他怔住了。他们不摸底，其实我更不摸底，谁知政委会不会保我。我只和他见过一面，他不过流露过一点同情，说几句模棱两可的话。那年代同情是种多么软弱和不可靠的东西呵。我的命运全押在政委手里了。

他们到县武装部去问。我更没想到政委对他们说："她的材料没来，能搞出什么事？"居然把我保住了。后来学习班里一些没问题的大学生们被派下去劳动，政委也叫我去，这便使我意外地从一个滚滚而来的巨轮下逃脱出来。我当时对这位好心政委抱着无限感恩之情，把他当作天下第一好人，哪里知道他另有目的呢。

十六

我回到丁家窑公社后，天天奔走于荒山野岭中各个村子间，去动员学生来上学。一个小小女子在旷野独行，既怕见人又怕见不到人，见到人怕是坏人，见不到人怕迷路。有一次我竟糊里糊涂从山西一直走到内蒙古，被内蒙古那边人当作特务围了一天。冬天大雪盖地，野兽出来寻找食物，常常能在雪地上看见狼或豹子的脚印。我就不停地大声唱歌为自己壮胆，有时唱着唱着哭了，我不知自己为什么这么干……可是，也许被我的诚心和辛苦所感动，居然动员到二十八个孩子来上学。他们都住校，立时把我生活的孤单冷落全驱赶走了。我既是校长，又是教师，上课摇铃也是我。天天早上四五点钟我召唤他们起床。大山中的早晨空气清洌，第一件事是带着他们站在空场上，高举小红书，向着太阳升起的地方对毛主席请示。这感觉也挺神圣的。崇拜？我说不清了。

反正我需要一种精神支持自己，鼓舞自己，把自己装满，否则你怎么活？这段时间我还算快活，眼瞧着这些穷孩子学习成绩突飞猛进我高兴。有时批作业，备课，搞到更深夜半，惹得黄鼠狼下来"嚓嚓"撕窗纸，吓得我打哆嗦。孩子们都给我说，只要听到窗纸响，吹灭油灯，黄鼠狼便会走开。我和孩子们处得感情融洽，他们见我吃得很苦，一起到野地里挖甜草根时，就拾些野鸟蛋塞进我口袋里。一次我伸手掏手绢，手指碰到一个黏乎乎、肉乎乎的东西，我惊得大喊大叫。原来一个鸟蛋在我口袋里孵化了，小肉鸟破壳而出，孩子们全咧开嘴笑了……他们给我多大的安慰和欣悦呵。

五月端午节，二十八个学生每人从家里端来一碗用土豆、豆腐和羊肉蒸的黄糕送给我吃。这时又搞起"急整顿"运动，王校长带领各村小学教师来我这里开会，看见这些黄糕，王校长当面点我说："现在没有直接的反革命，都是打着红旗反红旗的，笼络学生，搞成他的接班人，这就是阶级斗争新形势下的反革命活动！"我没别的出路了，就提出下到村里去教小学，王校长马上同意，并通知我要去的那村的贫下中农革委会警惕我的一举一动。

我再没劲儿了。我发现，一个人，打起精神也是活着，心灰意懒也是活着。一次我从一面小镜子里看见自己满面灰尘，马上洗过，再看，依旧灰蒙蒙，无光，眼睛竟然也没有光泽。可是我这时才二十四岁呀！

十七

突然一天，喜从天降，县里下调令，调我到县中学教化学。但到了县中学不久，武装部政治科一位干部对我说，调我来县中学是政委的决定，然后吞吞吐吐半天才说，政委有个内弟在大同煤矿当工人，一条腿有残，光棍儿，希望我能嫁给他。一下子我才醒悟，在清队时受到这位政委特殊保护的真正原因。我感到我命运中的一切幸运，都是以双倍的牺牲为代价的。刚刚为自己逃脱开王校长的控制而庆幸，转眼却落入政委更有力的手掌之中，绝难逃脱。清队时那次不过把我从笼子里放出来，这边却早下一道网了。幸亏县中学校长是山西大学六五届学生，为人正直，经历也有一段坎坷。他很同情我，便仗义牵线把我介绍给另一个县的小学教师——也是由外地分配来的大学生。经过许许多多曲折，我嫁给这位大学生并因此调出 O 县，去往 K 县。虽然彻底得罪了那个政委，却从此也了结了我这长达十年、不堪回首的苦难。

十八

我这男人老实厚道，待我很好。但我对于前夫的那种感情却很难再现。那不仅是初恋的纯情，更是一种崇拜才有的圣洁，以及全部生命的投入。一个人只能有一次这样的崇拜，一旦破碎，永难复生。特别是"文革"结束后，我前夫被落实政策开追悼会的消息传到南通，不到十天，他母亲便死去。我对人生才算真正的大彻大悟，此生此世不再可能崇拜谁了，因为我经过崇拜的毁灭和毁灭的崇拜。我能在这两种毁灭中活下来，是我平生最大的幸运，当然也是最大的不幸！

被崇拜者搞垮崇拜者，是一种心灵屠杀。

一九八九年四月

一个八岁的死刑陪绑者

一九六八年　八岁　女　Y省G市学龄前儿童

　　愈揪不出爸爸愈冒火——公安局确定反动标语是一米二左右孩子写的——糖果、看电影、割掉爸爸的鼻子喂老虎——我被押到刑场面对一杆枪——"别怕，孩子，他们在逗你玩儿呢！"——为什么那次不枪毙我？——我是在童年就低下头的

　　你要求亲身经历"文革"的人自己口述，我想转述一个故事给你。这是当事人亲口讲给我的。我一直打算把它写成小说。可是读了你的《一百个人的十年》一些篇章后，觉得这故事放在你的书中更合适，我想你很难找到这样一个深刻的典型，更能揭示"文革"的残酷性。

　　这故事的主人是一个八岁的死刑陪绑者。怎么，你不信？对，八岁，不是十八岁。她面对一杆枪时，并无绝望心理，相反认为好玩儿。你别急，我把这故事马上讲给你，而且完全如实地讲，不加一点虚构的成分。我知道你要求一种事件本身的彻底真实。

　　那是七九年，云南边境的战火未熄，我去前线采访。由北京飞到昆明后，忽然感到胸闷，喘不过气。有人说这是高原反应，往南走地势低就会好些，我便一天也没在昆明停留，拉上两个从北京来的画家搭伴，乘车经K市到达G市。据说由G市再往南必须翻山越岭，必须搭军车。天色已晚，不容易找到车搭，便在G市过夜。G市已经很有些前线气氛了。街上有许多军人；不

少装满军用物资的大卡车，蒙着大网，插满松枝做防空伪装，停在道边；人们谈话也大多是战争内容。我们跑了几家旅店都因客满而碰壁。经市委安排，我们住进市委的第一招待所。

在招待所食堂吃晚饭时，服务员是个看上去十七八岁的少女。她好勤快，给我们上菜时一看我就笑。她长得漂亮，一笑更漂亮。但这不是城市常见的那种艳丽的、时髦的漂亮，而是像云南山水，清亮照人，一无修饰。我真很少看到这样一双透亮的眼睛，她撩起眼皮看你一眼，就像在钢琴的高音区敲一下琴键。随便一笑，都是把世界上最美好的感觉送给你。可她不像一般云南姑娘那么矮小，倒像北方乡间的女孩子，红扑扑脸蛋；端起菜碟来，那胳膊是方的，手腕很粗，指头都是圆圆的。她的漂亮是融在一种淳厚的气质里。我问她："你为什么总笑我？"她说："你个子太高嘛！"又一笑。她说得直截。也许我见到城里的姑娘都太会说话，会装腔作势和绕弯弯儿，一遇到这种纯朴的女孩子，就像出城到乡野看到树林、草原、飞鸟、自在流淌的河水那样，一片自然，令人欢愉。我同行的那两位画家比我对美更敏感，画家的天性是抓住美不放。他俩向她提出，晚上她下班后，请她到我们房间，为她画像。她表情似乎有些为难，可是当两位画家告诉她，我是个作家时，她专意看我一眼，这回没笑，竟毫不犹豫地点头答应了。

晚上，她来了。刚刚下班，白布围裙还没解下，进屋时使围裙擦着刚洗过而湿淋淋的一双白手，这滚圆的小手给凉水刺激得通红。两位画家请她坐下，支起画板，这时她略略有些拘束。一位画家说：

"老马，你跟她聊聊天，她就会放松了。"

我笑着对她说：

"你不怕作家吗？"

不料她挺郑重其事地说：

"我正在找一位作家，写写我。"

我大笑起来，说：

"你一个小姑娘有什么好写？写你哭鼻子吗？"

更不料，她那明亮的眼睛一下子暗下来，好像乌云的阴影顷刻笼罩水面，居然一种忧虑的、愁惨的、苦涩的情绪灌满了她的眼眶。这绝不是一个纯真的少女应有的神情，倒像一个饱经苦难的人才有的目光。她自言自语地说：

"你不写，将来我练习，自己写！"

我怔住，难道这姑娘真有什么非凡的经历？我点点头说："好，你说，我给你写。"就在说这话时，我要命也想不到，她竟然说出了下面一番令人难以置信的经历。她说：

"我当了十年反革命，去年才平反！我父亲是市委的中层干部，我家住在市委宿舍大院。'文革'开始时，我六岁，那时什么也不懂，记的事也都模模糊糊，有的事还记错了。比如我记得有一次有一群人闯进我家翻东西，打了我一个大耳光，很疼。后来爸爸说，没人打我，那是打爸爸的。大概我记得的只是一种感觉。打爸爸就像打我，很疼很疼的感觉。爸爸在'文革'前是组织部干部处的处长，'文革'开始时挨批，靠边站了。后来造反分两派，爸爸参加了一派，偏偏军队介入'支左'，支持另一派，爸爸就倒霉了。可爸爸这派大多是市委的中层干部们，组织性强，'文革'初大小都被冲击过，更不敢做半点打砸抢那类过火的事情，对立面抓不住把柄，很难把爸爸这派搞垮。但一次两派大联合谈判时，爸爸这派头头没注意，把一本《红旗》杂志坐在屁股下边。对立面有个精明的人上来一下抽出《红旗》杂志，里边有毛主席的照片。那时的杂志几乎全有毛主席像，这么一下就被对方揪出来。侮辱伟大领袖毛主席，罪大恶极的现行反革命！'军宣队'立即宣布爸爸这派是反动组织，这派马上垮了。开始揪坏人，凡是过去有点问题的都给打成阶级报复分子、黑帮分子、反革命分子。可他们拿爸爸没法子，爸爸没有短儿。他以前当干部处处长时，总得罪过人，有人恨他，恨不得这下把他整下去。派出不少人内查外调，愈查不出问题火愈大。爸爸本来是不抽烟的，那时却天天抽许多烟。一天抽烟睡着了，把棉褥烧个大窟窿，多亏妈妈一盆水泼上去。真烧起来就会被人家说成放火搞破坏或企图畏罪自杀。压力真是压足了。我妈的心脏不好，整天闹心跳，不知哪天要出什么大祸。可没料到，一天出了一件意外的事，目标全集中到我身上。

"这天，我们市委宿舍大院的院墙上，出现了一条反动标语。写着'打倒毛主席'五个字。公安局来查，根据现场情况确定，是一米二上下的小孩写的。他们根据三条：一是'反标'的位置离地一米，比成年人蹲着写高，又比成年人站着写矮，正好是小孩站着写高矮正得劲的高度；二是字迹歪歪扭扭，很像小孩的笔迹；三是成年人写这种'反标'不会写'打倒毛主席'，应该写成'打倒毛泽东'。市委大院一米二左右的孩子总共十五人，当时排排队，确定四个重点，都是父母有问题的。只有父母有问题，孩子才可能写这种'反标'。这时，爸爸对立面那派插手了这件事，说是协助公安系统破获这起重大反革命案件，内定重点是我。说我爸爸反动，又狡猾，对'文化大革命'怀恨在心，教唆我写的，当然，他们的目标很明确，是想搞爸爸。当时我八岁……

"他们把我弄去，开始是拿糖哄我承认。从小我爸爸就绝对不准我说瞎话的，也许由于这严格的家庭教育，救了爸爸他自己，我说不是我。他们便送我小人书，画片，还要带我去看电影，我还说不是我。他们就冒火了，那群大人围着我一个小姑娘拍桌子打板凳吓唬我，说我再不承认就去打我爸爸。还说他们要使什么法子打——说用钢笔扎爸爸的眼睛；说用绳子勒住爸爸脖子不叫他吃东西，活活饿死；还说用刀一块块割掉爸爸的肉，手指头、耳朵、鼻子、舌头，一样样带着血扔进公园的笼子里喂老虎。说着真拿起一把刀，装作马上就要去的样子。我吓得哭呀，求呀，怕呀，叫呀，可是还是没说瞎话。我那时才八岁呀，很容易受骗，很容易被吓得上当，为什么始终咬住没胡说，自己也弄不明白。现在想起来真后怕，万一上了他们圈套，一句话，爸爸早给枪毙了……那我也活不到今天，等长大懂事，自己也会悔恨自己而自杀了……

"那段时间，他们为了给我增加压力，把我当作反革命，当作真正的囚犯关起来，不准我和爸爸妈妈见面，倒是很少打我，但常饿我，每天提审一次。随后他们好像没招儿了，就把我弄到市委大院批斗，也挂上牌子，戴高帽，帽子上写着'现行反革命××'，还在我的名字上打上'叉'。那天给我的印象很乱，围了许多人喊口号。我一眼在人群里看见妈妈，她睁大眼睛全是泪水，头发很乱，我大叫一声：'妈——'就昏倒了。后来放出来，妈妈说，那天她并不在场，倒是通知她必须去参加我的批斗会，可是她心脏病突然发作，没去。

"一天，我不想说那一天是几月几日。我家永远记得那日子，我一说，我现在立即就会……就会……好，我就说这天的事吧……

"这天，他们说今天要枪毙我。我不懂什么叫枪毙，问他们，他们说，就像电影里打敌人那样，开枪打死你。我哭了，我说我再见不到爸爸妈妈了吗？他们说，永远也见不到，而且什么好吃的、好玩的、好看的，你全不知道了。你要承认是你爸爸叫你写的，就不枪毙你。我说，不是我写的，我想见爸爸妈妈……

"我给他们带到刑场，一片大开洼地，和几个真要枪毙的死囚排在一起，背后是大土坑，那些犯人都给绑着，没捆我，可我吓呆了。对面一排人拿枪对着我们，其中一杆枪对着我的脸，我忽然看见不远处一群人中有爸爸！后来才知道他们在逼爸爸，叫他承认是他叫我写的'反标'。我放声大叫爸爸，要跑过去。这时管执行的人大喊一声：'放！'

"'砰'的枪响。我旁边那排犯人突然像柜子一样'哐当'全栽倒。一个脑袋打飞了，像个大血蛋飞得老远。我吓得原地没动，以为自己死了。眨眨眼，动动嘴，好像全没知觉了。只见爸爸张着大嘴朝我跑来，扑向我，一下把我紧紧抱住。我说：'我死了吗？'爸爸说：'没有，孩子，你别怕，他们这是逗你玩儿呢，这些人都是假死！'我听后，'噗'地笑了，脑袋扎在爸爸怀里。我真的以为这一切一切，都是哄我玩呢……

"……以后，我被放回家。回到温暖的家就以为那一切全过去了。照旧跑出去找小朋友们玩儿，可是同院的小朋友都不搭理我，有的还朝我扔石子儿。一次，一个过去跟我要好的小朋友骂我：'打倒小反革命！'气得我一直追到他家，找他讲理，要他向我道歉。他妈妈出来也骂我：'干什么，你还想翻案？'从这句话起，我好像一下子大了，也垮了，这'小反革命'像一块沉重的大石头在我身上背了十年！上小学困难，升中学也困难，红小兵和红卫兵组织都不要我。我就像在那些机关单位被管制的'牛鬼蛇神'，不敢多言多语，不敢和同学们说笑和玩儿，碰到不讲理的事也不敢争一句。天天下课，扫地、擦黑板、收拾教室，想这样做来换取同学们的好感，哪怕是一个亲切

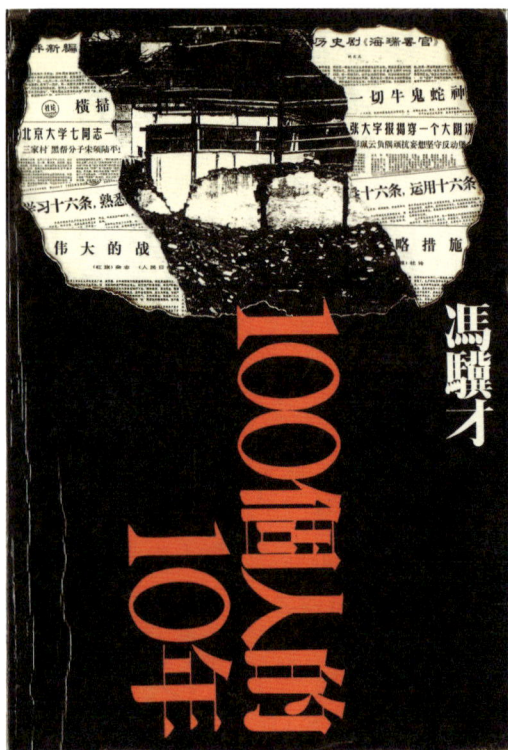

《一百个人的十年》，纪实文学集，一九九一年，
江苏文艺出版社出版。

的眼神儿也好。可八年里我没有一个知心的同学，好像我身上有可怕的传染病菌，人人都避着我。上中学时我换了一个较远的学校，以为别人不知道我过去那事，好受一些。可一次下乡劳动，指导员派我去拉粪车。所有同学都不去，只派了我一个人去。我很奇怪，没等我问，指导员说：'粪虽臭，但灵魂里的粪更臭，什么时候你不觉得粪臭了，你的灵魂就彻底被改造好了！'我才知道，背上那石头仍旧牢牢存在，一辈子也卸不下来。当夜，我跑出来，撒开腿在野地里跑了两天两夜。后来爸爸在一条大河边找到了我，我正想死。爸爸为了找我，跑了两天，鞋子都跑破了。我朝爸爸叫着：'为什么那次不枪毙我？活着，天天都是在陪绑呀！'……

"从那时我退了学。在家帮妈妈做家务事，除去买菜买东西，很少出门，也不搭理任何人。生活把我开除了，生活还有什么意思？我恨我年轻，前边的日子太长，没有头儿，整天闷闷的，直到粉碎'四人帮'，爸爸单位清理'文革'问题时，发现一份有关我的材料，才说给我平反落实政策。可这时我才十九岁，又没有工作、工资、住房和查抄物资的问题，落实能落实什么呢？政治从来不对人的心灵负责。管落实政策的那人还不错，很同情我的遭遇，后来他想到一个安慰我的办法，也是他仅仅能做到的事情。他说，你年纪不小，不能总待在家，应该有个工作，就到市委招待所食堂当个服务员吧。我心想，守在家，妈妈心里总有个负担，就来了。到今天，才来三个月。三个月里，我干的活比谁都多。别人以为我这是出自对落实政策的感激，才拼命干活；其实不然，干起活才能不想事呀，可有时忽然觉得自己像当年在学校打扫教室时那样，总有种负罪心理纠缠着我，摆脱不开，干着活就想到劳改，很不是滋味……这心理你们是很难理解的。我是在童年就低下头的，这头不好扬起来呀……"

姑娘讲到这里，喉咙好像叫什么东西卡住。但她眼里并无泪水，脸上也没有任何激烈的神情，平静得有如阴云密布的天空，隐隐的像要打起响雷。但我明白，她不会再有倾盆大雨、雷电交加的宣泄。年纪轻轻，却早把生活中最难承受的东西都消化过了。我扭头忽然发现，我那同伴、两位画家听得睁圆眼睛，张大嘴，无话可讲。画板上的纸，白白的，没有一笔，正如我当时的心境，一片空白，一片可怕的空白。

真正的残暴，是针对无辜。

一九八九年一月

我到底有没有罪？

一九六六年　三十岁　女　T市儿童医院医生

一九六六年八月二十六日红卫兵大抄家高潮——整整三天经受非人虐待——用水果刀切断父亲颈动脉——以"抗拒运动杀人罪"判无期徒刑——十二年半的监狱生活——一九七九年三月二日被宣布为无罪释放

我是亲手杀死我爹的。这你是知道的了。

前两天我预备跟你谈，我抑制不住要谈，谁知昨天一夜没睡着觉，原打算今天不谈了。就是啊，一想那事，我爹我妈那天那样，一切好像都在眼前。回忆一次等于脱层皮呀。我血压高，怕自己受不住。想把今天这事推了，可一见到你，我又非谈不可。就是啊，谈出来未必不好。

我的伤痕是无法治愈的。二十年了，到今儿也弄不明白我杀死我爹对还是不对？当初判我无期徒刑，粉碎"四人帮"又判我无罪释放。我到底有没有罪？家里人，哥哥嫂子都说能理解我，可毕竟是我把他弄死的。如果不是我，他身子棒棒的准能活到今天啊。当初我是救了他还是害了他？为什么我一会儿觉得冤枉，一会儿又悔恨自己呢？那时我像是神经错乱了，真有神经错乱那感觉。弄不清楚，反正乱七八糟全乱了。

六六年八月二十六号早晨。不不，事情是出在八月二十八号早晨，二十六号是我家开始被抄那天，也正是在大抄家高潮时候。忽然砸开门进来一拨中学红卫兵，说我爹是资本家。其实他根本不是资本家，只是祖上留下一所房子，楼下一间住不了的租出去，顶多够上个房产主吧。可那时出租就算剥削，不劳而获。稀里哗啦就全砸了。一家人都赶到过堂上跪着去。我家都是老实人，没见过这世面，全吓蒙了。我爹是画画的，解放前一张画送到美国展览过。红卫兵拿着展览证书看。好啊，你们跟帝国主义有联系，里通外国，特务什么的。我们简直吓死了。现在想想，红卫兵，那么点儿的小孩儿怎么就把你们吓成那样。可那是"文化大革命"呀！我们一条胡同差不多人家都被抄啊砸啊打啊。说弄死你就弄死你，真吓死人呀！又不是一砸了事。一会儿来一拨红卫兵，一会儿又来一拨红卫兵，一会儿再来一拨，乱抄东西，抄走一拨就贴上一张封条。书呀画呀全弄出来堆成堆儿烧，楼里楼外地冒烟。打二十六号到二十八号，天一亮到天黑，我和爹妈三口就给关在屋里拿皮腰带抽，头发全铰了，还一次次架到胡同口跪在地上批斗。不让你有一点闲着，来回来去地折腾，人不是人啦。如果有个地方躲躲就好啦。可躲到哪去？全市都在闹抄家，到处敲锣游街批斗啊，紧张死了，紧张到极点了，所以我们才不想活了。

刚才说神经错乱，就是呀，我们当时并没有想跳楼，可我跟我妈不知怎么都从楼上跳下来了。事先根本想都没想，没路可走，逼到那儿一急，眼前那么一黑，跳下来了。

我大哥二哥住楼下。我爹妈住楼上。我是医学院毕业的，在儿童医院当医生。我是团员，干活拼命，还被评作先进工作者什么的。后来随医疗队下农村累病了，肝炎，回家养病，就和爹妈住在一块儿，正好赶上"文化大革命"家里边这场祸事。那天红卫兵进来大棒子一抡，特厉害啊，好像睡了一夜觉，就变成敌人啦。我们一家人跪在那儿，真不知犯了嘛罪。

到了八月二十八号，整整三天我和爹妈根本没吃嘛东西，碗都砸了。就是趁红卫兵去吃饭的时候，拿锅给哥哥的孩子们煮点挂面汤。那天夜里，我和爹妈在楼上，心想一夜过去，天一亮红卫兵又要来了。又得挨斗游街没完没了地折腾，心里紧张，又怕，真是没路了，死吧！我们三人商量好一块儿死。当时楼里电线全切断，大概怕我们触电寻死，黑糊糊。我们三人坐在楼上过堂地板上，商量怎么死法。那天下雨，已经后半夜了。天快亮了，再不能等天亮了，快死吧。我忽然发现地上有个削苹果的小刀，跟钥匙挂在一起，是抄东西时漏掉的。这好像是唯一能救命的工具。我是学医的，懂得要是拿它切断颈动脉，空气一钻进血管就形成栓塞，马上就死，这是最快的一条路啦。我爹问我行吗？我说行，蛮有把握。我妈说，多亏咱闺女学医，有这法儿。我们就商量好，先切断他俩的，最后我自己结束自己的生命。可我没想到，结果并没达到这目的。

临死前，我们三人谁也舍不得谁呀，手拉着手，不知坐了多少时候。我打小和爹妈的感情最深。爹妈打算，他俩死，叫我留下来。我说不行啊，把你们弄死，我就是死罪，也活不成。当时那样子，想也不敢想，一闭眼就像能看见。时候不等人，天要亮了，爹妈抢着叫我下手。任何时候我都不会杀人，更何况杀自己爹妈。可是那时，那种情况，我会做，也只能这么做。我爹说，你干的是好事，你是给咱们解除痛苦。一会儿他们再来，我们怎么受啊。那紧张劲儿逼着我下手。

我打地上摸着个蜡笔头，抓着两块纸，摸黑写了两条遗书。为了家里人和我哥哥他们，是这么写的——

我们是人民公敌，为了不让周围的人受毒，坚决从社会上除掉，无产阶级"文化大革命"万岁！

×××（我原先的丈夫，在外地工作）和姓穆的两家（这是指我哥和二哥两家，我不能叫哥哥，免得跟我们再牵连上）你们坚决走革命的道路，是我们害了你们。

我爹叫我妈先死，我妈叫我爹先死。谁先死谁就先逃命了。谦让半天。我爹说，听你们最后一次吧！他先死。

我摸着我爹怦怦跳的颈动脉，一刺，就觉血热乎乎冒出来了。我爹还说，摸摸我还有脉吗？我说医学上讲用不了一分钟就结束。我爹说恨不得快点没脉。我妈说我们死了，你要干不成自己怎么办？她也明白我必须一块儿完，不能留。我说您结束了，我马上也完啦。我妈就像接受治疗那样等着我给她做。

当时我们任嘛声音没有，也没有声张，不知我二哥怎么忽然闯进屋大喊一嗓子，像是红卫兵来了。二哥的声音简直不像人声音。他上来一把抱住我，我见做不成了，三口没法死一块儿啦，我快急昏了。猛劲挣开他，上了三楼平台一蹿跳下去。根本没想到我妈怎么办，更没想到跳楼，要是脑袋朝下也就完了。耳朵里轰一响，嘛也不知道了。迷迷糊糊过来时，印象是红卫兵声音。是不是，也不知道。再睁眼，已经在医院里。就见我爹躺在旁边，我妈也在旁边躺着。其实那是幻视，闭上眼不敢看哪。心里还寻思，坏事啦，我爸爸要救活了怎么办呢？隐隐约约净是批斗的声音。拿脑袋再想，这是女病房，我爹怎么可能在里头。不相信眼里看的是真的。只好闭眼忍着，耳朵那个乱哪，现在想，这大概就是错乱呢。我尽量张嘴叫，可不知为嘛没声音。

后来再醒过来，就有人来问案，说的嘛记不清了。

我完全清醒过来时，听说我妈妈也跳楼了。她是跟在我后边，我一下去，她就下去啦。后来法院问案时告诉我过程，说你爸爸当场死啦，你妈妈呢，给我们救啦。我一听就哭了，哭我爹死了，也哭我妈。我都摔成这样，她那么大年纪会摔成嘛样，救活也残废啦。等到"文化大革命"完啦，我打监狱给放回来时，嫂子告诉我，我妈摔下来当时没死，抬到医院根本不给治。你知道那时出身不好的不能住院。医院还组织出身好的病人批斗出身不好的病人。我呢，是要负法律责任才给治的。我妈给弄回家，没几天就死了。我爹确是当场就死了。一个礼拜后火化的。

我嫂子说当时把我和我妈都抬到医院，医院一看没我妈妈的事，就把我留下来，硬叫家里人把我妈妈抬走。

医院不能给我这种人治病，很快把我转到监狱的"新生医院"。我是两腿骨折，左边小腿胫骨骨折，右边大腿骨横断骨折，整个全断。就这条腿，打这一断，两截骨头又在一块儿，马上变成这么短，医院拿二十斤沙袋牵引拉开了。可把我送到监狱时，医院非要把牵引的东西留下来，又给我的骨头放回去，好比重新骨折一遍那样。不就是二十多斤沙袋子吗，起码先给我放着呀，不行，硬是放下来的骨头又又回去了。医院对我真是够那个的。那医生啊，现在也不知他在哪儿，但愿他不再当医生了，唉。当时所谓给我治病，因为我要负法律责任。也奇怪，断骨头这么拉来拉去，我一点也不觉得疼，一直也不觉得疼。眼泪也没有，就跟死了差不多。

到监狱时看表是十一点。下午两点监狱医院人上班，才拿着东西给牵回去，牵引得拿大钢针穿进再拉，一会儿放，一会儿拉。拿我真不当人了。牵引时牵错了位，到今儿也这么长着。两截骨头只连着五分之一。关节一挨就疼。这就甭提了，残了呗。

十天后我被逮捕，铐上铐子。这是六六年九月七号。到了六八年军管，定我为"抗拒运动杀人罪"，杀人是刑事罪，抗拒运动是政治罪，更重，所以判我"无期徒刑"。当时我想，死刑倒痛快，这不让我活受吗？这是我的《判决书》，你看——

查被告×××出身于资产阶级家庭，解放后未得到改造。无产阶级"文化大革命"中，竟胆敢积极出谋划策，以自杀来抗拒运动，并亲自动手将×××杀死，后又畏罪自杀，自绝于人民，甘愿与人民为敌，已构成抗拒运动杀人罪。性质严重，情节恶劣，证据确凿。本院为巩固无产阶级专政，保卫无产阶级"文化大革命"顺利进行，特判决如下：

被告×××抗拒运动杀人罪判处无期徒刑。

军管会的一个人对我说，你要是家庭妇女干出这事还好点。你什么不懂？你爸爸问题严重，你杀了他，就是想叫他逃避运动，想救他。所以判你"抗拒运动罪"。

他们说我杀我爹，是为了救我爹。确实是为了救我爹。我一直在想，他们和我说的意思不一样。我救我爹是为了不叫他再受折磨，他们说我救我爹有罪是为了再折磨他。是不是这意思？我绕糊涂了，到今儿也绕不清。

我蹲了十二年半监狱。没自杀，就为了一个，因为我一直以为我妈没死。我想呀，我妈怎么活呢？说好三口人一块儿死，我爹死了，我关监狱，无期徒刑，一辈子甭想再见面……我侄子们每次来探监都说，奶奶在家啦，奶奶告诉你好好改造，争取减刑早点回家。看监狱的人有时也问我，你娘今年多大年纪了？

他们也知道我妈早死了，也瞒我。其实我盼着我妈死，活着多痛苦。当时要是给我个信儿说她死掉了，我就把心彻底撂在地上了。

人在监狱里想法就不一样了。看这人看那人，才知道社会有这么一个角落，聚着好多人是冤屈的。何况我和他们不一样，我是亲手杀死亲爹，我真抱着对爹赎罪的心，又想争取早点出来看我妈一眼，再说特别觉得对两位哥哥有罪。我和两个哥哥是同父异母的兄妹。没人能看出我们不是一个母亲，都拿我们当一母同胞的兄妹。我杀死爹，他们不但不恨我，还常跑来看我，送吃的。哎呀，每次接见时，我的眼泪干了流不出来，我都傻了，见到他们没话，不知说哪好了。我觉得特别对不起两位哥哥。他们说，我们理解你，知道你不是坏孩子，只要你哥哥嫂子在，不会不管你。我真要赎罪呀，对两位哥哥也要赎罪，玩命赎罪只有拼命干活改造。

起头是轧缝纫。电缝纫根本不会，打头学。很快就干得不错。领子活是最难轧的，啊，这是脸面上的脸蛋活，技术活，我干得质量最高就归我干了，还超产。另外墙报、板报，写写画画，也争着学争着干，在哪儿都伸一把手帮人去弄。生产还得红旗得语录什么的。现在你看我这副眼镜，猜多少度？三百五，就是那时轧活时看针眼近视的。附带还给人看病，不光给犯人看，也得给队长、队长的孩子，连看监狱的亲戚朋友，厂里的干部，一叫我就去。人家信任你，不把你当敌人，就太荣幸了。夜里睡半截觉，谁谁发烧了，谁谁肚子疼，抽风了，叫起来一弄就几个钟头。第二天该怎么上班还得接着上。没白天没黑夜玩命呀。这么着，看监狱那些人就对我不错，现在有时还带着孩子到我们医院来找我看病。你别笑，当时他给咱一个和气脸，比什么都强。夸我一句，就美多少天。

这儿跟你提起件事，我是六六年九月七日在监狱医院被捕的。当时我已经结婚，爱人在北京工作。我想到天气一天天凉了，他不少衣服东西在我家里一起抄了。为了不连累他，我写信给他，叫他办理离婚手续，九月底就办完手续离婚。可没多久，他姐姐突然跑来送了二十块钱，还有营养品。我托人告诉他姐姐千万别送钱送东西来了。我那时什么也没有，就留下五块钱，剩下十五块请求管我的一位队长给我娘寄去。那时不是不知我娘早死了吗。

这个队长是个复员军人，起初不肯，我哭着求他，后来他答应了，替我寄去。以后这位姐姐又来送了三十块钱，前后总有五六次，记得总有一百二十块钱，我每次都按同样办法，求这队长替我寄给我娘。可家里人一直没回信给我，我以为家里人心情不好，恨我。一年后对我判决了，允许见家里人了，每次见面光是祝愿万寿无疆身体健康，学语录，就占去一半时间，剩下点时间光知道哭，说不了几句话。家里人不提我寄钱的事，我也不好问了。直到一九七九年出狱跟家里人一谈，才知道他们根本没收到我寄的钱，一次也没有。多年来我一直把那队长当成恩人，这就不懂了。或许是邮局不给送，那时挨抄户是不给送报送信的。可是不送也应该退回来呀！

别说，监狱里还真有好人。有个队长见我瘦成条棍儿。原先我胖着呢，出这事后落到九十来斤。我嫂子来探监时，他偷偷塞了张营养证明。我嫂子再来带了二斤点心，我急了，心想这二斤点心给妈吃多好，给他们孩子吃多好。外边生活也难着哪。在狱时，一个月零花钱才一块五。我没花过，除非买点手纸肥皂，啊，牙膏，牙膏一筒要用几个月。尽劲省，存到五块十块，就给家里捎去。没有家里亲的热的我还活个什么，我对他们有罪呀，在那情况下我力所能及使出最大力量来，也算是赎罪的一种方式吧。

那时候监狱也学习、批判。我就常常狠批自己抗拒"文化大革命"、犯罪的事。管监狱的就叫我大会小会地讲。批一批确实也好，有时自己也悲观，轮到一批自己，说自己受党那么多年教育，应该相信政府相信政策。要是相信政策，嘛事不都过来了吗？一批我就相信政策了，活着有劲了。争取表现突出点，早点出来也好报答报答。你别说，玩命干也管事。七二年给我减刑有期十年。打无期徒刑改到十年算最宽大了。一算，到了八二年就能出来，有盼头了。到了"四人帮"一完，法院重新审理我的案子，认为我是受"文革"迫害，不算杀人，算集体自杀，宣布为无罪释放，又提前了两年半。新的《判决书》这么写着：

原判定×××的抗拒运动杀人罪，不能成立，故撤销原判，宣告×××无罪释放，特此判决。

我是七九年三月二日那天出狱的。当初进监狱时，我只穿着医院的裤褂，白布带蓝竖条的。后来哥哥把我"文革"前存在农村医疗队时的一小箱旧衣服送到监狱。十年一直穿那几件旧衣，出来时破衣烂衫。一见面才知道我妈早不在了。真是当头一棒啊！那么多年没垮了，我妈就是我的精神支柱。可一出来，爹没了，妈没了，全完了，真要垮。

我三月份回来后，"五一"就回儿童医院上班。休息了两个月。因为亲戚朋友来看我的特多，再有在家反而睡不了觉，脑子里尽是事，你说能静吗？原先三个人想一块儿死，结果活了我一个。这滋味不好受。好多人都说活下来就算相当不错了。那么多大领导人，都是跟毛主席出生入死在一起的，爬雪山、过草地，照样不也是家破人亡吗？比你惨的不知多少，人家不照样硬挺腰杆撑着活着吗？

我们单位待我不错，那时我家房子还给人占着没落实，就叫住医院集体宿舍。我是回民，吃饭难，我侄子天天提着饭盒骑车来给我送饭，每天一趟，过了好多年。我呢，医院叫我做"科住院"。按医院规矩，得先做"科住院"，才能升主治大夫。我反正没家，没别的负担，抢时间念书吧！监狱里不许念业务书，现在加倍念书，弥补啊！很快拾起来了。我负责八个病房，打一楼到五楼上下跑。早晨七点半上，晚上九点半下，一天十四个小时。一天上夜班，无意间觉得两脚像踩棉花，一量高压一百八，低压一百。我说快给我打一针。降血压硫酸镁最快，打完半小时再量不但没下去，反倒变二百了。我还挨个儿病房转，可护士们谁也不找我，这是她们互相说好的，怕我再累着。这些人都同情我，尊敬我。唉，咱还说嘛呢！再加劲吧！本来"科住院"要做一年，我半年多就升主治了。

这时，我交了一个朋友，华东纺织学院分来的。当初是年轻有为，一个总工程师对他特别器重。反右时这总工程师成了右派，叫他揭发，他没揭发，反而给总工程师通了信。他说咱不能昧着良心办事。这一下把他也当右派对待。他以为自己就是右派了。这次平反，摘右派帽子，人家看了他档案说，你冤了，你不是右派呀，糊里糊涂地当了二十多年"右派"！不给升级也不给涨工资，也不好结婚。这叫什么？他今年五十多岁了，一直独身，我们就结婚了。我俩有共同遭遇，说得来，他也挺照顾我，相互安慰吧！我二哥把他的儿子过继给我，现在上北京大学了，学外语。最近我爱人又升做厂长。我有了个什么都不缺的家了。

可是至今对那段事还是不能不想。我没法克制自己。虽说不是每天想吧，也不会忘。我总想我爹。我们医院人说，你连个蚂蚁也不敢踩死呀，怎么突然就能下去手呢？那时真把人逼得没人性啦。谁会拿刀杀死自己的爹呀！换平常连想也不会想是吧！我也欠下我妈一笔债，永远没法还了。如果当时我没下手，我爹我妈准能活到今天，看到今天。不怨我怨谁？我无论怎么给自己找理由安慰自己也没用。我又弄不明白，我到底是害了我爹还是救了我爹？当初以为救了我爹，现在总觉得害了我爹。为嘛别的事都想得明白，这事翻来覆去总想不明白。一会儿这样想，一会儿那样想。你说一切都是"四人帮"搞的，别人为嘛都挨过来了，我们没有，还不是我？一想到这儿，我还是有罪，活得又没劲了。有人说，你好好活着，才是对得起你爹你妈。一想，也对，对吧？

我不能再说下去了，你们也别叫我说了，行吗？

在灭绝人性的时代，人性的最高表达方式只有毁灭自己。

一九八六年六月

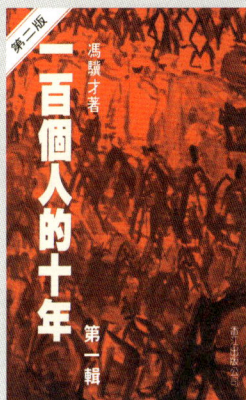

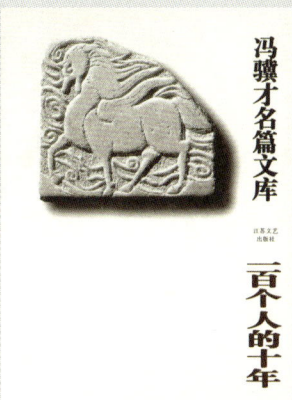

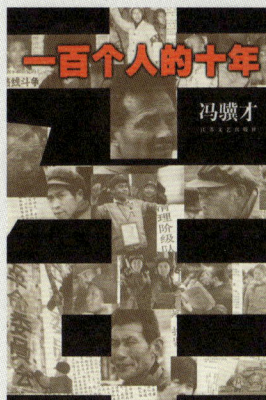

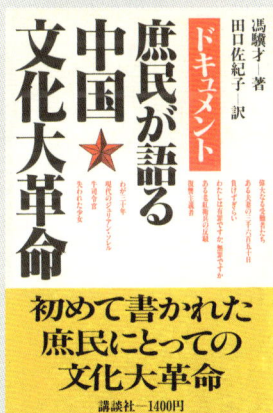

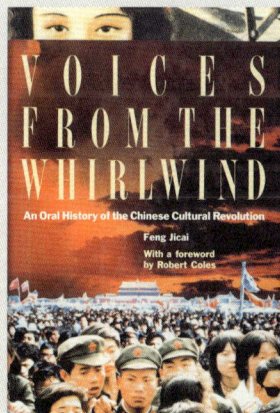

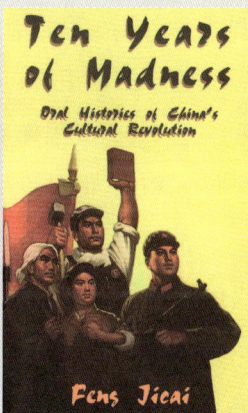

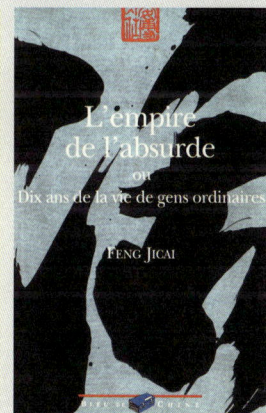

《一百个人的十年》各种版本。

失踪的少女

一九七四年　二十岁　女　S省T地区插队青年

被大雨困在泰山上——一个女孩子突然跪在面前——她把命运押在我手上——一人一棵的"发烟卷"——她和他走时中间隔着两三尺距离——北京西直门草打厂根本没有这个新疆业务员——一幅无济于事、自我安慰的画

我先说，我得给你的工作来点"突破"。我要讲的不是自己的故事，是别人的。可这是我亲身经历的。咱别生拉硬扯，非说这就算我的经历。其实在"文革"中，我自己真的受过不少苦不少罪，有一次我差点疯了。倒不是因为我怕说了受不了，才不说，我这个人心里呀，往往碰到别人的苦难比我自己的事记得还清。尤其这一桩。这人——我想你再有本事，中国这么大，十亿人，你未必还能找到她。我认真寻找过，但没找到……我说这事行吗？行，那好，我说。

七四年吧，那时候我在一个工艺美术学校教绘画。那年春天，挺凉着呢，要外出给学生们上写生课。我和另外一位老师负责。那老师教花卉，我教山水。他带着学生们先去菏泽，牡丹之乡呀，在山东。春天牡丹正开花。他先带学生去那里，画完牡丹再去泰山，由我接着教山水写生。他们走后，我接着就自个儿上泰山等他们。我住在中天门一家小旅馆里，风景当然挺棒呀，上边险峻，下边幽深，往西边还可以山前山后转来转去。可不巧赶上了下雨，春雨没有利索的，下起来没完没了。我只好截着窗子天天画雨景，一边等学

生们，可怎么也等不来。我听说菏泽那边雨更大。照理说牡丹遭雨一打，全败了。怎么他们也不来呢。是不是返回去了？山上没电话，写信一个往返不知要多少天，还得托挑山工把信捎下去，有了回信再捎上来，那可就没准儿了。我算给困在山上了。满山全是泉水声，瀑布也有了，这在春天是很少见到的，先不说这太美的事情了，因为这个故事本身挺惨。

我在山上被困了整整十天。第十一天，云开了，见到蓝天，我赶紧下山。如果不赶紧走，再来场大雨就够呛了。我身上没剩多少钱，必须赶紧走。等我到了山下边，天竟全晴了。我就到泰安车站买了票；车是下午三点的。随便吃点东西，在车站外找个太阳地歇歇。连日下雨，候车室里又阴又潮，待不住。我找到一面大墙的墙根，搬块石头坐下来，太阳一晒挺舒服。旁边还蹲着几个等车的人，有的拿棉大衣一裹打盹，有的打扑克，不知都是等哪趟车的。还有个卖烟的老头摆个小摊，挺静。春天倒是干净，没有苍蝇跟你捣乱。抬眼瞧，正对着泰山，起起伏伏，挺有气势，好像大地掀起的波浪。闲着也没事，我才要支起板子画一画。只觉得一个人朝我走来。

下意识抬起头一看，是个女孩子，穿得挺破，头发很乱，额前的头发把上半张脸盖住根本看不见，何况她又是低着头。她一直走到我面前，看来是直奔我来的，我还没弄清怎么回事，她"扑通"一下就给我跪下。我蒙了，你想我能不蒙？她干嘛给我跪下。我说："你、你这是怎么回事呀。"她不说话，也不动换，跪在那儿。旁边那个披大棉袄的，看样子像个复员军人，还有那几个打扑克的，卖烟的，全都愣了，围过来。我说："这姑娘，你是不是有难处？是吧。"这话一说，女孩子头还是没抬，可泪珠子就下来了，像下雨的雨点落在地上，很快"噼里啪啦"全是泪滴，一片。但她没哭声，好像是憋在嗓子下边，发出咕噜咕噜的声音。我可有点受不了这场面，急着说："这姑娘，你到底怎么回事，是不是没钱，我可以给你，我的车票已经买好啦，剩下钱全都可以给你，怎么，你说话呀，你需要什么我可以帮助你。"旁边那复员军人开了口，说："这姑娘，人家问你话呢，你别光哭行不行，你有难处我也可以帮你。你的难处未必是我们的难处，你痛痛快快告我们成不成？你不信我们能给你解决问题？"一听这复员军人的口音，一听他说话的口气，就知是山东这边人，一股子义气劲儿，梁山英雄那劲儿，叫人一听心里就发热。另外那几个人也都安慰她，叫她快说。这女孩子把脸一扬，挺清秀的一张脸，挂的全是泪珠，像叫急雨淋上去的。脸上没一点血色，眼圈是黑的，一看就是熬得够劲，一副受难的样子。

她说了。说得很简单。字字句句都像枪子打在我心上。

她说她是济南人。出身不好，可是打小就没了父亲。母亲守寡带着她。但都受了父亲牵连。母亲偏偏太直，为死了的父亲辩护几句话，被弄起来。家里的亲戚朋友没人敢沾她，她就自己过日子。她没收入，靠卖家里的东西过日子。一个家叫她快卖空了。她不懂价钱，受了不少骗。直到上山下乡就报名，被分配到泰安这地方山区里。后来母亲死在牢里，也不准她回去见一面。单位处理了结后给一张通知单就算完了。感情上虽不叫她和家里连着，政治上却把她和家里拴在一起。她说：

"当地那些人和我一块下乡的都欺侮我。大队拿我当四类分子看。我有慢性肾炎，犯起病站都站不住，大队偏不派我轻活干。在农村能干活还好一点。我常没得吃，找人借粮借不上，借了也没法还。我实在没法活了，就跑出来。刚跑出来时觉得自己自由，可跑着跑着才知道自己根本没地方去。回济南吧，没人肯收下我。要是返回农村去，大队他们肯定不会饶我，起码打个'革命的逃兵'，今后更没好。我在车站上碰到一个人。他是个业务员，新疆来的，他说他是北京人，现在父母还都在北京。这人三十多岁。他说他是从北京支边到新疆，没娶老婆。他看我可怜，说可以带我去新疆，但必须嫁给他。他今天就返回新疆，我要是同意，他就带我去，要是不同意就算，他就自己走了。我没主意，请你们给我做主，说我该怎么办？"

我完全蒙住了。一个女孩子怎么可能把终身大事随随便便交给一个陌生人做主。可是那时候，就这情况。细一想，她无亲无故，没来路也无去路，走投无路。她又没社会经验，找谁去商量？她肯定是看我的外表像个有点头脑、有点文化的人，选中了我替她决断。这就叫我非常为难了。这是关乎她一生是否幸福的选择。我的一句话也许就把她推向一条生路，也许推向一条绝路。我一向以为自己有点主意。我的朋友们遇到难处，都喜欢听我的分析和判断，但我头一次感到自己无能。我扭头看看那复员军人，意思向他求援，可是他的眼睛正看我，也是一对问号。他那股侠义劲看来也使不上了。我又不能不说话。可是她把她的命运押在我手上了。这分量实在太重。

我拿不定主意，半天说不出话来。这女孩子直怔怔瞧着我，好像非我不成，好像无论我怎么说她都会怎么做。再想一想，那个新疆的业务员要是走了，她怎么办。她活一天，就得有地方睡，就得一天三餐。现在要饭都没地方要去，到处搞阶级斗争，不知你底细谁敢把东西给你吃？摆在面前，既是她的前途和命运，又是极现实的问题呀。

我一急，来了灵感，对她说："你把那新疆业务员叫来，我们看看他再说行吗？"

复员军人看我一眼，好像称赞我这办法对。这女孩子一听，脸仿佛都亮了，马上点头答应，去了。我、复员军人，还有那几个打扑克的，都蹲在一块儿，等那新疆业务员来。我们说好，他来了，咱就好好盘问他，别客气。别叫这姑娘不明不白地毁了。

不会儿，那女孩子就领一个男人来。这人和那女孩子差不离高，腿挺短，有点罗圈，上边一件蓝布大棉袄，提着个黑人造革的手提包，皮肤给风吹日晒得又粗又黑，眼珠很大，很精明，一看就是业务员，没错。他说他三十多岁，我看起码四十二三。还没等我们站起身，他就蹲在对面，打上衣口袋摸出一盒"墨菊牌"烟卷，飞快地抽出一根给我，又拿出几根，一人一根扔过去。这在业务员那行叫"发烟卷"。我们才要谢绝，他龇着牙笑道："烟酒不分家。"凭我的观察力，他是业务员丝毫不用怀疑了。不等我仔细打量他，他眼睛在我们个个身上来回扫过两趟，可每一眼都好像把我们看透。我看这人过分精明，有点不放心，就问："你是新疆什么地方的？"我刚一说，他立即从口袋掏出一张证明信，打开，还用手指"嗒嗒"弹落里边夹着的烟末子，递给我，又掏出一个红塑料皮工作证给我。一看，确实是新疆乌鲁木齐市的一个叫"红卫印刷厂"的单位工作，证明信上说是来买圆盘印刷机。工作证上还有他的照片，盖过钢印。照片就是他本人，不仅没有任何破绽，还叫人心里踏实了。我们几个把他的工作证和证明信都传着看了，这下不但没有任何疑问，也没话可说，有点犯傻。他却说了：

"咱们素不相识，我的话信不信由你们。可还得说一句，我和这姑娘也素不相识，她的话我都信了。我可不是硬要把她带走。我是在这儿等车，看她坐在旁边哭，哭得挺可怜，我以为她缺钱，要帮她，谁知她一说，是在生产队受气跑出来的。人心都是肉长的，对不？我挺同情她。我家在北京，住在西直门草打厂117号。爹娘和一个姐姐现在还住在那儿。我是十年前支边到新疆去的。原先干车工，厂里看我能干，能跑能颠，叫我出来干采购这行，吃苦受累呗。我一直没结婚。你们不知新疆那鬼地方，内地的女人大都是男人带去的，单身女人也不愿嫁当地人，都想法嫁到内地，好回内地呗。当地的女人跟咱习惯合不来。我在内地找不到媳妇，谁都明白，嫁给我就等于充军了。条件再差的，瘸的、瞎的、有毛病的也不肯。我就一直没结婚。可你们别以为非有老婆不行，光棍也有光棍的自由，各有各的乐儿，我也习惯单身生活。要不是碰见这姑娘，我根本没打算结婚。当时我看她怪可怜，无亲无故，生一个想法，带她回去。可我总不能不沾亲不带故带一个姑娘回去，算哪门子事？我说是我妹妹行吗？单位人会说，你哪辈子的妹妹呀，怎么以前填表从来没这个人呀，是吧。我又不忍心看她这样，就说你要嫁我，我管你。说实在的，跑这些年业务，地面上关系都熟，再说那边也没这边严，起个户口，弄个口粮，不成问题。我说这些你放心，我要你就对得起你，我今年三十六七了，她说她才二十，差着不小呢。我这么大人了，也不会欺侮这个小姑娘。我这么好心待她，她将来也不会对不起我。对吧！她说她得找个人问问去，就找到你们了。你们几位看，这事合适不合适，要是合适我们就走。反正再过半个小时火车就来了。要是不合适就算，我走我的。反正我对得起自己良心了。我才刚说过，我不是非结婚不行，就是同情她。说老实话，我也是看这个姑娘是个老实人，娶了她也算是福气吧。我一口气把心里话全掏出来了，成不成你们说，她既然信得过你们几位，我也信得过你们几位。我没话了，你们说吧！"

复员军人和那几个都看我，等我说，大概他们听了这些通情达理的话，也无话可说了。我说什么呢？我翻来覆去把那工作证和证明信看了又看，愈看愈没话说。当然，从形象上看，他们绝对不是一对，完全不合套。一个是文气的、没有任何社会经验的少女，一个是老练甚至有点油滑的业务员，年龄几乎差着一代。可是如果我说不合适，这男人走了，这姑娘又该怎么办？我们几个不多会儿也要各奔东西，她一个人没吃没喝没有住处，留在这里，还不如一只小猫。难道我们中间有谁可以把她带回去？吃喝先不说，谁家都是一间屋子半间炕，住在哪儿，户口又怎么办。没户口不就是窝藏黑人了？我实在没办法了，只好问那女孩："你觉得怎么样？"她一直低着头，不言语。我想，是啊，她找我，不就是叫我拿主意吗？我只好对这业务员说：

"如果她本人真愿意，要是真跟了你，你无论如何也得疼她。你想想，她一个女孩子，没父没母没家人，那么老远跟你去了，一下子几千里地以外，你要是……要是对不起她，她找谁去？"

这业务员马上伸出一只手拦住我说：

"您可别这么说，您说您同情她，我更同情她。您同情她只是嘴头上同情，我得带回去养着她。要不您带她走，您要能把她带走，我佩服您。怎么样，不成吧。我可不是跟您戗火，是说您甭拿咱好心当别的。您想想，我给她买一张车票回去得花多少钱？到我们那儿也不能马上工作，她这身子骨我看只能料理家务。我得管她吃穿。当然我认头，她是我老婆了，我的人，我不疼谁疼？我把她弄回去，欺侮她，整天惹气，我撑的？我放着光棍一身轻的日子不过，找别扭？咱再把话说远点，我已经快四十的人了，还指她生儿育女，还得一块儿过一辈子呢。尤其在那么老远那鬼地方，只有亲的热的才是自己的，您说对吧。"

他说得眼珠直冒光，好像犯火气了。我给他说得闷住口。不单没话，一个字儿也没有了。旁边那复员军人把话接过去对业务员说：

"哎，我说，这同志劝你，也是为你好。虽然这姑娘跟你，是你的人，可你们俩不是还没说定吗？我们不认识她，也不认识你，为什么管这事，是看这姑娘可怜。你要是明白人，就懂得我们这些话不仅为这姑娘好，也是为你好。对吧！"

这业务员不大情愿地点点头，他还有点气哼哼，好像我们冤枉了好人。

旁边那几位也连劝带说，那业务员站起身说："那我谢谢你们几位了。你们看这事怎么办？"眼瞅着我。

我问那姑娘："你说这么行吗？"

那姑娘一直低着头。听完我的话，轻轻点了一下头。还直怔怔站着，好像不知该怎么做。

业务员对她说："要是说定了，咱就得走了，还得补一张车票去，再晚怕没票了。"

那姑娘头还是没抬，对我说声："我总记住您。"转身跟着业务员去了。这句话可有点撕我的心。我忽然灵机一动，拿笔在纸上写了几个字，叫住她，跑上去说："这是我的地址姓名，有什么需要我帮助，写信给我。"她接过纸条就哭了，哭着就走。我一直站着看他们走远。这姑娘一直跟那业务员保持两三尺远的距离，中间空的那块地方，是远处的车站。两个气质经历各个方面完全无关的人，就这么走到一起去了。她和他保持这个距离，不愿和他挨近，大概出于一个少女的自尊，还是出于什么别的心理，就琢磨不透了。我看着，心里不是滋味。

事过之后，一直没有收到这女孩子的来信，我想她肯定在遥远的边疆生活或生存了。也许在操持家务，也许已经生儿育女。但愿那个其貌不扬的业务员心地还好，能在这艰难时世中给她一点点温暖。不知为什么，偶然这女孩子的身影在我眼前闪过时，我总带着一点担心，一点不安，好像还有一点点内疚似的。

七五年秋天我去北京出差，忽然想起那姑娘，很想知道她的情况，想到那新疆业务员在北京家的地址，是西直门内草打厂一百一十七号。我去了，找到草打厂，非常奇怪，那儿根本没有一百一十七号，我以为我记错了，再找十七号和七十七号，都不对。我就找到居委会，问一个街道代表老大娘。她说这儿从来没有这家人，也没人去新疆支边，根本没这个人，我再往深问，她起了疑心，反而问我姓甚名谁，找这人干什么，还向我要工作证看。那时到处都搞阶级斗争，好像到处都有阶级敌人，我要是再追下去，她就会把我带到派出所去的。我只好应付一下走了。

走出草打厂我才意识到，我受了那所谓的新疆业务员骗了，那姑娘也受骗了。我竟全傻了。已经时隔一年，那姑娘可能被卖，可能受到更悲惨的命运，甚至可能不在人世。我就深深地后悔起来，如果当初我制止，那姑娘即便被迫无奈回到生产队，也不会落到这处境。都是因为我！在人家把命运押在自己手上时，自己却轻易地处置了，这究竟不是一个人问路问道呀。可是我又想，如果当时不那么办，又该怎么办。跟着我又觉得这是为自己开脱。我这是没有人性，够不上一个男人。每逢此时，我会自己给自己胸脯来上几拳。

我不想往下说了……

我现在只想知道这姑娘如今在哪里。

我画过一张画，从泥泞通向远处的阳光。这画是我为这姑娘画的。但愿有一天能把这画送给她。当然这也是用来安慰自己罢了。

那时，一个人的命运，往往也是千万个人的命运。

一九八七年三月

我们，陷阱中的千军万马

一九七〇年　十七岁　男　H省农场某团某连知青

第二天醒来一看全傻了——"小镰刀精神万岁！"——把大蒜和鞋油搅和一起叫她吃——胡志明小道——如花似玉非常好看的姑娘——怀疑产生了——当时流行的一首《知青歌》——我们是国家的功臣！

一九七〇年五月十七日，我们在 M 市火车站兴冲冲登上列车，奔赴遥远的北大荒。车站上一片连哭带叫，知青从车窗里伸出手，死死抓着站在月台上那些送站的亲人的手臂，直到车轮启动也不撒手。维持秩序的人手执小木棍，使劲打才把他们的手打开，真像生离死别一样！这之中唯有我是另一个样子，我特别兴奋，起劲地敲锣打鼓，拼命喊口号。那时我刚十七岁，浑身带着在红卫兵运动中激发出的热情，脑袋里只有"在广阔的天地里大有作为"这几个字，其他什么具体的东西也没有，只是一团火热的、膨胀的、闪闪发光的感觉。再加上人在少年时那种离家出走闯一闯的傻乎乎的愿望。一路上兴高采烈，敲敲打打，又喊又叫，列车走了两天两夜，没到站嗓子就没有声音了。

列车在深夜到达农场车站。一开门，漆黑一片，哗哗下雨，极冷。我们是从炎热的 M 市来的，身上还穿着衬衫呢！赶紧从行李包抻出军大衣穿上。下了车，在站台昏暗的灯光里，只见大家一片绿，全都穿上了棉衣。冷雨却沙沙打在棉衣上。

《一百个人的十年》结集出版前，发表在众多刊物上。曾获《当代》文学奖，第三、四届《小说月报》百花奖等。

我们是给大卡车运往农场的。农场似乎很大，好像没有边儿。它们按照军队的方式，一个连队一个地方。我们的卡车每到一个连队，便下来一些人。我在第 X 连下车，一同来到这个连队的知青大约有六十人。我们被领到一个很冷很黑的大房子里睡下。由于天黑，什么也没看见，只觉得满地泥污。太累了，倒下立刻睡着，连梦也没做。第二天醒来一看，傻了！我们全傻了！

哪里是房子？原来是个极大的老式帐篷，缝缝补补，撒气漏风，帐篷里边也满是烂泥，长长的野草居然从床底下长起来。这就是我们长久的住处了。吃饭要天天踩着烂泥走出一百多米到伙房去，我这才明白为什么临来时学校再三叫我们准备高筒胶靴。一看这情况，几个年岁小的学生就哭了，扭身要回去。但怎么可能回去呢！这大帐篷有两个，每个住三十人，相距五十米。当天夜里，大家躺下，谁也不说话，渐渐就有了哭声。先是女知青哭，后来男知青也哭，最后两个帐篷的哭声连成了一片。在这荒凉的野地里，哭声和风声水声一样，谁理你？那时我们才十六七岁呀。

我们大多被分配在"农业连队"干农活。这儿的农活可不好干。没有排水系统，到了收割时，赶上大雨，地里成了汪洋，机器下不去，割麦子就得用"小镰刀"解决问题。干活也是突击式的，天亮时露水一干，马上下去割，因为麦子沾上露水不好割，这样一来要干到天黑露水下来时才收工。一天干下来人都快散了。割大豆时就更难了，那是在九月份，地里全是水，夜里结上冰，一脚下去，全是破冰碴子。所以，毡袜、皮靴、绒裤全得穿上。但干起活来，太阳一晒，上边反而热得穿单褂。上热下凉，那难受劲儿就甭提了。后来许多知青关节炎、肾炎、风湿病都是这么得的。可那时没人退缩。舆论强有力，懒汉是可耻的！我们的口号是："小镰刀万岁！""磨断骨头连着筋！"有时完全可以用机器也偏不去用，因为用"小镰刀"才可以"颗粒归仓"，那股子精神真了不起，尤其女孩子们更不容易。农场的老职工大多是转业兵和从山东、四川来的重劳力，根本不懂得照顾女孩子们。女知青们来了例假，不好意思说，照样把双腿插在刺骨的冰水里，默默地忍着干活。现在想起来都心疼她们。

至于生活的艰苦，你根本无法想象。

举个例子吧。知青得了病才能有资格享受一次"病号饭"。这"病号饭"不过是用豆油、葱花和大盐粒子炝锅，再倒进去开水煮一碗汤面。有一次，只剩下一碗"病号饭"了，两个知青为了争这碗面，一个知青就啐一口唾沫到面里，他想用这办法独吞这碗面，另一个知青马上也啐一口，说："我不嫌你，咱们就一人一半吧！"这一碗破面汤，不过是让肚子舒服一点吧。

那儿人的饭食一向很粗。一个馒头半斤重，一个包子三两重，一两个月吃一次猪肉。吃猪肉那天呵——我那时没有照相机，真应该叫你看看那些孩子一张张心花怒放的脸儿！那脸儿才叫漂亮好看呢！没肉吃怎么办？猫肉、兔肉、鸟肉、老鼠肉……有一次我们的拖拉机轧死一条蛇，大伙儿就用小刀把蛇切成一段段的，我在地上找到一个破罐头盒，里边放点水，点着树枝，把蛇肉一块块煮了，那滋味真是鲜美极了。回去讲给伙伴们，人人听了都咽口水。

这儿的自然环境还不错。山上是原始森林，地上是"水泡子"，水草茂盛，一碧千里，非常开阔，绝对没有污染。如果你作为旅游者看一看，当然很好。

如果叫你像我这样生活八年，恐怕——别说不好听的话——恐怕你早跑回来了吧！

就说天气吧！冬天最冷的时候，耳朵和鼻子冻得"邦硬"。有时老职工搞个恶作剧，拿起洋镐对知青说："这镐刃上怎么有点甜呢，你舔舔！"如果这知青傻冒，一舔，舌头就粘上了。再一拉，舌头准掉一块。这时必须赶快到屋里去，叫别人哈气，帮助"哈"开。逢到"刮烟泡"——那种雪后的大风，常常在风口的地方把雪立起三米多高，搅得周天寒彻，漫空迷雾，往往使人迷路。迷路的结果大半是把人冻僵冻死。

我说艰苦，你别以为我们就会喊爹喊妈，叫苦连天。一次我们从山里干活回来，车坏了，徒步走了一百多里路。路上渴急了，大伙儿就嚼树叶，我忽然看见地上车辙沟里积着一些雨水，便趴下去，挥手轰走水面上的一层小飞虫，去喝雨水。我这个创造发明得到大家一致称赞，大家便都这样喝个痛快。嗓子得到滋润，便又唱歌又呼口号又念语录，一鼓作气回到农场，情绪依然十分高涨。

可以说从"文革"初期到这时，我还没有丝毫的反省意识。

"文革"初，我们批斗一个老教师。她原先是个老校长，反右时被划为右派，在学校做清洁工。在逼她交代问题时，有些顽皮的同学就叫她大口大口不停地吃大蒜，她说受不了，便叫她搅和鞋油一起吃，再把蘸了稀泥的葡萄叶子塞进她嘴里。那时我们决不会认为是在迫害人，相反觉得我们很英雄，很正义，立场坚定。这便是当时学生们的自我感觉。

在我来支边之前，还参加过动员别人插队支边。记得我们到一个不肯放子女走的"钉子户"家中做工作。所用的办法是"熬鹰"，也就是白天黑夜不停地动员，软说硬说，不让他们睡觉，直到把他们熬垮，点头同意了，马上给他们办理户口迁移手续，这法子真有点缺德！记得这家该走的是个女孩子，母女俩住一间平房。我们七八个人都挤在她们家，连水缸边都坐上人了，你一句我一句直到深夜，这母女俩就是不说话，我实在熬不住，不知不觉睡着了。天蒙蒙亮时醒来一看，嗨！被动员的和动员的全睡着了，东倒西歪，一片鼾声，大伙儿全垮了。当然，最终她们还是被我们征服。但我哪里会多想一想，毛主席的号召既然这么伟大，为什么又要用这强制的手段呢？

有时，没有思想也就没有痛苦。

所以我一直是快乐的，意气风发。

那时我们的业余生活主要是批判会，这也是唯一的文化方式了。干了一天活儿后，晚上就被连部集中起来，搞大批判。对于我们来说，写大字报是练书法，写批判稿是做文章，唱《东方红》和《大海航行靠舵手》是唱歌曲；我们也写诗，当然都是按要求写的了，绝对没有个人的诗句。尽管这种文化生活充满政治，但也可以人尽其才，一样干得有声有势。我们是绝对不准看马列和毛主席著作之外的任何书籍的。偶然有人从别的连队偷偷借来一本小说，大家都抢着看，但千万不能叫连队领导知道。记得有一本外国小说《俊友》，莫泊桑写的吧，传到我手里是吃晚饭的时候，我瞪着眼一直看到夜里两点，两点半另一个知青就起来接着看。书的利用率可是极高的。

要说到看电影，那简直是我们的节日！一部电影从师部借出来，就一个个团部传着放映。多是到一个集中的地方，各连队的知青都来了，好像一个大聚会。老朋友见见面，也可以认识些新朋友。记得一次听说要放映香港片子《杂技英豪》，知青早早地聚在广场上，从天擦黑直等到夜里三点。片子一送到，广场欢声雷动，那声音撼山动地，不知是表达一种满足还是一种饥渴。还有一次看朝鲜电影，电影里下大雪，广场上也下大雪，但没有一个人离开。电影里的人进了屋子，我们却在大雪里站着。这感受真是奇特又奇妙极了。

我们有大块大块空白的时间，又寂寞又孤独，爱情便出现了。连长像个封建时代的管家，常常晚上到桥头和道口去堵那些外出散步的男男女女，有时还躲在解放牌卡车的车楼子里，监视我们的一举一动。但我们有一条由帐篷后面通往森林的秘密小路，是知青们恋爱的幽径。知青们都爱称它为"胡志明小道"。这小道弯弯曲曲穿过一片开花的草地，还有许多小白桦树遮遮掩掩，又美又静又神秘，许多知青把伴随心灵战栗的足迹留在那小道上了。

我不能落下这个细节，这很重要——从连队的大院子里远望，有一棵枫树。它长在平坦坦的草甸子上，周围没有任何别的树，只它一棵，也许因为它所处的地势好，单独地生存下来。它又矮又大，由于太远，平时看起来模模糊糊；

可逢到秋天，它红极了，像一束火把，非常吸引人。有时心情孤独，看它一眼，似乎就好受一些。它好像是一种寄托，一种期望。有的人心里有苦难言，就跑到那树下待一会儿，静一会儿，哭一会儿，便会好些。于是人们都说它能消解痛苦，非常灵验。我吗？我——今天我特别不爱说我自己。我只想说，近来很奇怪，我常常恍惚间想起这棵树来。我说不定哪一天会专为这棵树跑回去一趟呢！什么？你说我的眼圈有点红？我昨晚又睡晚了。

我们的知青生活的重大转变是忽然出现一个意外事件。一个老职工与一个女知青关系暧昧，他晚上控制不住，钻到女知青帐篷里，被当场抓住。虽说这事在连队里炸了锅，又绝不这么简单，在给这老职工办学习班时，一打一逼，他交代出自己的风流艳史，居然还有不少女人！有女职工，也有别的女知青。这时人们就把疑点放在我女朋友身上。我的女朋友是副班长。那时帐篷里很冷，一个烧"桦子"（一截树干立着劈成四半）的汽油桶根本不顶用。我那朋友就住到这老职工家里，跟他的女儿做伴，不过是图个暖和。中国人在这方面既有兴趣又有想象力，于是就在我朋友身上打个问号：难道他眼前放着一个有眉有眼的大姑娘会不动心？

你问我这朋友？她是个很好的姑娘，我与她从小同学，互相印象都好，但我那时受传统教育很深，男女之间特别封建，表达非常隐晦。一次我被氯气熏着，她来看我时，马上把自己身上的大衣和手套给了我，那可比现在年轻人随随便便一个吻强烈得多了。但这事一出，无论对我的打击还是舆论压力就太大了……我还是先不讲我自己的事吧！

这件事之后，跟着又出了一桩类似的事。连部一看问题不小，加紧一抓，揭发检举，知青揭发知青，老职工也相互揭发，居然涉及几十人！所牵扯上的知青大多是女孩子。连部就把那些有事的男的关起来打，说是搞"群众专政"，实际上是"逼、供、信"。这样，不管是老实供认，还是屈打成招，反正愈揭人愈多。我们惊讶了，乱伦啦！这不成流氓窝了？尤其是那些女孩子最不能同情，她们是给知青丢脸！那时我们还有一种很强的集体尊严与荣誉感，对上山下乡运动还抱着理想精神呢！

有一个女孩子是 B 市来的。她也是怕冷——你在这里，根本想象不到那儿的冷是什么滋味！她借着去马号买奶，在马号里多待一待，暖和暖和。卖奶的老职工就献殷勤，给她热奶，好言安慰，小恩小惠，再采取手段，终于把她弄到手，这姑娘怀了孕。人人骂她，谁也不去想，这姑娘个子高，又苗条，如花似玉，非常好看；那老职工又矮又丑，还是独眼，这姑娘怎么会看上那老家伙？谁也没有同情她，都认为她无耻，给知青丢脸！她到师部医院打孩子时，医院不留她住；从医院回连队的路上，长途车不叫她坐，因为医院护士和汽车上卖票的都是知青，没有人怜惜这个"轻贱"的女子。一次，这姑娘与另一个知青吵嘴，立刻好多人一拥而上，把她的上衣撕得粉碎，里边全露出来了，当然是为了羞辱她。从此这姑娘颓废了，接二连三，跟了好几个。最后团长看她长得特别好，占为己有。好好一个姑娘毁了！

从这事，我眼前遮上一层黑雾。

这样的事闹出来，往后便层出不穷。有一个团的招待所所长、参谋长和团长，把许多女知青调去，说是给她们好工作，不干农活，有吃有喝，实际上三个人轮流干，一百多女孩子叫他们玩儿了。其中有个高干子弟告到中央，才把那几个家伙毙了。

自从发生这件事，我们才对那些无辜的女知青寄予同情。她们离乡背井，无依无靠，孤独难熬，没有出路而充满绝望，才被人使用小恩小惠与手中权力欺负与迫害。还有那些为了上大学和想离开这里的，只好委曲求全，责任又怎么能放在这些可怜无助的弱小女子身上？

由于同情心产生，怀疑也随着产生。

这期间，社会的不正之风到处泛滥，也刮到了连队。我从 M 城探亲回来，送给连长一本年历，其实我并没有别的意思，不过在这偏远的地方很难见到这种年历。连长为此居然把我调到农场小学当教员。一本年历不是瓦解了他，而是瓦解了我；神圣感没了，厌恶感来了。我这才开始降温。我也真够笨的。

我更笨的则是一直到一九七八年才返回 M 城。我几乎是最后一个离开连部的。当地人都戏称我是"珍贵动物"了。

从一九七五年，知青可以选调上大学和办理病退返城。上山下乡这场运动走向分崩离析。当时流行一首《知青歌》。开始只是偷偷唱，渐渐连长听到也不管了，歌词已经记不全了，反正有这么几句：

> 告别了妈妈，再见吧故乡，
>
> 还有那金色的学生时代，
>
> 只要青春进入了史册，
>
> 一切就不再返回；
>
> 告别了妈妈，再见吧故乡，
>
> 我们去沉重地修理地球，
>
> 那是我们的神圣天职，
>
> 我可怜的命运哟！

歌词挺粗糙，流传却很广，唱起来十分的忧郁，很适合我们内心低落的情绪，所以大家总在唱。当领导的都很灵，从这歌中听出一种不吉祥的东西。中央开始组织各地的慰问团来看我们。我还记得哈尔滨慰问团带来了"消炎药片"，天津慰问团送给每个知青一件绒衣，上海慰问团赠送什么已经忘了。但我们有意带他们参观那些最脏最破、条件最差的住房，还让他们看看我们的厕所——这里的厕所是用木头和草围一围当作墙，没有上下水，只挖一个坑，大小便多了，冻成一个冰砣子，最上边是个冻得硬硬的粪尖，上厕所必须带一根棍子，先把粪尖打断，否则扎屁股……

他们看了很惊讶，但最多只是说几句好听的话劝劝罢了。谁都知道，他们来是为了安抚，而不是安慰。每个人心里那只眼睛都睁开并且愈来愈亮了。

我和 R 两个人在帐篷里，脱光衣服，相互找病。我忽然发现他的胳膊有点弯，他写信给家里一问才知道从小摔断过。他就用这个"理由"办回城了。我把他送走，在荒野里一站，才着着实实感到一种被遗弃感。而实际上早在一九七〇年我们就被遗弃了，只不过我们当时是一群傻子！

在农场最后的日子，一般人绝对受不了。

我们刚来时晾衣绳上晾满衣服，现在零零落落，寥寥无几；过去打饭时要排很长的队，最后只剩下几个，好像破衣服上几个掉落的扣子。在大帐篷里，如果不认真看往往就看不见人。

从公路通往连队的道儿，来时只是一条细细的小路，八年里被我们沉重的脚步踩成一条三米宽的大道，但人们一个个走了，道路又变窄了。"胡志明小道"已经被野草埋了起来。每当我感到孤独和寂寞之时，就跑到那棵红枫下坐一坐，但这枫树已经不灵验了，无论我怎么落泪，也难以摆脱心里的苦闷……

有背景、有门路，有办法的人都走了。最后我还是经人指点，用四支挂面收买了医院的化验员，把化验单改了，这才返回M城。你看，我这八年不过和四支挂面一个价钱。是呵，此时已是一九七八年十二月三十日，眼看就是一九七九年了。六十岁的老妈妈见我回来，高兴得居然像小孩那样双脚离地蹦了起来。但谁问过我在那生活了八年的地方，我们留下了什么？

我们连的知青还算齐齐整整，六十个全都活着。旁边连队的一个姑娘，出窑往外挑砖时忽然窑塌了，活活砸死在里边，人弄出来早已经烧成煳干，不敢叫她家里来人看，赶紧埋在荒地里了。最惨的是一次森林大火，团长指挥知青去灭火。森林大火，别看白天都是烟，晚上看像点天灯一样，全是火，几百度高温，人一进去就烧化了。绝对不能哪儿有火扑哪儿，只能在外边打出一条防火通道。但这团长是蛮干，结果烧死了四十多知青。森林里着火，火是追人的，比老虎还猛烈；男的跑得快，烧死的大都是女孩子。可是……谁对这些无辜的白白死在里边的孩子们鞠过一个躬呢？

如果这些女孩子知道知青最终都返回到自己爸爸妈妈的身边，她们岂不更是自觉悲哀？如果她们阴间有灵，准会发出凄惨又愤怒的呼号！

在我即将离开农场那些日子，知青们已然怒不可遏。一个团部里爆发了知青焚烧劳资科长家里房子的事，因为到处传说这位科长收取知青们的礼物堆成了山。后来，知青返城不再要医院证明，也无须任何理由，因为"四人帮"完了，该是问问知青们受苦受难的理由了！

知青一走，另一个悲剧就出现了。那就是有些知青在当地有了女朋友，他一走了之，把苦难结下的果子交给了女友。这很像那支歌曲《小芳》。于是有人自杀。有一个当地的女孩子在遗书上写道："我劝本地青年千万别爱城里的知青！"于是又引起当地人对知青的反感。苦难是一种传染病。谁知"文革"的贻害究竟有多大？

你问我对自己知青这段特殊经历怎么看。说实话，我很矛盾，一直矛盾着，这辈子甭想解开了。我想，你问任何一个知青，他也会给你同样的回答。

从悲观的角度看，八年的艰辛苦难还在其次。我们十几岁就被赶到边疆，如今四十多岁了，心里带着很多阴影，身上带着许多伤病。许多人身体早早垮了，像肾病、胃病、腰背病、风湿病，终生终世也不可能甩掉了，这也其次。最主要是我们失去学习的机会，很多知青极有才华，但知识不够，没有学历，虽然现在还算正当年，却无法和大学生、研究生们相竞争。是呵，我们是被糟蹋了。

从乐观的角度看，八年困境锻炼了我们，我们什么都经受过了：最冷的天气、最苦的生活、最累的工作，都受过了，我们还怕什么？我们有极强的适应能力，对困难不犯愁，承受力强，还能应付各种难题。我刚返城时，电力局招人，去了一百人，大多数是知青。当时电力局想在院子里盖几间平房办公，缺木匠，立即有十多人说，我们都是木匠。再一问，全是知青。知青个个是好样的。他们都在"文革"的"老君炉"里炼过，岂不神通广大？然而，最使我感到自豪的是，每一个知青都已经明白，他们为国家承担过什么——

实际上，红卫兵运动之后，也就是一九七〇年，国民经济完全搞垮了，国家已经没有力量给两千万知识青年安排工作，放在城市又不安全，怕出乱子，这才想出"在广阔天地里大有作为"的冠冕堂皇的口号，把我们放逐四方。于是我们这支曾经为他们冲锋陷阵、赤胆忠心的千军万马，统统落入安排好了的陷阱里。尽管我们曾经悲哀之极，尽管我们吃尽了苦头，但连国家也挑不动的担子，叫我们十几岁孩子们瘦弱的肩膀扛住了。是我们撑住这倾斜的柱子，才避免了国家大厦的坍塌。你说，难道我们不伟大、不是功臣、不是货真价实的国家栋梁？尽管这一切一切，都是事后我们才明白的。

可是，我有时又想，我们这自封的功臣又能被谁所认可。就像前边说的，谁去面向那大火烧死的四十个女孩子的地方鞠一个躬呢？

我的话说得差不多，现在轮到你说一说了！

历史已经全部记住，就看人们自己是否把它忘掉。

一九九六年七月二十日　《钟山》首发

没有情节的人

一九六六年　二十八岁　男　S市某科学院科研人员

一下子打蒙了——买了一套英文版的《毛泽东选集》——精心地塑造自己，不做罪人，也不做红人——郑板桥的四个字"难得糊涂"——这次叫作有惊无险——一种很荒诞的感觉

我的经历很平淡，没有大喜大悲，高潮低潮。你写东西需要情节，可是我几乎没有什么情节。但我找你，是有满肚子话要说——这没情节，是我自己制造的。就像有些小说或电影，故意没什么情节。可一个人在"文革"大风浪里，要使自己没任何情节，谈何容易？这需要很清醒、很精心的设计。我先说说，我为什么要这样做——

我是贫农出身，解放后受重视，从中学到大学享受免费助学金，理所当然入了团，什么都好，一片艳阳天，很幸福。像我这样的知识分子，成长得快，一路顺风，对以后政治的变化根本没估计，轻松，随便，甚至比较放肆。

五七年开始出毛病了。我说放肆吧，鸣放时什么都敢讲。别人不敢讲的我讲。马上，我担任的校刊主任被撤，批判，斗争，检查。说我忘本，变质，右派言论。多亏班主任人好，非说要挽救我，才没定为右派，可是内定右派，团组织给了严重警告处分，晴天打雷，当头一棒子，一下把我打蒙了。我们这代人，经过五七年，性格就来个大扭曲。原先开朗轻松，一下就变了，有人变精了，有人变闷了，九十度大转弯。我这个人还算清醒，意识到人家从

此就看不上了，可是我还想干点事怎么办？开始苦苦寻找一条可行的路。我如果只想为自己，并不太难，放弃理想，志愿，随波逐流平平庸庸一辈子下去就是了。难就难在你并不想为自己，还想为国家。

五七年后，我被下放到农村劳动改造一段时间。我是农民的儿子，干活不比任何人差，干活是我的家传。可是我一钻业务就麻烦。农闲时我看外语书，麻烦了。马上抓住我，说我学外国话，想走资本主义道路，白专，拔白旗，拔了我好几次。但我总不能像那些人，睡懒觉，没事瞎吹牛，混日子，反而落得平安无事吧！怎么办？我是一次比一次清醒，愈挨批愈清醒。我灵机一动，买了一套英文版的《毛泽东选集》看。大队书记说："你怎么又看这资本主义的玩意儿？"我说："你看，这不是资本主义，是英文版的毛主席著作。"书记没话了，他怎么能禁止我看毛主席著作呀。这一下，我胜利了。索性买了英文版全部马列著作、《北京周报》《中国建设》等许多书，练习英语。这个胜利使我发现了一条绝妙的道路：在夹缝里求生存。石头缝里也可以活，当然要看我能不能找到这缝儿了。

我在农村改造一阶段后，回到学校继续学习。我是学植物专业的，学校有位教师过去在美国搞除草剂，就是不用人工锄草拔草，对我影响很大，因为我生在农村，深知祖祖辈辈在农田那种原始的劳动方式的艰辛。我决心要在中国搞除草剂，推广化学除草，把农民从田地里解放出来。可是中国的生态、土壤、气候、杂草的种类分布与外国不同，必须花费很大心血作调查和科研，甚至用一生来干。这目标在我心里牢牢地确定了。

可是，从学校出来分配到农科院，从"四清"到"文革"，我看透了——中国没有真正搞科学的地方，处处人人都搞政治，但不是政治家，是小政客们，政治小应声虫们。又不是真正搞政治，而是搞整人，互相整。今天你上来我下去，明天我上去你下来。整成一团团，谁也解不开，愈整愈带劲。要想完成自己的志愿，就必须像当年学外语那样，想个绝法子。我对自己作了分析，我出身好，不会成为挨整的重点，可我犯过错误，也不会成为红人。好了，我就把握住这点——不做罪人，也不做红人。成了罪人什么也不能干，成了红人一样什么也干不成。我又想，我有两个好条件，一是我搞植物专业，可以躲到农村去；一是我出身农村，农民生活对我毫无难处，去农村等于回老家。于是我向院里提出，说我要到农业生产第一线去，扎根农村，把科学实验与生产实践相结合，同时接受贫下中农再教育，认真改造思想。这提法很时髦，我又把话说得很诚恳的样子，马上被院里批准了。

十几年来，我一直在下边。S市周围农村几乎叫我跑遍了。二百五十多种杂草都像长在我心里。在植保站搞出除草剂就拿到农田试验，一有成效就推广。院里搞"文革"，两派斗，开会，我尽量躲着不去。我有办法，逢到院里叫我去开会，参加运动，我就请公社或县里出面替我请假。我和农村的关系好，搞除草剂对他们确实有很大帮助，他们肯为我请假。我到处搞试验田、开现场会，故意把每天时间都排得满满的。院里一来电话叫我去参加运动，这边农村干部就在电话里喊："不行，我们贫下中农现在正用着他呢！"就替我拦了。我做得也十分小心，天天干什么都有记录，十年里记了整整十大本，防备人家查呀。一次院里搞政治清查，派人到我所在的县里调查我的现实表现。县里就说我这个人如何如何好，如何脱胎换骨接受贫下中农再教育，如何不怕吃苦，狠斗"私"字，学习毛主席著作，编一大套。农村干部也很精明，完全知道用哪些话就能把这些来找茬儿的人糊弄走。然后又把我写得密密麻麻的《工作日记》往桌上一摆，院里的人无话可说。这样，既躲过运动又干了业务。农村是我政治的一把大保护伞，没有这伞我什么也做不成，当然，为了这伞还必须加倍努力为他们干，可是这正是我要干的呀，我这是一举两得。你说我做得妙不妙？

一个人的时间有限，生命和事业都经不起挫折，必须善于保护自己。我很清醒，总不去开会也会遭到院里反感，万一惹恼他们也很麻烦。有些重要的会，比如传达中央文件呀，学习毛主席"最新指示"呀，大会或重要的会呀，我准去。分寸要掌握得合适。有时回城时，就到单位个别关系不错的同志家里串门，摸摸情况，政治上的大情况必须要心里有数，没数也要出问题。有时你不找它，它还找你呢！关键是不能陷进去。非要写大字报表态时，决不能提具体人名；对人事问题要装糊涂。叫我揭发，我就说："我和谁都不接近，不知道问题怎么揭呢？"两派对立时，有人拉我加入一派，我说："我糊里糊涂的，弄不好成不了事，反给你们坏事。"这也躲过去了。我尽量把自己搞成一个可有可无、无足轻重的人，开会时从来都坐在墙旮兒，很少和人谈话，甚至很少用眼睛看人，你看人一眼，人家就会注意你，叫别人忘掉我才好。我给人的印象确实是胆小怕事，糊里糊涂，政治上无所作为，正好！这也正是我精心设计、自我塑造的形象。郑板桥有四个字：难得糊涂。当然这是一种表面的装傻卖呆。可是不少人看上去不糊涂，很精神，搞起运动来拼命表现自己。但从中国的政治看，这不过是一时出出风头而已。你爬上去，别人就盯住你了。赶到政治上风向一变，必然想法把你打下来，最有力的打法是借用政治罪名，碰上一下，就不得了，好像车祸，伤筋动骨，几年里缓不过来。人生很短，有三次两次一辈子就报废了，最后一事无成。

尽管我很清醒，很谨慎，也出过一次事。七五年，市里农办的头头忽然说，松根松土是农民学习毛主席著作积极分子提出来的，是无产阶级治田方针，现在有人搬用西方资产阶级的东西对抗，主张懒汉种地，不锄草，不耘土，查查谁搞的？查来查去查到我身上。这就是我前边说的，你不找它，它找你。吓得我几夜睡不着觉，心想这回该完了。多亏县里出面说，除草剂是工人阶级制造出来的，虽然不锄草，可是使用除草剂后地里没草了，产量非常高，我们贫下中农欢迎！市里派人下来一看，果然如此，这才不了了之。这是我十年中唯一碰上一次大麻烦。有惊无险，也算不上一个"情节"吧！

现在有人说，我是最幸运的一位科学家。"文革"中没挨整，也没中断业务。现在赶上好时候，走运。这是从外部看我，并不理解我的内心。七九年我国科学回到正轨，我跑到国外一看，吓一跳，与西方发达国家差距有多远！我国百分之八十人口拴在田地里，搞农业科研的人数少得可怜。很多地区还是靠天、靠经验、靠原始的生产方式种田。而西方发达国家农业人口只占百分之三到百分之五，剩下的人去搞科研技术、搞艺术、受教育。从我的专业眼光看，我国现在耕地是十六亿亩，算上有些地区一年两产，差不多二十一亿亩。一年锄三次草，需要三个人工，全国每年人工锄草需要六十亿人工，每个工按五块钱算，就是一百八十亿元。这是多大一笔财富，这笔巨大财富的浪费难道不压在我们科研人员心上？

可是，"文革"中有几个科研人员是顺顺当当过来的？除去当时国防任务保护了一批科学家，在社会上的几乎都成了攻击目标。有的一蹶不振，沉沦下去；有的中断业务多年，信息闭塞，现在接都接不上气了。我承认我是"幸运儿"，但这不是命运之神对我的特别恩赐，而是我汲取了五十年代的政治教训后所精心设计的一条人生道路。尽管我没跌跤，还算一个"成功者"，但一个想为国家做事的知识分子，被迫琢磨出这样一条路来，有多可悲！我必须扭曲自己，必须装傻、装无能、装糊涂，叫人家看不上我，对我没兴趣才行。天天打磨自己的性格棱角，恨不得把自己藏在自己的影子里。没情节，拿你写小说来说，就是没高潮、没起伏、没有任何变化。这样的生活很乏味，很压抑。有时觉得没有自己，好像自己被一种强有力的东西消化了。事业成了，自己却消失了。你尝过"没有自己"的滋味吗？这是种很深刻的内心的苦味。但只有这样，你才能够把事情干下去，否则就会被卷进去，成为政治的牺牲品，一辈子对社会对国家毫无贡献，岂不更可悲！为什么我们想为国家做点事，这么难被理解，总是处在这种可怜巴巴的境地？国家呵，我对它的感觉很奇怪。一会儿觉得它很具体，很神圣；一会儿觉得它很空，很无情……一次，我还有种非常荒诞的感觉，觉得国家被一小块一小块切得很碎，掌握在一层层、很多人手里，你和它有距离。你说是吗？这又是为什么？

在封建传统中，国家的主宰者就是国家。

一九八九年一月

苦难意识流

一九六六年　四十一岁　男　Ｊ市无工作人员

　　我是一个被撕得粉碎的人——大年三十被弄走——一天最多吃几百个苍蝇——我把自己变成一个"〇"——追加的定性"极右"的文件——一个人为另一个人活着，有时很充实——世外桃源——我们受这么多苦难，难道就为了你一声"对不起"吗？

　　话从哪儿说起呢？昨天夜里我躺在床上想给你理出个头绪来，不想还好，一想全乱了。为什么？我是一个早被撕得粉碎的人，哪儿跟哪儿也说不上话，无因无果，全没道理。我就给你来个"意识流"吧！有的地方可能是"倒插笔"，有的地方可能是"倒计时"，有的地方还可能颠三倒四，纠成一团……好在你是搞文学的，总能弄明白。如果你听乱了，糊涂了，那可别怪我，我这辈子一直就乱着，一盆糨糊那么糊涂着。

　　你去查查一九五七年九月一日的《××日报》吧！第三版头条有篇文章《又揪出一个大右派》，指的就是鄙人。揪出来，批呀，斗呀，审问呀，逼供呀，这套你全知道，我就甭说了。折腾到十月份，把我弄到东郊区Ｆ庄劳动改造，一边听候处理。我喂猪时，觉得我就像那头躺在烂泥里的猪，只等着哪天弄出去宰了。

　　你问我为什么从五七年开始讲。我如果一上来就从一九六六年"文革"讲，你就更不清楚我是怎么回事了，你会想，我那时怎么"无工作"呢，唉，我

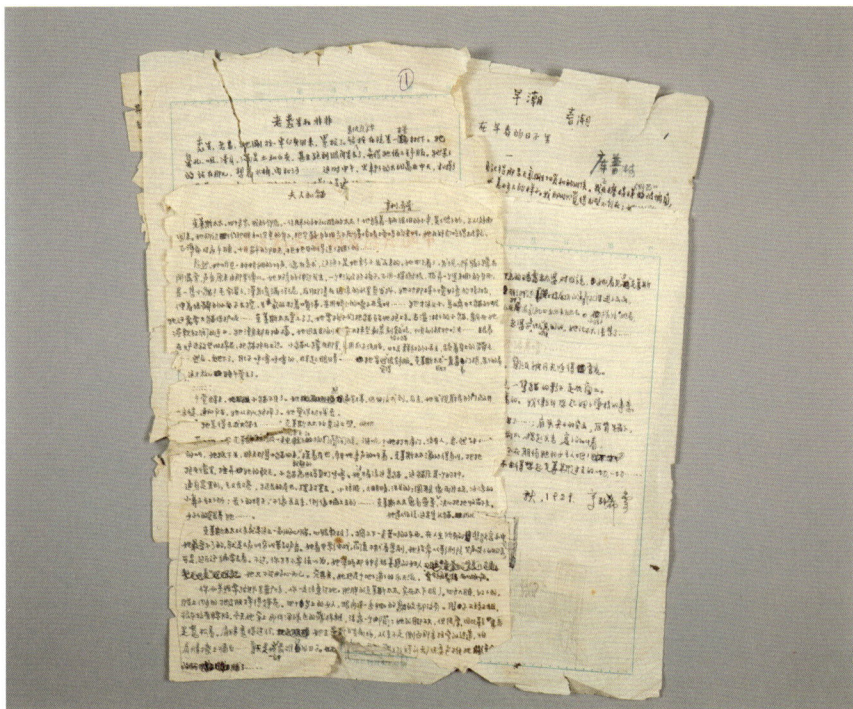

"文革"间，我秘密写作的手稿大多藏在墙缝砖底，但还怕被人发现，因将所有人名、地名以及作者姓名全换成外国人的名字，以防万一。其实这只是自我安慰而已，如被发现，根本不会管用，只有掉脑袋。

的事实在太荒唐！

改造了四个月。

一九五八年三月，农历的腊月二十八日，上边指示让我们回家过年，我心里蛮高兴，这也是一种民族习惯民族感情吧，回家吃个团圆饭！而且母亲住在外地，年年春节我和爱人都去陪母亲过年，我们满心欢喜地买好大年三十的火车票，一时连悬而未决的右派的事也撇在一边，先不去想了。大年三十这天，正准备起程，忽然文化局反右工作组来了几个人。其中有一位作家，他那时非同小可，是工作组组长，名叫B。你肯定知道他。他进门就给我宣读一份决定，什么"经上级党委同意，公安部门批准，对你开除公职，送往GG农场劳动教养"。我还比较镇静，问他们："什么时候走？"B作家很严厉，冲我说："现在就走！"我爱人一下就晕了，仰身"咣当"摔在地上。

当时，我想求他们通融一下，我是劳动教养，不是犯人，也不会跑，要弄我去劳改也不一定非得大年三十呀！我还没开口，B 作家的脸就像关严的铁门，冷峻，无情，把我吓回去了。我说声"走吧！"就扛起行李。这行李三天前从东郊区 F 庄扛回来，还没有打包呢，现在正好原包扛起来就走。原来倒霉竟这样省事。

您问我怎么给打成的右派？

我倒想问问您，为什么把我打成右派？

我一直认为，别人都会比我更清楚我是怎么会成为右派的。

从大鸣大放到整风反右，我根本没在本单位。那时，我向我的单位戏曲学校请了"创作假"，住在上海亲戚家埋头写剧本。忽然单位来电报，叫我速回，参加整风反右运动，我还对爱人笑着说："整个大鸣大放，我都没在单位，没贴过一张大字报，没对领导提过一条批评意见，这次无论怎样也没我的事了。"谁知回到单位的第二天开大会，一进会场我就傻了，一条大横标写着"彻底批判甲、乙、丙反党集团大会"。甲是戏校校长，乙是副校长，丙是我。我当时是学校主管教学的业务科长。我再一听，批判我的内容都是空的，除去吓人的大帽子，就是声色俱厉的叫吼。

奇怪了，我有罪？哪怕我说过一句反动的话，哪怕这话是你们胡编乱造的，也算叫我明明白白呀！

再告诉你一件，一九七九年——这一跳可是二十二年以后了，这真是"意识流"了。时间不连着，事情都连着。这时候，"文革"结束了，文化局的人事干部为我改正右派。他非常惊讶地对我说："老实对你讲，我看完你所有的材料，很纳闷，凭着这些材料，怎么会把你打成右派呢？"

他当时那惊讶的表情，连同他惊讶莫解的口气，我至今记得清清楚楚。

他把订成的厚厚一本材料给我看。呀，我惊呆了，这哪里是什么罪证和罪行录，它居然完完全全是我给一些戏提的意见！艺术方面的意见呀！

我只问一句："还有吗？"

他说："全在这儿了！"

这事如果轮到你，你会有什么感受？如果说二十二年我受尽了苦难，但都不如这一击来得猛烈！

二十二年，我一直为我打成右派的原因糊涂着。可现在一看，谜底竟是这样！我不仅更糊涂，一瞬间好像对这世界一无所知了。

为此我付出了多大的代价？

接着刚才的话说。我爱人大年三十赶到母亲那里，母亲对我的情况原来知道一点的。当她听说我太忙，不能陪母亲过年来了，母亲好像立刻全明白了。怔着，忽然抱着我爱人，娘俩失声痛哭。从此我便没有再见过母亲。一九六〇年夏天她病重，我正在 GG 农场劳动，不准探望。直到母亲故去，才叫我去两天，可母亲已是死人了。

不准看活着的母亲，只准看死去的母亲，这大概也算一种刑罚。

幸福不会带来任何教益，苦难却能改善人的性格，这是我最积极的生活体验了。

我真正的性格是重感情、敏感、容易冲动，还挺脆弱；现在变了，变得理性、灵活、看得开，很有克制力。前者是先天的，后者是后天的。比方前边说的脆弱性，那就是对挫折和屈辱不能忍受，我表现得特别强烈，所以我几次要自杀，并且见于行动了。

我刚给打成右派时，给关在戏校一间储藏室里。我在学校一直是业务尖子，人缘也好，很有权威，可这时一些小孩子扒着窗子，像看猴子一样看我，还往屋里扔石子，啐唾沫，辱骂我。我忍受不了，就想死，但房子里是空的，连剖静脉管的小硬片片也找不到。我就想了一个法子，因为房子脏，我便放开一点窗子，让苍蝇飞进来，再打苍蝇，然后一把一把地吞吃死苍蝇，一天最多吃下去几百只死苍蝇。苍蝇菌多，我想得霍乱痢疾，拉肚子拉死。但奇怪的是，吃了这么多死苍蝇，却毫无动静……直到今天，我爱人也不知道我这样自杀过。你是第一个知道的。我不愿意她知道，因为这事情实在有点悲惨。

还有一次晚上十点钟，那位 B 作家派人把我叫去，命令我第二天交出一份材料，叫我供认我心里边都想过哪些"反动言论"。你说这是不是有点荒唐，"反动言论"不是说的，而是想的。可是我不但没说过，也没想过呀。搞艺术的想的不就是艺术吗？他们这一手真够毒，弄不到言论，就叫我交代想法。弄到想法，就和弄到言论一样了。B 作家还吓唬我说，如果第二天我交不上材料，就把我送进公安局。我一听，非常害怕，并觉得被抓起来会更受屈辱，便决心自杀。

转天我买一瓶白酒，去S公园后边的运河边，那里很荒凉。我这人一口酒就醉，如果把这一瓶全灌下去，肯定晕晕乎乎，一头扎进河里，一了百了。于是在河边把一瓶酒全倒进肚子里。这次也非常奇怪，大概阎王爷仍旧拒绝收我，一瓶酒下去，不但毫无醉意，反倒更加清醒，使劲摆脑袋，愈摆愈明白。这时候，看到不远地方有两三个人正在注意我，我心想自杀不成，反落个"畏罪自杀"，"罪加一等"，便放弃自杀跑回家了。

不是怕死，而是怕活，这便是那个时代的荒唐。

从这次自杀未遂，我这个人发生了变化。

那天回到家，一推门，就见B作家带一帮人正等着我。见我就气势汹汹地问，干什么去了？嘴里哪来的酒味？交代材料在哪儿？连我自己也没想到，我竟然冲他叫道："我没有反动言论，你们爱怎么办就怎么办吧！"这一叫，吓了B作家一跳，也吓了我爱人和我自己一跳。我怎么会如此胆大包天？过后我爱人说我的嗓门大得出奇，甚至比B作家嗓门还大。也许是酒精的放纵作用，也许是因为我刚刚从死亡那里返回来，人变了。

在GG农场，有个NK大学的化学系学生，是个矮小文弱的女学生。她也是被划为右派的。平时几乎不说话，在农场的实验室里负责化验。一天吃了氰化钾，一下就完了。谁也不知道她为什么突然自杀，遗书也没留下。农场对待这种事通常只用一句"想不开"了结。但这女学生的难友悄悄告诉我，她最近私下里总说一句话："我不能再忍受人格侮辱了。"她究竟具体指什么，无人得知。我却明白，她和我过去一样，太脆弱，太自尊；她还不知道，在这种苦难面前，人只能把人的一切全放下，把自己变成一个"○"，也就活下去了。如果你还认为自己是个人，那就很痛苦，甚至活不了。

老实说，我能承受这种贱民生活，又是为了我的爱人。她大我六岁，我俩没有孩子。她家庭出身好，一直是组织培养对象。在我划成右派后，人人劝她弃我另嫁。但她理也没理，多少年来只靠着她那几十块钱赡养我父母，贴补我，一切怨言怨语全都没有。每隔一周，是GG农场允许探望的日子。

她都是在前一天为我准备好吃的穿的，第二天凌晨三点起床，拂晓时搭车，十点钟到达 M 村，再步行三十里，下午到达 GG 农场，只为了撑死了总共二十分钟的见面。见面在一间很大的筒形的房子里，中间隔一排长长的矮桌，一边是探望者，一边是我们。见了面，说不了几句话，她便把我的破的脏的衣服拿走，再步行三十里，赶班车，夜里回到家。逢到刮风下雨和冰天雪地的日子，看着这可怜的女人默默离去的背影，我不可能再有别的想法。我心里只有一句话：放心吧，我为你活着！一个人为另一个人活着，有时也很充实。

　　求知欲是知识分子的本能。我从小的习惯是每天晚上反省一下自己所获得的知识，看看自己，各个方面，有否新知。"吾日三省吾身"吧！有时发现今日一无所得，便惶然翻身起来找本书看，若有收获，倒下再睡。

　　但到了农场后，不行了。这里有规定，犯人之间不能相互交流思想、借钱、诉苦、甚至讲故事。一般犯人不会感到特别的难受，我却觉得世界上最可怕的是空白，精神的空白。

　　我便换了一种方式，天天晚上，闭上眼，把当天碰到的事，反省一下，作为一种难得的人生经验，代替书本上的知识，把这些视为变相的财富收获。当然这样做有时也会感到空茫。

　　一次，我得到一个意外的收获，它使我的精神生活发生了不小的变化。

　　GG 农场为了加强政治宣传和思想教育，知道我懂戏，叫我组织一些略通文艺的劳改犯编排小戏。为了写好戏词，给了我一本掉了封皮、破旧的《新华辞典》。我就问管教人员："我平时可以看看这本辞典吗？"他说："这个可以吧！"天呵，我这可有干的了。天天一有空，便抱起这本辞典看，一字一辞，一页一页，从头到尾，六年间我看了一遍半。《新华辞典》后边的附录部分还有各种历史、地理、科学的知识，我就背诵，直背得滚瓜烂熟，好家伙，简直一部百科全书呢！肚子里装下一部字典，会有多大学问？这是不是因祸得福呀，倘若不是被关起来，禁绝读其他一切书，我怎么可能成本背诵辞典？可是等我出来后对人一说，朋友们都大笑说："这算什么学问！"果然，过后能用上的东西并不多，日久天长，那些曾经背得精熟的，不知不觉都忘得一干二净。这时更觉得自己被彻头彻尾地荒废了。

在 GG 农场里，管教人员对我说："你们文化局长怎么跟你这么过意不去？你已经到这儿一年多了，又被开除了公职，按理说与文化局没有关系了，为什么你们局长又亲自签字，追送来一份材料，把你定为'极右'？"

这就使我非常奇怪了。我们局长是一位名作家，大名鼎鼎，就是 A 呀。我是他领导下一个艺术学校的业务人员，地位相差很悬殊。虽然他有点官僚架子，但每次见到他，待我都特别和气，似乎还很赏识，究竟为什么非把我置于死地，还要落井投石呢？

一九六三年我劳教期满，GG 农场要把我送回文化局，文化局不收。农场就硬把我的档案送到文化局，又给我一个户口条，叫我到所在街道派出所报户口。但我到了文化局报到时，他们说，一，我是"极右"分子，应该再回到农场；二，他们没见到我的档案。我一听就急了，去找档案，但农场、街道、派出所、公安局都说没见到。没有档案是不能安排工作和找工作的，生活也就没有收入。从那时直到七九年，我总共十六年没有工作，是一个莫名其妙的无业游民，靠老婆养着，整天无所事事。是呀，刚才说过了——到了七九年改正右派时，文化局忽然把我的档案拿了出来。你说这究竟是怎么回事？当然，我会告诉你的。哎，我这样东一句西一句，你是否能听明白？

别看我没有档案，无法安排工作和生活，可是"文革"一来，"十种人学习班"不要档案，马上把我弄进去。学习班并没有学习，而是天天受批判，挨斗，挨骂，挨打。

不过我的情况有点例外，一是他们认为我是老右派，"死老虎"，没有多少油水了，因此只是在斗资本家和现行反革命时，叫我站在一旁"陪斗"。二是我反右以来这些年当贱民的经历，已经使我对付这些事非常有经验了。我装得极其老实，绝不刺激他们斗争的兴趣，这就得掌握住火候，不能太殷勤、太积极、太主动，也不能太淡漠、太被动、太不以为然；既要摆出一种"有压力"的样子，又不能叫人"破鼓乱人捶"，这分寸把握得比演戏还难。那些年在 GG 农场练出来的本事，在这儿全用上了。我像个熟练的大厨师，把自己放在锅里炒，不能"生"也不能"煳"。我还有两个优势，一是我有文化，会写毛笔字，凡是街道居民委员会的大小标语都由我来写；二是我有辆破自行车，可以供红卫兵们随便使用，骑坏了，我修好，他们再骑。你别笑，那时候只要叫我干事，我就感恩不尽了，可有个巴结他们的机会了。

在学习班中打人非常凶，红卫兵很情绪化，高兴打谁就打谁。大概唯独我没挨过打。我真得感激在GG农场那段贱民的生活！这叫"在苦难中学习对付苦难的本领"，用毛主席的话说，就是"在战争中学习战争"。

最近我在报上看到，有一位年轻人责问我们这些右派："你们当时为什么不站出来反抗他们？"我真想对他说，如果现在把你放在老虎笼子里，你恐怕是第一个尿裤的吧！

不去谴责专制者，反而去谴责受难者，这真叫人有点担忧。前两年我不再担心中国再有发生"文革"的可能，现在不了。样板戏又唱起来了，毛主席又被尊为神了，《金光大道》的作者也要"讨个公道"了……当历史曲直不分时，就有返回来重演一遍的可能。不然，你写这本书干什么？

整个"文革"期间，我就像个玩具。人家来了兴趣时，也就是搞运动时，拿我耍一耍；玩腻了就丢在一边，没人理，也没人管。

六九年，闹着针对苏联的备战，大疏散。街道居委会要把我遣送到安徽老家，实际上是看上我家的房子了，他们想要，想分。但我们一家已经在上两辈就离开安徽，老家没根回不去。他们就想个办法，以"干部下放"为借口把我老婆下放到西郊区Z村，我算家属随迁。

我有在GG农场干农活的底子，干活不吃力；农村搞运动也比较松，我反而惬意多了。常常躺在农村炕上看看闲书，门外有鸡啼猪哼，窗前有鸟叫蝉鸣，虽是粗茶淡饭，更有菜清蔬香，此处岂非桃花源？我不亦非陶渊明乎？居然过上一小段田园生活呢！若能如此，一生也罢。

你说，这真是一个知识分子的理想境界吗？

七三年，又闹着下放干部返城，举家回迁，我因为是"极右"的右派，报户口又好费了一番周折；报上户口，因为没有档案，仍是无业游民。生活依靠爱人，唉，算个什么男人呀，不残不废半辈子靠老婆活着。那些年又折腾得家里一贫如洗。本来家里也是物少书多。六八年十三大柜子的古书被红卫兵抄走，堆在学校地下室里。这些书都是父亲的宝贝，珍本善本自不必说，名贵碑帖不胜枚举。地下室很潮，书多霉烂；而且地下室紧挨着厕所，古书纸软，学生们上厕所就进来撕一叠当手纸用，书全毁了！什么"有辱斯文"？要是有斯文哪来的"文革"。斯文是什么？是五千年文明吗？你怎么不想想，一个五千年文明的国家，为什么下了"文革"这么一个野蛮又荒唐的蛋来？

"文革"结束前的日子最难熬，那感觉真像"文革"没完没了要进行下去一样，不是说黎明前的黑暗是最黑最长的么？

当时邓小平复出，政协开始恢复了一点文史方面的工作。政协知道我的情况，就叫我去帮忙，查资料，抄抄写写，跑跑腿，送个信儿，一个月给二十块钱，总算做点有报酬的事了，心里美滋滋的。一天，骑车给人送信，看到新华书店的牌子，忽然想到一九四九年上海三联书店招人，三四千人报考，我考了第一名，而且因为工作优秀被调到北京三联的总店。后来搞"三五反"时，燕京大学的老教师都被反掉了，我被三联书店推荐去燕京大学教书。那时只有二十六岁呀！谁年轻时不是踌躇满志，胸怀远大。但后来有的才浅力薄，停住了；有的自甘堕落，放弃了；可是我……我不正是兴冲冲干着自己的事业么，到底为什么被打翻下来？虽说反右是灾难，但别人或是好提意见，祸从口出；或是积极参与，搬石头砸自己的脚，自讨苦吃；可是我……我根本没有沾一点边呀，一张大字报没贴，一句批评的话没说，究竟是谁一把揪住我，把我扔进井里，又丢下一块石头，再盖上盖儿，把我搞得这么惨，也把我爱人搞得这么惨，我却一直给蒙在鼓里。

想着想着，我再骑不动车了，把车靠在道边，坐下来，捂着脸呜呜哭了。

你是明白人，我现在要问你一个问题。这个问题我想了许久，我想这可能是我悲剧的根由，但我怕自己太主观，任凭自己的想象，弄不好冤枉人家，所以一直闷在肚子里。今天请你替我分析分析、替我判定一下可以吧，我说得简单明白些——

当年我们戏校校长是甲，兼任文化局党组成员，文化局长是 A 作家，兼任文化局党组副书记，他俩有矛盾。甲校长有才气，说话尖锐苛刻，A 作家慑甲校长，更担心这个强有力的对手与他争权，便借着反右一下子把甲校长置于死地。为了加大打击力度，就把他和我以及另一位副校长硬捏成一个反党集团。我一点右派言论也没有，又整不出什么东西来，便把我在艺术方面的意见当作反党材料，而且为了彻底打垮甲校长，叫他永不得翻身，才对我落井投石，增加一个"极右"的罪名……你别只看着我，我这分析对不对？你说呀，要不你点点头或摇摇头也行……唉！其实你点头或摇头能管什么用，事情又不能更改，二十二年的辛酸苦辣全过去了，今年我都过七十岁了……

有时我希望把一切弄个水落石出，死也死个明明白白，只要知道自己被谁下的这一刀就行了；可有时，我又非常害怕真相大白，如果真是像我猜想的这样，我不成为人家权力斗争的一个可怜牺牲品吗？人只有一辈子，我这辈子岂不是人家打架时随手抛在臭水坑里的一个石子儿？凭什么我这么惨？想到这里，我真想再一次自杀！

一九七九年，唉，我怎么又提到七九年了？完全说乱了。

那时我正忙着为自己落实政策的事，在路上正巧碰到 A 作家，别看 A 作家在反右时不可一世，到了"文革"也是家破人亡。患病生残，正拄着拐杖在路边晒太阳。他见了我，抬手招呼我。我停下自行车过去。我们已经十多年没见了。他全无当年的神采，已然是一个衰弱无助的老年人。

他问我："你现在情况怎么样？"

我说我正在办落实政策。

他问我需不需要帮助。

我摇摇头，心想他现在也是需要帮助的吧。

他沉吟一下，忽然非常诚恳地对我说："我对不起你。"

我又摇摇头说："这都是过去的事，您也别记着了。"我告别要走。

他又叫住我，更诚恳地说："我非常非常地对不起你。"

这叫我说什么呢？

前不久，B 作家也托人带信给我，说他不好意思见我，但他要对我说声："对不起！"带信的人说，B 作家还强调他是十分郑重的。

说实话，当我听到这诚恳的、发自心底的道歉时，我心头一热，真有点感动。搞艺术的人嘛！总是这样爱感动和让感动所蒙蔽。可是等我静下来，看着我那年近八十、饱经磨难、早已熬白了头发的爱人，就忽然想气冲冲地对他们说：

"你们这一句'对不起'，就能了结我们这二十二年吗？"

换句话说："我们这二十二年的苦难，难道就是为了你们这一句'对不起'吗？"

上帝从来没说忏悔可以洗清罪过。

一九九六年七月二十日　《钟山》首发

附

冯骥才文学作品（集）中文版本目录

总号	书名	体裁	出版年月	出版社
1	《义和拳》	长篇小说	1977	人民文学出版社
2	《铺花的歧路》	中篇小说	1979.11	人民文学出版社
3	《啊！》	中篇小说	1980.04	百花文艺出版社
4	《冯骥才中短篇小说集》	小说集	1981.05	中国青年出版社
5	《雕花烟斗》	小说集	1981.07	广东人民出版社
6	《神灯》	长篇小说	1981.12	人民文学出版社
7	《意大利小提琴》	小说集	1982.09	百花文艺出版社
8	《爱之上》	中篇小说	1982.06	中国青年出版社
9	《雾里看伦敦》	散文集	1982.11	百花文艺出版社
10	《雾中人》	中篇小说	1983.01	百花文艺出版社
11	《走进暴风雨》	中篇小说	1983.12	中国青年出版社
12	《高女人和她的矮丈夫》	小说集	1984.02	上海文艺出版社
13	《冯骥才选集》	文集	1984.05	百花文艺出版社
14	《当代作家自选丛书·冯骥才小说选》	小说集	1985.02	四川文艺出版社

总号	书名	体裁	出版年月	出版社
15	《我心中的文学》	文艺理论集	1986.05	上海文艺出版社
16	《怪世奇谈》	小说集	1986.06	百花文艺出版社
17	《新时期中篇小说名作丛书·冯骥才集》	小说集	1986.09	海峡文艺出版社
18	《三寸金莲》	中篇小说	1986.11	四川文艺出版社
19	《三寸金莲》	中篇小说	1987.04	香港香江出版社
20	《一百个人的十年》（第一集）	纪实文学	1987.07	香港香江出版社
21	《珍珠鸟》	散文集	1987.07	上海文艺出版社
22	《中国当代著名作家文库·冯骥才代表作》	小说散文集	1987.05	黄河文艺出版社
23	《在早春的日子里》	小说集	1987.09	台湾新地出版社
24	《意大利小提琴》	小说集	1987.09	台湾新地出版社
25	《啊！》	小说集	1987.10	台湾敦理出版社
26	《阴阳八卦》	中篇小说	1988.04	百花文艺出版社
27	《海外趣谈》	散文集	1988.02	百花文艺出版社
28	《中国大陆作家文学大系 1.高女人和她的矮丈夫》	小说集	1988.02	台湾林白出版社
29	《中国大众文学丛书·神鞭》	小说集	1988.08	中国民间文艺出版社
30	《神鞭》	中篇小说	1989.10	香港香江出版社
31	《阴阳八卦》	中篇小说	1989.08	香港香江出版社
32	《美国是个裸体》	散文集	1989.04	中国华侨出版公司
33	《一百个人的十年》	纪实文学	1991.07	江苏文艺出版社

总号	书名	体裁	出版年月	出版社
34	《中国当代作家选集丛书·冯骥才》	文学作品选集	1991.06	人民文学出版社
35	《中国当代著名作家新作大系·炮打双灯》	小说集	1991.10	华艺出版社
36	《灰空间》	散文集	1993.02	江苏文艺出版社
37	《金蔷薇随笔文丛·秋天的音乐》	散文集	1993.11	中国华侨出版公司
38	《炮打双灯》	小说集	1993.05	香港勤+缘出版社
39	《丹青集》	艺术评介集	1993.11	天津市杨柳青画社
40	《中国当代名人随笔·冯骥才卷》	随笔集	1993.10	陕西人民出版社
41	《摸书》	随笔集	1993.10	陕西人民出版社
42	《冯骥才杂文随笔自选集》	杂文随笔集	1994.12	群言出版社
43	《当代名家散文精选文库·冯骥才散文自选集》	散文集	1995.05	百花文艺出版社
44	《中华散文珍藏本·冯骥才卷》	散文集	1995.12	人民文学出版社
45	《冯骥才名篇文库·雕花烟斗》	小说集	1995.12	江苏文艺出版社
46	《冯骥才名篇文库·高女人和她的矮丈夫》	小说集	1995.12	江苏文艺出版社
47	《冯骥才名篇文库·感谢生活》	小说集	1995.12	江苏文艺出版社
48	《冯骥才名篇文库·神鞭》	小说集	1995.12	江苏文艺出版社
49	《冯骥才名篇文库·三寸金莲》	小说集	1995.12	江苏文艺出版社
50	《冯骥才名篇文库·炮打双灯》	小说集	1995.12	江苏文艺出版社
51	《冯骥才名篇文库·珍珠鸟》	散文集	1995.12	江苏文艺出版社
52	《冯骥才名篇文库·一百个人的十年》	纪实文学	1995.12	江苏文艺出版社

总号	书名	体裁	出版年月	出版社
53	《冯骥才名篇文库·海外趣谈》	随笔集	1995.12	江苏文艺出版社
54	《冯骥才名篇文库·关于艺术家》	散文随笔集	1995.12	江苏文艺出版社
55	《中国当代实力派作家大系·冯骥才小说精选》	小说散文集	1996.02	太白文艺出版社
56	《逆光的风景》	散文集	1996.03	吉林人民出版社
57	《灵性》	散文诗	1996.02	百花文艺出版社
58	《当代名家杂感随笔·天籁》	散文集	1996.11	敦煌文艺出版社
59	《我是冯骥才》	散文随笔集	1996.09	团结出版社
60	《中国当代散文大家·冯骥才散文精选》	散文集	1996.11	台湾金安出版社
61	《三寸金莲》	小说集	1997.09	敦煌文艺出版社
62	《中国当代才子书·冯骥才卷》	文学艺术作品集	1997.09	长江文艺出版社
63	《一百个人的十年》（足本）	纪实文学	1997.10	江苏文艺出版社
64	《浪漫的灵魂》	散文集	1997.12	百花文艺出版社
65	《人类的敦煌》	电视文学剧本	1997.12	文化艺术出版社
66	《秋日的絮语》	散文随笔集	1997.12	上海远东出版社
67	《永远的吻》	散文随笔集	1998.02	中国华侨出版公司
68	《乡土小说》	小说集	1998.09	大众文艺出版社
69	《我的太阳》	随笔集	1998.08	中国青年出版社
70	《拒绝句号》	语录	1998.04	上海书店出版社
71	《砚农自语》	随笔集	1998.10	中央党校出版社
72	《冯骥才文集》	小说集	2000.02	广西民族出版社

总号	书名	体裁	出版年月	出版社
73	《俗世奇人》	小说集	2000.06	作家出版社
74	《冯骥才品味文集》	散文随笔集	2000.06	广东人民出版社
75	《冯骥才艺术随笔》	散文随笔集	2000.08	浙江文艺出版社
76	《敦煌痛史》	文化史	2000.10	大众文艺出版社
77	《侃洋人》	语丝集	2000.09	西苑出版社
78	《手下留情》	随笔集	2000.09	学林出版社
79	《抢救老街》	纪实文学	2000.09	西苑出版社
80	《冯骥才画天津》	小说随笔集	2000.10	上海文艺出版社
81	《以心吻美》	散文集	2001.04	广东人民出版社
82	《文化发掘·老夫子出土》	文化批评	2001.07	西苑出版社
83	《中国小说50强·一百个人的十年》	作品集	2001.10	时代文艺出版社
84	《中国国外获奖作家作品集·冯骥才卷》	小说集	2001.10	云南人民出版社
85	《绘图金莲传》（手抄本）	中篇小说	2001	香港新风出版社
86	《巴黎，艺术至上》	散文集	2002.03	作家出版社
87	《心灵的水墨》	绘画与散文集	2002.04	解放军文艺出版社
88	《冯骥才画中心情》	绘画与散文集	2002.12	台湾未来书城
89	《美人欧罗巴》	散文集	2003.01	上海古籍出版社
90	《紧急呼救——民间文化拨打120》	随笔集	2003.01	文汇出版社
91	《倾听俄罗斯》	散文随笔集	2003.01	人民文学出版社

总号	书名	体裁	出版年月	出版社
92	《艺术在巴黎》	散文集	2003.06	台湾未来书城
93	《冯骥才自述》	散文随笔集	2003.09	大象出版社
94	《倾听俄罗斯》	散文随笔集	2003.10	台湾未来书城
95	《一百个人的十年》	纪实文学	2003.07	时代文艺出版社
96	《新人文对话录·冯骥才周立民对话录》	理论类	2003.08	苏州大学出版社
97	《维也纳情感》	散文集	2003.10	人民文学出版社
98	《乐神的摇篮》	散文集	2003.10	人民文学出版社
99	《神鞭》	小说集	2003.02	文汇出版社
100	《一百个人的十年》	纪实文学	2004.03	时代文艺出版社
101	《大家文丛·冯骥才》	散文随笔集	2004.08	古吴轩出版社
102	《武强秘藏古画版发掘记》	纪实文学	2004.01	西苑出版社
103	《三寸金莲》	小说集	2004.01	作家出版社
104	《速读中国现当代文学大师与名家丛书·冯骥才》	散文小说集	2004.06	蓝天出版社
105	《冯骥才的天津》	散文小说集	2004.08	香港三联书店
106	《美人欧罗巴》	散文集	2004.10	香港三联书店
107	《人类的敦煌》	文化史	2005.01	敦煌文艺出版社
108	《中国当代名家小小说·冯骥才自选集》	小说集	2005.01	河南文艺出版社
109	《水墨文字》	绘画与散文集	2005.05	人民文学出版社
110	《冯骥才分类文集》（十六卷本）	文集	2005.05	中州古籍出版社

总号	书名	体裁	出版年月	出版社
111	《民间灵气》	文化随笔集	2005.05	作家出版社
112	《冯骥才散文》	散文集	2005.05	人民文学出版社
113	《当代名家自选精品丛书·泥人张》	小说集	2005.07	中国社会出版社
114	《思想者独行》	散文随笔集	2005.06	花山文艺出版社
115	《当代散文大家精品文库·灵魂的巢》	散文随笔集	2005.09	作家出版社
116	《三寸金莲》	小说集	2005.09	香港三联书店
117	《三寸金莲》	小说集	2005.09	新星出版社
118	《凝视达·芬奇》	文化档案	2006.08	译林出版社
119	《留住昨天》	散文随笔集	2006.11	中国盲文出版社
120	《行间笔墨》	散文随笔集	2006.11	中国盲文出版社
121	《豫北古画乡发现记》	文化档案	2007.02	中州古籍出版社
122	《灵魂不能下跪——冯骥才文化遗产思想学术论集》	散文随笔集	2007.05	宁夏人民出版社
123	《年画手记》	散文随笔集	2007.07	宁夏人民出版社
124	《文人画宣言》	理论	2007.06	文化艺术出版社
125	《人类的敦煌》	文化史	2007.05	文化艺术出版社
126	《爱犬的天堂》	小说集	2007.08	上海人民出版社
127	《留住昨天》	散文随笔集	2008.02	中国盲文出版社
128	《行间笔墨》	散文随笔集	2008.02	中国盲文出版社
129	《一百个人的十年》	纪实文学	2008.10	中国文联出版社
130	《俗世奇人》	小说集	2008.12	中国作家出版社

总号	书名	体裁	出版年月	出版社
131	《散花——冯骥才最新作品集》	散文随笔集	2009.05	花山文艺出版社
132	《共和国作家文库·神鞭》	小说集	2009.04	作家出版社
133	《共和国作家文库·珍珠鸟》	散文随笔集	2009.04	作家出版社
134	《楼顶上的歌手——冯骥才小说集》	小说集	2009.07	明报月刊出版社、新加坡青年书局
135	《灵性》	散文诗	2009.10	生活·读书·新知三联书店
136	《冯骥才散文精选》	散文集	2010.03	浙江文艺出版社
137	《巴黎，艺术至上》	散文集	2010.04	译林出版社
138	《倾听俄罗斯》	散文随笔集	2010.04	译林出版社
139	《维也纳情感》	散文集	2010.04	译林出版社
140	《萨尔茨堡：乐神的摇篮》	散文集	2010.04	译林出版社
141	《乡土精神》	散文集	2010.09	作家出版社
142	《哦，中学时代——冯骥才寄小读者》	散文随笔集	2010.08	二十一世纪出版社
143	《绵山文化遗产·绵山包骨真身像》	图文集	2010.03	中华书局
144	《绵山文化遗产·绵山造像》	图文集	2010.03	中华书局
145	《文章四家·冯骥才卷》	散文随笔集	2011.03	文化艺术出版社
146	《年画行动》	散文随笔集	2011.10	中华书局
147	《一个古画乡的临终抢救》	文化档案	2011.11	生活·读书·新知三联书店
148	《人类的敦煌》	文化史	2012.05	阳光出版社

总号	书名	体裁	出版年月	出版社
149	《冯骥才课文》	文学作品选集	2012.08	海燕出版社
150	《生命经纬》	图文集	2012.08	生活·读书·新知三联书店
151	《现当代名家作品精选·冯骥才作品精选》	小说散文集	2013.06	长江文艺出版社
152	《春天最初是闻到的》	散文随笔集	2013.07	文化艺术出版社
153	《神鞭》	小说集	2013.08	作家出版社
154	《文化诘问》	随笔集	2013.09	文化艺术出版社
155	《俗世奇人》	小说散文集	2013.11	人民文学出版社
156	《冯骥才散文》	散文集	2013.11	人民文学出版社
157	《离我太远了》	散文随笔集	2013.11	文化艺术出版社
158	《西欧思想游记》	散文集	2014.01	生活·读书·新知三联书店
159	《凌汛——朝内大街166号（1977—1979）》	回忆录	2014.01	人民文学出版社
160	《文化先觉——冯骥才文化思想观》	观点集	2014.01	阳光出版社
161	《灵魂的巢——冯骥才散文》	散文随笔集	2014.01	浙江文艺出版社
162	《冯骥才的天津》	散文小说集	2014.03	生活书店出版有限公司
163	《一百个人的十年》	纪实文学	2014.06	文化艺术出版社
164	《泰山挑山工纪事》	纪实文学	2014.10	作家出版社
165	《俄罗斯双城记》	散文随笔集	2015.01	文化艺术出版社
166	《冯骥才精读系列·天涯手记》	散文随笔集	2015.01	文化艺术出版社

总号	书名	体裁	出版年月	出版社
167	《冯骥才精读系列·性情散文》	散文集	2015.01	文化艺术出版社
168	《冯骥才精读系列·感伤故事》	小说集	2015.01	文化艺术出版社
169	《冯骥才精读系列·传奇小说》	小说集	2015.01	文化艺术出版社
170	《冯骥才精读系列·敦煌痛史》	文化史	2015.01	文化艺术出版社

冯骥才文学作品（集）外文版本目录

总号	书名	语种	体裁	出版年月	出版社
1	《CHRYSANTHEMUMS》 （《菊花及其他故事》）	英文	小说集	1985	美国 HARCOURT BRACE JOVANOVICH
2	《Ach!》 （《啊!》）	德文	中篇小说	1985	西德 DIEDERICHS
3	《Фэн Цзицай ПОВЕСТИ И РАССКАЗЫ》 （《冯骥才中短篇小说集》）	俄文	小说集	1987	苏联莫斯科"Радуга"
4	《The Miraculous Pigtail》 （《神鞭》）	英文	小说集	1987	中国文学出版社
5	《ドキュメソト庶民ガ语る中国"文化大革命"》 （《一百个人的十年》）	日文	纪实文学	1988	日本讲谈社
6	《てんそくものがたり三寸金莲》 （《三寸金莲》）	日文	中篇小说	1988	日本亚纪书房
7	《Le Fouet Divin》 （《神鞭》）	法文	小说集	1989	外文出版社
8	《QUE CENT FLEURS S'EPANOUISSENT》 （《感谢生活》）	法文	中篇小说	1990	巴黎 GALLIMARD

总号	书名	语种	体裁	出版年月	出版社
9	《LA NATTE PRODIGIEUSE》（《神鞭》）	法文	中篇小说	1990	法国友丰书店
10	《神鞭》	日文	小说集	1991	北京外文出版社
11	《Der Wundersame Zopf》（《神鞭》）	德文	小说集	1991	外文出版社
12	《La letter perdue》（《啊！》）	法文	小说集	1991	外文出版社
13	《VOICES FROM THE WHIRLWIND》（《一百个人的十年》）	英文	纪实文学	1991	美国 PANTHEON BOOKS
14	《JE NE SUIS QU'UN IDIOT》（《我这个笨蛋》）	法文	小说集	1992	法国友丰书店
15	《阴阳八卦》	日文	中篇小说	1992	日本亚纪书房
16	《LA RACCOGLITRICE DI CARTA》（《拾纸救夫》）	意大利文	小说集	1993	意大利 LIBER
17	《LEBEN!LEBEN!LEBEN!》（《感谢生活》）	德文	中篇小说	1993	瑞士 Verlag Sauerländer
18	《De Straf Van Hua》（《感谢生活》）	荷兰文	中篇小说	1994	荷兰 Leopold Novib
19	《THE THREE-INCH GOLDEN LOTUS》（《三寸金莲》）	英文	中篇小说	1994	美国夏威夷大学
20	《Drei Zoll goldener Lotus》（《三寸金莲》）	德文	长篇小说	1994	德国 Herder
21	《Die lange Dünne und ihr kleiner Mann》（《高女人和她的矮丈夫》）	德文	小说集	1994	德国 Projekt Verlag

总号	书名	语种	体裁	出版年月	出版社
22	《I cento fiori》 （《感谢生活》）	意大利文	中篇小说	1995	意大利 EDIZIONI E·ELLE
23	《Des gens tout simples》 （《冯骥才中短篇小说集》）	法文	小说集	1995	法国 Seuil
24	《LET ONE HUNDRED FLOWERS BLOOM》 （《感谢生活》）	英文	中篇小说	1995	英国企鹅出版社
25	《Que cent fleurs s'épanouissent》 （《感谢生活》）	法文	中篇小说	1995	巴黎 GALLIMARD
26	《Ten Years Of Madness》 （《一百个人的十年》）	英文	纪实文学	1996	美国 CHINA BOOKS & PERIODCALS,INC.
27	《Gót sen ba tấc》 （《三寸金莲》）	越南文	中篇小说	1997	Nhà Xuất Bản Phụ Nữ（越南妇女出版社）
28	《Que broten cien flores》 （《感谢生活》）	西班牙文	中篇小说	1997	西班牙 EVEREST
29	《缠足》 （《三寸金莲》）	日文	中篇小说	1999	日本东京小学馆
30	《阴阳八卦》	日文	中篇小说	1999	日本东京小学馆
31	《Selected Stories by Feng Jicai》 （《冯骥才小说选》）	中英文对照	小说集	1999	中国文学出版社
32	《L'empire de l'absurde》 （《一百个人的十年》）	法文	纪实文学	2001	巴黎 BLEU DE CHINE
33	《Le Petit Lettré de Tianjin》 （《俗世奇人》）	法文	小说集	2002	巴黎 BLEU DE CHINE
34	《俗世奇人》	俄文	小说集	2003	俄罗斯圣彼得堡出版社

总号	书名	语种	体裁	出版年月	出版社
35	《Phùng Ký Tài》（《冯骥才（三寸金莲）》）	越南文	小说集	2006	Nhà Xuất Bản Phụ Nữ（越南妇女出版社）
36	《俗世奇人》	中俄文对照	小说集	2006	俄罗斯圣彼得堡出版社
37	《传奇》（《俗世奇人》）	中法文对照	小说集	2008	法国友丰书店
38	《抒情》	中法文对照	小说集	2009	法国友丰书店
39	《幽默》	中法文对照	小说集	2010	法国友丰书店
40	《神鞭》	捷克文	中篇小说	2010	DHARMAGAIA 出版社
41	《灵性》	中俄文对照	散文诗	2014	俄罗斯圣彼得堡吉彼里昂出版社
41	《灵性》	中俄文对照	散文诗	2014	俄罗斯圣彼得堡吉彼里昂出版社
41	《灵性》	中俄文对照	散文诗	2014	俄罗斯圣彼得堡吉彼里昂出版社

冯骥才文学作品中外获奖目录

序号	作品名称	奖项	时间
1	《啊！》	第一届全国优秀中篇小说奖	1977—1980
2	《雕花烟斗》	全国优秀短篇小说奖	1979
3	《雕花烟斗》	《当代》文学奖	1979—1981
4	《他在人间》	《新港》小说奖	1979—1983
5	《雾中人》	天津市优秀作品奖	1983
6	《神鞭》	第三届全国优秀中篇小说奖	1983—1984
7	《高女人和她的矮丈夫》	首届上海文学奖	1984
8	《雪夜来客》	首届优秀中短篇小说《小说月报》百花奖	1985
9	《神鞭》	首届优秀中短篇小说《小说月报》百花奖	1985
10	《感谢生活》	一九八五年度中篇小说选刊奖	1986
11	《海外趣谈》	天津鲁迅文艺奖	1987—1988
12	《我到底有没有罪？》	第三届《十月》文学奖	1988

序号	作品名称	奖项	时间
13	《珍珠鸟》（散文集）	全国新时期优秀散文奖	1989
14	《三寸金莲》	首届传奇文学作品奖	
15	《三寸金莲》	1986-1987《中篇小说选刊》优秀中篇小说奖	1989
16	《一对夫妻的三千六百五十天》	第三届优秀中短篇小说《小说月报》百花奖	1989
17	《拾纸救夫》	第四届优秀中短篇小说《小说月报》百花奖	1991
18	《感谢生活》法文译本（尼欧德特译）	法国全法图书馆协会"女巫奖"一等奖	1991
19	《感谢生活》法文译本（尼欧德特译）	法国全法青年读物书店"青年读物奖"一等奖	1991
20	《一百个人的十年》	《当代》文学奖	1985—1993
21	《三寸金莲》英文译本（大卫·威克菲尔译）	全美凯登翻译奖	1992—1993
22	《感谢生活》德文译本（卡琳·哈舍布拉特译）	瑞士"蓝眼镜蛇奖"	1993
23	《关于艺术家》	天津鲁迅文艺奖金	1993
24	《炮打双灯》	第五届优秀中短篇小说《小说月报》百花奖	1993
25	《苏七块》	全国优秀小小说《小小说选刊》奖	1993—1994
26	《市井人物》	第六届《小说月报》百花奖	1995
27	《市井人物》	首届"中华文学选刊奖"	1997

序号	作品名称	奖项	时间
28	《逼来的春天》	首届中华散文奖	
29	《石头说话》	第七届《小说月报》百花奖	1997
30	《石头说话》	第六届十月文学奖	1998
31	《俗世奇人》	第九届《小说月报》百花奖	2001
32	《俗世奇人》系列	首届小小说金麻雀奖	2003
33	主编之《文化发掘·老夫子出土》	中国漫画理论奖	2004
34	《抬头老婆低头汉》	第十二届《小说月报》百花奖	2007
35	《抬头老婆低头汉》	"中国小小说事业终身成就奖"	2007
36	思想学术论集《灵魂不能下跪》	六十年原创奖	2009
37	译林出版社出版的四卷本域外手记	南京图书奖	2011
38	《守岁》	全国报纸副刊年度精品奖一等奖	2013
39	《福字是最深切的春节符号》	天津市新闻奖副刊奖一等奖	2014